Fanita English

Es ging doch gut –
was ging denn schief?

Beziehungen in Partnerschaft, Familie und Beruf

Mit einer Einleitung von Martin Koschorke

Gütersloher Verlagshaus

Deutsche Bearbeitung von
Ulrich Kabitz und Martin Koschorke

Die Deutsche Bibliothek – CIP-Einheitsaufnahme

English, Fanita
Es ging doch gut – was ging denn schief?: Beziehungen in
Partnerschaft, Familie und Beruf / Fanita English. Mit einer
Einl. von Martin Koschorke. [Dt. Bearb. von Ulrich Kabitz
und Martin Koschorke]. – 7. Aufl. –
Gütersloh: Gütersloher Verlagshaus, 2000
ISBN 3-579-02263-6
NE: Kabitz, Ulrich [Bearb.]

ISBN 3-579-02263-6
7. Auflage, 2000
© Fanita English, 1982
© Gütersloher Verlagshaus, Gütersloh 1982
Das Werk einschließlich aller seiner Teile ist urheberrechtlich
geschützt. Jede Verwertung außerhalb der engen Grenzen des Urheberrechtsgesetzes ist ohne Zustimmung des Verlages unzulässig und strafbar.
Das gilt insbesondere für Vervielfältigungen, Übersetzungen, Mikroverfilmungen und die Einspeicherung und Verarbeitung in
elektronischen Systemen.
Umschlag: Reinhard Liedtke, Gelnhausen, unter Verwendung
eines Fotos der Bildagentur Schuster GmbH, Oberursel
Gesamtherstellung: Breklumer Druckerei Manfred Siegel KG, Breklum
Printed in Germany

Inhalt

Fanita English: Wie es zu diesem Buch kam 9

Martin Koschorke: Ein paar Worte, bevor es losgeht .. 13

1 Zwei Persönlichkeitstypen, die sich ergänzen 17

Inge und Fred: In Freud und Streit – wir passen zusammen · TA – was ist denn das? · Übersicher und Untersicher · Mal freundlich, mal sauer – immer nach demselben Muster: Modus a und b · Warum wir uns bei Streit zerstreun · Umschläge, die nichts bringen · Wenn beide sauer werden · In Schubladen gesteckt? Was die Kenntnis der Typen nützt · Wie Untersicher und Übersicher sich verhalten – eine Zusammenfassung · Selbsterkenntnis mit Augenzwinkern

2 Wie wir zu unserem Persönlichkeitstyp kommen .. 32

Totale Ausgeglichenheit – ein Traum · Der Weg der Erkenntnis – zwischen Madonna und Hexe · Das Weib, es ist an allem schuld · Das entscheidende Alter – zwischen Angst und Neugier · Mein Typ – komplementär zum Verhalten von Mutter oder Vater · Heinz, Gudrun, Helga und Rolf – vier Beispiele · Früh übt sich · Das Verhalten gibt den Ausschlag · Die Angst der Philosophen

3 Wie wir unseren Typ erkennen 49

Meinem Typ auf der Spur · Was würden Sie tun? · Liebeslieder weisen den Typ · Versuchen Sie es selbst einmal · Ein Fragespiel gibt Antwort · Wie wir unseren Typ verschleiern

4 Rollen im Leben – leben in Rollen 83

1. Die soziale Rolle – leben, wie man soll · Dürfen Frauen dominant sein und Männer schwach? · 2. Die berufliche Rolle – arbeiten, wie es einem entspricht · Wenn Typ und Beruf sich beißen · Beruf und Typ – ein »Who is who?« · Zwei Abstecher. Der erste zu Faßbinders »Maria Braun« · Der zweite Abstecher führt zur »Blechtrommel« · 3. Die Kontraktrolle – handeln, wie ausgemacht · Wenn die Mutter sich zu fügen hat · Dreiecksbeziehungen – halten, was man nicht versprochen hat? · Mit dem Erwachsenen-Ich im Bunde

5 Paare im Alltag 83

Wenn zwei sich ergänzen · Wenn zwei sich gleichen · Wenn Übersicher und Untersicher heiraten · Wenn einer plötzlich aussteigt · Der Mann im Konflikt mit seiner Rolle (oder: Wenn zwei vom Typ 1 sich trennen) · Blick zurück im Zorn · Die Frau im Konflikt mit ihrer Rolle (oder: Wenn zwei vom Typ 2 sich trennen) · Die gemeinsame Überzeugung – Opfer der Karriere? · Bevor die nächste Krise kommt – was kann ich tun? · Ehetips für Anpassungsfähige · Ehetips für Bestimmte

6 Gefühlsausbeuter 99

Wenn der Typ zur Karikatur wird · »Wie schaffe ich das nur?« · »Das schaffst du doch nicht!« Wenn das Streichelkonto leer ist · Süchtig nach Liebe

7 Wie Ersatzgefühle entstehen 106

Das hat man schon als Kind gelernt · Etikettenschwindel · Auf falscher Fährte · Selbsttäuschung lebenslänglich · Verkrüppelt, um zu überleben · Pfui, schäme dich! – Der Fall Armin · Bitte recht feindlich! – Der Fall Gerd · Wie kannst du nur so fröhlich sein! – Der Fall Thea

8 Echte Gefühle und Ersatzgefühle 119

Ist denn nicht jedes Gefühl echt? · Wer einmal »lügt«, dem glaubt man nicht . . . · Wege aus dem Irrgarten · Panorama der Gefühle – und was wir aus ihnen machen können · Die fünf Himmelsrichtungen unserer Empfindungen

9 Ersatzgefühle bei anderen – wie gehe ich darauf ein? . 129

Eine ganz alltägliche Geschichte. Ich sitze im Café . . . · In der Schule geht es los. Tips für Lehrer · Angst vor Enttarnung · Wenn die Türen verschlossen sind. Tips für Therapeuten · Güte, die auf den Geist schlägt · Wenn man glaubt, Gedanken töten · Und ewig währt die Therapie – Liebe auf Krankenschein? · Was die Typen mit Ersatzgefühlen machen

10 Ersatzgefühle bei mir – was nun? 142

Spieglein, Spieglein an der Wand . . . · Fanita als Beispiel · Verlassen in der Türkei · Es geht doch gut – wozu soll's denn anders werden? · Ruhestörung angebracht · Wie aufregend Erschöpfung sein kann · Ersatz für Sex · Frigide und impotent – wenn uns die Lust überkommt · Wovor Sie sich hüten sollten

11 Kampf, Flucht und der Sprung in die Gewalt 155

Mit dem Rücken zur Wand · Extremisten in uns · Die sanften Mörder · Wo man mit Unberechenbarkeit rechnen muß

12 Wenn Beziehungen gefährlich werden 161

Heiß gekocht und kochend gegessen · Ineinander verkrallt – bis es knallt · Das Leben tritt nicht auf der Stelle · Das Tempo des einen ist nicht das Tempo des anderen · Du hast dich so verändert! · Partygeplauder – Anne und Benno finden sich · Bäumchen, wechsle dich · Eine neue Runde vom alten Spiel · Blick nach vorn im Zweifel · Der Mord am Diätbuch-Autor · Die Katastrophe muß nicht sein

13 Gefühlsausbeuter klassisch und modern – Othello und Desdemona 175

Schlag nach bei Shakespeare · Unter dünner Schale brodelt ein Vulkan · Der ehrenwerte Mörder · Othellos und Desdemonas unter uns · Wenn Desdemona »Emma« liest · Psychiatrie oder Gefängnis – Othellos Wahl heute? · Als gebe es nur zwei Möglichkeiten

14 Die dritte Partei **183**

Der Dritte im Bunde · Retter, Verfolger, Opfer – Drama ohne Ende · Der blinde Fleck der alten Griechen · Maria Braun, Othello, King Lear – blinde Flecken auch hier · Typ 1 und 2 im Drama-Karussell · Die Kartoffel, die in den Fingern brennt · Kinder-Selbstmord und -Kriminalität – Geheimauftrag der Eltern? · Wildentenjagd · Sündenbock gesucht

**15 Gewalt gegen Dritte –
Lady Macbeth und Macbeth** **198**

In Gewalt vereint · Der feige Held · Die todesmutige Gattin · Gefühle der Gewalt · Gewalt der Gefühle · Wenn Angst die Szene beherrscht

16 Erkenntnisse für die Beratungspraxis **205**

Ehe es zu spät ist · Fachleute können helfen · Die Stufen der Erkenntnis – für Berater

**Zum Schluß:
Kann man sein eigener Therapeut sein?** **225**

**Anhang:
Ein Blick in die Transaktionsanalyse** **229**

Das Ich hat verschiedene Gesichter · Kind-Ich + Eltern-Ich + Erwachsenen-Ich = Ich · Streicheln verbindet · Transaktionen diagonal: Wenn die Ich-Zustände sich ergänzen · Transaktionen horizontal: Wenn die Ich-Zustände sich gleichen · Transaktionen über Kreuz: Wenn es nicht weiter geht

Namenverzeichnis **240**

Fanita English: Wie es zu diesem Buch kam

*Im Gedenken an
Jonathan Brian English,
geb. 2. September 1946,
gest. 26. Oktober 1977*

Dieses Buch geht auf eine Anregung meines Sohnes Brian zurück. Er war ein junger Rechtsanwalt und interessierte sich weit mehr für Jura und Sport als für Tiefenpsychologie. Als ich einmal in Kalifornien, wo er wohnte, Vorträge hielt, kam auch er. Er wollte mir einen Gefallen tun. Vermutlich rechnete er jedoch damit, daß er sich langweilen würde. (Was kann man von seiner Mutter schon Neues erfahren – man hat doch als Kind bereits alles gehört, was sie zu sagen hat, und meist stimmte es nicht einmal!) Zu seinem Erstaunen stellte er fest, daß die Inhalte, die ich darstellte, von direktem Nutzen für ihn waren, sowohl für ihn persönlich, in den Beziehungen zu seinen Freunden als auch in beruflicher Hinsicht. So kam er mit seinen Freunden, denen er verschiedenes erzählt hatte, zu der Überzeugung, daß meine Theorien in weit größerem Rahmen Verbreitung finden sollten, als es in Kursen für Spezialisten möglich ist. Brian beschloß – und das entsprach genau seiner Art –, ich müsse ein Buch über Ersatzgefühle und Gefühlsausbeutung schreiben, das sich an »Laien« wendet. Und er begann – wiederum typisch für ihn –, mich regelmäßig anzurufen und gegen meine Faulheit anzukämpfen, bis ich etwa Dreiviertel dieses Buches im Entwurf geschrieben hatte. Inzwischen hatte er mir schon einen amerikanischen Verleger besorgt, und so sollte dieses Buch seinen Weg gehen.

Doch da geschah es, daß Brian ganz unerwartet einen Unfall hatte. Er kam beim Schwimmen ums Leben. Damit war auch dieses Buch für mich »er-

trunken«. Ich machte meinen Publikationsvertrag rückgängig und warf das Manuskript zum großen Teil in den Papierkorb.
Zufällig waren aber die bereits fertigen Kapitel vor Brians Tod Martin Koschorke zu Gesicht gekommen. Ich sollte nämlich zu den gleichen Themen an seinem Institut (dem Evangelischen Zentralinstitut für Familienberatung in Berlin) einige Kurse durchführen. Martin hörte, daß ich wegen Brians Tod dieses Buch nicht vollenden, ja überhaupt nichts mehr schreiben wollte, und nun stieg er ein – ein Beispiel von Anteilnahme und Mitgefühl, wie man es selten findet. Mit Entschiedenheit ging er gegen meine Interessenlosigkeit und Verzweiflung an. Er wollte, daß dieses Buch ins Deutsche übersetzt wird. Dazu nahm er Kontakt mit dem Chr. Kaiser Verlag auf. Dabei bewies dessen Leiter, Herr Manfred Weber, gleichfalls ein ungewöhnliches Vertrauen, als er mit mir den Vertrag abschloß. Denn es fehlte nicht an Anzeichen, daß die Vollendung dieses Buches immer wieder fraglich sein würde, da ich mich selbst überhaupt nicht mehr darum kümmern wollte.
Und nun betritt Ulrich Kabitz die Szene, zunächst verhältnismäßig unbelastet als Lektor. Doch bald wird ihm klar, daß für dieses Buch weit mehr aufgewendet werden muß, als normalerweise von einem Verleger – bei aller Gewissenhaftigkeit – zu erwarten ist. Man hätte den Vertrag auch ohne weiteres lösen können. Damit hatte ich schon fast gerechnet. Denn es gibt sicher viele Bücher, die das Licht der Welt nicht erblickten, weil sich ihre Autoren nicht weiter mit ihnen abgaben.
Aber dazu wollte es Ulrich nicht kommen lassen. Im Gegenteil, zwischen ihm und Martin Koschorke begann eine phantastische Zusammenarbeit. Dabei kämpften beide energisch gegen den Strom meiner negativen Einstellung und Interesselosigkeit an und brachten mich dazu, mir die Übersetzung des alten Manuskripts noch einmal anzusehen, hier und da auch neues Material einzufügen. Bis ich, von ihrem Enthusiasmus beflügelt, eines Tages begriff, daß mir die Niederschrift der neuen Partien (in schlechtem Deutsch, das von Ulrich immer von neuem korrigiert werden mußte) Freude machte, und daß ich das Zustandekommen dieses Buches nun selber wieder wünschte.
Es genügt aber nicht, Ulrich, Ihnen an dieser Stelle nur formell für Ihre Beiträge und für Ihre ständige intensive Arbeit zu danken. Trotz vieler alter und neuer Probleme haben Sie unentwegt darauf hingewirkt, daß die Arbeit an dem Buch weiterging, auch wenn mein Deutsch manchmal kaum verständlich war, ich bei meinen vielen Reisen auf dringende Fragen

wochenlang keine Antwort gab, Sie die Verantwortung für Termine im Verlag übernehmen mußten, die ich nicht einzuhalten vermochte, und so vieles mehr . . .

Schön ist auch, daß Sie Prof. Helmut Harsch zur kritischen Durchsicht der neuen Fassung gewinnen konnten. Denn ich schätze seinen Sachverstand und habe bei ihm mit Vergnügen Kurse mit seinen Seminaristen durchgeführt. Darum nehme ich gern diese Gelegenheit wahr, ihm für seine Mitarbeit zu danken.

Wie ist es möglich, Martin Koschorke zu danken? Was er getan hat, geht über all das hinaus, was man von Freundschaft und beruflichen Einsatz erwarten kann. Die Zeit und Energie, die er für dieses Buch aufgewendet hat, hätte er zum eigenen Schreiben nützen können, oder für seine liebenswerte Familie, Françoise, Ann und Miro. Tagtäglich nimmt ihn auch sein Institut in Anspruch. Stattdessen hat er mit Geist und Witz dem Buch zu seiner jetzigen redaktionellen Form verholfen (denn Ulrich war ja schon halbwegs Autor geworden!).

Der Titel dieses Buches besagt: Es geht nicht immer alles gut, obwohl man es sich erhofft. Bei seinem Zustandekommen in deutscher Sprache (denn bislang existiert ja keine englische Fassung) ist eigentlich das Gegenteil geschehen: es ging gut, obwohl es schief zu gehen drohte. So kann ich hier nur sagen, daß Martin Koschorke und Ulrich Kabitz mir weit mehr geholfen haben als dieses Buch zu schreiben. Sie haben in mir wieder Zuversicht zum Leben erweckt. Statt diese Blätter Brian folgend untergehen zu lassen, haben mir diese zwei Menschen bewiesen, daß es ein lebendiges Memorial für Brian sein kann. In seinem Namen hoffe ich, daß dieses Buch dem Leser so nützlich sein kann, wie ich es wünsche.

Martin Koschorke: Ein paar Worte, bevor es losgeht

Wie begrüßt man eine Weltreisende? Mit einer Tasse Tee im Englischen Garten? Oder einem Blick auf Brandenburger Tor und Mauer? Mit einem Besuch im Pergamonmuseum, in Dahlem? Oder Kaffee und Hörnchen in einem französischen Bistro am Ku-Damm?

1976 kam Fanita English zum ersten Mal nach Berlin. Ich hatte viel von ihr gehört – und ein ganz kleines Bild, um sie beim Abholen wiederzuerkennen. Dann konnte ich doch nicht selbst zum Flughafen fahren. Ich bat Françoise, meine Frau, für mich einzuspringen. Sie war auch bereit. Nur Fanita English schien die Idee nicht zu behagen, als ich sie noch einmal anrief. Warum, wurde mir erst später klar.

Fanita und Françoise verstanden sich gleich glänzend. Als ich sie später traf, hatten sie noch kein Wort Deutsch gewechselt, sondern sich nur Französisch unterhalten.

Mit den verschiedensten Sprachen vertraut, an vielen Ecken der Erde zuhause, immer wieder bereit, der Neugier folgend, unbekannte Menschen, fremde Dinge, neue Orte zu entdecken – das ist eine Seite von Fanita English, wie ich sie kenne.

Zuhause in der Sprache des Alltags, mit der wir uns in unseren Beziehungen verständigen und verstecken, vertraut mit den vielen Wendungen und Windungen, deren wir uns bedienen, um anderen etwas mitzuteilen oder ihnen mitzuspielen – das ist eine andere Seite von Fanita English. Ich sehe sie vor mir bei der praktischen therapeutischen Arbeit: freundlich, aufmerksam und voller Respekt für Persönlichkeit und Eigenart ihres Gegenübers, zugleich mit einem klaren Blick für die vielen kleinen Tricks, mit denen wir uns und unseren Partner zu bemogeln pflegen, indem wir immer ein wenig Eigenverantwortung abschieben und dem anderen ein bißchen mehr Verantwortung und Schuld zuschieben; mit unbeirrbarem Auge für die vielen kleinen Schliche, mit deren Hilfe wir uns bei anderen anschleichen, um sie ein bißchen auszunehmen oder auszubeuten. Gerade für solche Ausbeutungen, bei den Gefühlen und im Verhalten, hat Fanita ein feines Gespür. Darum war sie wohl auch so zurückhaltend gewesen, als ich meine Frau gebeten hatte, sie an meiner Stelle abzuholen.

Es ist sicher kein Zufall, daß sich Fanita English nach ihrer psychoanalytischen Ausbildung – und neben Gestalt – gerade für die Transaktionsanalyse entschieden hat. Transaktionsanalyse, kurz TA genannt, erklärt, was zwischen Menschen und in Menschen geschieht, wenn sie wütend, sachlich, freundlich, fleißig oder noch anders reagieren. Und TA tut das auf anschauliche Weise und mit allgemeinverständlichen Begriffen. »Haben Sie schon einmal ein Überich, ein Es oder ein Ich gesehen?« pflegen TA-Leute zu fragen. »Eltern, Kindern und Erwachsenen dagegen begegnen wir täglich.« Bei uns selbst können wir spüren, wie wir uns, oft in schnellem Wechsel, wie Kinder, Eltern oder Erwachsene verhalten.

TA basiert, wie manches andere wirkungsvolle therapeutische Verfahren der letzten 20 Jahre, auf Entdeckungen Freuds, der Tiefenpsychologie und Erfahrungen der Psychoanalyse. Freud erschloß der modernen Welt den Zugang zu unbewußten Vorgängen in und zwischen Menschen. Auf seinen Spuren haben seitdem Therapeuten und Wissenschaftler eine Fülle differenzierter Erkenntnisse über die Tiefen der menschlichen Persönlichkeit zusammengetragen. Das ist inzwischen auch bei uns fast Allgemeingut geworden: unbewußte Kräfte beeinflussen unser Fühlen, Denken und Handeln. Wir sperren uns längst nicht mehr so wie früher gegen diese Vorstellung. Das erleichtert uns den Weg zu uns selbst.

Die Transaktionsanalyse führt uns ja noch einen Schritt weiter: die Geheimnisse der Tiefe werden anschaulich. Selbsterkenntnis ist keine Geheimwissenschaft mehr, Therapie keine Geheimkunst. Einsichten, welche Kräfte mich bewegen, werden jedem zugänglich – zumindest kann ich erkennen, was beim anderen los ist. Kräfte aus der Tiefe sind nicht erst bei psychischer Krankheit am Werke und bei grundlegenden »Persönlichkeitsstörungen«. Sie wirken auch im alltäglichen Miteinander. Dort blockieren sie uns, dort stimulieren sie uns. Dort lohnt es, sie anzuschauen.

Therapie braucht darum nicht ewig zu dauern. Auch die Ungeduld mit jahrelangen Therapien führte Fanita English zu TA (und Gestalt). Kleine Schritte helfen ebenfalls; außerdem ist Lebenszeit wertvoll. Da gibt es andere und lustigere Sachen als Therapie.

Es ist aber sicher auch kein Zufall, daß Fanita English über TA hinausgewachsen ist. An einigen Stellen hat sie TA weiterentwickelt und vertieft. So haben wir nach ihrer Auffassung an den Überlebensstrategien, auf die wir in früher Kindheit gekommen sind, meistens aktiv mitgewirkt, so klein wir auch waren. Damit ist ein jeder von uns – und sein Lebensskript – nicht mehr bloß Opfer seiner Eltern oder seiner Lebensumstände. Sondern jeder war beteiligt und ist in gewissem Umfang auch verantwortlich. Schon mit ihrer bahnbrechenden Unterscheidung von echten Gefühlen und Ersatzgefühlen geht Fanita English jedoch über die »Analyse der Transaktionen« hinaus. Mit ihrer Lehre von den zwei Typen, wie sie sie in diesem Buch entwickelt, stellt sie eine neue Persönlichkeitstheorie vor. Fanita steckt voller kreativer Einfälle: ginge es allein nach ihr, so hätte dieses Buch viel mehr Kapitel. Und wann Fanitas nächste Entdeckung kommt, ist wahrscheinlich nur eine Frage der Zeit . . .

In meiner praktischen Arbeit haben sich Fanita Englishs Ideen sehr bewährt. Ich habe erfahren: Es ist ausgesprochen nützlich, Ersatzgefühle rasch zu erkennen. Es ist wirkungsvoll, wenn die Arbeit gleich an der entscheidenden Stelle einsetzt. Es entlastet den Ratsuchenden, wenn er nicht weiter vergeblich nach Anerkennung strampeln muß, sondern sich echte Zuwendung, befriedigende Nahrung für seine Bedürfnisse und Gefühle verschaffen kann. Auch die Typ-Theorie hilft mir, je länger ich sie kenne. Ich lerne, meine eigenen Tendenzen besser einzuschätzen. Abhängigkeitswünsche und Selbstsicherungstendenzen meiner Gesprächspartner leuchten mir seitdem mehr ein. Ich kann auch besser wertschätzen, wenn der eine oder der andere im Krieg der Partner Schritte aus seinen Verteidigungsgräben heraus unternimmt.

Fanita English verbindet in ihrer Person, in ihren Erfahrungen und Gedanken die Traditionen Europas, wo sie herstammt, mit denen ihrer jetzigen amerikanischen Heimat. In ihrem Denken und Arbeiten läßt sich ein bestimmtes Bild vom Menschen erkennen. Wichtige Züge dieses Bildes sind: Ich kann Zutrauen zu mir haben. Ich bin verantwortlich für mich und mein Leben. Sicher, meine Eltern haben mich in meiner Kindheit geprägt. Aber ich habe mich entschlossen zu überleben, so zu überleben, wie ich bin. Die Entscheidungen meiner Kindheit kann ich mir noch einmal anschauen. Ich treffe auch einen Entschluß, wenn ich sie mir nicht anschaue. Ich bin ebenfalls verantwortlich für meine verschiedenen Anteile, für meine Gefühle und Bedürfnisse. Jedes meiner Gefühle ist erlaubt und normal. Aber ich werde nicht jedes meiner Gefühle in die Tat umsetzen.

Schließlich habe ich auch einen Teil in mir – TA-Leute nennen ihn Erwachsenen-Ich –, der nachdenken kann, Absprachen treffen, mit mir selber und mit anderen, der Situationen vorhersehen und Situationen ändern kann. Ich kann etwas für mich tun. – Aber das steht ja alles ausführlich in diesem Buch.

Auch in meiner Familie haben sich Fanitas Ideen bewährt. Neulich saß ich am Manuskript dieses Buches. Da fand ich eine Stelle, die mir genau auf meine Frau zu passen schien. Ich wollte mir die Gelegenheit nicht entgehen lassen, ihr diesen Abschnitt unter die Nase zu reiben. Meine Frau kam und las und las, nickte: »Ja, das stimmt« und lachte und lachte. Was ich nicht gleich merkte: Sie hatte weitergelesen und mit Vergnügen *mich* im Text wiederentdeckt . . .

Ich wünsche Ihnen, daß Sie in diesem Buch viele solcher Stellen finden.

1. Zwei Persönlichkeitstypen, die sich ergänzen

Inge und Fred: In Freud und Streit – wir passen zusammen

Inge fährt gerade mit ihrem neuen Wagen rückwärts in die Doppelgarage ein. Fred, ihr Mann, sitzt neben ihr. Sie hat ihn eben vom Bahnhof abgeholt. Er kommt von der Arbeit und ist übermüdet. Inge ist nervös. Ihr Wagen ist noch ganz neu. Beim Zurücklenken wendet sie sich an Fred: »Mach' ich's richtig so, Liebling?« »Ja, ja, Schatz, fahr nur geradeaus rückwärts«, erwidert Fred. In seiner Stimme schwingt Ungeduld über Inges langsames Fahren.
Krach! Das Fahrrad des Jungen war im Wege. Inges neuer Wagen hat eine große Beule. Aber auch Freds Auto, gegen das das Fahrrad gekippt ist, hat etwas abbekommen.
Inge hätte besser in den Rückspiegel geblickt, statt sich beim Rückwärtslenken auf Freds Rat zu verlassen. So hätte sie das Fahrrad sehen können. Fred hätte besser gesagt, daß er von seinem Platz aus nicht nach hinten sehen kann, statt sie zum Zurückstoßen zu ermutigen. Inge hätte dann wahrscheinlich in den Rückspiegel geschaut, statt sich auf ihn zu verlassen. Nun jedoch geraten Inge und Fred in einen Streit, dessen Ablauf wir uns nur allzu gut vorstellen können. –
Lore und Jan sind ein Paar mit einer ähnlichen Beziehung wie Inge und Fred. Gelegentlich geraten auch sie in ziemlich die gleichen Auseinandersetzungen hinein. Doch es gelingt ihnen die meiste Zeit, sich auf ihre Realität zu konzentrieren und Realität und Gefühle zu unterscheiden. Sie verstricken sich nicht mehr so leicht in ihren Gefühlen. Das hat ihren alltäglichen Umgang miteinander spürbar verbessert und ihre Beziehung außerordentlich entlastet.

In einer Situation, wie ich sie oben geschildert habe, wäre auch Lore versucht gewesen, Jans Rat beim Zurückstoßen einzuholen. Sie hätte diesem Impuls jedoch nicht einfach nachgegeben. Sie hätte sich vielmehr bewußt gemacht: Ich bin es, die am Steuer sitzt. Sie hätte entweder selbst in den Rückspiegel geblickt, oder sich zumindest vergewissert, daß er hineinsehen kann. Jan, darauf angesprochen, hätte seinerseits mit der Antwort gezögert, bis er die Lage im Spiegel überprüft hätte. Oder noch besser, er hätte – auf humorvolle Art, nicht kritisierend – erklärt: »*Du* kannst doch in den Rückspiegel schauen, nicht ich.« Das hätte nichts an der Tatsache geändert, daß Lore und Jan an diesem Wechselspiel von Frage und Antwort ihren Spaß haben. Es trägt zu ihrem Wohlbefinden bei und ist »typisch« für ihre Beziehung.

Worin liegt der Unterschied zwischen den beiden Paaren? Ich kann ihn am besten in der Sprache der Transaktionsanalyse darstellen. Erlauben Sie mir darum, bevor ich mit Inge und Fred, Lore und Jan fortfahre, eine Bemerkung zu dieser psychologischen Richtung.

TA – was ist denn das?

Die Transaktionsanalyse (TA) ist eine Kommunikationstheorie, die in den sechziger Jahren von dem amerikanischen Psychoanalytiker Eric Berne entwickelt wurde. Seitdem haben Begriffe dieser Methode weite Verbreitung gefunden. Ich bin stolz darauf, daß ich einiges an Konzepten dazu beigetragen habe. Manche dieser Theorien sind von Bedeutung, wenn man Beziehungen verstehen und zu Selbsterkenntnis gelangen will. Darauf werde ich in diesem Buch näher eingehen. Doch möchte ich keineswegs die Literatur zur Transaktionsanalyse um ein weiteres Werk vermehren. Bücher über TA gibt es schon genug. Ich werde nur auf die Vorstellung zurückgreifen, daß es verschiedene Ich-Zustände gibt, und die Darstellung von Transaktionen durch Diagramme verwenden. Beides ist sehr nützlich, wenn man Beziehungen erklären will. Falls Sie, lieber Leser, die Begriffe und Einsichten der Transaktionsanalyse noch überhaupt nicht kennen, empfehle ich Ihnen, sich erst damit bekannt zu machen, bevor Sie hier weiterlesen. Der Anhang auf Seite 229 bietet Ihnen die nötige Aufklärung. Darüber hinaus benötigen Sie keine besonderen Fachkenntnisse. –

Ich komme auf die Frage zurück: Worin besteht der Unterschied zwischen den beiden Paaren? Nimmt man die Transaktionsanalyse zu Hilfe, so sieht es folgendermaßen aus:

Im Falle von Inge und Fred stellt Inge ihre Fragen vom Kind-Ich aus, während Fred von seinem Eltern-Ich her antwortet, ohne daß beide die Realität in Betracht ziehen. Die Beziehung zwischen Lore und Jan spielt sich, wie bei Inge und Fred, ebenfalls häufig auf der komplementären Ebene von Kind- und Eltern-Ich ab. Aber im Gegensatz zu Inge und Fred setzen beide weit häufiger ihr Erwachsenen-Ich ein, sobald es sich um solche realen Probleme handelt wie hier das Einparken.

Übersicher und Untersicher

Lassen Sie mich an dieser Stelle eine zusätzliche Beobachtung einfügen, die uns zu einem besseren Verständnis der Beziehung von Fred und Inge verhelfen wird.
Es besteht ein grundlegender Unterschied zwischen zwei Typen von Persönlichkeit, die ich mit *Typ 1 – »Untersicher«* und *Typ 2 – »Übersicher«* zu bezeichnen pflege. In der obigen Szene neigt Inge zum Typ 1: sie setzt bevorzugt ihr angepaßtes Kind-Ich ein und erbittet eher Anweisungen von Fred, als selbst in den Rückspiegel zu sehen, der ihr verläßlichere Daten vermittelt hätte. Fred gehört zum Typ 2: er benutzt häufig sein Eltern-Ich und gibt Inge Anweisungen, ohne zu bedenken, daß seine Ratschläge nicht unbedingt verläßlich sind, weil er ja nicht in den Rückspiegel blicken kann. Somit befinden sich Inge als Typ 1 und Fred als Typ 2 in einem »komplementären« Beziehungsmuster (fragend und antwortend), das in TA als eine diagonal verlaufende parallele Transaktion dargestellt wird.

Inge (Kind-Ich): »Mach' ich's richtig so, Liebling?«
Fred (Eltern-Ich): »Ja, ja, Schatz, fahr nur geradeaus.«

Bitte beachten Sie: Kein Typ ist, für sich genommen, besser als der andere, und eine komplementäre Beziehung ist durchaus in Ordnung. In vielen Situationen ist es ganz praktisch, wenn der eine bestimmt auftritt und der andere sich anpassungsfähig verhält. Was jedoch Probleme schafft, ist die Übertreibung und Ausschließlichkeit eines Typs oder das blinde Verharren in einem »typischen« Verhalten in Streß-Situationen. Natürlich können wir einen Menschen nicht aufgrund eines einzigen Vorfalls charakterisieren. Wir brauchen vielmehr eine ganze Reihe von Beispielen, um den Typ einer Person und das Grundmuster der von ihr bevorzugten Transaktionen auszumachen. Lassen Sie uns aber einmal davon ausgehen, daß der Vorfall mit der Karambolage typisch ist für Inge und Fred. Dann ließe sich feststellen: Inge und Fred sind zu sehr von ihren »typischen« Transaktionen *abhängig*. Ihnen wäre geholfen, wenn sie dieser Abhängigkeit gewahr würden. Wenn beim nächsten Mal, wo es darum geht, eine alltägliche Situation zu meistern, einer oder beide bemerkten, daß ihre Beziehung sich verschlechtert oder sich einer in frustrierender Weise an den anderen gebunden fühlt.

Ganz das gleiche Transaktionsmuster, das zu den Beulen in ihrem Wagen geführt hat, beschert Inge und Fred bei anderen Gelegenheiten wohltuende Dinge (die in TA als »*Streicheln*« bezeichnet werden). Damit drücken die beiden sich gegenseitig ihre Anerkennung aus für den Typ, den jeder von ihnen darstellt. So passen Inge und Fred als Paar gut zusammen, wenn sie entspannt sind oder wenn Fred sich als der Kompetentere bzw. in einer geeigneten Führungsrolle erweisen kann. Ihre Beziehung wird dagegen strapaziert oder es kommt zu unglücklichen Folgen, wenn Inge (anders als Fred) in eine Situation gerät, die sie »belastet«.

Der springende Punkt ist in diesem Fall: nicht Kompetenz bzw. Inkompetenz oder die Gelegenheit geben den Ausschlag, wenn einer die Führungsrolle übernimmt. Für Inges Fahrleistung wäre es vielleicht besser gewesen, sie hätte sich allein im Wagen befunden. Vor dem Zwischenfall in der Garage gaben beide ihrer emotionalen Beziehung den Vorrang gegenüber der Realität, auffälligerweise gerade als sie sich unter Druck befanden. Inge hatte das Gefühl, daß Fred müde war und ungeduldig, weil sie so langsam fuhr (was bei dem neuen Wagen jedoch angemessen war); da erlag sie der Versuchung, sich mehr nach Freds Anweisung als nach ihren eigenen Fähigkeiten zu richten. Gleicherweise befand sich Fred unter Streß, weil er müde war; so reagierte er auf Inge blindlings aus seinem »übersicheren« Typ 2 heraus und der von ihm bevorzugten Manier, ihr gegenüber aufzutreten.

Mal freundlich, mal sauer – immer nach demselben Muster: Modus a und b

Wir haben gesehen, wie Inge und Fred in einen Streit geraten sind, den wir uns nur allzu gut ausmalen können. Damit komme ich zu einer weiteren Unterscheidung, die ich hier einführen möchte.
Es gibt bei solch einem Streit *zwei mögliche Versionen*. Beide laufen nach einem bestimmten Schema ab und folgen manchmal auch aufeinander.
Die erste und häufigste Version sieht so aus: Fred geht aus seiner sonstigen *väterlich stützenden* Haltung gegenüber Inge in eine gleicherweise *väterliche, aber nun kritische* Verhaltensweise über. Er macht ihr dann heftige Vorwürfe: »Warum bist du auch so dumm und schaust nicht in den Rückspiegel!« Inge dagegen versucht, sich wie ein Kind zu rechtfertigen: »Ich hab' dich doch gefragt, und du hast gesagt, mach nur!« Dabei argumentiert jeder von ihnen in einem fort von seiner Position aus in derselben Weise weiter. Das dauert so lange, bis sie von einem anderen unterbrochen werden oder selbst das Bedürfnis verspüren, ins Haus zu gehen. Der gleiche Streit kann jederzeit wieder aufflammen. Denn diese Art von Interaktionen kennzeichnet auch sonst ihre Beziehung. Der Inhalt des Streits ist eigentlich belanglos. Er hat hier zwar mit dem aktuellen Anlaß zu tun, mit dem neuen Auto, Unaufmerksamkeit, bestimmten Fahrgewohnheiten. Das *Muster* der Auseinandersetzung zwischen Inge und Fred ist jedoch genau dasselbe wie bei anderen Streitereien, wenn es ums Wirtschaftsgeld geht, ums Essen, um die Arbeit, um Ferienziele, um persönliche Gewohnheiten und sogar um Sex. Auffallend ist, daß die Art des Austausches zwischen beiden, wenn sie streiten, genau der Art des Austausches entspricht, wenn es zwischen ihnen glatt läuft. Der einzige Unterschied besteht darin, daß ihre Bemerkungen dann eher lustig und positiv sind als ärgerlich oder defensiv.
Mit diesen Beobachtungen möchte ich also darauf hinweisen, daß ein und dasselbe Beziehungsmuster in zwei verschiedenen Erscheinungsweisen, »Modi«, auftreten kann:

- *Modus a* ist dadurch gekennzeichnet, daß zum Inhalt des Austausches »gute« Gefühle gehören, wie z.B. Lächeln, Gesten der Zustimmung usw.
- Bei *Modus b* dagegen ist der Inhalt des Austausches mit »schlechten« Gefühlen verbunden, wie etwa Stirnrunzeln, Zeichen des Ärgers, Spannung usw.

Jeder Modus, ob a oder b, kann innerhalb desselben Beziehungsmusters benutzt werden. Der Unterschied ist, wie eben gesagt, daß sich bei Modus a ein Austausch vollzieht, den die Beteiligten als angenehm empfinden, während Modus b mit Vorwürfen einhergeht.

Warum wir uns bei Streit zerstreun

Kehren wir zu Inge und Fred zurück. Zu Beginn befinden sich beide in einer für sie typischen Transaktion, und zwar im erfreulichen a-Modus: »Mach' ich's richtig so, Liebling?« – »Ja, Schatz, fahr nur geradeaus!« Nun tritt der Unfall ein mit seinen unangenehmen Folgen, den Beulen im Auto. Dabei handelt es sich um die unangenehmen Folgen *unseres »typischen« Verhaltens*. Gewöhnlich steigern wir uns in einer solchen Situation noch mehr ins »typische« Verhalten hinein, nur daß wir vom (freundlichen) Interaktionsmodus a zum (ärgerlichen) Modus b wechseln. Genau wie Inge und Fred es gemacht haben. Inge: »Warum hast du mich nicht halten lassen?« – Fred: »Weil ich dachte, du würdest hinsehen, Dummerchen!« (Beachten Sie: Inge bleibt bei ihrem Typ unsicher, Fred in dem seinigen übersicher, und beide bleiben gemeinsam in ihrem komplementären Muster.) Der Zank könnte jetzt, wie schon gesagt, beliebig weitergehen, mit oder ohne Unterbrechung, am selben Thema oder einem anderen. – Wenn Inge oder Fred jetzt einen Freund oder Bekannten träfen, dann würden sie sich vielleicht über die Unfreundlichkeit des Partners beklagen. Sie übersähen dabei, daß ihr Streit jedem von ihnen eine gewisse Befriedigung verschafft. Diese Befriedigung unterscheidet sich, so merkwürdig das klingen mag, nicht wesentlich von der, die ihnen ihre gewohnte angenehme Interaktion im a-Modus vermittelt. Auch wenn Streiten »negativ« ist, so findet hier doch ein Austausch dessen statt, was die Transaktionsanalytiker als »Streicheln« bezeichnen. Wir tauschen oft lieber negative Streicheleinheiten aus, als bestimmte innere Gefühle zur Kenntnis zu nehmen oder der Realität ins Auge zu blicken. (Zum Beispiel dem Gedanken: Diese Beulen kosten sicher 500 Mark, und wir haben noch keine Vollkasko-Versicherung abgeschlossen. Wo soll das Geld herkommen?)

Wollen Inge und Fred ihren Streit *beenden,* so wäre eine typische Form: Inge bricht wegen des Schadens an ihrem neuen Wagen in Tränen aus; Fred tritt wieder einmal stützend auf, indem er ihr versichert, daß er für die Reparaturen aufkommt, und so weiter. Inge und Fred wären dann vom Modus b zum freundlichen Modus a zurückgekehrt, wie er vor dem Unfall bestand. In diesem ihren gewohnten Beziehungsmuster könnten sie sich wieder gegenseitig Halt geben und ihren jeweiligen Typ bestärken.

Umschläge, die nichts bringen

Die andere Version des Streits sähe so aus: Inge schaltet von ihrer *angepaßten* Haltung Fred gegenüber um und greift ihn *kritisch* an. Dies könnte unmittelbar erfolgen oder auch erst, nachdem beide zunächst eine Reihe von Interaktionen nach dem oben geschilderten Muster hinter sich haben. Das könnte so aussehen: Inge: »Da siehst du, wozu du mich aufgefordert hast!« oder »Wie oft bist du mit deinem Wagen wo angestoßen!« Daraufhin zieht Fred sich verdrossen und beleidigt zurück. Sie brechen den Kontakt zueinander ab, bis sie ihn aus einem anderen Anlaß wieder aufnehmen.

Bei dieser zweiten Version sehen wir ein Umschlagen von Inges typischer Unterlegenheitshaltung ins Gegenteil. Plötzlich wechselt sie in eine aggressive, überlegene Einstellung und sagt etwa: »Wenn du schon nicht hinguckst, hättest du dir wenigstens eine bessere Ausrede einfallen lassen können, du Idiot!« Auch Fred nimmt eine Kehrtwendung vor: von der gewöhnlichen Überlegenheit des »Übersicher« zu einer demütigen, unterlegenen Haltung. Er murmelt etwa eine Entschuldigung oder zieht sich in ein schmollendes oder niedergeschlagenes Schweigen zurück. Das wäre dann eine gekreuzte Transaktion.

Gekreuzte Transaktion

Fred   Inge

(1) *Inge:* »Mach ich's richtig?«
(2) *Fred:* »Ja, fahr nur geradeaus!«
(3) *Inge* wechselt vom Kind-Ich ins Eltern-Ich und sagt:
(4) »Siehst du, was du angerichtet hast?«
(5) Fred wechselt vom Eltern-Ich zum Kind-Ich:
»Ja, meine Schuld . . .«
Ein unbefangener Betrachter könnte meinen, Inge und Fred hätten jetzt ihren Typ gewechselt. Und je nachdem, wo man steht, könnte man Beifall klatschen: Aha, endlich stellt sich Inge auf ihre eigenen Füße! oder: Schön, Fred sieht ein, daß er nicht allmächtig ist, und gibt nach! Aber solches Umschalten ist noch kein grundlegender Wechsel im Typ. Kommen diese »Umschläge« häufiger vor, so sind sie rotes Licht, ein Warnsignal für die Beziehung und/oder für das emotionale Gleichgewicht eines der Partner oder beider. Durch gekreuzte Transaktionen wird nämlich die Möglichkeit zu weiterem Streichelaustausch verbaut. Beide müssen mit den steigenden Frustrationen, die sich in ihnen ansammeln, fertig werden. Ein plötzlicher Umschlag erfolgt eher aufgrund einer *momentanen* Kampf/Flucht-Reaktion, wie ich sie in Kapitel 11 ausführlicher beschreiben werde. Es ist dem Flugmanöver eines Vogels vergleichbar, der auf diese Weise auf einen unerwarteten plötzlichen Angriff oder Schreck reagiert. Das Umschalten in unseren Gegentyp bedeutet daher nicht eine tiefgreifende Veränderung im Charakter. Hat der Vogel im Verlauf des Flugmanövers keinen argen Schaden erlitten, so kehrt sein Organismus zur gewohnten Funktionsweise zurück. Bei Inge und Fred können wir davon ausgehen, daß sie nach einer gewissen Zeit (Minuten, Stunden, Tage, Wochen – jedoch nicht Monate oder Jahre) zurückschalten in ihr anfängliches Beziehungsmuster. Jeder handelt dann wieder in Übereinstimmung mit seinem Typ. Die Wiederaufnahme der Transaktionen kann geschehen im freundlichen Modus a:
- durch eine väterliche, »wohlwollende« Geste von Fred zu Inge, oder
- durch eine um Entscheidung bittende oder bewundernde Geste von Inge zu Fred.

Im Modus b finden sich beide wieder zum Streit, den einer von beiden eröffnet, etwa
- Fred mit einer kritischen Bemerkung wie: »Na, du solltest noch ein paar Fahrstunden nehmen«, oder
- Inge mit einem kindlichen Aufbegehren: »Warum paßt du nicht besser auf bei mir?«

Wenn beide sauer werden

Was aber passiert, wenn diese »Umschläge«, das Umschalten vom typischen zum gegentypischen Verhalten, häufiger wird? Die Partner werden in ihrem Umgang miteinander mehr und mehr in den b-Modus verfallen. Der Ärger, der sich dann zwischen ihnen ansammelt, kann verschiedenen Ursprungs sein:
- Die Transaktionen im b-Modus zwischen den beiden werden immer intensiver; oder
- der Ärger rührt von dem destruktiven Prozeß her, der mit allzu zahlreichen Angriffen einhergeht; oder
- die Partner haben immer mehr »Abbrüche« in ihrer Kommunikation, wenn sich ihre Transaktionen kreuzen. Denn solch ein »Abbruch« in der Kommunikation, graphisch als gekreuzte Transaktion darstellbar, bedeutet eben auch den Abbruch der gegenseitigen Streichelzuwendung und wird vom Organismus als Verlust und als ausgesprochen unangenehm empfunden.

Nehmen die Frustrationen zu, unter denen einer der Partner oder beide leiden, so steigt zwangsläufig bei einem oder bei beiden Ärger, vielleicht sogar Wut auf. Folgerichtig streben dann der eine oder beide nach emotionalem Ausgleich. Der kann so aussehen, daß sie sich an dem anderen zu rächen suchen oder sich nach außen wenden, daß sie etwa nach einem dritten, vierten oder fünften Partner Ausschau halten, mit dem sie dann »ihrem Typ gemäß« umgehen können. Man nimmt sich zum Beispiel einen Liebhaber oder einen Therapeuten. Vielleicht wendet man sich auch einem der Kinder zu, wobei dann jeder der Partner von seinem neuen »Liebling« ein Mehr an Zuwendung erwartet. Solche Beziehungen führen leicht zu großer Verbitterung eines oder beider Partner. Oft enden sie in heftigen Auseinandersetzungen, in extremen Fällen mit einem »Verbrechen aus Leidenschaft«. Eine derartig destruktive Entwicklung beschreibe ich in Kapitel 13 anhand von Shakespeare's »Othello«.

Hin und wieder liest oder hört man vom »Schmerz unerwiderter Liebe« oder von einem Menschen, der sich in einer »unglücklichen Abhängigkeit« von einem anderen befindet. In Wirklichkeit handelt es sich hier oftmals um ein überstarkes Bedürfnis nach komplementären Transaktionen mit einer Person des entgegengesetzten Typs. Nur ist diese Person vielleicht nicht länger gewillt, mehr Zeit und Kraft als bisher auf etwas zu verwenden, was mit beiderseitigem Gewinn angefangen hatte. Oder ein

Partner (bzw. beide) ist mehr als der andere von »typischen« Transaktionen zwischen den Partnern abhängig. Dabei ist gleichgültig, ob sie im freundlichen oder ärgerlichen Beziehungsmodus erfolgen. So kann, was als ausgezeichnetes Zusammenspiel zwischen zwei Menschen, deren Typen sich ergänzen, begann, in einer scheinbar unvermuteten, aber durchaus vorherseh- und vermeidbaren Katastrophe enden. –
Als *dritte Version,* einen Streit weiterzuführen, ist denkbar, daß der vereinte Ärger des Paares sich gegen einen Außenstehenden richtet. Er mag z.b. das Kind treffen, das sein Rad in der Zufahrt hat stehen lassen. Ein solches Beziehungsmuster kann für einen oder beide Partner oder für die weiteren Betroffenen zerstörend wirken, wenn keine klare Einsicht in das gewonnen wird, was *wirklich* im Gange ist. Kurzfristig entlastet es vielleicht einen oder beide Beteiligten von Ärger oder Frustrationen. Am Ende aber wird es zu einer Vielzahl von Verhängnissen führen, vor allem wenn Kinder mit im Spiel sind.

In Schubladen gesteckt? Was die Kenntnis der Typen nützt

Aber, so mögen Sie vielleicht einwenden, sind die Menschen nicht viel zu unterschiedlich? Kann man sie in den Schubfächern von Typ 1 und Typ 2 unterbringen? Selbst wenn wir die zusätzliche Unterteilung in Modus a und b hinzunehmen (die uns anzeigt, in welcher Erscheinungsweise jeder Typ vorzugsweise auftritt)? Natürlich ist jeder von uns ein eigenes und differenziertes Individuum. Um einen Vergleich heranzuziehen: Jeder von uns hat seinen eigenen Fingerabdruck, und keine zwei Fingerabdrücke gleichen sich. Trotzdem ist es möglich, Fingerabdrücke zu klassifizieren. Sonst wären die Kriminalämter außerstande, aus einer verwirrenden Zahl von Fällen heraus einen Abdruck zu identifizieren. Selbst komplexe Computer und das Morse-Alphabet fußen auf dem binären System von »Ja« und »Nein«.
Viele Faktoren können in Beziehung zwischen einzelnen Menschen (und in ihrer Sicht von sich selbst) eine Rolle spielen: Erbanlagen, frühkindliche Erfahrungen, physisches Befinden, Intelligenz, Kompetenz, z.B. für einen bestimmten Beruf, und – last but not least – soziale Rollen und Erwartungen. Aus diesen Faktoren wiederum können sich die vielfältigsten Kombinationen ergeben.
Will man diese Einflüsse erfassen und mit den zahlreichen Kombina-

tionsmöglichkeiten umgehen, so sind meiner Meinung nach die Unterscheidung in zwei Typen und die scheinbar »automatischen« Tendenzen, die jedem Typ zu eigen sind, grundlegend und ein notwendiger erster Schritt.

Man kann das Erlernen der Typ-Zugehörigkeit in der Psychologie vergleichen mit dem Studium des Skeletts in der Physiologie. Der Körper ist mehr als nur das Knochengerüst. Es gehören ja auch Fleisch, Blut, Muskeln, Nerven, Drüsen, Gehirn usw. dazu. Gleichwohl lassen sich Struktur und Bewegungen eines Menschen nicht erfassen ohne die anatomischen Kenntnisse, wie das Skelett sich bewegt. Diese Kenntnisse bilden z.B., wenn man Tanz oder Sport studiert, die Grundlage der Bewegungsanalyse. Ebenso ist das Erkennen des Typs von grundlegender Bedeutung, wenn man Beziehungen, Verhaltensweisen und die emotionale Einstellung zu sich selbst und zu anderen verstehen will. Darum kann das Erkennen des Typs der erste Schritt sein, der uns hilft, mit unseren Partnern daheim und am Arbeitsplatz nutzbringend und befriedigend umzugehen. Werden wir uns über unseren eigenen Typ und den unserer ständigen Partner klar (egal ob sie unsere Ehepartner, Kinder, Eltern, Brüder und Schwestern, Arbeitgeber, Angestellte, Kollegen usw. sind), so können wir unsere Beziehungen zu ihnen verbessern. Da sich unsere (und ihre) Reaktionen in gewissem Umfang vorhersehen lassen, ist es möglich, Fehlschläge mehr oder weniger zu vermeiden. Schließlich mag es uns gelingen, den »Typ« fremder Menschen einigermaßen einzuschätzen, mit denen wir es in einer alltäglichen Situation zu tun haben. So können wir auch unsere Fähigkeit verbessern, uns auf die Wechselfälle des Lebens einzulassen.

Ob eine Person zum Typ 1 (Untersicher) gehört oder zum Typ 2 (Übersicher), hat nichts mit Intelligenz oder Kompetenz, der sozialen Herkunft oder dem Geschlecht zu tun. Bekanntermaßen tendiert unser gesellschaftlicher Kontext zwar dahin, bei Frauen ein Typ 1-Verhalten und bei Männern ein Typ 2-Verhalten zu fördern. Der Einfachheit halber habe ich darum, auch wenn es stereotyp erscheinen mag, bei meinem ersten Beispiel mit Bedacht eine Beziehung gewählt, in der die Frau vom Typ 1 und der Mann vom Typ 2 ist. In allen Gesellschaften gibt es jedoch auch zahlreiche Typ 1-Männer und Typ 2-Frauen, und es gab sie schon zu allen Zeiten.

Der Unterschied zwischen den beiden Typen liegt auch nicht darin, daß der eine Typ nett und der andere abstoßend, erfolgreich oder erfolglos ist; daß jemand »introvertiert« oder »extrovertiert«, eher als »Denker« oder

»Gefühlsmensch«, mehr »visuell«, »auditiv« oder »kinetisch« veranlagt ist. Alle diese Faktoren greifen ineinander, um den Effekt eines »typischen« Verhaltens unter den verschiedenartigsten Umständen zu beeinflussen[1].

Wie Untersicher und Übersicher sich verhalten – eine Zusammenfassung

Unser Typ hat mit der Art und Weise zu tun, wie wir uns selber *in Beziehung zu anderen* sehen und empfinden. Unsere Gefühle, Erwartungen und Verhaltensweisen kommen weitgehend im Blick auf andere zustande, oder aufgrund unserer Vermutungen, was wohl andere von unseren Gefühlen und Gedanken halten, die wir ihnen gegenüber haben. Eine Person vom *Typ 1 (Untersicher)* stellt sich vor, daß andere mehr können und wissen, und fühlt *sich nicht so kompetent*. Währenddessen steht eine Person vom *Typ 2 (Übersicher)* unter dem Eindruck, daß *die anderen nicht so kompetent* und mit Verantwortung belastbar sind und deshalb von ihr erwarten, daß sie die Verantwortung übernimmt. Also: Unser Typ ist bestimmend für die bevorzugte oder gewohnte Art, in der wir auf andere zugehen, seien es nun uns nahestehende Menschen, Partner, Freunde oder zufällige Bekanntschaften.

Personen vom *Typ 1* sind, wiewohl kompetent, mehr dazu geneigt, Hilfe zu erbitten, und erscheinen als »hilflos« oder als »Opfer«, wenn sie den a-Modus gebrauchen. Benutzen sie den b-Modus, dann stellen sie ihre Fragen vielleicht in herausfordernderer Weise aus der Position des »Unterdrückten« (»Ach, nein?«). Sie können rebellisch wirken und als »kindisch« apostrophiert werden. Das eigentlich Charakteristische bei Personen vom Typ 1 ist, daß sie zu sehr von der Autorität und dem Urteil anderer abhängig sind. Häufig verwenden sie mehr Energie darauf, von anderen Hilfe und Unterstützung zu erhalten, als darauf, ihre eigenen Kräfte und Fähigkeiten effektiv einzusetzen.

Im Gegensatz dazu neigen Personen vom *Typ 2* dazu, Anweisungen oder Verhaltensmaßregeln zu erteilen, sowohl wenn etwas im Bereich ihrer

1. Eine Anmerkung zum Wort »Typ«: Ich bin mir bewußt, daß dieser Begriff in der Psychologie C. G. Jungs eine ganz andere Anwendung findet, als ich sie ihm in diesem Buch gebe. Jungs Feststellungen finde ich anregend, um neue Perspektiven zu erschließen. Mein eigener Wortgebrauch vom »Typ« fußt mehr auf der umgangssprachlichen Verwendung, bei der »typische« Verhaltensweisen oder Gefühle subjektiv vom einzelnen mit einem »Das bin ich« wahrgenommen werden.

Kompetenz liegt, als auch wenn die Person, an die sie sich wenden, als genauso fähig oder fähiger erscheint als sie selbst. Personen vom Typ 2 mögen tatsächlich sehr hilfsbereit sein. Aber oft wirken sie »kontrollierend« oder – abwertend gemeint – wie »Retter«, weil sie ihre Hilfsbereitschaft übertreiben. Sie verwenden allzu viel Energie auf »Tun« und »Geben« und bezahlen dafür mit ihrer Gesundheit. Immer wieder bringt sie ihr Engagement im »Tun« für andere so weit, daß man sie als »Verfolger« empfindet, wenn sie vom a-Modus einer freundlichen Beziehung mehr in den b-Modus geraten. Dann können sie andere herumjagen oder über Gebühr kritisieren, was diese etwa nicht »richtig« gemacht haben, wodurch sich diese am Ende zurückgewiesen und blockiert fühlen, statt selber zum Zuge zu kommen.

Es gibt Leute, die kann man als Typ 1 (a) kennzeichnen. Sie bevorzugen angenehme Transaktionen. Dabei bringen sie Hilfsbedürftigkeit oder Bewunderung zum Ausdruck. Andere Menschen gehören zum Typ 1 (b). Sie klagen oder jammern viel, werten sich selbst ab oder verfallen in aufbegehrende und trotzige Reaktionen. Ein Typ 2 (a) wäre dann jemand, der sich mit Vorliebe zum großmütigen »Retter« aufschwingt und Dank erwartet. Im Gegensatz dazu übt ein Typ 2 (b) überwiegend Kritik und macht andere herunter. Solche Tendenzen hängen mit Erfahrungen aus der Kindheit zusammen, mit dem familiären und sozialen Hintergrund und alltäglichen Situationen. Bei der Bestimmung des Typs und der Untersuchung der Beziehungsmuster ist allerdings wichtig, Typ und Modus nicht zu verwechseln. Innerhalb eines gegebenen Typs kann jeder von uns zwischen den beiden Modi hin und her springen, während er nach wie vor »seinem Typ gemäß« handelt.

Bei »emotionalen« Beziehungen lassen wir uns gern auf komplementäre Partner ein (und sprechen dann von »Liebe auf den ersten Blick« oder »reiner Antipathie«). Menschen des entgegengesetzten Typs beneidet man auch gern (»Wäre ich doch bloß wie . . .! Ist dessen Leben angenehm!«). Andererseits vertragen wir uns besser und sympathisieren eher mit Personen des gleichen Typs. Der Volksmund hat für die geschilderten Paarungen seit langem treffende Formulierungen bereit. »Gegensätze ziehen sich an«, heißt es bei komplementärer Beziehung, aber auch »Die beiden sind wie Katz und Hund!« »Gleich und gleich gesellt sich gern«, sagt man dagegen, wenn Leute des gleichen Typs sich verbinden (oftmals vielleicht mit dem Ziel, nach einem andersartigen Gegenüber Ausschau zu halten oder gar ihn zu bekämpfen).

Selbsterkenntnis mit Augenzwinkern

Damit komme ich zu den Zielsetzungen dieses Buches. Ich verfolge zwei Ziele:
Als erstes wende ich mich an jeden, Frau oder Mann, der sich besser in den menschlichen Beziehungen und ihren Wechselwirkungen auskennen möchte. Das Buch kann uns helfen, unseren eigenen Typ sowie den Typ anderer Menschen zu erkennen. Es kann dazu beitragen, das »typische« Verhalten in uns und anderen wahrzunehmen. Wenn wir verstehen, *wie* diese Beziehungen beginnen und sich weiterentwickeln, wenn wir ihren Fortgang und ihr Grundmuster voraussehen können, wird es uns eher gelingen, nicht in selbstgegrabene Gruben zu fallen. Dann werden wir die Beziehungen zu unseren Partnern daheim und am Arbeitsplatz verbessern können.
Als zweites wende ich mich an Leser, die beruflich in der psychologischen Lebenshilfe tätig sind, also an Leute, deren Aufgabe es ist, in Problemfällen einzugreifen. Nach meinen Erfahrungen nützt das Material, das ich in diesem Buch darstelle, in der Praxis sehr, effektive Hilfe leisten zu können. Es schützt davor, sich auf Wege verleiten zu lassen, die möglicherweise für den Betreffenden selbst wie für diejenigen, mit denen er arbeitet, schwierig oder gar gefährlich sind. Dieses Buch will dazu verhelfen, diagnostisch mehr Sicherheit zu gewinnen. Etwa wenn es darum geht, Verhaltensweisen oder Krisensituationen, die für den Klienten gefährlich sind oder ihn zu unwiderruflichen Schritten wie Suizid führen können, in der Arbeit nicht etwa zu verstärken, sondern beizeiten zu erkennen und ihnen zuvorkommen.
In Polizeiberichten tauchen immer wieder »Routinefälle« auf, die als »Verbrechen aus Leidenschaft« oder als »Selbstmord aus enttäuschter Liebe« deklariert werden. Nachforschungen haben zutage gebracht, daß manche dieser Tragödien hätte verhindert werden können: die betreffenden Personen hatten sich um psychische Hilfe bemüht, die mögliche Gefahr war jedoch nicht richtig eingeschätzt worden. Sie waren relativ »normal« erschienen und man hatte sie fortgeschickt oder – was noch schlimmer ist – langwierig und ineffektiv behandelt. –
Die Fragen, auf die wir uns hier einlassen, sind manchmal sehr ernst. Trotzdem, lieber Leser, soll dieses Buch keine todernste Sache werden. Beziehungsmuster durchschauen, die uns regelmäßig Verdruß bereiten, sich selbst mal über die Schulter gucken – dabei gibt es sicher hin und wie-

der etwas zum Schmunzeln. Überhaupt kann, wenn es um uns selber geht, Humor uns oft weiterhelfen.
So ist das vielleicht wichtigste Ziel meines Buches: daß Sie es mit Vergnügen lesen. Und daß es Ihnen Spaß macht, sich selbst darin zu erkennen.

2. Wie wir zu unserem Persönlichkeitstyp kommen

Totale Ausgeglichenheit – ein Traum

Wie entwickeln wir unseren Persönlichkeitstyp? Wie werden wir jemand, der entweder vorzugsweise als Untersicher oder als Übersicher durchs Leben geht? Die beiden Grundeinstellungen – sowohl die untersichere als auch die übersichere – sind »Abwehrpositionen«. (Am Beispiel von Inge und Fred läßt sich anschaulich verfolgen, wie sehr die Zwei aus der Defensive, aus ihrer jeweiligen Verteidigungsstellung heraus handeln.) Und die Abwehrpositionen, die dem Typ 1 oder dem Typ 2 entsprechen, haben sich bei uns schon in früher Kindheit herausgebildet.

Im Idealfall befinden wir uns mit uns selbst und auch mit den anderen Menschen in guter Beziehung. Eine gute Beziehung hat zur Voraussetzung, daß wir flexibel und kooperativ zu reagieren vermögen. Je nachdem, wie eine Situation es erfordert und wie wir unsere eigene Kompetenz und die der anderen sachlich einschätzen, können wir Leiter sein oder Gefolgschaft. Eine solche Einstellung ist ausgeglichen und erfolgt aus dem Erwachsenen-Ich heraus. Auch in emotionalen Beziehungen – z.B. wenn Kind- und Eltern-Ich im Spiel sind – können wir uns ähnlich flexibel verhalten. Ich möchte diese ausgeglichene Haltung mit einem harmonischen Tanz vergleichen. Wir schwingen, ganz auf den Partner und die Musik eingestimmt, elegant in jede Richtung aus, ohne anderen auf die Füße zu treten oder selber heftig an die Wand zu stoßen, und haben daran unser Vergnügen.

Völlige Ausgeglichenheit ist ein Ideal. Leider erreichen wir es nicht immer. Ob andere es können? Bei uns jedenfalls läuft es nicht immer so glatt, vor allem nicht in angespannten Situationen, oder wenn wir von Gefühlen übermannt werden. Dann neigen wir dazu, uns unserem Typ gemäß zu verhalten. In unserer Kindheit haben wir nämlich aufgrund früher Erfahrungen mit unseren Bezugspersonen eine der zwei Abwehrpositionen übernommen. Theoretisch denkbar wäre, daß wir als Kinder nie auf eine Abwehrposition angewiesen waren. Daß wir mit einer ausgeglichenen Grundeinstellung ins weitere Leben eingetreten sind. Praktisch gelingt uns das aber nicht, selbst wenn wir ideale Eltern gehabt haben und unter idealen Umständen aufgewachsen sind. Denn keinem von uns bleiben die Probleme erspart, die sich einstellen, wenn wir heranwachsen und selbständig werden.

Es bestehen jedoch große Unterschiede. Es gibt Menschen, die *zumeist* flexibel sind und *nicht immer* (oder nur sehr selten) in ihre Abwehrposition verfallen. Und es gibt Personen, die stets, ohne Rücksicht auf die gegebene Situation, ihrem Typ entsprechend reagieren. Bei den letzteren ist die Abwehrposition die durchgängige Grundeinstellung. Sie können nicht zu einer ausgeglichenen Haltung bzw. zum Erwachsenen-Ich gelangen, auch wenn sie manchmal einsehen, daß sie sich anders verhalten sollten. Diese Personen brauchen eine therapeutische Behandlung, um aus ihrer Rigidität herauszukommen und ausgeglichenere Beziehungen entwickeln zu können.

Charaktertyp und Abwehrposition entsprechen sich direkt. Man kann also abwechselnd vom Typ oder von der Abwehrposition 1 oder 2 reden.

Charaktertyp 1 – Untersicher drückt seine Abwehrposition in Sätzen aus wie:
- Ich bin mir selber nicht sicher, ganz im Gegensatz zu anderen.
- Ich habe (wahrscheinlich) nicht recht, du hast (wahrscheinlich) recht.
- Ich weiß da nicht Bescheid, aber du.
- Ich schaffe das nicht, du schaffst es.
- Ich bin ohnmächtig, du bist mächtig.
- Weißt du es wirklich? Kannst du es mir beweisen? Ich verstehe noch immer nicht, ich bin noch immer nicht sicher. Was soll ich bloß tun?

Charaktertyp 2 – Übersicher entspricht die Abwehrposition:
- Ich *muß* selbstsicher sein (auch wenn mir nicht so zumute ist), denn auf andere kann ich mich nicht verlassen.
- Ich habe recht, du nicht.
- Ich weiß es besser (ich muß es besser wissen, denn ich darf nicht zugeben, daß ich es nicht weiß), du weißt es bestimmt nicht.

- Ich muß es schaffen (auch wenn ich am Verzweifeln bin, aber bloß kein Versager sein), denn sonst schafft es keiner.
- Ich bin stark, du bist schwach, unzuverlässig, konfus usw.
- Ich darf mir keine Angst eingestehen, ich muß mich, dich usw. beherrschen.

Der Weg der Erkenntnis – zwischen Madonna und Hexe

Die Abwehrposition entsteht im dritten Lebensjahr, genauer: zwischen dem zweiten und vierten Lebensjahr. Sie entspricht nicht der Grundeinstellung, mit der wir geboren sind. Sie entwickelt sich jedoch so früh, daß sie zu unserer »zweiten Natur« wird. Vermutlich sind wir alle mit positiven Neigungen, mit der Möglichkeit zu Vertrauen, Liebe und Liebenswürdigkeit geboren. Auch als Erwachsene können wir, wenn wir unsere existentielle Angst überwinden, uns und anderen gegenüber zu einer ähnlich ausgeglichenen Grundeinstellung gelangen. Manche Heilige oder herausragende Persönlichkeiten, wie z.B. Mutter Teresa, zeigen uns eine solche existentielle Grundeinstellung. Die meisten von uns bringen es aber nicht fertig, immer so zu leben, sei es, weil wir nicht unter idealen Verhältnissen aufgewachsen sind, sei es, daß uns das außergewöhnliche Talent fehlt, so heilig zu sein. Praktisch sind wir der einen oder anderen Abwehrposition verhaftet, wie sie uns Inge und Fred vor Augen stellen. Indessen kann man sich in gewissem Maße mit dem Erwachsenen-Ich helfen, wenn man seine eigene Abwehrposition kennt und somit weiß, worauf man in einer angespannten Situation achten muß.

Aber – weshalb ist eigentlich von Abwehr die Rede? Wovor brauchten wir schon in früher Kindheit Schutz, zumal wenn wir liebevolle Eltern hatten? Die Antwort kennen Sie vermutlich schon, lieber Leser: Wir fühlen uns von grundlegender Angst, von Daseinsangst, bedroht. Sie taucht mit der ersten Selbstwahrnehmung auf, selbst wenn das Kind dieser Angst noch keinen Namen zu geben vermag.

Im Mutterleib und als Säugling haben wir gleichsam im Paradies gelebt. Alle unsere Wünsche wurden erfüllt. Wir brauchten nichts zu leisten. Wir bekamen Nahrung, Wärme und Streicheln. Säuglinge, die dies entbehren mußten, sind eben gestorben. Auch wenn wir schreien mußten, um ernährt oder trockengelegt zu werden, haben wir die Erfahrung gemacht: die Erlösung von Entbehrung oder Schmerz kommt irgendwie »magisch«

zu uns. Manchmal, wenn die Hilfe nicht sofort eintraf, konnten wir sie nachträglich im Schlaf, in der Säuglingsphantasie, herbeiführen. (Schauen Sie einmal einem Säugling zu, wie er im Schlaf mit Wonne saugen kann, als läge er an der Brust.)
Doch mit zunehmendem Bewußtsein kam es zur Ausweisung aus dem Paradies: erst aus der wohligen Wärme des Mutterleibes, dann weg von den geliebten Brüsten der Mutter und schließlich weg von ihrer Geduld, die in der Säuglingsphase als grenzenlos empfunden wurde. Empfindungen von Schmerz stellten sich ein: das Zahnen, Blähungen und mancherlei Enttäuschungen, die uns auch die beste Mutter nicht ersparen konnte. Im Gegenteil, manchmal sah es so aus, als ob sie uns sogar absichtlich weh tat. Sie zwang uns z.B., bittere Medizin zu schlucken, oder brachte uns zum Arzt, der uns dann mit Injektionsnadeln stach. Mit einem Mal sieht sich das Baby nicht mehr in den Armen einer liebevollen Madonna, sondern dafür einer Hexe ausgeliefert.

Das Weib, es ist an allem schuld

Viele Märchen erzählen von diesem Fall aus dem Paradies, Märchen, in denen die gute Mutter früh verstirbt und an ihre Stelle die böse Stiefmutter oder die Hexe tritt. Kein Wunder, daß Kinder auch die grausamsten Märchen akzeptieren. Im Unbewußten ist ihnen die schlimme Hexe, von der – etwa bei Hänsel und Gretel – berichtet wird, wohlbekannt. Wenn sie die Geschichte hören, freuen sie sich, daß sie ihr jetzt, vielleicht auf magische Art, entronnen sind. Oder aber sie erleben sich noch immer in der Macht dieser Hexe, und das Märchen macht ihnen Hoffnung, der Hexe nicht bloß entkommen, sondern sich auch an ihr rächen und sie im Ofen verbrennen zu können. Leider haben solche Kindeserfahrungen und die seit der Kinderzeit weiterwirkenden Ängste und Rachewünsche auch die unerkannte Folge, daß die Frau (anstelle der Mutter) für alles Schlimme in der Menschheitsgeschichte verantwortlich gemacht wird. In der Frau sieht man die Ursache für die Kindesfrustrationen. Denn der Vater war gewöhnlich – wie Gott Vater – weit weg. Die Mutter dagegen war zur Stelle, und doch vermochte sie es nicht, alle Probleme zu lösen.
So soll Eva schuld daran sein, daß uns das Paradies verschlossen ist. *Sie* bringt man mit dem Erwachen des menschlichen Bewußtseins in Verbindung, und nicht etwa die Entwicklungsphase, in der Bewußtsein und

Zähne gleichzeitig wachsen. Was zur Folge hat, daß der Biß in den Apfel der Mutterbrust Zurückweisung hervorruft und als Anfang der Ausweisung aus dem Paradies erlebt wird.

So kommt es, daß die Frauen im Unbewußten nicht bloß von Männern, sondern auch von ihresgleichen für schuldig befunden werden. Durch die Jahrhunderte ist es ihnen sehr schwer gefallen, sich angesichts ihrer »Sünden« zu verteidigen. Sie glaubten zuinnerst ja selbst daran und werden noch immer insgeheim von beiden Geschlechtern als Hexen angesehen, wenn sie nicht der Madonna ähneln.

Ich erinnere mich noch an die Wut, die mein Sohn als kleines Kind mir gegenüber an den Tag legte, als er Bauchschmerzen und Zahnweh hatte. Er wurde rot im Gesicht, ballte die Händchen zu Fäusten und stieß mit den Füßen gegen das Bett. Er wollte mir zeigen: Du bist an meinem Schmerz schuld! Denn du bist unfähig, mir zu helfen! (Wie schwer war es für mich, dem gegenüber keine allzu großen Schuldgefühle aufkommen zu lassen.) Genauso gegenwärtig ist mir der vorwurfsvolle Blick, den mir meine Tochter als Baby zuwarf, als ich ihr während einer Krankheit regelmäßig eine bittere Medizin aufzwingen mußte.

Wir alle haben auf diese Weise die Erfahrung gemacht, daß, als wir älter wurden, die Schmerzen kamen und die Loslösung aus einem völlig problemlosen Dasein. Die glückselige Säuglingszeit ist irgendwann einmal vorbei. Mit ihrem Ende überfällt jedes Kind ein Gefühl unendlicher Verzweiflung und Hoffnungslosigkeit – die Daseinsangst, die ihrerseits mit den positiven Seiten der Entwicklung und wachsendem Bewußtsein einhergeht.

Das Kind erfährt, daß entgegen seinen früheren Vorstellungen weder die göttliche Allmacht der Mutter noch die Allmacht seiner eigenen Phantasien imstande ist, die Bedrängnisse und Schmerzen zu verscheuchen, die überall lauern. Die Verzweiflung kann sich Ausdruck zu schaffen versuchen in einem Wechsel von passiver Ohnmacht und schreiender Wut. Doch irgendeine Hoffnung muß im Kind vorhanden sein. Sonst stirbt es vor Verzweiflung[1].

Schon dem Säugling geht sehr bald auf, wie es mit den Aussichten auf

---

1. Die Mythologie schildert dies treffend in der Sage von der Büchse der Pandora. Pandora öffnet – genau wie Eva – aus Neugier, also aus dem Verlangen mehr zu wissen, die Büchse, die dann nur lauter Elend über die Welt kommen läßt. Am Ende steht jedoch die Hoffnung, daß den Menschen zu helfen ist. Nun läßt sich die Frage stellen: Worauf kann ich diese Hoffnung gründen? Eher im andern (Typ 1), oder in mir (Typ 2)?

Hilfe bestellt ist. Er merkt schnell, woher die Hoffnung kommt, die ihn vor Verzweiflung schützt.

- Geht es mir besser, wenn ich völlig passiv warte und nur fortwährend leise vor mich hin jammere? – Das führt zur Anlage von Typ 1: Die Hoffnung richtet sich auf Entscheidungen anderer.
- Oder finden meine Bedürfnisse vielleicht dann am ehesten Berücksichtigung, wenn ich so lange wie möglich wach bleibe, keine Ruhe gebe und so laut schreie, daß man mir helfen *muß*? – Das führt zur Anlage von Typ 2: Die Hoffnung gründet sich auf die eigene Macht, selbst wenn es nur die Macht eines heulenden Kindes ist.

Das entscheidende Alter – zwischen Angst und Neugier

Bereits beim Säugling läßt sich die Anlage zu einem bestimmten Persönlichkeitstyp erkennen. Die entscheidende Phase ist aber das Alter von zwei bis vier Jahren. Denn jetzt beginnt das Kind, sich zu einem Individuum zu entwickeln. Zwar hängt das Überleben des kleinen Wesens in Wahrheit immer noch vom Wohlwollen der Eltern ab. Doch schon rein physisch ist das zwei- bis vierjährige Kind viel eigenständiger als ein Baby. Zugleich erlangt das Kind in dieser Zeit ein konkreteres Bewußtsein vom »Ich« im Unterschied zum »anderen« (auch wenn der »andere« die Hauptbezugsperson ist). Es nimmt bewußt wahr, daß es körperlich von der Mutter getrennt ist. Jetzt ißt es selbst. Es kann gehen und rennen. Es kann mehr als nur ein paar Worte sprechen und sich auch anderen (nicht nur den Eltern) gegenüber verständlich machen.
Gleichzeitig mit dieser relativen Selbständigkeit stellt sich jedoch ein neues Schutzbedürfnis ein – nicht mehr allein vor Hunger und Kälte, sondern auch vor dem eigenen Trieb der Neugier, der mit dem Wachsen und Lernen einhergeht. (Dies ist die gleiche Neugier, vor der uns die Beispiele von Eva und Pandora warnen sollen, und die doch wesentlicher Bestandteil der menschlichen Kreativität ist! Der Neugier verdanken wir schließlich alle Erfindungen der Menschheitsgeschichte.) Das Kind steht zwar auf eigenen Beinen. Aber nun lauern Gefahren, Unfälle drohen. Im Unterschied zu den Tieren mit ihrem angeborenen Instinkt begeben sich kleine Kinder ja in vielerlei gefährliche Situationen, eben weil sie neugierig sind. So braucht das Kind nicht bloß wie bisher Nahrung, Wärme und liebende Zuwendung. Es braucht auch Schutz vor drohenden Unfällen.

Sonst würde es die Treppe herunterfallen, aus dem Fenster oder ins Wasser stürzen usw.[2] Mit anderen Worten: Soll das Kind selbständiger und kreativ werden, benötigt es laufend Gelegenheit zum Experimentieren. Das geht auf Kosten der Bezugspersonen, denn das Kind läßt ihnen nun keine Ruhe mehr[3].

Bei dieser Gelegenheit entdeckt das Kind auch die Psychologie. Es merkt: Wenn ich mich dem offenen Fenster nähere, kommt jemand herbeigerannt. Sonst, wenn ich ins andere Zimmer laufe, rührt sich niemand. Warum ist das so? Wie kann ich die Großen beeinflussen, in diesem oder jenem Sinne? Bald experimentiert das Kind damit, wie es die Eltern zum Lachen, in Wut oder zum Streiten bringen kann. Manchmal weiß es indessen nicht: Warum sind sie so zornig über das, was ich getan habe? Sie sollten sich doch freuen! Warum erlauben sie nicht, was mir gerade soviel Spaß macht? Warum frustrieren sie mich stattdessen? Das Kind möchte herausfinden: Wer hat hier die Macht? Manchmal ist es das Kind. Es kann z.B. die Mutter auf Trab bringen (wenn es sich zum offenen Fenster hinausbeugt). Dann wiederum gibt es Gelegenheiten, in denen es überhaupt keine Macht hat. Man kann es einfach hochheben und in die Badewanne setzen oder es wieder herausnehmen, wie sehr es sich auch dagegen wehren mag. Niemand kümmert sich um seinen Ärger. Auf diese Weise entwickeln sich in der kleinen Person widerstreitende Gefühle:

- einesteils Daseinsangst und der dringende Wunsch, sich bei den Eltern beliebt zu machen (soweit ihm das gelingt, denn manchmal erreicht es genau das Gegenteil);
- andererseits der Drang zum Experimentieren, auch wenn es weiß, daß bestimmte Dinge den Eltern nicht gefallen. Dieses Erkunden erstreckt sich nicht nur auf die gegenständliche Umwelt, sondern ist hauptsächlich ein *psychologisches* Experimentieren mit Verhaltensweisen gegenüber den Eltern bzw. anderen Hauptbezugspersonen.

Das zweite Lebensjahr wird oft als »Trotzperiode« bezeichnet. In Wirklichkeit geht es gar nicht so sehr um Trotz. Das Kind probiert die Umwelt aus und die eigene Macht. Auf die Eltern wirkt das wie Trotz. Und bei manchen Eltern gewöhnt sich das Kind in der Tat an, mehr aus Trotz zu

2. In den USA kommen nachweislich mehr Kinder von 2–4 Jahren durch tödliche Unfälle im Hause ums Leben als insgesamt Personen aller Altersstufen durch Autounfälle.
3. Deshalb neigt die Gesellschaft zur Rache an Eva und Pandora. Frauen bieten sich vorzüglich als »Sündenbock« an, weil sie potentielle Mutterfiguren sind.

reagieren, als echter Neugierde zu folgen oder dem Bestreben, etwas zu meistern. Bei solchen Machtkonflikten brauchen die Eltern oft geradezu die Weisheit Salomos, um angemessen mit dem in Entwicklung befindlichen Kind umzugehen. Es scheint sich der allmählichen Lösung von seinen Beschützern ziemlich bewußt zu sein. Voller Lust probiert es seine neue Eigenständigkeit aus. Dahinter jedoch verbirgt sich auch die Möglichkeit, von grundlegender Angst überwältigt zu werden. Denn das Kind spürt instinktiv die tödliche Gefahr, die es bedeutet, verlassen zu sein. (Haben Sie je ein zwei- bis dreijähriges Kind gesehen, das in einem Supermarkt verlorenging? Vielleicht hat es sich anfangs aus einem gewissen Übermut von seiner Mutter entfernt. Plötzlich wird es von der Panik überfallen: »Mama!« Und es will sich nicht trösten lassen, bis die vertraute Person endlich wieder auf der Bildfläche erscheint.)
Die in dieser Entwicklungsphase gesammelten Erfahrungen sind – neben der Verarbeitung von Schmerz und Leid in noch früherer Kindheit – ausschlaggebend dafür, welche der beiden Abwehrpositionen wir künftig einnehmen, welchen Schutz wir bevorzugen werden, wenn uns existentielle Verzweiflung oder Daseinsangst zu überwältigen drohen. Zum Glück funktioniert dieser Mechanismus bei den meisten Menschen ohne Übertreibung, selbst wenn er später, sobald sie groß geworden sind, manchmal auch Nachteile bringt.
Wir haben uns in dieser frühkindlichen Entwicklungsphase für diejenige Abwehrposition entschieden, die uns den größten Gewinn in Form von Zuwendung oder Bestätigung durch unsere Hauptbezugsperson oder den besten Schutz versprach. Danach haben wir unsere Abwehrposition auch in bezug auf andere Personen verstärkt. So ist sie uns zur »zweiten Natur« geworden: sie bestimmt, wie wir unsere dauerhaften Beziehungen einrichten, und bewahrt uns davor, daß Verzweiflungsgefühle uns überwältigen.

Mein Typ – komplementär zum Verhalten von Mutter oder Vater

Die Typzugehörigkeit eines Menschen steht also gewöhnlich im Gegensatz zum Verhalten der Hauptbezugsperson während der genannten Entwicklungsphase. Wir mußten uns damals ja um ein ergänzendes Verhalten bemühen, um uns zurechtzufinden. Am »jetzigen« Typ einer Person läßt sich so das Beziehungsmuster in einer bestimmten Kindheitsstufe ablesen.

- Personen vom Typ 1 haben in dieser Zeit zumindest eine wichtige Bezugsperson gehabt, die sich ihnen gegenüber beherrschend verhalten hat. Sie war vielleicht dogmatisch, gewalttätig, brutal, streng oder ernst, im besten Fall aber fest und bestimmt.
- Menschen vom Typ 2 haben zumindest eine wichtige Bezugsperson gehabt, die mit ihnen sprunghaft umgegangen ist. Sie war unsicher, nachlässig, verrückt, überängstlich oder im besten Fall sehr nachgiebig und bewundernd.

Im 18. Jahrhundert schrieb Jean-Jacques Rousseau in seinem Buch »Emile«: »Schon im dritten Lebensjahr wird ein jedes Kind entweder zum Sklaven oder zum Tyrannen erzogen.« Tatsächlich kann man bei Menschen von Typ 1 aus deren Lebensgeschichte erkennen, daß sie in dieser entscheidenden Entwicklungsphase in mehr oder weniger großem Ausmaß als hilflose (oder rebellische) »Sklaven« behandelt worden sind. Viele Kinder müssen die schmerzliche Erfahrung machen, daß man ihnen keine Chance zu eigener Willensäußerung einräumt und sie überwältigt. Andere Kinder stellen in diesem Alter fest, daß sie ihre Eltern ängstigen, austricksen oder dirigieren können. Und manche lernen schon sehr früh, daß ihnen gar nichts anderes übrig bleibt, als sich selbst zu schützen oder zu beweisen, daß sie andere schützen (oder sie beherrschen) können. So entwickeln Menschen vom Typ 2 ihre »tyrannische« Neigung, manchmal um in einer furchterregenden, gefahrvollen und undurchschaubaren Umwelt zurechtzukommen und zu überleben, oder um der Bewunderung eines »sklavischen« Elternteils zu entsprechen.

In ihrem späteren Leben neigen Menschen vom Typ 1 dazu, sich als hilflose Opfer zu betrachten (auch wenn man ihnen nichts tut). In schwierigen Lagen raffen sie sich dazu auf, andere um Hilfe zu bitten oder Ermutigung zu erhalten, sie sprechen dabei deren »allwissendes« Eltern-Ich an, seien es nun Lehrer, Therapeuten, Führer oder Gott. (Hiob ist ein biblisches Beispiel für einen, der nie daran zweifelt, daß Gott ihn trotz aller Peinigungen schützen wird.)

Ein Mensch vom Typ 2 verläßt sich in ähnlichen Situationen allein auf sich selbst, auf seine eigenen Kräfte und Fähigkeiten. Er erwartet von den anderen – auch von Gott –, daß sie mit ihm übereinstimmen. (In der Bibel nimmt es David mit dem Riesen Goliath auf, und hören Sie sich in seinen Psalmen einmal an, wie er Gott befehlen kann!) Personen vom Typ 2 stehen oft unter einem inneren Zwang, »Retter« der anderen zu sein, sie sind leicht diejenigen, die sich aufopfern. Sie selbst allerdings empfinden sich

meistens (im Gegensatz zum Typ 1) keineswegs als »Opfer« und werden vielmehr zum »Verfolger«, wenn man sich ihnen nicht fügt. Das wiederum kann sie am Ende dennoch wider Willen zu Opfern werden lassen (wie z.B. die Jungfrau von Orléans).
Schließlich gibt es auch eine (sicher relativ kleine) Gruppe von Kindern, die von Geburt an derart schlecht behandelt oder gar mißhandelt worden sind, daß sie überhaupt keine wie auch immer geartete Abwehrposition aufzubauen vermochten. Menschen mit solch einem tragischen Schicksal wachsen mit dem Gefühl totaler Wehrlosigkeit und völliger Verzweiflung auf. Dies kann sich als Hoffnungslosigkeit oder als chronische Wut äußern, mit all ihren gefährlichen Folgen. Diese Personen sind nicht im mindesten in der Lage, sich den wechselvollen Realitäten des Alltags anzupassen. Am Ende bringt man sie »in Sicherheit« – in ein Gefängnis, eine Klinik oder eine Heilanstalt. Auf negative Weise »schützt« diese Art von Verwahrung vor dem Tod durch Unfall oder Mord oder vor grenzenloser Verzweiflung. Dann und wann mag sie gar zur Verbesserung der Lebensumstände führen, möglicherweise auch zur Entwicklung von Hoffnung und weiter zum Aufbau einer der beiden Abwehrpositionen. Darin muß bei solchen Menschen eines der ersten Ziele einer Therapie liegen. Denn selbst in übersteigerter Form ist eine Abwehrposition ein Halt gegenüber totaler Verzweiflung und Hoffnungslosigkeit. Doch ob jemand mit so einer Kindheit jemals zu einer wirklich ausgeglichenen Einstellung gelangen und vom Erwachsenen-Ich her selbständig handeln kann? Ich möchte es bezweifeln, es sei denn, es gäbe noch andere stützende Kräfte. Therapie ist hier äußerst kompliziert. Bei diesen Personen ist das Kind-Ich und auch das Eltern-Ich sehr geschädigt. Beide Ich-Zustände trüben das Erwachsenen-Ich, wenn es Realität einschätzen soll. Als Therapeut muß man sehr achtsam mit diesen Menschen umgehen, vor allem in der Frage der Abhängigkeit oder Unabhängigkeit vom Therapeuten. Denn einmal schwingt das Pendel zu stark in die eine Richtung und ein andermal in die andere, genau wie bei einem zweijährigen Kind. Nur verfügt der Klient über den Körper und die Intelligenz eines Erwachsenen und damit über ganz andere Möglichkeiten, den Therapeuten auszutricksen. Weiter fehlen ihm kindlicher Optimismus und Flexibilität. Es liegen ja in Wirklichkeit – und nicht nur in der Phantasie – gräßliche Erfahrungen hinter ihm.

Heinz, Gudrun, Helga und Rolf – vier Beispiele

Jetzt will ich eine Reihe weiterer Beispiele bringen. Sie sollen den Ursprung eines Typs als Abwehrposition deutlich machen.

Erstes Beispiel: *Untersicher leidend.* Typ 1, zumeist im angepaßten Kind, sucht beim Eltern-Ich anderer positive Streichelkontakte (Modus a).
Heinz ist das jüngste von sieben Kindern in einer ausgesprochen bürgerlichen Familie. Seine Mutter wirkt konventionell, weich und passiv. Als er zwei bis vier Jahre alt war, trat aber nicht sie als Hauptbezugsperson in Erscheinung, sondern seine 14jährige Schwester Doris. Sie erhielt vom Vater öfter Ausgehverbot, um auf Heinz achtzugeben. Ergab sich für Doris dennoch eine Gelegenheit, mit Heinz das Haus zu verlassen, pflegte sie ihn an einem Baum abzubinden. So brauchte sie sich nicht um ihn zu kümmern. Doris selbst war als Typ 2 aufgewachsen, in Ergänzung zum Typ 1 der Mutter, die sich ihrem Mann gegenüber als unterdrücktes »Opfer« benahm und in Doris manchmal ihre »Retterin« sah. Doris dagegen wurde aus geheimer Wut gegen Heinz zu dessen »Verfolgerin«. Heinz hütete sich, bei den Eltern über Doris Klage zu führen, weil sie ihn dann geschlagen hätte. Dafür stellten sich bei ihm Bauchschmerzen und andere somatische Probleme ein, für die er von seiner Mutter Trost und Zuwendung erhielt.
In der Schule hielt er sich stets an die »mütterlichen« Lehrerinnen, die ihm ihr Mitleid schenkten. Er sah blaß und leidend aus. Musikalisch war er besonders begabt, so daß man ihn öfter mit dem leidgeprüften Chopin verglich (der übrigens eine ähnliche Persönlichkeitsstruktur vom Typ 1 aufwies). Und ebenso wie Chopin zu George Sand als Typ 2 fand, geriet Heinz später immer an »starke« Frauen, die ihn entweder beschützten (wie seine Mutter) oder verfolgten (wie seine Schwester). Worauf er sich (genau wie Chopin) stets wieder von ihnen zurückzog, auf der Suche nach einer »netteren« Partnerin. Bei der klappte es dann auch nicht, weil er sich zu abhängig und passiv verhielt. Bis er eines Tages mehr Klarheit über sein Lebensmuster gewann und mehr Selbständigkeit zu entwickeln vermochte.

Zweites Beispiel: *Untersicher in Opposition.* Typ 1, zumeist im trotzigen Kind-Ich und zu negativen Streichelkontakten neigend

(Modus b), um sich mit dem Eltern-Ich seines Gegenübers anzulegen.

Gudrun war zwei Jahre alt, als ihre Mutter bei einem Autounfall ums Leben kam. Sie wurde dann von einer strengen Tante erzogen, die ihr wenig Liebe und viele Befehle zukommen ließ. Die Tante indessen wollte sich selbst (und andere) davon überzeugen, daß sie eine gewissenhafte Stellvertreterin der Mutter war. Darum pflegte sie ihre Anweisungen eingehend zu begründen. Gudrun fühlte sich unterdrückt. Nie konnte sie »siegen«, nirgends gab es Raum, daß sie hätte aufblühen können. Ständig verspürte sie die Tante im Nacken. Trotz allem hatte sie ein paar Möglichkeiten, um gegen die Tante anzukämpfen: indem sie einen Trotzkopf aufsetzte, nicht hinhörte, immer wieder zurückfragte oder es anders machte als befohlen. Bekam sie dafür Schläge, dann merkte sie, daß sich die Tante dessen schämte und sich auch dem Vater oder den Nachbarn gegenüber zu entschuldigen suchte, wenn Gudrun sich bei ihnen darüber beklagt hatte. Im späteren Leben verhielt sich Gudrun oft ähnlich trotzig provozierend gegenüber der Aufsicht in der Fabrik, in der sie arbeitete. Anfangs sahen die Kollegen in ihr bereits eine mutige Anwärterin für den Betriebsrat. Aber bald wurde klar, daß es bei ihr mehr um ein trotziges Aufbegehren des Kind-Ichs gegen das Eltern-Ich ging, daß sie eigentlich unsicher war und sich gar nicht ernsthaft für Verbesserungen der Arbeitsbedingungen einsetzte. Einige Kollegen reagierten ausgesprochen sauer und kritisierten sie – und *das* schien ihr zu gefallen. Mit Hilfe einer Kollegin von mir gelang es ihr einzusehen, daß sie in einen unnützen Mechanismus verfallen war. Daraufhin begann sie, eine konstruktivere Rolle zu spielen.

Drittes Beispiel: *Übersicher fürsorglich*. Typ 2, zumeist im übertrieben fürsorgenden Eltern-Ich, Dankbarkeit heischend (Modus a).

Helga kam als zweites von fünf Kindern zur Welt, die in kurzen Abständen folgten. Das älteste Kind, ein Junge, war mongoloid. So war Helga bereits mit drei Jahren vernünftiger als ihr Bruder, der noch in Windeln lag. Zu der Zeit waren bereits zwei jüngere Geschwister geboren und ihre Mutter abermals schwanger. Beide Eltern gehörten zu Typ 1 und zeigten sich äußerst liebevoll, waren aber unter den gegebenen Umständen überfordert und überlastet. Der Vater hatte zudem seinen Arbeitsplatz wechseln müssen. Sie waren in eine fremde Stadt gezogen, weit weg von den Großeltern, mit deren Hilfe man eigentlich gerechnet hatte. In dieser Situation übernahm Helga eine Art Elternrolle. Sie betreute ihren Bruder die ganze Kindheit hindurch und gab auch auf die anderen Geschwister acht, wickelte sie und spielte mit ihnen und half ihnen später bei den Schularbeiten. Dafür erhielt sie von ihren Eltern reichlich Bestätigung, ebenso von Nachbarn und Lehrern. Stets lobte man sie als »verläßlich« und »verantwortungsbewußt«, als »gütig« und »liebevoll«. Doch leider wurde diese fürsorgliche Elternrolle schon in der Kindheit zu ihrer »zweiten« Natur; andere, mehr auf sich selbst bezogene Gefühle des Kindes wurden nie beachtet, auch von ihr selber nicht. Ihr Wertgefühl war entscheidend auf Dankbarkeit und Bewunderung anderer angewiesen. In ihrem späteren Leben ließ sie sich häufig von anderen ausnutzen. Oft fühlte sie sich verlassen und unbeachtet, ohne recht den Grund zu wissen. Sie mußte erst in einer Therapie ihre Ersatzgefühle sowie die darunterliegenden echten Gefühle erfassen, bevor sie eine befriedigende Beziehung mit einem Mann anknüpfen konnte.

Viertes Beispiel: *Übersicher dominant.* Typ 2, herrschsüchtiges Eltern-Ich, »Verfolger«, sucht Dominanz über andere (Modus b).

Rolfs Mutter war psychotisch, außerdem – zum Teil heimlich – alkohol- und drogenabhängig. Sie endete im Krankenhaus, einige Zeit nach Rolfs Altersphase von zwei bis vier Jahren. Damals lebte der Vater noch in der Familie (später verließ er sie). Ein jüngerer Bruder war auch noch da. Rolf wuchs ohne jede Aufsicht auf. Im Gegenteil, der Vater hatte ihn beauftragt, seine Mutter am Trinken zu hindern. Manchmal mußte Rolf die versteckte Flasche suchen und mit ihr weglaufen, ohne sich von der Mutter erwischen zu lassen. Wenn die Mutter die Kontrolle über sich verloren hatte und der Bruder in Gefahr war, sollte er einen Nachbarn bitten, den Vater per Telefon von der Arbeit heimzurufen. Er selbst hatte schon gelernt abzuschätzen, wann es für ihn Zeit war, wegzulaufen. So schwebte Rolf ständig in einer gewissen Gefahr. Darüber hinaus hatte er als Dreijähriger bereits diagnostisch zu unterscheiden: War wieder der kritische Punkt erreicht, bei dem er den Vater rufen mußte (der damit Arbeitszeit und Lohn einbüßte)? Oder handelte es sich nur um eine vorübergehende Zuspitzung, mit der er selbst fertig werden konnte, indem er die Mutter beruhigte und ihr kalte Umschläge auflegte? Manchmal gelang es ihm tatsächlich, so klein er war, der Mutter selbst Herr zu werden.

Glücklicherweise war Rolf sehr intelligent. So wurde später ein erfolgreicher Betriebsdirektor aus ihm. Er wußte seine in der Kindheit entwickelte Spürnase gut zu nutzen und führte seinen Betrieb in wirtschaftlicher und finanzieller Hinsicht stets weitsichtig und sicher. Bei seinen Mitarbeitern dagegen war er verhaßt. Er konnte auch nicht gut mit ihnen umgehen. Er hatte zu niemandem Zutrauen, war herrschsüchtig und kritisch. Das schadete ihm im Laufe der Zeit sogar geschäftlich. Er heiratete seine Sekretärin (vom Typ 1, die ihn geraume Zeit wegen seiner Geschäftstüchtigkeit und seiner Entschlußkraft bewunderte und auch wegen seines Geldes). Sie hatten zwei Kinder. Doch als ich ihn kennenlernte, kam er gerade zur Eheberatung. Seine Frau hielt es nämlich nicht mehr bei ihm aus und drohte zu seinem Erstaunen mit der Scheidung.

Früh übt sich

Ich hoffe, daß ich mit diesen Beispielen habe einsichtig machen können, wie die Beziehung zur Hauptbezugsperson in der Entwicklungsphase von zwei bis vier Jahren und die Typzugehörigkeit einer Person zusammenhängen. Jedesmal geht es darum, wie zu jener Zeit der Machtkonflikt gelöst wurde. Aus der Kindheit werden dann Verhaltensmuster ins spätere Leben übernommen, die denjenigen vergleichbar sind, die in diesen frühen Machtauseinandersetzungen vorherrschten.
Meist kann man sich selber gar nicht mehr so recht an Begebenheiten jener so entscheidenden frühen Entwicklungsphase erinnern. Ich weiß auch nicht, ob es normalerweise nötig ist, allen Einzelheiten dieser Altersspanne nachzuspüren. Etwas anderes ist es, wenn man wissenschaftliche Zwecke verfolgt, oder aus persönlichem oder therapeutischem Interesse klären will, wie sich in früher Kindheit Lebenseinstellungen und Überlebensstrategien entwickelt haben. Immerhin lassen sich aus dem jetzigen Typ Rückschlüsse auf die wesentlichen Beziehungen in der Kindheit ziehen. Außerdem kann man sich mit präzisen Fragen bei Verwandten erkundigen, wenn man den Ursprung seines Typs weiter ergründen will.
In diesem Zusammenhang möchte ich Sie noch darauf hinweisen, daß die Hauptbezugsperson in dieser Entwicklungsphase von zwei bis vier Jahren nicht immer die Mutter sein muß. Vater, Großmutter oder Erzieherin kommen ebenso infrage, gegebenenfalls auch ein älterer Bruder oder Schwester wie im Falle von Heinz. Dessen Schwester Doris bestimmte als

Typ 2 seine Entwicklung zum Typ 1, und nicht die Mutter, die selbst zum Typ 1 gehörte und für Doris, nicht aber für Heinz der ergänzende Typ war.

Das Verhalten gibt den Ausschlag

Beachten Sie dabei auch, daß Verhalten und Typ nicht immer miteinander identisch sind. Es kann sein, daß sich eine Mutter vom Typ 1 auf Veranlassung anderer Personen hin ihrem dreijährigen Kind gegenüber ausgesprochen streng und beherrschend verhält. Umgekehrt läßt sich vielleicht eine Mutter vom Typ 2 von ihrem dreijährigen Kind entgegen ihrem Typ tyrannisieren, weil sie es aus pädagogischen Überlegungen heraus nicht in die Schranken weisen möchte, oder weil es während dieser Zeit krank ist. Ein eigenes Beispiel: Obwohl ich dem Typ 2 entspreche, habe ich mich von meinem Sohn, dem ersten Kind, während dieser Altersstufe schlechthin tyrannisieren lassen. Ich wollte seine Freiheit und Kreativität nicht blockieren. Vermutlich ging ich damit zu weit, denn mein Verhalten ihm gegenüber kam dem einer »Sklavin« gleich, so als wäre ich vom Typ her unsicher. Innerlich war ich allzu »sicher«, ich müßte ihm während dieser Zeit unbedingt viel freien Raum gönnen und mich ihm fügen. Beim zweiten Kind war ich nicht mehr so großzügig mit meiner Zeit und Energie. Außerdem hatte meine Tochter ihren »übersicheren« Bruder, der beim Spielen den Ton angab. Mit fünf Jahren hatte er natürlich mehr Lebenserfahrung als sie, und so mußte sie sich ihm zwangsläufig unterordnen. Infolgedessen wurde sie, obgleich noch kreativer und ideenreicher als er, zum Typ 1.
Ein weiteres Beispiel: Ich erinnere mich an einen Teilnehmer meiner Kurse, der ganz offensichtlich zum Typ 1 gehörte (und sich auch so einschätzte). Er bestand aber darauf, daß die Theorie der Komplementarität zur Hauptbezugsperson in seinem Fall nicht stimme. Wie er sagte, hatte er bereits mit zwei Jahren seinen Vater im Krieg verloren, und es habe ihn nie jemand anderes als seine Mutter erzogen. »Und die gehört ganz bestimmt zum Typ 1«, behauptete er, »sogar in übertriebenem Maße, denn sie ist sehr sanft und nachgiebig und völlig abhängig von meinen Großeltern, faßt auch kaum selber einen Entschluß. Ich bin überzeugt, daß sie auch mit mir stets sanft umgegangen ist, aber ich bin eher zum ängstlichen ›Sklaven‹ geworden als zum ›Tyrann‹.«

Er telefonierte häufig mit seiner Mutter. Daher bat ich ihn, er solle sich bei ihr ganz genau nach den Lebensumständen erkundigen, als er zwei bis drei Jahre alt war. Am nächsten Tag berichtete er uns, er habe durch seine detaillierten Fragen etwas erfahren, wovon er überhaupt nichts gewußt hatte und woran er sich auch nicht erinnern konnte: Während jener Jahre war seine Mutter mit ihm zum Wohnort ihres Schwiegervaters geflüchtet. Ihr war noch nicht bekannt, daß ihr Mann schon tot war. Dort hatte sie ein Jahr lang unter schrecklichen Umständen gelebt, bis sie endlich zu den eigenen Eltern in eine andere Gegend übersiedeln konnte. Während jenes Jahres mußte die Mutter ihren kleinen Sohn täglich, ehe sie arbeiten ging, den ganzen Tag über auf seinem Bett festschnallen. So hatte der Großvater es gewollt. Er verhielt sich auch sonst ihr und dem Kind gegenüber brutal. Das Kind jedoch hatte *die Mutter* als tyrannisch empfunden. Sie war es ja, die ihn festschnallte und ihm – sicher selbst aus Furcht – jedes Widerwort verbot.

Fassen wir zusammen: Abwehrposition und Typ entwickeln sich im Alter von zwei bis vier Jahren als ergänzende, gegenteilige Einstellung zum *Verhalten* (nicht immer zum Typ) der Hauptbezugsperson während dieser Zeit. Kennt man seinen Typ, so kann man im Rückblick vieles an frühen Kindheitserfahrungen erschließen. Man kann in großem Umfang seine jetzigen Beziehungen verstehen, man kann Tendenzen in künftigen Beziehungen voraussehen. Die Abwehrposition dient uns als Schutz vor dem Überwältigtwerden durch totale Verzweiflung und Daseinsangst. Indessen ist unsere Abwehrposition, wie sie sich in Gestalt unseres Typs manifestiert, nicht immer situationsangemessen. Darum ist es wichtig, daß wir unserem Typ mit Hilfe des Erwachsenen-Ichs so weit wie möglich ein Gegengewicht verschaffen. Es stimmt nicht (obwohl es manchmal so aussieht), daß man im gegenteiligen Typ »besser« wäre oder »mehr Glück« hätte oder mehr Macht ausüben könnte. Andererseits brauchen wir uns aber auch nicht krampfhaft an unserem eigenen Typ festzuklammern, nur weil er uns in früher Kindheit so wichtig war, sondern können als Erwachsene unsere Verhaltensweisen wählen.

Die Angst der Philosophen

Leser, die sich für Philosophie interessieren, möchte ich an Kierkegaard und Nietzsche erinnern. Man kann sie gerade im Blick auf unser Thema gut miteinander vergleichen wie auch im Gegensatz zueinander sehen. Beide haben auf die eine oder andere Art die Daseinsangst und die daraus resultierende Verzweiflung angesprochen. Jeder von ihnen ist dem eigenen Typ entsprechend zu philosophischen »Lösungen« der Verzweiflung gekommen.

Kierkegaard kämpft beredt gegen die Eltern-Figur des Vaters und der Kirche, plädiert aber am Ende – als Typ 1 – für den »Sprung in den Glauben«. Nietzsche kämpft gleichfalls gegen die Kirche. Aber er begibt sich selbst in die Rolle des weisen, ratgebenden Vaters (Zarathustra). Seinem Typ 2 gemäß setzt er seine Hoffnung auf das Konzept des »Übermenschen«, zu dem man sich entwickeln soll.

Beide sind für mich bewundernswerte Philosophen, weil sie unter großen Anstrengungen den Versuch unternommen haben, den Zustand des Menschen zu verstehen und zu deuten. Dabei haben beide ihrer eigenen Daseinsangst und ihrer Verzweiflung inne werden müssen. Um jedoch nicht völlig von der dunklen Verzweiflung überwältigt zu werden, von der beider belastetes Leben gezeichnet war, hat sich im Schreiben ein jeder mit Hilfe der eigenen Abwehrposition aus der totalen Hoffnungslosigkeit befreit.

3. Wie wir unseren Typ erkennen

Meinem Typ auf der Spur

Jetzt will ich den Leser, der etwas mehr über seine eigene Typzugehörigkeit und die seiner Freunde und Bekannten erfahren möchte, nicht länger auf die Folter spannen.
Zunächst: Es ist gar nicht so einfach, den Typ eines Menschen herauszufinden. Besonders schwierig ist es bei sich selbst. Denn unproblematische Menschen, die, wie Lore und Jan im ersten Kapitel, gewohnt sind, bei Streß ihr Erwachsenen-Ich ins Spiel zu bringen, lassen sich natürlich weitaus schwerer klassifizieren als solche, die wie Inge und Fred in Drucksituationen nahezu automatisch in ihre Abwehrposition zurückfallen. Darauf werde ich an späterer Stelle noch ausführlicher eingehen.
Schaut man auf sein bisheriges Leben zurück, so fallen einem wahrscheinlich Beispiele ein, die beiden Typen zugeordnet werden könnten. Gleichwohl verkörpert jeder von uns stets einen Typ in stärkerem Maße als den anderen – selbst wenn man im allgemeinen in schwierigen Situationen vom Erwachsenen-Ich her zu reagieren vermag. Beim Typ handelt es sich nämlich um gefühlsmäßige Einstellungen – in Beziehungen zu anderen wie zu sich selber. Es geht also darum, wie man die gegebene Lage *empfindet* (auch wenn man sich anders verhalten kann oder gelernt hat, sich anders zu verhalten). Weiter spielt die Zeitdauer (im Tages- oder im Lebensverlauf) eine Rolle: Wie lange fühle ich auf die eine oder andere Weise anderen Menschen gegenüber? So können Sie Ihre Typzugehörigkeit annähernd feststellen, wenn Sie schätzen, wieviel Zeit Sie in einer für Typ 1 oder Typ 2 üblichen Gefühleinstellung verbringen und sich dementsprechend verhalten. Personen vom Typ 1 wie Inge und auch Lore streben von ihrem

angepaßten oder rebellischen Kind-Ich her nach Zuwendung. Es ist ihnen nicht immer bewußt, wie kompetent sie sind, und sie sind in Wirklichkeit weit kompetenter als sie vorgeben – dennoch verhalten sie sich angepaßter, »unwissender«, zweifelnder als unbedingt nötig. Deshalb bezeichne ich sie als »untersicher«.

Im Gegensatz dazu zeigen sich Personen vom Typ 2 wie Fred und auch Jan meist vom Eltern-Ich her bestimmt. Sie sind um andere besorgt oder üben an ihnen Kritik. Auf diese Weise fordern sie eher Zuwendung für ihr Eltern-Ich im Modus a oder b heraus als für ihr Kind-Ich. Sie springen zu gegebener Zeit mit Ratschlägen oder Kritik ein, auch wenn sie gar nicht so kompetent und allwissend sind, wie sie sich geben. Deshalb bezeichne ich sie als »übersicher«.

Anders gesagt: Personen vom Typ 1 werden eher Fragen stellen anstatt zu antworten. Personen vom Typ 2 werden eher Antworten erteilen (und anderen Fragen stellen). So kommt es, daß Personen vom Typ 1 eher anderen folgen, und Personen vom Typ 2 eher andere leiten. (Berufliche Stellung und soziale Rolle können natürlich vieles verdecken, wie wir später sehen werden; an dieser Stelle geht es um die *innere Verhaltensneigung*.)

Sehr oft kann man feststellen, wie sich bei durchaus ähnlicher Kompetenz und Stellung Personen vom Typ 1 der Führungsrolle von Personen des Typs 2 unterordnen. Das gilt für Partnerschaften in der Ehe und anderen persönlichen Beziehungen, aber auch für Gruppenstrukturen, z.B. in Arbeitsausschüssen, bei sozialen und politischen Aktivitäten usw.

An dieser Stelle möchte ich noch einmal betonen, daß es nicht »besser« oder »schlimmer« ist, dem einen oder dem anderen Typ anzugehören. Wir alle neigen eher zum einen Typ als zum anderen. Krankhaft und gefährlich wird es erst, wenn man dauernd allzu starr und »automatisch« in den Bahnen seines Typs empfindet und sich auch so verhält. Dahinter verbirgt sich dann ein übertriebenes Wiederholungsbedürfnis, das den eigenen Typ – koste es, was es wolle – zu verstärken sucht. So erst kommt der gefährliche Mechanismus des »Gefühlsausbeutens« in Gang: immer wieder sucht man nach »komplementärer« Zuwendung mit dem Ziel, den eigenen Typ zu bestätigen, statt mit anderen natürlich umzugehen. Dieses Phänomen wird uns in diesem Buch noch öfter beschäftigen. Indessen wollen wir jetzt ein paar Beispiele betrachten, die Ihnen vielleicht Hinweise auf den eigenen Typ geben können.

Was würden Sie tun?

Versetzen Sie sich z.B. in die folgende Situation: Sie sind Kind in Ihrer Schulklasse. Aufgebracht stürmt der Lehrer ins Klassenzimmer und fragt: »Wer hat die Fensterscheibe eingeschlagen?« Wie würden Sie darauf reagieren? – Manche Kinder werden sofort anfangen, sich zu verteidigen (»Ich war es nicht!«), auch wenn sie sich nicht trauen, es zu sagen. Sie entsprechen dem Typ 1 (Untersicher). Andere werden als erstes denken (auch wenn sie es nicht laut sagen): »Ich wette, das war Jochen.« Sie gehören zum Typ 2 (Übersicher).
Eine andere Situation: Was würden Sie machen, wenn Sie sich in einem überfüllten Raum befänden und einer plötzlich »Feuer!« schreit? Würden Sie ängstlich nach einer verläßlichen Person Ausschau halten, die die Initiative ergreift (Typ 1)? Oder würden Sie kurz entschlossen handeln, unabhängig davon, wie die Lage aussieht (Typ 2)?
Oder nehmen Sie folgenden Fall: Sie und Ihre Freundin sind über ein Ereignis, dessen Zeuge Sie beide waren, verschiedener Meinung. Neigen Sie eher zu der Ansicht, Ihre Freundin hätte alles genauer beobachtet als Sie selbst (Typ 1)? Oder würden Sie Ihre Freundin zu überzeugen suchen, daß Ihre eigene Beobachtung besser war als die ihre (Typ 2)?
Ein Freund, dem die Typ-Theorie vertraut war, hat mir erzählt, wie es ihm bei einer Flugreise erging. Während des Fluges gab es plötzlich eine Panne, die zum Glück ohne Folgen blieb. Dabei bemerkte er, wie Personen vom Typ 1 ihre Nachbarn fragten: »Was passiert denn jetzt?« Im übrigen aber warteten sie auf Anweisungen, was sie tun sollten. Indessen begannen Personen vom Typ 2 damit, den Umsitzenden zu erklären, was los war und was man tun müsse. Ja, damit nicht genug, sie erteilten sogar Mitgliedern der Besatzung Ratschläge, als wüßten sie besser Bescheid als das Flugpersonal.
Kürzlich hielt ich in einem Saal eine Vorlesung. Plötzlich erlosch das Licht und ging dann mal an und mal aus. In dieser Situation zeigten sich die Unterschiede sehr schnell: Personen vom Typ 1 sahen mich erwartungsvoll an, als hätte ich das alles verursacht und führe damit etwas im Schilde. Personen vom Typ 2 dagegen suchten nach dem Lichtschalter oder versuchten auf andere Weise die Initiative zu ergreifen.
Wenn Sie sich in einer Kleingruppe ohne Leiter befinden, die Schwierigkeiten hat, zu gemeinsamen Entschlüssen zu kommen oder sich an eine Absprache zu halten – wie verhalten Sie sich dann? Sind Sie mehr um die

Kooperation und um die guten Gefühle der Teilnehmer besorgt (Typ 1)? Oder macht Ihnen eher der Mangel an Entschlußkraft, die vergeudete Zeit zu schaffen, und würden Sie sich für konkrete Entschlüsse sowie entsprechende Methoden einsetzen, damit alles klappt (Typ 2)?
Es sieht oft so aus, als ob Personen vom Typ 1 mehr Geduld aufbringen als Personen vom Typ 2. Wieweit die eine oder die andere Haltung tatsächlich von Vor- oder Nachteil ist, hängt von der gegebenen Situation ab.

Liebeslieder weisen den Typ

Wir können unseren eigenen Typ auch daran erkennen, mit welchen Personen wir uns am ehesten identifizieren, wenn wir einen Roman lesen oder einen Film sehen. Ich denke dabei *nicht* an die Idealfigur oder den Helden, der uns als Charakter wünschenswert erscheint. Aufschlußreich sind vielmehr die Gestalten, deren Tragik uns zu Tränen rührt oder sonstwie zu bewegen vermag.
Es gibt volkstümliche Liebeslieder, Gedichte und Schlager, die die eine oder die andere Einstellung erkennen lassen. Dabei kommt es darauf an, von welchem Typ aus ein Lied gesprochen ist und an welchen Typ es sich richtet. Sehr wichtig ist der Grundton des Textes. Es kann Spaß machen, z.B. mit Freunden einen Stoß verschiedener Schallplatten daraufhin durchzumustern (ich tue es ab und zu mit Gruppen). Ziel ist, den Unterschied zwischen zwei verschiedenen Arten von Texten zu entdecken oder auch herauszufinden, mit welchen man sich spontan identifiziert. Lieder vom Typ 1 gehen meist vom Kind-Ich aus und sind vorwiegend an den Typ 2 gerichtet; sie enthalten Sätze wie »Bitte, kehr zurück – ich bin ohne dich verloren – ich kann nicht mehr weiter . . .« Lieder vom Typ 2 richten sich weitgehend an Typ 1; hier heißt es etwa: »Alles tu ich für dich, Liebling – Komm zu mir – Du wirst es bereuen, fern von mir zu sein – niemand liebt dich so wie ich . . .«
Sehen Sie sich daraufhin einmal die folgende Zusammenstellung an. Sie enthält Texte aus alter und neuer Zeit.

Mechthild von Magdeburg (13. Jh.)
Meine Pein ist tiefer
als der Abgrund,
Mein Herzeleid ist weiter
als die Welt,

Meine Furcht ist größer
als die Berge,
Meine Sehnsucht reicht höher
als die Sterne.
*In diesen Dingen kann ich
Dich nirgends finden.*
(Typ 2)

Johann Hermann Schein (1609–1640)
O Sternen-Äugelein!
O Seiden-Härelein!
O Rosen-Wängelein.
. . .
*Seht doch, wie ich so elend bin!
Der grimmig Tod mich greifet an,
Ach helfet, was da helfen kan!*
. . .
O Music, edler Freuden-Schall!
O Seufzen, Heulen, Herzensknall!
O Leben lieb, o bitter Tod;
*Ach wechselt um, es ist die Not!
Wie könnet ihr doch alle sehn*
Ein liebend Herz zu Trümmern gehn!
(Typ 1)

Volkslied
Daß du mein Liebster bist,
daß du das weißt.
Komm bei der Mitternacht,
sag, wie du heißt.
Komm um die Mitternacht,
komm um Glock eins.
Vater schläft, Mutter schläft,
ich schlaf allein.
(Typ 2)

Aus dem 18. Jahrhundert
Willst du dein Herz mir schenken,
so fang es heimlich an,
daß unser beider Denken
niemand erraten kann.
Die Liebe muß bei beiden
allzeit verschwiegen sein,
drum schließ' die größten Freuden
in deinem Herzen ein.

Begehre keine Blicke
von meiner Liebe nicht.
Der Neid hat viele Tücken
auf unsern Bund gericht.
Kein' Argwohn muß du geben,
Verstellung nötig ist.
Genug, daß du, mein Leben,
der Treu versichert bist.
(Typ 2)

Heinrich Heine (1797–1856)
Warum sind denn die Rosen so blaß,
O sprich, mein Lieb, warum?
Warum sind denn im grünen Gras
Die blauen Veilchen so stumm?
. . .
Warum bin ich selbst so krank und so trüb,
Mein liebes Liebchen, sprich!
O sprich, mein herzallerliebstes Lieb,
Warum verließest du mich?
(Typ 1)

Christian Morgenstern (1871–1914)
Es ist Nacht
und mein Herz kommt zu dir,
hält's nicht aus,
hält's nicht aus mehr bei mir.

Legt sich dir auf die Brust,
wie ein Stein,
sinkt hinein,
zu dem deinen hinein.

Dort erst,
dort erst kommt es zur Ruh,
liegt am Grund
seines ewigen Du.
(Typ 1)

Bertolt Brecht (1898–1956)
Der abgerissene Strick kann wieder geknotet werden
Er hält wieder, aber
Er ist zerrissen.

Vielleicht begegnen wir uns wieder, aber da
Wo du mich verlassen hast
Triffst du mich nicht wieder.
(Typ 2)

Hildegard Knef
Es hat alles seinen Sinn.
Nur warum ich bei dir bin,
das hat mir noch kein Mensch erklärt.
Tu auch du es bitte nicht,
sonst wäre eine Illusion zerstört.
(Typ 1)

Alles kannst du nicht haben
Ja dann schau nicht hin, schau nicht hin,
Dreh dich einfach um.
Such nicht den tiefsten Sinn,
Frage nicht warum, nicht warum.
Zeig ihr nicht die Tränen,
Was vorbei ist, ist vorbei . . .
(Typ 2)

Versuchen Sie es selbst einmal

Sind Sie diesem Gang durch sieben Jahrhunderte gefolgt? Ich habe jedesmal wichtige Stellen im Text hervorgehoben und am Ende den Typ angegeben, von dem aus das Lied spricht.
Wollen Sie es selbst einmal versuchen? Welchem Typ würden Sie die folgenden Texte zuordnen?

Du bist mein, ich bin dein (Mittelalter)
Du bist mein, ich bin dein:
Des sollst du gewiß sein.
Du bist beschlossen
In meinem Herzen:
Verloren ist das Schlüsselein –
Du mußt immer drinne sein!

Theodor Storm (1817–1888)
Ich bin mir meiner Seele
In deiner nur bewußt,
Mein Herz kann nimmer ruhen
Als nur an deiner Brust.

Mein Herz kann nimmer schlagen,
Als nur für dich allein.
Ich bin so ganz dein eigen,
So ganz auf immer dein.

Rainer Maria Rilke (1875–1926)
Du, der ichs nicht sage, daß ich bei Nacht
weinend liege,
deren Wesen mich müde macht
wie eine Wiege.
. . .
Ach, in den Armen hab ich sie alle verloren,
du nur, du wirst immer wieder geboren:
weil ich niemals dich anhielt, halt ich dich fest.

Rosamunde
Rosamunde,
schenk mir dein Herz und sag Ja.
Rosamunde,
frag doch nicht erst den Papa ...

Eva Strittmatter
Ich würde gerne etwas sagen,
Was dir gerecht wird und genügt.
Du hast mich, wie ich bin, ertragen
Und mir, was fehlte, zugefügt.

Es ist nicht leicht, mit mir zu leben.
Und oft war ich dir ungerecht.
Und nie hab ich mich ganz ergeben.
Du hattest auf ein Ganzes Recht.

Doch ich hab viel für mich behalten.
Und dich ließ ich mit dir allein.
Und du halfst mir, mich zu gestalten
Und: gegen dich *mir* treu zu sein.

Ein Fragespiel gibt Antwort

Sind Sie sich über Ihren Typ noch im Unklaren? So lassen Sie sich einmal – nicht zu ernsthaft, eher spielerisch – auf die folgenden Fragen ein:

- Empfinden Sie sehr oft, daß Sie
  1. Hilfe suchen oder
  2. Hilfe leisten müssen?

- Spüren Sie immer wieder:
  1. Angst vor Kritik, und versuchen Sie sich zu rechtfertigen oder zu entschuldigen, oder
  2. neigen Sie dazu, kritische Argumente zu sammeln und Verbesserungsvorschläge zu machen?

- Empfinden Sie sich immer wieder einmal:
  1. verloren, verwirrt oder im Zweifel bei Tätigkeiten, die Sie eigentlich gewohnt sind, oder
  2. veranlaßt, als »Retter« aufzutreten, Auskunft zu geben, Beistand zu leisten und Aktivität an den Tag zu legen, auch wenn Sie sich selbst unsicher oder überfordert fühlen?

- Tendieren Sie eher dazu:
  1. Auskünfte zu erbitten, oder
  2. Auskünfte zu erteilen?

- Sind Sie öfter:
  1. gespannt darauf, was als nächstes auf Sie zukommt, oder
  2. fühlen Sie sich frustriert, wenn die anderen nicht auf Ihre Vorschläge eingehen, zumal Sie überzeugt sind, daß die Dinge besser laufen würden, wenn Sie sie täten?

- Wenn andere sich über Sie beklagen, machen sie Ihnen dann (zu Unrecht natürlich) den Vorwurf, Sie seien
  1. zu »hilflos«, »passiv« und »erschöpft« oder
  2. zu »aufdringlich« und »überbesorgt«?
  1. »negativ«, »widerspenstig«, »händelsüchtig« oder
  2. »rechthaberisch«, »dominierend«, »fordernd«?

Eine klassische Typ 1-Person wird alle Antworten unter 1. ankreuzen. Eine klassische Typ 2-Person würde das mit allen Antworten unter 2. tun. Sie haben vielleicht eine Mischung von beiden angekreuzt. Möglicherweise sind Sie kein »extremer« Typ und haben in Ihre Antworten die Realität und/oder Ihre Kompetenz einbezogen. Oder Sie lassen sich nicht gern zu »stereotyp« in die eine oder andere Richtung festlegen.
Wenn Sie indes einigermaßen ehrlich an die obigen Fragen herangegangen sind, wird dennoch eine Mehrzahl von Antworten in die eine oder die andere Richtung weisen. Auf diese Art können Sie Ihren *eigentlichen* Typ herausfinden. Gewiß besteht in mancher Hinsicht ein Unterschied zu den Verhaltensweisen, die wir uns angewöhnt haben, wenn wir etwa beim Umgang mit anderen und der Realität das Erwachsenen-Ich einschalten. Oder wenn wir das »freie« Kind-Ich heranziehen. – Dem freien Kind-Ich beispielsweise gelingt es bei beiden Typen am besten, Intimität zu entwickeln.

Übrigens erlebe ich es oft, wenn ich auf Kursen den Teilnehmern die obigen Fragen vorlege, daß sie einwenden, man könne nicht derart generalisierend nach Typen unterteilen. Ich bekomme dann Bemerkungen zu hören wie: »So bin ich am Arbeitsplatz, aber daheim bin ich anders.«
»Mein Mann (meine Frau) gibt sich so gegenüber anderen, aber mir gegenüber verhält er sich völlig anders.«
»So bin ich gegenüber... (Männern, Frauen, alten Leuten, Jugendlichen, Autoritätsfiguren, Geschäftsleuten), aber bei anderen bin ich anders.«
»Ich benehme mich so, aber meine Gefühle sind glatt entgegengesetzt.«
»Seitdem ich Selbstsicherheitstraining (oder eine andere Therapie) gemacht habe, bin ich ganz anders, also können Sie nicht behaupten, das wären Grundeinstellungen« oder:
»Wenn ich etwas weiß, dann weiß ich es; und wenn ich etwas nicht weiß, dann sage ich es auch.«
Diese Bemerkungen widerlegen im Grund nicht das Konzept der Typ-Einteilung. Wie bereits erwähnt, läßt sich der jeweilige Typ selten im Handumdrehen mit Eindeutigkeit feststellen. Besonders schwierig wird es, wenn es um einen selber oder um einen Menschen geht, dem man eng verbunden ist. Da fallen einem sofort alle möglichen Ausnahmen im Empfinden oder Verhalten ein, die einen Außenstehenden bei aufmerksamem Beobachten kaum derart verwirren würden. Auch fachkundige Außenstehende brauchen manchmal längere Zeit, um sich über den Typ einer Person Gewißheit zu verschaffen. Je mehr die betreffende Person der »Normalität« nahekommt (d.h., daß ihr Typ nicht übertrieben und nicht immer wieder »automatisch« zutage tritt), desto eher kann man Typ und *Rolle* miteinander verwechseln, zumal wenn die Rolle im Gegensatz zum Typ steht. Deshalb bitte ich den Leser, mit seiner etwaigen Kritik, die Einteilung in Typen sei zu stereotyp, zu warten, bis er das nächste Kapitel zur Kenntnis genommen hat.

Wie wir unseren Typ verschleiern

Hier möchte ich aber noch auf eine andere Verhaltensweise zu sprechen kommen, die den Anschein erweckt, als sei jemand ein »gemischter« Typ. (Wobei ich behaupte, daß irgendwann doch herauskommt, welchem der beiden Typen man überwiegend angehört.) Jedem von uns geht es so, daß er sich zu gewissen Zeiten oder bei bestimmten Gelegenheiten gern auf ein

»*Entlastungsverhalten*« zurückzieht. Ein Entlastungsverhalten liegt dann vor, wenn wir bei – vielleicht ganz unbedeutenden – Anlässen in den gegenteiligen Ich-Zustand als den gewohnten verfallen. So würde Inge, die sich sonst gern leiten läßt und auch wünscht, geleitet zu werden, niemandem gestatten, ihr beim Kleidereinkauf zu helfen. Sie mag manchmal im Zweifel sein, ob sie richtig gewählt hat. Sie wird diese Zweifel auch dazu benutzen, andere anzusprechen und zu befragen. Aber sie besteht darauf, allein und »selbständig« einkaufen zu gehen, fast so, als ob sie sich sagen wolle: »Siehst du, du bist nicht auf die Hilfe anderer angewiesen. Das schaffst du allein!« (In der Tat wurde sie als Kind, das zwar eine sehr bestimmende Mutter hatte, die ihr im Alter von zwei bis vier Jahren wenig Freiheit einräumte, später oft als »kreativ« gelobt und erwarb in ästhetischen Fragen einen gewissen »Eigensinn«.) In dieser Hinsicht passen Inge und Fred auch gut zusammen. Er, der »Übersichere« vom Typ 2 mit starken Leistungsbedürfnissen, überläßt es – als seine Form des Entlastungsverhaltens – gern Inge, seine Krawatten auszuwählen und überhaupt festzulegen, wie er sich anzieht. Dann kann er sagen: »Schaut, ich bin doch gar kein Diktator; sogar meine Kleidung hat sie ausgesucht.« So kann er sich auch kurzfristig im Kind-Ich von Inges Eltern-Ich bestimmen lassen, um Inge bald danach wieder auf sarkastische oder scherzhafte Weise klein zu machen, etwa nach einer Party, wenn er sich über ihre Kleidung lustig macht. Sie verteidigt sich, und damit hebt der »freundliche« Streit von neuem an. Inge kehrt wieder in ihr Kind-Ich und er zu seinem Eltern-Ich zurück. Und wieder werden die gewohnten »Streicheleinheiten« ausgetauscht.

Entlastungsverhalten ist nur auf eine kurze Zeitspanne und auf bestimmte Bereiche begrenzt. Solange es andauert, kommt es kaum zum Austausch von Streicheleinheiten. Entlastungsverhalten dient mehr der eigenen Selbstbestätigung, daß man »eigentlich anders ist« und vielleicht einem anderen Persönlichkeitsmuster entspricht als dem eigenen. Entlastungsverhalten ist wie ein kleines Spiel. Man veranstaltet es für sich selbst so wie Kinder tun, die die verschiedensten Verkleidungen erfinden, um damit anders zu erscheinen als sie sind.

Ein weiteres Beispiel für solch ein gegenseitiges, nahezu spielerisches Entlastungsverhalten habe ich bei einem mir befreundeten Ehepaar erlebt. Die Frau ist eine sehr bestimmende Person vom Typ 2, leitet einen großen Betrieb, gerät aber regelmäßig, wenn sie nach Schlüsseln sucht, wenn sie sich im Auto anschnallen muß und bei anderen »technischen« Kleinigkeiten in Verwirrung. So muß man ihr oft helfen, die Haustür aufzuschließen. Sie ist auch nicht »fähig«, ein Bild an der Wand aufzuhängen. Darin ist sie von ihrem Mann abhängig, einem Künstler vom Typ 1. Nur er kann Bilder aufhängen, und nur er kann den Wagen fahren. »Was sie in die Hand nimmt, geht kaputt«, sagen beide.

In diesem Zusammenhang möchte ich nicht versäumen, darauf hinzuweisen, daß das Konzept vom Entlastungsverhalten von einer Kollegin entwickelt worden ist aufgrund von Beobachtungen, die sie bei mir machte. Schon seit langem hatten wir beide festgestellt, daß ich zum Typ 2 gehöre (natürlich mit viel Erwachsenen-Ich und freiem Kind-Ich!). Deshalb war sie überrascht, als sie merkte, daß ich, die ich sonst in meiner Arbeit ziemlich sicher und eigenständig handele, regelmäßig beim Einstellen des Tonbandgerätes so durcheinander gerate, daß sie oder andere mir zu Hilfe kommen müssen. Und dieses Verhaltensmuster wiederholt sich bei anderen beiläufigen Gelegenheiten (z.B. beim Kaffeezubereiten für Seminarteilnehmer). So sehr ich mich darüber auch auslasse, es ergibt sich immer wieder dasselbe »Problem«. Wir kamen beide darauf, daß ich es eigentlich nicht so tragisch nehme, sondern zum Teil ganz gern habe, wenn sich an diesem Muster nichts ändert. Von da an begannen wir andere Personen, deren Typ wir kannten, in dieser Hinsicht zu beobachten. Wir fanden heraus, daß sie alle – stets auf ganz bestimmte kleine Gebiete begrenzt, die für sie relativ bedeutungslos sind – ein solches Entlastungsverhalten zeigen, das *immer im Gegensatz* zum eigenen Typ steht.

Also: Der Mechanismus des Entlastungsverhaltens stellt eine leichte, fast spielerische Verhaltensweise dar, die genau das leistet, was der Ausdruck sagt: es verschafft ein wenig Entlastung vom ermüdenden Druck, sich ständig seinem Typ gemäß zu verhalten. Im Unterschied zum generellen Typ-Verhalten ist der Entlastungsmechanismus dem eigenen Typ genau entgegengesetzt und deshalb besonders gut erkennbar. Doch in schwierigen Situationen und unter Streß wird das Entlastungsverhalten als erstes aufgegeben, während sich der grundlegende Typ dann besonders deutlich zu erkennen gibt.

Das Entlastungsverhalten irritiert manchmal selbst denjenigen, der sich seiner bedient. Er ärgert sich z.B.: »Warum muß ich nur immer die Schlüssel verlieren?« Fraglos erfüllt dieses Verhalten eine nützliche Ausgleichsfunktion – es sei denn, es wird auch nur dazu benutzt, den eigenen Typ ein bißchen vor sich selbst zu verstecken oder sich den Erwartungen einer sozialen Rolle anzupassen. (Typ 2 drückt das gelegentlich so aus: »In

Wirklichkeit bin ich nur ein schwaches Kind, auch wenn ich stark wirke.«
Und Typ 1 sagt sich etwa: »Schau, wie gescheit [oder stark] ich doch bin!«)
Letzten Endes ist es aber doch von Nutzen, den *wahren* Typ hinter der
»zweiten Natur« zu erkennen. Warum? Man kann so sein Verhalten besser ausbalancieren. Denn darin liegt ja gerade der Wert der Erkenntnis, zu
welchem Typ ich und die anderen Personen gehören: Wir können negativen Auswirkungen unseres Verhaltens zuvorkommen; negativen Auswirkungen, die entweder daher rühren, daß wir uns allzu typgemäß aufführen; oder daher, daß wir uns abmühen, ohne recht zu wissen, wie das
typische Verhalten und/oder die Erwartungen der anderen aussehen. Anders ausgedrückt: Wenn wir unseren eigenen Typ kennen, ist es leichter
möglich, aus Beziehungen mit anderen den Gewinn zu ziehen, der unserem Typ entspricht; und uns in Streß-Situationen nicht in ein Beziehungsmuster verstricken zu lassen, das negative Folgen hat.

4. Rollen im Leben – leben in Rollen

In diesem Kapitel wollen wir uns dem Unterschied zwischen Typ und Rolle zuwenden. Unser soziales Verhalten wird von verschiedenartigen Rollen bestimmt. Sie prägen sich uns überwiegend im Laufe der Kindheit ein, manche übernehmen wir auch später als Erwachsene. Nicht immer wird, wenn jemand in einer Rolle handelt, der darunterliegende Typ seiner Person sofort sichtbar. Und doch ist, wie schon gesagt, der Typ ausschlaggebend für die Hauptbeziehungen und auch dafür, ob man sich in einer bestimmten Rolle wohl oder unwohl fühlt.
Es gibt unterschiedliche Arten von Rollen. Sie entsprechen verschiedenen Entwicklungsphasen oder Stufen des Lebens. Ich werde hier drei Hauptkategorien von Rollen beschreiben. Dabei bin ich mir im klaren, daß Sie noch andere Kategorien anführen könnten. Ich konzentriere mich auf:
1. die soziale Rolle
2. die berufliche Rolle
3. die aufgrund einer Abmachung übernommene Rolle (Kontraktrolle).

1. Die soziale Rolle – leben, wie man soll

Die soziale Rolle wird zumeist von der sozialen Umwelt des Kindes bestimmt und ihm durch die eigene Familie, die Nachbarn und Vorschuleinflüsse vermittelt. Das Kind lernt, was zum »richtigen« Verhalten gehört. Es übernimmt, was im Blick auf Geschlecht, Gesellschaftsschicht, Nationalität usw. zu ihm »paßt«. Es heißt: »*So* benimmt man sich . . .« Es werden »gute« und »schlechte« Beispiele geschildert (»Du sollst nicht wie ein Struwwelpeter aussehen«). Es wird auch auf die Zukunft angespielt und geschildert, was sich für einen erwachsenen Menschen ziemt und was schlimm wäre (»Du bist doch kein Zigeunerkind, darum darfst du nicht . . . dafür hast du ein Recht darauf, Ansprüche zu stellen« oder »Du hast nicht das Recht . . .« usw.). Oft werden bestimmte Rollen und Verhaltensweisen eingeprägt, die zu Unrecht biologisch oder genetisch begründet werden. So werden Mädchen (und später Frauen) gewisse Eigenschaften zugeschrieben wie schwach, zärtlich, nachgiebig, ängstlich, scheu, abhängig, verträumt. Im Gegensatz dazu sollen Knaben bzw. Männer stark, tapfer, mutig, selbstbewußt und zielstrebig sein. Das Mädchen bzw. die Frau darf weinen. Man rechnet damit, daß sie in Krisensituationen verwirrt und erschrocken reagiert. Jungen bzw. Männer sollen dagegen in solcher Lage Tapferkeit und Umsicht an den Tag legen, von keinem Zweifel oder keiner Furcht geplagt.

Verhaltensweisen, die sich auf eine gesellschaftliche Schicht oder ethnische Gruppe oder Nationalität beziehen, gehören ebenfalls zur erlernten sozialen Rolle. Bestimmte Gruppen betrachten sich als »edel« oder »sauber« oder »tüchtig«; daraus ergeben sich auch bestimmte Rollenerwartungen, die einem beigebracht werden. »Du stammst aus einer angesehenen Familie, darum . . .« oder »Treue schuldest du in erster Linie deiner Sippe (oder Mafia).« Bei manchen Gruppen können auch negative Eigenschaften zu den sozialen Rollenerwartungen zählen. Sie sind entweder aus der Gruppe selbst erwachsen oder werden von anderen Gruppen aufgrund historischer Entwicklungen behauptet. Mit der Gegenwart oder der »Natur« mögen sie überhaupt nicht übereinstimmen, bleiben aber doch als soziale Rolle weiter in Geltung. So meint man z.B. in den USA, Schwarze seien nicht so klug wie Weiße, dafür allesamt musikalisch und könnten gut tanzen, seien auch sexuell potenter.

Die soziale Rolle, auch wenn sie bereits in der Kindheit übernommen wird und ein Leben lang ihr Gewicht behalten kann, wird doch nicht zur »zweiten Natur« wie der Typ. Diese Feststellung ist wichtig. Die Rolle prägt sich dem Kind eigentlich erst nach dem fünften Lebensjahr aufgrund der gesamten Umwelteinflüsse ein. Der Typ dagegen entsteht, wie schon erwähnt, in einer frühen Entwicklungsphase (2–4 Jahre) durch den viel engeren Kontakt mit den wichtigsten Bezugspersonen. Sicher gibt es schon von Geburt an Vorbereitungen auf die soziale Rolle. Z.B. zieht man Mädchen im Säuglingsalter rosa und Jungen blau an, oder dem Jungen werden mit zwei bis drei Jahren die Haare kurz geschnitten. Aber dieser Einfluß ist nicht von Anfang an so bestimmend wie die psychische Wirkung der Machtkämpfe mit der Hauptbezugsperson, durch die die Tendenz zum Typ als Sklave (1) oder als Tyrann (2) festgelegt wird. So ist es durchaus möglich – und es geschieht auch recht häufig –, daß sich ein Mädchen durch seine Erfahrungen im Alter von zwei bis vier Jahren zum Typ 2 entwickelt. Diese Tatsache wird dann durch die sozial erwartete und später übernommene Mädchenrolle (zum Teil unbewußt) überdeckt. Zunächst begegnet man einer unsicheren Frau, um erst später (vielleicht in einer Krisensituation) den »übersicheren« Typ 2 zu entdecken. Dementsprechend kann ein Mann vom Typ 1 im äußeren Auftreten »übersicher« und bestimmt wirken. Insgeheim wird er in den wesentlichen Dingen jedoch von seiner Frau oder seiner Sekretärin (oder von einem anderen Mann vom Typ 2) gelenkt, so daß er eigentlich mit seiner eindrucksvollen sozialen Rolle die Stimme einer dahinterstehenden anderen Person vertritt.

Ähnliche Gegensätze zwischen Typ und sozialer Rolle trifft man auch bei »Standes«unterschieden – ein Thema für unzählige Romane und Bühnenwerke: Der Herr hört auf seinen Diener, die Herrin befolgt die Ratschläge ihrer Kammerzofe. (Man denke z.B. an die Rolle Rasputins am Zarenhof.)

Dürfen Frauen dominant sein und Männer schwach?

Der Frauenbewegung ist es zu verdanken, daß es neuerdings nicht wenigen Frauen vom Typ 2 gelingt, sich auch ihrem Typ entsprechend zu verhalten, ohne dabei in eine allzu starke Spannung gegenüber ihrer sozialen Rolle (d.h. den gesellschaftlichen Erwartungen im Blick auf ihre Persönlichkeit) zu geraten. Trotzdem ist dieser Konflikt, in Shakespeares »Der Widerspenstigen Zähmung« klassisch vorgezeichnet, bis in unsere Tage hinein wirksam geblieben. Andererseits werden sogenannte »schwache« Männer nicht mehr so pauschal abgewertet. In gewissen Situationen wird dem Mann auch zugestanden, daß er einmal weinen darf. Aber in den USA beispielsweise hatte noch vor einigen Jahren Edmund Muskie seine Chancen bei der Präsidentenwahl verspielt, als ihm in aller Öffentlichkeit die Tränen kamen, weil man den guten Ruf seiner Frau infrage gestellt hatte.

Wenn Typ und soziale Rolle (und damit gesellschaftliche Erwartungen) in Gegensatz zueinander geraten, kann es zu vielfältigen inneren oder äußeren Problemen und Konflikten bei Lebensentscheidungen, Liebe und Karriere kommen, denen sich das Erwachsenen-Ich dann gegenübersieht. Der Herzog von Windsor hatte als Mann vom Typ 1 mit Wallis Simpson als Typ 2 eine gute Partnerwahl getroffen. Seine soziale Rolle aber als Mann und als künftiger König gebot, als »edler Prinz« seiner Neigung zu dieser Frau, die keine Aristokratin war, zu entsagen. Als Typ 1 vermochte er sich nicht gegen den dominanten Premierminister zu behaupten. Infolgedessen mußte er auf den Thron verzichten, obwohl die Monarchie in England kaum mehr als zeremonielle Bedeutung hat.

Ein ähnliches Schicksal (jedoch umgekehrt und tragischer) widerfuhr jener saudiarabischen Prinzessin, die – wahrscheinlich dem Typ 2 zugehörig – unbeugsam auf ihrer eigenen Liebesentscheidung bestehen wollte, statt folgsam den ihr von der Familie zugedachten Mann zu heiraten. Dafür wurde sie (1979) zum Tode verurteilt und hingerichtet.

Zum Glück gibt es auch Beispiele dafür, wie jemand seinen Typ erfolgreich durchzusetzen vermag, selbst wenn dieser mit der erwarteten sozialen Rolle nicht übereinstimmt, und wie er sich eine seinem Typ gemäße Rolle schaffen kann. Dies setzt voraus, daß der Betreffende genügend Kompetenz für die gewählte Rolle besitzt und in Krisensituationen sein Erwachsenen-Ich gut einzusetzen weiß. Martin Luther King ist ein Beispiel dafür. Seine soziale Rolle als Farbiger in den USA verlangte Anpassung an das von den Weißen beherrschte Milieu. Er war ein Typ 2. Das paßte zu seiner Rolle als Mann. Den gesellschaftlichen Gegebenheiten zufolge hätte er jedoch nur im Rahmen seiner farbigen Umgebung wirken dürfen. Wir wissen aber, daß es ihm gelang, auch für Weiße zu einer wegweisenden Gestalt zu werden: er erhob den seinem sozialen Rang entsprechenden Verhaltensgrundsatz der Gewaltlosigkeit zu einem leitenden Prinzip des Handelns. (Daß er einem Mordanschlag zum Opfer fiel, zeigt leider wieder einmal, wie derjenige, der sich gesellschaftlichen Einschränkungen widersetzt, am Ende nicht selten dafür bezahlen muß.)

Indira Gandhi, einer Persönlichkeit vom Typ 2, gelang es, sich über die sozialen Erwartungen an eine Frau hinwegzusetzen und zweimal zur Präsidentin gewählt zu werden – und das in einem Land wie Indien, das an der untergeordneten Rolle der Frau beharrlich festhält. Sie hätte es vermutlich kaum geschafft, wären ihr nicht ebenso starke gegenläufige soziale Tendenzen entgegengekommen: als Nehrus Tochter entstammte sie einer führenden Familie, und Nehru hatte keinen Sohn.

Dieses Beispiel beweist zugleich, daß manchmal zwei verschiedene soziale

Rollen miteinander kollidieren können. (Im Falle Indira Gandhis sind es die angepaßte Rolle der indischen Frau und die Führungsrolle des Mitglieds einer hochgestellten Familie und Klasse.) Damit hat die Person gelegentlich die Möglichkeit, eine ihrem Typ entsprechende Wahl zu treffen, ohne dafür von ihrer Umwelt verachtet oder bestraft zu werden. Andererseits kann ein Mann vom Typ 1, wenn er z.B. eine große Erbschaft gemacht hat, es sich leisten, ohne negatives Urteil seiner Umwelt wie ein »Playboy« zu leben, während ihn in Wahrheit sein Geschäftsführer in jeder Hinsicht (einschließlich der Partnerwahl) steuert. Dies gilt auch für die neuen »Aristokraten« des Westens wie Platten- und Filmstars. Man denke nur an Elvis Presley und dessen über seinen Tod hinaus wirksame Image-Pflege, während bekannt ist, daß er – ein Typ 1 – von seiner Mutter und seinem Manager völlig abhängig war.

Mit alledem will ich den Leser gewiß nicht auf die Idee bringen, es sei ratsam, Mädchen zum Typ 1 und Jungen zum Typ 2 zu erziehen. Wie schon gesagt, wird der Typ aufgrund einer frühkindlichen Beziehungskonstellation so sehr zur Eigenart einer Person, daß er zu ihr gehört, als wäre sie damit geboren. Er wird zur zweiten Natur wie die Farbe der Augen, die man nicht ändern kann, selbst wenn man sie (wie Rollen) mit andersfarbigen Kontaktlinsen verdeckt. Ich gebe zu, daß Frauen vom Typ 1 und Männer vom Typ 2 in unserer Gesellschaft besser gestellt sind als anders herum. Ihr Typ paßt zu ihrer sozialen Rolle. Für Frauen vom Typ 2 und Männer vom Typ 1 ist es dagegen um so wichtiger, daß sie die Tendenzen des eigenen Typs kennen und über den Unterschied zu den Rollen des Alltagslebens Bescheid wissen. Auf diese Weise können sie sich selber gegenüber »echt« sein und trotzdem nicht in unnötige Konflikte mit ihrer Umwelt geraten.

Als Frau vom Typ 2 freue ich mich darüber, daß heutzutage in der westlichen Kultur Frauen vom Typ 2 und Männer vom Typ 1 zunehmend mehr so akzeptiert werden, wie sie sind. In dieser Hinsicht sind die Klassen- und Bildungsstrukturen nicht mehr so starr. Eine Selbstverständlichkeit ist es allerdings noch nicht. Dem durchschnittlichen Zeitgenossen fällt es immer noch schwer, seinen Typ unbehindert zu entfalten, wenn dieser nicht zur sozialen Rolle paßt.

2. Die berufliche Rolle – arbeiten, wie es einem entspricht

Die Berufswahl kommt aus einer komplizierten Mischung von Typ, Stellung in der Herkunftsfamilie und sozialer Rolle zustande. Je hierarchischer eine Gesellschaft gegliedert ist, desto weniger steht zur Wahl. So wurde bis in die Gegenwart in Indien der niedere Beruf des Inhabers einer Wäscherei herkömmlich vom Vater auf den Sohn bzw. von der Mutter auf die Tochter und so von einer Generation zur anderen weitervererbt. Auf diese Weise können in bestimmten gesellschaftlichen Strukturen soziale und berufliche Rolle nahezu identisch sein. In demokratischen Gesellschaften gibt es theoretisch eine unbegrenzte Berufswahl. Sie sollte nur von Kompetenz, Intelligenz und Talent bestimmt sein. Gleichwohl sind auch heute noch familiäre Verhältnisse und Bildungschancen von beträchtlichem Gewicht. Dabei spielen wiederum Typ-Eigenschaften und andere psychologische Faktoren eine beträchtliche Rolle. So kommt es, daß heutzutage viele einen Beruf wählen können, der ganz gut zu ihrem Typ paßt. Typ und berufliche Rolle sind dann im Einklang miteinander.
Manche beruflichen Rollen setzen ein beträchtliches Maß an Eltern-Ich-Verhalten voraus. Dem kommt der Typ 2 ausgesprochen entgegen. Andere Berufe dagegen verlangen im Verlauf eines Arbeitstages ziemlich viel Bereitschaft zu Unterordnung und Anpassung. Dafür bietet sich Typ 1 an. Natürlich ist es bequemer, wenn Typ und berufliche Rolle zueinander passen. So kommt am ehesten eine volle und zufriedenstellende Arbeitsleistung zustande. Die Effizienz eines Mitarbeiters hat nicht nur mit seiner Qualifikation für eine bestimmte Tätigkeit zu tun, sondern auch mit dem Maße, in dem Tätigkeit und Typ übereinstimmen.
Vermutlich gibt es auf der Welt ebenso viele Menschen vom Typ 1 wie vom Typ 2. In bestimmten Lebensbereichen aber wird man eher Personen des einen Typs vorfinden als des anderen. Denn Menschen vom Typ 2 suchen nach Gelegenheiten, Menschen vom Typ 1 zu leiten, besonders wenn sie über die nötige Intelligenz und Kompetenz für einen bestimmten Beruf verfügen. Umgekehrt tendieren Personen vom Typ 1, bei aller Intelligenz und fachlicher Befähigung, zu beruflichen Rollen, in denen ihnen die Last der organisatorischen Leitung von anderen abgenommen wird. Auch im gleichen Beruf finden sich verschiedene Arbeitsmöglichkeiten. Z.B. gehören freiberufliche Therapeuten eher zum Typ 2, während solche vom Typ 1 bei durchaus gleicher Qualifikation lieber in einem Institut oder einer Klinik tätig sind, wo ihnen der »Verwaltungskram« ab-

genommen ist. Bei Rechtsanwälten, Ärzten, Betriebsleitern, Köchen, Regisseuren und auch Modefachleuten gibt es einen höheren Anteil von Personen, die dem Typ 2 angehören. Dem gegenüber sind Beamte, stellvertretende Funktionäre, Schauspieler und Diplomaten eher dem Typ 1 zuzurechnen. In politischen Parteien läßt sich leicht unterscheiden zwischen Führungspersönlichkeiten vom Typ 2 und Gefolgsleuten vom Typ 1, auch wenn diese intelligenter sind als die ersteren. Personen vom Typ 1 nehmen vorwiegend ambulante therapeutische Hilfe in Anspruch, klagen auch häufiger über Kopfschmerzen und Müdigkeit. Währenddessen tragen Menschen vom Typ 2 öfter verborgene Leiden wie Magengeschwüre oder Herzbeschwerden mit sich herum, bis sie eines Tages einen plötzlichen Zusammenbruch erleben, der einen Krankenhausaufenthalt erforderlich macht.

Wenn Typ und Beruf sich beißen

Viele Menschen arbeiten in Berufen, die gar nicht zu ihrem Typ passen. Bestimmte soziale oder familiäre Verhältnisse, der Arbeitsmarkt oder der eigene Bildungsstand haben sie in ihre gegenwärtige Tätigkeit gebracht. Manchmal ergibt es sich auch, daß jemand eine »bessere« Stellung angeboten bekommt, die jedoch längst nicht so gut zu seinem Typ paßt wie die bisherige. Es ist nicht unbedingt so, wie es das »Peter-Prinzip« behauptet, daß man bis zu einer »Stufe der Unfähigkeit« aufsteigen kann. Inkompetenz oder (unbewußte) Selbstbestrafung rühren eher daher, daß Typ und veränderte berufliche Rolle auseinanderklaffen. So können Personen vom Typ 1, die in einer untergeordneten Rolle buchstäblich am richtigen Platze waren, ihre frühere Kompetenz einbüßen, wenn sie in einer neuen beruflichen Rolle eine Machtposition erlangen, die sie nötigt, bestimmender aufzutreten.
Martin (Typ 1) war ein fähiger und schöpferischer Sachbearbeiter, solange er für jemand anderen tätig zu sein hatte. Die Entscheidungen der Geschäftsleitung beruhten zumeist auf seinen Vorschlägen. Als man ihn selbst aber zum Direktor beförderte, quälte er sich ständig mit Entscheidungen ab und hatte weit weniger kreative Ideen als früher. Zu seinem Glück bekam er in seiner Sekretärin Anneliese die richtige Ergänzung. Sie gehörte zum Typ 2 und mußte sich mit ihrer untergeordneten Position abfinden, weil sie als Frau in diesem Betrieb nicht weiter aufsteigen konnte.

Zwar dirigierte sie Martin mit sanfter Gewalt und schubste ihn oft von einem Entschluß zum anderen. Zugleich aber half sie ihm, wieder kreativ zu sein, sie war auch selber trotz ihrer untergeordneten Stellung weit zufriedener, als sie es bei einem anderen Chef gewesen wäre. Der Nachteil war nur, daß sie gemessen an ihren Fähigkeiten nicht genug verdiente. Hier könnte ihr die Frauenbewegung Mut machen, ein besseres Gehalt zu verlangen, was sie bisher aufgrund ihrer sozialen Rolle als Frau nicht gewagt hatte.

Anders war es in dem Betrieb, in dem Charlotte beschäftigt war. Hier gab es kein solches Vorurteil gegenüber Frauen. Man stellte fest, daß Charlotte sich als Sekretärin hervorragend bewährt und viele gute Ideen zur Verbesserung des Geschäftsablaufs beigesteuert hatte. Man beförderte sie deshalb zur Abteilungsleiterin. Charlotte jedoch war nicht Anneliese. Als Person vom Typ 1 sah sie sich in ihrer neuen Position zu Entscheidungen genötigt, die sie bisher als kluge Sekretärin für ihren Chef stets anerkennenswert gut vorbereitet hatte. Nun allerdings sollte sie eigenverantwortlich Entscheidungen treffen und die ihr zugeordneten Angestellten davon in Kenntnis setzen. Charlotte wuchs dieser Anspruch über den Kopf. Sie wurde zunehmend nervöser, unsicherer und schließlich kopflos. Dies alles nur, weil sie eine dem Typ 2 gemäße berufliche Rolle von ihrem Typ 1 her ausfüllen mußte. Was übrigens auch nicht zu ihrer sozialen Rolle als Frau »paßte« und sogleich von Gegnern der Frauenemanzipation als Beweis benutzt werden konnte, Frauen seien für solch anspruchsvolle Positionen eben nicht geeignet.

Das heißt nun aber nicht, daß nur jemand mit Typ 2 ein guter Chef sein kann, ganz im Gegenteil. Oft bringt die Kooperationsfähigkeit und Verbindlichkeit eines Vorgesetzten von Typ 1 die Mitarbeiter zu einer besseren Arbeitsleistung. Personen vom Typ 2, die unabhängig gearbeitet haben und dabei sehr leistungsfähig waren, können ihre bisherige Effizienz einbüßen, wenn eine neue Position Kooperation mit anderen erforderlich macht – selbst wenn sie besser verdienen und mehr Sozialprestige haben als vorher. Gute Zusammenarbeit z.B. ist etwas, was Personen vom Typ 1 leichter gelingt.

Ulla (Typ 2) hatte sich trotz ihrer sozialen Rolle als Frau in einem größeren Unternehmen aus eigener Kraft zu einer leitenden Stellung emporgearbeitet. Mit einer erneuten Beförderung geriet sie in eine Position, von der aus viele Entscheidungen mit anderen abgestimmt werden mußten. Sie begann sich unwohl zu fühlen, ohne den Grund dafür zu wissen. Sie sabotierte, ohne es zu erkennen, ihre eigene berufliche Rolle: sie kritisierte ihre Untergebenen in herabsetzender Weise. Auch wenn ihre Mitarbeiter gute Ideen hatten, beharrte sie ständig auf ihren eigenen Entscheidungen. So fing man an, sie zu hassen, und legte sie in ihrer Tätigkeit zunehmend lahm.

Ein anderes Beispiel: Dieter, ein selbständiger Unternehmer vom Typ 2, der sich mit seinem Betrieb einer größeren Organisation angeschlossen hatte, entwickelte ähnliche Probleme wie Charlotte, nur aus entgegengesetzten Gründen. Als tüchtiger Geschäftsmann hatte er seine kleine Fabrik so gut ausgebaut, daß ihm von einer großen Unternehmenskette dafür eine stattliche Kaufsumme und der Posten eines Direktors angeboten wurde. Voller Freude unterschrieb er den Vertrag. Doch bald war er enttäuscht und angewidert: nun mußte er den Generaldirektor oder den gesamten Vorstand um die Zustimmung für endgültige Entschlüsse bitten. Er litt unter Depressionen, wurde übellaunig und ungenießbar. Schließlich nahm er seinen Abschied und spielte mit dem Gedanken an Selbstmord. Als er trotz schwerer finanzieller Einbußen an den Aufbau eines neuen eigenen Unternehmens ging, schwanden die Krankheitssymptome schlagartig. Auch wenn er jetzt weniger verdient, kann er hier wieder nach eigenem Gutdünken handeln.

Beruf und Typ – ein »Who is who?«

Viele Berufe sind sowohl für Typ 1 als auch für Typ 2 geeignet – jedenfalls für einen gewissen Teil der Arbeitszeit. Oft möchten Personen vom Typ 1 nicht so viele Entscheidungen treffen, die in ihrer beruflichen Rolle unabdingbar sind. Oder es liegt ihnen nicht, sich so bei anderen durchzusetzen, wie es nötig wäre. Auf der anderen Seite sind Personen vom Typ 2 oft nicht bereit, sich den Anordnungen ihrer Vorgesetzten zu fügen oder auf Vorschläge von Kollegen einzugehen. Häufig lassen sie es an Kooperationsbereitschaft fehlen, wo es eigentlich darauf ankäme, anderen mehr Raum zu gönnen (auch zum Fehlermachen).

In ihrem Berufsalltag empfiehlt sich beispielsweise für Lehrer, Geschäftsführer oder Vorarbeiter ein Typ 2-Verhalten, obwohl zeitweise von ihnen, insbesondere seitens ihrer Vorgesetzten, ein Typ 1-Verhalten erwartet wird. Studenten, Sekretärinnen oder Facharbeiter in der Fabrik kommen ebenfalls am besten mit einem Typ 1-Verhalten zurecht, wenn auch

bei ihnen wiederum dann und wann ein Typ2-Verhalten angebracht ist.
Zur Rolle des Lehrers bzw. der Lehrerin gehört nicht nur, daß sie den Lehrstoff vermitteln. Sie müssen sich auch den Schülern gegenüber durchsetzen können. Sie sollen sich einfühlen und sich um die Schüler kümmern, aber auch sicher auftreten, damit in der Klasse Ordnung herrscht. Das bringen Personen vom Typ 2 gut zustande. Doch wenn sie sich ihrem Typ gemäß zu starr verhalten, werden Widerstand und Rebellion die Folge sein. Das beeinträchtigt dann wieder die Lernleistungen der Schüler. Aber auch der Lehrer vom fürsorglichen Typ 2, der vielleicht ausgesprochen gut mit den Schülern auskommt, kann unter dem Schulsystem leiden, wenn es seinen Vorstellungen nicht entspricht (was beim Typ 2 selten der Fall ist). Andererseits kann es einem sanften, liebenswürdigen Lehrer vom Typ 1 gelingen, daß er einen guten Unterricht gibt und bei den Schülern weit beliebter ist als ein Lehrer vom Typ 2. Er wird sich auch besser mit dem Schulsystem abfinden, dafür aber weit mehr Disziplinschwierigkeiten haben.
So kommt es, daß Lehrkräfte vom Typ 1 nicht selten unter Angstzuständen und psychosomatischen Beschwerden leiden. Der Berufsalltag wird ihnen zunehmend zur Last. Ein solcher Lehrer kam als Klient zu mir. Er war begabt und hatte eine Menge Erfahrung. Bisher war es ihm gut gegangen. Aber jetzt hatte er mit einer Klasse zu tun, in der sich ein besonders frecher und böswilliger Junge vom Typ 2 als Rädelsführer aufspielte, und zwar gerade weil der Lehrer (Typ 1) ihm zu Anfang des Schuljahres zuviel Spielraum gegönnt hatte. Mein Klient litt tagtäglich unter der Angst, diesem neunjährigen Jungen entgegenzutreten, und fühlte sich außerstande, sich in seiner beruflichen Rolle zu behaupten. Zugleich fielen ihm alte, früher überspielte Konflikte wegen seines »unmännlichen Wesens« ein. (D.h.: ein alter Konflikt zwischen Typ und sozialer Rolle wurde in ihm durch die neuen Probleme in der beruflichen Rolle wieder wachgerufen.)
Solche inneren und äußeren Konflikte ergeben sich auch in Berufen wie Pfarrerin, Geschäftsführer in größeren Betrieben, Polizist, Gewerkschaftsfunktionär und Supervisor. Denn die Eigenschaften, die hier gefordert werden, gehören teils zum Typ 1, teils zum Typ 2. Der Beruf der Krankenschwester kann ähnliche Konflikte zwischen Typ und Rolle mit sich bringen. Krankenschwestern sollen einerseits den Patienten gegenüber das fürsorgliche Eltern-Ich zur Geltung bringen, auch organisieren und zuzeiten energisch sein können (Typ 2). Andererseits erwarten die

Ärzte von ihnen eine Gefügigkeit, die dem Typ 1 entspricht, ja in manchen Kliniken sogar »sklavischen« Respekt.
Sicher stehen Ihnen auch Leute vor Augen, die sich so sehr von ihrem Beruf vereinnahmen lassen, daß sie sich fast nur in diesem Rahmen erleben. Mit einiger Erfahrung kann man aber auch hinter diesem Auftreten den Typ erkennen.
Von dem bekannten Schauspieler Peter Sellers wird erzählt, er habe sich dermaßen in seine Rollen eingelebt, daß er darüber seine eigene Persönlichkeit und sogar sein gewohntes Verhalten der eigenen Familie gegenüber verlor. Es gab eine gewisse Zeit, in der seine Frau (von der er später geschieden wurde) auf einem Vetorecht bestand, wenn ihm Filmrollen vorgeschlagen wurden. Sie behauptete, wenn er die Rolle eines schlechten Menschen übernommen habe, benähme er sich in gleicher Weise seiner Familie und seinen Bekannten gegenüber. Ganz anders verhielte er sich, wenn er liebenswerte und nette Menschen darstellte. Dies läßt vermuten, daß Sellers wahrscheinlich dem Typ 1 und seine Frau dem Typ 2 angehörte.
Menschen vom Typ 2, die von ihrer beruflichen Rolle vereinnahmt werden, sind beispielsweise hohe Militärs, die es nicht ertragen können, aus ihrer Machtposition heimgeschickt zu werden. So wollte General McArthur auch nach dem Kriege in Japan weiter bestimmen und geriet damit in einen beträchtlichen Konflikt mit Präsident Truman, der ihm diese Rolle streitig machte.

Zwei Abstecher. Der erste zu Faßbinders »Maria Braun«

Lieber Leser, an dieser Stelle möchte ich Sie zu zwei Abstechern in die Welt von Literatur und Film einladen. Der erste Ausflug führt uns zu Rainer Werner Faßbinders Film »Die Ehe der Maria Braun«. Dieser Film veranschaulicht die unterschiedlichen Einflüsse von Typ, sozialer (und familiärer) sowie beruflicher Rolle.
Maria Braun ist ein treffendes Beispiel für eine Frau vom Typ 2. Sie verkörpert zugleich die Vorzüge und Probleme ihres Typs in der wechselhaften sozialen Szenerie Deutschlands nach dem Kriege, und sie bringt mit beruflicher Kompetenz allerhand zuwege.
Anfangs tritt sie in der sozialen Rolle auf, die einer Frau »angemessen« ist: sie heiratet im weißen Brautkleid. Während ihr Mann in den Krieg entschwindet, sieht man sie weiterhin als treue Ehefrau. Doch zugleich läßt

sich erkennen, daß sie zum Typ 2 gehört. Sie ist sich mit mehr Energie als andere Frauen der Tatsache »sicher«, daß ihr Mann zu ihr zurückkehrt. Zunächst konzentrieren sich ihre Tüchtigkeit und Initiative auf das Bemühen, Auskunft über sein Verbleiben zu erhalten. Dann wird sie in verschiedener Weise tätig, nicht nur zum eigenen Überleben, sondern auch in Fürsorge für ihre Mutter. Deren Rat befolgt sie nicht, sondern geht ganz nach ihrem eigenen Urteil vor. Bezeichnend für ihr Verhalten als Typ 2 im Blick auf ihre Mutter ist auch, wie sie deren Schmuck verkauft, um sich eine schicke Kleidung zulegen zu können. Das hat wiederum ganz sachliche Gründe: so kann sie als Bardame für beide Geld verdienen. Ihrer Mutter erklärt sie das vorerst nicht. Stattdessen bringt sie ihr eine Flasche Wodka mit heim, um sie so zur Komplizin zu machen. In der Familie sorgt Maria für die Mutter und die Tante. Damit übernimmt sie die soziale Rolle des Mannes, der normalerweise seine Familie ernährt. Sie tut dies »automatisch«, muß dazu aber anfangs die verachtete soziale Frauenrolle eines Animiermädchens akzeptieren und sich als »Nutte« bezeichnen lassen. Das ist für Frauen in wirtschaftlich schwierigen Zeiten leider oft eine der wenigen Verdienstmöglichkeiten, wenn sie sich nicht als Ehefrauen in gesicherten Verhältnissen befinden.

Die Mutter erscheint als Typ 1, immer wieder bereit, sich anzupassen. Sie akzeptiert die Führungsrolle ihrer Tochter und unterwirft sich später Herrn Wetzel, der sich als Hausfreund bei ihr wohnlich eingerichtet hat. Typ und soziale Rolle sind bei ihr also gleich.

Bezeichnend ist, daß Maria bei ihrer Tätigkeit in der Bar an einen Liebhaber vom Typ 1 gerät. Er befindet sich als Soldat der Besatzungsarmee wohl in der sozialen Rolle des Machthabers. Aber in der Beziehung zu Maria ist sie es, die den Ton angibt, während er in scheuer Bewunderung verharrt.

Beide werden buchstäblich überrascht von Marias Mann, der aus der Kriegsgefangenschaft heimkehrt. Als sie dem Handgemenge der beiden Männer Einhalt zu gebieten versucht, tötet sie unabsichtlich ihren Liebhaber. Und wieder zeigt sich der Typ-Unterschied. Dem Heimkehrer kommt die soziale Rolle des betrogenen Ehemanns zugute. Zugleich fügt er sich in die Rolle des »Opfers«, nimmt die Tat auf sich und geht an Marias Stelle ins Gefängnis. Maria akzeptiert dieses Opfer. Sie ist nicht für die Passivität und das Eingesperrtsein geschaffen. Vielmehr verbleibt sie in der Position des »rettenden« fürsorglichen Typs 2 und bereitet, von ihrem Eltern-Ich unterstützt, zielbewußt eine neue gemeinsame Zukunft vor.

Indessen haben sich die wirtschaftlichen Verhältnisse in Deutschland gebessert. Maria will sich, wie es ihrem Typ entspricht, auch beruflich Geltung verschaffen und zu Geld kommen. Sie nutzt ihre Frauenrolle, um während einer Bahnfahrt einen reichen Ausländer kennenzulernen. Es bleibt nicht beim Flirt: der Mann verschafft ihr eine Anstellung in seinem Betrieb. Parallel zum Aufstieg des Unternehmens im westdeutschen »Wirtschaftswunder« gelingt ihr der Aufstieg in die dominierende Position, wobei sich ihr Chef mehr und mehr von ihr bestimmen läßt. Wie ihr früherer Liebhaber befindet er sich in der sozialen Machtrolle. Ohne ihn hätte sie sich nicht aus dem Sumpf hocharbeiten können. Andererseits ist er trotz seiner beruflichen Führungsposition ein Mann vom Typ 1, der komplementär zu Leuten vom Typ 2 funktioniert. Daran wird wieder einmal der Unterschied zwischen Typ und beruflicher Rolle deutlich. Früher stand der Chef unter dem Einfluß des Buchhalters. Kein Wunder, daß dieser Maria nicht ausstehen kann, denn sie sind vom gleichen Typ. Er hat wohl mehr Erfahrung, ist aber nicht so clever wie sie und zieht darum ihr gegenüber den kürzeren.

Endlich spricht alles dafür, daß Maria ans Ziel ihrer Wünsche gelangt. Mit Erfolg kann sie ihren Typ und ihre Familienrolle (als Ernährer auch ihres Mannes, als dieser aus dem Gefängnis entlassen ist) zur Geltung bringen, ebenso eine bestimmende berufliche Rolle. Die spielt sie allerdings manchmal allzu bestimmend aus, wenn man z.B. sieht, wie rücksichtslos sie mit der Sekretärin umgeht und diese zu Tränen bringt.

Ganz zum Schluß, während alles einem happy end zuzulaufen scheint, muß Maria die schockierende Entdeckung machen, daß letzten Endes nicht sie es war, die den gesicherten Lebensstandard herbeiführte. Vielmehr ging die Erbschaft des inzwischen verstorbenen Chefs auf einen Kontrakt zurück, den dieser insgeheim mit ihrem Mann abgeschlossen hatte. Ihr Mann konnte sich die Erbschaft passiv »verdienen«, wenn er sich bei Lebzeiten des Chefs im Ausland aufhielt.

Jetzt sieht sich Maria, trotz ihres Typs und ihrer gesellschaftlichen Kompetenz, von ihrem Mann überrundet und in die gewohnte soziale Rolle der Frau zurückgedrängt. Ob die Explosion am Ende des Films – eine Zigarette wird am Gasofen angezündet und vernichtet das Ehepaar samt seinem stattlichen Besitz – von ihr aus Unachtsamkeit oder absichtlich herbeigeführt wurde, bleibt offen. In jedem Fall macht das Ende deutlich, daß sie sich mit dem unnachgiebigen Einsatz ihres Typs doch nicht endgültig behaupten konnte, so nützlich er ihr auch im Laufe ihres Lebens gewesen sein mag. Andererseits kommt ihr Mann nicht in den Genuß des Handels, für den er den Preis der Abhängigkeit von Marias Liebhaber gezahlt hatte.

Der zweite Abstecher führt zur »Blechtrommel«

Für Leser, die das Buch »Die Blechtrommel« von Günter Grass oder den danach gedrehten Film kennen, führe ich den kleinen Oskar als Beispiel an, wie die soziale Rolle und die Stellung in der Familie in Gegensatz zum Typ treten können, und wie der Typ sich behauptet.
Oskar kommt mit drei Jahren zur Typ 2-Abwehrhaltung. Insgeheim spürt er, daß er die Dinge besser durchschaut als die Großen. Die Großen sind seine Mutter (Typ 1) und auch seine beiden Väter (beide vom Typ 1, die sich in der Rolle des starken Mannes präsentieren möchten, wobei sich vor allem der deutsche Vater politisch wie ein Kind gängeln läßt).
Oskar merkt, daß er in der Rolle des Kindes mehr Macht hat, und will deshalb nicht mehr weiter wachsen. In der Tat gelingen ihm als übersicherem Typ 2 auf diese Weise schier unglaubliche Taten. Er bleibt zwar in der Kinderrolle, Mutter und Vater müssen ihn überallhin begleiten. Aber er ist es, der mit seiner Stimme Fensterscheiben zum Zerspringen bringt, mit seiner Trommel ein Regiment in eine andere Richtung dirigiert, der (da er als »unschuldiges« Kind auftritt) ungehindert zu Orten vordringen kann, die für andere verboten sind, und der vermutlich indirekt den Tod seiner beiden Väter verursacht hat. Und wenn es Aufgabe seiner Mutter war, ihn an der Hand zu führen, so war doch er es, der sie »beschützte«. Denn obwohl er wußte, daß sie sich regelmäßig mit ihrem Liebhaber traf, hat er sie nie verraten.
Auch das Wechselspiel der Generationen wird im Buch gezeigt und der Gegensatz von Typ, Frauenrolle und Klasse. Die arme Großmutter, die nur die Arbeit auf dem Kartoffelacker und im Kellerladen kennt, tritt eindeutig als resolute Frau vom Typ 2 in Erscheinung. Sie rettet ihren künftigen Mann unter Gefährdung des eigenen Lebens, und ihr Sohn erweist sich später als weit schwächer als sie.
Die »Blechtrommel« ist wieder einmal ein Beleg dafür, daß Machtverhältnisse sich ganz verschieden darstellen können, je nachdem unter welchem Blickwinkel man sie anschaut. Ob man äußere Gesichtspunkte heranzieht oder auf die inneren Beziehungen achtet. Ein Mensch, der klein ist, der von seinen Lebensrollen her über herzlich wenig Macht verfügt, kann

doch weit mehr an inneren Kräften einzusetzen haben, mehr Einfluß ausüben als jemand, der aufgrund körperlicher oder gesellschaftlicher Gegebenheiten denen überlegen zu sein scheint, die sich in einer niedrigeren sozialen Rolle oder Familienposition befinden.

3. Die Kontraktrolle – handeln, wie ausgemacht

Mit Kontrakt- oder Vertragsrolle bezeichne ich eine Rolle, die festlegt, wie ich mich im Hier und Jetzt zu verhalten habe, wenn ich vorher mit anderen (und mit mir selbst) zu einem ganz bestimmten Einverständnis gekommen bin. Dieses Einverständnis bezieht sich darauf, wie in einer bestimmten Situation oder innerhalb eines festgelegten Rahmens der einzelne als verantwortlicher Leiter, als Mitarbeiter oder auch als Gefolgschaft zu fungieren hat.

Denken wir z.B. an eine Klettertour im Gebirge. Vor Antritt kommt man mit Selbstverständlichkeit überein, daß der Bergführer die Route und das Tempo zu bestimmen hat. In kritischen Momenten muß er Entschlüsse fassen, die über Leben oder Tod entscheiden. Dabei ist gleich, ob er zum Typ 1 oder 2 gehört, und wie sonst seine Lebensrollen beschaffen sind. Die Personen, die sich ihm anschließen, sind vielleicht vermögender und einflußreicher, auf anderen Gebieten auch mächtiger und kompetenter als er. Aber hier und jetzt hat der Bergführer das erste und letzte Wort. Damit ist er natürlich auch verpflichtet, auf die Konstitution und Leistungsfähigkeit der ihm Anbefohlenen Rücksicht zu nehmen, sich etwa mit dem Erwachsenen-Ich zu erkundigen, wie es ihnen geht und was sie an Wünschen haben. Letztlich ist es jedoch seine Sache, zu entscheiden, wann der Anstieg beginnt, die nötigen Anordnungen zu treffen, sich also nicht (wie Inge von Fred) von anderen bestimmen zu lassen. Gehört er zum Typ 1, wird ihm diese Verantwortung bisweilen zur Belastung werden. Er kann sich damit helfen, daß er sich öfter seine eigene Kompetenz und Erfahrung in Erinnerung ruft. Gehört er zum Typ 2, könnte diese Rolle allzu sehr sein Selbstbewußtsein erhöhen; hoffentlich denkt er daran, nicht rücksichtslos auf Entschlüssen zu bestehen, die weniger wichtig sind und auch anders ausfallen könnten. Er sollte z.B. die Wünsche der anderen nicht außer acht lassen. Doch in allen Fällen wird sich das Verhalten des Bergführers auf den »Kontrakt« und seine sachliche Kompetenz zu gründen haben.

Auf ähnliche Weise befindet sich der Fahrer eines Autos (sofern er einen gültigen Führerschein hat) in der »Kontraktrolle«. Er hat die Verfügungsgewalt über den Wagen, auch wenn dies nicht so ausdrücklich wie im Fall des Bergführers ausgesprochen wird. Als Mitfahrer hat man andererseits die unausgesprochene Kontraktrolle übernommen, den Fahrstil des Fahrers nicht zu kritisieren, was manche leider nicht unterlassen können. Ihnen gegenüber hat wiederum der Fahrer (ob Typ 1 oder 2) darauf zu bestehen, daß er fährt – und wem das nicht paßt, der kann ja aussteigen.

Wenn die Mutter sich zu fügen hat

Ich erinnere mich an eine Episode, als meine Tochter 16 Jahre alt war und gerade ihren Führerschein gemacht hatte. Ich war im Büro die Treppe heruntergefallen, hatte mir das Bein gebrochen und mußte ins Krankenhaus gebracht werden. Ich rief daheim an, wo sich im Moment nur meine Tochter befand. Sie erinnerte mich stolz an ihren Führerschein und wollte mich sogleich abholen. Da befand ich mich nun im Wagen, voller Unruhe in der ungewohnten Rolle, hinten zu sitzen, während sie fuhr. Bei jeder Abbiegung rief ich ihr zu: »Achte auf die Verkehrszeichen, paß auf die anderen Wagen auf.« Schließlich stoppte sie, drehte sich zu mir um und sagte völlig sachlich: »Du bist meine Mutter, aber jetzt bist du mein Passagier. Ich habe es übernommen, dich ins Krankenhaus zu bringen, und das werde ich tun, so gut ich's kann. Du darfst dich meinetwegen über die Schmerzen im Bein beklagen, aber ansonsten lehne dich zurück und kümmere dich nicht darum, wie ich fahre.«
Diese kleine Geschichte bringt den Unterschied zwischen Kontraktrolle und Beziehung deutlich zutage. Sie zeigt auch, wie Probleme gerade dadurch entstehen, daß man Beziehung und Kontraktrolle leicht verwechselt. Das passiert vor allem dann, wenn das übliche »typische« Verhalten und vielleicht auch die familiäre Rolle anders sind und gewöhnlich die Beziehung beeinflussen.
Die Beispiele mit der Klettertour und dem Autofahren helfen uns, berufliche Tätigkeit und Kontraktrolle auseinanderzuhalten. Oft fällt nämlich die durchgängige berufliche Rolle nicht unbedingt mit der momentanen Kontraktrolle zusammen. So wird der Arzt vom Patienten gewählt und bezahlt. In gewissem Maße ist er auch vom Patienten abhängig, weil dieser einen anderen Arzt nehmen kann, wenn er mit ihm unzufrieden ist. Hat

sich andererseits ein Patient wegen einer schweren Krankheit dem Arzt erst einmal anvertraut, oder soll der Arzt als Chirurg eine Operation durchführen, dann befindet er sich zugleich in der beruflichen und in der Kontraktrolle, nur seiner eigenen Kompetenz gemäß vorzugehen, ohne sich in beruflicher Hinsicht von anderen Einflüssen bestimmen zu lassen.

Auch bei scheinbar belanglosen Gelegenheiten ist die Kontraktrolle ausschlaggebend, weil sie auf gewählter Kompetenz und vorgeplanter Wahl beruht und die relative Verantwortung festlegt. Der Gastgeber bestimmt, was auf den Tisch kommt; dem Koch ist es überlassen, welche Gewürze er für die Gerichte auswählt und zumißt; der Trainer entscheidet sich für die geeignetsten Übungen; der Universitätsdozent wählt das Thema seiner Vorlesung usw., wobei jeder die Erwartungen der ihm Anbefohlenen berücksichtigen sollte, gegebenenfalls auch deren Geldmittel und Kräfte.

Dreiecksbeziehungen – halten, was man nicht versprochen hat?

Die Kontraktrolle ist oft nicht ganz klar umrissen, vor allem wenn es sich um Dreiecks-Kontrakte handelt. Bei einem Dreiecks-Kontrakt werde ich beispielsweise von einer Person (oder einer Gruppe oder Organisation) dafür engagiert, daß ich nachher – verabredungsgemäß – für ganz andere Leute tätig werde. Das ist etwa bei einem Bergführer oder Busfahrer oder Koch oder Lehrer der Fall, der nicht von den Leuten angestellt ist, mit denen er dann zu tun hat. Dabei kann sich nämlich herausstellen, daß die »dritte Partei« unterschiedliche Vorstellungen hat, vielleicht sogar aufgrund von Versprechungen des Veranstalters. Der aber existiert jetzt nur im Hintergrund und ist zur Zeit nicht zu erreichen. So verspricht vielleicht der Urlaubsprospekt eine Bergtour im Hochgebirge. Den Leuten aber, die sich gemeldet haben, fehlt jegliche Erfahrung. Oder sie haben nicht die nötige Ausrüstung, bestehen aber darauf, daß das Versprechen erfüllt wird. Sie wollen sich vom Bergführer nichts sagen lassen, sondern behaupten, dafür sei er schließlich angestellt. Ein kompetenter Bergführer, ganz gleich ob vom Typ 1 oder 2, wird sich gleichwohl auf kein Risiko einlassen, wie sehr man ihn auch bedrängen mag. Aber es wird sich ein großer Unterschied ergeben in der Art und Weise, wie ein Typ 1 oder Typ 2 mit den Leuten (und später mit seinem Arbeitgeber) verhandelt, und wie er mit seinem Ärger fertig zu werden sucht. In jedem Fall ist zu hoffen, daß er sich mit seinem Erwachsenen-Ich so steuern kann, daß er mit der ursprünglichen Kontraktrolle und der Realität gleicherweise zurechtkommt.

Das Konzept des Dreiecks-Kontrakts ist mir in den Sinn gekommen, weil ich viele Kurse durchführe. Dazu werde ich von einer Organisation oder einer Person engagiert, die nicht unbedingt anwesend ist, wenn ich mit der Gruppe arbeite. Die Teilnehmer wiederum haben ursprünglich nicht mit mir, sondern mit der veranstaltenden Organisation ihren Kontrakt ausgehandelt, an den sich ihre Erwartungen knüpfen. Nach einigen unangenehmen Erfahrungen habe ich mir angewöhnt, nunmehr stets zu Beginn des Kurses mit den Teilnehmern nicht nur deren Erwartungen zu erörtern, sondern ihnen auch eingehend meine eigene Auffassung von meiner Kontraktrolle darzulegen. So können wir von vornherein miteinander die Möglichkeiten von Enttäuschungen und Kompromissen abwägen. Oft stellt sich heraus, daß die Erwartungen der Teilnehmer nicht selten aufgrund dessen, was ihnen verbal und nonverbal in Aussicht gestellt worden war, manchmal auch wegen eigener Wunschvorstellungen über solch einen Kurs oder über mich ganz und gar verschieden sind von meiner eigenen Konzeption und Zielsetzung für den Kurs. So müssen wir manchmal recht mühsam unsere jeweiligen Kontraktrollen aushandeln. Doch hat dies seinen großen Wert, weil wir so zum Abschluß nie das Gefühl haben, uns gegenseitig betrogen oder ausgebeutet zu haben, auch wenn die ursprünglichen Erwartungen anders waren.

Übrigens haben mir in den letzten Jahren viele Kursteilnehmer Anregungen zum Dreiecks-Kontrakt gegeben. Dieses Konzept erwies sich für sie in ihrer eigenen Arbeit als sehr nützlich. Häufig besteht nicht bloß ein Dreiecks-Kontrakt, sondern vielmehr ein vier-, fünf-, sechs-, siebenseitiger Kontrakt. Kontraktrollen müssen völlig unabhängig vom Typ betrachtet werden. Bei alledem gilt jedoch, wie schon gesagt: Ist man sich über seine Typzugehörigkeit im klaren, so sieht man auch im voraus klarer mögliche Gefahren (und Chancen) bei der einen oder anderen beruflichen oder Kontraktrolle.

In meinem Fall, als Typ 2, schützt mich das Erörtern der Kontraktrolle vor Vorwürfen, ich sei zu autoritär, wenn ich manchmal eine Diskussion resolut abbreche, um mit dem Programm fortzufahren. Denn ich kann mich auf meine Kontraktrolle und auf meine Verantwortung als Kursleiterin berufen. Ich soll einen bestimmten Stoff erledigen. Andererseits weiß ich auch, daß ich bei dieser Kontraktrolle achtgeben muß, weil sie meinem

Typ so sehr entgegenkommt. Ich darf diese Rolle nicht mehr als nötig ausnützen.

Für eine Kollegin vom Typ 1 hat sich dieses Konzept als hilfreich erwiesen, doch genau in der entgegengesetzten Richtung. Ihr Problem bestand darin, daß sie sich oft von den Kursteilnehmern überrollen ließ. Am Schluß war sie mit ihrem Programm nicht zum Ziel gekommen, auch wenn sie es sich vorgenommen hatte und gut darauf vorbereitet war. Neuerdings gelingt ihr das bedeutend besser. Wenn man sie wieder zu überrollen droht, erinnert sie sich regelmäßig an ihre Kontraktrolle. Sie spricht dann die Teilnehmer daraufhin an. So vermag sie die Verantwortung der Kontraktrolle als Leiterin besser wahrzunehmen, auch wenn sie die Autorität dieser Rolle manchmal etwas zögernd und verhalten einsetzt.

Mit dem Erwachsenen-Ich im Bunde

Besonderes Gewicht kommt der Unterscheidung von beruflicher Rolle und Typ zu, wenn die Verhandlungspartner unterschiedliche Macht haben oder sich in einer Hierarchie an verschiedener Stelle befinden. Ich denke an Verhältnisse wie Vorgesetzter/Untergebener, Verkäufer/Kunde, Therapeut/Patient, Dozent/Student, Regisseur/Schauspieler, Verlagslektor/Autor, Ehemann/Ehefrau, Vater oder Mutter/Heranwachsender, Rechtsanwalt/Klient während des Prozesses, Polizist/Verkehrsteilnehmer usw.

In diesen Situationen spielt das Erwachsenen-Ich eine große Rolle. Wenn es um Kontaktaufnahme geht, um flexible und verläßliche Kommunikation, um Konfliktlösungen, so ist ausschlaggebend: Ist meine Einstellung zum Beziehungspartner vom Erwachsenen-Ich geprägt? Wenn ja, dann drückt sie aus: Wir sind einander ebenbürtig, wir sind alle wichtig und wertvoll. Mit dieser Haltung vermeiden wir, daß der andere abgewertet und in seinem Selbstwertgefühl gemindert wird, ganz gleich was unser Typ, unsere Rolle und unsere Machtposition ist. Bei gutem Kontakt zum Erwachsenen-Ich kann man daher langfristige und noch besser kurzfristige Beziehungskontrakte schließen. Sie ermöglichen es, ohne Schwierigkeiten die Rolle einzunehmen, die in einer bestimmten Situation geboten erscheint.

Ich fasse zusammen: Die erfolgreiche Tätigkeit eines Menschen sollte in seinen Fähigkeiten begründet sein. Erfolgreich zu sein ist leichter, wenn mein Tun nicht nur meinen Talenten, sondern auch meinem Typ entspricht. Es geht mir um so besser, je mehr es mir gelingt, mein Erwachsenen-Ich einzuschalten. Dann kann ich mit Selbstvertrauen auch in Kontraktrollen funktionieren, die nicht unbedingt zu meinem Typ passen, und entgehe im entgegengesetzten Fall der Gefahr, meinen Typ in übertriebener Weise einzusetzen.

Daher ist es von großem Nutzen, wenn ich meine Typzugehörigkeit kenne und mir über die entsprechenden Tendenzen im klaren bin. Günstig ist auch, wenn ich mir die jeweilige Kontraktrolle bewußt mache. (Achtung: Kontraktrollen können »dreieckig« angelegt sein!)

Ich kann dann vorhersehen: Welche positiven Möglichkeiten bietet mir mein Typ für bestimmte Rollen, Tätigkeiten oder Verhandlungen? Welche Gefahren entstehen immer wieder? Wann z.B. drohe ich von meinem Typ (oder dem meines Gegenübers) überwältigt zu werden? Wann passiert es, daß ich zu starr bei einer bestimmten Position verharre? Solche Einsichten helfen mir. Sie machen mich freier, denn ich kann mich auch einmal alternativ verhalten.

Konkret sieht das so aus: Personen vom Typ 1 wissen oft, daß sie sich gut anpassen können. In bestimmten Situationen kann ihnen das von Nutzen sein (z.B. als Schauspieler am Theater). Unter anderen Umständen schadet es ihnen. Deshalb sollten sie ihr Erwachsenen-Ich einschalten können. Sie werden dann entschiedener auf bestimmten Punkten oder Rechten beharren, wenn sie legitim sind.

Personen vom Typ 2 andererseits glauben leicht, daß sie mit ihren Überzeugungen immer im Recht sind. Sie sollten sich erlauben, mit anderen flexibel und kooperativ umzugehen. Vielleicht wissen es andere manchmal ebenso gut oder sogar besser als sie und können ihnen helfen.

5. Paare im Alltag

Wenn zwei sich ergänzen

Im Alltagsleben finden Personen vom Typ 1 und 2 oft als Paar zusammen. Vielleicht stehen sie nur ein paar Minuten lang beieinander, bei einem knappen Gespräch auf einer Party oder einem Fest. Oder aber sie gehen eine dauerhafte Verbindung ein, etwa eine Ehe oder eine geschäftliche Partnerschaft. Ob der Kontakt nun kurz ist oder lang, in jedem Fall spüren beide gleich, daß sie sich und ihr Verhalten gegenseitig schätzen. Viele feste Beziehungen beruhen darauf, daß die Grundeinstellungen der Partner einander ergänzen. Meinungsverschiedenheiten werden nach dem Prinzip gelöst: Hat Typ 2 »recht«, ist Typ 1 im Unrecht. Sind beide nicht *nur* auf die eigene Abwehrposition angewiesen, läuft alles bestens. Je nach Situation und Kompetenz wechselt vorübergehend auch einmal die Führungsrolle. Das Erwachsenen-Ich sorgt dafür, daß die Realität nicht übersehen wird. Entlastungstransaktionen bringen Abwechslung in die Beziehung: sie tun dem Partner von Typ 1 hin und wieder den Gefallen, daß er »im Recht« ist (»Siehst du, ich wußte, wo deine Schlüssel sind«). Der Partner vom Typ 2 ist auch einmal im »Unrecht«, d.h. hilfebedürftig (»Oje, ich brauche heute unbedingt jemanden, der mir auf die Beine hilft«).

Entlastungstransaktionen können ein Schritt auf dem Weg zu einem sehr intimen Vertrauensverhältnis sein. Sie sind dann Transaktionen von freiem Kind zu freiem Kind vergleichbar. Wenn einer der Partner zumindest hin und wieder in der Lage ist, aus seinem Kind-Ich heraus zu handeln, können beide manchmal gleichzeitig ihr Kind-Ich benutzen. Keiner muß dann befürchten, daß der andere aus dem Eltern-Ich reagiert.

Kennen Sie Ihren eigenen Typ und akzeptieren Sie ihn? Kennen Sie den Typ Ihrer Partner, Freunde und Kollegen? Dann werden Sie, mit Abstand und Amüsement, all jene komischen kleinen Attitüden beobachten können, die wir uns im Umgang miteinander angewöhnt haben. Es wird Ihnen auch leichter fallen, Reibereien entweder von vornherein zu vermeiden oder nachträglich mit Hilfe Ihres Erwachsenen-Ichs anzusprechen und wieder zurechtzurücken.

Ein Beispiel: Gisela und Ingrid haben eine gemeinsame therapeutische Praxis. Beide lesen meine Ausführungen, besonders die über die Typzugehörigkeit. Da wird ihnen mit einem Mal klar, warum sich bei ihnen die Gewohnheit eingebürgert hat, daß Gisela als erste die Tagespost durchgeht und die Prioritäten für den Tagesablauf setzt. Gisela gehört zu den Menschen vom Typ 2. Ingrid vermag nun lachend zuzugeben: »Jetzt kann ich unbeschwert als Typ 1 handeln. Bei Giselas Verhalten habe ich mich immer etwas unwohl gefühlt. Ich wußte nicht genau, ob ich nicht auch mal an der Reihe wäre. Sollte ich mich zurückgesetzt fühlen? Nun sehe ich, daß Gisela offenbar nicht im Traum daran dachte, mir auf die Zehen zu treten, wenn sie bestimmte Angelegenheiten wie selbstverständlich einfach übernahm. Mir kommt unsere Gewohnheit eigentlich ganz entgegen. Gisela soll ruhig weiterhin die Post durchsehen und sich den Kopf darüber zerbrechen, was zuerst zu tun ist. Ihr macht es offensichtlich Spaß, und ich brauche endlich kein schlechtes Gewissen mehr zu haben und kann diese Arbeitsteilung genießen.«

Wenn sich zwei gleichen

Auch die Partnerschaften zwischen zwei Menschen vom Typ 2 können sehr erfolgreich sein. Bedingung ist, daß sich beide der Gefahren bewußt sind, die in einer solchen Beziehung lauern: die Beteiligten neigen dazu, miteinander zu konkurrieren. Meinungsverschiedenheiten müssen sie darum durch eine gehörige Portion von »Erwachsenenverhalten« ausbalancieren. Liebe auf den ersten Blick ist selten bei Menschen vom Typ 2. Doch schätzen sie sich gegenseitig hoch. Typisch für solche Partnerschaften sind lebenslange Freundschaften mit gelegentlichen starken Auseinandersetzungen. Gehen zwei Menschen dieses Typs eine Ehe ein, dann kann man im nachhinein oft feststellen, daß sie sich über gemeinsamen Wertvorstellungen gefunden haben, oder um eine gemeinsame Aufgabe zu lösen. Diese Gemeimsamkeiten werden auch benötigt, um die Ehe in Gang zu halten. Es ist egal, worauf sich die Übereinstimmung bezieht, auf Kindererziehung, geschäftliche Angelegenheiten oder die gleiche politische Anschauung. Gehen solche Partnerschaften auseinander, suchen sich die beiden Partner vom Typ 2 meistens einen neuen Partner vom Typ 1 – und kosten dann eine Zeitlang glücklich die Bestätigung ihres Machtgefühls aus.

Partnerschaften zwischen Menschen vom Typ 1 werden vielfach durch einen dritten herbeigeführt – ähnlich wie in traditionellen Gesellschaften, wo die Eltern die Heirat ihrer Kinder in die Hand nehmen. Die Beziehungen können reibungslos und kooperativ funktionieren. Sie führen oft auch zu sehr engen Verbindungen. Gewöhnlich brauchen sie aber die wohlwollende Hilfe und den Rat eines Dritten. Das wiederum führt zu einer Reihe von Problemen und Auseinandersetzungen. Denn auf irgendeine Weise bleiben beide Partner ja meist abhängig vom Rat und von der Hilfe eines Älteren, von sozialen Bedingungen der Umwelt – oder im Berufsleben vom »Boss«.

Verändert sich die Umwelt, verändern sich die Arbeitsbedingungen, so geraten solche Ehen oder Partnerschaften oftmals in Schwierigkeiten. Kritisch wird es auch, wenn die väterlichen Leitbilder nicht gut beraten oder die Vorgesetzten schlecht geführt haben. Die meisten Partner werden sich in einem solchen Fall einen neuen Partner vom Typ 2 suchen. Manchmal mit einem Ton von Bitterkeit: Mein Partner hat mich hängen lassen! Auf meinen Chef war kein Verlaß!

Wenn Übersicher und Untersicher heiraten

Will man die Beziehungen zwischen Frauen und Männern richtig verstehen, so muß man unbedingt zwischen sozialer Rolle und Typ unterscheiden. Das habe ich im vorigen Kapitel gezeigt. Ich habe auch geschildert, wie die Rollenerwartungen aussahen. Bevor die moderne Frauenbewegung die Gleichberechtigung der Frauen in Gang setzte, war in den westlichen Gesellschaften strikt festgelegt: Frauen hatten sich dem Typ 1 entsprechend zu verhalten; sie hatten die männliche Vorherrschaft nicht infragezustellen. Männer mußten aus dem Holz von Typ 2 geschnitzt sein. Wenn Männer vom Typ 2 Frauen vom Typ 1 heirateten, so lief alles recht zufriedenstellend. Viele dieser Ehen waren insbesondere dann erfolg-

reich, wenn die Partner sich Abweichungen gestatteten: der Ehemann vom Typ 2 überließ seiner Frau vom Typ 1 auf gewissen Gebieten die Führung; etwa indem er ihre »Mütterlichkeit« anerkannte. Die Ehefrau vom Typ 1 erlaubte ihrem Mann vom Typ 2 ein wenig Abhängigkeit; etwa indem sie ihn das »große Kind« sein ließ.
Nun hat es im Laufe der Geschichte viele Frauen mit einer Persönlichkeitsstruktur vom Typ 2 gegeben, und ebenso viele Männer mit einer Struktur vom Typ 1. Wenn ein Mann vom Typ 1 und eine Frau vom Typ 2 einander heiraten – was dann? Natürlich können auch sie eine gelungene Partnerbeziehung aufbauen, genauso gelungen wie im umgekehrten Fall. Doch entspricht ihre Typzugehörigkeit nicht der gesellschaftlichen Norm. So müssen sie für ihre »Abweichung« einen Preis zahlen: den Preis gewisser innerer und äußerer Konflikte. Im Extremfall ergab sich folgendes: der Mann wurde von den anderen – und schließlich auch von sich selbst – als schwach und weich angesehen, als ein Mann, der unter dem Pantoffel steht. Und die Frau wurde schnell zum herrschsüchtigen Drachen erklärt. Eheprobleme bei solchen Paaren haben vielfach weniger mit ihrer persönlichen Haltung zu tun. Sie rühren vielmehr aus der Angst her, nicht mit den sozialen Normen übereinzustimmen. Um der sozialen Norm nun doch noch irgendwie zu entsprechen, sucht jeder Partner oftmals ein Übermaß an Entlastungsverhalten. Das erbringt jedoch keine wirkliche Entlastung im Zusammenspiel der Ehepartner. Es stellt keine sinnvolle Alternative zum »typischen« Verhalten dar. Es führt vielmehr zu Überbeanspruchung der inneren Kräfte beider Partner.
Und wenn Menschen vom gleichen Charaktertyp einander heiraten? Da ist besonders spürbar, wie bis in die jüngste Zeit hinein die soziale Norm vom männlichen und weiblichen Rollenverhalten in einer Ehe die Anerkennung des wahren Typs des Mannes und der Frau verwischt oder verhindert. Egal ob die beiden zum Typ 1 gehören oder zum Typ 2 – die Frau sah sich in solchen Fällen, ganz unabhängig von ihrem wahren Typ, in die Typ 1-Rolle gedrängt und der Mann in die Typ 2-Rolle.

Wenn einer plötzlich aussteigt

Heute brechen viele Ehen nach 20–30 Jahren Dauer auseinander. Denn heute ist zunehmend gesellschaftlich gebilligt, was vor 10–15 Jahren noch unmöglich war: offen sein zu dürfen und zu zeigen, wer man in Wahrheit ist, was einen wirklich interessiert, was man gerne mag. Bisher hatte ein Ehepartner eine soziale Festlegung seiner Beziehung zum anderen Partner, die eigentlich seinem Typ entgegengesetzt war, vielleicht akzeptiert. Jetzt hat er die Freiheit, diese Partnerrolle als ungeeignet zu verwerfen und sich mit dem Partner darüber auszusprechen.

Diese Entwicklung mag für den einen Partner sehr positiv sein – nur ist der andere oft nicht in gleicher Weise zu Veränderungen bereit. Das kann zum Aussteigen aus einer Ehe führen. Manchmal geschieht das ganz schlagartig. Die plötzliche Erkenntnis: »Jahrelang habe ich eine Rolle gespielt, von der ich nun weiß, daß ich überhaupt nicht mit ihr übereinstimme«, bringt meinen angesammelten Zorn und Ärger zum Ausbruch, den ich all die Jahre mühsam im Zaum gehalten habe.

Mein Ärger sucht einen Adressaten. So wendet er sich gegen den Gefährten, dem ich nun plötzlich all das zur Last lege, was mir in der Vergangenheit unangenehm war. Bei einer Ehe zweier Menschen vom Typ 1 ist es wahrscheinlich der Ehemann, der seine Frau beschuldigt, sie habe ihn lange genug unterdrückt und in die Rolle des »verantwortungsvollen Brotverdieners« gedrängt. Diese Rolle war ihm sozial vorgeschrieben. Er mußte sie spielen – auf Kosten seiner dem Typ 1 entsprechenden Neigung, sich auf mehr Abhängigkeit und weniger Verantwortung einzulassen.

In einer Ehe zweier Menschen vom Typ 2 dagegen wird wahrscheinlich die Frau die Initiative ergreifen. Sie wird ihren Mann beschuldigen, er habe sie lange genug in die abhängige Rolle der unterwürfigen Hausfrau gezwängt. Das paßt überhaupt nicht zu ihrem unternehmungslustigen und energischen Typ 2-Charakter.

Mit anderen Worten: in einer Ehe zweier Menschen vom Typ 1 ist der Mann der Leidtragende. Er leidet unter sozial vorgegebenen Normen und Konventionen. Er wird im Konkurrenzkampf ums tägliche Brot verschlissen. Seine Kreativität und seine schöpferischen Fähigkeiten, auch seine Fähigkeiten zur Zusammenarbeit mit anderen Menschen, kommen nicht zur Entfaltung.

In einer Ehe zweier Menschen vom Typ 2 leidet die Frau. Sie leidet besonders in den Ehen, die noch nichts von der neuen Bewegung zur Frauenemanzipation mitbekommen haben. Die sozialen Normen zwangen ihr ein Verhalten in Abhängigkeit auf, das nur zu oft gar nicht ihrem Typ entsprach, das ihrer Initiative keinen Spielraum ließ.

Von der Frau wurde etwa erwartet, sie habe sich allen Plänen und Wünschen im Leben ihres Mannes freudig und ohne Murren unterzuordnen.

Das fing bei den Wohnungs- und Ortswechseln an, die sich aus der beruflichen Laufbahn oder den Neigungen ihres Mannes ergaben. Es setzte sich bei der Auswahl der gemeinsamen Freunde fort oder in der Art, die Freizeit zu verbringen. Vielleicht hatte sie ihrem Mann zuliebe sogar ihre Ausbildung abgebrochen (»Du brauchst nicht mehr zu arbeiten, ich sorge für das Einkommen«). Kurz, ihre Interessen wurden nicht berücksichtigt.

In vielen dieser Ehen neigt der Partner, der sich im Vergleich zur sozial vorgeschriebenen Rolle als »Fehlbesetzung« erweist, später gern dazu, alles vergangene Weh und Leid seinem relativ unschuldigen Gefährten in die Schuhe zu schieben. An allem was schief gegangen ist und nicht nach Wunsch verlief, ist der andere schuld, dessen Typ mit dem sozialen Klischee übereinstimmt. Vielleicht hat der andere sich auch noch ganz wohl gefühlt und seine soziale Rolle akzeptiert, – während man selbst gelitten hat (und keiner von beiden so richtig merkte, wie irgenwann irgendetwas begann, völlig falsch zu laufen). Dadurch kann sich ihr oder sein Ressentiment natürlich noch verstärken. Die wirkliche Ursache dieses Grolls ist aber in der »Fehlbesetzung« einer sozialen Rolle zu suchen. Sie entsprach nicht dem eigenen Typ. Der »fehlbesetzte« Partner hatte inzwischen einen sehr großen Teil dieses nicht passenden Rollenverhaltens zu seinem eigenen Verhalten gemacht. Der Grund dafür liegt eher im sozialen Anpassungsdruck als darin, daß man vom jetzt beschuldigten Partner dazu genötigt wurde. (Obwohl dieser Partner vermutlich über den bisherigen Zustand froh war, weil er sicher seinem Typ entsprach.)

Der Mann im Konflikt mit seiner Rolle
(oder: Wenn zwei vom Typ 1 sich trennen)

Jörg und Katharina sind beide vom Typ 1. In früher Kindheit, besonders zwischen dem zweiten und dritten Lebensjahr, wurden sie von sehr strengen, beherrschenden Eltern aufgezogen. Beide erhielten eine streng religiöse Erziehung. Kennengelernt haben sie sich während der letzten Schuljahre in der Oberstufe. Beide Eltern hatten ihre Freundschaft ausdrücklich gebilligt und waren ihnen auch bei der Gründung eines eigenen Hausstandes behilflich. Ein »ideales« Paar, sowohl er als sie intelligent und gut aussehend. Jörg machte eine erfolgreiche Karriere als Rechtsanwalt in einem Stadtteil nicht weit von seinen Eltern. Sie hatten fünf Kinder und taten all die »richtigen« Dinge, die man eben so tut, wenn man zur oberen Mittelschicht gehört.

Katharina glaubte, sie sei glücklich verheiratet. Sie fühlte sich wie vor den Kopf gestoßen, als sie sich nach 20 Jahren von Jörg Vorhaltungen über ihr Verhalten ihm gegenüber anhören mußte. Klagen und Beschwerden, sie habe ihn nie verstanden, reihten sich aneinander. Er hielt ihr nicht nur Beispiele aus der Gegenwart vor, sondern griff auch auf längst verflossene Geschichten zurück. Besonders hart traf sie, daß er ihr gerade all das zum Vorwurf machte, was er immer so sehr an ihr geschätzt hatte. Völlig aus der Fassung brachte sie aber, daß er sie einerseits beschuldigte: sie sei völlig abhängig von ihm, um dann das genaue Gegenteil an ihr zu kritisieren: sie sei so herrschsüchtig.

Besonders wütend machte es ihn, wenn sie ihn nach seiner Meinung über irgendetwas fragte. Er empfahl ihr daraufhin nur, ihr Köpfchen ein bißchen anzustrengen und selber nachzudenken. Dann aber beschuldigte er sie plötzlich, sie würde ohne Rücksicht auf ihn Entscheidungen fällen. Weiter forderte er sie immer wieder auf, sie solle sich »ändern«, ohne genau zu sagen, was er darunter verstand. Je mehr Mühe sie sich gab und je mehr sie sich anstrengte, desto schlimmer wurde die Situation.

Schließlich zog Jörg voller Zorn aus der gemeinsamen Wohnung aus. Er könne es nicht länger aushalten, von Katharina »unterdrückt« zu werden, sagte er. Währenddessen war Katharina mit ihrer Weisheit am Ende. Sie begann zu verzweifeln, weil sie die Dinge zwischen ihnen nicht mehr ins rechte Lot zu bringen wußte. Zu guter Letzt fragte sie sich, warum er durchdrehe: ob er verrückt spiele oder es tatsächlich sei.

Das Problem lag aber nicht darin, daß Jörg zu spinnen begann. Vielmehr hatte er sich plötzlich und abrupt von dem Eltern-Ich in seiner eigenen Persönlichkeit gelöst. Dieses hatte ihn jahrelang gezwungen, sich auf eine Art und Weise zu verhalten, die für seinen wahren Typ viel zu sicher, hilfsbereit und stark war. Er hatte ständig versucht, dem gesellschaftlichen Muster vom selbstsicheren Ehemann zu folgen, immer in der Furcht, er könne als unmännlich »entlarvt« werden.

Katharinas angepaßtes Verhalten entsprach ihrem eigenen Typ. *Sie* war mit ihrem Zusammenleben mit Jörg zufrieden. Doch das verstärkte sein Gefühl nur noch mehr, im Verlauf all der Jahre bloß ein Schatten seiner selbst gewesen zu sein. Auch fühlte er sich um eine gewisse Fürsorge ihrerseits betrogen, ohne die er nun einmal nicht auskommen könne, wie er ihr vorwarf. Gelegentlich hatte er zaghaft um Hilfe gebeten, und sie hatte

versucht, ihn »mütterlich zu umsorgen«. Sie hatte sich auch noch bemüht, das genauso zu tun, wie das soziale Modell der Frau und Mutter es verlangte. Doch sie war nun einmal vom Typ 1. Darum geriet ihr ihre Fürsorge mehr nach dem Muster des angepaßten Kind-Verhaltens als nach dem einer selbstsicheren Frau. Die aber hatte er sich insgeheim immer gewünscht.
Jörg fühlte sich daher nur noch weniger verstanden. Den Kindern war sie doch eine gute Mutter gewesen – aber ihm, dem Gatten gegenüber, war sie dazu nicht imstande! (Natürlich hatte er seine diesbezüglichen Wünsche auch nicht eher zu erkennen gegeben.)

Blick zurück im Zorn

Jörg machte eine Protestphase durch wie die Jugendlichen in der Pubertät, wenn sie sich von ihren Eltern lösen und ihre eigene Lebensweise entwickeln. Sein Aufbegehren gegen die männliche Sozialrolle wandte sich gegen Katharina. Er war voller Zorn, daß sie ihm trotz all seiner Opfer nicht die Art von elterlicher Zuwendung gegeben hatte, die er immer noch für seine Entwicklung brauchte. Anfangs konnte er nicht erkennen, daß er sich hauptsächlich deshalb so ausgebrannt und elend fühlte, weil er sich über Jahre in die Rolle des »starken Mannes« gezwungen hatte, eine Rolle, die zu seinem Typ überhaupt nicht paßte. Er hatte sich den gängigen gesellschaftlichen Normen überangepaßt – aus Furcht, als schwächlicher Weichling oder gar als Homosexueller angesehen zu werden.
Mit therapeutischer Hilfe lernte Jörg, was ihm zuvor unmöglich gewesen war, sich selbst und seinen Typ so zu akzeptieren, wie er war. Seine Wut und Empörung legten sich etwas, nachdem er erkannt hatte: nicht Katharina war es, die ihn tyrannisierte. Sondern er hatte in den zurückliegenden Jahren zu gewaltsam versucht, sich einem Ideal anzupassen – dem Modell seines Vaters, dem er wirklich nun nicht ähnlich war, wie sehr er auch versuchte, dessen Verhalten nachzuahmen.
Trotzdem war der Riß in der Ehe von Jörg und Katharina nicht mehr zu kitten: als Jörg endlich das ganze Spiel durchschaut hatte, waren schon zu viele Frustrationen und Spannungen aufgehäuft. Zu viel »Gemeinsamkeiten« waren zerschlagen, selbst wenn Katharina es nicht wahr haben wollte und gegen eine Scheidung kämpfte. Schließlich erkannte auch sie, daß der »neue«, wahre Jörg nicht länger dem Bild von einem Mann entsprach, das

er einst für sie verkörpert hatte. Das erlaubte ihr, einen neuen Partner mit der Persönlichkeit vom Typ 2 zu finden.
Er besaß all die Eigenschaften, die sie an einem Mann schätzte. Auch Jörg heiratete bald eine sehr selbständige Frau. Sie unterstützte und pflegte all die neuentdeckten kreativen und witzigen Seiten seiner Persönlichkeit, die vorher verschüttet gewesen waren.
Die Trennung von Jörg und Katharina hatte voll Zorn und Bitterkeit begonnen. Später gelang es den beiden sogar, eine pragmatische und gute Vereinbarung über die beiden jüngsten Kinder zu treffen. Das war ein großer Schritt. Allzuoft muß nämlich die Frau bei solchen Scheidungen hart mit dem rücksichtslosen und aufbrausenden Verhalten des Ehemannes kämpfen, wenn die Regelung der finanziellen Fragen und der Erziehung der Kinder ansteht. Um so mehr dann, wenn der Mann sich gegen das Rollenklischee auflehnt, dem sich beide im bisherigen Zusammenleben gefügt haben – unter dem Anpassungsdruck bevormundender Eltern oder einer prägenden Umwelt.

Die Frau im Konflikt mit ihrer Rolle
(oder: Wenn zwei vom Typ 2 sich trennen)

Norbert und Monika hatten sich bei einer Protestveranstaltung gegen die Notstandsgesetze zur Zeit der APO kennengelernt. Sie lebten eine Zeitlang miteinander, heirateten dann und bekamen zwei Kinder – so wie sie es geplant hatten.
Monika hatte in ihrer Kindheit ihre Mutter nur als schwere Alkoholikerin mit psychotischen Anfällen erlebt. Von ihrem Vater erfuhr sie später, daß sie schon im frühen Alter von zwei bis drei Jahren gelernt hatte, auf sich selbst und sogar auf ihre Mutter aufzupassen. Monika war die einzige, die die Mutter bei ihren explosionsartigen, gefährlichen Wutanfällen ansprechen und besänftigen konnte. Wenn die Mutter zu unberechenbar wurde, war sie es, die schnell die Nachbarn um Hilfe bitten mußte, um ihren Vater an seinem Arbeitsplatz zu verständigen.
Norbert war der älteste von vielen Geschwistern in einer Familie, deren Vater immer noch in Kriegsgefangenschaft war. Seine Großmutter, die den Haushalt versorgte, während seine Mutter arbeitete, vergötterte ihn. Da die Großmutter auch nicht mehr die Jüngste war, wurde Norbert bald ganz unentbehrlich – er erledigte die Einkäufe, paßte auf die Geschwister auf usw. Schon von Kind an wurde Norbert als der »Verantwortliche« im Haus angesehen, besonders als dann auch noch die Großmutter starb.

Aus verschiedenen Gründen, und auf unterschiedlichem familiären Hintergrund, hatten Norbert und Monika jeder eine starke Typ 2-Persönlichkeit entwickelt. Mit einem klar umrissenen persönlichen und sozialen Wertsystem – wie es für Menschen vom Typ 2 charakteristisch ist. Gemeinsame Werte und Ideale hatten Norbert und Monika zu Beginn ihrer Partnerschaft einander nahe gebracht und miteinander verbunden.
Viele Jahre lang führten sie eine glückliche Ehe. Sie hatten gemeinsame Vorstellungen und Gedanken, teilten sich in die Kindererziehung und die Arbeit im Haus. Und beide schlossen ihr Pädagogikstudium in Berlin ab und fanden auch entsprechende Arbeit – sie in der Erwachsenenbildung, er als Assistent an einem pädagogischen Institut.
Bis Norbert eine Professur an einer neu gegründeten Universität bekam. Monika gab als gute Ehefrau und Mutter ihren interessanten Beruf auf und übernahm mit vielleicht zu großer Entschlossenheit die von ihr erwartete Rolle, ihrem Mann beim Aufbau seiner Karriere behilflich zu sein. Ein wichtiger Faktor war natürlich auch, daß Norbert jetzt mehr Geld nach Hause brachte, als vorher beide zusammen verdient hatten.
Die Familie zog an den neuen Wohnort, in ein schönes und bequemes Haus, ganz in der Nähe der Universität. Monika hatte beträchtliche Schwierigkeiten, eine Beschäftigung in ihrem Beruf zu finden, und mußte sich schließlich mit uninteressanten Teilzeitjobs, die ihr das örtliche Arbeitsamt vermittelte, zufrieden geben. Was dann geschah, wollte keiner so recht glauben, der Monika gekannt hatte. Aus der tüchtigen und ausgeglichenen Person, der vernünftigen und verantwortungsvollen Mutter, wurde schon nach kurzer Zeit ein nervöser, an Mann und Kindern herummäkelnder Hausdrachen. Ihr Verhalten war ihr selber unverständlich, und sie machte sich deswegen heftige Vorwürfe. Sagte sie sich doch: »Jetzt haben wir all das erreicht, wonach wir uns immer gesehnt haben.« Sie wollte ihre Ehe nicht kaputt gehen lassen und befürchtete, daß sie sich wie ihre eigene Mutter entwickeln und den Kindern Leid und Schaden zufügen könne. Monika gab ihrem ermüdenden Job die Schuld und hörte deshalb ganz auf zu arbeiten. Bald machten ihr aber schwere Depressionen bis hin zu Selbstmordgedanken zu schaffen. In therapeutischer Behandlung erkannte sie nach kurzer Zeit, daß sie ihre Krankheit dazu benutzte, Neid und Konkurrenzgefühle gegenüber ihrem Mann und natürlich seinem großartigen Aufstieg im ehemals gemeinsamen Beruf zu verstecken.

Die gemeinsame Überzeugung – Opfer der Karriere?

Doch neben den jetzt aufgedeckten Neid- und Konkurrenzgefühlen gab es noch etwas anderes: viele der ehemals gemeinsamen sozialen und politischen Werte hatten für Norbert im Laufe seiner Karriere an Bedeutung verloren. Mehr noch: seine Ansichten hatten sich auf eine Art und Weise verändert, die Monika insgeheim verachtete. Mit einem Mal wurde ihr klar: ihr Versuch, die treuergebene Ehefrau eines erfolgreichen Mannes zu spielen, hatte sie dazu gezwungen, ihre politischen Ansichten so zu modifizieren, wie es die Stellung ihres Mannes erforderte. Sie erlaubte sich nicht mehr, von ihrer eigenen Perspektive auszugehen.

Monikas Bedürfnisse und Wünsche waren keineswegs »verrückt« oder unredlich. Gewiß, ihr Verlangen nach Selbstbestätigung und Einflußnahme waren dem Ansehen und der Karriere ihres Mannes nicht gerade förderlich. Aber seit dem Umzug hatte Monika ihre eigene Persönlichkeit geradezu verraten. Um sich normal zu entfalten, brauchte sie einfach ein außerhäusliches Betätigungsfeld, auf dem ihre Führungsqualitäten zur Geltung kamen. Das reichte aber noch nicht. Ihr fehlte auch die Möglichkeit, ihre eigenen Anschauungen – in diesem Falle waren sie politischer Natur – vertreten zu können. Vor allem Menschen vom Typ 2 ersticken, wenn sie keine Gelegenheit haben, ihre eigenen Wertvorstellungen zum Ausdruck zu bringen.

Nach dieser Erkenntnis lebte Monika schlagartig auf. Die Krankheitssymptome verschwanden. Mit Norbert konnte sie jetzt wieder offen über ihre Ideale, Werte und Normen diskutieren – wie zu Beginn ihrer Partnerschaft. Leider machte der Verlauf solcher Gespräche beiden klar, daß in den Jahren des Zusammenlebens von den ehemals gemeinsamen Überzeugungen vom Leben und seinen Prioritäten nichts mehr übrig geblieben war. Ihre Vorstellungen hatten sich in gegensätzliche und nicht miteinander zu vereinbarende Richtungen entwickelt. Diese neuen Grundsatzdiskussionen zeigten beiden, wie weit sie auseinandergewachsen waren. Das bot Anlaß zu neuem Streit. – Dennoch begannen beide, sich besser zu fühlen. Für Menschen vom Typ 2 ist es ja charakteristisch, daß sie stets den anderen zu ihren Ansichten zu bekehren oder zumindest davon zu überzeugen suchen, daß sie »im Recht« sind.

Aus diesem Grund können Ehepartner vom Typ 2 sehr gut und auch sehr lange miteinander auskommen – solange sie darin übereinstimmen, daß und wie sich *andere* ändern sollten – Kinder, Freunde, die Gesellschaft.

In solchen Ehen kann es aber auch zu folgenschweren Auseinandersetzungen kommen, wenn einer der Partner ein neues Meinungs- und Wertsystem entwickelt, das vom anderen Partner abgelehnt wird.
Norbert und Monika mußten erkennen: In zu vielen zentralen Angelegenheiten waren sie verschiedener Meinung. Keiner von ihnen mochte den eigenen Standpunkt aufgeben – beide waren nun einmal »grundsolide« Typ 2-Charaktere. So entschlossen sie sich zur Scheidung. Sie blieben jedoch gute Freunde und kamen zu vernünftigen Absprachen im Blick auf die Kinder, als Monika später wieder nach Berlin zurückging.
Keiner beugte sich dem gegenseitigen Vorwurf, versagt zu haben – eine unerträgliche Vorstellung für einen Menschen vom Typ 2. Und versagt zu haben, ist leider auch die häufigste Anschuldigung, die gegen den anderen oder auch gegen sich selbst gerichtet wird, wenn zwei Menschen vom Typ 2 in Streit geraten.

Bevor die nächste Krise kommt – was kann ich tun?

Ich hoffe, ich habe Ihnen mit meinen beiden Fallbeipielen nicht Angst gemacht. Denn Ehen zwischen Menschen gleichen Typs können auch ganz prima sein. Außerdem will ich Sie keineswegs dazu bringen, sich überhaupt nicht an Ihren Partner anzupassen. Ein gewisses Maß von gegenseitiger Anpassung gehört dazu, wenn zwei zusammenleben. Entscheidend ist, daß keiner sich dabei selber vergewaltigt!
Jede Kombination von Typen kann zu einer guten Ehe führen: 1 mit 1, 1 mit 2, 2 mit 2. Hauptsache, Sie kennen die Fallen, in denen Sie sich fangen können. Der nächste Streß kommt bestimmt. Sie können vorbauen, wenn Sie wollen. Sie können im voraus, in einer entspannten, ruhigen Situation mit Ihrem Partner darüber sprechen. Schauen wir uns als besonnene Erwachsene, unter normalen Bedingungen, unsere Beziehung an – welche Gefahren, welche Abgründe werden sich möglicherweise auftun, wenn es mal wieder zu Spannungen kommt? So können Sie eine Ansammlung von gegenseitigen Mißverständnissen, von Unmut und überspitzten Reaktionen zwischen Ihnen vermeiden. Außerdem sind Sie beide auf das Verhalten des anderen in Krisensituationen vorbereitet.
Gehen Sie einmal den folgenden Fragen nach. Setzen Sie dazu Ihr Erwachsenen-Ich ein. Lassen Sie sich auch von Ihren Freunden (mit deren Erwachsenen-Ich) dabei helfen:

- Welches ist mein Typ? Welches ist der meines Partners?
- Auf welches Entlastungsverhalten greifen wir gerne zurück?
- Wie reagiere ich – typischerweise – unter Streß? Wie reagiert mein Partner? Welche Probleme ergeben sich möglicherweise aus der Kombination unserer beiden Typen?
- Wo verhalte ich mich zu starr, wo folge ich zu unbeweglich meinem Charaktertyp? Wie ist das mit meinem Partner?
- Verleugnet einer von uns beiden seinen wahren Typ? Versuche ich selbst oder mein Partner zu sehr, ein soziales Rollenmuster auszufüllen, das eigentlich meinem – oder seinem – Wesen nicht entspricht?

In der Ehe wird der gewaltsame Versuch, eine Rolle auszufüllen, die im Gegensatz zum eigenen Typ steht, zweifellos früher oder später zu Ärger führen – wie bei Jörg oder bei Monika. Dagegen nützt es, ganz bewußt zu erkennen, daß das uns umgebende soziale System uns in eine lebenslängliche Rolle gedrängt hat, aus der man herausfinden kann. Das ist sicherlich besser, als seinem eigenen Typ Gewalt anzutun, indem man ihn verleugnet und vorgibt, etwas zu sein, was man gar nicht ist.

Schließlich die Frage:
- Will ich etwas ändern? Wenn ja, was? Was kostet es mich, was bedeutet es für meinen Partner und unsere Beziehung? Weiß er oder sie von meinen Beschlüssen?

Es ist beispielsweise durchaus möglich, zusätzliche Rollen zu finden, die eher zum eigenen wirklichen Typ passen. Man darf den Beruf wechseln, man kann sich in geeigneten Gemeinschaftsaufgaben engagieren. (Das hat sich besonders für Männer vom Typ 1 und Frauen vom Typ 2 als eine gute Möglichkeit erwiesen.)

Ehetips für Anpassungsfähige

Persönlichkeiten vom Typ 1 können sich das Leben in einer Partnerbeziehung leichter machen, wenn sie sich die Einsicht erlauben: sie sind eher unsicher und abhängig als Menschen vom Typ 2. Sie müssen verstärkt ihr Erwachsenen-Ich einsetzen, um selbständiger und weniger mitleidsbedürftig zu werden. Andererseits genießen sie Fürsorge und Unterstützung. Sie blühen auf, wenn solche Hilfe aus freien Stücken angeboten wird. Falls Sie als Typ 1 mit jemand vom Typ 2 verheiratet sind, hüten Sie sich vor übergroßer Abhängigkeit, so angenehm sie Ihnen auch sein mag. Falls

Sie sich dominiert fühlen: reden Sie offen mit Ihrem Partner darüber, wieviel Hilfe Sie tatsächlich brauchen. Sonst laden Sie ihn gerade ein, Sie mit zu großer Hilfsbereitschaft zu erdrücken. Machen Sie sich klar, was wirklich los ist, wenn Sie das Gefühl haben, im Stich gelassen zu werden. Damit Sie nicht aus unbewußter Furcht in Opposition gehen oder gar rachsüchtig werden.

Wenn Sie als Typ 1 mit einem Partner vom Typ 1 verheiratet sind, führen Sie sich die Vorteile und Risiken einer solchen Verbindung vor Augen: diese Beziehung ermöglicht es, eine sehr starke Vertrautheit mit dem anderen zu entwickeln, auf der Ebene »Kind-zu-Kind«. Außerdem werden Sie meistens viel Spaß miteinander haben. Natürlich können Sie sich auch gegenseitig Angst machen, wie Romeo und Julia. Oder sich wie zwei Kinder aneinanderklammern und so mit den Unbilden des Lebens zurechtzukommen versuchen. Ist nur einer von beiden außer Haus tätig, so seien Sie sich im klaren, daß dies für jeden einzelnen Partner ganz verschiedene Konsequenzen hat: der Geldverdiener sieht sich möglicherweise überlastet. Der Partner zu Hause fühlt sich vielleicht übermäßig einsam und verloren. So mag jeder vom anderen mehr »elterliche« Zuwendung ersehnen, als der andere zu geben bereit ist. Denn beide fühlen sich überfordert. Beide müssen ihr Erwachsenen-Ich einsetzen und sich einen zusätzlichen eigenen Bereich schaffen. Sie sollten neue Personen oder Interessengebiete finden, ohne sich dann wieder vom Gewicht der anderen zu stark einengen zu lassen. Es empfiehlt sich auch, ganz bewußt und überlegt Pläne zu schmieden, wie jeder von ihnen eigenen Aktivitäten nachgehen kann. Das Ziel ist, nicht abhängiger voneinander zu sein, als dies ein jeder ertragen kann.

Ihren Kindern gegenüber sind Eltern vom Typ 1 meist sehr nachgiebig und fröhlich, wenn sie keine wirtschaftlichen Sorgen haben. (Derartige Probleme sind für Personen vom Typ 1 weit belastender als für solche vom Typ 2.) Eltern vom Typ 1 müssen meist lernen, ihren Kindern auch Grenzen zu setzen. Sonst geraten sie in die Gefahr, von ihnen tyrannisiert zu werden. Die Ehefrau sollte sich dabei klar machen, daß ihr Mann eventuell leicht eifersüchtig wird und sich schnell ausgeschlossen fühlt – von ihr selbst oder von den Kindern. Aber das heißt nicht, daß sie ihren Mann nun auch noch bemuttern müsse. Das Beste wäre, wenn jeder offen seine Bedürfnisse äußert – ohne dabei auf den anderen Druck auszuüben: Erfülle sie mir doch! Mit etwas Gelassenheit und Humor lassen sich solche Situationen gut überstehen.

Ehetips für Bestimmte

Persönlichkeiten vom Typ 2 erleichtern sich das Leben, wenn sie sich mit der Einsicht vertraut machen: sie neigen dazu, unabhängiger und eigenwilliger zu sein als Menschen vom Typ 1. Und sie sollten verstehen lernen, daß Selbständigkeit und Unabhängigkeit nicht dasselbe sind. Selbständigkeit schließt die Fähigkeit ein, seine Bedürfnisse richtig zu erkennen und einzuordnen. Unabhängigkeit dagegen verneint die eigenen Bedürfnisse manchmal oder unterdrückt sie. Ehepartner vom Typ 2 müssen sich bewußt machen, daß ihr eigenes Kind-Ich auch hin und wieder Hilfe und Unterstützung nötig hat. Nur zu oft unterdrücken gerade Menschen vom Typ 2 die Bedürfnisse ihres eigenen Kind-Ichs, indem sie die Verantwortung für das Kind-Ich eines anderen übernehmen.

Wenn Sie mit einem Menschen vom Typ 1 verheiratet sind, besteht die Gefahr, daß Sie herrschsüchtig und rechthaberisch werden. Lassen Sie es auch nie so weit kommen, daß Sie sich ausgenützt fühlen. Sprechen Sie dann mit Ihrem Partner darüber. Das nimmt solchen Gefühlen die Sprengkraft. Am besten ist es natürlich, wenn jeder dem anderen sagt, wieviel er in der einen oder anderen Angelegenheit übernehmen oder sich engagieren will und kann. Um sich wirklich schöpferisch entfalten und sich weiter entwickeln zu können, muß jeder seine eigenen Bedürfnisse respektieren. Er darf sie nicht dem anderen opfern – sozusagen als Geburtshelfer für die Kreativität seines Partners.

Die Ehe mit einem ebenfalls zum Typ 2 gehörenden Partner bietet gute Voraussetzungen für eine klar erkennbare, wirklich anregende und produktive Entwicklung – besonders in Bereichen gemeinsamer Interessen und bei der Erziehung der Kinder. Leicht kann eine solche Partnerschaft aber auch dazu führen, daß beide versuchen, sich gegenseitig auszustechen, daß sie Konkurrenzgefühle entwickeln, wer mehr Einfluß ausüben kann, wer mehr Zuneigung oder Bewunderung bei Kindern, Freunden, Nachbarn usw. erfährt. Persönliches Konkurrieren um jeden Preis ist kräftezehrend und unterminiert auch die besten Voraussetzungen einer Ehe.

Wenn beide Partner dem persönlichen Erfolg sehr große Bedeutung beimessen, ist es besonders notwendig, daß sie sich auf der Ebene ihrer Erwachsenen-Ichs über Meinungen und Werte verständigen. Meinungsverschiedenheiten sollten sie umgehend ausbügeln, sich auch gegenseitig klar machen, wer was wem zuliebe opfert. Sonst bauen sie nur insgeheim Groll und Unmut auf, werden tadelsüchtig und hart und haben am anderen ständig etwas auszusetzen.

Wie alle Paare werden sich auch zwei Partner vom Typ 2 nach mehr gegenseitiger Fürsorge sehnen. Im Gegensatz zu Menschen vom Typ 1 sind sie oft etwas übereifrig in ihren Hilfs- und Schutzangeboten. Ist der Partner ebenfalls vom Typ 2, werden derartige Hilfsangebote vom Partner nämlich ebenso häufig zurückgewiesen. Man läßt sich gegenseitig wissen, daß man eigentlich etwas ganz anderes wollte und sich mißverstanden fühlt. Der Ehemann z.B. sollte kein doppeltes Spiel treiben, wenn er sich von seiner Frau zurückgewiesen oder gar vernachlässigt fühlt – er darf auch keine übertriebene »Wiedergutmachung« in Form von Unterwürfigkeit von ihr erwarten, selbst wenn sie vom Typ 1 ist, sonst kommt irgendwann einmal die Rache! Ist sie vom Typ 2, so wird die Beziehung nicht ganz so problemlos sein, als wenn er mit einer Frau vom Typ 1 verheiratet wäre. Aber auch hier ist der Sinn für Humor von unschätzbarem Wert, wenn man einander versteht und wenn man sich streitet.

6. Gefühlsausbeuter

Wenn der Typ zur Karikatur wird

Bisher haben wir uns hauptsächlich mit »normalen« Transaktionen und Beziehungen beschäftigt, so wie sie im Alltag ständig vorkommen. Es gibt indessen Leute, die ihrem Typ so stark verhaftet sind und derart nach Bestätigung ihres Typs hungern, daß sich ihre Transaktionen geradezu wie Karikaturen normaler Kontakte ausnehmen. Man erkennt das nicht immer von Anfang an. Solche Menschen nenne ich *Gefühlsausbeuter*. Ihre Mitmenschen geben ihnen Titel wie »Quasselstrippe«, »Klette«, »Nervensäge« oder dergleichen.
Sicher haben auch Sie, lieber Leser, schon öfter unter solchen Personen zu leiden gehabt. Man trifft sie bei Konferenzen und privaten Einladungen, im Zugabteil und auf der Parkbank. Auf den ersten Augenschein können sie so attraktiv und reizend wirken wie z.B. Anne. Anne empfindet innerlich: »Was habe ich schon zu bieten, *du* hast alles!« oder »Ich bin natürlich im Unrecht und du hast recht« oder »Mir geht's wahnsinnig schlecht, und dir geht's so gut!« Sie möchte von Ihnen gestreichelt werden. Sie sollen ihr in diesem Augenblick ideale Mutter oder idealer Vater sein.

»Wie schaffe ich das nur?«

Vielleicht eröffnet sie die Unterhaltung mit einer ganz beiläufigen Frage oder Bemerkung. Vorsicht! Wenn Sie jetzt darauf eingehen, kann die reizende Anne ihren nächsten Zug tun. Sie wird Sie mit ihrem schutzbedürftigen oder herausfordernden Kind-Ich ansprechen und damit an Ihr fürsorgliches oder auch kritisches Eltern-Ich appellieren. Bei einer Party könnte das etwa folgendermaßen aussehen:

Anne (Kind-Ich): »Können Sie mir sagen, was gerade los ist? Ich habe das nicht ganz mitbekommen.«

Sie (nicht unbedingt im Eltern-Ich, vielleicht sogar im Kind-Ich oder Erwachsenen-Ich. Aber: ganz gleich, was Sie zur Antwort geben, Anne wird es als Äußerung des Eltern-Ichs aufnehmen, und, weil Anne eine perfekte Gefühlsausbeuterin ist, werden Sie sich bald in diese Position gedrängt sehen. Also sagen Sie): »Oh, Jochen hat eben einen Witz erzählt.«

Anne (Kind-Ich): »Was für einen Witz?«

Sie (geben Auskunft im Erwachsenen-Ich, vielleicht auch im gelangweilten Kind-Ich, werden aber weiterhin vom Eltern-Ich her gehört): »Ach, irgendwas mit einer Katze.«

Anne (Kind-Ich. Achtung – jetzt kommt es): »Ach nein. Wissen Sie, Partys schüchtern mich völlig ein.«

Sie: »Wieso? Hier gibt es doch nichts, wovor man sich zu fürchten hätte!« (Aha, jetzt sind Sie endlich im fürsorglichen Eltern-Ich angelangt, von dem aus Sie Anne zu beruhigen versuchen.)

Anne (streichelt Sie dafür): »Toll, wie selbstsicher Sie sind! Wie machen Sie das bloß?«

Sie: »Ach, das können Sie doch auch.« (Das könnte eine Antwort von Ihrem Erwachsenen-Ich her sein und damit eine Anne frustrierende »Kreuzung«, von der schon in Kap. 1 die Rede war; aber Anne wird es als Antwort vom Eltern-Ich her aufnehmen und Sie weiterhin »komplementär« anreden, und höflicherweise werden Sie in diesem aufgezwungenen Eltern-Ich verbleiben.)

Anne (macht so weiter): »Können Sie mich hier ein bißchen herumführen?«

Sie (vielleicht mit der Hoffnung, ihr zu entkommen, aber doch im Eltern-Ich): »Nun ja, gern . . .«

Wenn die Unterhaltung so weitergeht, werden Sie schnell an einen Punkt gelangen, wo Sie sich eines gewissen Unbehagens nicht erwehren können. Sie haben das Gefühl: Sie werden zu irgendetwas benutzt. Sie werden dazu gebracht, mehr Anteilnahme, Verständnis oder Interesse am Befinden und an den Sorgen Ihres Gegenübers zu zeigen, als Sie im Grunde verspüren. Selbst wenn Anne ernsthafte Probleme vorbringt, von denen Sie

auch angerührt sind – sie wirkt aufdringlich. Sie wird Ihnen lästig. Sie würden gern weggehen, sich anderen Dingen und Personen zuwenden, aber sie läßt Sie nicht los. Sie stellt Frage auf Frage, und sobald Sie sich dazu verleiten lassen zu antworten, folgt schon die nächste Frage.
Was sich da abspielt, ist meist eine Art Pseudokommunikation. Dabei verbleibt Anne im hilfsbedürftigen oder rebellischen Kind-Ich; und Sie, auch wenn Sie vom Erwachsenen-Ich her reagieren, werden von ihr unentwegt als Eltern-Ich behandelt.
Wie kann man ein derartiges Gespräch beenden? Nur so, daß man sein Gegenüber mit einigem Geschick unterbricht oder sich hastig verabschiedet. Aber wem ist schon wohl zumute, wenn er ein offenbar hilfsbedürftiges Wesen kurz abfertigt und stehenläßt? Es kommt noch hinzu, daß jemand wie Anne Ihnen ja auch geschmeichelt, Sie nach Ihrer Meinung gefragt und Ihnen wiederholt gesagt hat, wie sehr sie Ihr Verständnis schätzt, wie dankbar sie Ihnen für Ihren Rat ist. (Mit Sicherheit wird sie keinen Ihrer Ratschläge befolgen, denn ihr lag ja nur an Ihrer Zuwendung und nicht wirklich an Ihrer Hilfe.)

»Das schaffst du doch nicht!«

Menschen wie Anne sind aber nicht die einzigen, denen man sich nach einiger Zeit am liebsten durch rasche Flucht entziehen möchte. Mindestens ebenso lästig sind Leute wie Benno, der – im Gegensatz zu Anne – durch und durch selbstsicher wirkt. (Das ist er zwar nicht. Aber er verheimlicht diese Tatsache geflissentlich vor sich und anderen.) Er verkündet laut und für alle vernehmlich: »Ich weiß Bescheid, du hast keine Ahnung« oder »Ich habe recht, du bist im Unrecht« oder »Ich fühle mich ausgezeichnet, aber dir geht's mies«. Benno gehört zu den betont hilfsbereiten Menschen. Er gibt sich als fürsorgliches (oder aber bevormundendes) Eltern-Ich. Möglicherweise passiert es auf der gleichen Party. Sie sind Anne endlich entkommen und werden nun von Benno angeredet. Anfangs wirkt er, nach Anne, wie eine Erholung. So etwa könnte es ablaufen:

Benno (Eltern-Ich, was auch zu seiner Rolle paßt, denn er ist der Bruder des Gastgebers und muß sich dementsprechend gastfreundlich betätigen): »Sind Sie auch mit allem versorgt?«
Sie (in Ihrem Kind-Ich angesprochen): »Ja, vielen Dank.«

Benno: »Ich bring Ihnen noch einen Drink.«
Sie: »Vielen Dank.«
Benno: »Haben Sie genug Eis?«
Sie: »Ja, danke.«
Benno: »Geben Sie mir Ihr Glas, ich bringe Ihnen einen neuen Drink.«
Sie: »Nein, wirklich, vielen Dank!«
Benno: »Aber natürlich! Ich bestehe darauf!«
Sie: »Na schön, danke.«

Aber nun geht es weiter. Benno nimmt mit seinem Drink und seiner Zigarre neben Ihnen Platz und möchte alles, was Ihre Gesundheit, Familie und berufliche Situation betrifft, ganz genau wissen. Immer wieder betont er, wie sehr ihn das alles interessiert, und bietet Ihnen seinen Rat und Beistand an.
Vielleicht fühlen Sie sich fürs erste geschmeichelt von seiner Anteilnahme und gehen bereitwillig auf seine Ratschläge ein. Doch schon bald werden Sie das unangenehme Gefühl nicht los, daß Benno eigentlich gar kein wirkliches Interesse an *Ihnen* hat. Seine Anteilnahme ist nur vorgetäuscht. Sie merken, daß Sie selbst mehr und mehr ins angepaßte Kind-Ich geraten sind, daß Sie ihm wiederholt für weitere Hinweise danken, ohne wirklich dankbar zu sein, daß Sie mit dem Kopf nicken, während er Ihnen prahlerisch alles mögliche erzählt. Vielleicht entwickelt sich in Ihnen ein gewisser Trotz, Sie widersprechen ihm, befinden sich jedoch weiter im angepaßten Kind-Ich (denn Trotz ist eine Form von negativer Anpassung, die Art, in der vom angepaßten Kind her im b-Modus »gestreichelt« wird). Personen vom Typ 2 wie Benno gehen von einem helfenden oder bevormundenden Eltern-Ich aus. Sie legen es darauf an, aus dem Partner nachgiebige, angepaßte oder auch trotzige Kind-Ich-Reaktionen hervorzulocken. Bei solchen Gesprächen können sowohl positive als auch negative Streichelkontakte ausgetauscht werden. Am Ende merken Sie, daß Sie auch von Benno in gewisser Weise ausgenutzt werden, selbst wenn Ihnen nicht gleich klar ist, wie das zuging. So versuchen Sie mit Benno zu einem erträglichen Abschluß zu kommen, aber das ist nicht so einfach: er verfolgt Sie mit weiteren Angeboten, Einladungen usw.
Was zwischen Benno und Ihnen ablief, war nur ein Anschein von Kommunikation. Sie wurden zu Dankesfloskeln und schließlich zu irritierten »kindlichen« Reaktionen verführt, die ihm allesamt die erwünschte Bestätigung seines »über-sicheren« Typs 2 bescherten. Auch wenn solche Men-

schen Ihnen »dienen«, tyrannisieren sie Sie in Wirklichkeit. Denn sie wollen Ihnen vorschreiben, was Sie fühlen, denken und machen sollen und was nicht. Zu Anfang handelt es sich nur um einen Drink. Doch alles zielt darauf ab, Sie im angepaßten Kind-Ich zu halten, von dem aus Sie Bennos Hunger nach Machtgefühl durch Ihre Zustimmung füttern sollen.

Wenn das Streichelkonto leer ist

Anne und Benno wirken in ihrem charakteristischen Verhalten äußerst gegensätzlich. Sie gehört zu Typ 1 und er zu Typ 2. In einem sind sie einander ähnlich; beide sind begierlich, jede Menge von (»leeren«) Streichelkontakten zu bekommen. In ihrem hektischen Bestreben nach Zuwendung gleichen solche Menschen Kletten oder gar Blutegeln. Man wird sie immer schwerer los, je mehr man in ihnen eine gewisse Erwartung weckt oder höflich bleibt und auf sie eingeht. Selbst schroffe Reaktionen halten sie nicht davon ab, weiterhin durch ihre aufgesetzte Zuwendung die Zuwendung anderer zu erzwingen und so die Nerven ihrer Mitmenschen zu strapazieren.

Personen wie Anne und Benno nenne ich Gefühlsausbeuter. Durch ihr ständiges Nehmen (Typ 1) oder Geben (Typ 2) setzen sie andere psychisch unter Druck, damit sie ihnen Zuwendung und Beistand (zu Typ 1) zukommen lassen oder Dankbarkeit und Folgsamkeit (zu Typ 2) erweisen. Allerdings hat man dazu nach einer gewissen Zeit keine rechte Lust mehr (selbst wenn man sich anfangs gern darauf einließ, weil das Gegenüber in mancher Hinsicht attraktiv oder interessant erschien).

Zuwendung, Kontakt, Zeichen der Bestätigung und der Sympathie, das brauchen wir alle – nicht nur in der Kindheit, sondern ein Leben lang. Eric Berne hat darauf hingewiesen, daß dieses Bedürfnis ganz normal ist. Es ist der Beweggrund für die meisten zwischenmenschlichen Transaktionen. (Es gibt nur ganz wenige Transaktionen, die allein der sachlichen Information dienen, Informationen, die man auf andere Weise wie Beobachtung, Erinnerung oder Lektüre nicht erhalten kann.) Als Erwachsene haben wir viele Möglichkeiten, unsere Kontakte auszuwählen, wir sind nicht wie Säuglinge darauf angewiesen, sofort und ausreichend gestreichelt zu werden, weil wir sonst sterben müßten. Außerdem verfügen wir über ein Streichelguthaben, ein gewisses inneres Reservoir von Erfahrungen der Zuwendung, die uns im Laufe der Entwicklung im Gedächtnis und im Herzen geblieben sind. Im Notfall können wir daraus schöpfen.

Deshalb sind die meisten Menschen normalerweise imstande, auf unbefriedigende und frustrierende Kontakte zu verzichten. Sobald sie merken: dem anderen liegt wenig an mir, oder: es macht Mühe, diese Beziehung fortzuführen, lassen sie davon ab. Personen wie Anne und Benno empfinden dagegen nie, daß sie »genug« Zuwendung oder Bestätigung erhalten haben. Sie sind von einem unstillbaren Hunger besessen und kennen weder Ziel noch Ende.

Süchtig nach Liebe

Das Traurige daran ist: wer sich immer und immer wieder bei anderen anbiedert, ruft völlige Abwehr hervor. Je intensiver der Gefühlsausbeuter sich um Aufmerksamkeit bemüht, desto mehr weicht man ihm aus, und desto weniger Streichelkontakte erhält er. Und selbst die Streicheleinheiten, die er auf seine Weise einheimst, erfüllen ihn nur mit geringer Befriedigung, weil sie mehr aus Höflichkeit oder Langeweile als aus echtem Mitgefühl und Verständnis gegeben worden sind.
Der Gefühlsausbeuter ähnelt einem Süchtigen: er braucht immer wieder seinen »Stoff«, an den er nur unter großen Schwierigkeiten und äußerstem Aufwand an Zeit und Energie gelangen kann, um doch nie genug davon zu bekommen. So gerät er in eine zunehmende Entfremdung sich selbst und der Umwelt gegenüber. Die anderen machen sich über seine aufgesetzt und unecht wirkenden Gefühle lustig oder ziehen sich von ihm zurück, ohne zu merken, daß er selbst eigentlich mehr unter den Folgen seiner Gefühlsausbeutung leidet als die Partner, die er ausbeutet. Warum er das tut, weiß er freilich selber nicht (ganz wie der Drogensüchtige, der nur den momentanen Druck empfindet und nicht, was sich dahinter verbirgt). Der Gefühlsausbeuter macht nur immer weiter mit seinem Hunger nach Zuwendung, den er seinem Typ entsprechend zu stillen sucht, und mit seiner Verzweiflung über seine unbefriedigten Bedürfnisse.
Dieser Ausbeutungsmechanismus und das fortwährende Verlangen nach neuen Beziehungspartnern, die nicht als Individuen geschätzt, sondern nur als Streichelquellen benutzt werden, ist der klassischen Sexualneurose des Don Juan vergleichbar, wie sie in Mozarts Oper dargestellt wird. Don Juan wirkt äußerst charmant und könnte als liebenswert gelten. Aber immer wieder setzt er all seine Energien dafür ein, eine neue Eroberung zu machen. Nach jedem Erlebnis bleibt er eigentlich noch unbefriedigter zu-

rück. Doch seine Hoffnung, mit der nächsten Partnerin die Erfüllung all seiner Wünsche zu erleben, bleibt ungebrochen – bis ihn stattdessen der Tod ereilt.

Wie kommt es nur zu den hektischen Bemühungen der Gefühlsausbeuter, unentwegt und undifferenziert Streichelkontakte einzuheimsen? Warum zeigen sie bestimmte Gefühle vor (wie die »Liebe« des Don Juan), die ein Beobachter höchstwahrscheinlich als »unecht« bezeichnen würde, die der Betreffende selbst aber als »echt« präsentiert und auch dafür hält?

Es liegt daran, daß der Gefühlsausbeuter unbewußt in sich bestimmte echte Gefühle verdrängt. Er verdrängt sie, wenn sie in sein Bewußtsein zu treten drohen, weil er vor ihnen Angst hat oder sich ihrer schämt. Völlig unbewußt vertauscht er sie mit anderen, von Kindheit an aufgesetzten Gefühlen, die ihm als Ersatzgefühle dienen und die er wahrhaft zu empfinden glaubt (wie im obigen Beispiel Liebe oder Interesse, Zärtlichkeit usw.). Ihm ist aber nicht ganz wohl bei diesem Austausch. Er gerät in unangenehme Gefühlsverwirrungen und weiß nicht, wie alles zusammenhängt. Daraus entwickelt sich sein Bedürfnis, für seinen Typ sowie für die präsentierten Gefühle Bestätigungen zu bekommen. Auf diese Weise hofft er, den Druck der echten Gefühle, die unter den Präsentiergefühlen liegen, zu verringern, ohne daß die echten Gefühle zutage treten. So kommt es, daß Gefühlsausbeuter sich oft derart emsig um Zuwendung für ihre Ersatzgefühle bemühen. Sie wollen sich damit selbst deren »Echtheit« versichern.

7. Wie Ersatzgefühle entstehen

Das hat man schon als Kind gelernt

Wie entstehen eigentlich Ersatzgefühle? Warum und wann entstehen sie? Ich habe bisher schon öfter das Alter von zwei bis vier Jahren erwähnt. In dieser Entwicklungsphase lernt das Kind die Sprache: es weiß schon, wie die konkreten wichtigsten Gegenstände heißen, die es umgeben. Jetzt lernt es, Bewegungen zu benennen. Und es entwickelt seinen Wortschatz für Gefühle.
Wenn das Kind zwei bis vier Jahre alt ist, fühlt es instinktiv genau, wie sehr es noch auf das Wohlwollen und den Schutz seiner Eltern angewiesen ist. Gleichzeitig verspürt es bestimmte Impulse und Verhaltensregungen. Es merkt aber auch, was die Eltern gutheißen und was sie nicht so gerne haben. So lernen Kinder, daß sie den kleinen Bruder nicht schlagen dürfen, wenn sie zornig oder eifersüchtig sind, und auch nicht einfach so aus fröhlichem Übermut. Sie lernen gewisse gefährliche Impulse zu kontrollieren – z.B. sich nicht über die Balkonbrüstung zu beugen. In diesem Alter müssen Kinder ja tatsächlich oft von gewissen Verhaltensweisen zurückgehalten werden; sie müssen lernen, ihre Impulse nicht immer gleich in die Tat umzusetzen. Sie lernen das, noch ehe sie ganz kapieren, worum es geht und was die Folgen ihres Handelns sein können.
In dieser Zeit lernt das Kind auch, wie die Gefühle heißen, die es empfindet. Manche Kinder werden aber am Erlernen der passenden Bezeichnungen für bestimmte Gefühle gehindert. So werden vielleicht gewisse Worte zu Hause nie ausgesprochen. Oder das Kind merkt: die Äußerung dieses Gefühls erzeugt bei den Eltern Widerwillen, es macht ihnen Angst; man muß sich seiner schämen. Stattdessen wird dem Kind vielleicht ein *anderes*

Gefühl eingeprägt, das den Vorstellungen der Bezugspersonen mehr entspricht, und mit Streicheln verstärkt. Dieses wird fortan zum *Ersatz für das ursprüngliche Gefühl.*

Etikettenschwindel

Daß bestimmte Gefühle und Verhaltensweisen in der Kindheit von den Bezugspersonen mißbilligt oder auch falsch etikettiert werden, liegt häufig daran, daß die Eltern selber *Gefühl* und *Verhalten* miteinander *verwechseln*. Eben diese Verwechslung wird dann auf die Kinder übertragen. Das geschieht gerade auch innerhalb der Entwicklungsphase, von der die Rede ist. Jetzt müssen die Kinder sich für ihre Gefühle die entsprechenden *Worte* einprägen, die ihnen im späteren Leben beim bewußten Umgang mit Gefühlen helfen sollen. So kommt es, daß bestimmte Gefühle wie auch deren Wahrnehmung als gefährlich gelten, statt daß man sich den Unterschied zwischen Gefühl und Verhalten bewußt macht. Gefühle, wie z.B Mut, werden einfach übersehen oder bekommen keinen Namen. Oder sie werden mit einer anderen Bezeichnung versehen. So kommen bestimmte »gefährliche« Gefühle auch im späteren Leben nur in aufgesetzter Form, unter falscher Etikette, zum Vorschein. Vermutlich wurde das Ersatzgefühl (oder die Ersatzhaltung) in der Kindheitssituation auch noch gelobt und bestätigt, selbst wenn es den wahren Empfindungen des Kindes gar nicht entsprach.

Als erstes halten wir also fest: Die Unfähigkeit zur Wahrnehmung bestimmter eigener Gefühle oder Reaktionen beim erwachsenen Menschen ist schon in früher Kindheit entstanden. Die entsprechenden Gefühle waren bei den Bezugspersonen entweder verboten, wurden mißbilligt oder überhaupt nicht wahrgenommen.

Leider ist es in vielen Familien die Regel, daß die Eltern Gefühl und Verhalten und außerdem auch den Charakter des Kindes ständig miteinander verwechseln. An sich wäre dem Kind beizubringen: *alle* Gefühle sind normal, auch die unhöflichen und unsozialen wie Zorn, Haß, Eifersucht, Neugierde, Sexualität, Exhibitionslust. Nur birgt manches *Verhalten* eine Gefahr in sich und ist daher nicht erlaubt. Bzw. es ist da erlaubt und dort nicht erlaubt. Stattdessen empfängt das Kind Botschaften wie: Bestimmte Gefühle sind gefährlich. Es ist schon gefährlich, wenn sie mir bewußt werden. Ja, es darf solche Gefühle gar nicht geben, allenfalls bei »anderen«, wie Tieren, Verrückten usw., man ist anomal, wenn man sie hat.

Die Familie ist ausschlaggebend für den Wortschatz, den sich das Kind aneignet. In ihr lernt es in allgemeinverständlicher Sprache die noch unfertigen körperlichen Empfindungen, Wahrnehmungen und Reaktionen auszudrücken. Aber in nur wenigen Familien oder Kulturen wird ein breites Gefühlsspektrum als erlaubt betrachtet. In manchen Familien darf man nicht zeigen, daß man zornig oder frustriert ist. In anderen Familien haben die Eltern Schwierigkeiten, mit Gefühlen ihrer Kinder wie Trauer, Sehnsucht, Sexualität, Aufregung fertig zu werden. Der Wunsch nach Abhängigkeit oder aber das Verlangen nach Unabhängigkeit stören sie. Man signalisiert dem Kind, daß bestimmte Gefühlsäußerungen »unschön«, »schlecht«, »falsch«, »gefährlich« oder »böse« sind. Das Kind selbst sei »schlecht« oder »verrückt«, wenn es solche Gefühle habe. Manchmal werden derartige Verhaltensanweisungen dem Kind auch unverschlüsselt mitgeteilt: »Wehe, du unterstehst dich . . . (zu schreien, Fragen zu stellen, zu lachen, Zuneigung zu zeigen), das gehört sich nicht!« In anderen Fällen werden solche Gefühlsverbote indirekt vermittelt. Die Eltern wenden sich ab, runzeln mißbilligend die Stirn, greifen schnell ein anderes Thema auf, sobald sich im Ausdruck ihres Kindes ein unerlaubtes Gefühl abzeichnet. In jeder Familie werden andererseits bestimmte Gefühle und Verhaltensweisen positiv gemeistert. Das können Trauer, Trotz, Furcht, Tapferkeit, überschäumende Fröhlichkeit sein oder andere Gefühle. Welche es sind, hängt vom jeweiligen familiären oder sozialen Verhaltensmuster ab. Auch innerhalb ein und derselben Familie werden manchmal Unterschiede gemacht: Jungen dürfen etwas anderes als Mädchen, für das ältere Kind gilt etwas anderes als für ein jüngeres Kind.
Also: In zahlreichen Familien werden – meist unbewußt – große Anstrengungen unternommen, all die unerlaubten Gefühle des Kindes umzuwandeln in solche Gefühle und Verhaltensweisen, mit denen die Bezugspersonen besser zurechtkommen. Die »ungehörigen« Gefühle werden deshalb nicht nur mißbilligt oder mißachtet. Sie werden einfach *anders benannt*. Gerade dieser Vorgang läßt – mehr noch als ewiges Kritisieren und Herumnörgeln – das aufgesetzte Gefühl zum Ersatzgefühl werden. Ganz besonders, wenn die falsche Benennung von Gefühlen ständig wiederholt und verstärkt wird. So entsteht schon in früher Kindheit die Gewohnheit, die Wahrnehmung grundlegender Gefühle vor sich selbst zu verleugnen – oft sogar, bevor sie überhaupt mit Worten benannt worden sind.
Übrigens werden nicht immer bloß sozial unerlaubte Gefühle verdrängt. In einer ausgesprochen netten und fröhlichen Situation kann sich jemand mit

Ersatzgefühlen z.B. traurig oder verschlossen geben. Eigentlich hätte er schon Lust, sich der allgemeinen Ausgelassenheit anzuschließen. Aber in seiner frühen Kindheit war die Äußerung solcher Gefühle unstatthaft und damit blockiert. Ein anderer, der eigentlich Anlaß hätte, niedergeschlagen oder gereizt zu sein, wirkt dagegen rundum zufrieden. Ja, er legt sogar strahlenden Optimismus an den Tag. Bei beiden funktioniert der Wechsel anscheinend »automatisch«: die echten Gefühle werden sofort umgeformt und in der Gestalt von Ersatzgefühlen geäußert. Immer dann, wenn diese unerkannten und unbekannten Gefühle an die Oberfläche des Bewußtseins drängen, erzeugen sie einen starken Druck. So fühlt sich der Betreffende genötigt, nur *bestimmte* Ersatzgefühle zu empfinden. Sie sollen verdecken, was er *nicht einmal vor sich selbst* zeigen kann.

Auf falscher Fährte

Von seinen Eltern empfängt das Kind ursprünglich neben einem Empfinden für seinen eigenen Wert, seine eigene Identität, auch eine Art Wissen vermittelt, wie die Welt »eben so ist«. Derlei Einsicht mag in Wahrheit gar nicht der Realität entsprechen. Ein Beispiel: Wir alle sagen: »Die Sonne geht auf«, »sie verschwindet hinter dem Horizont« oder »Der Mond steht über uns am Himmel«. Unser Erwachsenen-Ich weiß, daß diese Aussagen eigentlich falsch sind. Trotzdem: Wir haben auf diese Art und Weise denken gelernt. Wir finden es mittlerweile viel zu umständlich, uns Himmel, Sonne und Mond (trotz der Astronauten) anders vorzustellen. Das Kind-Ich will an seinen Vorstellungen festhalten, auch wenn wir längst erwachsen sind. Im Gebet spricht es immer noch zu Gott »oben im Himmel«. Das heißt also: Alle unsere frühen Vorstellungen verbleiben auf der Ebene des Kind-Ichs.

Für unsere Gefühle trifft das in noch stärkerem Maße zu. Haben wir uns für sie erst einmal bestimmte Bezeichnungen eingeprägt, sind sie für uns mit bestimmten Verhaltensweisen verknüpft, so werden wir diese Einordnung beibehalten, auch wenn wir uns weiter entwickeln und unsere Gefühle eigentlich neu formulieren (und anders wahrnehmen) könnten.

Denken wir an ein Kind, dem immer wieder erzählt wurde, es solle doch »wirklich glücklich« sein statt traurig. Es hat vielleicht seinen geliebten Teddybär verloren. Oder die Katze, mit der es immer spielte, ist überfahren worden. Es bekommt zu hören: »Schau her, wir haben was viel Schöneres für dich! Freust du dich denn nicht?« Auf diese Art und Weise lernt es z.B. »glücklich« zu sein, wenn es in ein neues »besseres« Haus umzieht (und alle seine bisherigen Freunde verliert). Andere Gefühle, wie etwa den Schmerz über einen Verlust, gesteht es sich nicht ein. Nach einer Weile funktioniert dieser Ersatzmechanismus ganz automatisch, hauptsächlich gegenüber der Umwelt: von ihr möchte das Kind inzwischen für die präsentierten Gefühle gestreichelt werden.

Werden die ursprünglichen Gefühlsreaktionen eines Kindes so umgeformt wie eben geschildert, dann kann das den Grundstein für ein Ersatzgefühl »künstliche Fröhlichkeit« bilden. Sie tritt an die Stelle von Empfindungen wie Sorge, Schmerz oder Trauer. Das schließt nicht aus, daß der Betreffende unter bestimmten Umständen auch diese »unangenehmen« Gefühle, also Trauer, Schmerz und Sorge verspürt. Er *erkennt* sie nur nicht. Dann nämlich, wenn das Leben mit ernsthaften Problemen an die Tür klopft, wenn ein Verlust eingetreten ist, dessen Bewältigung man nicht ausweichen kann, wenn man sich in der Realität wieder zurechtfinden will. Ein anderes Beispiel: Einem kleinen Jungen wird immer wieder gesagt: »Wie mutig du bist!« Stets wird er als tapferer Junge gelobt, wenn er eigentlich Angst oder Zorn oder Schmerz äußern will. So lernt er, daß es die ursprünglichen Gefühle nicht geben darf. Für sein Überleben stellen sie eine Gefahr dar. Von unseren Bezugspersonen haben wir gelernt, daß manche Verhaltensweisen gefährlich sind. Z.B. kann es lebensgefährlich sein, vor ein Auto zu laufen, auch wenn es in der Kindheit vielleicht wie ein Spaß aussieht. Heutzutage ist uns die Lust an einem solchen Spaß vergangen. Nur, der Unterschied zwischen heute und damals ist: wir würden jetzt nicht mehr davor zurückschrecken, in der Phantasie mit der Vorstellung zu spielen, vor ein Auto zu laufen, denn wir wissen, daß das alleine uns nicht weh tut. Wir hätten auch keine Sorge, »erwischt« zu werden, wenn wir uns in der Phantasie etwas ausmalen. Und wir wissen, daß es nicht automatisch zu einer gefährlichen Tat führt, wenn ich sie mir vorstelle.

Bei Ersatzgefühlen dagegen ist das anders. Ersatzgefühle sind uns dermaßen zur »zweiten Natur« geworden, daß wir – selbst in der Vorstellung – ein Gefühl durch ein anderes ersetzen. Das geschieht ganz automatisch, ohne daß wir irgendeine alternative Möglichkeit erkennen.

Selbsttäuschung lebenslänglich

Ich kehre zu dem kleinen Jungen im obigen Beispiel zurück. Wenn ihm wiederholt nicht erlaubt oder die Gelegenheit zugestanden wird, irgendwann einmal seine wahren Gefühle zu empfinden und zu benennen (gegebenenfalls nachdem man ihn für seinen Mut gelobt hat), prägt sich ihm ein: ich muß bestimmte Gefühle unterdrücken. Ja, ich darf sie gar nicht erst in mein Bewußtsein aufnehmen. Ablehnung durch die Eltern kann tödlich sein – diese Angst sitzt tief in seinem Kind-Ich drin und wird jedesmal lebendig, wenn die Gefahr droht, daß jene unbekannten, aber äußerst bedrohlichen Emotionen, die unterhalb der Ersatzgefühle brodeln, ihre Fesseln abstreifen. Als Erwachsener wird er dann weiterhin gewisse »namenlose« Gefühle äußern, indem er die erlernten Ersatzgefühle Mut, Tapferkeit oder Gleichgültigkeit vorzeigt. Er macht das sogar vor sich selbst, denn sein Eltern-Ich in ihm hat nunmehr die Rolle seiner Eltern übernommen. Er trägt – mit allen Vor- und Nachteilen – seine »Kinderstube« mit sich herum. Wenn ihn jemand verletzt hat, wird er eher mutig lachen und sagen: »Ich fühle mich gut!«, als zuzugeben, daß es weh getan hat.

Später kann ihm dieses Verhalten oft sogar von Nutzen sein, Erfahrungen als Halbwüchsiger mit den Kindern aus der Nachbarschaft und seinen Kameraden beweisen es ihm. Aber was ist das für eine Selbstverstümmelung, wenn er sich ein Leben lang ständig selbst hinters Licht führen muß? Wenn er so tun muß, als sei er selbst davon überzeugt, er sei mutig und stark? Und das in Augenblicken, die ihm eigentlich Angst machen oder in denen er sich aus irgendeinem Grunde verletzt fühlt? Wo ihm das Eingeständnis seiner wahren Gefühle echte Zuwendung bringen könnte, etwa im Rahmen einer Freundschafts- oder Liebesbeziehung.

Wie es begonnen hat, so geht es weiter. Sind innerhalb des familiären Rahmens erst einmal bestimmte Ersatzgefühle entstanden, so treten sie auch in anderen Bereichen auf. Die angehenden Gefühlsausbeuter wenden die »Technik« der Ersatzgefühle bereits als Schüler an, gegenüber Lehrern oder Gleichaltrigen. Sie tun das selbst in Situationen, in denen es weder nötig noch wünschenswert ist. Leider bringen sie auch noch die anderen dazu, ihnen ihre Ersatzgefühle zu verstärken. Solche Kinder bauen ein bestimmtes Bild von sich auf. Mit Hilfe ihrer »zweiten Natur« – z.B. als die »arme, hilflose Anne« oder der »solide, hilfsbereite Benno« – versuchen sie, Anerkennung zu gewinnen. Auf diese Weise erhalten sie von ihrer

Umwelt weitere Zuwendung für die präsentierten Ersatzgefühle. Die werden dann allmählich ihre Lieblingsgefühle. Als Heranwachsende sind solche Kinder weiterhin damit beschäftigt, ihre Ersatzgefühle bestätigt zu bekommen. Das soll sie ja auf unangemessene Weise davor »schützen«, unterdrückte Gefühle zu zeigen. So verpassen sie laufend Gelegenheiten, neue Erfahrungen zu machen. Erfahrungen, die ihnen ermöglichen könnten, im späteren Leben Verhaltensimpulse mit dem Erwachsenen-Ich steuern und sich einen Entscheidungsspielraum zu bewahren, wenn »unerlaubte« Gefühle auftauchen. Stattdessen spielen sich Gefühlsausbeuter auf eine gewisse Praxis ein. Was sie daran hindert, ihre echten Gefühle kennen zu lernen.

Verkrüppelt, um zu überleben

Worin besteht nun der Zusammenhang zwischen Ersatzgefühlen und Gefühlsausbeutung? Er liegt darin begründet, daß Ersatzgefühle in der gleichen Entwicklungsphase entstehen wie unsere Abwehrposition, nämlich im Alter von zwei bis vier Jahren. Wir wissen bereits, daß der Typ eines Menschen seiner Abwehrposition entspricht. Mit dem Typ wehren wir die Bedrohung durch grundlegende Daseinsangst ab, wie sie uns manchmal zu überschwemmen droht, wenn wir in einer angespannten Situation sind. Jeder Typ bevorzugt die Gefühle, die ihm als Kind in dieser Entwicklungsphase eingeprägt und durch Streicheln, durch Zuwendung verstärkt worden sind. Hinzu kommt noch, daß Ersatzgefühle dem, der sie empfindet, ein gewisses Unbehagen bereiten. Besser gesagt, der Druck der unerlaubten Gefühle bereitet dem betreffenden Menschen Unbehagen. So drängt es ihn in besonderem Maße und immer wieder, um sich mit seinen Ersatzgefühlen »gut« zu fühlen, Bestätigung durch andere zu empfinden. Darum sucht sich der Betreffende zwanghaft jemand zum Gefühlsausbeuten. Das heißt, er sucht Leute, die ihm dadurch, daß sie ihn sofort streicheln, Anerkennung in seinem Typ und für seine Ersatzgefühle geben. So werden Personen mit starken Ersatzgefühlen zu Gefühlsausbeutern, wie Anne oder Benno. Sie versuchen, mit dem Gegenüber eine Beziehung anzuknüpfen, die den anderen nicht so leicht wieder losläßt, und zwar nach dem Muster komplementärer Transaktionen. Jeder Gefühlsausbeuter probiert es immer wieder von seiner Grundeinstellung aus; sie ist ihm ja zur »zweiten Natur« geworden. Eine Gefühlsausbeuterin wie

Anne wird deshalb immer wieder Zuwendung vom angepaßten Kind-Ich her suchen. Ein Gefühlsausbeuter wie Benno dagegen unternimmt dasselbe von seinem Eltern-Ich aus[1]. Werden im Alter von zwei bis vier Jahren Gefühle und Verhaltensweisen falsch eingeordnet, so entwickelt das Kind auch die entsprechenden »Überlebensstrategien«. Sie bleiben ebenfalls für das ganze Leben im Kind-Ich (oder im Eltern-Ich) erhalten. Anderen gegenüber äußern sie sich dann in Form von Übertragungen. Eine solch unbewußte Strategie wäre z.B.: »Ich werde in mir nie Wut (oder Zorn oder Haß) zulassen. Denn wenn man mir so etwas anmerkt, riskiere ich Verlassenwerden und Tod.« Natürlich ist eine derartige Strategie nicht bewußt geplant. Ich habe hier nur in Worte gefaßt, was sich im Kind als Strategie aus Gefühlsverwirrungen ergeben kann. Ist solch eine Strategie ein fester Entschluß, so treten möglicherweise Ersatzgefühle auf wie Liebenswürdigkeit oder Fürsorglichkeit. Oder es entstehen bestimmte Einstellungen (die wie Ersatzgefühle wirken), z.B. »Ich bin nun einmal so blöd«. Auf diese gleiche Weise können sich Ersatzgefühle des Zorns und Rachephantasien entwickeln – vielleicht anstelle von Sehnsucht oder Liebe (aber dementsprechend auch Angst und Verletzlichkeit).

Manche Kinder werden unversehens als »gemein« oder »herzlos« oder gar als »gefährlich« bezeichnet, weil sie sich spontan geben. Statt dem Kind beizubringen, sich zu bestimmten Zeiten stilleren Spielen zu widmen, oder ihm andere Verhaltensmöglichkeiten aufzuzeigen, bekommt es zu hören: »Wie kannst du nur so gefühllos sein! Immer machst du solchen Lärm mit deiner Trommel. Das kann einen ja rasend machen!« Aha, denkt das Kind, diesen Impuls, den ich eben hatte (den Sie und ich – im Gegensatz zu dieser Familie – als Spontaneität bezeichnen würden oder vielleicht gar als Interesse an Musik), nennt man »gefühllos«. Also bin ich gefühllos und rücksichtslos. Dafür erhalte ich Zuwendung – wenn auch nur negative. Auf diese Weise werde ich wenigstens bemerkt.

Werden seine Absichten, seine Gefühle, ja sein ganzes Wesen ständig

---

1. Es ist zu beobachten, daß auch das Eltern-Ich des Gefühlsausbeuters oft nicht »echt« funktioniert, so wie es das gut entwickelte Eltern-Ich einer erwachsenen Person tut. Das Eltern-Ich des Gefühlsausbeuters wirkt recht rigide und wenig differenziert. Es entspricht in gewissem Umfang dem rudimentären Eltern-Ich des Kleinkindes. Der übersichere Gefühlsausbeuter vom Typ 2 hat ja gerade sein Eltern-Ich ziemlich starr entwickelt und als Stütze gebraucht, um überleben zu können. Ihm fehlte die fürsorgende Zuwendung der eigenen Eltern, die ihm die Erfahrung von Flexibilität hätte vermitteln können.

falsch wiedergegeben, so lernt ein Kind, die ihm nahegelegten Gefühle an die Stelle der ungenannten ursprünglichen zu setzen. Das geht so weit, daß das Kind schließlich die Ersatzgefühle tatsächlich verspürt. Es redet sie sich ein. Es hat die Wörter für die Ersatzgefühle erlernt. Nun vergleicht es diese Bezeichnungen mit den Gefühlen und Verhaltensweisen, die die anderen erkennen lassen, wenn sie diese Worte benutzen. So »verschwinden« die ihm zugrundeliegenden ursprünglichen Gefühle, Wünsche oder Phantasien. Weiterhin macht das Kind die Erfahrung, daß die aufgesetzten Gefühle und Verhaltensweisen als Double oder als Versteck für andere Gefühle dienen können, die an die Oberfläche drängen wollen.

Pfui, schäme dich! – *Der Fall Armin*

Bestimmte Überlebensstrategien samt den entsprechenden Ersatzgefühlen und Einstellungen sind aber nicht unbedingt das Ergebnis von irreführenden Bezeichnungen der Gefühle eines Kindes. Sie können auch darauf zurückgehen, daß dem Kind im Alter von zwei bis vier Jahren irgendwann einmal sehr eindrücklich klar gemacht wurde, es solle sich schämen. Möglicherweise wurde ihm vermittelt: »Schäme dich!«, als es ganz bestimmte Gefühle oder Gedanken äußerte. Andere Gefühle und Verhaltensweisen (positive wie negative) dagegen wurden unwillkürlich verstärkt. Hierbei hat das Kind wohl die *Bezeichnung* für ein bestimmtes Gefühl kennengelernt. Es hatte aber nicht auch die Möglichkeit, das Gefühl selbst *in sich* wahrzunehmen. Es konnte die entsprechende Empfindung nur bei anderen beobachten. Infolgedessen behält es Ersatzgefühle oder falsche Verhaltensweisen bei, mit deren Hilfe es die Gefühle zudeckt, für die es sich schämen sollte. Denn ein Kind empfindet Beschämung wie eine tödliche Bedrohung. Es wird deshalb diese Gefühle später nicht wieder in sich wahrnehmen wollen.
So hatte z.B. Armin tödliche Angst, ausgelacht zu werden. Er wurde jedesmal ganz erregt, wenn er sich in ausgelassener Gesellschaft befand. Stets überfiel ihn die Furcht, man könne sich über ihn lustig machen. Selbst wenn es sich um etwas ganz Geringfügiges handelte, konnte er auch den gutmütigsten Spaß, der sich gegen ihn richtete, nicht ertragen. Er verhielt sich durchweg mißtrauisch, war schnell beleidigt und wütend. Wut durfte er äußern, die Berechtigung dazu gab ihm sein Eltern-Ich (er hatte sich zum Typ 2 entwickelt). Besonders gefährlich war es für ihn, wenn

man, statt seine Wut ernst zu nehmen und sie zu fürchten, einfach darüber hinwegging. Wenn man die Sache gar von der heiteren Seite nahm und etwa sagte, die ganze Angelegenheit, über die er sich aufrege, sei nicht der Rede wert. Gleich befiel ihn die Furcht, man könne ihn für »kindisch« und »komisch« halten. Man könne gar seine »kindlichen« (d.h. verdeckten) Schamgefühle bemerken, denn er wurde leicht rot. Im Bestreben, Scham und Verwirrung zu verbergen, verkrampfte er sich immer mehr. Er litt an verschiedenen körperlichen Beschwerden (die er zu verbergen und durch Willensstärke zu überwinden suchte). Nach und nach wurde wegen dieser Eigentümlichkeiten auch sein Freundeskreis immer kleiner. Endlich entschloß er sich zu einer Therapie. Dort begann er zu erfassen, was er als seine »ständige Alarmbereitschaft« bezeichnete. Er sagte: »Sobald man mich auslacht, bin ich geliefert, ebenso, wenn man merkt, daß ich vor Scham rot werde und mich aufrege.« Letzteres konnte er sich erst nach einer gewissen Zeit therapeutischer Behandlung eingestehen, nachdem ihm der Mechanismus seiner Ersatzgefühle teilweise aufgegangen war. Zu einem wirklichen Fortschritt kam es, als er nicht nur die Gefühle von Scham und deren Ursachen in sich wahrnehmen konnte, ohne sie sogleich wieder mit Wut zu verdecken, sondern auch lernte: es ist nicht lebensgefährlich, im Freundeskreis gelegentlich Verlegenheit einzugestehen und dafür vielleicht ganz gutmütig ausgelacht zu werden. Zu Beginn der Therapie reagierte er freilich wie alle anderen, die stark eingewurzelte Ersatzgefühle haben. Die Möglichkeit, seine tieferliegenden Gefühle könnten aufbrechen, erschien ihm als tödliche Gefahr. Genauso mochte er als Kind – aus Angst vor Zurückweisung oder Vernichtung durch seine Eltern – reagiert haben, wenn diese ihn bei einem Verhalten »erwischt« hatten, das sie für »ungehörig« oder beschämend hielten.

Bitte recht feindlich! – *Der Fall Gerd*

Betrachten wir nun Gerd als weiteres Beispiel für »Feindseligkeit«, »Gemeinheit« oder »Wut«. Anders als Armin äußert er seine Ersatzgefühle von einer Typ 1-Einstellung her. Er bedient sich des provozierenden Modus b (negatives Streicheln), den er zur Bestätigung seines rebellischen Kind-Ichs bevorzugt. Gerd hatte seine Mutter im Alter von zwei Jahren verloren. Davon aber war bei ihm nie die Rede, er pflegte seine Stiefmutter als Mutter anzusprechen. Im Laufe der Therapie kam nach und nach folgende Kindheitsgeschichte zum Vorschein: Sein Vater hatte bald nach dem Tod seiner ersten Frau wieder geheiratet. Vater und Stiefmutter fühlten sich (vermutlich) von dem Ausmaß bedroht, mit dem Gerd seiner Mutter nachtrauerte. Sie ignorierten seinen Schmerz. Wenn er weinend nach der »Mutti« rief, so taten sie, als verständen sie ihn nicht. Stattdessen wiesen sie immer wieder auf die Stiefmutter hin: »Das ist deine Mutti.« Verhielt er sich weiterhin verschlossen, brandmarkte ihn die Stiefmutter als »schwierig« oder »feindselig«. Und ihrem neuen Ehemann gegenüber demonstrierte sie, wie großherzig sie sich zu dem »bösen kleinen Jungen« verhielt. Auch der Vater warf Gerd stets dann, wenn er seinen Schmerz merken ließ, vor, er sei »schwierig«. Gerd bekam mit, daß stets als »feindselig« galt, wenn er eine unbegreifliche Rührung in sich aufkommen spürte, die zu einer gefühlsmäßigen Entladung wie Weinen hätte führen können. Und er wußte nun: Für »Feindseligkeit« erhalte ich von der »großmütigen« Stiefmutter positive Zuwendung, vom Vater zumindest negatives Streicheln. Auf jeden Fall kann ich mit diesem Gefühl Aufmerksamkeit auf mich ziehen, nicht aber mit jenen unbegreiflichen und namenlosen Gefühlen wie Liebe, Sehnsucht oder Zärtlichkeit. In seinem späteren Leben bezeichnete Gerd sich selbst »scherzhaft« als »unerträgliches Scheusal«. Er provozierte andere, um so ihre Aufmerksamkeit zu erlangen. Es war ihm ganz und gar verborgen, daß er dies genau dann tat, wenn er Gefahr hätte laufen können, von Empfindungen wie Sympathie, Wärme, Sehnsucht, Zärtlichkeit oder gar Liebe erfaßt zu werden. Der Schlüssel zur Lösung seines Problems zeigte sich erstmals, als er sich in einer therapeutischen Gruppe über die schwere Krankheit einer Teilnehmerin auf grob provozierende Weise lustig machte. Mit dieser Frau hatte ihn bis dahin eine freundschaftliche Beziehung verbunden. Entsprach dieses Ereignis nicht dem Verlust seiner Mutter, als er kaum zwei Jahre alt war? Als Erwachsener hatte er keine Erinnerung an jene Zeit. Aber im Vorfall mit jener Frau in der Gruppe hatte er es nacherlebt.

Die Geschichte mit seiner Mutter erfuhr ich »zufällig« erst später, aufgrund vieler Nachfragen. Ich wollte die genaueren Umstände seiner Entwicklungsphase zwischen zwei bis vier Jahren erkunden. Ich vermutete mittlerweile, daß die überstarke »Feindseligkeit« anläßlich der Krankheit jener Frau, die er insgeheim sehr schätzte, irgendeinen Hinweis auf den Ursprung seines Ersatzgefühls geben könne.

Haben sich Ersatzgefühle erst einmal eingeprägt und ist, wie bei Gerd, die Erinnerung an die ursprünglichen Umstände ausgelöscht, dann gewöhnt

sich ein Kind leicht daran, seine Ersatzgefühle zu übertreiben. Sie haben ja gerade die Funktion eines Doubles. Man kann sie mit einem Hochstapler vergleichen, der das vorgetäuschte Verhalten besonders unterstreicht, um sich damit – auch in den eigenen Augen – mehr Glaubwürdigkeit zu verschaffen. Dies gilt um so mehr, wenn Ersatzgefühle in der Kindheit fortwährend bestätigt wurden, sei es positiv oder (wie bei Gerd) negativ.
Das Beispiel Gerds beantwortet übrigens auch eine andere Frage: Wie kann es geschehen, daß bei erwachsenen Menschen Gefühle oder Verhaltensweisen als Ersatzgefühle auftauchen, die vom sozialen Standpunkt her weit weniger akzeptiert werden als die unterdrückten, die ersetzt worden sind? Würde Gerd den ursprünglichen, den verborgen gehaltenen Gefühlen (Sehnsucht, Liebe usw.) folgen – heute würde er sich keinerlei Gefahr aussetzen, ganz im Gegenteil. Aber in seiner Kindheit wünschten weder sein Vater noch seine Stiefmutter, daß er die Sehnsucht nach seiner Mutter zu erkennen gab. Ihnen war lieber, wenn er sich feindselig oder trotzig zeigte. Auf diese Weise entwickelte er sich zum »unerträglichen Scheusal« und benahm sich so auch später als erwachsener Mensch.

Wie kannst du nur so fröhlich sein! – Der Fall Thea

Ähnlich war es mit Thea. Allerdings handelt es sich bei ihr um eine ganz andere Kategorie. Theas Gefühle hatten weit unangenehmere – und für ihre Gesundheit sogar gefährliche – Folgen, als die darunterliegenden, ursprünglichen Gefühle heute für sie haben würden. Aber das wußte sie nicht. Als ich sie kennenlernte, war sie bereits 65 Jahre alt. Sie war eine ausgeprägte Gefühlsausbeuterin, unter Traurigkeit und Depressionen leidend. Sie äußerte das aus ihrer Typ 1-Einstellung heraus und versuchte ständig vom Eltern-Ich aller ihrer Bekannten Sympathie für ihre Leiden einzuhandeln. Zeit ihres Lebens hatte sie Hilfe in Anspruch genommen. Von den verschiedensten Therapeuten waren ihr »stützende Behandlung« und Beruhigungstabletten verabreicht worden.
In ihrer Kindheit hatte sie ihre Mutter nur als bettlägerige kranke Frau erlebt. War sie mit ihren Spielkameraden ausgelassen und vergnügt, reagierte der Vater traurig-vorwurfsvoll: »Wie kannst du nur so gefühllos sein und so viel Krach machen, während deine Mutter doch so krank ist!« Gab sie sich dagegen als »sein kleines trauriges Mädchen«, lobte er sie über die Maßen dafür. Er war zufrieden, wenn sie wie er mitfühlend, niederge-

schlagen und bedrückt war über die Krankheit der Mutter. Auf diese Weise hatte der Vater ihr beigebracht, sich deprimiert zu zeigen und auch so zu empfinden, wenn sie eigentlich zu Spiel und Frohsinn aufgelegt war. So gut hatte er ihr diese Ersatzgefühle eingeprägt, daß sie sich auch im späteren Leben gerade dann zum Erleiden von Depressionen genötigt sah, wenn sie eigentlich heiter gestimmt war oder sexuelle Erregung empfand. Schließlich wurde sie zum notorischen Spielverderber. Bei Parties oder anderen geselligen Anlässen fühlte sie sich immer mies. Bezeichnenderweise heiratete sie einen Arzt, der ganz zum Typ 2 gehörte. Auch bei ihm waren Ersatzgefühle im Spiel, mit denen er beflissen gewisse Ängste im Blick auf seine Männlichkeit verbarg. Es beruhigte ihn, wenn Thea »krank« (depressiv) war. Dann konnte sie sich ja nicht für andere Männer interessieren. Er verhätschelte sie geradezu, wenn sie ihre depressiven Phasen hatte. Genau wie ihr Vater schätzte er es gar nicht, wenn sie fröhlich war. Sie führten eine »gute« Ehe. Thea allerdings zahlte dafür den hohen Preis ihres Leidens.

8. Echte Gefühle und Ersatzgefühle

»Teurer Freund! Was soll es nützen,
Stets das alte Lied zu leiern?
Willst du ewig brütend sitzen
Auf den alten Liebes-Eiern?«
(Heinrich Heine)

Der »teure Freund«, der in diesem Gedicht angesprochen wird, hat anfangs sicher echte Liebe empfunden. Auch die Trauer über den Verlust der Geliebten war vermutlich echt. Aber die Verse lassen erkennen, daß er das Mitgefühl des Dichters überstrapaziert hat. Das unaufhörliche Bejammern seines Liebeskummers fängt dem Dichter an zu »stinken« so wie zu lange bebrütete Eier. Der Liebesschmerz ist zu einem Ersatzgefühl geworden, mit dem der »teure Freund« den Dichter ausbeutet, und der Dichter will ihn dafür nicht länger bemitleiden.
Dieser Vers von Heinrich Heine führt uns zu der Frage: Wie lassen sich echte Gefühle und Ersatzgefühle voneinander unterscheiden?

Ist denn nicht jedes Gefühl echt?

Echte Gefühle und Wahrnehmungen sind *unmittelbare Reaktionen* auf innere oder äußere Reize. Sie werden empfunden, als Sinneseindruck aufgenommen und sind nach einer gewissen Zeit zu Ende. Sie werden nicht wiedergekäut und ständig von neuem hervorgeholt. Ein Mensch, der mit sich selber im Einklang ist, kann es sich leisten, alles und jedes Gefühl zuzulassen. Sein Erwachsenen-Ich ist in der Lage, zwischen Gefühl und

Handeln zu unterscheiden. Er ist auch imstande zu wählen, welches Gefühl er wann zeigen und zum Ausdruck bringen will, und wie lange er sich einer Regung überläßt.

Ersatzgefühle sind im Gegensatz dazu Empfindungen, die von dem Betreffenden *präsentiert* werden. Sie haben einen falschen Ton, einen schalen Beigeschmack. Gewiß, die entsprechende Person hat ihren Grund dafür, ein bestimmtes Gefühl gerade so zu äußern. Der Umwelt aber kommt es vor, als höre sie immer wieder die gleiche Platte. Mit ähnlichen oder neuen Begründungen wird immer wieder dieselbe Sorte Empfindung gezeigt. Dabei sind, wie schon betont, viele der so präsentierten Gefühle ab einer gewissen Stufe – die dem Erwachsenen-Ich jedoch nicht bewußt ist – in Wahrheit aufgesetzt. Das ist ja gerade die Funktion der präsentierten Gefühle, auch wenn der Betreffende es selbst nicht wahrnimmt: sich und anderen bestimmte Gefühle vorzumachen, um andere, darunterliegende Gefühle zu *ersetzen*. Immer dann, wenn in bestimmten Situationen solche unbewußten, verdeckten Gefühle, die die betreffende Person selber nicht identifizieren kann, an die Oberfläche des Bewußtseins drängen, macht sich stattdessen ein Ersatzgefühl bemerkbar. Es ist begleitet von dem Verlangen, jemand anderen von der Echtheit des eigenen Empfindens zu überzeugen, also dieses Ersatzgefühl durch Streicheln bestätigt zu bekommen.

Aus diesem Grund werden dieselben »Gefühle« und Äußerungen – die gleichfalls oft Ersatzgefühle sind – ständig und bis zum Überdruß präsentiert. Auch wenn sie mit der Situation oder der Beziehung überhaupt nicht zusammenpassen. Damit wird diese Person zum Gefühlsausbeuter. Sie benützt jede Gelegenheit dazu, ihre »Gefühle« zu zeigen. Sind ihre Empfindungen zufällig einmal der Situation angemessen, so übertreibt sie sie, um noch mehr Zuwendung zu ernten. Auf diese Weise werden Betroffene oder Außenstehende in ein »unehrliches« Spiel einbezogen, das ziemlich unangenehm werden kann. Und selbst wenn solche Reaktionen einmal echt und angemessen sind, benützt sie der Gefühlsausbeuter genauso wie seine Ersatzgefühle: nämlich als unausgesprochene Forderungen, von anderen gestreichelt zu werden.

Wer einmal »lügt«, dem glaubt man nicht...

Das hat zur Folge, daß man einem Gefühlsausbeuter auch echte, angemessene Regungen nicht mehr abnimmt. Denn wer einmal auf einen Gefühlsausbeuter hereingefallen ist, wird sich natürlich hüten, es ein zweites Mal zu tun. Wenn wir also schon früher einmal bei Anne Traurigkeit, Sorgen oder Angst erlebt haben, werden wir ihre Gefühle als »falsch« oder aufgesetzt empfinden, selbst wenn sie aufgrund besonderer Umstände irgendwie gerechtfertigt sind. Ähnlich wird es jemandem wie Benno ergehen: wir werden seinen Äußerungen von Zuneigung, Zuvorkommenheit oder Ärger wenig oder gar kein Gewicht beimessen. Wir möchten uns einfach davor schützen, wiederum in den Sog von Dankbarkeit, Bewunderung oder Widerstand zu geraten, den er hervorlocken will.

Bei dem Gedicht von Heinrich Heine kann man sich, wie schon gesagt, denken, daß der »treue Freund« durchaus einmal echte Liebe und echte Trauer empfunden hat. Nun aber präsentiert er diese Gefühle wiederholte Male. Sie sind ihm jetzt auch als Ersatzgefühle von Nutzen. Vielleicht will er so vor sich und anderen seine Wut oder Minderwertigkeitsgefühle oder Langeweile oder Hilflosigkeit verbergen – Empfindungen also, die er nicht in Verbindung mit seiner Geliebten (und auch sonst nicht) wahrhaben möchte. Ähnlich fand Thea, ehe ihr die Therapie helfen konnte, immer wieder guten Grund, traurig zu sein. Entweder war sie »traurig«, weil es regnete, oder weil sie sich an ein trauriges Ereignis erinnerte, oder weil man ihr etwas Verletzendes gesagt hatte usw. Gerd verfiel immer wieder in Ärger und Trotz, und das lag daran, daß andere ihn dazu »provoziert« hatten.

Wenn Sie solche Beispiele lesen, können Sie sich gewiß vorstellen: Gefühlsausbeuter finden immer irgendeine neue Berechtigung oder einen neuen Vorwand dafür, ihre Gefühlsäußerungen zum hundertsten Mal zu wiederholen. Denn der *Inhalt* ihrer Transaktionen sieht vielleicht jedesmal anders aus. Das eine Mal ist es eine Erinnerung, das andere Mal die Herausforderung durch irgendjemanden oder ein zufälliges Ereignis. Tritt eine Situation ein, in der die Reaktionen des Gefühlsausbeuters durchaus angemessen sind, weil auch bei anderen ähnliche Gefühle entstehen, so machen sich Gefühlsausbeuter diese Gelegenheit zunutze, um anzudeuten: »Siehst du, du reagierst auch so wie ich. Warum werden dann meine Gefühle nicht ebenso akzeptiert wie die Äußerungen anderer Leute?« In der Tat, innerhalb ihrer bevorzugten Gefühlsskala haben Gefühlsausbeuter auch *echte* Gefühle. Das Problem besteht nur darin, daß sie sich keine Gefühle außerhalb dieser Skala gestatten, und daß sie von ihrem Partner übermäßiges Streicheln für ihre Ersatzgefühle verlangen.

Wenn ich darüber mit den Teilnehmern meiner Ausbildungskurse rede, beklagen sie sich manchmal. Sie sagen, ich mache es ihnen so schwer, die Ersatzgefühle bei den Klienten zu erkennen und die darunterliegenden authentischen Gefühle zu erraten. Einerseits spräche ich von tief verborgenen Gefühlen. Sie könnten nur mit Hilfe und Beteiligung Außenstehender ans Licht gebracht und so erkannt werden, daß der Klient sie für sich selbst akzeptiert. Andererseits würde ich sie davor warnen, beim Klienten neue Ersatzgefühle zu erzeugen. Diese letztere Gefahr ist allerdings nicht so groß; denn man macht sich nicht so leicht neue Gefühle zu eigen, es sei denn, man hätte sie bereits als alternative Ersatzgefühle in sich. Was sich meine Ausbildungskandidaten vor allem von mir wünschen, ist eine Art »Gefühlswörterbuch«. Aber das kann ich natürlich nicht liefern. Es gibt eben keine direkte Entsprechung zwischen einem bestimmten Ersatzgefühl und dem darunterliegenden »verbotenen« echten Gefühl.

Wege aus dem Irrgarten

Trotz dieser Bedenken habe ich nachfolgend eine Liste von Gefühlen und Wahrnehmungen zusammengestellt. Sie soll mehr zur Anregung dienen als ein umfassendes Verzeichnis abgeben. Darum empfehle ich dem Leser: Fügen Sie Ihre eigenen Einfälle oder Erfahrungen hinzu. Bedenken Sie dabei bitte, daß eine Person mit stark ausgeprägten Ersatzgefühlen sicher auch über andere, durchaus authentische Gefühle und Reaktionen verfügt. Und das, was gewöhnlich bei ihm als Ersatzgefühl auftritt, kann unter gewissen Umständen auch eine angemessene Reaktion sein, wenn sie nicht übertrieben wird.
Ersatzgefühle – das muß ich noch einmal sagen – verbergen nur *bestimmte* Gefühle und Einstellungen. Oft (aber nicht immer) kommen sie dem Gegenteil des Ersatzgefühls nahe, das empfunden oder vorgezeigt wird.
Gefühle und Wahrnehmungen können wir in drei Kategorien aufgliedern. Sie entsprechen der körperlichen Entwicklung des Menschen.

1. *Grundlegende körperliche Bedürfnisse,* an die das Überleben gebunden ist, sowie Sinneswahrnehmungen: Hunger, Durst, Kälte, Hitze, Schlaf und andere körperliche Wahrnehmungen (des Kreislaufs, des Verdauungssystems, der Drüsenfunktionen usw.). Tasten und Berühren, Riechen, Hören, Sehen, Sprechen, das Verlangen nach Streichelkontakten, elementare sexuelle Bedürfnisse, eventuell der Bewegungsdrang.

2. *Reaktionen* auf Erfüllung oder Enttäuschung der oben angeführten Bedürfnisse oder auf andere äußere Reize wie Lärm, Wiegen, Schütteln, warme Milch, Streicheln, rohe Behandlung usw., z.b. Vergnügen, Wohlbehagen, Schmerz, Unbehagen, Haß, Trauer (aufgrund eines Verlustes), Freude usw.

3. *Später auftretende Bedürfnisse* im Zusammenhang mit Trieben, die im Rahmen der weiteren körperlichen Entwicklung auftreten, sowie Reaktionen auf Erfüllung bzw. Enttäuschung dieser neuen Bedürfnisse. Gefühle dieser Kategorie sind weitaus komplexer als die der beiden vorgenannten Kategorien. Was von ihnen sichtbar wird, kommt im einzelnen oft kombiniert mit anderen Merkmalen zustande, die kennzeichnend für menschliches Verhalten sind. Diese Gefühle sind mit Vorstellungskraft und Denken verbunden. Beispiele: Neugier, Überschwänglichkeit, Ausgelassenheit, Aggressivität, Konkurrieren, Gier, Neid, Sexualität, Zärtlichkeit, Geltungsbedürfnis, Verlangen nach Entwicklungsmöglichkeiten (psychisch), nach Selbständigkeit, nach echter Intimität.

Nachfolgend habe ich echte und Ersatzgefühle nebeneinandergestellt. Ich hoffe, daß das nützlich ist. Der Leser möge selber Zusätze und Veränderungen vornehmen. Denn Überschneidungen sind kaum zu vermeiden, und es haben auch sehr persönliche Formulierungen Eingang gefunden.

In Spalte A sind alle Gefühle in ihrer echten, unverkleideten Form aufgeführt. In Spalte B finden Sie, wie Gefühle aussehen, wenn sie *zu Ersatzgefühlen verzerrt* sind. Bitte halten Sie sich vor Augen: Sie können nicht einfach mit dem Finger von Spalte B zu Spalte A wandern. Die Bezeichnungen in Spalte B sind *keineswegs* jeweils ein Ersatz für die entsprechenden authentischen Gefühle in Spalte A. Wenn ein Gefühl links steht, dann heißt das einfach: Das echte Gefühl in dieser Kategorie war *erlaubt,* und das unerlaubte ist in einer anderen Kategorie zu finden. Zum Beispiel Theas Ersatzgefühle waren Trauer und Depression. Als Kind konnte sie durchaus auch echte Traurigkeit zeigen. Und Gerd konnte sich seinen Schulkameraden gegenüber im »Kampf« und dergleichen durchaus aggressives Verhalten erlauben.

Panorama der Gefühle – und was wir aus ihnen machen können

A. Echte, spontane Bedürfnisse und Gefühle	B. Ersatzgefühle (künstliche Gefühle, als real kaschiert)
I. Körperliche Grundbedürfnisse. Verlangen nach Streichelkontakten, Impulse zu körperlichem Ausdruck (Gesicht, Rumpf und Gliedmaßen). Bewegungsfähigkeit. Empfindungen (Riechen, Tasten, Hören, Sehen). Wut. Keimende sexuelle Gefühle.	Chronisches Unbefriedigtsein. Nervosität, Ekel, Reizbarkeit, Erschöpfung, Verzicht (»Ich brauche das nicht...«), Übersättigung, Brechreiz, Nikotin- und Alkoholsucht, Kleptomanie, Hypersexualität, leichte Depressionen.
II. Wohlgefühl, Unbehagen, Zufriedenheit, Freude, Enttäuschung, Schmerz, Wut (Ärger), Furcht, Verwirrung, Leeregefühl (Verlust). Wünsche und Sehnsüchte. Hoffnung. Selbstbewußtheit oder -wahrnehmung. Echte Hilflosigkeit. Allmachtsphantasien. Haß, Wunsch zu zerstören oder zu besiegen.	Psychosomatische Leiden, einschließlich Verdauungs-, Haut- und Atembeschwerden. »Lieb und nett«. Trotz. »Immer gleich eingeschnappt«. Opfer (Märtyrer). »Warten aufs Christkind«. Hoffnungslosigkeit. Hartnäckige Bestätigungsforderungen. Mäkeln an sich selbst und an anderen (»Foltermasche«). Feindseligkeit und Gewalt. Mord- und Suiziddrohungen. »Kleines Dummerchen«. Konfus. Trauermasche (ausbeutend). Ängstlichkeit (»Was wäre, wenn...«). »Kleiner Junge, der sich verlaufen hat«.
III. Neugier, Überschwänglichkeit und Ausgelassenheit (diese können, zusammen mit Phantasie, zu Kreativität führen).	Nervöse Wißbegierde und Fragerei. »Der Voyeur«. Klagen, jammern, nörgeln. Geschäftigkeit bis zur »Gschaftlhuberei«.
Bedürfnis nach Ausdruck und Weiterentwicklung, oft in Verbindung mit den vorgenannten Eigenschaften. Dazu gehören auch Aggressivität, Freude am Wettstreit, Neid, Ärger.	Angestrengtes »dem anderen stets eine Nasenlänge voraus sein«. Erpresserisches »Ich bin in Ordnung, du bist es nicht« oder umgekehrt »Dir geht es gut, mir nie«.
Gefühle, bezogen auf das sich entwickelnde Bedürfnis nach Identität und Selbstbestimmung.	Hartnäckiger Sarkasmus. Aufsässigkeit. »Mich werdet ihr nicht klein kriegen.« Gereiztheit. Sich geistesabsend abwenden. Gewalt.

Anerkennungsbedürfnis. Gefühle, bezogen auf den Drang nach Vertrautheit (Einfühlungsvermögen). Traurigkeit. Echtes Bedauern. Sorgen. Gier.	Plump vertrauliches Gutgelauntsein, »Wir sind doch alle Kumpels, haha«. Zuviel Geselligkeit, »alle müssen mitmachen«. Parties, Parties! Angst vor dem Alleinsein. Schuldgefühle, Scham (»Wenn die Leute wüßten . . .«). Immer in Schwierigkeiten.
Sexualität, von infantilen bis zu reifen sexuellen Bedürfnissen und Gefühlen. Diese überschneiden sich manchmal mit dem physisch empfundenen Bedürfnis nach Streichelkontakt.	Unzählige sexuelle Ersatzgefühle einschl. provokativem sexuellem Verhalten. Angst vor Vergewaltigung, Kastrationsängste. Sexuelle Perversionen. Extreme Prüderie. Superman-Syndrom. »Schockierend!« Sexualopfer.
Fortpflanzungstrieb. Gefühle, bezogen auf schöpferische und produktive Impulse. Großzügigkeit. Humane ok-Gefühle. Anteilnahme, Fürsorge, Sympathie, Loyalität.	Übermäßiges Behüten. Extreme Hilfsbereitschaft. »Selbstlose Güte und Freundlichkeit«. »Hingabe« (Mutter, Frau, Sohn, Nachbar usw.). Chronische Nachträglichkeit (»Ich werde nie vergessen, daß . . .«).
Existentielle Sorge und Verzweiflung, Bewußtheit der Ungereimtheiten und Schwierigkeiten des Daseins. Erkenntnis der menschlichen Unvollkommenheit sowie der Realität des Todes. Fähigkeit, optimistisch im Jetzt zu leben. Mut.	Suizidale Ersatzgefühle, Mordimpulse, Schuldgefühle und Depression. Chronischer Pessimismus. Zerstörungssucht. Gewalttätigkeit. Ständiges Infragestellen. »Mit dem Tode ist sowieso alles aus, also . . .«
Echtes Selbstwertgefühl mit voller Anerkennung des anderen. Realistisches Gefühl des »Ich bin in Ordnung – du bist es auch«. Liebe.	Aufgesetzte Zuversicht, Euphorie. Forcierte »Hoffnung«. »Immer nachsichtig sein«. »Wie konntest du mir das antun?« Uneinfühlsames, den anderen behinderndes Liebes- und Beglückungsverlangen. »Alles, was du brauchst, ist Liebe, sehr viel Liebe.«

Falls diese Liste nach mehr aussieht, als Sie brauchen können, halten Sie sich vor Augen:
1. Es ist nicht nötig, jedes Ersatzgefühl genau zu benennen. Auch nicht, wenn Sie als Therapeut mit jemandem zu tun haben. Wann Ihnen ein Ersatzgefühl begegnet, werden Sie vermutlich mit Ihrem Kind-Ich herausfinden, denn Ihr Kind reagiert meist ganz spontan auf Ersatzgefühle. Sie werden sicher auch eine eigene Bezeichnung für dieses Ersatzgefühl finden. In jedem Fall haben hartnäckige Gefühlsausbeuter gewöhnlich mehr als nur *ein* vorgezeigtes Gefühl.
2. Weitaus schwieriger ist es zu erraten, welche verdeckten, unerlaubten und unbekannten Gefühle früher für die Bezugsperson des Gefühlsausbeuters unakzeptabel waren und jetzt verborgen sind. Darauf habe ich aber schon hingewiesen. Wie kann man trotzdem dahinter kommen?

Lassen Sie sich zunächst selbst spontan einen Einfall kommen, welches echte Gefühl verdeckt sein könnte. Probieren Sie Ihre Vermutung in Gedanken aus. Wenn Sie Berater oder Therapeut sind, flechten Sie Ihre Idee in den Verlauf des Gesprächs ein. Achten Sie auf die Reaktion des Klienten.

Nach einigen Versuchen kommen Sie der Sache oft schon näher. Übung spielt hier eine große Rolle. Hören Sie auf die Art und Weise, in der Gefühlsausbeuter sich ausdrücken. Schließlich können Sie Ihre anfängliche Vermutung genauer fassen und dann mehr Einzelheiten aus den frühkindlichen Verhältnissen des Klienten erfragen.

Die fünf Himmelsrichtungen unserer Empfindungen

3. Ich möchte Ihnen noch einen weiteren Anhaltspunkt liefern, wie Sie sich eine ungefähre Vorstellung von den verdeckten Gefühlen einer Person mit Ausbeutungstendenzen verschaffen können. Es handelt sich um das Schema der vier Grundkategorien von Gefühlen, das Fritz Perls entwickelt hat. Ich habe ihnen noch eine fünfte hinzugefügt. Zu jeder Kategorie sind auch die spezifischen somatischen Vorgänge angegeben.
    A. *Wut* (einschließlich Zorn, Reaktionen auf Frustrationen, Eifersucht, Neid, Grausamkeit, Konkurrenzgefühle, Gier, Rachegedanken

usw.). Diese Gefühle erzeugen Veränderungen im Denkvermögen, im Blutdruck, in der Adrenalinausschüttung usw.

B. *Liebe* (einschließlich des Verlangens nach Zärtlichkeit, Sinnlichkeit, Sexualität, Abhängigkeit, Intimität, Vertrautheit, Treue usw.). Diese Gefühle gehen mit Veränderungen im Blutkreislauf, in den Drüsenfunktionen, in der Muskelspannung usw. einher.

C. *Trauer* (einschließlich Weinen, Sehnsucht, Sorgen, Klagen, Verzweiflung, Verwirrung, Mitgefühl, auch Schuldgefühle, Bedauern, Identifikation mit Leiden anderer). Diesen Gefühlen entsprechen Tränen, Veränderungen in der Drüsenfunktion und im Blutdruck, Reaktionen im Magen- und Darmtrakt sowie im Schlafverhalten usw.

D. *Freude* (einschließlich Spontaneität, Jauchzen, Sich-eins-Fühlen, Neugier, Aufregung, Unternehmungslust, Verspieltheit, Kreativität usw.). Diese Gefühle und Verhaltensweisen äußern sich in Lachen (auch bis zu Tränen), Veränderungen in der Drüsenfunktion, der Muskelspannung, Pupillenerweiterung usw.

E. *Angst* (einschließlich Feigheit, Kampf/Flucht-Reaktionen, Furcht- und Schamgefühl). Angst bringt Veränderungen in der Drüsenfunktion und der Adrenalinausschüttung, im Blutkreislauf, Herzklopfen, Schweißausbruch usw. mit sich.

Diese letzte Kategorie ist die schwierigste. Angst, Furcht oder Scham sind oft das Grundgefühl, das von einer der vorgenannten anderen Kategorien überdeckt wird. Generell läßt sich sagen: Furcht, Angst oder Scham sind stets die Ursache dafür, daß man andere Gefühle unterdrückt und verbirgt. Gleichwohl halte ich es für nötig, diese Kategorie getrennt aufzuführen. Manche von uns sind beispielsweise durchaus bereit, zuzugeben, daß sie sich in bestimmten Situationen fürchten oder schämen; dennoch mögen wir unsere Angst, für feige gehalten zu werden, nicht zu erkennen geben. Denn als Kinder hatten wir vielleicht Angst davor, Furcht oder Scham zu zeigen statt tatsächlich offen mit Furcht oder Scham zu reagieren, wenn sie sich einstellten. Armin, mit dem wir uns in einem früheren Kapitel beschäftigt haben, ist ein Beispiel dafür.
Humor und Pathos der Filme Charlie Chaplins verdichten sich in Charlies fortwährenden Versuchen, Furcht, Scham oder Verwirrung auf äußerst ungeschickte Weise zu verstecken. Man weiß nicht, ob man lachen oder weinen soll: Charlies Talent macht offenbar, was sich dahinter verbirgt, wenn er seine Angst überspielend »tapfer« oder »selbstsicher« auftritt.

Auch Shakespeare wußte viel von Ersatzgefühlen. Er hat verschiedentlich gezeigt, wie derjenige zur komischen Figur wird, der sich ihrer nicht bewußt ist, sondern sie für echt hält. Im »Hamlet« ist es Polonius, der seinem Sohn rät: »Sei deinem eigenen Selbst getreu«, sich selbst aber mit seiner Unaufrichtigkeit lächerlich macht. Und in »Wie es euch gefällt« läßt uns der windige Jacques, der alles daran setzt, ernst genommen zu werden, wissen: »Die ganze Welt ist eine Bühne . . .«

9. Ersatzgefühle bei anderen – wie gehe ich darauf ein?

Eine ganz alltägliche Geschichte. Ich sitze im Café . . .

Wie Ersatzgefühle zustande kommen, läßt sich im Alltag jederzeit beobachten. Vor einiger Zeit besuchte ich ein Café. Am Nebentisch befand sich eine Familie. Die Mutter hatte den Säugling auf ihrem Schoß und gab ihm die Flasche, während der Vater dem Zweijährigen beim Essen half. Das älteste Kind, ein Mädchen von etwa drei oder vier Jahren, war schon mit dem Essen fertig und saß etwas verlassen zwischen Eltern und Geschwistern. Sie fühlte sich offensichtlich ausgeschlossen. Vielleicht war sie sogar eifersüchtig. Aber sie wagte ihren Eltern nicht klar zu machen, daß sie sich ausgeschlossen fühlte – möglicherweise wußte sie auch nicht, wie sie das hätte anstellen sollen. Als sie merkte, daß ich sie beobachtete, lächelten wir uns gegenseitig zu und verständigten uns mit Blicken und Gesten. Irgendwann machte sie nach, wie ihr kleiner Bruder aß. Der Vater hatte sie bis zu diesem Augenblick völlig ignoriert. Jetzt schaute er sie mit gerunzelter Stirn tadelnd an. »In dieser Familie unterhält man sich nicht«, sagte sein Blick, »und schon gar nicht mit Fremden! Lieber langweilt man sich. Und seine Geschwister lacht man nicht aus!« Beschämt (denn sicher hatte sie diese Botschaft schon öfter erhalten) wurde das kleine Mädchen rot, wandte den Blick von mir ab, guckte nach unten und wendete sich dann ihrer Mutter zu (mag sein, daß sie sich nach dem Tadel des Vaters dort Trost erhoffte). Die Mutter war aber noch immer intensiv mit dem Säugling beschäftigt. Da wurde ich Zeuge eines Ersatzverhaltens, wie es zum Entstehen von Ersatzgefühlen führen kann oder diese begleitet. Mit einem süßen Lächeln (das Scham und Frustration verdeckte) bot sie der Mutter an, die Flasche für das Baby zu halten. Die Mutter nickte mit Vergnügen.

Und nun zog das kleine Mädchen eine richtige Show ab: sie liebkoste den Säugling als »kleine Mutter« und gab sich jede Mühe. Das konnte ich an dem angestrengten Ausdruck in ihrem Gesicht erkennen. Für die Mutter aber war es ein »liebevoller« Ausdruck. Dafür erteilte sie dem Mädchen auch entsprechende Zuwendung. Ohne jedes Wort funktionierte hier der Mechanismus: das Kind war vom Vater beschämt worden wegen eines unerwünschten Verhaltens, das jedoch seinen spontanen, echten Gefühlen entsprochen hatte; diese Impulse ersetzte es nun durch erwünschte »liebevolle«, »fürsorgliche« Gefühle und Handlungen. Das kleine Mädchen war also gerade dabei, in seinem Bewußtsein Ersatzgefühle wie »schwesterliche Liebe« und Fürsorge an die Stelle von Neid, Eifersucht, Trauer oder auch Albernheit zu setzen.

Ersatzgefühle entstehen natürlich nicht aus einmaligen Erlebnissen, und Kinder können vieles ohne schlimme Folgen ertragen. Ersatzgefühle entwickeln sich, wenn in früher Kindheit das gleiche Motiv ständig wiederholt wird. Ebenso kommen Lernerfolge wie etwa das Sprechen durch Wiederholung und Verstärkung zustande, bis z.B. ein gewisser Wortschatz wie von selbst erworben ist.

In der Schule geht es los. Tips für Lehrer

Bei Schulkindern der unteren Klassen lassen sich die echten Gefühle, die unter den Ersatzgefühlen verborgen sind, noch relativ leicht erraten. Das gilt, obwohl sie den Kindern selbst nicht unbedingt bewußt sind. Lehrer und Schulpsychologen können deshalb eine Menge dazu beitragen, Kindern aus dem Mechanismus herauszuhelfen, ihre Ersatzgefühle laufend zu verstärken. Statt Ersatzgefühle zu bestätigen, kann man solchen Kindern das Werkzeug in die Hand geben, ihre echten Gefühle zu erkennen. Vielleicht können sie dann künftig besser damit umgehen.

Eine derartige Hilfe ist gerade in dem Augenblick möglich, in dem die Kinder den Ersatzmechanismus anwenden. So kann z.B. selbst der beschäftigtste Lehrer, wenn er ein bißchen aufpaßt, die Zeit für die Bemerkung finden: »Jürgen, du hast eben ganz aufgeregt gewirkt, als ich vom Schulausflug sprach, und dann sahst du mit einem Mal traurig aus. Es ist doch ganz in Ordnung, wenn man aufgeregt ist und Spaß daran hat!« oder »Susi, mir fiel auf, wie du Björn nachsichtig angelächelt hast. Das verstehe ich nicht, denn er hat doch gerade deine schöne Zeichnung zerrissen. Du

hast ja recht, wenn du böse auf ihn bist und es auch zeigst, nur möchte ich nicht, daß du ihm dafür eine runterhaust!« und »Björn, ich halte es für besser, wenn du uns allen sagst, daß du gern so gut zeichnen möchtest wie Susi, statt ihre Zeichnung zu zerreißen.«
Auf diese Weise können Lehrer oder sonstige Erziehungspersonen jungen Gefühlsausbeutern helfen, zumindest einen gewissen Wortschatz für die eigenen Gefühle zu erwerben, selbst wenn diese aufgrund der Erfahrungen von zu Hause als gefährlich und ungehörig betrachtet werden. Lehrer mögen einwenden: **ganz** gleich, was in der Schule geschieht, das Kind muß sich ja doch den emotionalen Verhaltensmustern daheim anpassen. Das läßt sich schlecht bestreiten. Für das Kind ist es jedoch von großem Nutzen, wenn es durch den Lehrer erfährt: Ich kann bestimmte Gefühlsäußerungen, die zu Hause als gefährlich gelten, in anderen Situationen ohne Gefahr zum Ausdruck bringen. So mag ein Kind seine Wut in seiner Familie weiterhin verbergen müssen – es kann sie nun aber wenigstens wahrnehmen. Damit wäre eine Voraussetzung dafür geschaffen, daß in Zukunft das Erwachsenen-Ich die Herrschaft über das eigene Verhalten übernimmt. Das geängstigte Kind muß die bewußte Wahrnehmung bestimmter Impulse nicht mehr unterdrücken. Das Kind braucht nicht mehr, im gleichen Umfang wie früher, echte Gefühle durch künstlich »erlaubte« Gefühle zu ersetzen. Ersatzgefühle haben wenig Chance, sich festzusetzen, wenn das Kind sagen kann: »Alles, was ich fühle, kann ich angstfrei fühlen. Ich kann entscheiden, was ich zeige, wo ich es zeige und was ich tue.«
Man kann dem Kind auch beibringen, daß es sich sagt: Wenn ich ein Gefühl äußere, muß das nicht zwangsläufig dazu führen, daß ich mich auch entsprechend verhalte. »Es ist gar nicht mehr nötig, mich mit Hannes auch noch zu prügeln.« Dann aber, wenn jemand echte Gefühle äußert, sollten Sie großzügig mit Ihrer Streichelzuwendung sein, selbst wenn es sich um »unerlaubte« Gefühle handelt. »Ich finde gut, wenn du deinen Ärger aussprichst. Es ist in Ordnung, auch einmal richtig wütend zu sein.«
Wer mit Kindern so umgeht, verschafft ihnen für ihre Zukunft beträchtliche Erleichterung. Denn sonst spürt der heranwachsende Gefühlsausbeuter in der Situation, in der die präsentierten Gefühle aufkommen, nur ein unbestimmtes Unbehagen. Er merkt nicht, wie da Ersatzgefühle auftauchen und an die Stelle anderer Empfindungen treten – so wenig wie dem Mädchen in der obigen Geschichte klar war: Ich vertausche jetzt meine wahren Gefühle mit dem Ersatzgefühl »mütterlicher Besorgtheit«.

Angst vor Enttarnung

Bei einem Erwachsenen läßt sich ziemlich schnell erkennen, wenn Gefühlsausbeutung mit im Spiele ist: ich fühle mich im Kontakt mit dem Betreffenden nicht ganz wohl, strebe weg, fühle mich einem Zwang ausgesetzt. (Die Beispiele von Anne und Benno führen das anschaulich vor Augen.) Man kann auch verhältnismäßig bald bestimmte Ersatzgefühle wahrnehmen (z.B. war es bei Anne Hilflosigkeit und Verwirrung, bei Benno Hilfsbereitschaft, Sicherheit und Klugheit). Aber es ist – auch mit Hilfe des vorangegangenen Kapitels – gar nicht so leicht, die darunterliegenden Gefühle zu erraten. Ersatzgefühle sind ja schon lange Jahre Bestandteil der »zweiten Natur« des Menschen. Sie sind tief eingewurzelt und nunmehr auch außerhalb der ursprünglichen Familie seine »üblichen« Reaktionen geworden.

Personen mit Ersatzgefühlen wehren sich ängstlich dagegen, daß ihre geheimen verborgenen Gefühle entdeckt werden. Diese Abwehr hat starke Ähnlichkeit mit der Vorsicht, die wir entwickeln, wenn wir uns »instinktiv« nicht zu weit aus dem Fenster lehnen, um nicht hinauszufallen. Eine solche Reaktion ist nicht wirklich »instinktiv«. Aber der Instinkt hat uns in der Kindheit auch dazu gedient, von der Umwelt zu lernen. So kann man leider die Angst vor bestimmten Gefühlen »erlernen«. Eben deshalb ist es manchmal – gerade auch im Rahmen einer therapeutischen Behandlung – äußerst schwierig, einem hartnäckigen Gefühlsausbeuter zu helfen, seine echten Gefühle wahrzunehmen. Denn er empfindet seine Ersatzgefühle als »natürlich«. Er sperrt sich dementsprechend dagegen, daß seine Gefühle offensichtlich werden. Auch wenn sie sich hin und wieder von außen erkennen oder erraten lassen, ist der Klient davon überzeugt, sie keinesfalls zu haben. Zwar sucht er Abhilfe für seine Leiden (z.B. wollte Thea Linderung ihrer Depression, Armin litt unter Einsamkeit). Doch sieht er den Zusammenhang mit den verborgenen Gefühlen nicht. Ihm kann jedoch nur dadurch geholfen werden, daß er seine echten Gefühle entdeckt und äußert. Auf diesem Wege kann er Schritt für Schritt seine Abhängigkeit von unechter Zuwendung und seinen Drang nach Gefühlsausbeutung überwinden.

Aber wie schon gesagt, eine besondere Schwierigkeit liegt darin, daß es keine genaue Entsprechung zwischen den Ersatzgefühlen und den darunterliegenden echten Gefühlen gibt. Wir wissen nur, daß sie nicht der gleichen Kategorie angehören. Wahrscheinlich sind sie einander eher entge-

gengesetzt. (Z.B. kann Sehnsucht und Liebe von Feindseligkeit, Traurigkeit von Vergnügungssucht überdeckt sein. Doch mag das gleiche Ersatzgefühl bei dem einen Menschen dieses und beim anderen etwas ganz anderes verbergen.)
In jedem Fall hat übermäßiges Streichelbedürfnis mit unbekannten Ersatzgefühlen zu tun. Das wird nicht immer gleich offenbar. Es ist auch am jeweiligen Verhalten gewöhnlich nicht so schnell abzulesen, um was für unbekannte Gefühle es sich handeln könnte. Außerdem sind es oft mehrere unerkannte Gefühle, die automatisch durch Ersatzgefühle ausgedrückt werden.

Wenn die Türen verschlossen sind. Tips für Therapeuten

Einem ausgesprochenen Gefühlsausbeuter wird nicht dadurch geholfen, daß man ihn einfach geradewegs auf seine Gefühlsausbeutung hin anspricht. Vielmehr läßt sich nur etwas ändern, wenn er zunehmend fähig wird, sich die darunterliegenden Gefühle bewußt zu machen. Deshalb sollte sich der Therapeut so bald wie möglich einen Eindruck von der Kategorie der unerkannten Gefühle seines Klienten verschaffen. Anfangs kann dieser Erkundungsgang vielleicht nur in kleinen Schritten vor sich gehen. Sonst erschrickt der Betreffende und findet um so mehr Anlaß, seine wahren Gefühle wegzuschieben.
Der Therapeut kann an dieser Stelle seine eigene Phantasie zu Rate ziehen. Benützt ein Klient jede Gelegenheit, um stets die gleichen Gefühle oder Gedanken zu äußern? Vertritt er ein und dieselbe starre Meinung? Dann ist die Frage angebracht: Wie würde wohl ein durchschnittlicher Mensch in einer ähnlichen Situation empfinden und sich äußern? Wenn mir das Gefühl oder der Gedanke, den ich immer wieder vorgeführt bekomme, bloß aufgesetzt, mit Fleiß vorgezeigt vorkommt, was würde mir (oder anderen) stattdessen echt erscheinen?
Wenn man im Verlauf der therapeutischen Behandlung sorgfältig beobachtet, wenn man sich z.B. in einer Therapiegruppe auch die Beobachtungen anderer zunutze macht, kann man durchaus Hinweise erhalten, welche Gefühle verdeckt werden.
Einige Beispiele: Jemand erzählt mit einem leichten Lächeln von seinen Depressionen. Oder er erklärt mit Feuer und Flamme, wie erschöpft und leer er ist. Jemand berichtet mit Leichenbittermiene von seinem berufli-

chen Aufstieg. Oder er zeigt sich nahezu heiter, während er Menschen erwähnt, die er in letzter Zeit verloren hat.
Was im Hier und Jetzt abläuft, liefert die wichtigsten Anhaltspunkte. Bei Gerd war aufschlußreich: die schwere Krankheit einer Frau, die er liebgewonnen hatte, provozierte ihn zu besonderer Aggressivität und zu groben Späßen über diese ihre Krankheit, während andere ihr Mitgefühl bekundeten. Bei Thea fiel auf: sobald etwas Spaßiges zur Sprache kam, redete sie um so nachdrücklicher von ihrer Depression. Sie saß dann nach vorn gelehnt und war an dem Vorgang interessiert, reagierte darauf freilich mit einem »kalten Guß«.
Ein weiterer Schritt ist, Beobachtungen, die man in der Gegenwart macht, und Vermutungen, die man im Kopf hat, mit Informationen aus der Kindheit in Zusammenhang zu bringen. Mancher Klient vermag sich nicht zu erinnern, wie im Falle Gerds. Dann kann man entsprechende Fragen nach den familiären Verhältnissen zu jener Zeit stellen. Oder man veranlaßt den Betreffenden, sich bei Verwandten zu erkundigen. Die Informationen, die er holen soll, sind in die vermutete Richtung zugespitzt. Beispielsweise: »Ist einer der Mitbewohner im Hause oder ein naher Verwandter in der Zeit gestorben, als Sie ca. zwei bis vier Jahre alt waren?« »Gab es in der Zeit einen besonderen Ortswechsel oder eine längere Krankheit, und wer war währenddessen eine wichtige Bezugsperson?« Oder »Was können Sie weiter von den Leuten in Erfahrung bringen, die zur Zeit, an die Sie sich nicht mehr erinnern, eine besondere Rolle für Sie gespielt haben (z.B. Großeltern)?«

Güte, die auf den Geist schlägt

Liesel ist ein Beispiel für jemand, der unerlaubte Gefühle wie Neid und Eifersucht hinter »Liebenswürdigkeit«, »Güte« und sogar »Liebe« verbirgt. Als Typ 2 trug sie diese Ersatzgefühle in übertriebener Weise zur Schau. Auch in ihrem Fall wurde an ihrer Beziehung zu einem anderen Gruppenmitglied erkennbar, was für Gefühle sie bisher verdrängt hatte. Nicht daß Liesel nie echte Güte hätte empfinden können. Ihr Problem war vielmehr, daß sie zeitweise die Güte in Person war, und zwar (wie sich später herausstellte) genau dann, wenn sie eigentlich Neid oder Haß empfand. Als erster Hinweis in die Richtung fiel allen Teilnehmern der Therapiegruppe auf: sie überschüttete Franziska, eine andere Klientin in der Runde, geradezu mit Freundlichkeiten. Dadurch lockte sie jede Menge »Dankeschön«-Streichelreaktionen aus ihr heraus. Liesels Liebenswürdigkeit Franziska gegenüber wurde besonders aufdringlich, wenn jemand in der Gruppe Fortschritte bei Franziska feststellte oder wenn sich Franziska selbst positiv über sich äußerte.

Liesel war in einer Reihe von Geschwistern die älteste gewesen. Christa, ihre zwei Jahre jüngere Schwester, wurde von den Eltern vorgezogen – wohl weil sie die Klügere und Hübschere war. In dieser Familie wurden alle negativen Gefühle unter den Teppich gekehrt. Christa war bei allen lieb Kind und stach Liesel in jeder Beziehung aus. Als Entschädigung dafür lobten die Eltern Liesel in den höchsten Tönen: sie sei so nett, hilfsbereit, freundlich und großzügig, insbesondere ihrer Schwester gegenüber. Als das in der Therapie zur Sprache kam, bestand Liesel darauf, sie und ihre Schwester seien unzertrennlich gewesen, und sie habe sich stets über das Vorankommen ihrer Schwester gefreut.

Liesel war Diplomsoziologin. Dementsprechend verfügte sie über ein beachtliches Ausdrucksvermögen bei sozialen Zusammenhängen. Ihr Kind-Ich jedoch hatte keine Worte, um ihren verdeckten Gefühlen Ausdruck zu verleihen. Das geht oft so. Man kann später die richtige Bezeichnung für ein bestimmtes Gefühl lernen, ohne es in sich wahrzunehmen oder nachzuvollziehen.

So erwiderte Liesel, als das erste Mal die Vermutung aufkam, sie könnte auf ihre Schwester eifersüchtig gewesen sein: in puncto Geschwisterrivalität sei sie umfassend im Bilde; sie selbst sei aber von solchen »schrecklichen Gefühlen« verschont geblieben. Liesels Erwachsenen-Ich kannte die Begriffe »Eifersucht« und »Neid«. Ihr Kind-Ich konnte diesen Begriffen die dazugehörigen inneren Gefühle jedoch nicht zuordnen. Die Gefühle Neid und Eifersucht waren ihrem Kind-Ich und ihrem Bewußtsein nur in der Ersatzform von »Liebe« und »wohlwollender Güte« verfügbar. Schließlich mußte sie einsehen, daß nicht immer zutraf, was sie sagte. Unter gewissen Umständen war ihr Impuls, gegenüber Stellvertreterinnen ihrer Schwester (wie Franziska) »liebevoll« zu sein, eigentlich der Ausdruck für neidische Gefühle. Diese Erkenntnis war schwer für sie. Denn Neid war für sie ja ein »unbekanntes Gefühl«. Sie hatte es nur im Kopf, die Bezeichnung war ihr nur im Blick auf andere geläufig. Trotz ihrer umfassenden Fachkenntnisse als Soziologin mußte ihr Kind-Ich also die grundlegende Einsicht erlernen: es besteht ein Unterschied zwischen
- dem Gewahrwerden eines Gefühls,

- dem Erkennen und Benennen eines Gefühls in sich selbst (mit einfachen, nicht wissenschaftlichen Worten),
- dem Zulassen des Gefühls bei sich selbst,
- dem Entschluß, ob man es zeigt und äußert oder aber verbirgt,
- und schließlich dem Entschluß, ob man dementsprechend handelt.

Wenn man glaubt, Gedanken töten

Wie alle Menschen mit ausgeprägten Ersatzgefühlen hatte Liesel »wahnsinnige« Angst davor, das Erkennen und Akzeptieren ihrer »schrecklichen« Gefühle könne zu einem gefährlichen Verhalten führen. Nur Schritt für Schritt vermochte sie unter dem Schutzmantel der Therapie mit ihren echten Gefühlen zurechtzukommen. Lange bestand sie darauf, das neue Selbstbewußtsein sei zu gefährlich. Es könne sie zu verhängnisvollen Handlungen provozieren: »Was wollen Sie eigentlich von mir! Soll ich meine Schwester umbringen, die ich liebe?« Ihr Kind-Ich hegte die nicht unbegründete Angst, sie werde übereilt handeln. Denn eingefleischte Gefühlsausbeuter brauchen günstige Umstände, um ihre Ersatzgefühle allmählich durch neues echtes Bewußtsein abzulösen. Andererseits sind Verhaltenskurzschlüsse tatsächlich eine realistische Gefahr: ein Gefühl kann sich explosionsartig in unüberlegten Handlungen entladen, wenn die Steuerung durch das Erwachsenen-Ich fehlt.

Liesel hatte sich wegen ihrer chronischen Kopfschmerzen in Behandlung begeben. Diese Kopfschmerzen hatten natürlich mit ihren »liebenswürdigen« Ersatzgefühlen zu tun. Doch war dieser Zusammenhang nicht gleich zu Beginn der Behandlung zu erkennen. Die Kopfschmerzen gingen zum Teil auf den starken Blutdruck zurück, den ihr starres Typ 2-Verhalten verursachte. Sie reagierte wiederum so starr, weil sie die verborgenen Gefühle von Neid und Wut unterdrücken mußte. Die Kopfschmerzen kamen auch, wenn sie nicht genug Anerkennung für ihre »Liebenswürdigkeit« bekam, also für die Anstrengung, Eifersucht und Wut zu verschließen. So war sie in einem Teufelskreis gefangen. Die Verbindung der migräneartigen Kopfschmerzen mit ihrer ausbeutenden Liebenswürdigkeit ließ sich nur indirekt erklären: aus dem Zusammenhang beider Phänomene mit verborgenen Eifersuchtsgefühlen. Zwar wußte Liesel, daß sie die Kopfschmerzen zumeist nach einem Besuch bei ihrer Schwester oder ihren Eltern bekam. Sie meinte aber, das hinge mit ihren Sorgen um deren

Befinden zusammen. Allenfalls hätte sie noch als Erklärungsmöglichkeit eingeräumt, daß sie keinen Dank für ihre Hilfsbereitschaft erfuhr (das heißt: sie erhielt für ihre Ersatzgefühle nicht genügend Zuwendung). Sie begriff jedoch nicht den verdeckten Zusammenhang mit ihren verborgenen Gefühlen. Liesels Kopfschmerzen sind kein Zufall. Personen mit stark ausgeprägten Ersatzgefühlen zeigen oft auch psychosomatische Symptome. Die können selbst so etwas wie alternative Ersatzgefühle sein. Es kommt oft vor, daß zwei verschiedene Ersatzgefühle einen gemeinsamen Ursprung haben, der jedoch von einem dritten, ganz anderen Gefühl verdeckt wird. Der Klient und leider in manchen Fällen auch der Therapeut verwechseln dann leicht, was Ursache und was Folge ist, eben weil die zugrundeliegenden Gefühle derart verborgen und unerkannt sind.

In ähnlicher Weise beklagen sich oft Leute mit starken Ersatzgefühlen, ihre Partner in Freundschafts- oder Geschäftsbeziehungen seien die *Ursache* bestimmter aktueller Probleme. Sie verhielten sich nicht mehr »so wie früher«. Das kann tatsächlich der Fall sein. Vielleicht sind sie es inzwischen leid, weiterhin bestimmte Ersatzgefühle genügend zu streicheln. In dieser Situation fällt der Gefühlsausbeuter gern in andere (oft psychosomatische) Ersatzgefühle zurück, die sich jedoch gegebenenfalls als recht schmerzhaft erweisen. Er hofft, es werde ihm Entlastung bringen, wenn er einen anderen Partner findet oder der jetzige sich wieder so wie früher verhält. Das mag zu Zeiten auch so sein, nur kann darin nicht die eigentliche Lösung liegen. Auch in der Therapie hieße es eine falsche Richtung einzuschlagen, wenn man den Klienten in der Meinung bestärkt, ihm sei mit erneuter Bestätigung der bisherigen Ersatzgefühle wirklich geholfen. Denn das verschafft ihm ja nur eine vorübergehende Erleichterung, wie eine Spritze für den Süchtigen.

Glücklicherweise kann ich berichten, daß Liesels Kopfschmerzen mit dem Durcharbeiten ihrer Neidgefühle geradezu »magisch« verschwanden, wie sie sich selber ausdrückte. Nach und nach entwickelte sie eine echtere (damit aber auch distanziertere) Beziehung zu ihrer Schwester. Zu ihrem Erstaunen offenbarte die ihr ein Jahr später, daß sie sie jetzt viel sympathischer fände. Auch sie hatte Liesels (übertrieben) »liebevolle« Art als falsch empfunden.

Wie Liesel und das kleine Mädchen im Café gibt es viele Menschen, die Empfindungen von Eifersucht oder Neid durch »Zuneigung« oder »Betroffenheit« oder »Sympathie« oder das »Retter-Verhalten« ersetzen. Besonders häufig sind es Menschen, die auf ihre Geschwister oder andere nahe Angehörige oder gar auf Vater und Mutter eifersüchtig waren und das nicht zeigen durften. Ihre Gefühle wurden entweder direkt mit einem »Schäm dich!« gebrandmarkt. Oder man stritt sie entrüstet ab. Stattdessen wurden diese Kinder vermutlich besonders dann gelobt, wenn sie hilfreich, freundlich und duldsam waren – inbesondere denjenigen gegenüber, auf die sie im Grunde eifersüchtig und wütend waren. So kann sich ein Gefühlsausbeuter besorgt um jemanden kümmern, der ihm eigentlich unsympathisch ist. Er reagiert aber äußerst beleidigt, wenn man diese Fürsorglichkeit nicht anerkennt oder, noch schlimmer, sie ihm nicht glaubt!

Und ewig währt die Therapie – Liebe auf Krankenschein?

Bei der Therapie mit Gefühlsausbeutern gibt es eine große Schwierigkeit: sie wollen Hilfe für ihr Leiden (wie Liesel für ihre Kopfschmerzen), man soll aber nicht an die unbewußten, verdeckten Gefühle rühren. Nicht selten kommen sie nur zum Therapeuten, um weitere Zuwendung für ihre Ersatzgefühle zu bekommen. Andere Partner fehlen. So suchen sie in Therapien und Selbsterfahrungsgruppen nach Gelegenheit, ihre Ausbeutungstechnik anzuwenden, um diese zu verstärken und sich in der Abwehrposition ihres Typs weiter zu behaupten. Meines Erachtens ist an vielen sog. »stützenden« Therapien und Gruppenaktivitäten bedauerlich, daß der Mechanismus der Ersatzgefühle und die Problematik falsch placierter Zuwendung nicht erkannt wird. Was oft als »stützende« Behandlung betrieben wird, bekräftigt gerade Ersatzgefühle. Z.B. wenn man Liesel für ihre »liebevollen« Empfindungen bewundert oder Thea für ihre »Traurigkeit« zuviel Sympathie schenkt. Es ist schade, wenn der Therapeut selbst nicht die kleinen Andeutungen verdeckter Gefühle wahrnimmt, hervorlockt und bestätigt. Es ist schädlich, wenn er dem Klienten nur die Zuwendung gibt, die dieser erwartet, um seinen Typ zu verstärken und sich damit gegenüber den verdeckten Gefühlen »beherrschen« zu können. Der Klient täuscht sich, aber er weiß es ja nicht besser. Er zahlt gern für eine »Behandlung«, die ihm gegen Geld die Zuwendung bringt, die er anderswo nicht mehr ausreichend bekommt. Er beklagt sich: »Mein Partner hat mich verlassen!« Oder, wenn er da ist: »Er gibt mir nicht genug Zuwendung!« Aber wie fein – jetzt ist der Therapeut da, und das ist fast so schön wie damals in der Kindheit, daheim. Wunderbar! Solche »Therapien« dauern oft jahrelang, ohne daß sich beim Klienten wirklich etwas ändert. Manchmal enden sie zudem unter recht traurigen Umständen – nicht zuletzt für den Therapeuten. Er ist erschöpft und frustriert von seiner Erfolglosigkeit, gerade weil er sich gefühlsmäßig ausbeuten ließ, ohne es rechtzeitig zu merken. Und dem Klienten geht es, wie bei seinen sonstigen gescheiterten Beziehungen, nur noch schlechter als zuvor. Wer zu viele Ersatzgefühle hat, kann sich selbst nie wirklich wahrnehmen. Sicher, als Kind braucht jeder von uns Streichelkontakte, um ein gutes Selbstgefühl zu entwickeln. Aber den Erwachsenen vermitteln noch so viel Streichelkontakte nicht das Bewußtsein: ich bin voll und ganz am Leben. Zu Lebendigkeit gehört die eigene Kreativität. Sie kann sich nur entfalten, wenn man seine Gefühle, auch die unangenehmen, vor sich selbst nicht zu verbergen braucht. Starke Ersatzgefühle machen einen zu sehr von Streichelkontakten abhängig. Weil man die eigenen Entfaltungsmöglichkeiten nicht erfährt – sie beruhen auf echten und akzeptierten Gefühlen, sind allerdings zuweilen auch mit Zweifel und Daseinsangst verbunden –, fehlt eine wichtige Möglichkeit, sich selbst zu bestätigen. Gefühlsausbeuter suchen (wie Kinder) ihre Bestätigung außen, obwohl sie beim Erwachsenen im wesentlichen aus dem Selbst kommen muß.

Was die Typen mit Ersatzgefühlen machen

Aber nun möchte ich den Leser noch auf etwas anderes aufmerksam machen. Bei Liesel haben wir gesehen, wie sie ihre Ersatzgefühle dazu benutzte, ihre Abwehrposition und damit ihren Typ zu verstärken. Das ist nicht zufällig. Ersatzgefühle haben diese Tendenz. Trotzdem besteht keine direkte Entsprechung zwischen spezifischen Ersatzgefühlen und der Typzugehörigkeit. Jedes Ersatzgefühl kann sowohl mit Typ 1 als auch mit Typ 2 zusammenfallen. Der einzige Unterschied ist, daß die Ausbeutungstransaktionen anders zur Geltung kommen. Nehmen wir zum Beispiel das Ersatzgefühl »*Erschöpfung*«. Bei einer Person vom Typ 1 wird sie sich vermutlich vom Kind-Ich her äußern, etwa auf weinerliche Art: der Betreffende will vom Eltern-Ich des Partners Trost und Zuwendung erhalten. Bei einer Person vom Typ 2 wird sie eher im Gewande einer Forderung auftreten: der Betreffende wird Rücksichtnahme oder eine Entschuldigungsgeste vom Kind-Ich des Partners einklagen (»Gerade wie ich endlich eingeschlafen bin, mußt du das Licht anknipsen!«) oder Dank abverlangen (»Mach dir keine Gedanken über meine Müdigkeit, ich bin im

Wohnzimmer geblieben und war ganz erschöpft, wollte aber deinen Schlaf nicht stören!«).

Oder nehmen wir »*Liebenswürdigkeit*«. Ich habe sie schon in der Darstellung von Liesel (Typ 2) geschildert. Ihre »Nettigkeit« und »Güte« gegenüber Franziska rührt hauptsächlich von ihrem Eltern-Ich her. Bereits in ihrer Kindheit hatte sie ja ihrer jüngeren Schwester Christa gegenüber »fürsorglich« gehandelt. Bei Karin indessen, die ebenfalls mit Ersatzgefühlen umgeht, kommt die »Nettigkeit« aus dem angepaßten Kind-Ich. Karin versucht »nett« zu sein und überall zu »helfen«, tut das aber so ungeschickt wie ein dreijähriges Kind, das der Mutter in der Küche »beim Kochen hilft«.

Ein weiteres Beispiel ist die »*Hilflosigkeit*«. Gewöhnlich paßt sie zur Abwehrposition von Typ 1. »*Hilfsbereitschaft*« dagegen ist im allgemeinen der Abwehrposition des Typs 2 zuzurechnen. Aber Vorsicht! Wenn Sie den betreffenden Typ erkennen wollen, müssen Sie mehr auf den Ich-Zustand achten, in dem ein Gefühl (oder Ersatzgefühl) ausgedrückt wird, als darauf, was inhaltlich gesagt wird.

»Hilflosigkeit« (oder »Opfer sein«) kann nämlich auch Ersatzgefühl bei einer Person vom Typ 2 sein – nur kommt sie dann aus dem Eltern-Ich statt aus dem »hilflosen« Kind-Ich wie beim Typ 1 (z.B. »Ich wollte dir helfen, aber du hast es mir nicht gestattet«). Und »Hilfsbereitschaft«, gewöhnlich eher bei Typ 2 angesiedelt, kann auch Ersatzgefühl bei einer Person vom Typ 1 sein. Nun aber stammt sie vom angepaßten Kind-Ich, das ständig fragt: »Wie kann ich dir jetzt helfen?«, wie ein gelangweiltes, angepaßtes Kind es tut, das seine Mutter in der Küche nervt.

Bei »Hilflosigkeit« muß man übrigens achtgeben, daß man sie nicht mit der Hoffnungslosigkeit des Verzweifelten verwechselt. Echte Verzweiflung oder Hoffnungslosigkeit kann ein Alarmzeichen für Suizidgefahr sein, unabhängig davon, ob die betreffende Person zum Typ 1 oder 2 gehört.

Sehen wir uns noch einige weitere Beispiele an, wie sich das gleiche Ersatzgefühl bei zwei unterschiedlichen Typen äußern kann. Armins *Feindseligkeit*, von der ich sprach, erinnert an Verhaltensweisen bei Gerd. Der war als Typ 1 wesentlich vom rebellischen Kind-Ich bestimmt. Im Gegensatz dazu ist Armins Einstellung als Typ 2 von einem ärgerlichen, herrischen Eltern-Ich geprägt (»Ihr habt überhaupt keine Ahnung, wenn ihr bloß auf mich hören würdet, wäre alles in Ordnung!«).

Sogar eine aufgesetzte »*Depression*«, die im allgemeinen mit der »Opfer«-Einstellung vom Typ 1 einhergeht wie etwa bei Thea, kann auch bei Personen vom Typ 2 erscheinen. Margret schleppte, ähnlich wie Thea, depressive Ersatzgefühle mit sich herum. Auch bei ihr waren dadurch Fröhlichkeit, Kreativität bis hin zu vitaler Sexualität überdeckt. Genau wie Thea hatte auch Margret eine chronisch kranke Mutter gehabt. Doch während Thea aufgrund der Zuwendung ihres Vaters zum Typ 1 wurde und von dieser Grundeinstellung aus mit ihren Depressionen die Gefühle der anderen ausbeutete, hatte sich Margret zum Typ 2 entwickelt. Schon als Dreijährige mußte sie auf ihren kleinen Bruder achtgeben. Sie mußte auch noch ihre sterbende Mutter betreuen, von deren Kind-Ich ihr Eltern-Ich damals reichlich Zuwendung erfuhr, u.a. mit der flehentlichen Bitte, nach ihrem Tode für den Bruder »Mutter« zu sein. So war sie einesteils traurig-depressiv als Person vom Typ 2, anderen gegenüber jedoch fürsorglich. Andererseits erreichte sie von ihrem Eltern-Ich her, z.B. wenn ihre Kinder ihr nicht folgten, die begehrte Zuwendung mit Vorwürfen: »Wie könnt ihr so herzlos sein und mir das antun!« Dies entspringt ganz den früheren Empfindungen, als sie den kleinen Bruder beaufsichtigen mußte. Margret führte sich also zwar als »Märtyrer« oder »Opfer« auf, aber mit der tyrannisierenden Einstellung eines Typ 2. Normalerweise würde man bei »Opfer« oder »Märtyrer« auf jemand mit Typ 1-Einstellung tippen, zumal sich Personen vom Typ 2 meist keine Gefühle der »Schwäche« erlauben.

Es kann demnach durchaus vorkommen, daß ein Typ 2 mit »Hilflosigkeit« arbeitet. Als Regel gilt gleichwohl: Wer Angst und Furcht verbirgt und durch Mut, Tapferkeit, Eigensinn und sogenannte Stärke ersetzt, ist eher ein *Typ 2*. Sonstige verbotene Gefühle werden gewöhnlich ebenfalls mit »Stärke« oder andere Ersatzverhalten überdeckt. Denn der Typ 2 kommt ja gerade dadurch zustande, daß das Kind im Alter von zwei bis vier Jahren gleichfalls eine gewisse unrealistische »Stärke« in sich entwikkeln und vorzeigen muß. So behalf sich die kleine Person – wenn auch nur in der Phantasie – gegenüber ungewissen Umweltverhältnissen.

Wer dagegen, wenn andere Leute dabei sind, Wissen und Gewißheit, die er hat oder haben kann, durch »Orientierungslosigkeit«, »Hilflosigkeit« oder auch »Panik« ersetzt, gehört eher zum *Typ 1*. Seine Eltern freuten sich nicht, wenn das Kind zu klug war und sie auch einmal zu überlisten verstand. Vielleicht sahen sie darin eine Bedrohung für künftige Zeiten. Jedenfalls belohnten sie es durch Zuwendung und Bestätigung eher für unsicheres als für selbstbewußtes Auftreten.

10. Ersatzgefühle bei mir – was nun?

Spieglein, Spieglein an der Wand . . .

Inzwischen, lieber Leser, stellen Sie sich vielleicht besorgt die Frage: Habe auch ich unerkannte Ersatzgefühle? Handle auch ich als Gefühlsausbeuter, zumindest zeitweise? Behindere auch ich durch Ersatzgefühle meine Entfaltungsmöglichkeiten, meine Kreativität? Wie ist das: Haben Sie manchmal den Eindruck, daß Sie zu lange an Beziehungen festhalten, die Ihnen eigentlich nicht mehr viel bedeuten? Zögern Sie, Kontakte aufzugeben, die Sie ärgern oder Ihnen sogar schaden? Passiert es Ihnen leicht oder öfter, daß Sie sich – stets auf die gleiche Weise – ausnützen lassen? Daß Sie sich immer wieder auf einen Austausch von Streicheleinheiten einlassen, den Sie als künstlich oder falsch empfinden, der Sie mehr ermüdet als befriedigt? Ja? Wenn das so ist, dann gehen Sie mit Ihren Gefühlen möglicherweise nicht ganz so offen um, wie Sie es könnten. Vielleicht liegt das an gewissen uralten Ängsten. Bestimmte Gefühle in Ihnen dürfen nicht raus, weil das in Ihrer Kindheit nicht erlaubt war.
Bei Verbrennungen unterscheiden die Mediziner verschiedene Schweregrade. Verbrennungen ersten Grades sind am leichtesten (man hat sich etwa mit einem Streichholz den Finger verbrannt). Verbrennungen zweiten Grades sind gefährlicher, sie müssen unbedingt behandelt werden. Verbrennungen dritten Grades schließlich gehen, wenn ein bestimmter Anteil der Körperoberfläche betroffen ist, in jedem Fall tödlich aus. Eine ähnliche Unterscheidung können wir auch bei Ersatzgefühlen und Gefühlsausbeutern machen.
Viele von uns sind, so meine ich, zu *Gefühlsausbeutern ersten Grades* geworden. Wir leben mit Ersatzgefühlen, deren Ursprünge in die Kindheit

zurückreichen. Damit ist beileibe nicht gesagt, daß wir »anormal« wären. Kaum ein Mensch ist in idealer Weise und unter idealen Umständen groß geworden. Die meisten von uns tragen Ängste der ersten Jahre mit sich herum. Gespenster aus der Kindheit überleben in unserem Inneren. Sie scheuen das Tageslicht der Realität. Wollen wir sie loswerden, so müssen wir sie uns in diesem Lichte anschauen. Das haben wir oft noch nicht gemacht. Wir folgen weiter bestimmten »Überlebensstrategien«, die in der Vergangenheit vielleicht lebensnotwendig waren. Zu unserem Leben heute passen sie vielfach nicht mehr.

Als wir Kinder waren, haben wir so gut wie alle gelernt, bestimmte Gefühle zu unterdrücken und andere vorzuzeigen. Unseren Eltern war das so lieber. Das habe ich in diesem Buch schon ausführlich geschildert. Das Kind-Ich unserer Eltern hatte ja selbst Angst vor »gefährlichen« Gefühlen wie Wut oder »unguten« Gefühlen wie Nörgeln. Auch unsere Eltern hatten nicht gelernt, daß es zwei ganz verschiedene Sachen sind: ein Gefühl treffend zu bezeichnen und ein Gefühl in eine – möglicherweise ungehörige – Handlung umzusetzen. Mag sein, daß ihnen auch die Selbsterkenntnis fehlte, die sie in die Lage versetzt hätte, für sie abstoßende oder unanständige Gefühlsäußerungen zu ertragen (wie z.B. kindliche Sexualität).

Außerdem wollten sie uns vielleicht Gutes tun. Sie wollten uns »anständige« und »anerkennenswerte« Gefühle beibringen oder diese in uns fördern. Solche »lobenswerten« Empfindungen haben wir dann auch folgerichtig und gehorsam als Ersatzgefühle präsentiert anstelle der ungewünschten Gefühle.

Fanita als Beispiel

Ich glaube, dies ist eine gute Gelegenheit, etwas von mir selber zu berichten. Meine therapeutischen Erfahrungen haben mich zwar vor mehr als zehn Jahren dazu geführt, die Theorie der Ersatzgefühle zu entwickeln. (Dafür hat die Internationale Gesellschaft für Transaktionsanalyse mich mit dem Eric Berne Gedächtnis-Preis für wissenschaftliche Leistungen ausgezeichnet.) Trotzdem war mir lange Zeit verborgen, daß ich selbst gewisse Ersatzgefühle benutzte.

Man hat mich oft wegen meines Mutes gelobt. Manchmal hat man mich dafür auch kritisiert: in bestimmten Situationen neige ich, so sagte man mir, zu schnellen Problemlösungen; oft sei es doch besser, zunächst noch ein Weilchen abzuwarten. Erst vor etwa vier oder fünf Jahren wurde mir mit Hilfe einiger Freunde allmählich klar: was wie Mut und Sicherheit wirkte, trat immer wieder als Ersatzgefühl an die Stelle von Sehnsucht, Trauer, Verlustgefühlen und entsprechenden Regungen. Ich selbst vermochte die Ängste hinter dem Mut und der Sicherheit nicht wahrzunehmen. Ich empfand sie zuinnerst und unbewußt, hatte sie aber als »nicht akzeptabel« und »nicht vorhanden« verdrängt. So versteckte ich sie vor mir selbst. Dafür mochte ich es, für meinen Mut gestreichelt zu werden. Oder ich tat mich mit aktivem Verhalten hervor. Auf diese Weise erhielt ich von anderen (und von mir selbst) Bestätigung für mein Typ 2-Verhalten. An diesem Beispiel können Sie sehen, wie unbemerkt und fast mechanisch das Ersetzen eines Gefühls durch ein anderes vor sich gehen kann.

Verlassen in der Türkei

Ich kann mir heute vorstellen – aufgrund dessen, was ich inzwischen über meine Kindheit weiß –, wie und wann sich dieser Ersatzmechanismus in mir entwickelt hat. Als ich vier Jahre alt war, mußte ich meine rumänische Heimat verlassen, das Land meiner ersten Kindheitsjahre und meiner Muttersprache. Meine Eltern siedelten mit mir in die Türkei über. Der Umzug bedeutete zugleich: Trennung zu erleiden von meiner gütigen Tante und meinem geliebten Großvater. Bis dahin waren eigentlich sie so etwas wie Eltern für mich gewesen. In der Türkei lebten wir ziemlich isoliert. Hinzu kam noch, daß ich zunächst keinerlei sprachlichen Kontakt mit der Umwelt bekam, denn dort sprach niemand rumänisch. Dies alles geschah in dem Alter, in dem man als Kind endlich sprachlich verstanden werden möchte. Daß ich mich nicht mit anderen verständigen konnte, muß ziemlich frustrierend auf mich gewirkt haben.
Wie ich heute weiß, litten meine Eltern damals aus verschiedenen Gründen unter eigenen uneingestandenen Ängsten. Darum mochten sie weder meine Trauer noch mein Heimweh nach Großvater und Tante noch meine Verständigungsschwierigkeiten wahrnehmen. Sie hatten an der gleichen Stelle Probleme und mußten mit ihren eigenen Schwierigkeiten fertig werden. Dabei waren sie bemüht, auch bei sich selbst Kummer und Unsicherheit zu verleugnen. Bei uns »gab es« einfach keine Sehnsucht nach früher, keine Trauer über die verlorengegangenen Beziehungen und Ge-

wohnheiten. Vorwärtsgehen ja, Zurückblicken nein – das wurde offensichtlich eine meiner wichtigsten »Überlebensstrategien«. Auf dieser Grundlage sind meine Ersatzgefühle von Mut und (falscher) Sicherheit entstanden. Verstärkt wurden sie dadurch, daß ich mich (gegenüber den Grundeinstellungen meiner Tante und meiner Mutter) zum Typ 2 entwickelt hatte. Dazu paßten meine Ersatzgefühle gut. Weiter erfuhr ich auch von meinem Vater Freundlichkeit, wenn ich mich »unabhängig« verhielt. Solchem »unabhängigen« Verhalten lag oft keine echte Unabhängigkeit zugrunde, vielmehr entsprach es meinem Typ und meinen Ersatzgefühlen. Denn mein Vater reagierte wegen eigener uneingestandener Ängste auf weibliche bzw. kindliche »Abhängigkeit« mit Ungeduld.

Ich kann mich nicht erinnern, je vor meinen Eltern eigene Unsicherheit oder Angst geäußert zu haben. Ich kann mich nicht entsinnen, irgendwann vor ihnen geweint zu haben. Und was noch bedeutsamer ist: ich kann mich nicht einmal erinnern, in dieser Zeit so etwas wie Unsicherheit *empfunden* zu haben. Doch nach dem, was wir aus der Kinderpsychologie wissen, hätte ich ohne Zweifel oft Gelegenheit gehabt, Ängste zu verspüren und in mir wahrzunehmen – wenn sich nicht stattdessen Ersatzgefühle wie »Mut« und »Sicherheit« gemeldet hätten. Auf diese Weise gewöhnte ich mich wahrscheinlich auch daran, Probleme rasch anzugehen und aktiv zu sein. Das hat mich vom Druck der uneingestandenen Gefühle entlastet und meinen Energien Auftrieb gegeben. Von meinen Eltern (und später von anderen) wurde ich reichlich gestreichelt für meinen Mut, meine Selbstbeherrschung, Unabhängigkeit, Initiative und auch die Fürsorge meiner Mutter gegenüber. Damit erhielten mein Typ, meine Abwehrposition sowie meine Ersatzgefühle stetige Verstärkung. Und das Leben in meiner jetzigen amerikanischen Umwelt wirkt sich in der gleichen Richtung aus.

Es geht doch gut – wozu soll's denn anders werden?

Zu der Zeit nun, als ich als Erwachsene all dies allmählich begriff, drängte sich mir natürlich die Frage auf: Was für Vorteile liegen eigentlich im Wahrnehmen der neuen Gefühlsmöglichkeiten? Mut und Einsatzbereitschaft haben mir im Leben viel geholfen. Dadurch habe ich beispielsweise verschiedene Sprachen erlernt. Weshalb sollte mir also nach derart langer Zeit an der Erlaubnis liegen, Trauer, Angst, Sehnsucht und Leid empfinden zu können, und das auch noch zu üben? Ich hatte nicht einmal gesundheitliche Gründe, etwas zu ändern. Körperliche Beschwerden, deretwegen mir an Entlastung hätte gelegen sein können, machten mir nicht zu schaffen. Bei Klienten ist das häufig der Hauptgrund dafür, über ihre Gefühle Klarheit gewinnen zu wollen. Auch hatte ich nicht erkannt, daß ich mir manche Freundschaften verdarb, eben weil ich nie zugeben wollte, daß mich etwas gefühlsmäßig schmerzte.

Noch etwas anderes hielt mich zurück. Anfangs hatte ich – genau wie meine Klienten – die falsche Vorstellung: Wenn ich meine bisher unerkannten Gefühle bejahe, dann muß ich meine Persönlichkeit total umkrempeln. Und das wollte ich natürlich nicht! Ich wollte nicht einsehen: Wenn ich den Mechanismus bei mir durchschaue, wie ich Ersatzgefühle an die Stelle echter Gefühle setze, dann heißt das nicht unbedingt: in Zukunft sollst du *ständig* mit den zugrundeliegenden Gefühlen herumsitzen; die anderen Gefühle, die stets gelobt wurden, darfst du *gar nicht mehr* empfinden. Das wäre ja nur eine neue Form von Ersatz oder Empfindungszwang! In meinem Fall bedeutet das: Ich muß keineswegs auf meine Möglichkeiten verzichten, auf Mut und Selbstbeherrschung. Auch nicht auf meine Fähigkeiten, Sprachen zu erlernen und Probleme anzupacken. Auch nicht auf meine Neigung, nach vorn zu gehen statt zurückzublicken.

Was hat mich nun dazu gebracht, mit meinen Gefühlen flexibler umzugehen?

In diesem Zusammenhang muß ich auf den tragischen Verlust meines Sohnes Brian zu sprechen kommen. Er war ein wunderbarer, vielversprechender und energischer junger Mann. Im Oktober 1977 verunglückte er tödlich beim Schwimmen. Nach seinem Tode überkamen mich mancherlei Empfindungen: Erschrecken, Trauer, Verlustgefühle, Sehnsucht und vieles sonst. Innerlich konnte ich einige dieser Gefühle zulassen, auch wenn ich mir zeitweise wie verrückt vorkam. Ich weiß auch, daß es mir in den Jahren damals besser gegangen wäre, wenn ich bereits mehr Übung darin gehabt hätte, mit meinen Gefühlen umzugehen und nicht »automatisch« an die Stelle von Trauer meine Ersatzgefühle zu setzen. Widerstreitende Gefühle wühlten mich so auf, daß ich mich stark »vorwärts« bewegte, in Richtung auf Selbstmordgedanken. Nur dank der Hilfe guter Freunde konnte ich über sie hinwegkommen.

Heute weiß ich, daß ich mit meiner Falschtitulierung bestimmter Gefühle dem zweiten oder dritten Grad »psychischer Verbrennung« nahe war.

Hoffentlich betrüge ich mich nicht wieder! Hoffentlich werde ich mich, wenn's darauf ankommt, auf die Predigten besinnen, die ich selber meinen Klienten und Lesern halte. Nämlich, sich in Erinnerung zu rufen, auch wenn man es immer wieder zu vergessen pflegt: mein Erwachsenen-Ich kann mein Verhalten je nach Situation (oder auch je nach dem eigenen Wertmaßstab) bestimmen, *ohne daß das bedeuten muß*, die Wahrnehmung der eigenen echten Gefühle zu verschließen. Wir brauchen nicht weiterhin auf die Gefühle oder den Gefühlsmangel fixiert zu bleiben, der einst in unserem Elternhaus erwünscht war. Das schützt uns doch nicht wirklich vor den Problemen des Lebens. Das haben wir inzwischen in unseren Köpfen kapiert – und dennoch haben es sich viele von uns seit ihrer Kindheit zur Gewohnheit gemacht, bestimmte Gefühle »automatisch« durch andere zu ersetzen.

Ruhestörung angebracht

Deshalb ist es nicht mein Ziel, Sie als Leser um jeden Preis über mögliche Ersatzgefühle bei Ihnen selbst zu beruhigen. Vielmehr erlaube ich mir, Ihnen zu sagen: Auch wenn Sie zufrieden sind mit der Art und Weise, wie Sie funktionieren, könnte es von Nutzen sein, wenn Sie sich überlegen: Gibt es bestimmte Gefühle, die ich »nie« empfunden habe? Die ich »nie« in mir wahrgenommen habe, oder die zu empfinden ich mich fürchte? Kommt es vor, daß Ihnen Freunde oder Bekannte, zu denen Sie normalerweise Vertrauen haben, zu verstehen geben: »Du, wie du mit deinen Gefühlen reagierst, wirkt nicht immer ganz echt«, oder »ist der Situation nicht ganz angemessen«? Statt sich gleich gekränkt zurückzuziehen, sollten Sie sich einmal besinnen. Vielleicht ist an diesen Hinweisen etwas dran. Sind Ihre Empfindungen öfter »anders« als die anderer Leute, mit denen Sie dieselbe Erfahrung teilen? Oft hilft es schon, wenn einer einfach beim Namen nennt, was Ihnen in der Bandbreite des Gefühlsspektrums fehlen mag. Das kann Sie der Erkenntnis näher bringen: Vielleicht halte ich den Reichtum der vollen Selbstwahrnehmung von mir fern und mindere damit meine kreativen Fähigkeiten. Eine derartige Fähigkeit ist es z.B., in Krisensituationen sein Erwachsenen-Ich wirklich effektiv einzusetzen. Schon solches Nachdenken kann Ihnen vertiefte Selbsterfahrung bringen. Es kann Sie zu einem besseren Kontakt mit Ihren wahren Gefühlen führen. Wahre Gefühle – dazu gehören auch die »negativen« wie Zorn,

Eifersucht, Furcht, Habgier oder Sorge. Wenn wir uns diese Gefühle ebenfalls bewußt machen, wenn wir ihre Wahrnehmung zulassen, so geht das wahrscheinlich nicht ohne Angst ab. Wir verhindern aber, daß sie sich in uns festsetzen und uns unbewußt durch Ersatzgefühle beherrschen. Gegenüber früher bestehen da zwei Unterschiede:

- Wir können die meisten Gefühle *beim richtigen Namen nennen.* Wir sind in der Lage, bei uns selbst alle Arten von Gefühlen wahrzunehmen, auch die »schlechten«. Also auch die Einstellungen und Empfindungen, die unsere Eltern nicht akzeptiert haben. Und wir können uns diese Einsichten jetzt erlauben, ohne unseren Eltern die Schuld für das Vergangene in die Schuhe zu schieben.
- Außerdem sind wir imstande zu *wählen*, wann, wo und wem wir Gefühle zeigen und wie wir uns verhalten wollen. Paradoxerweise hilft uns gerade dieses Bewußtsein dabei, in Krisenzeiten unser Erwachsenen-Ich einzusetzen.

Die Gefahr, daß wir uns selbst betrügen, besteht freilich weiterhin – wie in meinem Fall. Wir halten die eigenen Ersatzgefühle für »echt«. Scheinbar entsprechen sie unserem eigentlichen Wesen. Die zugrundeliegenden Gefühle kommen uns fremd oder unverständlich oder sogar verrückt vor. Denn wir betrachten sie unbewußt als gefährlich. Wie unsere Eltern meinen wir, solche Gefühle gehörten unter strenge Kontrolle, weil wir Gefühle mit Verhalten gleichsetzen. So fürchten wir z.B.: Wut ist unbezähmbar und artet zwangsläufig in Gewalttätigkeit aus. Oder wir bilden uns ein, unkontrollierte Gefühle machten uns verrückt. Oder wir befürchten, Trauer, Sehnsucht oder Angst, ließen wir sie zu, überwältigten uns derart, daß wir zu nichts anderem mehr fähig wären.

Doch ich habe es schon öfter gesagt: genau das Gegenteil stimmt. Gerade das *Akzeptieren* von Gefühlen – bis hin zu mörderischer Wut – bewahrt uns vor gefährlichem Verhalten und psychosomatischen Problemen.

Die unakzeptierten, verdrängten Gefühle dagegen brechen oft unversehens durch und explodieren mit schweren Folgen wie Mord oder Selbstmord. Oder sie schaden uns auf andere, weniger dramatische Weise. Wir leiden beispielsweise unter hohem Blutdruck oder sind Kandidat für einen Herzinfarkt.

Alkoholismus, übermäßiges Rauchen, Verfressenheit, Drogensucht – auch das ist oft die Kehrseite verdrängter Gefühle. Ebenso übermäßiges Verlangen nach Streichelkontakten, das zum Gefühlsausbeuten ausartet;

es fällt einem dann auch schwer, anderen komplementären Gefühlsausbeutern zu entgehen, während man eigentlich freier sein möchte. Weiter sind Schuldgefühle oder ewige Selbstkritik oft Ersatzgefühle für Wut, Eifersucht, Faulheit, Vergnügungslust oder Sexualität, deren Bewußtwerden wir uns nicht erlauben. Weithin sind wir richtig scharf darauf, für unsere Schuldgefühle getröstet oder kritisiert zu werden (von anderen, wie auch von uns selbst), statt die echten Gefühle wahrzunehmen.

Wie aufregend Erschöpfung sein kann

Ein häufiges Ersatzgefühl ist »Erschöpfung«. Bei vielen Menschen wirkt es sich wie eine Depression aus und wird vom ersten bis zum dritten Grad erlebt. Kinder bekommen oft zu hören: »Du bist wohl müde!« – in Wirklichkeit sind sie gerade besonders lebhaft oder verärgert, sexuell erregt oder neugierig. Setzen sie ihre Aufregung in aktives Verhalten um, so wird ihnen eingebläut: »Du brauchst Schlaf!« »Du bist übermüdet, geh mal schnell ins Bett! Dann fühlst du dich morgen wieder viel besser!« Oder man »beruhigt« Kinder mit Streicheln, Medikamenten oder Süßigkeiten, sobald sie die Erwachsenen mit ihrer Unternehmungslust stören. Sind solche Kinder dann groß, so werden sie weiter ihre Energie, die sich in Gefühlen wie Aufregung, Neugier, Unternehmungslust, Sexualität oder auch Verunsicherung ausdrücken könnte, dazu benützen, sich »müde« zu machen. Sie werden versichern, sie »brauchten Schlaf«, vielleicht sogar »Beruhigung« durch Alkohol oder Essen vor dem Einschlafen. Und dann wälzen sie sich schlaflos im Bett hin und her. Die unterdrückten Gefühle ihrerseits verursachen Frustration. Die wiederum versuchen sie wettzumachen, indem sie sich später um Zuwendung für ihre »Erschöpfung« bemühen. Sie erzählen, wie schlecht sie geschlafen haben, wie ausgeleert sie sich fühlen (man soll sie füllen), was für ein Krach sie aufgeweckt hat, unter welcher Niedergeschlagenheit sie leiden müssen usw. Dadurch bekommen sie Streichelkontakte, die möglichst denjenigen ähneln sollen, die sie in ihrer Kindheit für das Verdrängen ihrer Lebhaftigkeit erhalten hatten. Unglücklicherweise hält dieser Ablauf nur die angelernte Neigung in Gang, in der nächsten aufregenden Situation sogleich wieder »erschöpft« zu reagieren. Menschen mit einem starken Ersatzgefühl des Erschöpftseins werden es aber nicht glauben wollen, wenn man ihnen sagt, sie wirkten überhaupt nicht müde. Sie werden nur noch stärker auf ihrem Ersatzgefühl beharren. Sie werden sich selbst und anderen beweisen wollen, daß sie wirklich unendlich erschöpft sind und dafür Zuwendung brauchen. Meist erreichen sie mit ihren »erschöpfenden« Bemühungen auch ihr Ziel: sie ermüden andere und sich selbst. Aber dann ist auch ziemlich sicher, daß sie nachts weiterhin unter Schlaflosigkeit leiden, weil sie tagsüber ihre wahre Energie und Erlebnisfähigkeit mit der sogenannten »Müdigkeit« nicht befriedigend genutzt haben. Jetzt liegen sie voll ungenutzter Kräfte im Bett herum.

Eigentlich ist ihre Schlaflosigkeit gerade ein Beweis dafür, daß sie gar nicht so müde sind, wie sie es immer wieder behaupten. Weil sie aber die Funktion ihrer Müdigkeit nicht einsehen und die darunterliegenden Gefühle nicht zu benennen wissen, wagen sie es nicht, in den Momenten der Schlaflosigkeit ihre Erregungen auszukosten. Vielmehr geben sie sich der Sorge um ihre jetzige und bevorstehende »Erschöpfung« hin. So entwickelt sich ein besonderer Bedarf an ausgleichenden Streichelkontakten. Sind sie verheiratet, wecken sie den schlafenden Partner – aber nicht, um Spaß mit ihm oder ihr zu haben – und sind um so enttäuschter, wenn der Partner sie, weil er wirklich Schlaf braucht, nicht genügend (und »genügend« genügt nie!) für ihre Schlaflosigkeit tröstet.

Ersatz für Sex

Über das Thema »Ersatzgefühle im sexuellen Leben« ließe sich ein ganzes Buch schreiben. Hier will ich mich mit einigen Andeutungen begnügen. Sie sollen zeigen, wie das Konzept der Ersatzgefühle neue Perspektiven zum Verständnis sexueller Probleme eröffnet, und wie Sie einiges auf sich selbst beziehen können.

Die Ersatzgefühle entstehen bereits vor dem vierten Lebensjahr. Wie lassen sich da, könnte man fragen, die sexuellen Gefühle Erwachsener durch den Mechanismus ersetzen, den ich in diesem Buch beschrieben habe?

Die psychoanalytische Theorie und Praxis betrachtet die Phasen der kindlichen Sexualität als Stufen zur Entwicklung der »genitalen« Sexualität des Erwachsenen. Doch auch deren Anfänge verlegt man in die Zeit *nach* dem vierten Lebensjahr, nach der sogenannten »ödipalen« Phase. Freuds Entdeckung des Unbewußten entstammt zum Teil seiner Beschäftigung mit den psychosomatischen Symptomen der Hysterie. Freud hatte Frauen vor Augen, deren sexuelle Wünsche aus ihrem Bewußtsein verdrängt waren. Zu jener Zeit galt es ja als erniedrigend und abstoßend, wenn Frauen ein

Verlangen nach sexuellem Verkehr zeigten oder empfanden. Das war vor allem für Frauen von adliger oder bürgerlicher Herkunft so. Heutzutage gibt es kaum mehr Fälle von klassischer Hysterie, wie sie zu Freuds Zeiten existierte. Mädchen und Frauen werden von der Gesellschaft nicht mehr wegen sexuellen Interesses und Verhaltens getadelt. Man akzeptiert, daß Frauen den Orgasmus genießen. Man gesteht ihnen sogar zu, daß sie öfter als der Partner zum Orgasmus kommen. So ist auch der Vorwurf der »Nymphomanie« nicht mehr zeitgemäß.

Heute dagegen kommen viele Frauen wegen sogenannter Frigidität zur therapeutischen Behandlung. Sie erleben den Orgasmus gar nicht oder nur unbefriedigend. Manche Frauen kommen nur unter besonderen Umständen zum Erleben des Höhepunktes, z.B. ausschließlich durch Masturbation. Andere zwar mit ihrem Partner, aber nur wenn ganz bestimmte Voraussetzungen erfüllt sind.

In der therapeutischen Behandlung solcher Frauen habe ich mit der Theorie von den Ersatzgefühlen und von der Gefühlsausbeutung gute Erfahrungen gemacht. Zunächst unternehme ich natürlich die üblichen diagnostischen und therapeutischen Schritte: ich registriere aufmerksam körperliche Faktoren; schaue, wie die Beziehung der Partner aussieht; gebe acht, wieweit in den sexuellen Problemen andere Beziehungsstörungen zutage treten. Daneben sollte man aber in jedem Fall die Möglichkeit in Betracht ziehen, daß *»Frigidität« als Ersatzgefühl* auftritt, »automatisch«, wie Ersatzgefühle das tun. Als die Frauen Mädchen waren, war Vergnügen (oder Vergnügungslust) vielleicht insgeheim verboten. Dieses Verbot bezog sich nicht unbedingt nur auf den sexuellen Bereich. Es mochte allgemeiner auf Genießen, Loslassen usw. zielen. Die Mädchen haben das Verbot befolgt, und die Folge waren körperliche Verkrampfung, Sich-Zurückhalten, Sich-Verschließen, Kampfbereitschaft – und zwar genau in den Augenblicken, in denen die Möglichkeit bestanden hätte, sich in Lust zu »verlieren« oder Neugier für körperliche Besonderheiten zu zeigen.

Wenn Kinder zwei bis vier Jahre alt sind (und auch vorher), haben sie besonderes Interesse an ihrem Körper. Sie entwickeln auch eine besondere körperliche Sensitivität. Sie betasten sich gern überall und entdecken Vergnügen an den Genitalien. Dies kann zur Grundlage für ein gesundes Körperbewußtsein und später für gesunde Sexualität werden. Nichts ist daran »schmutzig«, aber auf viele Erwachsene wirkt es ungehörig und abstoßend. Solche Leute sehen darin nicht eine gute Anlage, sondern Gefahr für die künftige Entwicklung. Das wird dem Kind jedoch nicht mit Worten, sondern durch Verhalten zu verstehen gegeben. Auf diese Weise können vielerlei Ersatzgefühle zustande kommen wie Ekel, Angst vor Sexualität usw.

Frigide und impotent – wenn uns die Lust überkommt

Bei zahlreichen »frigiden« Frauen handelt es sich um körperliche Ersatzreaktionen. Muskeln und Gefäße ziehen sich zusammen – die in der Kindheit verschriebene »Selbstbeherrschung«, um die vergnüglichen Spiele mit dem eigenen Körper zu vermeiden, setzt ein. Diese »automatische« Kontraktion von Muskeln und Gefäßen führt im späteren Leben zu Migräne-Anfällen und zu Vagina-Schmerzen beim sexuellen Verkehr, oder gar schon beim Gedanken daran. Und so leiden in der Tat viele unglückliche Frauen an diesen sekundären körperlichen Symptomen, die indirekt und paradoxerweise *Ersatzgefühle* sind gerade *für das Verlangen nach körperlicher Lust*. Im späteren Leben haben diese Frauen wahrscheinlich alles mögliche an sexueller Aufklärung zur Kenntnis genommen. Sie behaupten aber, sie hätten »nie« an Masturbation gedacht. Oder sie sagen, sie hätten so etwas nur in der Backfischzeit erlebt. Sie können sich auch nicht daran erinnern, im Alter von zwei oder drei Jahren beim »Spielen« erwischt und, ehe sie überhaupt etwas von ihrem Körper und den Lustgefühlen, die er bereiten kann, begriffen hatten, in Ersatzbahnen gelenkt worden zu sein. Sie haben das Zusammenziehen der Muskeln und Gefäße als Gegenreaktion auf mögliches Lustempfinden zu einer Zeit entwickelt, in der sie noch nicht zwischen Bewußtsein, Ausdruck und Verhalten unterscheiden konnten. Daher vermochten sie auch später nicht recht die namenlosen sinnlichen Empfindungen zu begreifen. Diesen Frauen kann weitgehend geholfen werden: wenn ihnen *zunächst* die Zusammenhänge einsichtig und *dann* bestimmte Entspannungstechniken erlernt und geübt werden. Setzt man dagegen nur mit Entspannungstechniken an, so besteht kaum Aussicht auf Erfolg. Es handelt sich ja um uneingestandene Ersatzgefühle. Ohne Erklärungen machen Entspannungsübungen eher Angst. Angst, wie sie das Kind vor der tödlichen Gefahr empfand, sich dem Vergnügen hinzugeben. Solche Übungen allein können also genau das Gegenteil erreichen, nämlich Angst zu erzeugen. Sie führen dann zum Abbruch der Behandlung sowie zur Flucht in die Resignation; »es geht eben nicht«.

Manche Männer haben Probleme mit *vorzeitigem Samenerguß*. Für sie gilt ähnliches wie für die Frauen. Als Jungen haben sie es sich vielleicht angewöhnt, sexuelle Empfindungen und Erektionen nicht wahrzunehmen und sie durch andere Gefühle oder Reaktionen zu ersetzen, z.b. durch rasche Muskelaktivität beim Urinieren oder dann beim Sport. Im späteren Leben kommen sie dann »automatisch« zum vorzeitigen Samenerguß, um schnell »fertig zu werden«, bevor sie sexuelle Regungen wahrnehmen (dabei durfte man als Kind ja nicht »erwischt« werden). Sie lassen sich nicht auf die Ebene des Kind-Ichs ein. Das Kind-Ich muß ja beteiligt sein, wenn man Lust empfinden will. Eben diese Empfindungen, die man zusammen mit den »erwachsenen« sexuellen Gefühlen braucht, um Geschlechtsverkehr genießen zu können, lassen sie nicht in sich aufsteigen. Deshalb ist übrigens die von Masters und Johnson angewendete Sexualtherapie bei vorzeitigem Samenerguß so erfolgreich. Die Klienten werden dazu gebracht, sich der Erektion und ihrer Erregung *bewußt* zu werden, ehe sie zum Samenerguß kommen. Sie sollen nicht mehr beim (alten) Versuch beharren, den Samenerguß und dessen Vergnügen »unbewußt« geschehen zu lassen; damit wollten sie vermeiden, für ihr Lustempfinden von den Elternfiguren, den Gespenstern der Kindheit, bestraft zu werden.

Wovor Sie sich hüten sollten

Nun habe ich Sie, lieber Leser, mit diesem Kapitel hoffentlich nicht auf den Gedanken gebracht: Man muß ja unheimlich aufpassen! Man muß ja *immer* seine echten Gefühle erkennen! Das wäre schlimm und außerordentlich beängstigend. Wenn man sich hier und da ein Ersatzgefühl leistet, um nicht regelmäßig den unerwünschten Gefühlen der Kindheit ausgeliefert zu sein, so entspricht das – wie schon gesagt – dem ersten Grad des Ersetzens und ist nicht weiter schlimm. Zwar unterdrücken wir so bestimmte Gefühle, die an die Oberfläche drängen, und das wiederum verstärkt unser Verlangen nach Streichelkontakten. Und auf diese Weise kann es zum Gefühlsausbeuten ersten Grades kommen. Aber wenn wir das tun, so ist es an sich nicht unbedingt gefährlich, so wie auch eine geringfügige Verbrennung es nicht ist. Darum können wir mit einer harmlosen Tendenz zum Gefühlsausbeuten durchaus locker umgehen. Warum soll man sich nicht hin und wieder auf Streichelaustausch einlassen, auch wenn er ein bißchen gekünstelt oder übertrieben ist? Hauptsache, man findet dabei einen komplementären Partner. Viele Bekanntschaften und Beziehungen haben so begonnen, ob zu einer kurzen Unterhaltung oder zu einem Kontakt von Dauer. Solche Transaktionen kann man kaum von völlig normalen, einander ergänzenden Partnerbeziehungen unterscheiden, wie sie in Kapitel 5 beschrieben sind.

Es ist anstrengend, immer und überall echt zu sein. Es ist manchmal eben angenehmer, »müde« zu sein statt ärgerlich, und dann für diese Erschöpfung ein paar Streichelzuwendungen zu ernten. Oft macht es mehr Spaß, als »Rebell« aufzutreten, statt sich traurig oder verschreckt zu fühlen und zu zeigen. Für eine Person vom Typ 1 kann es richtig schön sein, mal von jemandem vom Typ 2 verwöhnt zu werden. So etwas wirkt vielleicht wie Öl, das die Beziehungen schmiert, oder wie eine Zutat, die dem Leben ein wenig Würze verleiht.

Verlasse ich mich jedoch zu sehr auf Ersatzgefühle, wenn andere Empfindungen an die Oberfläche drängen, dann besteht die Gefahr: Ich lasse mich nur auf Beziehungen ein, die mir – ganz wie im Elternhaus – hauptsächlich Zuwendung für meine Ersatzgefühle bringen. Ich pflege die falsche Überzeugung in mir: Ich werde ja nur für meine Ersatzgefühle oder für mein »typisches« Verhalten geliebt. So verbaue ich mir Gelegenheiten, das Gegenteil von dem zu erfahren, was sich mir in der Kindheit eingeprägt hat, nämlich Selbstbestätigung, Freundschaft und Vertrauen gewinnen zu können, wenn ich mich offen und ehrlich erkenne und zeige. Ersatzgefühle behindern unsere Entwicklung und die Entfaltung unserer menschlichen Möglichkeiten. Sie engen die Wahl unserer Partner – für den im Alltagsleben oder für dauerhaftere Beziehungen – erheblich ein.

Die Hauptgefahr liegt also nicht so sehr darin, *daß* wir gelegentlich Gefühle ersetzen, sondern vielmehr darin, *wie oft* wir das tun und *wie stark* unsere Ersatzgefühle sind. Es geht darum, in welchem Umfang Ersatzgefühle das bewußte Wahrnehmen anderer Gefühle einschränken oder ausschließen und den Drang zum Mechanismus des Gefühlsausbeutens fördern. Eine zusätzliche Gefahr besteht darin, daß Ersatzgefühle die Abwehrposition verstärken. Im alltäglichen Umgang mit anderen Menschen und in Reaktionen auf Krisenlagen bin ich dann allzu sehr auf meinen Typ angewiesen. Noch einmal: Es ist gut, seinen Typ zu akzeptieren und sich entsprechende Zuwendung gefallen zu lassen, wenn bei diesem Streichelaustausch Realitätsfaktoren keine wesentliche Rolle spielen. Entscheidend ist dabei, daß man nicht »automatisch« auf typ-gemäße Reaktionen verfällt, wenn die Umstände eigentlich ein anderes Verhalten erfordern.

11. Kampf, Flucht und der Sprung in die Gewalt

Mit dem Rücken zur Wand

Wenn Tiere in Gefahr sind, zeigen sie oft zwei Reaktionen: sie kämpfen oder flüchten. Bricht ein unvorhergesehenes Ereignis herein, spürt das Tier eine Bedrohung, so kommt es in seinem Körper zu vermehrter Adrenalinausschüttung. Das Tier empfängt dadurch einen besonderen Impuls zu Kampf oder Flucht. Der Tierpsychologe N. Tinbergen hat dieses Verhalten ausführlich beschrieben. Den übertriebenen Verhaltensumschlag zu Kampf oder Flucht, wie er angesichts einer Gefahr oder als Antwort auf einen Unfall eintritt, bezeichnet er als »Übersprungbewegung«. Kampf/Flucht-Reaktionen wurden zuerst bei Tieren bemerkt und von den Biologen erforscht. Doch sie treten auch beim Menschen auf. Nur äußert sich die »Übersprungbewegung« beim Menschen nicht unbedingt körperlich. Vielfach wirkt sie sich eher als plötzlicher Wechsel von einem Ich-Zustand zu einem anderen aus. Überfallen uns Schreck, Bedrohung oder Angst, so bewirkt das einen Adrenalinstoß in unserem Körper. Dieser mobilisiert Kräfte in uns, damit wir die Situation meistern. Der Idealfall wäre: Wir schalten unser Erwachsenen-Ich ein. Das aber geschieht selten. Stattdessen gehen wir allzu oft in unsere typische Abwehrposition zurück. Sie hat uns ja in der Kindheit am besten vor Angst und Bedrohung geschützt. In der Krise reagieren wir also zunächst entsprechend unserem Typ. Nur sind wir eher auf negative als auf positive Streichelkontakte eingestellt. So sieht die Kampf-Reaktion aus.
Danach kommt aber die Flucht-Reaktion. Wir »fliehen« aus unserem typgemäßen Ich-Zustand. Leider nicht zum Erwachsenen-Ich, sondern wir springen ins Gegenteil des früheren Ich-Zustands. *Untersichere Personen*

vom Typ 1 werden bei einem Schock beispielsweise in vermehrte Angst geraten. Ihre Tendenz wird sein, sich von anderen leiten zu lassen, wie ich das im Kapitel 3 gezeigt habe. Im Gegenschlag dazu können sie dann aber ganz plötzlich und impulsiv von einem meist kritischen oder ärgerlichen Eltern-Ich aus agieren. Nach einiger Zeit, wenn sie sich etwas beruhigt haben, werden sie wieder in den gewohnten Kind-Ich-Zustand zurückkehren. Umgekehrt werden *übersichere Personen vom Typ 2* bei Gefahr oder Erschrecken zunächst noch bestimmender auftreten. Nützt das nichts, besteht die Gefahr fort, so werden sie als Flucht-Reaktion ins verzweifelte Kind-Ich überspringen, was sich gewöhnlich in depressivem oder regressivem Verhalten äußert.

Extremisten in uns

Also: Kampf/Flucht-Reaktionen stellen zwei extreme Verhaltensweisen dar. In der Kampf-Reaktion verstärkt jemand anfangs seine existentielle Abwehrposition, springt dann aber mit der Flucht-Reaktion in den *gegenteiligen* Ich-Zustand. Dieser Wechsel geschieht innerhalb eines kurzen Zeitraumes, und ganz abrupt. Bei einem extremen Gefühlsausbeuter kann er den Umschlag in gefährliches Verhalten bedeuten.
Wird jemand nach einem solchen Umschwung wieder »normal«, d.h. kehrt er in seine gewohnte Position zurück, so sagt er vielleicht mit seinem Erwachsenen-Ich: »Ich weiß gar nicht, was ich hatte. Was war denn los, daß ich mich so aufgeführt habe? Nur, irgendwie *mußte* ich plötzlich so reagieren.« Der Betreffende vermittelt also den Eindruck, als sei ihm der frühere Zustand fremd und von äußeren Kräften verursacht: »Es kam so über mich . . .« »Mir war auf einmal so . . .« »Ich mußte . . .« Ein Stück weit stimmt das auch. Darum habe ich im ersten Kapitel, wo die Kampf/Flucht-Reaktion schon als eine Lösung des Streits auftauchte, vermutet: Inge und Fred finden später wieder in ihr gewohntes Beziehungsverhalten zurück, auch wenn Inge ihren Mann in einer Kampf/Flucht-Reaktion unvermittelt attackiert und er sich entsprechend zurückgezogen hätte.
Bei normalen Menschen oder auch Gefühlsausbeutern ersten und zweiten Grades ist die plötzliche Kampf/Flucht-Reaktion eines Partners nicht besonders schädlich. Nach der »gekreuzten« Transaktion, wie sie durch die Übersprungbewegung entsteht, kann später wieder der gewohnte Kontakt aufgenommen werden. Äußerst gefährlich wird es jedoch, wenn zu

viele verdrängte Gefühle dritten Grades im Spiele sind, die stets nur durch Ersatzgefühle verdeckt wurden.

Nach einer heftigen Kampf/Flucht-Reaktion wird auch ein extremer Gefühlsausbeuter wieder in den gewohnten Ich-Zustand zurückkehren. Doch *während* dieser kurzen Zeit kann er völlig unberechenbar handeln. Er mag sich in Mord oder Selbstmord steigern, und das durchaus nicht nur in Worten. Man muß mit dem Schlimmsten rechnen, auch wenn es beim ersten Mal nicht so gefährlich aussieht. Er behauptet dann: »Das war nicht ich selbst, es wird sich nicht wiederholen.« Beim nächsten Mal ergreift ihn die Panik voraussichtlich noch heftiger. Der Umschlag von einem Extrem zum anderen wird noch abrupter – ein Vorgang, der sich im Lauf der Zeit immer häufiger und immer verhängnisvoller wiederholt. Von da an ist das Leben solcher Menschen von Rührseligkeit und Gewalttätigkeit geprägt. Sie brechen »überraschend« zusammen und landen in der Nervenklinik. Oder sie haben sich in irrationalen Gewaltausbrüchen verstrickt.

An dieser Stelle noch ein Hinweis: Der Wechsel im Ich-Zustand bei einer Kampf/Flucht-Reaktion ist etwas ganz anderes als ein Entlastungsverhalten. Da wird ja ebenfalls zum gegenteiligen Ich-Zustand gegriffen. Das aber geht unter »normalen« Umständen vor sich und ähnelt den alltäglichen fließenden Veränderungen im Ich-Zustand. Es fehlt also das Abrupte, Unkalkulierbare, das den Umschwung (oder das »Ausflippen«) der Kampf/Flucht-Reaktion kennzeichnet. Dieses letztere Umschalten ist eben deshalb so schroff und aufwühlend, weil es jäh und unerwartet auftritt, und zwar sofort nach dem Versuch, die gewohnte Abwehrposition verstärkt einzusetzen. Es trifft die betreffende Person ganz unvorbereitet. Unterdrückte Gefühle oder Ängste kommen zum Ausbruch, die gewöhnlich durch Ersatzgefühle verdeckt sind.

Bei extremen Gefühlsausbeutern stellt sich eine Kampf/Flucht-Reaktion nicht erst ein, wenn ein Ereignis wie ein Autounfall eingetreten ist. Ein ganz kleiner Anlaß genügt: der Partypartner blickt müde, der Lebenspartner macht nicht mehr richtig mit. Eifersucht oder Angst, den zu verlieren, den man zum Gefühlsausbeuten braucht, lösen einen Angstimpuls aus. Übertriebene Kampf/Flucht-Reaktionen sind die Folge, so als sei man tödlich bedroht.

Der Ausbeuter hat nur einen Gedanken im Kopf: Ich bin »verlassen«. Ich werde »vergessen«. Ich bin in jedem Fall »allein«. Er empfindet einen Mangel, ein unerfülltes Verlangen nach Streichelkontakten. Darüber steigert er sich in Wut. Ihm steht nicht mehr alles so zur Verfügung, wie er es will. Er sieht nicht, daß nicht das Fehlen des Partners seine Zwangslage begründet, sondern daß er Streicheln für seine Ersatzgefühle »braucht«, um weiterhin echte Gefühle zu unterdrücken. Sein unerfülltes Verlangen ist vom Empfinden einer wachsenden Bedrohung begleitet (so wie heftiger Hunger Bauchgrimmen verursacht). Der erneute Adrenalinstoß drängt ihn zu einer Kampf/Flucht-Reaktion; paradoxerweise beginnt er nun gerade mit demjenigen Streit, von dem er gestreichelt sein wollte – um sich dafür zu rächen, daß er nicht genug bekam. Die Rache führt zu gewalttätigen Reaktionen: die unterdrückten Gefühle finden ihren Ausdruck in der *Tat*, und nicht im Bewußtsein oder in Worten. Zum Beispiel wird ein Gefühlsausbeuter von Sehnsucht oder Liebe statt von Wut reden wollen, wenn er in einer Kampf/Flucht-Reaktion einen Mord begangen hat!

Die sanften Mörder

In Texas ging vor einigen Jahren ein junger Mann in ein Geschäft, kaufte sich ein Gewehr, stieg auf einen Turm und begann auf Passanten zu schießen.
Bei den anschließenden polizeilichen Ermittlungen stellte sich heraus: dieser nette junge Mann hatte nicht nur elf Menschen erschossen, die zufällig vorbeigekommen und ihm völlig unbekannt waren. Zuvor hatte er auch seine Mutter und die eigene Frau getötet. Er hinterließ eine Mitteilung, in der er in rührender Hilflosigkeit sein starkes Verlangen nach Trost und Liebe zum Ausdruck brachte. Darin beklagte er sich, seine Mutter und seine Frau hätten ihn »vernachlässigt«, nachdem sie ihn früher »geliebt« hatten. Es stellte sich heraus, daß er tags zuvor die Hilfe eines Psychiaters in Anspruch nehmen wollte. Er war aber als einfacher, sich im Kreis drehender »depressiver Fall« (der er tatsächlich war) weggeschickt worden. Der Psychiater hatte nicht erkannt, daß er kurz davor stand, in das seinem Typ entgegengesetzte gewalttätige Verhalten zu verfallen. Aus einem übermäßigen Hunger nach Zuwendung hatte er seiner zugrundeliegenden und unerkannten Wut endlich nachgegeben. Als ihn die Polizei überwältigt hatte und vom Turm abführte, wirkte er wieder ganz sanft und liebenswürdig. Er war ins angepaßte Kind-Ich zurückgekehrt und erwartete sich vom Eltern-Ich der Polizei Zuwendung und Schutz, auch wenn dies auf negative Art geschehen sollte.

1980 wurde John Lennon erschossen. Der Mann, der ihn umbrachte, entspricht ebenfalls diesem Typ. Es heißt, er habe ausgesprochen mild und gar nicht gefährlich gewirkt. Überdies habe er Lennon über alle Maßen bewundert. Ehe der Mord geschah, hatte er stundenlang angestanden, um von ihm ein Autogramm (Streichelzuwendung) zu bekommen. Doch das war nicht »genug«, um seinen Hunger zu stillen, der ihn im Umschwung zum mörderischen Rächer werden ließ.

In den Zeitungen liest man oft von solch »unvermuteten« Gewalttaten, die normale, sanfte, anpassungsfähige Typ 1-Charaktere begangen haben. (»Wer hätte das gedacht? Er war doch immer so gutmütig und allen gegenüber gefällig«, meinte der Nachbar eines Mörders, der sich freiwillig der Polizei gestellt hatte.)

Man hört auch von Menschen, die alle für selbstbewußt, unabhängig, hilfsbereit und »stark« hielten (Typ 2), ehe sie plötzlich in kindhafte Psychosen verfallen sind oder Selbstmord begangen haben. (»Wer hätte das gedacht? Gestern machte er noch so einen stabilen und selbstsicheren Eindruck!«, sagten die ehemaligen Patienten eines Psychiaters nach dessen Selbstmord. Oder: »Aber er war doch so erfolgreich in seinem Beruf als Geschäftsführer! Warum hat er sich umgebracht?«)

In der letzten Zeit machte der Fall Jean Harris in der amerikanischen Presse Schlagzeilen. Sie hatte den skandalumwitterten Dr. Tarnower getötet und sich gleich danach der Polizei gestellt. Während des Prozesses beteuerte sie, wie sehr sie von ihm ausgebeutet worden war, und erregte damit allgemeines Mitleid. Offensichtlich war er ein Typ 2 und sie ein Typ 1, die im »Übersprung« die Tat beging.

Wo man mit Unberechenbarkeit rechnen muß

Oft sieht es demnach so aus, als passe eine Gewalttat gar nicht zu dem, der sie begangen hat. Ein so jäher Wechsel scheint außerhalb des Charakters eines Menschen zu liegen. Schaut man jedoch tiefer, so kann man verstehen, was vorgegangen ist. Nehmen wir zuerst die *Menschen vom Typ 1*. Zum Zeitpunkt der Gewalttat schlägt ihr Verhalten von der gewohnten Abwehrposition in das genaue Gegenteil um. Diese Menschen lebten mit dem Gefühl, der Partner (oder die Umwelt) habe ihnen gegenüber »versagt«. Auf diesen Befriedigungsverlust reagieren sie mit »Kampf«. Dabei ist die zunehmende Frustration oft die Folge ihrer eigenen Unfähigkeit,

»verläßliche« Partner zum Gefühlsausbeuten zu finden und sich zu erhalten. Nach dem plötzlichen Sprung von einem Ich-Zustand in den anderen, nach einem »Ausflippen«, wird ein Gefühlsausbeuter wieder in seinen gewohnten Ich-Zustand zurückkehren – bis zum nächsten Mal. Alle sind über das »Ausflippen« erstaunt, am meisten vielleicht der Gefühlsausbeuter selbst! Doch vergessen wir nicht: das Kampf/Flucht-Verhalten ist eine biologisch verankerte und errechenbare Verhaltensmöglichkeit. Sie kommt als Reaktion auf Furcht, Verlust oder Angst zustande. Angst entsteht nicht nur, wenn der Gefühlsausbeuter in Sorge gerät, die Quelle seines Sich-wohl-Fühlens, der zuwendungsbereite Partner, versage sich oder fehle ihm. Es genügt schon die Vorstellung: »Alle anderen kriegen was ab, nur mir gönnt man nichts!« Deshalb kommen gewalttätige Reaktionen durchaus auch bei einem scheinbar »hilflosen« Gefühlsausbeuter vom Typ 1 vor.

Gewalttätigkeit scheint eher zum Erscheinungsbild eines *Menschen vom Typ 2* zu gehören. In Wahrheit sind die Leute vom Typ 2 oft weniger gefährlich als diejenigen vom Typ 1, die zum »Übersprung« neigen. Bei Personen vom Typ 2 nimmt man sich von vornherein in acht und versucht sich ihrer zu erwehren. Wenn solche Menschen sich natürlich zu Gefühlsausbeutern dritten Grades fixiert haben, können auch sie in gefährlichem Maße eskalieren. »Retter« verwandeln sich in gewalttätige »Verfolger«, wenden sich zunächst gegen den Partner oder andere Menschen und schließlich gegen sich selbst. Eine solche Tragödie werden wir in Kapitel 13 am Beispiel von Shakespeare's »Othello« verfolgen.

Nicht immer führt bei abruptem Umschwung der Weg zum Selbstmord über Mord. Oft begehen Menschen vom Typ 2 direkt Suizid. In einer extremen Situation hat sie grenzenlose Verzweiflung jäh überwältigt. »Alles« haben sie versucht, um die Situation (oder den Partner) zu beherrschen. Vergeblich. Als letzten Ausweg raffen sie den Rest ihrer Kompetenz zusammen, um den Selbstmord ordentlich zu vollbringen. So ist wenigstens auf diese Weise ihre »Macht« bewiesen, wenn nicht im Leben, dann zum Tod. Wenn's weniger dramatisch zugeht, entwickeln sich solche Leute zu Anwärtern auf schwere Depressionen. Oder sie verfallen zielbewußt destruktivem Alkoholismus, der auch die erfolgreichste Karriere zugrunde richtet und damit sie selbst.

12. Wenn Beziehungen gefährlich werden

Heiß gekocht und kochend gegessen

»Aus Eifersucht den Freund im fahrenden Auto niedergestochen« – so oder ähnlich steht es fast täglich in den Zeitungen. Liebesbeziehungen voll Leidenschaft, mit Ungestüm begonnen, enden oft in einem »Verbrechen aus Leidenschaft«. Das ist bekannt, und die Polizeiberichte aller Länder sind voll davon. Statistiken beweisen: Gewalt- und Mordtaten richten sich viel häufiger gegen Bekannte, vor allem ehemalige Geliebte, als gegen Fremde. Wie kommt das? Die Antwort auf diese Frage wird Ihnen, lieber Leser, nach den vorangegangenen Kapiteln nicht schwer fallen. Extreme Gefühlsausbeuter finden oft als Paare zusammen. Ihre gegenseitigen Transaktionen ziehen sie an, besonders wenn sich ihre Bedürfnisse ergänzen, wie bei Typ 1 und Typ 2. Extreme Gefühlsausbeuter des gleichen Typs gehen seltener aufeinander zu, aber auch das geschieht gelegentlich. In diesem Kapitel soll es nun in der Hauptsache um extreme Gefühlsausbeuter und ihre Beziehungen gehen. In der Hauptsache heißt: Bei uns geht es meist weniger dramatisch zu – die Dynamik allerdings, die sich in den Beziehungen extremer Gefühlsausbeuter abspielt, können wir zeitweise auch bei uns erkennen.

Bisher war in diesem Buch meist vom Gefühlsausbeuten die Rede, bei dem man sich nicht unbedingt lebensgefährlich verbrannt hat. Es tut zwar weh, mit »kleinen« Verbrennungen zu leben. Auch ist es nicht immer ganz leicht, die Mißverständnisse mit dem Partner zu beseitigen. Aber oft kommt die Beziehung nach einiger Zeit dann doch wieder ins Lot. Eine offene Aussprache, bei der das Erwachsenen-Ich beteiligt ist, entspannt die Situation. Und wenn dann auch noch das spontane Kind-Ich mitwirkt, kann ein gutes Gefühl von Verständnis und Intimität entstehen – ein Gefühl, das Gefühlsausbeutern dritten Grades leider nie zugänglich ist. Eigentlich, so könnte man sagen, müssen extreme Gefühlsausbeuter, die einander gefunden haben, doch glücklich und zufrieden miteinander sein. Sie verbringen soviel Zeit damit, sich gegenseitig zu streicheln – da müssen sie sich doch jede Menge Befriedigung verschaffen. Am Anfang, wenn sie sich kennen gelernt haben, ist das auch so. Beide Partner sind voneinander begeistert.

»Endlich habe ich den gefunden, den ich brauche (zu dem ich aufblicken kann)«, sagt Typ 1.

»Endlich habe ich den gefunden, der mich braucht (der mich schätzt)«, sagt Typ 2.

Und eine gewisse Zeit sieht es auch ganz danach aus, als sei alles in bester Ordnung. Zwei Gefühlsausbeuter, die sich ständig ihre Ersatzgefühle und die entsprechenden Abwehrpositionen bestätigen, sind vielleicht fest davon überzeugt: Wir sind dabei, eine enge Beziehung aufzubauen; wir wollen miteinander glücklich sein, »bis daß der Tod uns scheidet«. Allzu oft kommt es jedoch vor, daß der Tod, der sie scheidet, das Werk des anderen Partners ist. Denn bei Ehen und Partnerschaften zwischen extremen Gefühlsausbeutern ist das Unheil von vornherein im Keim angelegt. Weshalb das so ist, wollen wir uns jetzt im einzelnen anschauen.

Ineinander verkrallt – bis es knallt

Es fängt damit an, daß jeder Partner vom anderen *extrem abhängig* ist. Jeder ist voll damit beschäftigt, seine eigene Einstellung und seine Ersatzgefühle verstärkt zu bekommen. Dabei ist er auf den anderen angewiesen: der wird hauptsächlich dafür gestreichelt, daß er die Zuwendung erwidert. Deshalb hat solcher Streichelaustausch meist etwas Künstliches, Unnatürliches an sich. Er wirkt wie Plastik. Er geschieht nicht spontan, ohne echtes Mitgefühl und Interesse am anderen. Das spüren beide – und es führt dazu, daß beide sich nach einer gewissen Zeit um so unbefriedigter und letztlich vom anderen ausgenützt fühlen – ganz so wie es Ihnen und mir in der engen Beziehung zu einem extremen Gefühlsausbeuter ergeht. Der Unterschied ist allerdings, daß Gefühlsausbeuter dritten Grades nicht die innere Kraft haben, in ruhiger Weise vom anderen loszukommen. Es fehlt ihnen ja an Selbstsicherheit und psychischer Flexibilität. Ihre Streichelrituale benützen sie, um sich gegenüber ihrer Angst vor Gefühlsausbrüchen zu »schützen«. So verwehren sie einander die Möglichkeit, autonomer zu werden. Ein Stück Autonomie aber wäre nötig, um in Krisensituationen ein erwachsenes Verhalten einzusetzen oder auch einmal Spontaneität und echtes Vertrauen zu zeigen. Allein die Vorstellung, den anderen loszulassen, versetzt den extremen Gefühlsausbeuter schon in Panik: er hat Angst, dann »gar nichts« mehr zu bekommen. Darum klammert sich jeder immer stärker an den anderen, um ihn ja nicht zu verlieren. Ist der Partner doch die wenn auch nicht völlig befriedigende, so wenigstens einzige absolut sichere Quelle der verzweifelt erstrebten Zuwendung. Beginnt sich bei einem das Gefühl von Unsicherheit breit zu machen, so wird er möglicherweise gekränkt, wütend oder eifersüchtig reagieren. Er wird sich mit neuerlichen Forderungen nach Streichelzuwendung an den Partner wenden. Freilich wird er dabei eher auf negative als positive Transaktionen zurückgreifen. Selbst das kann die beiden noch eine Weile zusammenhalten. Aber zunehmend bewirkt die Unzufriedenheit Kampf/Flucht-Reaktionen, die dann Aggressionen, Zusammenstöße und schließlich den gewaltsamen Abbruch der Transaktionen und Beziehungen zur Folge haben.

Das Leben tritt nicht auf der Stelle

Ein anderer Grund, warum Beziehungen extremer Gefühlsausbeuter immer wieder mit einer Katastrophe enden, ist der folgende. Die Partner mögen beide alle ihre Energie darauf verwenden, sich gegenseitig in Abhängigkeit zu halten – sie können sich nicht ewig schützen. Das Leben geht weiter: Kinder werden geboren, Angehörige sterben. Die berufliche Entwicklung, ein Umzug, neue Kontakte und Freunde, andere kulturelle Aktivitäten als bisher schaffen neue Lebensumstände. Solche Veränderungen treffen fast zwangsläufig den einen Partner schneller oder tiefer. Sie schränken die gegenseitige Verfügbarkeit ein. Früher oder später stimmt also das Gleichgewicht in der Gefühlsausbeutung zwischen beiden nicht mehr.
Damit Sie sich das vor Augen halten können, möchte ich ein Bild benutzen. Stellen Sie sich einmal zwei Bretter vor, die aufrecht aneinandergelehnt einen spitzen Winkel bilden. Keines der Bretter kann sich allein aufrechterhalten. Sie bleiben stehen, weil sie aneinandergelehnt sind und ein-

ander stützen. Bewegt man eines der Bretter hin und her, so fällt das andere (vielleicht auch beide) mit Sicherheit bald um – entweder in die Richtung, in der es angelehnt war, oder in die andere, aus der der Stoß kam. Ist die gefühlsmäßige Balance zwischen den beiden Beteiligten erst einmal unausgewogen, so verspürt einer der Partner unter Umständen den Drang, sich zusätzliche Streichelkontakte zu sichern.

Er sucht sich neue Beziehungen – Liebhaber, Freunde, Therapeuten usw. Gelegentlich verhilft das dem einen Partner sogar zur Gesundung. In jedem Fall aber hebt es das abgestimmte System der gegenseitigen Gefühlsausbeutung aus den Angeln. Für den anderen führt es zu einer unerträglichen Bedrohung, auch wenn er in geringerem Maße als sein Partner an der Gefühlsausbeutung beteiligt war. Möglicherweise beginnt er nun wild um sich zu schlagen, um seinen Ansprüchen auf den Partner Nachdruck zu verleihen. Bei solchem Um-sich-Schlagen geschieht es dann leicht, daß irgendeiner nur noch schneller von einem Extrem ins andere fällt, um die verstärkten Bedürfnisse nach Bestätigung befriedigt zu bekommen.

Das Tempo des einen ist nicht das Tempo des anderen

Selbst relativ gut eingespielte und einander ergänzende Gefühlsausbeutungspartner können aus dem Gleichgewicht geraten, denn es gelingt ihnen nicht immer, die Zeit in Übereinstimmung miteinander zu strukturieren. Damit ist folgendes gemeint: Der eine ändert zeitweilig seinen Ich-Zustand. Z.B. wechselt er zum Erwachsenen-Ich oder gar zum spontanen Kind-Ich. Der andere aber vollzieht das entsprechende Verhalten nicht genau zur gleichen Zeit oder im selben Maß. Außerdem können extreme Gefühlsausbeuter auch nicht so miteinander umgehen, daß sie die gegenseitigen Ich-Zustände mal umkehren. Durchschnittspaare sind da besser dran. Sie können, wie schon beschrieben, ihre gewohnte Einstellung durch ein Entlastungsverhalten unterbrechen oder dadurch, daß sie mal ins spontane Kind-Ich gehen. Sie sind also in der Lage, ihre Streichelkontakte aus wechselnden Positionen heraus auszutauschen. Bei extremen Gefühlsausbeutern sind die Abwehrpositionen dafür zu festgelegt. Sobald einer seinen Ich-Zustand wechselt, etwa im Entlastungsverhalten, wird sich der andere »betrogen« oder »im Stich gelassen« fühlen. Er wird in eine Kampf/Flucht-Reaktion verfallen und in ein gefährliches Verhalten geraten.

Bei Partnern, die sich vom Typ her ergänzen (was bei Gefühlsausbeutern meistens zutrifft) und wo es eigentlich »am besten« gehen müßte, ergibt sich noch ein anderes Problem. Und zwar geht es um die zeitliche Koordination, wenn beide sich miteinander in einer von außen bedrängenden Situation befinden. Personen vom Typ 1 schalten, wenn eine Bedrohung auftaucht, nämlich etwas schneller in ihrer Kampf/Flucht-Reaktion um und setzen rascher ihr Eltern-Ich ein, als die Partner vom Typ 2 zum Kind-Ich wechseln. Woher kommt diese Diskrepanz? Beide finden das Elternverhalten geeigneter als das Kindverhalten, um lebensbedrohenden Vorkommnissen (z.B. finanzielle Schwierigkeiten, Verlust der Arbeitsstelle, Krankheit der Kinder usw.) zu begegnen. Ein Mensch vom Typ 1 mobilisiert daher angesichts solcher Probleme relativ schnell sein Eltern-Ich (doch leider geschieht das häufiger in Konfrontation mit dem Partner als mit dem Problem. D.h. er schiebt erst einmal dem Partner die Schuld dafür zu). Eine Person vom Typ 2 andererseits verharrt unter solchen Umständen relativ länger in ihrem gewohnten Eltern-Ich. Nur wenn Typ 2 keine Hoffnung mehr hat, das Problem selbst zu lösen, wird er als Flucht-Reaktion in sein Kind-Ich zurückfallen.

Mit anderen Worten: Wenn zwei Partner in einer solchen Beziehung der gleiche Schlag trifft (z.B. finanzielle Schwierigkeiten), wird der Typ 1-Partner voraussichtlich eher als der andere in das extreme Gegenteil seiner gewohnten Grundeinstellung umschwenken. Statt wie üblich als angepaßtes Kind tritt er seinem Partner nun im kritischen Eltern-Ich entgegen. Damit kreuzt er dessen gewohnte Eltern-Kind-Transaktionen. Der Partner wiederum wird voraussichtlich so lange wie möglich sein Eltern-Ich beizubehalten suchen, um alle möglichen Lösungen herauszufinden. Ist er jedoch mit seinen magisch erscheinenden Kräften am Ende, kann ihn die Frustration durch die Realitäten und das kritische Eltern-Ich seines Partners derart verletzen, daß er plötzlich in ein verzweifeltes Kind-Ich verfällt. In der Zwischenzeit ist aber der Typ 1-Partner wahrscheinlich wieder in seine alte Kind-Ich-Stellung zurückgekehrt. Nur fühlt er sich noch jämmerlicher und schutzbedürftiger als zuvor. Jetzt möchte er sich wieder als angepaßtes Kind der Entschlußkraft seines Typ 2-Partners unterstellen, muß jedoch schockiert feststellen: diese »starke« Person (die sich noch immer nicht erholt hat) befindet sich ebenfalls in seinem unselbständigen und verzweifelten Kind-Ich und ist im selben Maße schutzbedürftig. Offenbar leidet er immer noch darunter, in seiner Allmacht »versagt« zu haben und vom Eltern-Ich seines Partners angegriffen worden zu sein.

Nur weil er in einem Moment »schwach« war, als er eigentlich nicht versagen durfte.

Du hast dich so verändert!

So kommt es, daß beide, die ursprünglich doch relativ gut zusammenpaßten, in einer kritischen Situation jeweils durch das Verhalten des anderen in zunehmende Verwirrung und Bestürzung geraten. Sie haben auch keine Kommunikationsmöglichkeiten entwickelt, die es ihnen erlauben würden, selbst unter erschwerten Verhältnissen eine gute Beziehung zu bewahren. Kein Wunder, daß sich am Ende beide darüber beklagen: Du bist so »anders« geworden im Verlauf der Krise. Ihre Freunde stellen ebenfalls erstaunt fest, wie sehr sich beide »verändert« haben. Aus dem, der zuvor so fügsam war, bricht lauter Empörung hervor. Und der ehemals autoritäre Typ 2-Partner steckt voller Verzweiflung. Solche Veränderungen sind gewiß keine Verbesserungen, auch wenn sie von Außenstehenden manchmal so eingeschätzt werden. Denn das Umschlagen gewohnter Einstellungen ins extreme Gegenteil zeichnet den Weg zu gewaltsamer Trennung voll Feindschaft und Haß – eine Eskalation, die nicht selten mit ihren blutigen Folgen bis zur Verhandlung vor Gericht führt.

Schließlich will ich noch darauf hinweisen, daß verhältnismäßig selten beide Partner von Anfang an vom anderen gleich abhängig sind. Ist einer mehr ein Gefühlsausbeuter »dritten Grades« und der andere »zweiten Grades«, mag der Unterschied nicht sofort erkennbar sein. Beide können sich nämlich durchaus über eine gewisse Zeit hinweg (Minuten, Tage, Monate oder Jahre) recht »glücklich« miteinander fühlen und einander streicheln. Doch irgendwann läßt sich der Unterschied in ihrem Interesse am Ausbeutungsmechanismus nicht mehr verdecken. Die Diskrepanz zwischen ihnen wird um so größer, je mehr der Partner, der weniger einbezogen ist, seine Zeit so einteilt, daß der andere ausgeschlossen wird. Er zieht sich beispielsweise stärker zurück oder beschäftigt sich mehr mit anderen Leuten als mit ihm. Dieser Partner wird sich »verlassen« fühlen und zunehmend in Panik geraten, den Partner zu »verlieren«. Er braucht deshalb noch mehr Zuwendung als bisher, die er nicht bekommt, und wird darum mehr und mehr zu Kampf-Reaktionen neigen.

Partygeplauder – Anne und Benno finden sich

Jetzt erholen wir uns ein wenig von so viel Theorie und wenden uns einem einfachen und, wie ich hoffe, amüsanten Beispiel zu, an dem wir die Dynamik einer Beziehung zwischen zwei Gefühlsausbeutern »dritten Grades« im Hier und Jetzt studieren können. Wir kehren zur Party, die wir im sechsten Kapitel verlassen haben, zurück. Wir treffen unsere Helden wieder, die »Nervensägen« Anne und Benno: sie sind immer noch da. Stellen Sie sich vor, Sie seien gerade dem Zugriff zuerst des einen und dann des anderen entkommen[1].
(Wenn Sie zum Typ 1 gehören, sind Sie schneller von Anne losgekommen. Außer es hätte Ihnen als Mann an einem Flirt mit ihr gelegen. Dafür wurden Sie aber länger von Benno mit Beschlag belegt. Sind Sie ein Typ 2, so hat Anne Sie länger in Anspruch genommen. Dafür wußten Sie, wie Sie sich Benno entziehen konnten, es sei denn, Bennos Ratschläge hätten Sie zufällig wirklich interessiert.)
Nun aber haben wir sowohl Anne wie auch Benno verlassen. Beide sind allein. Sie schauen sich nach anderen Möglichkeiten um. Endlich finden sie sich. Welch ein Glück. Jetzt können sie einander großartig ausbeuten. Anne ist untersicher und »hilflos«. Sie bittet Benno um Rat und bewundert ihn. Er ist übersicher und »hilfsbereit«, erteilt Ratschläge und läßt sich gern von Annes Bewunderung einwickeln.
Eine ganze Weile läuft das prima. Mal angenommen, Anne befürchtet nach einiger Zeit, Benno könne fortgehen. Er hat etwa zufällig auf die Uhr geblickt oder sich langsam auf eine andere Gesprächsgruppe zubewegt, die sich ihm als weiteres Betätigungsfeld für seine Ratschläge anbietet. (Für Gefühlsausbeuter ohne ständigen Partner ist das charakteristisch: sie nutzen jede gesellige Situation, um zusätzliche Streichelkontakte einzuheimsen – sozusagen auf Vorrat –, selbst wenn sie gerade mit einem zeitweiligen Partner im Austausch sind.) Bennos Anstalten rufen bei Anne sofort Ängste hervor. Endlich hatte sie einen Partner gefunden, der ihr Er-

---

1. Um meine Beispiele möglichst einfach zu gestalten, habe ich absichtlich bei den »Musterpaaren« Anne und Benno, Inge und Fred sowie Lore und Jan Frauen vom Typ 1 und Männer vom Typ 2 gewählt. Ich wollte den Leser nicht zusätzlich mit einer Umkehrung der »üblichen« Rollenverteilungen zwischen Frauen und Männern verwirren. Ich möchte Sie aber nochmals daran erinnern, daß es viele Frauen vom Typ 2 und Männer vom Typ 1 gibt (auch wenn dies oft von der sozialen oder familiären Rolle verdeckt wird) und hoffe, daß die verschiedenen anderen Beispiele das deutlich machen.

satzgefühl »Depression« bestätigte (»Er gab sich so verständnisvoll«), und nun sieht es so aus, als wolle er sie schon verlassen! In ihrer Umgebung scheint niemand anderes zur Verfügung zu stehen. Wie wird sie den restlichen Abend ohne weitere Streichelzuwendungen über die Runden bringen? Als sie zur Party kam, empfand sie sich als so »schutzbedürftig« und rechnete fest mit entgegenkommender Zuwendung. Nun befürchtet sie, sie werde nicht »genug« bekommen. Panik! Das Adrenalin beginnt zu strömen, und die Kampf/Flucht-Reaktion setzt ein. Sie bemüht sich, Benno stärker an sich zu binden. Sie denkt sich eine Reihe neuer Fragen aus. Sie bestürmt ihn mit erneuter Bewunderunge (Kampf). Aber sie hat den Eindruck: er ist abgelenkt. Und nun kommt es zur Flucht. Wie ein verwöhntes Kind, das nach seiner Mutter ruft (»Mutter, er verläßt mich, das ist so gemein!«), flüchtet sie zu ihrem Eltern-Ich. Ohne überhaupt zu wissen, was sie in diesem ihr ungewohnten Ich-Zustand sagt, greift sie abrupt Bennos Kind-Ich an – mit aller Selbstgerechtigkeit eines erregten Eltern-Ichs (frischer Kampf mit neuen Waffen). Vielleicht benutzt sie dazu die gleichen Worte oder den gleichen Tonfall, der sich ihr eingeprägt hat, als sie mit drei Jahren von einer befehlshaberischen Bezugsperson in die Typ 1-Grundeinstellung gedrängt wurde. Oder sie greift auf das Vorbild von Elternfiguren zurück, die ihr in der späteren Kindheit so begegnet sind.
»Dieser Vorschlag taugt nichts. Sie wissen nicht, wovon Sie reden!«, sagt sie kritisch. Rumms, eine gekreuzte Transaktion!

Bäumchen, wechsle dich

Eben wollte Benno – der sich nach wie vor in seinem Eltern-Ich befindet – ihr noch wohlwollend ein paar Hinweise geben und bei dieser Gelegenheit gern von ihr einige zusätzliche Streichelkontakte entgegennehmen, da kritisiert ihn diese bisher durchaus sympathisch und anschmiegsam wirkende Frau und läßt ihn fühlen, daß er überflüssig ist. »Läßt ihn fühlen« sage ich hier ganz bewußt. Denn Leute mit Ersatzgefühlen haben nicht das Empfinden, daß sie ihre Gefühle selbständig beherrschen. Vielmehr sind sie in ihren Beziehungen vollständig von der Anerkennung und dem Verhalten anderer abhängig. Deshalb geben sie anderen soviel Gelegenheit, ihnen ein »gutes« oder »schlechtes« Selbstgefühl zu vermitteln. Das ist auch bei Gefühlsausbeutern vom Typ 2, die sich stets »mächtig« oder »überlegen« zeigen wollen, so.

Daher hatte auch die »hilflose« Anne genug Einfluß und »Macht«, Benno ein »gutes« Selbstgefühl zu vermitteln. Doch nun erreicht sie mit ihren Angriffen, daß er sich »schlecht« fühlt. Und jetzt gerät er in Panik, und aus Panik heraus in eine Flucht-Reaktion. Im Nu ist er von seinem überheblichen Eltern-Ich heruntergeholt (das ist die Flucht). Ohne es zu wissen, findet er sich in sein Kind-Ich versetzt – und taucht zugleich in die Gefühle der Verzweiflung ein, die er als Kind von zwei oder drei Jahren gehabt haben mag, wenn nicht alles nach seinem Wunsch ging. Damals wird es ihm nämlich, wenn er sich verzweifelt darum bemühte, Kontrolle auszuüben, mit Sicherheit nicht immer gelungen sein, seine Umwelt zu beherrschen – und da mag er gefühlt haben, er schwebe in größter Lebensgefahr. Genauso empfindet er sich auch in diesem Moment: erfolglos und von Verzweiflung übermannt. Mit einem Schlag hat er die stützende Bewunderung eingebüßt, die er in überschwenglicher Stimmung genoß.
Was nun? Jetzt fühlen sich beide Partner schlecht. Aber sie sind ja extreme Gefühlsausbeuter, unfähig, ungute Gefühle hintanzustellen oder zu verarbeiten. Darum haben beide nur noch mehr Hunger nach Streichelkontakten. Verwirrt sucht ein jeder in seinem »Schatzkästlein« nach: sind da etwa noch Streichelzuwendungen aus der Vergangenheit aufgespart, an denen ich mich wieder aufrichten kann? Vielleicht bringen sie ein schwaches Lächeln zustande im Bemühen, weitere Gefahr abzuwenden. Sie fühlen sich im Moment betrogen, betrogener als bei ihrem Zusammentreffen und geben sich Mühe, ihre Enttäuschung wieder zu überwinden. In dieser Lage werden beide voraussichtlich so schnell wie möglich zu ihrer typischen Grundeinstellung zurückkehren, aus der sie für gewöhnlich Streichelkontakte aufstöbern. So versuchen sie Zorn und Verletztsein, die aus der Frustration der gerade vergangenen gekreuzten Transaktion stammen, schnell zu vergessen.
Währenddessen hat sich Bennos »Publikum« entfernt. Für beide besteht keine Aussicht auf sofortige Zuwendung von anderen Partnern. Anne ist inzwischen zu ihrer gewohnten Typ 1-Einstellung zurückgekehrt. Benno dagegen befindet sich noch immer in der gleichen Verfassung. Da wird sie sich wahrscheinlich entschuldigen, und zwar vom angepaßten Kind-Ich aus: »Ich weiß gar nicht, was in mich gefahren ist! Können Sie mir wohl verzeihen?«

Eine neue Runde vom alten Spiel

Steckte Benno nicht so voller Ersatzgefühle, dann wäre dies der gegebene Moment für ein kurzes humorvolles Intermezzo zwischen beider Kinder-Ich. Benno könnte natürlich auch sein Erwachsenen-Ich einsetzen und sich höflich von ihr verabschieden. Damit würde er sie zwar mit ihren Problemen allein lassen, ihr jedoch selbst immerhin entkommen. Doch nein – er schnappt gierig nach dem ausgeworfenen Köder. Der erneute Appell an sein Eltern-Ich baut auch dieses wieder auf. Vergessen sind die verletzten Kind-Ich-Gefühle, die ihn beinahe zur Bar getrieben hätten, um sich dort zu trösten. Gemütsruhe und Selbstbeherrschung – so scheint es – bestimmten wieder seine Haltung.
»Aber, ich kann deine Gefühle verstehen!«, sagt er liebenswürdig.
»Wirklich? Du bist einfach großartig. Und wie nett, daß du mich so spontan duzt. Warum, meinst du . . .«, sagt darauf Anne.
»Weil . . .« usw.
Beide fallen zurück in den Mechanismus der gegenseitigen Gefühlsausbeutung und verhelfen einander zu einem »guten« Selbstgefühl. Keiner wird sich die Fragwürdigkeit dieses ganzen Vorgangs eingestehen, auch nicht sich selbst gegenüber, und beide »vergessen« den Umschwung.
Benno ist zum jetzigen Zeitpunkt völlig von diesem Prozeß gefangen. Die Leute, mit denen er sich unterhalten wollte, sind schon gegangen. Doch da erscheint Conny auf der Bildfläche, den Anne als angenehmen Gesprächspartner in Erinnerung hat. Und schon kommt ihr der Gedanke, daß sie bei ihm noch besser aufgehoben sein könnte als bei Benno. Nun ist es Anne, die weg will – was Benno sofort an ihrer Körperhaltung merkt. Will sie ihn jetzt wirklich auf dem Trockenen sitzen lassen, nach allem, was er für sie getan hat? Als Gefühlsausbeuter vom Typ 2 und von seinem Eltern-Ich her wird er mit Hilfe seiner durch Panik ausgelösten Kampf-Reaktion versuchen, Anne unter seinen Einfluß zu bringen, koste es was es wolle.
War Benno bisher liebenswürdig und zuvorkommend, so wird er jetzt anmaßend und befehlshaberisch. Er will das angepaßte Kind-Ich in Anne unbedingt fügsam machen. Er versucht sie am Fortgehen zu hindern. Nunmehr hängt viel davon ab, wieweit er Anne einschüchtern und sie nötigen kann, die Gefühlsausbeutung fortzusetzen. Jetzt kommt es immer mehr zum Austausch von negativen statt positiven Streichelkontakten. Da reagiert Anne auf seine anmaßende Herrschsucht mit aufbegehren-

dem Trotz. (Anne: »Oha, ist das wirklich so, wie du sagst? So so . . .«
Benno: »Ja natürlich, und ich kann es auch beweisen!« Anne: »Kannst du
das wirklich . . . jetzt, sofort?« Benno: »Ja, das kann ich« usw. usw.)
Dieser Austausch von negativen Streichelkontakten könnte so bis zum
Ende der Party weitergehen. Doch Anne möchte ja nach wie vor den Kontakt mit Conny aufnehmen, ehe dieser sich mit anderen Leuten beschäftigt. Darum kommt es bei Anne wieder zu einem Alarmsignal und einem
Umschwung in ihrem Verhalten. Sie kehrt Benno gegenüber erneut ihr
kritisches Eltern-Ich heraus. Damit wird sie seine nächste Transaktion
vom Eltern-Ich zum Kind-Ich kreuzen. Sie sagt ihm: »So eine Grobheit
lasse ich mir nicht bieten!« und marschiert dann würdevoll ab.
Nach dieser Szene fühlt sich Benno sogar von seinem eigenen überheblichen Eltern-Ich im Stich gelassen. Jetzt ist er wieder in sein verletztes
Kind-Ich zurückgestoßen. Nach all den Anstrengungen, Anne festzuhalten, bleibt er leer zurück. Auch sein eigenes Kind-Ich ist nach wie vor
hungrig, denn Annes Bestätigungen galten allesamt nur seinem Eltern-Ich. (Das ist typisch für Personen vom Typ 2. Sie verharren gewöhnlich
im Eltern-Ich. Bei gleicher Ausbeutungstendenz verfestigen sie sich stärker als Personen vom Typ 1, deren Kind-Ich die Zuwendung empfängt –
freilich geht diese Zuwendung an das angepaßte, nicht an das spontane
Kind-Ich.)
Das Leben ist eben ungerecht. Alle Bemühungen Bennos, Anne von seinen Vorzügen zu überzeugen, waren umsonst. Ihm bleibt also gar nichts
anderes übrig, als seinen Kummer an der Bar zu ertränken.
Doch siehe da! Gerade leert er sein viertes Glas, da kehrt Anne zurück.
Conny hat sie offensichtlich verlassen. Jedenfalls braucht sie noch dringend Streichelkontakte, und Benno scheint im Moment dafür die beste
Anlaufstelle zu sein. Mit dem charmantesten Lächeln ihres angepaßten
Kind-Ichs kommt sie auf ihn zu. Welche Erleichterung! Gerade noch
rechtzeitig, bevor der Alkohol ihn in den Zustand eines lallendes Kindes
versetzt hätte. Also verzeiht ihr Benno noch einmal großmütig. (Und
wieder fangen sie mit gegenseitigem Streicheln und Ausbeuten an – und
verdrängen dabei ihre verborgenen Gefühle und Zweifel. Worum es sich
handelt – um Ängste, Minderwertigkeitsgefühle, Aufregung, Neid, Traurigkeit, Sehnsüchte, allgemeines Mißtrauen –, läßt sich einstweilen noch
nicht ergründen.)

Blick nach vorn im Zweifel

Doch nun weg mit den Sorgen! Er lädt sie zum Essen ein. Dabei stellen sie fest, wie »wunderbar« sie zueinander passen. Sie sind glücklich. Endlich, so scheint es, hat ein jeder einen verläßlichen Partner gefunden, der seine Ersatzgefühle bestätigen und ihn in seiner typischen Einstellung bestärken wird. »Liebe auf den ersten Blick« sei es gewesen, werden sie allen erzählen und sich auch selbst einreden. Vergessen sind die peinigenden Momente und Zweifel, die *beide* im Blick auf den anderen durchgemacht hatten. Alles ist jetzt perfekt. Sie machen sich gegenseitig so glücklich, daß sie es einfach nicht ertragen könnten, einmal voneinander getrennt zu sein. Sie heiraten. Was für ein Fest.
Wie wird es weitergehen? Die Vorhersage überlasse ich Ihnen, lieber Leser. Viele verschiedene Umstände werden im Lauf ihrer Ehe eine Rolle spielen. Alles ist möglich, vom dauerhaften Glück bis zur Scheidung voller Verbitterung, ja bis zur Gewalttat. Vieles wissen wir noch nicht über die beiden: Wie zwanghaft sind die jeweiligen Bedürfnisse nach Streichelaustausch und Gefühlsausbeutung? Wieviel Ersatzgefühle haben sie? Welchen Stellenwert haben ihre Ersatzgefühle? Wie gefährlich sind die unterdrückten Gefühle, wenn sie sich einmal explosiv entladen? Wir wissen auch nicht, wie weit der eine im Vergleich zum anderen in einen fortschreitenden Prozeß der Gefühlsausbeutung geraten ist. Bewegt er sich im »dritten Grad« und der andere vielleicht nur im zweiten? Wenn das so ist, wird der engagierte Partner stets Angst davor haben, der andere sei weniger an ihm interessiert und werde abspringen. Das wiederum führt bei ihm – oder dem Partner, wenn er ihm zur Last fällt – leicht zu Kampf/Flucht-Reaktionen.
Gehen wir in diesem Fall davon aus, Anne sei die engagierte (im dritten Grad) im Gegensatz zu Benno (im zweiten Grad). Paradoxerweise wird wahrscheinlich sie es sein, die Benno häufiger attackiert, wenn er z.B. einen Teil seiner Freizeit statt mit ihr lieber mit anderen Dingen oder Menschen verbringen möchte. Dann wird sie ihn voraussichtlich kritisch angreifen wie bei der Party, als sie plötzlich sagte, seine Ratschläge, um die sie ihn doch wiederholt und bewundernd gebeten hatte, taugten nichts. Wenn solche Umschwünge anfangs auch schnell vorübergehen und Anne danach wieder in die übliche Bewunderungshaltung ihm gegenüber zurückfällt, so werden sie sich im Laufe der Zeit immer häufiger wiederholen. Auch Bennos Reaktionen dürften sich zunehmend verschärfen. Er

wird Anne mehr und mehr von seinem kritischen Eltern-Ich aus ansprechen mit negativem statt positivem Streicheln (vielleicht sogar in der Form körperlicher Mißhandlung), um danach als verzweifeltes Kind zusammenzubrechen, sei es in Depression, sei es im Alkoholismus. So mag er etwa mit der Beschuldigung auf den Lippen: »Du treibst mich ins Wirtshaus« brutal gegen sie (oder die Kinder) vorgehen.

Es kann aber auch sein, daß der eine oder der andere (freilich zum falschen Zeitpunkt) einen zusätzlichen Partner findet in der Hoffnung, bei diesem Trost für die Enttäuschungen der Ehe zu finden. In Wahrheit sucht er sich aber bloß einen neuen Mitspieler für eine neue Runde Ausbeutungstransaktionen.

Damit sind die verschiedenen Möglichkeiten für Verwicklungen aufgezählt, die durch Maßlosigkeit der Beteiligten gekennzeichnet sind.

Der Mord am Diätbuch-Autor

Und nun noch ein Beispiel aus dem Leben. Im vergangenen Kapitel hatte ich Jean Harris und Dr. Tarnower bereits kurz erwähnt. Jean Harris wurde im Februar 1981 in den USA wegen Mordes an Dr. Tarnower verurteilt. Vierzehn Jahre lang war er ihr Liebhaber gewesen, hatte aber noch Beziehungen zu anderen Frauen unterhalten. Jean Harris hatte all diese Zeit hindurch nie etwas von Eifersucht zu erkennen gegeben. Während des Prozesses sagte sie aus: von den anderen Frauen habe sie stets gewußt, derlei Geschichten aber nie ernstgenommen und darüber nur ihre Späße gemacht. Zuletzt sei Dr. Tarnower häufiger mit einer Frau namens Lynn zusammen gewesen. Und dieses Mal sei sie wahnsinnig eifersüchtig geworden.

Jean Harris war Direktorin einer exklusiven Privatschule und sehr angesehen. Während der Gerichtsverhandlungen kam heraus, daß ihr Beruf ihr in den letzten Jahren zunehmend schwer gefallen war. Die Verantwortung als Leiterin der Schule war ihr zur Last geworden. Das gibt mir zu der Vermutung Anlaß: sie war eine ausgesprochene Typ 1-Person. Die Direktorinnenrolle konnte sie dank ihrer Intelligenz und Kultur gut ausfüllen, fand sich selbst aber für diesen Posten nicht geeignet. Jedenfalls galt sie als äußerst »respektable« Persönlichkeit. Nie hätte man ihr einen Mord zugetraut. Zu diesem Eindruck paßt ihre Aussage vor Gericht, sie sei mit der Pistole zu Dr. Tarnower gegangen in der Absicht, vor seinen Augen Selbstmord zu begehen.

Die Fortsetzung der Geschichte stelle ich mir so vor – als Außenstehender kann man ja nie ganz sicher sein: Im Erwachsenen-Ich hatte sie keineswegs die Absicht, ihn zu töten. Und in ihrem Kind-Ich hegte sie als Person vom Typ 1 die Hoffnung, mit der Pistole sein Mitleid zu erregen (oder auch seine Wut herauszufordern). Ihr Ziel dabei war jedenfalls: erneute Aufmerksamkeit und Streichelzuwendung. Aber die Erwartung ihres Kind-Ichs wurde nicht erfüllt. Aus allen Beschreibungen geht hervor, daß Dr. Tarnower ein »übersicherer« und rücksichtsloser Mann war. Der Erfolg seines Diät-Buches hatte ihn wohl nur noch mehr in seiner arroganten Einstellung bestärkt. In der Zwischenzeit war er auch nicht mehr wie früher auf die Bewunderung seiner Geliebten angewiesen – er bekam sie ja nun von vielen anderen Seiten. So kam es bei ihr zu einer Kampf/Flucht-Reaktion – und die Pistole ging los. Die Folge war sein Tod, und nun sitzt sie im Gefängnis. In den Augen des Gerichts war der Mord nämlich beabsichtigt: sie war mit der Pistole zu ihm gekommen. (Ein Gericht kann ja nicht zwischen Absichten im Kind-Ich und solchen im Erwachsenen-Ich unterscheiden.)

Die Katastrophe muß nicht sein

Anne und Benno auf der Party – an diesem Beispiel habe ich auf mehr spielerische Art den wiederkehrenden Zyklus dargestellt, wie er bei Partnerschaften zwischen extremen Gefühlsausbeutern immer wieder auftritt. So begegnen uns diese beiden Typen auch im Alltag. Es wirkt durchaus erheiternd, wie sie miteinander umgehen.
Und keiner käme auf den Gedanken, daß eine Gefahr im Verzug sein könnte. Aber aus manchen von ihnen entwickeln sich nach und nach Desperados: Menschen, die zu jeder Verzweiflungstat fähig sind, die sich mit Gewalt nehmen wollen, was sie nicht geschenkt bekommen. Und ist erst einmal die Grenze zur Gewalttätigkeit überschritten, sind Mord oder Selbstmord nicht fern. Trotzdem, derartige Katastrophen sind nicht zwangsläufig. Bevor es zum Äußersten kommt, suchen viele bei einem Therapeuten oder Eheberater Rat, und wenn der mit entsprechender Kenntnis die Intensität der Ersatzgefühle und des Gefühlsausbeutens wie auch deren Gefahren erkennt, lassen sich viele Tragödien vermeiden.

13. Gefühlsausbeuter klassisch und modern – Othello und Desdemona

Schlag nach bei Shakespeare

Komplementäre Transaktionen, mit Ersatzgefühlen belastet, dazu ein Partner, der die Gefühlsausbeutung maßlos überzieht – was daraus für Tragödien entstehen, führt uns Shakespeare in seinem »Othello« wahrhaft meisterlich vor.
Othello (Typ 2) und Desdemona (Typ 1) passen vorzüglich zusammen. Jedenfalls sieht es so aus. Ihre existentiellen Grundpositionen ergänzen einander nahezu perfekt. Er ist für sie eine Vaterfigur: er ist der Ältere, hochangesehen, besonnen und bestimmend. Und sie ist die mädchenhafte Braut, die kindlich bewundernd zu ihm aufblickt. Die Liebe keimt in beiden, als er ihr von seinem entbehrungsreichen Leben und seinen ungewöhnlichen Abenteuern erzählt: »Sie liebte mich, weil ich Gefahr bestand; ich liebte sie um ihres Mitleids willen.«
Othello klammert sich an seine Abwehrposition; so hofft er, alle Zweifel und Ängste, allen Zorn und alle Wut, selbst die Spuren von Neid und Eifersucht aus seinem Bewußtsein zu verbannen. Er wird völlig abhängig von Desdemonas vorbehaltloser Bewunderung und Unterwerfung. Mit anderen Worten: er wird abhängig von ihrer Abhängigkeit. Es scheint so, als könne er fortan nicht ohne sie leben – doch selbst das vermag er sich nicht einzugestehen. Seine Bitte an den Dogen, Desdemona solle ihn nach Zypern begleiten und nicht in Venedig zurückbleiben, begründet er so: es geschieht, um »ihrem Wunsch willfährig hold zu sein« und nicht um »den Gaum' zu reizen meiner Sinnenlust«. Denn »junge Gefühle« sind in ihm »erloschen«, wie er betont, stattdessen sei er an »eiserne Gewohnheit« und »des Krieges Stahl- und Felsenbett« gewöhnt. Sein Ansehen im Senat

beruht darauf, daß »diese edle Natur ... Leidenschaft nicht regt, daß feste Tugend kein Pfeil des Zufalls, kein Geschoß des Glücks streift und durchbohrt«. Jago, der Schurke, ist vor allem deshalb so erfolgreich in dem Bemühen, den Mohr zur Gewalttätigkeit zu reizen, weil Othello und Desdemona in einem Gefühlsausbeutungsmechanismus dritten Grades befangen sind. Er sagt von ihr: »Als sie vor eurem Blick zu beben schien, war sie in euch verliebt.«

Unter dünner Schale brodelt ein Vulkan

Othellos unbeugsames Verhalten im Typ 2 und seinen Ersatzgefühlen – eiserner Selbstbeherrschung, Festigkeit, unerschütterlicher Treue zu Venedig – mochten in der Vergangenheit seine Strategie zum Überleben gewesen sein. Doch sein starres Verhalten zehrte an seinen inneren Kräften und beraubte ihn jeder Flexibilität, die echten Gefühle, Bedürfnisse und Neigungen seines Kind-Ichs wahrzunehmen – insbesondere seine Verlustängste und seine Anfälligkeit für Eifersucht.
Nach außen erscheint er ruhig und besonnen; doch das ist eigentlich nur die Kehrseite seiner Unfähigkeit, mit Gefühlen zurechtzukommen – außer wenn er aktiv handeln kann, sei es bei Krieg, Heirat oder Mord. Er hat sich nie erlaubt, Emotionen, die in ihm steckten, wahrzunehmen. Jagos Einflüsterungen zur Eifersucht versteifen ihn darum zunächst auch in seiner Grundeinstellung. Er gibt zu erkennen, daß er sich solche in ihm schlummernden Gefühle nie einzugestehen wagte: »Glaubst du, ich würde ein Leben voll Eifersucht führen? Selbst den Wechseln des Mondes mit frischen Verdächtigungen folgen? Es ist nicht angetan, mich eifersüchtig zu machen, daß meine Frau schön ist.«
Doch endlich hat Jago Othello zu der Überzeugung gebracht, Desdemona gehöre nicht mehr einzig und allein ihm. Die Angst, sie zu verlieren, erzeugt bei Othello eine zeitweilige Flucht-Reaktion, einen plötzlichen Umschwung aus seinem selbstbewußten Eltern-Ich in ein verzweifeltes, verwirrtes Kind-Ich. Alle bisher verdeckten brodelnden Gefühle – Zorn, Eifersucht, Verzweiflung – drängen an die Oberfläche und führen zu zweimaligem Krampfanfall (»Mein Herr ist in Epilepsie gefallen, dies ist der zweite Anfall«, sagt Jago). Dem Stück läßt sich entnehmen, daß es Othello von Kindheit an nicht erlaubt war, sich irgendwelche negativen Gefühle bewußt zu machen – schon gar nicht gegen die hellhäutigen, de-

kadent »herumhurenden« Venezianer, die ihn umgeben, obwohl sie dem »unverschämten Feind« ähneln, an den er in die Sklaverei verkauft worden war. Jetzt aber treten sie ihm auch noch in der Verkörperung der schönen blonden Desdemona entgegen – die er zu besitzen glaubte. Eine Zeitlang kann er all die Enttäuschung und Kränkung seines Kind-Ichs kaum ertragen.
Von Jago dafür verspottet, daß er von seinem gebieterischen Eltern-Ich so in den Zustand eines strampelnden Kindes verfällt (»Indeß ihr ganz von eurem Gram vernichtet, ein Ausbruch, wenig ziemend solchem Mann«), kehrt Othello zu seiner Grundeinstellung als Typ 2 zurück; in seinem herrisch-kritischen Verhalten prägt sich sein Eltern-Ich nun noch stärker aus als bisher. Diese selbstgerechte Haltung läßt ihm bloß eine Wahl: er muß sich »höchst blutig erweisen« – er muß Desdemona töten. Das ist sein letzter Ausweg, um sich das Bewußtsein der absoluten Herrschaft zu bewahren.

Der ehrenwerte Mörder

Im letzten Dialog zwischen Othello und Desdemona vor deren Tod verharren beide in ihrem gewohnten Ausbeutungsmuster. Nur wird Othellos Haltung jetzt noch starrer. Er läßt Desdemona eher negative als positive Streichelkontakte zukommen. Sie schwankt, ihrem Typ 1 entsprechend, zwischen Rechtfertigung und Flehen um Gnade. Doch Othellos unterdrückter Zorn drängt zur Tat. Jetzt reicht die Zuwendung von Desdemonas angepaßtem Kind-Ich nicht mehr aus. Sie kann seine Ersatzgefühle von »grundanständiger Rechtschaffenheit«, die er als Kind stets bei Empfindungen von Schmerz und Ärger anzuwenden gelernt haben muß, nicht mehr befriedigen. Selbst beim Töten zwingt Othello sich zu äußerster Selbstbeherrschung. Er muß befürchten, sonst wieder in den gleichen Zustand des Kind-Ichs zu verfallen, der ihn zuvor namenlosen Gefühlen und Krämpfen ausgeliefert hat.
Desdemona bemerkt es: »Ach, warum nagst du so die Unterlippe? Dein ganzer Bau erbebt in blut'ger Wut.« Ihr Erwachsenen-Ich beobachtet richtig. Und auch früher schon hatte sie Anzeichen der Gefahr wahrgenommen. Trotzdem benutzt sie ihr Erwachsenen-Ich nicht, um nach ihrer Kammerzofe zu rufen. Vielmehr verstärkt sie ihr unterwürfiges Verhalten und befolgt sein »Schweig und sei still«. »Ich schweige«, erwidert sie und

stirbt als klassisches Opfer der Gefühlsausbeutung mit den Worten: »Empfiehl mich meinem güt'gen Herrn . . .«
Später, als dem Mörder sein Verlust zum Bewußtsein kommt und Trauer ihn übermannt, flüchtet er für kurze Zeit noch einmal aus der ihm vertrauten Grundeinstellung. Wie ein verzweifeltes Kind wirft er sich über ihr Bett. Doch da naht sein Gefolge – und schon kehrt er wieder in seine charakteristische Haltung als Typ 2 zurück. Mit großer Geste versichert er den versammelten Edelleuten: »Erschreckt euch nicht, obwohl ihr mich bewaffnet seht.« Ihre Anwesenheit läßt ihn ein letztes Mal seine Ersatzgefühle hervorkehren: Ehre, Treue, Entschlossenheit, Liebe – dahinter hat er seinen Schmerz, Kummer und Zorn verborgen gehalten. Sich selber nennt er »einen ehrenwerten Mörder . . . denn nicht in Haß tat ich es, sondern in aller Ehre«. Er erinnert die Umstehenden: »Ich tat Venedig manchen Dienst, man weiß es.« Er bittet darum, nicht als einer angesehen zu werden, der aus Wut, Neid oder Eifersucht gehandelt habe, sondern als jemand, »der nicht klug, doch zu sehr liebte« und der »nicht leicht argwöhnte«.
Auch als er sich ersticht, verleugnet er noch seine wahre Identität. Er brüstet sich mit seiner Loyalität gegenüber dem venezianischen Staat: er schildert, wie er einen »beschnittenen Hund« niederstreckte, einen Türken, der einen Venezianer geschlagen und damit den Staat beleidigt hatte. Geschlagen und beleidigt, wem war das in Wirklichkeit widerfahren? Othello selbst muß sich oft verletzt empfunden haben, wenn man ihn wegen seiner Hautfarbe verspottete, wenn man ihm »Dicklippe« nachschrie oder auf seine »rußige Brust« wies. Auch Eifersucht, Angst und Neid auf die geschmeidigen Venezianer waren ihm verboten – er konnte es ihnen ja nicht gleichtun, denn er war nur ein ungebildeter Mohr (»derb bin ich in meiner Sprache«). Vermutlich verbannte er die Gefühle, die ihn eigentlich erfüllten, aus seinem Bewußtsein mithilfe seines Ersatzgefühls leidenschaftsloser Ergebenheit und solider Loyalität. Dafür bekam er Streichelzuwendung, dank seiner Qualitäten – er war ja mutig, intelligent und energisch. Auch konnte er, ehe er Desdemona kennengelernt hatte, seine unterdrückten Zorngefühle auf die Venezianer zum Teil dadurch entlasten, daß er sie auf ihre Feinde projizierte (wie auf den »beschnittenen Hund«). Ähnelt also der Mohr Othello eigentlich nicht eher jenem Türken als den »herumhurenden« Venezianern, für die er seine Haut zu Markte getragen hatte, sie dabei aber beneidet und gehaßt haben muß?

Othellos und Desdemonas unter uns

Othello ist nicht bloß ein literarischer Fall. Es gibt viele Othellos in unserer nächsten Umgebung. Sie hängen mit Ausdauer an ihren aufgesetzten Gefühlen – Mut, Selbständigkeit, Anständigkeit, Liebenswürdigkeit, Gerechtigkeit, Selbstbeherrschung, Ausgeglichenheit usw. Diese Tugenden treten nämlich oft als Ersatz an die Stelle echter Gefühle wie Verletztsein, Wut, Angst, Trauer. Oder sie ersetzen spontane Impulse wie übersprudelnde Fröhlichkeit und sexuelle Lust, die einfach dadurch entstehen, daß man lebendig ist. So ein Tugendmantel, der Lebendigkeit und Echtheit keusch verbirgt, ist dann vielleicht mit Sprüchen gesäumt wie »Froh erfülle deine Pflicht«, »Lerne leiden ohne zu klagen« oder »Phantasie – das ist doch albern; wozu soll das gut sein?«

So ein Lokal-Othello findet seine Desdemona wahrscheinlich in der Nachbarschaft. Eine Weile ist er mit ihr »glücklich«. Doch es bedarf nicht unbedingt eines Intriganten wie Jago, um solch eine Beziehung zu gefährden. Die Geburt von Kindern, ihr Heranwachsen, Trennungen aufgrund beruflicher oder anderer Veränderungen können ebenso schädlich sein für das empfindliche Gleichgewicht einer Beziehung, die allzu sehr auf komplementäre Streichelkontakte für Ersatzgefühle gegründet ist. Außerdem ist nicht gesagt, daß beide Partner stets gleich stark in der Ausbeutungsbeziehung engagiert sind, da es individuelle Unterschiede gibt. Doch jemand, der wie Othello so viele unterdrückte Gefühle verleugnet, ist in jedem Fall besonders auf diesen Mechanismus angewiesen.

Wenn Desdemona »Emma« liest

In Shakespeare's Stück bleibt Desdemona bis ans Ende Othello und der gegenseitigen Gefühlsausbeutung völlig treu. Die Panik, aus der heraus Othello mordet, hat Jago ausgelöst, nicht Desdemonas Verhalten. Eine moderne Desdemona allerdings könnte die Panik des Partners durchaus mit ihrem eigenen Verhalten auslösen. Stellen wir uns einmal vor: wie sie sich einer Frauenselbsterfahrungsgruppe anschließt und bei anderen Gefühle und Vorstellungen bemerkt, die sie bislang vor sich selbst verborgen gehalten hatte, weggesteckt durch Ersatzgefühle wie totale Unterwerfung, Hilflosigkeit, Depression, Erschöpfung usw. Möglicherweise fängt sie jetzt an, ihre geheimen Wünsche nach Selbstverwirklichung zu entdekken, ihre sexuellen Bedürfnisse oder auch ihre Sehnsucht nach Abenteuern. Selbst Shakespeare's Desdemona läßt eine solche Versuchung nicht kalt. Im Gespräch mit ihrer Zofe Emilia keimt erste, schüchterne Neugierde, was andere Frauen wohl sexuell empfinden mögen. Emilia gibt unverblümt zu verstehen: »Sie (d.h. die Männer) sollen's wissen, wir haben Sinne auch, wir sehn und riechen, wir haben einen Gaum für süß und herbe, wie unsre Männer . . . und haben wir nicht Leidenschaft, nicht Hang zur Lust, und Schwachheit gleich den Männern?«

Desdemona ist ganz verwirrt von der Vorstellung, daß manche Frauen »mit mehr Männern zu Bett gehn« als nur mit ihrem Ehemann. Ganz und gar Gefangene ihrer Ersatzgefühle, besteht sie schnell darauf: »Ich will des Todes sein, tät' ich solch Unrecht auch um die ganze Welt.« Damit demonstriert sie die typische Verwirrung eines von Ersatzgefühlen beherrschten Menschen: sie verwechselt den Wunsch nach Wissen mit der vollbrachten Tat. Trotz allem, was sie eben gehört hat, versucht Desdemona ihre sexuelle Neugier zu verdrängen: »Ich glaube doch, es gibt kein solches Weib.«

Eine moderne Desdemona dagegen wäre vermutlich weniger zurückhaltend, sie würde mit solchen Möglichkeiten experimentieren, in ihrer Phantasie oder in der Realität. Auch würde sie bald die Unterstützung einer modernen Emilia finden. Dadurch verringert sich vielleicht auch ihr bisheriges Bedürfnis nach Ersatzgefühlen. Möglicherweise wird sie mit der Zeit so unabhängig, daß sie sogar bereit wäre, ihren Othello zu verlassen, wenn die Beziehung mit ihm nicht mehr bringt als bloß Streichelaustausch für Ersatzgefühle.

Psychiatrie oder Gefängnis – Othellos Wahl heute?

Ein moderner Othello, mit der Entwicklung seiner Partnerin konfrontiert, würde zunächst wohl ganz wie sein klassisches Vorbild reagieren, als der in Krämpfen lag. Er würde wahrscheinlich in sein Kind-Ich flüchten: verzweifelt zusammenbrechen, vielleicht sogar in psychotische Zustände geraten, Mordandrohungen ausstoßen. Verließe ihn seine Frau tatsächlich, könnte er im Selbstmord enden. Würde ihm zur rechten Zeit die richtige Hilfe zuteil, könnte sein Zusammenbruch dagegen der erste Schritt auf dem Weg zur Gesundung sein – wenn er in kundige therapeutische Hände gelänge. Mit deren Unterstützung könnte er anfangen, das Knäuel unklarer, unbewußter Gefühle in seinem Kind-Ich zu entwirren. Er könnte beginnen wahrzunehmen, was in seinem Inneren vorgeht. Er würde lernen, mit seinen Gefühlen zurechtzukommen, indem er sie zuerst in einer belastungsfreien Situation auszudrücken wagt. Nach einer Weile wäre er dann in der Lage, sein Verhalten mit Hilfe des Erwachsenen-Ichs zu steuern (und weniger mit seinem Eltern-Ich).

Menschen, die wie Othello aus den Fugen geraten sind, werden heute schnell in eine Klinik verfrachtet oder in psychiatrische Behandlung überwiesen. So will man sie vor der Kurzschlußhandlung Selbstmord bewahren. Was meistens fehlt, ist erfolgversprechende therapeutische Hilfe, die es ihnen ermöglicht, *danach* einsichtig zu handeln. Entweder pumpt man sie mit Medikamenten voll oder setzt sie unter Elektroschock. Vielleicht versucht man es auch mit gutgemeintem Zureden – mit demselben Effekt, den Jagos Anläufe bei Othello hatten. Alle diese Versuche stellen dieselbe Form von »Kontrolle« durch das Eltern-Ich wieder her, die dem Zusammenbruch vorangegangen ist. Die zurückgewonnene »Kontrolle« des Verhaltens ohne innere Einsicht kann am Ende zu einem »Verbrechen aus Leidenschaft« oder zu Selbstmord führen wie bei Othello, als er sich scheinbar von seinen Anfällen »erholt« hatte – und sich zur Bluttat entschloß.

Desdemona steht für die zahllosen mißhandelten Frauen, von denen wir immer wieder hören und lesen. Sie haben versucht, sich ein klein wenig zu emanzipieren. Doch hatten sie nicht die Mittel, ihr Ziel auch zu erreichen. Schuld daran sind entweder eigene Ersatzgefühle, die sie daran hindern, ihr Erwachsenen-Ich effektiv einzusetzen (wie bei Desdemona). Oder es fehlen die gesellschaftlichen Alternativen zu der ihnen aufgezwungenen Rolle. In diesem Augenblick, während Sie diese Sätze lesen, greift mancher »mutige« Othello von heute zum Telefonhörer und gesteht der Polizei, er habe seine Frau oder Freundin im Affekt getötet, weil sie »versagt« hätte. Hinter solchen Taten steht wohl, daß die Partnerin seinen Ersatzgefühlen nicht mehr ausreichend Aufmerksamkeit schenkte. Seine Männlichkeit, seine Potenz, sein Durchsetzungsvermögen, egal was, verlangte unablässig nach Streichelkontakten, um jene namenlosen Gefühle zuzudecken, die unter der Oberfläche glimmen. Schließlich brachen sie explosionsartig hervor und richteten sich ausgerechnet gegen den Menschen, dessen unablässige kindliche Bewunderung die Selbstbeherrschung aufrechterhalten zu haben schien.

Als gebe es nur zwei Möglichkeiten

Gefühlsausbeuter dritten Grades handeln so, als hätten sie nur eine von zwei unglückseligen Alternativen, wenn sie den Verlust des Partners befürchten: Kampf oder Flucht, in schnellem Wechsel. Wobei in beiden Fällen genau diejenigen Gefühle mit aller Gewalt in gefährliches Verhalten umzuschlagen drohen, die zuvor von den eigenen Ersatzgefühlen und mit Hilfe der Streichelzuwendung des anderen niedergehalten wurden. Othellos Beispiel zeigt uns, wie dramatisch das bei einem Typ 2 abläuft. Aber auch ein extremer Gefühlsausbeuter vom Typ 1, normalerweise eher passiv und abhängig, kann Kandidat für einen Selbstmordversuch sein – oder wie Desdemona ein williges Opfer (weil sie in ihrer gefühlsausbeutenden Grundeinstellung verharrte). Ein Mensch vom Typ 1 schlägt bei der Vorstellung, den Partner zu verlieren, ins Gegenteil der bisherigen angepaßten Kind-Ich-Haltung um (eine Alternative, die Desdemona nicht wahrnahm, weil sie sich den Verlust des Geliebten gar nicht vorstellen konnte). So jemand könnte, mit einem überheblichen, selbstgerechten Eltern-Ich ausgestattet, reagieren wie der Wurm, der sich aufbäumt: er wendet sich plötzlich aggressiv gegen den Partner oder wer sonst gerade da ist. Doch schon einige Minuten später würde diese Person wieder in ihre gewohnte Grundeinstellung zurückfallen und als angepaßtes Kind-Ich um Entschuldigung und Bestrafung bitten. Der Todesschütze aus Texas und Jean Harris sind Belege dafür, und – etwas weniger dramatisch – auch Anne auf der Party mit ihren schlagartigen Verhaltenswechseln. Der Gefühlsausbeuter dritten Grades verhält sich so, als bestünde für ihn nur eine von zwei tragischen Alternativen. Das Erwachsenen-Ich weiß: es gibt immer noch einen anderen Ausweg aus der Geschichte.

14. Die dritte Partei

»Die ganze Welt ist eine Bühne . . .«
(Shakespeare)

Der Dritte im Bunde

Kein Paar ist allein auf der Welt. So eng eine Partnerschaft auch sein mag, die beiden kommen immer auch noch mit anderen Menschen zusammen. Das gilt für »normale« Leute ebenso wie für Gefühlsausbeuter. Täglich entstehen, für kürzere oder längere Zeit, mehr oder weniger intensiv, Kontakte (und Streichelaustausch) zu Personen außerhalb der Zweierbeziehung: in Familie und Beruf, beim Einkaufen, auf dem Sportplatz oder am Urlaubsort. Kinder, Großeltern, Verwandte und Freunde, Vorgesetzte, Kollegen und Kunden, aber auch Fremde wie Pfarrer, Rechtsanwalt, Ärztin oder Putzfrau, mit wem immer wir geschäftlich, beruflich oder privat in Verbindung stehen – jeder kann zu gegebener Zeit für einen oder beide Partner zur »dritten Partei« werden.

Für eine gute Partnerschaft sind »dritte Parteien« keine Bedrohung. Im Gegenteil, sie stellen eine Bereicherung dar. Gemeinsame Freunde sind ein Vorteil für die Beziehung, kein Nachteil. »Dritte Partei« besagt also: auch wenn eine im Kern stabile Partnerschaft besteht, in der die beiden am meisten voneinander haben, gibt es noch Streichelkontakte zu Menschen außerhalb – für einen oder für beide. (Der Liebhaber, den ein Partner oder beide in manchen Ehen haben, ist natürlich ebenso eine wichtige »dritte Partei«.)

Übrigens: auch wenn zwei Personen ganz allein sind, kann in ihrem Gespräch eine »dritte Partei« eine Rolle spielen. Als Beispiel stellen wir uns zwei Arbeitskollegen vor. Während ihrer gemeinsamen Tätigkeit befinden sie sich im Erwachsenen-Ich. Da fällt dem einen plötzlich ein Witz ein und er erzählt ihn. Damit tritt für diesen Augenblick das spontane Kind-Ich in den Vordergrund. Der andere genießt die Geschichte ebenfalls mit seinem spontanen Kind-Ich. Sie lachen – und es kommt für einen Moment zu einer gewissen Intimität. Nach einer Weile mischt sich vielleicht ein Eltern-Ich ein und erinnert daran, daß die Arbeit drängt. Darauf kehren beide ins Erwachsenen-Ich zurück, um ihr Pensum fertigzubekommen, wenn bei einem das Kind-Ich auch noch etwas zögert. Aber der Wechsel hat zur Entspannung verholfen, und möglicherweise kommt das Eltern-Ich mittendrin auf die gute Idee: Wenn wir die Arbeit schnell hinter uns bringen, können wir uns wiederum einen Spaß leisten.

Wenn die beiden Partner einigermaßen selbständige Persönlichkeiten sind und flexibel in ihren Transaktionen, dann bringt es also Abwechslung und Nutzen, wenn man mal in einen anderen Ich-Zustand geht. Wie ist das jedoch bei einer belasteten Beziehung? Etwa zwischen zwei Gefühlsausbeutern, die unecht miteinander verkehren? Da kann ein solcher Wechsel, wie wir wissen, im anderen Partner eine Kampf/Flucht-Reaktion auslösen; er weckt möglicherweise das »berechtigte« Verlangen, sich nunmehr bei einer »dritten Partei« die Streichelzuwendung zu holen, die der bisherige Partner versagte. Worauf ich hier aufmerksam machen will, ist: die angestaute Wut muß sich nicht unbedingt gegen den bisherigen Partner richten. Sie entlädt sich oft gegenüber der »dritten Partei«, z.B. dem Kind, dem Liebhaber, dem Eheberater, die damit zum Opfer der krankhaften Beziehung werden.

Kommen wir noch einmal auf Inge und Fred aus dem ersten Kapitel zurück. Inge und Fred gerieten in Streit – beim Einparken in die Garage war das Fahrrad des Jungen im Weg. Mal angenommen, ihr Sohn Robbi erscheint gerade jetzt auf der Bildfläche. Inge setzt infolge eines Kampf/Flucht-Umschwungs mit ihrem ärgerlichen Eltern-Ich gerade dazu an, Fred wegen seines falschen Rates auszuschimpfen. Und Fred, noch immer in seinem gewohnten Eltern-Ich, aber ebenfalls verärgert, ist nahe dabei, ins gekränkte, schuldbewußte Kind-Ich zu verfallen. Doch auf einmal steht Robbi in der Tür! Nun ist jemand da, auf den sich die Wut der Eltern richten kann. Auf diese Weise brauchen sie ihre Beziehung nicht weiter zu belasten. Während sie beide Robbi ausschimpfen und *ihm* die negativen Streichelkontakte zukommen lassen, befreien sich Inge und Fred vorübergehend vom Druck ihrer aufgewühlten Gefühle. Beide befinden sich im ärgerlichen Eltern-Ich (denn als Typ 1 hatte Inge schneller ihren Ich-Zustand geändert als Fred, der als Typ 2 etwas länger in seinem typischen Ich-Zustand verharrte). Daher können sie kurzfristig die Allianz zweier Eltern-Ichs gegen Robbi als »dritte Partei« genießen und sich entlasten. Anschließend beruhigt sich Inge wieder. Ihrem »berechtigten« Ärger hat ihr Eltern-Ich Ausdruck verliehen, ohne daß sie ihrer eigenen Verantwortung inne zu werden brauchte. So kann sie leicht Fred gegenüber wieder in ihre Typ 1-Einstellung zurückkehren. Sie versucht sogar, ihn zu besänftigen: er möge mit Robbi nicht zu streng verfahren. Und Fred verspricht ihr großzügig, auf ihren Wunsch einzugehen, wenn nur der Junge seinen Fehler einsieht (d.h. wenn sich der Junge ihm unterwirft). Wir wissen nicht, wie Robbi reagiert. In jedem Fall war er im kritischen Moment ein »Retter«, der seine Eltern vor weiterem Streit bewahrte. Das ging aber auf seine Kosten, und damit wurde er gleich darauf ihr »Opfer«.

Retter, Verfolger, Opfer – Drama ohne Ende

Der Transaktionsanalytiker Steve Karpman hat den Einfall gehabt, krankhafte Beziehungen mit einem »Drama« zu vergleichen, in dem es drei mögliche Rollenzustände gibt: Verfolger, Opfer und Retter. Die Wirkung und Spannung des Dramas besteht darin, daß in seinem Verlauf die Hauptfiguren von einem Rollenzustand zum anderen wechseln. So wird z.B. der Verfolger zum Retter und das Opfer zum Verfolger in einer Sequenz, die er als »Drama-Dreieck« bezeichnet[1].
Auch zwei Personen allein können dieses Drama spielen, mit seiner Dynamik und seinen Wechseln. Inge beispielsweise, die beim Fahren ganz aufgeregt ist, beginnt als »Opfer«. Fred wird beim Einparken zum »Retter«, dann durch seinen schlechten Rat zum »Verfolger«. Darauf übernimmt Inge im Umschwung, mit ihrer Kritik an Fred, die Rolle des Verfolgers. Nunmehr könnte er im Rückzug auf das schuldbewußte traurige Kind-Ich zum Opfer und sie zum Retter werden, indem sie die Beziehung wieder herstellt.
Nimmt man Robbi hinzu, verteilen sich die Rollen anders. Zunächst ist er (in Abwesenheit, durch sein Fahrrad) Verfolger, wird mit seinem Erscheinen zum Retter und schließlich zum Opfer. Der ganze Zyklus des Dreieckumlaufs geht also hauptsächlich auf seine Kosten. Inge und Fred

---

1. Die Rollenzustände, wie sie hier als Retter, Verfolger und Opfer im Drama-Dreieck beschrieben werden, unterscheiden sich von den Ich-Zuständen und natürlich auch von den Rollen (sozial, beruflich und Kontraktrolle), auf die wir in Kap. 4 eingegangen sind.

dagegen brauchen bis auf ein paar unangenehme Augenblicke, die schnell wieder vergessen sind, die eigene Beziehung nicht weiter zu strapazieren. Ihr Ärger richtet sich mit aller Energie gegen Robbi. Als Abwechslung von ihrem sonstigen Transaktionsmuster können sie sogar für eine Weile die Übereinstimmung ihrer beiden Eltern-Ichs genießen: da sind sie sich einig und ihrem Sohn gegenüber überlegen.

Auf die gleiche Art läßt sich die Dynamik zwischen Anne und Benno verstehen. Wir hatten ihre Beziehung in den Kap. 6 und 12 dargestellt. Anne beginnt als Opfer – das ist typisch für Typ 1 – und Benno als Retter – das ist typisch für Typ 2. Dann wird Benno, von Annes gefühlsausbeutendem Standpunkt her gesehen, zum Verfolger, weil er sich anderen zuwendet. Daraufhin wechselt sie mit ihrer Kritik an ihm in die Rolle des Verfolgers, wodurch er wieder zum Opfer wird. Indem sie sich entschuldigt, gerät Anne in die Position des Retters, und auch Benno wird zum Retter, weil er die Entschuldigung annimmt.

In diesem Moment der Entspannung, in dem beide einander Retter sind, entsteht eine Pseudo-Intimität, die solche Menschen häufig für kurze Zeit in besonderem Maße verbindet. Ähnliches geschieht, wenn sich zwei Personen für eine Weile als Verfolger eines Dritten oder als Opfer vereinigt sehen. Es ist keine echte Intimität, die ja Spontaneität voraussetzt; aber für Leute, die hauptsächlich mit Ersatzgefühlen umgehen, ist dies das Höchstmaß an Intimität, das sie empfinden können.

Freilich, die Partnerschaft von Anne und Benno als beiderseitigen Rettern hat keinen langen Bestand. Conny kommt hinzu (in Annes Augen möglicherweise ein »besserer« Retter). Mit ihrem Angriff und Aufbruch wechselt sie Benno gegenüber in die Position des Verfolgers, und er wird zum Opfer. Conny selbst hat sich indessen nicht in dieses Dreieck eingelassen. Dadurch, daß er der Opferrolle entronnen ist, in die Anne ihn nötigen wollte, sieht sie ihn als Verfolger und sich als Opfer, worauf sie wieder Benno als Retter wählt. Bei ihrer Rückkehr wird sie Benno gegenüber zum Retter, und für eine gewisse Zeit sind sie beide in dieser Retter-Position vereinigt. Jetzt reden sich Anne und Benno vielleicht ein, sie könnten in eins verschmelzen, und alles zwischen ihnen sei in bester Ordnung. Unversehens fallen sie dabei in ihr gegenseitiges typgemäßes Gefühlsausbeuten zurück – bis zur nächsten Runde im Drama-Dreieck.

Der blinde Fleck der alten Griechen

Theaterstücke zeigen ähnliche Abläufe, sie sind nur besser geschrieben. In der »Antigone« des Sophokles ist zu Beginn der tote Bruder das Opfer und König Kreon der Verfolger. Antigone will als Retter handeln: die Leiche des Bruders soll ordentlich bestattet werden. Dadurch wird sie zum Verfolger des Königs, der nicht Opfer bleiben, d.h. durch Auflehnung gegen seine Weisungen beschämt sein will. Stattdessen versucht er, Antigones Retter zu werden. Er gibt ihr Ratschläge und will sie mit seinem Sohn verheiraten. Das aber gelingt ihm nicht, und so wird er zum Verfolger Antigones und sie zum Opfer, dazu verurteilt, lebendig eingemauert zu werden. Am Ende jedoch übernimmt Kreons Sohn gleichfalls die Rolle des Opfers: er geht mit Antigone zusammen in den Tod. Damit wird auch der König zum Opfer, weil er seinen Sohn verliert. Am Schluß sind also alle zu Opfern geworden.
Dies ist das Grundmuster der meisten griechischen Tragödien: die Götter vereinen sich als »Eltern« und betätigen sich als (verborgene) Verfolger der Menschenkinder. Für die Menschen bleibt am Ende nur die Opferrolle, auch wenn sich die Götter dann und wann gnädig als Retter herablassen. In die Opferrolle lassen die Götter sich nicht hineinziehen. Eben deshalb bildet Jesus eine so hervorragende Ausnahme!
Im »König Ödipus« des Sophokles war Ödipus Verfolger seines Vaters. Er hat ihn auf dem Weg zur Stadt getötet. So wurde der Vater Opfer, nachdem er zuvor Verfolger gewesen war, der seinen Sohn als Opfer wollte. Das geschah vor Beginn der Handlung. Das Schauspiel selbst zeigt eingangs die Stadt als Opfer der Sphinx. Ödipus wird der Retter der Stadt, weil er das Rätsel lösen kann, und zum Verfolger der Sphinx, die sein Opfer wird und stirbt. Ödipus heiratet nun die Königin Jokaste, mit der er (wie Anne und Benno) in der gegenseitigen Retterrolle für eine gewisse Zeit »glücklich« vereint ist. (Jokaste war in früherer Zeit Opfer als Mutter, die ihren Sohn verloren hatte, und als Herrin der Stadt, die von der Sphinx bedroht wurde. Jetzt ist sie für Ödipus Retterin, denn sie macht ihn mit dieser Heirat zum König.) Doch eben dadurch werden beide, ohne es zu wissen, zu Verfolgern der Stadt. Ihr ahnungsloser Inzest schlägt auf die Stadt zurück, die, von den Göttern bestraft, wiederum zum Opfer wird. Als Jokaste die Wahrheit erfährt, erhängt sie sich und kehrt damit wieder in die Opferrolle zurück. Ihre Leiche wird für Ödipus zum Verfolger; sowie er sie erblickt, überkommt ihn die Einsicht. Er blendet

sich (um nicht mehr sehen zu müssen) – so wird auch er ein Opfer, aber als Typ 2 mit Bewußtsein, wie Antigone, und in der Verzweiflung ähnlich wie Othello.

Für die griechischen Tragödien ist kennzeichnend: der tragische Konflikt kommt stets dadurch zustande, daß Heldin oder Held, wie bewundernswert sie auch sein mögen, einen »blinden Fleck« haben. Etwas in ihnen oder über ihnen sehen sie nicht oder begreifen sie nicht. Andere (z.B. der blinde Seher Tiresias im »Ödipus« oder der Chor in der »Antigone«) »sehen« es und versuchen sogar wiederholt den Held oder die Heldin zur nötigen »Einsicht« zu bewegen (ähnlich wie erfolglose Therapeuten, denen ihre Klienten keinen Glauben schenken, wenn sie bestimmte präsentierte Gefühle als Ersatzgefühle bezeichnen).

In der Tat, der Mechanismus, echte Gefühle unter Ersatzgefühlen zu verbergen, ursprüngliche Impulse bei sich nicht »einzusehen« – das entspricht genau jenem »blinden Fleck« in den griechischen Tragödien. Antigone konnte ihren Ehrgeiz nicht erkennen. Sie wußte nicht, was sich dahinter verbarg. Ödipus war sich seiner impulsiven mörderischen Wünsche nicht bewußt. Sie waren von Ehrlichkeit, Klugheit und Gerechtigkeitssinn überdeckt. Sie gewannen dann aber wie »zufällig« die Oberhand, als er mit einem Fremden in Händel geriet und diesen tötete, ohne zu ahnen, daß es sein Vater war.

Maria Braun, Othello, King Lear – blinde Flecken auch hier

Auch Maria in Faßbinders Film »Die Ehe der Maria Braun« (der in Kapitel 4 schon einmal auftauchte) hat wie Antigone einen »blinden Fleck«, den sie mit Ehrgeiz und Aktivität verdeckt. Handelt es sich um uneingestandene Ängste, um Konkurrenzgefühle oder um Scheu vor ihrer Weiblichkeit? Der Film liefert uns nicht genug Anhaltspunkte für begründete Vermutungen. So wissen wir z.B. nichts von Marias Vater und ihrer Kindheitsbeziehung zu ihm (dagegen wissen wir manches von Antigone). Der Film gibt aber die Bewegung zwischen den drei Rollen (Retter – Verfolger – Opfer) klar zu erkennen. Maria beginnt als Opfer, sie verliert ja ihren Ehemann. Dann wird sie Verfolger/Retter gegenüber ihrer Mutter. Danach erscheint der Liebhaber als Retter (gewissermaßen als »dritte Partei«). Er selbst ist nicht unbedingt ein Gefühlsausbeuter, wird jedoch, ohne es zu wissen, in das Dreieck der Beziehungen einbezogen und muß dafür leiden, als der verschwundene Ehemann zurückkommt. Dieser wird durch sein Auftreten zum Verfolger, aber Maria nimmt ihm diese Rolle ab, indem sie den Liebhaber tötet, der damit zum (unschuldigen) Opfer wird. Jetzt soll Maria vor Gericht Opfer sein, aber ihr Mann tritt als Retter an ihre Stelle. Er nimmt die Schuld auf sich, und dadurch wird er zum Opfer. Maria will danach wieder Retter werden und es bleiben. Um so bitterer ist kurz vor dem Ende die Erkenntnis für sie, daß sie eigentlich dem Komplott der beiden Männer, des Gatten und des Liebhabers, zum Opfer gefallen war, die sich als Retter und Verfolger zusammengetan hatten. Am Ende sind, wie in einer griechischen Tragödie, alle tot – alle sind dem Schicksal zum Opfer gefallen.

Ähnlich dem Liebhaber in »Die Ehe der Maria Braun« gerät Kreons Sohn dadurch ins Dreieck zwischen Antigone und Kreon, daß er Antigone liebt. Vielleicht ist er ein Typ 1, weil er sich zu Antigone (Typ 2) hingezogen fühlt. Er geht also nicht unbedingt mit Ersatzgefühlen um. Gleichwohl läßt er sich in das Drama verwickeln, will er doch ihr Retter werden und sie heiraten. Am Ende gerät er ebenfalls in die Rolle des Opfers und geht mit ihr in den Tod. (Ebenso kehrt Jokaste aufgrund ihrer Ehe mit Ödipus in die Opferrolle zurück; aber sie ist die alternative Heldin des Stücks, daher kommt es bei ihr ebenfalls durch einen »blinden Fleck« zur Tragödie.)

Shakespeare's Dramen bieten nicht minder reichlich Gelegenheit, beim Helden den »blinden Fleck« wahrzunehmen, der sie und andere letztlich scheitern läßt. Shakespeare zeichnet von seinen Hauptfiguren ein charakteristisches Bild. So läßt sich hinter den verschiedenen Rollen bei *jedem* der Typ klar erkennen. Das haben wir schon im vorangegangenen Kapitel an »Othello« feststellen können. Außerdem können wir in seinen Stücken gut den Wechsel des Retter-Verfolger-Opfer-Spiels zwischen den Hauptpersonen verfolgen. Zunächst könnte man denken, im »Othello« sei die Einteilung der Rollenzustände ganz einfach: Jago ist der ständige Verfolger und Desdemona das ausschließliche Opfer. Doch *gefühlsmäßig*, unter dem Blickwinkel der Beteiligten, sieht es ganz anders aus. Zu Beginn ist Desdemona Othellos »Retter« (sie liebt ihn, den bisher Ungeliebten). Er ist aber auch ihr Retter (aus der langweiligen Obhut ihres Vaters). So kommt es zwischen beiden zur »Einigung« im gemeinsamen Retterzustand (wie bei Ödipus und Jokaste, oder Anne und Benno, nachdem Conny fortgegangen ist). Dabei wird Desdemonas Vater, der zunächst ihr Retter war, zu ihrem Verfolger und schließlich zu ihrem Opfer (weil er sie durch den Gerichtsspruch verliert). Hier setzt das eigentliche Drama ein: die liebreizende Desdemona wird zum Verfolger (ihres Vaters). Das Drama entwickelt sich in dem Moment, in dem Jago als Opfer auftritt (Othello ist sein Verfolger, weil er ihm nicht den erwünschten Posten verschaffte), während Desdemona weiterhin Othellos Retterin ist (sie versüßt ihm bei allen Sorgen das Leben auf Zypern). Doch dann wechselt Jago in die Rolle des Retters gegenüber Othello (auch wenn er damit ein heuchlerisches Spiel treibt). Er redet diesem ein, er würde betrogen, und verwandelt sich damit in Desdemonas Verfolger. Othello wird, indem er Jago Glauben schenkt, zum Opfer, dann aus verletzter Ehre selber zum Verfolger Desdemonas, die seiner Rache zum Opfer fällt. Vor ihrem Tode ist sie jedoch für einen Moment Retterin (freilich mit einem zusätzlichen Opfer): sie verzichtet darauf, Othello zu beschuldigen, und will ihn so vor der Mordanklage schützen. Da tritt Emilia als Verfolgerin auf, und Othello sowie Jago werden zu Opfern. Dem sterbenden Othello gelingt es allerdings noch, sich als Retter der Stadt Venedig in Erinnerung zu rufen. Man könnte also sagen: er redet mit Desdemona nicht nur im gemeinsamen Opferzustand, sondern ist mit ihr zugleich im ursprünglichen Retterzustand vereinigt (etwa wie Ödipus und Jokaste, die am Ende durch ihr Opfer die Stadt gerettet haben).

Auch Shakespeare's »König Lear« ist ein Drama im Dreieck von Retter, Verfolger und Opfer. Überdies gibt es dort eine »dritte Partei« – Cordelia, die wegen der Ersatzgefühle ihres Vaters, aber auch durch ihr Auftreten als Retterin (Typ 2) als Opfer endet. An König Lear läßt sich aber auch der Gegensatz zwischen Typ und sozialer Rolle studieren. Als Vater und König befindet er sich in einer Machtrolle. Zugleich ist er ein Gefühlsausbeuter vom Typ 1 mit Ersatzgefühlen wie Liebe, Gutmütigkeit und Vertrauensseligkeit, die übermäßige Abhängigkeit, Egoismus und ein Verlangen nach Schmeichelei verbergen (das ist sozusagen sein »blinder Fleck«). Er tritt auf als Retter seiner Töchter, denen er sein Vermögen übertragen will, verwandelt sich jedoch in den Verfolger seiner jüngsten Tochter Cordelia. Sie mag ihm nicht schmeicheln wie die anderen, und er enterbt sie deshalb. Doch dann wird er selber zum Opfer der zwei älteren Töchter: die haben sein Erbe erhalten, kümmern sich aber nicht weiter um ihn, schließlich werden sie sogar seine Verfolgerinnen. Die unschuldige Cordelia begibt sich darauf in die Rolle der Retterin (und der »dritten Partei«) und stirbt am Ende, dem »blinden Fleck« ihres Vaters zum Opfer gefallen.

Typ 1 und 2 im Drama-Karussell

Die Beispiele zeigen: In dramatischen Beziehungen, in dramatischen Situationen dreht sich das Drama-Karussell Retter-Verfolger-Opfer. *Daß* sich dieses Karussell bewegt, hat mit dem Typ der Beteiligten nichts zu tun. Typ 1 steigt ebenso ein wie Typ 2. Bedingung ist nur, daß einer (oder auch mehrere) einen »blinden Fleck« haben. Verschieden ist allerdings, *wie* der einzelne sich dem Drama-Dreieck einfügt, auch wenn er der »unschuldige Dritte« ist. Im einzelnen unterscheiden sich die Persönlichkeitstypen darin, wie sie die Beteiligung am Drama empfinden, und wieviel Zeit sie im einen oder anderen Rollenzustand verbringen.
Personen vom Typ 2 – ob Gefühlsausbeuter oder nicht – bleiben länger im Rollenzustand des Verfolgers oder Retters als in dem des Opfers. Dafür fallen sie um so jäher und dramatischer in die Opferrolle, sei es aufgrund der momentanen Situation oder weil sie die anderen Beteiligten nicht weiter im Griff haben (z.B. Maria Braun, Ödipus, Antigone), sei es weil sie selbst in Verzweiflung umkippen (wie Othello). Dagegen werden Personen vom Typ 1 länger in der Opferrolle verweilen, ja sie sogar wählen (z.B. Lear). Dabei kann es manchmal sein, daß sie zuvor vorübergehend eine Typ 1-Retterrolle angenommen hatten, die anders ist als die bestimmende Retterrolle des Typs 2 (z.B. Maria Brauns Mann, Desdemona, Jokaste).
In die Tragödien, die sich durch den »blinden Fleck« eines oder mehrerer Beteiligter im Drama-Dreieck ergeben, werden oft aber auch unschuldige »Dritte« absichtlich oder unabsichtlich hineingezogen. (Beispiele sind: Maria Brauns Liebhaber, Kreons Sohn in der »Antigone«, die Stadt im »König Ödipus«.) Manchmal möchten sie Retter sein, können sich dann aber nur schwer oder überhaupt nicht mehr aus den Verwicklungen lösen, da sie selber nicht durchschauen, in was sie hineingeraten sind.
Im täglichen Leben geschieht es oft, daß ein Partner, der in einer gefühlsausbeutenden Beziehung lebt, einen Liebhaber findet, der sich in den Rollenwechsel des Drama-Dreiecks hineinziehen läßt und als Opfer endet. Entweder wird er aus Rache getötet oder – wenn es weniger tragisch zugeht – von beiden Partnern betrogen und ausgenützt. Ausgenützt werden auch nicht selten Eheberater und Pfarrer. Sie geraten leicht manchmal aufgrund ihrer starken Rettertendenzen (ob als Typ 1 oder Typ 2) und relativ unschuldig in ein Drama-Dreieck zwischen zwei gefühlsausbeutenden Partnern. Haben sie wenig Erfahrung, sich zu schützen, dann verbrau-

chen sie ihre Zeit und Energie mit den Streitereien der beiden, die sich währenddessen – wenn auch negativ – »streicheln«. Am Ende ist der Berater übermüdet und frustriert. Die zwei Partner jedoch sind »vereinigt« in der Pseudo-Intimität als Verfolger. Sie stimmen miteinander in der Ansicht überein, daß der Berater »nichts taugt«. Oder sie übernehmen sogar einmütig die Retterrolle und beschließen, den »armen« Berater, der nichts begreift, nicht zu kränken. So mag die Beratung für kurze Zeit »erfolgreich« erscheinen. Doch der Erfolg ist leider nicht von Dauer. Und das alles geht übermäßig auf Kosten des Beraters, der dabei zum Opfer wurde.

Die Kartoffel, die in den Fingern brennt

In Amerika gibt es ein Kinderspiel, das »Heiße Kartoffel« heißt. Es geht so: Im Kreis wird eine »heiße Kartoffel« hin und her geworfen, solange die Musik spielt. Bricht die Musik ab, ist derjenige der Verlierer, der gerade als letzter die »heiße Kartoffel« aufgefangen hatte. Alle anderen atmen erleichtert auf – sie sind der Gefahr entkommen zu verlieren. Deutsche Leser kennen die Spielidee wahrscheinlich vom Kartenspiel »Schwarzer Peter« her. – Kinderspiele wie auch Märchen zeichnen gewöhnlich tiefgreifende dynamische Lebensprozesse nach. In diesem Spiel wird man vorübergehend »von Angst befreit«, wenn ein anderer den »Schwarzen Peter« (der Probleme, Gefahr usw. symbolisiert) zieht und später damit »erwischt« wird – so wie in uralten Zeiten ein »Sündenbock« rituell getötet wurde. Der Sündenbock hatte die Verfehlungen der Gemeinschaft auf sich zu nehmen. Er wurde »bestraft« und geopfert, um die anderen zu entlasten (bis zum nächsten Mal). Der Sündenbock ist demnach eine »dritte Partei«, die für die Schuld (oder Verfehlungen oder den blinden Fleck) *anderer* geopfert wird und selber unschuldig ist. Ursprünglich war es auch nicht ein Bock, sondern ein Mensch, der möglichst »rein« und von den Opfernden geliebt sein sollte (z.B. Iphigenie oder Isaak). Auch Christi Tod am Kreuz wird so gedeutet, daß der Mensch durch dieses Opfer von eigener Schuld befreit leben darf.
Leider werden auch heute noch immer wieder unschuldige Menschen als »Sündenböcke« bzw. als »dritte Partei« in die kranken Beziehungen anderer einbezogen. Ich denke etwa an die vielen Kinder, die von ihren sie »liebenden« Eltern mißhandelt werden, bis hin zu tödlichen Folgen, weil diese Eltern mit ihren eigenen Gefühlen und Problemen nicht zurecht

kommen. Hier möchte ich hauptsächlich an die psychischen Schäden erinnern. Viele Kinder werden auf subtile Weise in negativer Richtung beeinflußt, um die »heiße Kartoffel« der Eltern (oder auch der Lehrer, Nachbarn, Therapeuten usw.) zu übernehmen. Den eigentlichen Verantwortlichen ist ihr »blinder Fleck« zu heiß. Lieber geben sie ihr Problem an jemand weiter, der leicht beeinflußbar ist – in der allerdings vergeblichen Hoffnung, sie könnten damit ihre eigenen Belastungen los werden.
Cordelia im »König Lear«, auf den wir bereits oben zu sprechen gekommen waren, ist so ein Beispiel: eine schon erwachsene junge Frau, die mit ihren Gefühlen aber immer noch an den Vater gebunden ist, der seine eigenen »blinden Flecken« mißachtet, so daß sie ihm zum Opfer fällt. Noch unschuldiger ist Iphigenie, die überhaupt keine Wahl hatte und des Vaters wegen geopfert wird.

Kinder-Selbstmord und -Kriminalität – Geheimauftrag der Eltern?

In vielen Fällen ist der »schwarze Peter«, den Kinder übernehmen, die Tendenz eines Elternteils zu Selbstmord oder Straffälligkeit. Und die Kinder machen dann damit ernst: sie setzen die uneingestandenen Gefühle oder Wünsche der Eltern in die Tat um. Das Kind verhält sich z.B. faul, delinquent, grausam und – in besonderen Fällen – mörderisch oder selbstmörderisch. Die Eltern indessen sind (wie sie sagen und glauben, und wie es auch die Nachbarn, manchmal sogar die Berater glauben) »unschuldig«, »haben alles getan«, um dem Kind ein gutes Beispiel zu geben und ihm zu »helfen«. Typische Altersstufe dafür ist 10–20 Jahre. Manchmal freilich lassen die jungen Menschen die »heiße Kartoffel« nicht schon während dieser Zeit zur Tat werden. Vielmehr entwickeln sie sich zu überbeeinflußbaren Menschen, die unter dem Einfluß einer anderen Person (meist von Typ 2) in der Ehe, im Beruf oder sonst im Leben verhängnisvoll gefährlichen Tendenzen nachgeben. Das kann bei einer Typ 1- wie auch Typ 2-Einstellung geschehen. Eher paßt es allerdings – vom angepaßten Kind-Ich her – zum Typ 1.
Familientherapeuten sind solche Fälle wohlbekannt: ein Kind verübt Selbstmord, weil es die entsprechende Tendenz eines Elternteils übernommen hat. Ein Jugendlicher wird »verrückt« oder delinquent. Auf diese Weise verhindert er, daß die Beziehung der Eltern auseinanderbricht – sie halten zusammen in gemeinsamer Sorge um das »Problemkind«. Oft

ist dem Berater eine solche Dynamik durchaus klar. Er weiß nur nicht, was er machen soll, um eine Tragödie (z.B. beim Kind) zu verhindern. Die Hilfe muß bei dem einsetzen, der ursprünglich seine Ersatzgefühle ins Spiel gebracht hat. Darüber hinaus gilt es, den »Sündenbock« zu stützen, seine eigenen Selbsterhaltungsstrebungen zu stärken, seine Autonomie zu fördern, damit er sich aus der Opfertendenz löst. Der Berater muß jedoch vermeiden, sich dabei selber als Opfer oder als Verfolger anzubieten.

Ibsens »Wildente« ist die hervorragende Darstellung eines Familiendramas: die vierzehnjährige Tochter Hedwig opfert sich für die »blinden Flecken« ihrer Umwelt und nimmt dazu die »heiße Kartoffel« der verborgenen Schuld ihrer Mutter auf sich. Für Leser, die das Stück nicht kennen, will ich kurz die Handlungselemente zusammenstellen, die diese Entwicklung herbeiführen.

Hjalmar Ekdal, der Vater und ein Typ 1, ist ein naiver und für die Lebenswirklichkeiten blinder Mann. Er betrügt sich selbst, sowohl was seine Talente und Fähigkeiten anbelangt als auch seine Liebe zur Familie, einschließlich seines Vaters. Er führt sich wie ein leidendes Opfer auf, legt aber nur eine gehörige Portion Egoismus an den Tag. Die Alltagssorgen überläßt er seiner Frau und der Tochter. Ein kleines Geschenk, das er seiner Tochter versprochen hat, vergißt er und übertönt sein Versäumnis mit Liebesbeteuerungen.

Gina Ekdal, die Mutter, gehört zum Typ 2. Sie sorgt für alles, bemuttert ihren Mann, kann sich jedoch selber nicht durchsetzen, weil ihre Rolle als Frau einfacher sozialer Herkunft und ohne Bildung ihr dies nicht erlaubt. Darüber hinaus verbirgt sie vor ihrem Mann ein Geheimnis: ihr Kind hat sie vor der Ehe von einem anderen Mann empfangen. Hedwig ist wohl ehelich geboren, aber nicht seine blutsmäßige Tochter. Angesichts der untergeordneten Rolle der Mutter und dem Typ 1-Verhalten des Vaters hat Hedwig sich zum Typ 2 bzw. zur Retterin entwickelt. Das hat zum Teil mit der »heißen Kartoffel« ihrer Mutter zu tun: ihre Aufgabe in der Familie besteht darin, den Vater zu trösten, wenn er sich über die Widrigkeiten des Lebens beklagt (während sie selber enttäuscht ist).

Es gehört andererseits zu ihrer familiären Rolle, Auseinandersetzungen zwischen den Eltern beizulegen und sie trotz Geldmangels und sonstiger Sorgen in gute Stimmung zu versetzen. So bewahrt die Familie dennoch ihr Gleichgewicht, zum Teil auch dank der Mutter, die sich mit ihrem Erwachsenen-Ich auf die Realität einzustellen weiß.

Wildentenjagd

Nun aber betritt Gregers Werle die Szene. Er bringt Ersatzgefühle von »Idealismus« und das Bedürfnis mit, dafür sowie für eine (unechte) Retterrolle gestreichelt zu werden. Er ist Hjalmars »Freund« und will ihm »Gerechtigkeit« verschaffen. Er hat nämlich entdeckt, daß sein eigener Vater einst Ginas Liebhaber war und Hedwigs leiblicher Vater ist. Die beiden Freunde sind vom Typ her komplementär. Während Hjalmar zum Typ 1 gehört, ist bei Gregers der Typ 2 bestimmend. Beide tragen indessen ähnliche Ersatzgefühle zur Schau: »Idealismus«, »Edelmut« und »Ehrlichkeit«, womit Gregers um so stärkeren Einfluß auf Hjalmar auszuüben versucht. Und beide bewegen sich im dritten Grad – nur sind die verborgen gehaltenen Gefühle der beiden verschieden. Hjalmar verbirgt Schwäche, Inkompetenz, Faulheit und Egoismus unter Liebe, Pflicht und Ehrlichkeit. Gregers verdrängt, wie krankhaft er noch immer an seiner toten Mutter hängt, daß sich hinter seiner »Freundschaft« und seinem »Idealismus« eher Neid und Rachegedanken gegen seinen Vater verbergen, vielleicht auch Ekel vor Sexualität. Ferner überträgt er, ohne es zu wissen, Wut, Herrschsucht und Neid gegenüber seinem Vater auf den Freund. Aus »Idealismus« informiert er Hjalmar über Hedwigs wahre Herkunft und sucht die Familie nach seinen Vorstellungen von einer »idealen Ehe« umzuformen. Doch das gelingt ihm nicht. Hedwig kann nicht verstehen, weshalb ihr Vater, von seinem »Freund« inzwischen über ihre uneheliche Herkunft aufgeklärt, sie plötzlich zurückweist und ihretwegen fortziehen will. Nun versucht Gregers auch sie mit seiner Art Idealismus zu beeinflussen. Wie Jago für Othello – nur war Jago ein Schurke und Gregers ist »blind« – wird er zu ihrem verhängnisvollen Ratgeber: sie soll ihre geliebte Wildente, die sie in der Bodenkammer aufzieht, erschießen, um ihrem Vater mit diesem »Opfer« ihre besondere Liebe zu beweisen. Das Kind wehrt sich gegen diese Idee. Sie empfindet (zu Recht): hier stimmt etwas nicht, erfährt aber nirgendwo eine gesunde Stützung. Von dem Eindruck überwältigt, der Vater liebe sie nicht mehr, finden indessen Gregers' weitere Einflüsterungen vom »idealen« Opfer bei ihr zunehmend Widerhall. Als Typ 2-Retterin und als Träger der »heißen Kartoffel«, nämlich der Schuld der Mutter, hat sie das Empfinden, irgendwie müsse sie die Ehre und die Ehe ihrer Eltern retten. Dafür sieht sie keine andere Möglichkeit als sich mit der Pistole des Großvaters zu erschießen. Hedwig ist eine »dritte Partei«; sie wird wegen des Geheimnisses ihrer

Mutter und der Ersatzgefühle des Vaters zum »Sündenbock« und opfert sich selber. Dazu hat sie nicht nur die Dynamik zwischen den Eltern, sondern auch der Einfluß eines Außenstehenden vom Typ 2 (Gregers) getrieben, der mit seinen eigenen unerkannten Gefühlen zum Opfer drängt. Wieder einmal hat ein Sündenbock den gesamten Fluch auf sich geladen.

Sündenbock gesucht

Das ist ein Vorgang, der in Gruppen immer wieder vorkommt. Alle Gruppierungen, ob groß oder klein – Familie, Wohngemeinschaft, Firma, Partei, Nation – suchen sich ihr Opfer. »Heiße Kartoffeln« werden herumgereicht. In dramatischem Tausch wechseln die Rollen von Retter, Verfolger und Opfer. Und mit trauriger Regelmäßigkeit wird dann in der letzten Runde eine Person oder Teilgruppe geopfert: oft tritt sie – wie bei Iphigenie oder Cordelia, Hedwig oder Robbi – das geringste oder gar kein Verschulden an dem betreffenden Konflikt.

Sündenböcke werden meist in ganz bestimmten Situationen gebraucht: wenn sich auf der Gefühlsebene schon viel Hilflosigkeit, Wut oder Angst angesammelt hat; wenn die Beteiligten außerdem davor zurückschrecken, einem Realitätsproblem und den Konsequenzen, die es haben kann, voll ins Gesicht zu sehen. (Beispiele sind die Reparaturkosten für Inge und Fred, der Geldmangel für Hedwigs Eltern, das Altwerden für König Lear oder der ausbleibende Wind für die Flotte Agamemnons, die zum Angriff auf Troja aufbrechen will.) Der innere Zwang zum Gefühlsausbeuten und der Druck der Realitätsprobleme lassen intensive komplementäre Beziehungen zwischen extremen Gefühlsausbeutern entstehen: Personen vom Typ 2, die sich als allwissende Leiter anbieten und behaupten, sie könnten die Lösung finden, treffen auf ebenso extreme Gefühlsausbeuter vom Typ 1, die hilflos zu folgen bereit sind und für ihren Gehorsam gestreichelt werden möchten. Versagt dann aber der allwissende Leiter, und wendet sein Typ 1-Gefolgsmann oder -frau in einem Kampf/Flucht-Umschwung nun alle Wut gegen ihn (wie Inge gegen Fred), so muß oft ein *anderer* als Sündenbock herhalten: der nimmt dann die »Sünde« der Typ 2-Ausbeuter und die »Rache« der Typ 1-Ausbeuter auf sich. Er/sie macht das meist unabsichtlich. Vielleicht wird er – wie Robbi – zufällig wegen eines kleines Versehens in das Drama-Dreieck einbezogen. Oft ist die betreffende Person aber auch völlig unschuldig. Aus sozialen, ökonomischen oder fami-

liären Gründen kann sie sich nicht wehren (wie Iphigenie). Manchmal jedoch hat sie wegen ihrer Typzugehörigkeit auch die Tendenz, die Retter/Opfer-Rolle auf sich zu nehmen (wie Cordelia und Hedwig). Weiter kommt es sogar vor, daß der oder die Betreffende sich in so starkem Maße als Typ 2-Retter anbietet (wie Jeanne d'Arc), daß er oder sie in kritischer Lage und beim Umschwung in die Opferrolle von beiden gegnerischen Parteien zugleich zum Sündenbock erkoren wird. Auf ihn konzentrieren sich dann die Projektionen der gesamten Gruppe: sie befindet ihn zuerst für schuldig und behandelt ihn daher als Verfolger, ehe sie ihn »opfert«. Hierdurch behält die Gruppe das »reine« Gewissen (sie lastet dem Opfer die »heiße Kartoffel« von Fehlleistung und Schuld, Schmerz und Ängsten an) und genießt die Pseudo-Intimität der Selbstrechtfertigung (wie Inge und Fred: Robbi ist an allem schuld!). Zeitweilig sind alle wieder »vereinigt« (statt gegeneinander aufgebracht), so wie die Eltern Ekdal mit dem Großvater und Gregers Werle vereint Hedwigs Tod beklagen.
Solch gemeinsames Erleben bringt die Wärme des positiven Streichelaustausches (»wir haben alle recht«). Damit kann ein jeder beruhigt zu seiner gewohnten Einstellung und den üblichen Ersatzgefühlen zurückkehren – bis zum nächsten Mal.
Damit allerdings sind wir bei einem umfassenden neuen Thema angelangt: der Dynamik von Gruppenprozessen. Das geht über den Rahmen dieses Buches hinaus. Gleichwohl lade ich den Leser dazu ein, sich vorzustellen, wie Partnerbeziehungen mit »dritten« und »vierten« Parteien in einem größeren Rahmen aussehen. Es ist immer das alte Lied: anfangs klappen krankhafte Beziehungen »wunderbar«. Wenn sich jedoch die Enttäuschungen einstellen – weil die Realität nun einmal anders ist, oder weil ausgleichende Zuwendung fehlt –, wächst das Verlangen, den »schwarzen Peter« von Schuld und Wut und Vorwürfen weiterzugeben. Und so wird jemand (der Partner oder ein anderer, der sich als Opfer anbietet) attakkiert und ins Verderben geritten in der vergeblichen Hoffnung, so werde »alles« wieder gut – was natürlich aller Logik widerspricht.

15. Gewalt gegen Dritte – Lady Macbeth und Macbeth

In Gewalt vereint

»Gute Beziehungen halten manchmal nur dadurch, daß die Betreffenden gegen unbeteiligte Dritte gewalttätig werden. Shakespeare's »Macbeth« ist ein klassisches Musterbeispiel dafür.
Macbeth und Lady Macbeth leben in einer fest verknüpften Ausbeuter-Partnerschaft, die zum Mord an König Duncan führt. So gelingt es ihnen, ihre gegenseitige Abhängigkeit noch enger und fester zu gestalten. Zugleich entlasten sie auf diese Weise ihre unterdrückten Gefühle, während ihr gemeinsames Vorgehen ihnen gegenseitige Bestätigung und Streichelkontakte bringt. Am Ende steht jedoch für beide die Katastrophe; denn der »status quo« einer Beziehung kann nie durch einen Dritten (ob tot oder lebendig) Beständigkeit erlangen. Dabei macht es keinen Unterschied, ob der Dritte – wie Duncan in diesem Stück – zum Opfer wird, oder ob er – wie Jago in »Othello« – als falscher Retter oder Verfolger auftritt.
Wir wollen hier einmal dieser Dynamik in »Macbeth« nachgehen. Dabei haben wir auch noch einmal Gelegenheit, den Unterschied von Typ und Rolle zu studieren.

Der feige Held

Wie Othello und Desdemona, so passen auch Macbeth und Lady Macbeth als komplementäre Typen (1 und 2) sehr gut zueinander. Aber im Gegensatz zu Othello und Desdemona stimmt ihre Typzugehörigkeit nicht mit den gesellschaftlich akzeptierten Rollen von Mann und Frau überein. Macbeth, der Ehemann, ist ein Typ 1-Charakter, während Lady Macbeth dem Typ 2 angehört. Beide haben also alle Hände voll damit zu tun, ihre eigentlichen Gefühle vor sich selbst zu verbergen und überdies andere an der Erkenntnis zu hindern, daß bei ihnen Typ und Rolle auseinanderfallen. Außerdem ersetzen die gleichen Ersatzgefühle ein unterschiedliches Ursprungsgefühl: Feigheit bei Macbeth, Haß bei Lady Macbeth. Sind sie allein, so zeigt sich, daß in dieser Beziehung sie den Ton angibt, ganz im Gegensatz zu ihrer sozialen Rolle als Frau. Von ihr gehen die Initiativen aus (Typ 2). Macbeth dagegen muß die Rolle des Mannes als mächtiger, erfolgreicher und ehrgeiziger Kriegsheld tragen. Zu Beginn des Stückes spricht man von ihm als »der tapfre Macbeth – er verdient den Namen«. In Wirklichkeit aber ist er ein abhängiger Typ 1, voll namenloser Ängste und auch noch von Hexen bedroht.

Lady Macbeth weiß das ganz genau. Hinter seiner aufgesetzten Männlichkeit verbirgt sich ein furchtsames, unsicheres Kind, das vor Verantwortung zurückschreckt. Hartnäckig leugnet er seine Ängste, auch wenn Außenstehende seinen Körperausdruck richtig deuten: »Was schreckst du, Mann? Erregt dir Furcht, was doch so lieblich lautet?«, fragt Banquo, als die Hexen prophezeien, er werde König.

Macbeth läßt sich von seiner Frau überreden, Duncan zu ermorden. Aber sein Kind-Ich ist von diesen Gedanken zutiefst entsetzt und sucht ihn zu verdrängen, statt ihn realistisch abzuwägen (»Mein Traum, daß Mord nur noch ein Hirngespinst, erschüttert meine schwache Menschheit so, daß jede Lebenskraft in Ahnung schwindet«). Er ist von dem Rat und den Weisungen seiner Frau völlig abhängig. Sie weiß, was für ein Kind sich hinter seiner Krieger-Fassade verbirgt (»dein Gemüt, es ist zu voll von Milch der Menschenliebe«). Halb hofft er, daß sie jeden Antrieb zum Handeln bei ihm »erstickt«. Sie jedoch verfolgt stattdessen den Plan, ihn zum Mord anzustacheln; indem »ich meinen Mut ins Ohr dir gieße« – Resultat ihrer eigenen unbewußten Haßgefühle gegenüber Männern, insbesondere Vaterfiguren. Sie bringt Macbeth dazu, die Phantasien seines Kind-Ichs so umzumodeln, daß er auch in Wirklichkeit Duncan ermorden möchte, nachdem er dem Bankett, das dem Mord vorangeht, noch ferngeblieben war.

Die todesmutige Gattin

Lady Macbeth sperrt sich als Typ 2 gegen die Wahrnehmung aller warmen, weichen Gefühle, die herkömmlich als weiblich gelten. Sie handelt gewöhnlich aus dem Zustand ihres ziemlich resoluten Eltern-Ichs heraus (darin gleicht sie wahrscheinlich ihrem Vater). Sie möchte die Macht ausüben, die üblicherweise Männern zuerkannt wird. (»Kommt, Geister, ... entweibt mich hier ... sperrt jeden Weg und Eingang dem Erbarmen ... Kommt an die Weibesbrust, trinkt Galle statt der Milch.«)

Sie erhält ihr Ersatzgefühl von Entschlossenheit und ihre überstrenge Selbstbeherrschung aufrecht, weil sie sich der Gefühle ihres Kind-Ichs nicht bewußt werden will – der weichen wie der grausamen Gefühle, die sie dann tatsächlich dazu veranlassen, Macbeth zum Mord an Duncan anzutreiben. Denn wahrscheinlich war nicht Machtgier ihr ausschlaggebendes Motiv für Duncans Ermordung. Man kann annehmen, daß ihre Ersatzgefühle – Entschlossenheit, Mut und Ehrgeiz –, die sie durch ihren Mann in die Tat umgesetzt sehen möchte, eigentlich Ersatz sind für starke Liebes- und Haßgefühle gegenüber ihrem eigenen Vater. Dieser hat ihr vermutlich dann keine Beachtung geschenkt, wenn sie weiche, »weibliche« Gefühle äußerte. Darum lehnt sie sie jetzt ab[1].

Als Duncan zu ihnen zu Besuch kommt, wird Lady Macbeth erneut in den Konflikt ihrer Liebes- und Haßgefühle ihrem eigenen Vater gegenüber gestürzt. Sie sagt: »Hätt' er nicht geglichen meinem Vater, wenn er schlief, so hätt' ich's selbst getan.« Doch auch jetzt erkennt sie nicht, daß sie *alle* ihre widerstreitenden Gefühle zu ihrem Vater auf Duncan überträgt – auch ihre Haßgefühle, die ihr völlig verborgen bleiben. Macbeth sieht das ebenfalls nicht. Voller Bewunderung lobt er ihre Zielstrebigkeit und ihren Ehrgeiz: »Gebär mir Söhne nur! Aus deinem unbezwungenen Stoffe können nur Männer sprossen.«

Nach dem Mord an Duncan bringt es Macbeth – ganz seinem Typ getreu – nicht über sich, die blutigen Dolche gut sichtbar neben die Wachen zu legen und so das Verbrechen zu verschleiern. Er verläßt sich darauf, daß

---

1. Königin Elisabeth I., Tochter des blutigen Königs Heinrich VIII., die zu Shakespeare's Zeiten regierte, hatte gewisse Ähnlichkeiten mit Lady Macbeth. Doch ihr kam die soziale Rolle der Machthaberin zugute. So durfte sie ihre Rachegefühle gegenüber Frauen (z.B. Maria Stuart) ausleben, statt sich der üblichen Frauenrolle unterworfen zu sehen und Konkurrenzgefühle gegenüber Männern zu empfinden.

seine Frau wieder nachforschen wird, wie alles gelaufen ist. Und sie ist es auch, die sich kaltblütig noch einmal an den Ort des Verbrechens begibt und die Dolche austauscht. Macbeth ist völlig außer Fassung. Ähnlich gerät Macbeth durch das Erscheinen von Banquos Geist gänzlich durcheinander. Lady Macbeth kümmert sich um die Gäste und hat die Situation unter »elterlicher« Kontrolle.

Gefühle der Gewalt

Lady Macbeth wie auch Othello sind einander ähnlich. Nicht nur gehören beide zum Typ 2, sondern bei beiden dienen Robustheit und Entschlossenheit als Ersatz und Kompensation für die Haß- und Zorngefühle aus der Kindheit, als sie in der Gewalt von Menschen waren, die sie unterdrückten und beleidigten. Bei Othello ist es der versteckte Zorn auf alle hellhäutigen Menschen – obwohl ihn seine Ersatzgefühle auch dann noch glauben lassen, er sei der hellhäutigen Rasse gegenüber loyal, als er – in der Gestalt Desdemonas – schon Rache an ihr genommen hat. Im Fall der Lady Macbeth richtet sich der verborgene Haß gegen Duncan, in dem sie ihren Vater sieht, den sie nie beherrschen konnte. Als Kind wurde wahrscheinlich von ihr erwartet, sich dem weiblichen Rollenbild entsprechend ihm gegenüber unterwürfig zu zeigen. Sie betrügt sich selbst, wenn sie sich für eine pflichtbewußte Ehefrau hält. Daß sie an der Seite ihres Ehemanns eventuelle Rivalität oder Neid empfindet, weil er als Mann Vorteile hat, will sie nicht wahrhaben. Sie spielt mit ihm das gleiche Spiel wie Othello mit Desdemona, der ebenfalls leugnete, Neid oder Rivalität wegen ihres venezianischen Erbes zu empfinden.
In »Othello« ereignet sich der Mord erst am Ende des Stückes: der Mohr gibt schließlich seinem verdrängten Zorn nach, den er bisher unter dem Deckmantel der Liebe verbarg (»einer, der zu sehr liebte«). In »Macbeth« findet der Mord früher statt – ebenfalls aufgrund verdrängter Wut: im Gewande der treu ergebenen Ehefrau teilt Lady Macbeth den Plan ihres Mannes, auf den Königsthron zu gelangen.
So lange Macbeth das Bedürfnis nach einem kontrollierenden Partner zum Ausdruck bringt, bleibt Lady Macbeth völlig im Eltern-Ich – wie Othello, solange er spürt, daß er von Desdemona gebraucht wird.
Mit Hilfe von Macbeth' Bewunderung und Zuwendung kann Lady Macbeth den Haß gegen alle Angehörigen des männlichen Geschlechts aus ih-

rem Bewußtsein verdrängen, ebenso ihre Ängste, nur eine wertlose, wenig geschätzte Frau zu sein. An der Seite ihres Mannes hindert ihr Ersatzgefühl »unerschrockner Geist von echtem Schrot und Korn« das Aufbrechen verachtenswerter »weicher« oder verworrener Gefühle in ihnen beiden. Voller Sarkasmus tröstet sie Macbeth nach dem Mord an Duncan: »Der Kindheit Aug allein scheut den gemalten Teufel.«
Doch als Macbeth »ins Feld« gerufen wird, fehlen ihr plötzlich die Streichelzuwendungen für ihren Mut, und es wird ihr zunehmend schwerer, ihre Kind-Ich-Gefühle zu zähmen. Derselbe Schmerz, den sie schon empfand, als ihr Vater sie nicht beachtete, und für den sie das Ersatzgefühl »Mut« entwickelt hatte, überwältigt sie unaufhaltsam, nachdem »des alten Mannes Blut« geflossen ist. Wie Othello hat sie sich im wachen Zustand nie das Gewahrwerden solcher »weichen« Gefühle gestattet. Sie kann sie nur als Schlafwandlerin äußern, genau wie Othello, dessen Schmerz erst während seines Anfalls und im Trance-Zustand zum Ausdruck kommt, als er erkennt, was geschehen ist. Beim Schlafwandeln gerät Lady Macbeth zum absoluten Gegenteil ihrer bisherigen strengen Selbstbeherrschung. Zum ersten Mal in diesem Stück sehen wir ihr unglückliches Kind-Ich, das zuvor unter ihren Ersatzgefühlen und ihrer Typ 2-Grundeinstellung versteckt geblieben war.

Gewalt der Gefühle

Am Schluß des Stückes erfahren wir, daß sie »gewaltsam selbst ihr Leben geendet«, wie es auch Othello tat. Sie wählt also eine Form der Selbstvernichtung, wie sie beim Zusammenbruch eines zum Typ 2 gehörenden Menschen zu erwarten ist. Ihr Selbstmord stellt ein letztes (erfolgreiches!) Bemühen dar, das eigene verzweifelte Kind-Ich unter Kontrolle zu bringen.
Recht aufschlußreich ist auch, wie Macbeth während eines kurzen Zwischenspiels in das genaue Gegenteil seiner gewohnten Typ 1-Grundeinstellung umschwenkt. Er weiß nicht, ob er sich mehr vor Banquos »Königssinn« oder »diesem unerschrocknen Geist« fürchten soll. Seine Ängste drängen an die Bewußtseinsoberfläche. Sie wollen wahrgenommen werden (»In Banquo wurzelt tief unsre Furcht«). Doch Macbeth kann sie, wenn sie zutage treten, nur durch solche Handlungen verarbeiten, von denen er glaubt, sie bewiesen seine Furchtlosigkeit. Banquo muß sterben,

weil Macbeth auf ihn seine Ängste projiziert. Dadurch erspart sich dieser eine erneute Erfahrung von Angst (»Außer ihm ist keiner, vor dem ich zittern muß«). Ganz im Gegensatz zu seiner sonstigen Unsicherheit hält Macbeth für kurze Zeit die Zügel in der Hand – zwar nicht über seine Frau, doch über Banquo, der im Sinne des »Jetzt hab ich dich endlich, du Schweinehund« als der »an allem schuldige« Dritte daran glauben muß. Ein gedungener Mörder muß die Aufgabe übernehmen, und Macbeth brüstet sich vor seiner Frau – wie ein Kind, das den starken Mann spielt –, daß sie ihm später »für diese Tat Beifall zollen« werde, ohne sie jedoch wissen zu lassen, was für eine Tat er meint.

Wenn Angst die Szene beherrscht

Zum Ende hin schwenkt Macbeth schließlich noch einmal in das genaue Gegenteil seiner sonst verworrenen und unsicheren Typ 1-Grundeinstellung um. Als ihm der Arzt mitteilt, daß Lady Macbeth unheilbar krank ist, zeigt er sich völlig aufgelöst – der Schock hat ihm klar gemacht, daß er sich nicht länger auf seinen Gefühlsausbeutungspartner stützen kann. Völlig unsinnig und übertrieben herrscht er daraufhin den Arzt und alle Umstehenden an: »Nicht Tod und nicht Verderben ficht mich an!« Und als er das Jammern über den Tod seiner Frau vernimmt, überkompensiert er seine bisherige Abhängigkeit, Furchtsamkeit und Unsicherheit, indem er sich mit übertriebener Zuversicht brüstet: »Verloren hab' ich fast den Sinn der Furcht.« Er wiederholt die Prophezeiung der Hexen, er sei unbesiegbar, selbst wenn seine Feinde vor ihm stünden. Er weigert sich, wahrzunehmen und herauszufinden, was um ihn herum geschieht, wenn er befiehlt: »Bringt keine Nachricht mehr . . . ist Furcht mir nichts«, obwohl es gerade jetzt an der Zeit wäre, das Erwachsenen-Ich einzuschalten, um die notwendigsten Vorbereitungen zum Kampf zu treffen.
Zu spät macht sich jetzt Macbeth jene Empfindungen bewußt, die von seiner aufgesetzten Männlichkeit verdeckt waren. Er erinnert sich plötzlich an jene namenlosen Ängste, die er schon beim Schrei der Eulen in der Nacht empfand (»Es gab 'ne Zeit, wo kalter Schau'r mich faßte, wenn der Nachtvogel schrie«). Man gewinnt den Eindruck: die Rolle des männlichen Kriegers, die er ausfüllte, lief seinem Typ und Naturell zuwider. Er war voller Phantasie und Ängste und hätte besser künstlerisch und kreativ leben sollen, statt diese Seite bei sich zu unterdrücken. Bevor er auf dem

Schlachtfeld stirbt, erkennt er, daß sein Leben falsch und leer war: »Leben ist nur ein wandelnd Schattenbild . . . ein Märchen ist's erzählt von einem Dummkopf, voller Klang und Wut, das nichts bedeutet.«

Im »Othello« ist das tragische Ende – wenn auch von Jago in Gang gesetzt – sowohl für den Mohr als auch für Desdemona nur ein letzter Schritt in einem Zweier-Prozeß der Gefühlsausbeutung. Im »Macbeth« tritt im Gegensatz dazu die Katastrophe für beide dann ein, als nach ihrer Trennung jeder in das extreme Gegenteil seiner früheren Grundeinstellung verfällt. Damit enden alle gegenseitigen Streichelkontakte für ihre Ersatzgefühle – und die erhielten ja das empfindliche Gleichgewicht ihrer Partnerschaft aufrecht. Ihr tragischer Tod ist nicht direkt durch den Partner verursacht wie beim Mord an Desdemona. Der Tod der Lady Macbeth folgt indirekt dem Mord an Duncan, dessen Ursache im verdrängten Haß gegen ihren Vater lag – bis der Umschwung zur Verzweiflung erfolgte, die sie in den Selbstmord trieb. Der Tod von Macbeth hingegen ist im Zusammenhang mit seiner verdrängten Angst zu sehen, die ihn daran hinderte, sich als erfahrener Feldherr schließlich doch noch mit seinem Erwachsenen-Ich auf die Gegebenheiten einzustellen.

So zeigt sich eine Parallele zwischen dem Mord an Duncan und Othellos Mord an Desdemona. Weder Lady Macbeth noch Macbeth hätten Duncan je aus eigenen Stücken getötet. Ihre Tat ist Folge ihrer gegenseitigen Gefühlsausbeutung. Sie ist die Konsequenz des inneren Zwanges, sich gegenseitig in der jeweiligen Abwehrposition zu bestärken, bis zu dem Augenblick, wo die so lange verdeckten unerlaubten Gefühle auf katastrophale Weise die Oberhand gewannen.

16. Erkenntnisse für die Beratungspraxis

Ehe es zu spät ist

Mord und Selbstmord, Haß, Eifersucht, Intrigen – wie sind wir nur an so viel Gewalttätigkeit, an so viele Tragödien geraten? Dieses Buch sollte doch in erster Linie von den eigenen Beziehungen handeln. Es sollte Spaß machen! Probleme gehören zum Leben aber nun einmal dazu. Wir sollten uns Gefahren vorher anschauen. Da können wir uns ohne schlimme Folgen auf sie einlassen. Schlimme Folgen sind oft nur der letzte einer Reihe von ganz kleinen Schritten. »Es sieht ja böse aus – wie kann das nur gut gehen?« sage ich bisweilen, in Umkehrung des Titels dieses Buches. Wenn wir mit einem Partner zusammenleben, suchen wir die Änderung meist nur beim anderen, statt zu fragen: Was kann ich für mich selbst ändern, damit es mir in Zukunft besser geht?
Soll etwas anders werden, so ist freilich manchmal fachgerechte Hilfe vonnöten. Es ist zu schade, wenn falsche Scham oder vorschnelle Resignation (»da kann man ja doch nichts mehr machen«) Sie daran hindern, rechtzeitig kompetente Hilfe in Anspruch zu nehmen. Es beginnt eigentlich sehr oft mit »Kleinigkeiten«, mit kleinen Krisen, die nach einem ganz bestimmten Muster ablaufen. Erkennen Sie die Zeichen und warten Sie nicht, bis es zu spät ist.

Fachleute können helfen

Therapeuten und Berater können helfen. Und ich möchte mit diesem Buch auch die Fachleute unterstützen: damit sie gleich zur Hauptsache kommen können und sich nicht erst bei einer Unzahl anderer Daten aufhalten. Angaben über die Kindheitsgeschichte des Klienten beispielsweise sind sicher ganz nützlich. Nur kann sich der Klient bei der wichtigen Altersstufe von zwei bis vier Jahren meist nicht an das Wesentliche entsinnen. Er erinnert sich wohl an ein »Trauma«, das er erfahren hat. Die Beziehungsmuster jener Zeit und die unausgesprochenen Verbote gewisser Gefühle jedoch kann er nicht beschreiben. Die erkennt der Berater eher, wenn er die »typischen« Verhaltensweisen des Klienten anderen gegenüber, einschließlich des Beraters selbst, im Hier und Jetzt aufmerksam beobachtet. Auf diese Weise erkennt man schneller den »roten Faden« beim Klienten: wie

- sein *Verhalten* in der gegenwärtigen Krise (die ihn in die Beratung geführt hat) und
- die Ängste und Überlebensstrategien aus seiner frühen Kindheit zusammenhängen,
- welche psychischen – und gegebenenfalls auch realen – Probleme für die Zukunft absehbar sind, und
- wie man am wirkungsvollsten helfen kann, ohne selbst als »dritte Partei« mit hereingezogen zu werden, was entweder keinen Nutzen bringt oder sogar schadet.

Das Ziel, den roten Faden zu finden, gilt unabhängig davon, ob der Gesprächspartner schwerwiegende oder bloß »ganz einfache« Probleme hat. Meine eigenen Erfahrungen als Therapeutin stammen ursprünglich aus der Einzelarbeit. Heute bevorzuge ich die Arbeit mit Gruppen. Da kann ich die Beziehungsmuster der Klienten nicht nur in den Transaktionen mit mir, sondern auch mit anderen Teilnehmern der Gruppe beobachten, auch weil ich nicht die ganze Zeit an den Interaktionen beteiligt sein muß. Ich schreibe hier also aus der Perspektive der Gruppentherapie. Alles Gesagte läßt sich aber auch auf die Therapie mit einzelnen und auf die verschiedenen Berichte therapeutischer Arbeit anwenden.

Hier ist nicht der Ort, ein umfassendes therapeutisches Behandlungsprogramm darzustellen. Vielerlei Gründe veranlassen die Klienten, zur Beratung zu kommen. So müssen auch viele verschiedenartige Faktoren berücksichtigt werden: soziale, wirtschaftliche, genetische, körperliche, psychische. Weiter können die Probleme mit unterschiedlichen Entwicklungsphasen in Zusammenhang stehen[1].

---

1. An anderer Stelle (s. F. English, What shall I do tomorrow, in: G. Barnes u.a., Transaktionsanalyse seit Eric Berne, 1980) habe ich mich eingehender mit den sieben »Subsystemen« des Denkens und Fühlens im Kind-Ich befaßt, die verschiedenen Entwicklungs-

In diesem Kapitel beschränke ich mich auf therapeutische Hinweise, die mit der Dynamik des Gefühlsausbeutens zu tun haben. Ich wende mich damit an Leser, die als Therapeut, Berater, Psychologe, Sozialarbeiter, Lehrer oder Pfarrer in der psychischen Lebenshilfe tätig sind. Sie alle spreche ich von jetzt an einfach als »Berater« an. Ich hoffe, meine Hinweise helfen Ihnen, daß Sie in Ihrer Arbeit – zumal bei regelrechten Gefühlsausbeutern – »Steuermann« bleiben, statt überwältigt zu werden oder hilflos und untätig dabeizusitzen wie der Chor in einer antiken Tragödie.

Die Stufen der Erkenntnis – für Berater

Die Stufen der Arbeit sind also folgende:

1. Vorstufe und Selbstvergewisserung: Was für ein Typ bin ich?
Wenn Sie als Berater tätig sind, sollten Sie sich über sich selbst im Klaren sein: Was für ein Typ bin ich? Welche »Streichel-Tendenz« habe ich: Welche Zuwendung wünsche ich mir? Welche Zuwendung bin ich bereit zu geben? Ihre eigenen Reaktionen werden Ihnen nämlich oft die besten Aufschlüsse über den Typ des Klienten vermitteln. Weiter: Welche »blinden Flecken« habe ich? (Hoffentlich nicht zu viele!)
Daneben ist wichtig, daß Sie Ihre »Kontraktrolle« genau kennen und sich Ihrer entsprechenden Rechte und Pflichten bewußt sind (vgl. Kap. 4).

2. Ist mein Klient ein Gefühlsausbeuter?
Es wird Ihnen nicht schwer fallen, einen ausgeprägten Gefühlsausbeuter zu erkennen. Ihr Gefühl sagt Ihnen das schon, noch ehe Sie daran denken,

phasen in der Kindheit entsprechen. Diese Subsysteme des Kind-Ichs bringen unterschiedliche »Überlebensstrategien« mit sich, die unsere Gefühle, Gedanken und Verhaltensweisen im Leben beeinflussen. Das Subsystem der »zweiten Natur«, das der Entwicklungsphase von zwei bis vier Jahren entspricht und dem auch die Tendenzen zur Gefühlsausbeutung entstammen, ist also nur eines von sieben, jedoch eines der wichtigsten, zumal für die Festlegung von Beziehungen und damit auch möglicherweise für deren gewalttätigen oder tragischen Ausgang (oder auch für den Mangel an Beziehungen). Ferner muß man auch die Rollenwahl berücksichtigen, wie sie in Kap. 4 dieses Buches beschrieben wurde. So haben z.B. Einwirkungen durch die Eltern im Alter von sieben bis zehn Jahren einen nachhaltigen Einfluß auf unser weiteres Leben, und dementsprechend entwickeln wir auch den Eltern-Ich-Zustand in uns, der eine weitere Reihe von Subsystemen des Denkens und Fühlens umfaßt.

eine solche Diagnose zu stellen. Beginnen Sie selbst, sich ungeduldig, gereizt, überfordert oder gelangweilt zu fühlen, dann fragen Sie sich einmal: Bin heute *ich* (aufgrund eigener Probleme) überfordert oder ermüdet, oder kommen die Gefühle, die ich wahrnehme, hauptsächlich bei der Arbeit mit *diesem* Klienten in mir auf und weniger bei anderen? Erinnert er mich vielleicht an jemanden, über den ich mich einmal geärgert habe, oder lasse ich mich zu mehr Streichelzuwendungen nötigen, als ich will? Im letzten Fall reagiere ich auf Ausbeutungstransaktionen. Anders gesagt: ich habe es mit einem Gefühlsausbeuter zu tun.

3. Was für ein Typ ist der Klient?
Falls Sie einigermaßen davon überzeugt sind, daß Sie einen Gefühlsausbeuter vor sich haben, sollten Sie herausbekommen, zu welchem Typ er gehört. Denn dann
- können Sie Ihren Klienten und seine Beziehungsprobleme besser verstehen,
- wissen Sie, wie Sie ihm helfen können, für sich selbst mehr Gleichgewicht zu finden.
- Davon hängt auch Ihre Entscheidung ab, wie Sie sich weiterhin ihm gegenüber verhalten (z.B. werden Sie in Streichelkontakten bei einem Typ 1 anders vorgehen müssen als bei einem Typ 2).

a) *Gefühlsausbeuter vom Typ 1* (Untersicher) werden Sie zu einem Übermaß an *Antworten* veranlassen, zu *Zuwendung und Mitleid* (wenn der Betreffende den *Modus a* mit positivem Streicheln bevorzugt) oder zu *Kritik* (wenn er den *Modus b* mit negativem Streicheln vorzieht).
Jeder Klient, der in Beratung oder Therapie geht, hat Probleme. Es ist daher sein gutes Recht, Hilfe in Anspruch zu nehmen, also auch Zuwendung, Rat und sogar Mitgefühl zu erwarten. Ebenso steht ihm zu, Zweifel und Fragen zu äußern. Das macht ihn noch nicht zum Gefühlsausbeuter. Von einem untersicheren Gefühlsausbeuter jedoch werden Sie sich, wie gesagt, sehr bald gedrängt fühlen, mehr zu geben als Sie eigentlich wollten (an Zuwendung oder an Zweifeln). Im Behandlungsverlauf werden Charaktere vom Typ 1 so mit Ihnen reden, als könnten sie in Ihren Gedanken lesen oder Fragen beantworten, die nichts mit der Behandlung zu tun haben. Wenn sie ihre Gefühle und Gedanken schildern, werden sie hin und wieder überflüssige Wendungen einflechten wie »Wissen Sie . . .«. Sie werden übertriebene Bewunderung und Zutrauen zeigen, vielleicht aber

auch Fragen und Zweifel äußern, die Ihre zusätzliche Zuwendung herausfordern sollen. Erhalten sie solche Aufmerksamkeit nicht, können sie (in momentanem Umschwung) plötzlich äußerst kritisch reagieren, sich dann aber einige Minuten später ganz demütig dafür entschuldigen. Aufgrund Ihrer eigenen Reaktion fragen Sie sich daraufhin möglicherweise: War ich zu wenig einfühlsam, zu kurz angebunden usw.? Sind *Sie selber ein Typ 1,* werden Sie sich bei so einem Klienten in der Rolle des Beraters ermüdet, inkompetent oder schuldig fühlen, daß Sie nicht genug verstanden haben; wenn der Klient klug ist, aber auch erfreut und geschmeichelt, bis Sie selbst verärgert in einen Umschwung geraten.
Gehören *Sie zum Typ 2,* werden Sie sich bei Klienten vom Typ 1 anfangs möglicherweise sehr viel Mühe geben. Sie werden viel von sich aus einbringen, werden vom Dank und von der Anerkennung des Klienten ermuntert sein oder befriedigt, wenn Sie wahrnehmen, wie Sie ihm in seiner Belastung Beistand leisten. Doch allmählich werden Sie ebenfalls eine gewisse Ermüdung verspüren und sich überfordert fühlen. Sie beginnen kritisch und ärgerlich zu reagieren und empfinden sich selbst schließlich (im Umschwung) als inkompetent oder geradezu als Versager[2].

b) *Gefühlsausbeuter vom Typ 2* (Übersicher) suchen die Beratung selten zu Beginn einer Krise auf. Lange Zeit glauben sie, alles allein lösen zu

---

[2]. Im Dezember 1980 hat die American Medical Association eine neue Statistik über Selbstmordfälle bei Ärzten veröffentlicht. Dabei zeigt sich, daß Suizid bei Ärzten dreimal so häufig vorkommt wie im Durchschnitt der Bevölkerung. Eine andere Tatsache: Selbstmord ist in jedem dreißigsten Sterbefall von Ärzten als Todesursache angegeben. Man vermutet, daß es in Wahrheit noch viel schlimmer steht, weil nicht wenige Suizidfälle bei Ärzten von ihren Kollegen mit Rücksicht auf die Familie anders (z.B. als Herzschlag) bezeichnet werden. – Auch ohne diese Statistik wußte man in professionellen Kreisen schon seit Jahren, daß Ärzte (und noch um einiges mehr Psychiater) in häufigen Fällen Suizidkandidaten sind, und zwar auch zu Zeiten, in denen sie nach außen hin durchaus erfolgreich erscheinen. Für mich ist dies gar nicht so erstaunlich, da dieser Beruf vorwiegend von Typ 2-Personen gewählt wird, die in besonderem Maße auf dankbare Zuwendung und bestimmendes Auftreten eingestellt sind. Nach einer gewissen Zeit, wenn sie erkennen müssen, daß sie nicht wie ein Übermensch über Leben und Tod verfügen können, geraten sie in immer größere Verzweiflung. In dieser Hinsicht sind Psychiater (und sonstige Berater) besonders verletzlich, nicht zuletzt weil sie sich den Ausbeutungstransaktionen ihrer Klienten ausliefern – in der vergeblichen Hoffnung, *immer* helfen zu können, statt sich die eigenen Grenzen bewußt zu machen. So enden sie dann selber als verzweifeltes Opfer, denen angesichts ihres »Versagens« und ihrer Schuldgefühle (die uneingestandene Wut verdecken) nur noch der Selbstmord übrig bleibt.

können. Und wenn sie kommen, fällt es ihnen schwer, sich einzugestehen, daß sie wegen der eigenen Probleme da sind. Sie sagen, sie wollten die Therapiemethoden kennenlernen oder dem Partner einen Gefallen tun. Oder sie möchten »lernen«, wie man mit Mitarbeitern beruflich »besser« umgeht. Sie behaupten, sie hätten am meisten davon, wenn sie andere beobachten, statt eigene Probleme zu bearbeiten.

Melden sie sich mit einem Problem an, sind sie oft an einem Tiefpunkt der Verzweiflung angelangt: etwa weil ihr Partner sie »ohne Grund« verlassen hat oder mit Trennung droht, falls der Betroffene nicht zur Beratung geht. Es kann auch sein, daß an der Arbeitsstelle Druck auf sie ausgeübt wurde: der Job sei in Gefahr, wenn sie nicht ihr Verhalten ändern; was, so die Betreffenden, ganz ungerecht sei, weil sie »alles« richtig gemacht hätten.

Ein Klient vom übersicheren Typ 2 unterscheidet sich, auch wenn er schwer depressiv, in sich gekehrt oder voller Schuldgefühle zur Therapie kommt, doch augenfällig vom Verhalten, das bei einem Typ 1 üblich ist. Weint solch ein Klient einmal, so wird er beispielsweise die Tränen aus uneingestandener Angst oder Scham schnell wieder ungeschehen machen wollen: er zündet hastig eine Zigarette an, macht sich sonstwie zu schaffen, behauptet, das käme normalerweise bei ihm nicht vor usw. Kennzeichnend für Personen vom Typ 2 ist auch, daß sie, selbst wenn sie in größten Schwierigkeiten sind, sehr bald versuchen werden, sich Ihnen oder der Therapiegruppe gegenüber als hilfsbereit oder bestimmend zu erweisen, etwa durch Ratschläge oder die Bereitschaft, etwas zu tun. (Neulich hatte ich einen Klienten, der sich nach dieser Sitzung umbringen wollte; während er in tiefster Verzweiflung sprach, erhob er sich plötzlich, um einem anderen Gruppenteilnehmer einen Aschenbecher zu reichen, der sich ganz in dessen Nähe befand.) Dabei tauchen überflüssige Wendungen auf wie »Vielleicht hilft es, wenn ich Ihnen erkläre...« »Meines Erachtens sollte man...«»Natürlich...«»Bestimmt...«.

Ein Klient vom Typ 2 in seinem üblichen Ich-Zustand wird (insgeheim oder offen) Ihre berufliche Kompetenz in Frage stellen, seine kritische Einstellung aber häufig durch übertriebene Höflichkeit, herablassende »Toleranz« und intellektuelle Äußerungen verdecken. Manchmal behandelt er Sie wie ein nettes (oder ungezogenes) Kind, auf das er sich einläßt, um höflich oder gütig zu erscheinen. Dementsprechend werden Sie irgendwann merken, daß Sie mehr Ratschläge und Ermutigung entgegennehmen, als Ihnen lieb ist.

Sind *Sie selbst ein untersicherer Typ,* werden Sie auch in der Kontraktrolle des Beraters nicht selten Schwierigkeiten haben, einem solchen Klienten ins Wort zu fallen, wenn er die schweigsame Zurückgezogenheit des Verzweifelten und die Position des »Beobachters« aufgibt und ins Reden kommt. Teilweise sind Sie vielleicht froh darüber, daß er nun »mitmacht«. Dann aber werden Sie doch merken, daß Sie sich ihm gegenüber »angepaßter« verhalten, als es für die Gruppe oder die Beratung wünschenswert ist. Möglicherweise akzeptieren Sie ihn gar als eine Art Co-Therapeut – entweder unbewußt oder aus der irrtümlichen Vorstellung heraus, das könne ihm helfen.

Gehören *Sie selbst zum Typ 2*, werden Sie, wenn er sich seinem Typ entsprechend verhält, oft Ungeduld und Ärger verspüren: Sie selbst wollen, weil es der Absprache entspricht, über das Vorgehen oder den angemessenen Arbeitsstil entscheiden. Sie werden den Wunsch verspüren, die (falsche) Allianz, die ein Gefühlsausbeuter vom Typ 2 dem Therapeuten anbietet, zurückzuweisen. Doch das ist leichter gesagt als getan, wenn man nicht grob und verletzend werden oder sich in Konkurrenz begeben will, besonders wenn der Betreffende intelligent ist. »Ich bin die Therapeutin, nicht Sie!«, platzte ich einmal verärgert heraus, als ich merkte, daß so ein Typ 2-Klient nahezu die ganze Gruppe mit seinen Ratschlägen in die Hand bekommen hatte, und ich mich bedroht fühlte!

Achten Sie auch auf die Gruppenmitglieder. Deren Reaktionen können Ihren Eindruck bestätigen, welchem Typ Ihr Klient angehört. Ein untersicherer Typ 1 löst bei anderen Retter-Impulse oder Kritik aus. Ein übersicherer Typ 2 weckt in den anderen Konkurrenzgefühle. Oder er versucht, vereint mit anderen Teilnehmern vom Typ 2 in der Gruppe ein »Opfer« zu finden. Das gilt es dann zu »retten« oder zu »verfolgen«, in Konkurrenz zu Ihnen oder angeblich gar um Ihnen zu »helfen«.

4. Ist mein Klient akut gefährdet?

Es ist nicht immer leicht, den Typ des Klienten herauszufinden. In den ersten Stunden kann sich auch ein erfahrener Therapeut täuschen. Denn Umschwünge, Entlastungsverhalten, soziales und berufliches Rollenverhalten können den Typ verdecken. Anfangs verwechselt man zum Beispiel einen trotzigen Klienten vom Typ 1 leicht mit einem bestimmt auftretenden Typ 2. Das ist aber nicht weiter schlimm, Sie werden den Unterschied schon nach einiger Zeit merken.

Gefährlich ist es jedoch, wenn man einen verzweifelten Klienten vom Typ 2 für einen überabhängigen Typ 1 hält; wenn man die unausgesprochenen

Mord- oder Selbstmordabsichten nicht rechtzeitig erkennt. Denn bei Kampf/Flucht-Reaktionen zeigt sich ein ansonsten ängstlicher und abhängiger Klient vom Typ 1 rebellisch und kritisch; oder er explodiert sogar gegenüber dem »rechtmäßigen« Eltern-Ich, das heißt gegenüber dem, von dem er sich abhängig fühlt. Falls ernstlich Gefahr für ihn besteht, wird er aber eine Warnung abgegeben oder Drohungen ausgestoßen haben. Ein Klient vom Typ 2 wiederum erscheint in seinem Umschwung verzweifelt, hoffnungslos, mit Schuldgefühlen belastet, zeigt aber auch starke Abhängigkeitsbedürfnisse, obwohl er sich sonst in seinem Leben meist überverantwortlich wie ein Retter (oder Verfolger) verhalten hat.

Ich kann nicht genug betonen, wie wichtig es ist, festzustellen, ob man möglicherweise einen Typ 2-Klienten vor sich hat, der am Verzweifeln ist. Wie »ruhig«, »schweigsam«, »allwissend« oder »intellektuell« er sich auch verhalten mag, dahinter können sich Selbstmordabsichten verbergen. Und er hat die Entschlußkraft und »Kompetenz«, sie in die Tat umzusetzen, wenn sie nicht zur rechten Zeit erkannt werden. Kurz und gut, wir sollten uns als Berater nicht von Rolle oder Verhalten eines Klienten derart beeinflussen lassen, daß wir seinen wahren Zustand hier und jetzt nicht erkennen.

Drängt sich Ihnen als Therapeut die Vermutung auf, der Klient hege Mord- oder Selbstmordabsichten, so ist es besser, das auszusprechen. Befürchten Sie nicht, Sie wirkten dadurch »suggestiv«, »unhöflich« oder »überängstlich«. An der Reaktion des Klienten läßt sich rasch ablesen, ob Sie sich mit Ihrer Vermutung getäuscht haben. Dann können Sie mit dem Erwachsenen-Ich den Rückzug antreten: »Ich bin froh, daß ich falsch vermutet habe. Ich war mir nicht sicher. Hoffentlich nehmen Sie es mir nicht übel, daß ich danach gefragt habe.« Oder Sie sehen im Gegenteil, daß er erstaunt, betroffen oder traurig reagiert (»Wie kommen Sie auf so einen Gedanken?«). Dann läßt sich eine wirksame Absprache treffen. Oder Sie verlangen zumindest das Versprechen, daß er eine solche Tat nicht verüben werde. Weigert sich der Klient, dann ist das um so mehr ein Hinweis, daß Sie darauf bestehen sollten. Solch einen »Vertrag« schließen Sie am besten für einen begrenzten, überschaubaren Zeitraum ab (etwa drei Monate). Damit lassen Sie dem gemeinsamen Vorgehen Zeit. Doch Sie dürfen nicht vergessen, das Ganze erneut durchzusprechen, bevor die Zeit abgelaufen ist. Vereinbaren Sie weitere »Kontrakte«, bis Sie sicher sind, daß die Gefahr vorüber ist: daß sich der Klient seines Typs und der darunterliegenden Gefühle bewußt geworden ist und mit ihnen besser umgehen kann; oder daß er zumindest in der Lage ist, seine Freunde oder den Therapeuten anzusprechen, wenn er Gefahr empfindet.

5. *Wie stark ist das Gefühlsausbeuten beim Klienten?*
Während Sie die Typzugehörigkeit des Klienten erkunden, können Sie sich auch bereits ein Bild darüber machen: Wie stark beutet der Klient Gefühle aus? In welchem Ausmaß ist er innerlich gezwungen, bestimmte Gefühle und Einstellungen bei sich überhaupt nicht mehr wahrzunehmen und sie stets dann durch andere zu ersetzen, wenn sie aus seiner tieferliegenden Gefühlsebene hervorzubrechen drohen? Also: Handelt es sich um einen Ausbeuter ersten oder zweiten Grades? Da liegen die Hauptprobleme nicht unbedingt in seinen Ersatzgefühlen und im Gefühlsausbeuten. Oder ist bereits der dritte Grad eingetreten? Das ist weitaus gefährlicher.

Ein hochgradiger Gefühlsausbeuter braucht am Anfang ein gewisses Maß an Streichelzuwendung – wenn nicht von Ihnen, dann von anderen. Denn seine Zwanghaftigkeit gleicht einer Sucht. Er kann sich nur entwöhnen, indem er nach und nach Fähigkeiten erwirbt, mit seinen unerkannten Gefühlen besser umzugehen. Bei einem vereinsamten Gefühlsausbeuter (egal ob vom Typ 1 oder 2) kann es eingangs ebenfalls notwendig sein, daß Sie in bestimmtem Umfang auf sein Bedürfnis nach Streichelkontakten eingehen, auch wenn das Nahrung für seine Ersatzgefühle ist und nicht gleich zu einer Änderung führt. Immerhin bauen Sie so eine Beziehung zum Klienten auf und mindern damit die Gefahr, daß es aus Kontaktmangel zu Kurzschlüssen kommt. Eine gewissenhafte therapeutische Behandlung wird sich natürlich nicht auf Streichelzuwendungen für die ausbeutenden Transaktionen des Klienten konzentrieren. Das gäbe ja eine Therapie ohne Ende, und Sie selbst wären den Gefühlsausbeutungen ihres Klienten ausgeliefert.

Zu Beginn der Behandlung begreift der Klient noch nicht, daß das Verhalten der anderen mit seinem zusammenhängt. Er leidet unter den Reaktionen der anderen, erkennt aber nicht, wie er diese mit seinen Provokationen selbst auslöst. So sieht er nur zwei Auswege, zumal wenn ihn z.B. in einer Therapiegruppe unangenehme Gefühle überwältigen: entweder er macht weiter wie bisher und verstärkt mit seinen Ersatzgefühlen, Verhaltensweisen und Stellungnahmen seinen Typ. Oder er kippt aufgrund einer Kampf/Flucht-Reaktion ins Gegenteil um. Danach wird ihn jedoch die Angst vor einer gefährlichen Explosion um so stärker überfallen.

Wie kann ein Klient nun Gefühle, die ihm bisher verborgen waren, besser wahrnehmen und neues Verhalten zeigen? Indem er, im Schutzraum der Therapie, die echten Empfindungen, Wünsche und Ängste auszusprechen lernt. Auf diese Weise kann er sie dann auch mehr bei sich akzeptieren und bewußt mit ihnen umgehen. Und zwar ohne die Befürchtung, daß sie ihn wieder so stark überfallen, daß er in ein gefährliches *Verhalten* rutschen könnte.

6. *Was sind die wichtigsten Ersatzgefühle des Klienten?*
Vergewissern Sie sich anhand der folgenden Fragen:
- Welche Gefühle und Gesprächsbeiträge präsentiert der Klient am häufigsten, und bei welchen Gelegenheiten? Oder: welche Gelegenheiten führt er herbei, damit er sie äußern kann? Zeigt er übertriebene Liebenswürdigkeit, Neugier, Hilfsbereitschaft, Hilflosigkeit, Verletzlichkeit, Aufmerksamkeit, Ängstlichkeit, Fröhlichkeit, Mut, Sexualität, Selbstkritik, Depression, Feindseligkeit, Zorn, Rebellion, forcierte Spontaneität, Leistungsdruck, Perfektionismus, Rationalisieren usw.?
- Worüber beklagt er sich immer wieder in auffälliger Weise? (Dazu gehören auch somatische Gefühle wie »Druck im Magen«, trockener Hals, Zittern in den Gliedern usw., ohne daß eine physische Erkrankung vorliegt.) Wozu drängt er Sie (und andere), um positive Zuwendung, Bestätigung oder Kritik zu erhalten?
- Fühlen Sie sich von den geäußerten Gefühlen oder Gedanken bewegt bzw. angesprochen, oder wirken sie auf Sie zunehmend künstlich und überflüssig?
- Wie reagieren andere in der Gruppe auf diesen Klienten? Erweckt er bei Ihnen Mitgefühl oder Ärger und Langeweile?

Die Antworten auf diese Fragen helfen Ihnen, die unausgesprochenen und unerkannten Gefühle Ihres Klienten zu entdecken. Wenn Sie die allgemeine Gefühlskategorie seiner Ersatzgefühle kennen, wissen Sie: in seiner Kindheit waren ähnliche Empfindungen erlaubt. Wahrscheinlich wurden sie in reichem Maße durch Streichelzuwendung belohnt. So können Sie diese Kategorie beim Suchen der unerkannten Gefühle ausschließen. Zum Beispiel: wer mit Depression, Wehmut usw. ausbeutet, versteckt ganz *andere* Gefühle vor sich, wie Spaß an Vergnügen, Freude oder Fröhlichkeit. Oder: jemand, der (wie Gerd) ständig Feindseligkeit präsentiert, verbirgt vielleicht Liebe, Zärtlichkeit oder den Wunsch zu weinen vor

sich. Dagegen kann hinter übertriebener Liebenswürdigkeit Eifersucht, Angst, Wut oder Wehmut stecken.
Gefühlsausbeuter äußern gelegentlich auch *echte* Gefühle, die den Ersatzgefühlen ähnlich sind. Ein »Depressiver« gerät durchaus in Situationen, die ihn wie einen anderen Menschen Gefühle echter und tiefer Trauer erleben lassen usw. Nicht selten jedoch wird er die Äußerung solcher Gefühle übertreiben, eben weil sie sich in der ihm »erlaubten« Kategorie bewegen. Damit bekommen sie wieder leicht einen falschen Klang, so daß man ihm das normale Mitgefühl verweigert und der Betreffende aufs neue in die Isolation gerät.

7. Soll man Ersatzgefühle beim Namen nennen?
Dem Gefühlsausbeuter ist nicht damit geholfen, wenn man ihm seine Ersatzgefühle aufzählt. Schon gar nicht, wenn man präsentierte Empfindungen kritisiert oder mit dem Finger auf sie zeigt. Das wird ihn vielmehr an Vorwürfe erinnern, die er in seiner Jugendzeit (also lange nach dem Entstehen der Ersatzgefühle) von seinen Eltern und anderen Leuten zu hören bekommen hat. Die Wiederholung von Vorhaltungen ruft eher trotzigen Widerstand und weitere gefühlsausbeutende Transaktionen hervor. Manchmal weckt es auch so etwas wie falschen Stolz, wenn man Ersatzgefühle benennt. Fragt z.B. in der Gruppe einer den anderen gereizt: »Ach, sind Sie immer so . . . (liebenswürdig, gemein, eifrig, eifersüchtig usw.)?«, kann das ein kurzes »Na und?«, »Warum nicht?« oder »So bin ich eben« provozieren.
Vergessen Sie nicht: *Der Gefühlsausbeuter empfindet alle seine Gefühle als echt,* auch wenn Sie selbst und andere in bestimmten Äußerungen Ersatzgefühle erkennen. Er verspürt sie »stets« oder »regelmäßig« – er selber würde sogar sagen: »normalerweise«. Das ist ja gerade die Verwirrung: In bestimmten Situationen erlebt der Gefühlsausbeuter »automatisch« Ersatzgefühle anstelle anderer Gefühle. Er wird eher glauben, die Ersatzgefühle seien echt und die darunterliegenden Gefühle falsch!
Wie echte Gefühle haben auch Ersatzgefühle somatische Begleiterscheinungen: Weinen, Lachen, Bauchschmerzen, erhöhten Blutdruck usw. Gelegentlich tritt auch die *entgegengesetzte* Körperreaktion auf. Ein Klient wird rot, ballt die Faust und macht ein wütendes Gesicht – gleichzeitig bekundet er Mitleid. Er weint bitterlich – und lächelt zugleich. Oder er wird auf dem Höhepunkt sexueller Erregung plötzlich impotent. Oder er beginnt zu husten, während er jemanden mit aufgesetzter Wut anbrüllt.

Es bringt also nichts, wenn man einen Klienten unvermittelt auf seine Ersatzgefühle anspricht. In einer Gruppe werden es die Teilnehmer ohnehin gelegentlich tun (vielleicht mit einem gewissen Ärger über die ständigen Wiederholungen des Klienten). Solche Beobachtungen können Sie ruhig bestätigen, wenn Sie gefragt werden. Allerdings sollte es nicht in Verfolgung ausarten oder die gegenseitigen Projektionen unter den Gruppenmitgliedern fördern.

Gegen Ende der Behandlung hingegen ist es sehr hilfreich, wenn der frühere Gefühlsausbeuter selber dahinter kommt und *ausspricht*, welche Art von Ersatzgefühlen er benutzt und welche Art von Gefühlen er verdeckt hat. Etwa so: »Mir ist aufgegangen, daß ich, wenn sich ein Anlaß bietet, dazu neige, ins Weinen (oder in Verstimmung, Depression) zu verfallen, *ehe* ich Ärger (oder Wut, Angst, Verletztsein) in mir wahrnehme. Dadurch nehme ich mir ja die Möglichkeit abzuwägen, *was* ich mit dem echten Gefühl anfangen will, oder zu entscheiden, *ob* ich es *zeige*, *wem* ich es zeige, und *wie* ich es zeige.«

Mit diesem »ausgesprochenen« Erkennen fügt sich der Klient in sein Erwachsenen-Ich eine wichtige neue Stütze ein. Das kann ihn in künftigen Belastungssituationen davor schützen, auf die alten Ersatzgefühle zurückzugreifen. Eine »Heulsuse« zum Beispiel, die auf wirklich gemeines Verhalten ihres Freundes immer mit neuen Tränen reagierte und trotz »Nachhilfe« einer ganzen Gruppe keinen Ärger bei sich wahrnahm, sich sogar erstaunt zeigte, daß man überhaupt ärgerlich antworten könne, sie sei noch »nie« ärgerlich gewesen – eine solche »Heulsuse« also könnte sich sagen: »Hoppla, ich merke, ich heule wieder öfter. Offenbar mache ich mir nicht bewußt, wann und worüber ich mich ärgere. Was war los, bevor ich anfing zu weinen?« Auf diese Weise könnte sie sich selber helfen, nicht in alte Muster zurückzufallen. Sie brauchte sich dann nicht mehr selbst anzuklagen wie bisher: »Nun heulst du wieder, du doofes (oder du armes) Ding. Auch die Therapie hat nichts genützt: Es muß sich doch jemand finden lassen, der dich tröstet . . .« – womit der alte Trott von neuem losginge.

8. Was sind die echten Gefühle?

Mit dieser Frage kommen wir zum Kern der Behandlung. *Was sind wohl die unerlaubten Gefühle*, für die der Klient blind ist, die er sich nicht anzuschauen traut? Und: Welche Möglichkeiten, *welche Reserven hat er*, andere Dinge zu tun als Gefühle auszubeuten und Rückzug zu inszenie-

ren? Denn solange er dermaßen damit beschäftigt ist, »gefährliche« Gefühle zu unterdrücken, können sich auch seine Kräfte und seine Kreativität, die mit echter Gefühlsäußerung einhergehen, nicht entfalten.
Der Berater selber weiß allerdings auch noch nicht, welche Gefühle unter den Ersatzgefühlen liegen. Zunächst scheint es auch eine unmögliche Aufgabe zu sein: die Gefühle eines anderen zu erraten, die *außerhalb* seines Bewußtseins liegen. Die Aufzählung in Kapitel 8 indessen kann Ihnen vielleicht weiterhelfen. Und wenn Ihnen die Gefühlsliste dort zu kompliziert ist, erinnern Sie sich: *Die verdrängten Gefühle gehören ziemlich oft zu den folgenden allgemeinen Gefühlskategorien: Trauer, Verletzlichkeit, Freude, Sexualität, Begierde (einschließlich Neid) und Wut.* Hinzu kommen *Angst und Scham*, die ihrerseits oft der Motor dafür sind, »wahre« Gefühle zu verbergen.
Fragen Sie sich jedesmal, wenn Ihnen Ersatzgefühle präsentiert werden:
- Welche echten Gefühle könnte die jetzige (oder eben geschilderte) Situation bei dieser Person ausgelöst haben?
- Gibt es körperliche Anzeichen für Angst oder Scham?
- Wie würde ein freies Kind-Ich anstelle dieser Person reagieren? Das heißt: Was könnte der Betreffende fühlen und äußern, wenn er keine Zurückweisung befürchten würde?
- Was würden Sie an seiner Stelle empfinden? Nehmen Sie sich die Freiheit, mit Ihrer Phantasie denselben Gefühlsbereich zu umkreisen. Erkundigen Sie sich auch nach den Empfindungen der anderen Gruppenmitglieder (wie im obigen Beispiel mit der weinenden Klientin; allen war klar, daß sie in dieser Situation eher Ärger als Trauer verspürt hätten).

Sie werden, wenn Sie aufmerksam dabei sind und sich etwas gedulden, beim Klienten viele Anhaltspunkte finden. Insbesondere nonverbale Äußerungen sind aufschlußreich. Verfolgen Sie daher die blitzschnellen Umschwünge im Hier und Jetzt. Ein Beispiel: Thea, deren »Depression« Ersatz für Frohsinn war, würde für einen Moment ganz begeisterte Augen machen, wenn die Leute in ihrer Umgebung ein lustiges Vorhaben planen; dann aber wird sie den anderen sehr schnell ins Wort fallen und sagen, daß sie leider zu müde, zu krank usw. sei, um daran teilzunehmen.
Wenn Sie ein vermutetes echtes Gefühl benennen und dem Klienten vorschlagen, darüber nachzudenken, ob er es gehabt habe, so kann ihn das dazu veranlassen, Ihrer Vermutung mit Nachdruck zu widersprechen. Machen Sie sich aber nichts daraus. Nehmen Sie jede Gelegenheit wahr,

vermutete Gefühle anzuerkennen und zu bestätigen, selbst wenn sie negativ sind. Was ich an früherer Stelle den Lehrern vorgeschlagen habe, bringt auch in der Erwachsenentherapie Erfolg: »Ich würde unter solchen Umständen in Zorn geraten, Sie nicht?« »Also, auf mich wirkt das aber mächtig traurig und gar nicht komisch.« »Jemand anderes würde in so einer Situation ausgesprochen . . . (eifersüchtig, neidisch, stolz, aufgeregt usw.) sein.«
Erinnern Sie sich auch daran: manchmal kann es sich um eine ganze Reihe unerlaubter Gefühle handeln. Weiter: oft werden Gefühle nicht nur ersetzt, sondern es sind auch unbewußte Ängste und Schamgefühle beim Entstehen (und sodann beim Entdecken) der »verbotenen« Gefühle mit im Spiel. Ferner besteht die Möglichkeit, daß Furcht und Scham *an sich* die unerlaubten Gefühle sind, dadurch verdoppelt sich die Angst vor dem Entdecken geradezu[3].

9. Was mache ich mit Schamgefühlen?[4]
Auch Schamgefühle entwickeln sich im Alter von zwei bis vier Jahren. Deshalb verwickeln sie sich nicht selten mit Ersatzgefühlen (»Ich schäme mich, daß ich so weinen muß«, sagt die »Heulsuse«) oder mit dem Unterdrücken von darunterliegenden echten Gefühlen. (»Jetzt schäme ich mich so schrecklich, daß ich gezeigt habe, wieviel Spaß mir Berühren und Berührtwerden macht«, sagte eine Klientin, die erleichtert ihre Rückenschmerzen als Ersatzgefühle wahrgenommen hatte.)
Die Behandlung von Schamgefühlen ist verhältnismäßig einfach, sobald der anfänglich starke Widerstand des Klienten abklingt. Wichtig ist: Er

---

3. Es empfiehlt sich, zwischen Furcht und Angst zu unterscheiden. *Furcht* ist ein Gefühl oder eine Reaktion, die mit einer gegenwärtigen Situation zu tun hat. Dagegen ist *Angst* auf die Zukunft gerichtet und geht – im Kind-Ich – mit dem Empfinden einer, es drohe eine undurchschaubare Lebensgefahr. Wenn sich in uns also Gefühle regen, die in der Kindheit verboten waren, kann uns Angst überfallen: das ursprüngliche Empfinden lebensgefährlicher Bedrohung stellt sich wieder ein, weil wir als Kinder dann ja vermuten, die Eltern mögen uns nicht mehr und könnten uns verlassen.
Auf diese Weise läßt sich Furcht durch andere Gefühle ersetzen, ursprünglich aus Angst vor Furcht!

4. An anderer Stelle bin ich ausführlich auf das Entstehen und die Funktion von Schamgefühlen eingegangen: »Scham und soziale Kontrolle«, in: Fanita English, Transaktionsanalyse. Gefühle und Ersatzgefühle in Beziehungen, Hamburg 1980, 63–70.
Schamgefühle kommen übrigens (mit Ausnahme einiger besonderer Tiere wie Hunde und höher entwickelte Affen) nur beim Menschen vor.

soll nicht nur seine Schamgefühle erkennen lernen, sondern – zunächst in der Therapiegruppe, dann aber auch anderen gegenüber – mit den eigensten Gefühlen sogar angeben und *protzen*, bis er von der Angst, dafür abgewiesen zu werden, frei geworden ist. So mußte die eben erwähnte Klientin nicht nur lernen, ihr Vergnügen an sinnlichen (und sexuellen) körperlichen Empfindungen wahrzunehmen, sondern sie auch anderen einzugestehen. Dabei konnte sie entdecken: »Die verachten mich ja gar nicht dafür. Ich muß ja gar nicht vor Scham sterben« – wie sie es als Kind befürchtet hatte, als ihre Schamgefühle entstanden.

10. Welche Transaktionen setze ich bei Gefühlsausbeutern ein?
Das hauptsächliche und endgültige therapeutische Ziel ist es, dem Klienten zu helfen, seine echten Gefühle zu entdecken. Auf dem Wege dahin haben Sie fortwährend mit seinen Transaktionen zu tun. Wie Sie damit umgehen, bestimmt entscheidend den Erfolg Ihrer Arbeit.
Ich hatte schon darauf hingewiesen, daß Sie zu Beginn der Beratung die Ausbeutungstransaktionen des Klienten möglicherweise ein wenig »mitspielen«, damit er nicht verzweifelt fortgeht. Später jedoch werden Sie ihm Ihrerseits *ganz bewußt* manche *Frustration zumuten* müssen. Zugleich aber werden Sie alle seine echten Äußerungen reichlich mit Streichelkontakten erwidern. Wie ein Drogensüchtiger ursächlich nicht unter der Droge leidet, sondern unter den Ängsten und Entbehrungen, die ihn zur Droge haben greifen lassen, später jedoch mit seinem ganzen Streben einzig und allein damit beschäftigt ist, an die Droge heranzukommen, so ist auch der Gefühlsausbeuter von dem Drang beherrscht, immer mehr Streichelzuwendung zu bekommen. Erreicht er trotz angestrengter Bemühungen sein Ziel nicht, so wird er enttäuscht und wütend reagieren. Wollen Sie Ihrem Klienten weiterhelfen, so werden Sie sich so bald wie möglich aus der Ausbeutungsbeziehung zurückziehen. Das wird den Klienten frustrieren und er wird sich ärgern – damit müssen Sie rechnen und diesen Ärger auf sich nehmen, ohne sich zu rechtfertigen. Methodisch tun Sie das, indem Sie auf Ausbeutungsversuche des Klienten mit Ihrem Erwachsenen-Ich antworten und dadurch seine Transaktionen kreuzen.
Einem *Gefühlsausbeuter vom Typ 1* machen Sie wiederholt klar, daß Sie die Antworten nicht parat haben, daß Sie ihn nicht verstehen, wenn er Sie stereotyp mit seinem naiven, hilflosen, bewundernden oder rebellischen Kind-Ich anredet. Klagt er dauernd über seine Probleme, werden Sie ihm nicht allzuviel Sympathie entgegenbringen. Aber Sie streicheln ihn, wo er

Initiative, erwachsene Fähigkeiten und Kompetenz beweist. (Darum kann bei einem Typ 1-Klienten stützende Beratung ganz falsch am Platz sein: sie läßt ihn in den fest eingefahrenen Gleisen seiner »typischen« Interaktionen mit dem »verklärten« Berater verharren. Auch scheinbar erfolgreiche »Selbstsicherheitstrainings« wirken sich später oft schädlich aus: sie veranlassen jemanden vom Typ 1 leicht, unangemessen häufig plötzliche Schwenkungen gegen den Partner vorzunehmen statt Eigeninitiative zu entwickeln.)

Bei einem *Gefühlsausbeuter vom Typ 2* besteht die »Konfrontation« darin, daß Sie ihm erklären, auch wenn sein Ratschlag besser sein sollte, wollten Sie so und nicht anders handeln; es sei nicht nötig, Ihnen zu helfen usw. (Freilich sollte dies nicht in einen Ringkampf ausarten, wer seinen Willen durchsetzt.) Sie werden also die Hilfsbereitschaft und Kompetenz eines Typ 2 nicht sonderlich honorieren. Stattdessen braucht sein leidendes Kind – das er ja versteckt – viel Mitgefühl. Sie werden ihn ermutigen, Hilfe anzunehmen und Zutrauen zu gewinnen, daß andere auch etwas für ihn (und für sich) tun können. (Darum können bei Leuten vom Typ 2 »Aggressionstrainings« fragwürdige Auswirkungen haben, wenn man sie z.B. in ihren destruktiven Verhaltensmustern bestärkt. Bringt man einen Typ 2 dazu, sich mehr im b-Modus der negativen Transaktionen als im a-Modus des »Rettens« auszudrücken, ohne den anstehenden Problemen auf den Grund zu gehen, so kann das bei ihm gefährliches Verhalten auslösen, wie es etwa Jago bei Othello bewirkte.)

Ein ausgeprägter Gefühlsausbeuter, ganz gleich welchen Typs, wird Ihre Konfrontation anfangs ignorieren. Er wird so tun, als hätten Sie doch aus dem von ihm angesprochenen Ich-Zustand heraus geantwortet. (Das habe ich in Kapitel 6 am Beispiel von Anne gezeigt.) Wenn nämlich einer seine Transaktionen kreuzt, reagiert er innerlich mit Panik. Seine Grundeinstellung verhärtet sich, er schaltet auf »Nicht-hören« oder »Nicht-fühlen«. Wollen Sie für den Klienten heilsam darauf eingehen, so ist etwa folgender Beratungsablauf vorgezeichnet:

Wieder und wieder müssen Sie die Ausbeutungstransaktionen des Klienten mit Ihrem Erwachsenen-Ich durchkreuzen. Dadurch frustrieren Sie ihn fortgesetzt und bereiten ihm Schmerzen, denen er sich eigentlich entziehen möchte. Seien Sie sich also jedesmal, wenn Sie eine Transaktion kreuzen, dessen bewußt: Sie befinden sich in einer äußerst heiklen Phase. Achten Sie darauf, wenn der Klient einen Augenblick stutzt. Fragen Sie ihn dann: »Wie ist Ihnen jetzt, im Moment, zumute?« Denn genau dieser

Augenblick ist die Stelle, an der ein aufmerksamer Therapeut seinem Klienten helfen kann, mit echten Gefühlen in Berührung zu kommen, ehe bei ihm wieder eine Kampf/Flucht-Reaktion einsetzt. Sofort danach fahren Sie mit Wärme und Verständnis fort. Verhalten Sie sich also wie ein gewissenhafter und einfühlsamer Zahnarzt, der sich nach jedem Bohren erkundigt, wie es einem geht. Er ist dann in der Lage, abzuschätzen, wieweit er bei dieser einen Sitzung gehen kann. Er bietet jedoch keinen Kuchen als Trost, wenn Sie sich beklagen. Sein Ziel wird sein, mit dem kranken Zahn irgendwann fertig zu werden, auch wenn der Patient hin und wieder jammert und er das berücksichtigen muß.

Haben Sie ein paarmal Transaktionen gekreuzt und sofort nachgefragt, wie er sich fühlt, wird der Klient wahrscheinlich zögernd eingestehen, daß Sie ihn frustriert oder in Ärger versetzt haben. Insgeheim hofft er, Ihre Nachfrage lasse darauf schließen, daß Sie Schuldgefühle bekommen haben und wohl doch bereit seien, wieder auf die von ihm gewünschten Transaktionen einzugehen (Typ 1: »Warum enttäuschen Sie mich so? Haben Sie dafür einen Grund?« Typ 2: »Gut, daß Sie einsehen, wie Sie mich geärgert haben, das sollte es doch nicht geben.«)

Es folgen jedoch weitere Enttäuschungen. Denn wie ich hoffe, bleiben Sie unbeirrt bei Ihrer Linie und erwidern etwa: »Ich möchte wissen, wie Sie sich jetzt *fühlen,* (zu Typ 1) da ich Sie nicht verstehe . . ., (zu Typ 2) da ich nicht zugebe . . .« Meistens präsentiert der Klient dann als nächsten Schritt *Gedanken,* beispielsweise (Typ 1): »Ich denke mir, Sie müssen einen Grund dafür haben, daß Sie so mit mir umgehen« oder (Typ 2): »Ich denke mir, Sie benutzen da eine bestimmte Strategie, von der ich aus der Literatur weiß, die mir hier aber nicht angebracht zu sein scheint« usw. Bestehen Sie weiter darauf, daß Gefühle und Reaktionen geäußert werden, die sich *gegen* Sie als Berater richten, der nicht einfühlsam ist (Typ 1) oder der Grenzen setzt (Typ 2). Endlich stellen sich ganz bestimmte Gefühle heraus: Enttäuschung, Ärger, Angst, vielleicht sogar Scham, sich lächerlich gemacht zu haben usw. Dies sind nicht unbedingt die eigentlichen, unterhalb der Ersatzgefühle verborgenen Empfindungen, oft aber deren Begleiter.

Gelingt es dem Klienten, seine Gefühle gegenüber dem Berater diesem auch mitzuteilen, so macht er wichtige Erfahrungen: er kann seine Enttäuschung über den Berater und dessen Vorgehen äußern, und dieser akzeptiert es. Der Berater nimmt es nicht übel und macht auch nicht den Versuch, den Klienten bloßzustellen (was der aufgrund der Kindheitserfahrungen, die seine Ersatzgefühle hervorgebracht haben, ja befürchten muß). Im Gegenteil, der Berater bringt ihm volles Verständnis für seine momentane Enttäuschung entgegen. Er erlaubt ihm, ungeduldig zu reagieren. Ja, er mutet ihm zu, ehrlich allen Ärger und Zorn auszusprechen – und der Klient muß dafür nicht in den Boden versinken (sterben). All diese Schritte eröffnen ihm den Weg, auch andere unerkannte und ursprünglich verbotene Gefühle bei sich zuzulassen.

11. Was kann ich tun, bevor ich den Klienten entlasse?
Im schützenden Raum der Therapie kann der Gefühlsausbeuter es sich schließlich erlauben, sich seiner eigenen, echten Gefühle bewußt zu werden. Er wird nicht mehr durch ihre Sprengkraft in gewalttätiges Handeln getrieben. In verstehender Umgebung kann er sich – zunächst probeweise – auf neue Verhaltensweisen einlassen. Diese Erfahrung wird nach und nach die Einsicht in ihm bekräftigen: »*Alle* Gefühle sind normal – selbst mörderische Wut. Doch erst der bewußte Umgang mit diesen Gefühlen bringt bessere – nicht schlechtere – Verhaltensmöglichkeiten.«
Ich kann es nicht oft genug wiederholen: Sie müssen dem Klienten dabei helfen, eine Brücke zwischen seinen Gefühlen und seinem Erwachsenen-Ich zu bauen. Der eine Arm dieser Brücke besteht darin, dem Betreffenden die Benennung und Identifizierung der eigenen echten Gefühle zu ermöglichen, noch *bevor* er der Macht dieser Gefühle zu stark ausgesetzt ist. Der zweite Brückenarm besteht darin, die Verbindung zwischen Benennung und Identifizierung durch das Erwachsenen-Ich herzustellen – *nach* dem Durchbruch und der erneuten Erfahrung dieser Gefühle in der schützenden Behandlungssituation.

12. Und was kann ich für die Partner meiner Klienten tun?
Ehe- und Partnerschaftsberatung ist ein eigenes großes Thema. Viele Konflikte rühren daher, daß Typ und soziale Rolle nicht übereinstimmen. Oft haben sich ein – oder beide – Partner ein Leben lang bemüht, sich ihren Rollen anzupassen. Unterdessen wuchsen Ängste und Frustrationen. Vielfach blieben bei beiden grundlegende Bedürfnisse unbefriedigt. Ziel der Beratung wird es sein, *bei beiden* die unerkannten Gefühle und Wünsche an die Oberfläche des Bewußtseins zu bringen und durchzusprechen. Ich will jedoch auf die Probleme der Paarberatung hier nicht weiter eingehen, vielmehr noch zwei Bemerkungen für die Beratung Ihrer Klienten anfügen.

Häufig ergeben sich dadurch Probleme, daß sich einer der beiden Partner (vielleicht dank der Therapie) in den Augen des anderen stark verändert hat. Und gerade wenn sich der »veränderte« Partner viel besser fühlt als zuvor und an Selbstgefühl gewonnen hat (z.b. wenn er starke Ersatzgefühle los geworden ist), fällt diese Veränderung dem Partner schwer. Er fühlt sich »zurückgeblieben«. Da ist es nützlich, sich mit dem Klienten ausführlich anzuschauen, welchem Typ sein Partner angehört. So kann er Reaktionen des Partners vorhersehen, vor allem wenn er etwas ändern möchte, und sich darauf einstellen.

Schließlich ist es wichtig, daß Sie die Mitglieder Ihrer Therapiegruppe davor warnen, die hier erprobten Techniken zuhause an ihren Partnern auszuprobieren. Ich denke vor allem daran, den Partner zu konfrontieren, indem man eine Transaktion mit dem Erwachsenen-Ich kreuzt. Der andere lädt vielleicht gerade zum Streichelaustausch ein, auch wenn dabei Ersatzgefühle im Spiel sind. Was in der Therapie vom Therapeuten in einem bestimmten Rahmen behutsam und sorgfältig eingesetzt wird, kann zuhause zu gefährlichen Explosionen führen. Der Klient soll im Gegenteil lernen, in Krisensituationen selber sein Erwachsenen-Ich einzusetzen statt seinen Partner zu belasten. So kann auch die Beratung des *einen* beiden die Möglichkeiten eröffnen, die ihnen ihre Lebensprobleme erleichtern und mehr Freude verschaffen, indem sie z.B. fähig werden, häufiger ihr spontanes Kind-Ich sprechen zu lassen.

Zum Schluß: Kann man sein eigener Therapeut sein?

Eric Berne hat einmal gesagt: Selbstbehandlung, das ist so, als wolle man sich selber die Haare schneiden. Zweifellos ist es schwer, wirklich an alle Ecken und Winkel heranzukommen. Aber ich meine, es ist möglich, sofern man einen zuverlässigen Spiegel benützt und mit sich selber etwas Geduld hat (statt sich über die Partien im Spiegelbild zu ärgern, die nicht ganz so sind, wie man sie haben möchte).
Fritz Perls hat behauptet, alles, was uns an anderen mißfällt, sei eigentlich Projektion. Wir werfen einen unerkannten Teil von uns gleichsam nach vorn und heften ihn einem anderen Menschen an – vielleicht um ihn vor Augen zu haben. Doch plötzlich beeindruckt uns dieser andere über alle Maßen. Oder wir kritisieren ihn im Gegenteil für irgendetwas, was uns nicht an ihm gefällt. Möglicherweise hassen wir ihn sogar und wollen ihn loswerden – statt daß wir uns selber in ihm erkennen. Es ist tatsächlich so: grundsätzlich haben die meisten unserer Probleme damit zu tun, daß unsere ursprünglichen Spiegel die Reaktionen unserer Bezugspersonen in der Kindheit waren. Nur ist uns als Erwachsene oft immer noch nicht bewußt, daß wir inzwischen andere Spiegel benützen könnten, um uns selber wahrzunehmen. Dabei ginge uns vielleicht auf: wir sind zu mehr Selbständigkeit imstande, als wir meinen. Wir können uns unsere gegenwärtige Realität anschauen, so wie sie ist, statt nur rückwärts zu blicken, etwa in der Hoffnung, unser Kopf ließe sich von hinten betrachten. Es ist wahrhaftig nicht ganz einfach: oft gestatten wir den Gespenstern der Vergangenheit, daß sie den Spiegel den Händen unseres Erwachsenen-Ichs entreißen.
Ich habe mir in diesem Buch erlaubt, auch von mir selbst zu schreiben – von den eigenen Ersatzgefühlen und wie lange es gedauert hat, bis mir ei-

niges an mir selbst aufging. Doch ich bin damit sicher noch längst nicht fertig . . .

Die Funktion eines guten Beraters oder Therapeuten besteht darin, uns beim Hantieren mit dem Spiegel zu helfen, sogar hier und da etwas für uns zu tun und es uns dann im Spiegel zu zeigen. Meines Erachtens ist jedoch jede Therapie letzten Endes zugleich eine Selbstbehandlung. Sicher sind dazu auch andere Menschen nötig und das Hinhören und Hinsehen auf das, was sie sagen und tun. Es reicht nicht, sie sich nur in Wünschen oder Ängsten vorzustellen.

Ist Liebe dann nur eine Illusion? Ich glaube nicht, auch wenn auf der Hand liegt, daß vieles, was man als »Liebe« bezeichnet, ganz andere Dinge verdecken kann. Dagegen bin ich davon überzeugt, daß Haß und Gewalttätigkeit mit mangelndem Selbstwertgefühl zusammenhängen und daß es Möglichkeiten gibt, sich – eben mit Hilfe eines guten Spiegels – von ihnen zu befreien, und daß neue Liebe und echte Toleranz – zunächst mit sich selbst, und dann um so mehr anderen gegenüber – wachsen können.

Viele Freunde haben mir geholfen, mich besser zu sehen, haben mir echte Liebe entgegengebracht und auch zu den neuen Einsichten beigetragen, die in diesem Buch ihren Ausdruck fanden.

Von Eric Berne und Fritz Perls habe ich zu deren Lebzeiten viel gelernt. Hoffentlich spürt man es diesem Buche ab. An dieser Stelle möchte ich auch David Kupfer würdigen, einen Kollegen von Eric Berne, der in den dreißiger Jahren als Flüchtling aus Deutschland nach Amerika kam und 1971, bald nach Berne starb. Kupfer war ein ideenreicher und einfühlsamer Transaktionsanalytiker. Ich selbst wie auch der ganze Ursprung der Transaktionsanalyse verdanken ihm viel. Leider hat er nichts veröffentlicht, und so ist er der nachfolgenden Generation nicht mehr bekannt.

Durch ihn ist mir zum ersten Mal der Unterschied zwischen Selbständigkeit und Autonomie aufgegangen. Ehe ich mit ihm zusammenarbeitete, war ich schon längere Zeit selbständig tätig gewesen und hielt mich für »frei«. Doch dann lernte ich bei ihm, daß man nie autonom, d.h. wirklich frei sein kann, so lange man mit den Gespenstern der Kindheit lebt. Und so hoffe ich, daß ich auch mit diesem Buch den Weg, den mir Berne, Kupfer und Perls gewiesen haben, meinen Lesern vermitteln konnte.

Zum Abschied nun ein Zitat von Julius Caesar, das ich oftmals den Teilnehmern meiner Kurse mit auf den Weg gebe. Nach seinem Sieg über Pharnakes II. bei Zela 47 v. Chr. verkündete er: »Ich kam, ich sah, ich siegte!« In ähnlicher Weise hoffe ich, lieber Leser, daß Sie mithilfe dieses Buches einiges bei sich selbst erkannt haben, daß Sie etwas vom Sieg über Ängste und Blockierungen verspüren konnten, und daß Sie weiterhin Ihren Weg zu neuen Einsichten und Aussichten gehen mögen. Solche Siege wünsche ich Ihnen von ganzem Herzen.

nakes II. bei Zela 47 v. Chr. verkündete er: »Ich kam, ich sah, ich siegte!« In ähnlicher Weise hoffe ich, lieber Leser, daß Sie mithilfe dieses Buches einiges bei sich selbst erkannt haben, daß Sie etwas vom Sieg über Ängste und Blockierungen verspüren konnten, und daß Sie weiterhin Ihren Weg zu neuen Einsichten und Aussichten gehen mögen. Solche Siege wünsche ich Ihnen von ganzem Herzen.

Anhang: Ein Blick in die Transaktionsanalyse

In den letzten zehn Jahren hat die Transaktionsanalyse (TA) eine außergewöhnliche Verbreitung gefunden. Einige ihrer Vorstellungen und Begriffe sind heute nahezu Allgemeingut geworden. Ich denke dabei in erster Linie an die Einsicht: unsere Persönlichkeit besteht nicht aus einem einschichtigen Ganzen, sondern aus verschiedenen »*Ich-Zuständen*«, die man in TA als Eltern-Ich, Erwachsenen-Ich und Kind-Ich bezeichnet.

Das Ich hat verschiedene Gesichter

Eigentlich ist es von altersher bekannt, daß sich ein und dieselbe Person in ganz verschiedenen Zuständen empfinden und darstellen kann. Bei Ethnologen und Schriftstellern ist viel darüber nachzulesen. So erscheinen die Götter der griechischen oder indischen Mythologie in wechselnder Gestalt: Paraswate, Shiwas Gattin, ist von ganz anderer Art, je nachdem, ob sie als Kali oder als Durga auftritt. Im Märchen (und in der Oper) kann sich ein Prinz in einen Frosch oder einen Schwan verwandeln und dann wiederum zum Prinzen werden. In den amerikanischen Comic-Serien ist »Superman« einesteils der allmächtige Übermensch, der über die Häuser hinwegfliegen kann, andernteils der scheue, kurzsichtige Beamte. Und im »Steppenwolf« hat uns Hermann Hesse einen Mann beschrieben, der sich zugleich als »Wolf« wahrnimmt.
In der Alltagssprache gibt es zahlreiche Redewendungen, die die Wandlungen des »Ich« ausdrücken: »Ich war nicht ganz bei mir, als ich . . .«, »Das paßt nicht zu dir« oder »In diesem Zustand kenne ich dich nicht wieder«. Sicher haben auch Sie manchmal über einen Entschluß, ein Gefühl

oder einen Gedanken von gestern oder vor einer Stunde oder vor einem Jahr den Kopf geschüttelt: Ihrem jetzigen Empfinden nach »stimmt« er nicht. Am nächsten Morgen aber ist Ihnen wieder anders zumute, und er »stimmt« wieder.
Im Mittelalter oder in primitiven Gesellschaften hieß es, man sei »verhext« oder von einem fremden Geist besessen, wenn man Stimmen in sich vernahm. Heutzutage hat man Angst, man sei »schizophren« (= gespaltener Kopf), wenn man in sich völlig gegensätzliche Gefühle oder Gedanken wahrnimmt.
Freud hat uns mit dem Unbewußten und der inneren Stimme des Gewissens (dem »Über-Ich«) bekannt gemacht. Freilich ging er immer noch von der Vorstellung aus, daß die funktionierende, wache Person nur *eine* ist, daß sie also nicht aus unterschiedlichen, voneinander unabhängigen Teilen besteht.
Dementsprechend hielt man in der Psychologie an der Anschauung fest, es sei nicht normal, ja es sei sogar krankhaft, wenn jemand meint, seine Persönlichkeit bestünde aus unterschiedlichen, getrennt funktionierenden Teilen. Und als normal galt, war man einmal erwachsen, nicht mehr »kindlich« zu sein.

Kind-Ich + Eltern-Ich + Erwachsenen-Ich = Ich

Die eigentliche Wende erfolgte durch den amerikanischen Psychoanalytiker Eric Berne (1910–1970). Er wies als erster nach, daß es durchaus normal ist, in sich verschiedene Ich-Zustände wahrzunehmen. So gehört unser *»Kind-Ich«* nicht nur zu unserer Vergangenheit, sondern es lebt im erwachsenen Menschen auch weiter in der Gegenwart. Es ist ein lebendiger, kreativer (manchmal auch ängstlicher) Teil unserer Persönlichkeit. Außerdem besitzen wir ein *»Eltern-Ich«*, das vielen Gedanken und Gefühlen unserer einstigen Eltern, die sich uns eingeprägt haben, weiterhin Geltung verschafft. Unser *»Erwachsenen-Ich«* schließlich hat sich erst um einiges später herangebildet. Es dient vor allem dem Informationsaustausch, kann uns aber nicht allein vertreten. Die entscheidenden Impulse, die uns zu Beziehungen und »Transaktionen« mit anderen Personen veranlassen, gehen nämlich vom Kind-Ich und vom Eltern-Ich aus. Eric Berne hat sein Persönlichkeitsmodell mit den drei Ich-Zuständen folgendermaßen skizziert:

 Eltern-Ich

Erwachsenen-Ich

Kind-Ich

Mit jedem Ich-Zustand verbindet sich ein *eigenes Denk- und Gefühlssystem*, zu dem auch bestimmte Erinnerungen und Erwartungen gehören. Wir können uns in den Zustand des Eltern-Ichs versetzen: dann geben wir Hilfe und Unterstützung oder auch Kritik. Oder wir versetzen uns in den Zustand des Erwachsenen-Ichs: es nimmt Informationen auf und verarbeitet sie und versucht, Probleme realistisch zu lösen. Oder wir gehen in den Zustand des Kind-Ichs: da reagieren wir spontan, geben der Phantasie Raum, handeln kreativ, erleben Wunder, passen uns aber auch ängstlich und furchtsam an oder rebellieren trotzig.
Je nachdem wie eine Situation oder ein neuer Anreiz im Hier und Jetzt es erfordert, versetzen wir uns in den einen oder anderen Ich-Zustand. Dabei wechseln wir manchmal innerhalb nur weniger Minuten, ja sogar Sekunden hin und her.
Berne's Modell geht ferner davon aus, daß die Kommunikation zwischen einzelnen Menschen eher von diesen unterschiedlichen Ich-Zuständen ausgelöst und in Gang gehalten wird als von der gesamten Persönlichkeit. Jeder Ich-Zustand aber hat besondere Bedürfnisse. Daraus ergibt sich, daß sich die Kommunikation zwischen einzelnen Menschen auf eine neue Art und Weise analysieren läßt. Vor Berne war man davon ausgegangen, daß Kommunikation hauptsächlich in einem Austausch von Information besteht. Das trifft zu, wenn wir uns im Erwachsenen-Ich befinden. Aber auch in der erwachsenen Person leben Bedürfnisse nach Zuwendung, und gerade diese lassen uns mit anderen Menschen Kontakt aufnehmen.

Streicheln verbindet

Säuglinge (und auch kleine Kinder) können nicht überleben, wenn sie nicht genügend körperliche Zuwendung bekommen. Das haben Forschungen erwiesen. In Ergänzung dazu haben auch Eltern das elementare Bedürfnis, ihr Kind zu streicheln. Diese Bedürfnisse bleiben weiterhin im

Kind- und Eltern-Ich wirksam und finden in diesen Ich-Zuständen ihren Ausdruck.

Um von solchen Kontakten in präziser Form als zählbaren Einheiten sprechen zu können, hat Berne den Begriff »strokes« eingeführt. Im Deutschen ist er mit »*Streicheln*« zu übersetzen. Dabei ist jedoch zu bedenken, daß dieser Begriff in TA nicht nur in positiver Bedeutung benutzt wird, also liebevolle Berührung und Zuwendung bezeichnet, sondern auch im negativen Sinn für Schlagen verwandt wird. Außerdem ist dieser Ausdruck nicht bloß wörtlich zu verstehen, sondern auch im übertragenen Sinn. Das heißt: beim Reden streicheln wir durch Ausdrucksweise, Stimmlage, Gesten, usw. und werden gestreichelt bis dahin, daß wir uns selber durch bestimmte Erinnerungen oder Vorstellungen im Hier und Jetzt streicheln können.

Wenn in diesem Buch von »Streicheln«, »Streicheleinheiten«, »Streichelkontakt« und »Streichelaustausch« die Rede ist, gilt es sowohl positiv (das nenne ich Modus a), als auch negativ (Modus b).

Soll sich ein Kind entwickeln, soll es lernen und Beziehungen aufbauen, so ist natürlich positives Streicheln erforderlich: Liebe, Wärme und Vertrauen oder Trost und Bestätigung. Doch wir wissen inzwischen, daß selbst negative Kontakte besser für die Überlebens- und Entwicklungschancen eines Kindes sind, als wenn Streichelkontakte völlig fehlen. Viele Menschen, die unter Schelten und Schlägen aufgewachsen sind, finden sich später damit ab (wenn sie nicht gar diese negative Art von Streichelkontakt bevorzugen und deshalb provozieren). Sie haben sich daran gewöhnt, und sie erscheinen ihnen vertraut[1].

Zum Leben im Elternhaus gehört, daß Kinder und Eltern sich berühren, zunächst leibhaftig und dann symbolisch, durch Küssen und Schlagen, Lächeln und Schreien, Fragen und Antworten auf neugierige oder verletzende Art. Sich zu berühren ist ein elementares Bedürfnis. So lernen wir »Streicheln« auszutauschen, und diese Methode übertragen wir auf unsere Beziehungen mit anderen Menschen unserer Umwelt. Das sachliche Lernen geschieht dann nebenbei durch Erfahrung, so wie Kinder wie von selbst sprechen und gehen lernen.

1. Dies ist eine für Pädagogen wichtige Frage: Wie lernen solche Kinder besser? Soll man ihnen auch mit Schimpfen und Bestrafen begegnen? Fürs Lernen ist das manchmal wirksamer. Wie verhält man sich bei Kindern, die negatives Streicheln provozieren? Wie kann man ihnen helfen, daß sie positives Streicheln wahrnehmen und sich damit weiter entwickeln?

Kommunikation besteht also aus »Transaktionen« eines Ich-Zustandes einer Person mit einem Ich-Zustand der anderen Person. »Transaktion« ist ein Begriff aus dem Wirtschaftsleben und bedeutet: es wird ein Tauschhandel abgewickelt. Hier wird er im übertragenen Sinn gebraucht: »Streicheleinheiten« werden ausgetauscht.

Eine Transaktion bietet gegenseitigen Streichelkontakt, wenn man sich im angesprochenen Ich-Zustand befindet (und bleibt), dann seinerseits reagiert und den Ich-Zustand anspricht, in dem sich die andere Person befindet. Transaktionen lassen sich dadurch abbilden, daß man Linien oder Pfeile zwischen den agierenden und reagierenden Ich-Zuständen der beiden Partner einzeichnet.

Transaktionen diagonal: Wenn die Ich-Zustände sich ergänzen

Das folgende Schaubild zeigt eine einander ergänzende Transaktion, die in TA als »*komplementär*« bezeichnet wird:

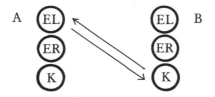

Diagonal parallele komplementäre Transaktion

Partner A ist im Zustand des Eltern-Ichs und wendet sich an das Kind-Ich von Partner B. Da Partner B sich gerade darin befindet, wurde der richtige Ich-Zustand angesprochen. Er richtet seine Antwort wiederum an das Eltern-Ich von Partner A, der sich nach wie vor darin befindet, und so haben diese beiden Partner einen Streichelaustausch zustande gebracht. Wenn jeder im selben Zustand bleibt, kann sich dieser Austausch weiter fortsetzen. Im Schaubild kann man das daran erkennen, daß die Transaktionslinien parallel verlaufen.

Mit den diagonalen Linien zeigt uns das Schaubild außerdem, daß sich *einer der beiden Partner* (in diesem Fall A) *im Eltern-Ich* und *der andere* (in diesem Fall B) *im Kind-Ich* befindet. Wir bezeichnen solche Transaktionen als »komplementär« und *»diagonal«*, wenn sich beide Partner in dieser Konstellation von Eltern-Ich und Kind-Ich bewegen.

Solche Schaubilder sind nützlich, wenn man die Kommunikation zwischen einzelnen Partnern erklären will. Auf diese Weise läßt sich feststellen, welche Ich-Zustände im Verlauf einer Transaktion miteinander im Spiel sind. Man kann auch sehen, was geschehen ist, wenn die Kommunikation mit einem Partner, zu dem man eben noch einen guten Kontakt hatte, mit einem Mal verworren wird.

Die Schaubilder zeigen auch, welcher Ich-Zustand bei dieser oder jener Person durch eine bestimmte komplementäre Transaktion »gestreichelt« wird. Weil wir über getrennte Ich-Zustände verfügen, kommt die jeweilige Streichelzuwendung bei jeder Transaktion nämlich nur *einem* Ich-Zustand und nicht der ganzen Person zugute. So ist es möglich, daß eine Person oftmals reichliche Bestätigung in einem bestimmten Ich-Zustand empfängt, aber nicht genug in einem anderen. Ein Arzt oder ein Pfarrer z.B. bekommt viel Bestätigung für sein Eltern-Ich: man zollt ihm für seine Arbeitsleistung und sein Wohlwollen Anerkennung, läßt dagegen sein geängstetes oder trauriges Kind-Ich außer acht. Oder ein »ordentlicher« Beamter wird dafür gelobt, daß er stets gutwillig die ihm zugewiesene Arbeit erledigt. Das Streicheln gilt seinem angepaßten Kind-Ich, nicht aber dem Eltern-Ich mit seinem Verantwortungsgefühl.

Was die Transaktionsskizze nicht zeigen kann, ist die *Qualität* eines komplementären Streichelaustausches. Und darauf kommt es in Partnerschaft, Familie und Beruf natürlich besonders an. Ob z.B. der Wortwechsel »Wie geht's?« (Eltern-Ich) – »Danke, ganz gut« (Kind-Ich) mit stark gegenseitiger Zuwendung, echtem Interesse oder nur als eine alltägliche Grußformel (die wir auch brauchen, aber nicht allein) gesagt wird, geht daraus nicht hervor. Wir können also, ohne Dialog und Stimme zu hören, vom Schaubild nicht ablesen, ob die aufgezeichnete Transaktion unter positivem (Modus a) oder negativem Streichelaustausch (Modus b) abläuft, wobei Modus a und b oft miteinander abwechseln. Das Schaubild vermag uns indes die Ich-Zustände der beiden Partner während einer bestimmten Transaktion zu zeigen. Solange sich die Transaktionslinien als komplementär parallel einzeichnen lassen, ist ein Streichelaustausch im Gange, ganz gleich von welcher Qualität.

Schaubilder sind auch nützlich, wenn man eingeschliffene Transaktionsmuster zwischen zwei Partnern beobachten will, besonders wenn es kritisch wird. Denn dadurch lassen sich die typischen Verhaltensweisen deutlich erkennen.

Der folgende Dialog ist ein Beispiel für eine komplementäre Transaktion mit wechselndem a- und b-Modus:
B (fürsorgliches Eltern-Ich): »Ich hoffe, es geht dir gut.«
A (launisches Kind-Ich, aber im a-Modus): »Nein, ich habe Kopfschmerzen. Was fange ich bloß damit an?«
B (Eltern-Ich, im b-Modus) »Hättest du gestern nicht so viel getrunken!«
A (Kind-Ich, im b-Modus): »Warum kritisierst du so an mir herum?«
B (Eltern-Ich, wieder im a-Modus): »Weil ich es gut mit dir meine.«
A (Kind-Ich, wieder im a-Modus, hoffnungsvoll): »Also, was rätst du mir für meine Kopfschmerzen?«
B (Eltern-Ich, weiterhin wohlwollend, fürsorglich im a-Modus oder kritisch im b-Modus): »Du solltest . . .«, und so geht der Streichelaustausch fort und fort.

Transaktionen horizontal: Wenn die Ich-Zustände sich gleichen

Ein Schaubild kann auch parallele Transaktionslinien aufweisen, die *horizontal* verlaufen. Das heißt: beide Partner befinden sich im gleichen Ich-Zustand, entweder im Kind- oder Eltern-Ich. Ein komplementärer Dialog zwischen dem *beiderseitigen Kind-Ich* könnte ebenfalls mit »Wie geht's?« (Kind-Ich) einsetzen und so weitergehen:
»Schrecklich, ich habe Magenschmerzen.«
»Du, mir tut auch der Magen weh.«
»Gestern hat es bei mir angefangen.«
»Genau wie bei mir, und Kopfschmerzen habe ich auch.«
»Gehst du trotzdem mit ins Kino?«
»Nun ja, wenn es ein ordentlicher Horror-Film ist.«
»Wieso?« usw.
Hier tritt kein Eltern-Ich dazwischen, Kind-Ich streichelt Kind-Ich. Das kann so weitergehen und durchaus eine gewisse Intimität vermitteln, wenn die Schmerzen nicht zu stark sind und der eine oder andere nicht unbedingt ein Eltern-Ich zum Trösten oder ein Erwachsenen-Ich zur medizinischen Behandlung braucht, bei sich selbst oder bei anderen.
Als Abwechslung – wenn der Partner sich ins fürsorgliche Eltern-Ich versetzen kann, ohne dadurch frustriert zu sein – ist auch der Übergang zum diagonal komplementären Streichelaustausch möglich.
Ein komplementärer Dialog im *beiderseitigen Eltern-Ich* könnte nach dem »Wie geht's?« folgendermaßen weitergehen:

»Ganz gut, hätten mich die Nachbarn nicht mit ihrem Krach die ganze Nacht hindurch wachgehalten.«
»Ja, mit meinen Nachbarn habe ich auch allerhand Probleme.«
»Welche denn?«
»Stellen Sie sich vor, gestern haben sie . . .«
»Nein, wie schrecklich, da müßte doch die Polizei eingreifen!«
»Ach die Polizei, die richtet doch nichts aus . . .« usw.

Streicheln sich zwei Eltern-Ichs, so reden sie häufig über andere – auch wenn es sich um die Polizei handelt –, als wären es Kinder, und zwar entweder positiv (»die sind ja so tüchtig«) oder negativ (»die taugen nichts«). Solche Transaktionen können wir ebenfalls als komplementär bezeichnen. Denn sie können sich so lange fortsetzen, wie beide Partner im gleichen Ich-Zustand verbleiben, auch wenn die Transaktionslinien hier horizontal verlaufen. Im ersten Fall handelt es sich um eine horizontale Transaktion zwischen dem beiderseitigen Kind-Ich.

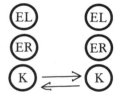 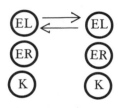

1. Transaktion zwischen beiderseitigem Kind-Ich
2. Transaktion zwischen beiderseitigem Eltern-Ich

Natürlich gibt es auch horizontal parallele Transaktionen im *beiderseitigen Erwachsenen-Ich*. Die beschränken sich aber in der Regel auf einen Informationsaustausch. Die meisten von uns bleiben ungern länger als nötig in diesem Zustand. Da geht es nämlich verhältnismäßig trocken und gefühlsarm zu. Doch das Beispiel von Lore und Jan im ersten Kapitel zeigt uns, daß zwei Partner, die miteinander gewöhnlich in komplementären Ich-Zuständen verkehren, nicht allein darauf angewiesen sind. Sie können gegebenenfalls auch wechseln, ohne daß dies zu Streit führt. Vielleicht weiß Lore, obwohl sie sich mit Jan oft im Kind-Ich befindet, ihr Eltern-Ich gut einzusetzen und streichelt gelegentlich Jans Kind-Ich. Bei ihnen vollzieht sich der Übergang vom einen zum anderen Ich-Zustand dann überwiegend harmonisch. Hin und wieder gibt es einen kleinen Zwischenaufenthalt im Erwachsenen-Ich, was den Wechsel erleichtert. So

Friedrich Nietzsche

Neue Wege der Forschung

Friedrich Nietzsche

Herausgegeben von
Christian Niemeyer, Sigmar Stopinski, Caroline Eisold,
Sven Werner und Sandra Wesenberg

Die Deutsche Nationalbibliothek verzeichnet diese Publikation
in der Deutschen Nationalbibliografie;
detaillierte bibliografische Daten sind im Internet über
http://dnb.d-nb.de abrufbar.

Das Werk ist in allen seinen Teilen urheberrechtlich geschützt.
Jede Verwertung ist ohne Zustimmung des Verlags unzulässig.
Das gilt insbesondere für Vervielfältigungen, Übersetzungen, Mikroverfilmungen und
die Einspeicherung in und Verarbeitung durch elektronische Systeme.

© 2014 by WBG (Wissenschaftliche Buchgesellschaft), Darmstadt.
Die Herausgabe des Werkes wurde durch
die Vereinsmitglieder der WBG ermöglicht.
Umschlaggestaltung: Neil McBeath, Stuttgart
Umschlagabbildung: Friedrich Nietzsche © ahg-images
Gedruckt auf säurefreiem und alterungsbeständigem Papier
Printed in Germany
Besuchen Sie uns im Internet: www.wbg-wissenverbindet.de

ISBN 978-3-534-26449-0

Elektronisch sind folgende Ausgaben erhältlich:
eBook (PDF): 978-3-534-73863-2
eBook (epub): 978-3-534-73864-9

Inhalt

Christian Niemeyer
Einleitung: Zum Stand der Nietzscheforschung und
zu diesem Band 7

A. Beiträge zur biographisch orientierten Forschung 42

Pia Daniela Volz
Vom „Alchimisten-Kunststück, aus Koth Gold zu machen"
(1995) 42

Sander L. Gilman
Heine, Nietzsche und die Vorstellung vom Juden (1997) 54

B. Beiträge zur Quellenkritik und Editionspolitik 81

Hans-Erich Lampl
Ex oblivione: Das Féré-Palimpsest. Noten zur Beziehung
Friedrich Nietzsche – Charles Féré (1857–1907) (1986) 81

Dieter Fuchs
Der Wille zur Macht: Die Geburt des „Hauptwerks" aus dem
Geiste des Nietzsche-Archivs (1997) 108

C. Beiträge zur Quellenforschung 132

Jörg Salaquarda
Friedrich Nietzsche und die Bibel unter besonderer
Berücksichtigung von *Also sprach Zarathustra* (2000) 132

Andreas Urs Sommer
Vom Nutzen und Nachteil kritischer Quellenforschung (2000) 146

D. Beiträge zur Werkinterpretation 163

Christian Niemeyer
Die Fabel von der Welt als Fabel oder Nietzsches andere
Vernunft. Irrtümer um eine Geschichte? (1996) 163

Heinrich Detering
„Singe mir ein neues Lied". Zu Friedrich Nietzsche letzten
Texten (2009) 180

E. Beiträge zur Rezeptions- und Wirkungsforschung 197

Weaver Santaniello
Nietzsche und die Juden im Hinblick auf Christentum und
Nazismus – nach dem Holocaust (1997) 197

Harald Lemke
Nietzsche: Kritische Theorie als Ethik (2000) 237

Auswahlbibliographie 255

Christian Niemeyer

Einleitung: Zum Stand der Nietzscheforschung und zu diesem Band

Geboten wird dem Leser mit dem vorliegenden Band eine nach bestem Wissen und Gewissen zusammengestellte Auswahl von insgesamt zehn Texten über Nietzsche aus den letzten gut dreißig Jahren. Sie entsprechen, nach Auffassung der Herausgeber, den Standards guter wissenschaftlicher Praxis und dürfen jeweils als exemplarisch gelten für einen bestimmten Forschungszugang zu Nietzsche. Insoweit sollen sie der hoffentlich immer wieder nachwachsenden Generation von Nietzschelesern eine Orientierung geben für ihr eigenes Bemühen um Verständnis der Primärliteratur. Dass es bei der Textauswahl jeweils um die Sache zu gehen hatte, nicht um die Person, versteht sich vielleicht von selbst, ebenso wie die Folge dessen: *Big names* zu offerieren, war nicht unser Interesse, auch *gender correctness* oder Gleichverteilung im Blick auf einzubeziehende Periodika oder Verlage oder auch nur nationale Zugehörigkeit kam als Auswahlkriterium nicht in Betracht. Eher schon entsprach ein Kompendium nach Art eines *best of* unseren Zielsetzungen. Dabei war am Ende natürlich auch der subjektive Faktor nicht ganz auszuschließen. Um diesen zu minimieren, durchforsteten wir – teils, gewollt, mit Laienblick – Hunderte von Texten aus den letzten dreißig Jahren, auch auf Hinweis konsultierter Experten, immer auf der Suche nach auch heute noch lesenswerten Texten, nach innovativen und gut begründeten Zugängen, die eine wichtige Deutungsspur im Blick auf Nietzsche freizulegen versprechen, der auch für die Zukunft noch Relevanz zukommen dürfte und ohne deren Berücksichtigung man Nietzsche unrecht täte.

Ganz neu ist diese Idee natürlich nicht, wie der einschlägige Sammelband *Nietzsche* (1980) von Jörg Salaquarda zeigt. Instruktiv sind dabei die Details: Als Salaquarda den Versuch unternahm, in Band 521 der Reihe *Wege der Forschung* der WBG „einen repräsentativen Überblick über die Entwicklung der philosophischen Nietzsche-Forschung von Anfang der fünfziger bis Ende der siebziger Jahre" (Salaquarda 1996, VII) zu offerieren, wurde die Diskussion um Nietzsche zumal im deutschen Sprachraum noch sehr stark dominiert durch die Nachwirkung der Nazifizierung Nietzsches im Dritten Reich, aber auch durch die gegenläufige These etwa eines Georg Lukács, eine solche habe gar nicht stattgefunden bzw. sei, von einzelnen Retuschen abgesehen, gar nicht notwendig gewesen. Mindestens fünf der fünfzehn von Salaquarda wiederabgedruckten Texte (im Einzelnen: jene von Bataille [1949], Camus [1953/1969], Lukács [1954], Müller-Lauter [1974] und Montinari [1976]) gehörten zu diesem Themenkomplex. Nicht, dass Einwände wie jene von Lukács nicht auch heute noch hier und da zu finden sind, wie exemplarisch das Beispiel Domenico Losurdo (2009) lehrt (vgl. Niemeyer 2010). Aber anders als damals stehen heutzutage die Quellentexte und Hilfsmittel zur Verfügung, um derlei Streitfragen von der Sache her zu entscheiden, ganz zu schweigen von einschlägigen Forschungstexten: einige von ihnen (etwa jene von Lampl [1986], Santaniello [1997] und Fuchs [1998]) werden in diesem Band präsentiert.

Um aber die Auswahl insgesamt und die dabei leitenden Prinzipien zu erläutern, dies vor dem Hintergrund des aktuellen Standes der Nietzscheforschung, muss etwas weiter ausgeholt werden – mittels einer kleinen Geschichte. Sie nimmt ihren Ausgang in der Universität Leipzig, von deren damaligen Rektor Max Heinze sich Nietzsche noch im August 1883 sagen lassen musste, er solle sich erst einmal mit einer längeren Arbeit in seinem einschlägigen Berufungsgebiet, der Altphilologie, qualifizieren, ehe er für eine Lehrtätigkeit an dieser seiner *alma mater* in Frage käme. Heinze hatte es bei dieser Gelegenheit nicht unterlassen, den eigentlichen Ablehnungsgrund zumindest anzudeuten: die Gottlosigkeit, der Nietzsche im *Zarathustra* das Wort geredet habe – einen Hinweis, den Nietzsche, zutiefst betroffen, aber gewohnt sarkastisch kommentierte: „Bravo! Dieser Gesichtspunkt gab mir meinen Muth wieder!" (KSB 6, 435) Heinze, seines Zeichens immerhin Philosophiehistoriker, reagierte zumindest *a posteriori* klug, also hinreichend flexibel, indem er über den zuvor von ihm mit Skepsis Bedachten rasch umlernte – und 1909 gar dem Stiftungskomitee des Nietzsche-Achivs beitrat. Nietzsche freilich konnte sich für diesen Trost nichts mehr kaufen – im Gegensatz zu seiner Schwester Elisabeth: Sie bezog aus Heinzes Teilhabe am von ihr gegründeten Nietzsche-Archiv neues Renommee und hätte 1917, wenn nicht gerade Krieg gewesen wäre, beinahe noch den Nobelpreis bekommen. So blieb es bei dem ihr 1921 von der Universität Jena verliehenen Dr. h. c. – eine Universität übrigens, die offenbar auch heute noch nicht wirklich zu interessieren scheint, dass die so Geehrte schon vor Jahrzehnten als skrupellose Verfälscherin der Werke und Briefe ihres Bruders entlarvt wurde (vgl. Niemeyer 2009; 2014). Was Nietzsche blieb, war das Gefühl, mit Heinze eben das erlebt zu haben, worüber ihn schon sein Jugendidol Arthur Schopenhauer aufgeklärt hatte. Denn auch Schopenhauers Trachten nach einem Philosophielehrstuhl blieb unerfüllt, und sein Zorn darüber entlud sich 1851 in einer Philippika der Universitätsphilosophie, die das skandalisierte, was er in seinem Fall meinte als Regel erkundet zu haben: nämlich dass, wie Nietzsche die Sache 1874 spöttisch auf den Punkt brachte, die „Kärrner" untereinander eine Art „Arbeitsvertrag" geschlossen „und das Genie als überflüssig decretirt" hätten – „dadurch dass jeder Kärrner zum Genie umgestempelt wird" (KSA 1, 301).

Die Entstehung des Neuen – um die Moritat, wie ja auch die Vokabel ‚Arbeitsvertrag' nahelegt, nun ein wenig auf die Gegenwart hinzulenken – ist unter diesen Umständen natürlich kaum zu erwarten. Ersatzweise züchtet das Wissenschaftssystem aus sich heraus den ‚Kärrner' und adelt diesen Vorgang gerne unter Hinweis darauf, es gelte schließlich, Schülerschaft zu erzeugen. Wer sonnt sich denn auch nicht gerne in der Aura dessen, der ein Auge für junge Talente hat? Weit schwerer ist es da schon, dabeizubleiben. In manche Zitierkartelle wird man freilich grundsätzlich nicht aufgenommen, nicht seiner Hautfarbe wegen, sondern schlicht nur deshalb, weil man einer Zunft zugehört, die insgesamt nicht gut beleumundet ist (wie, um ehrlich zu sein, die Zunft der Nietzscheforscher). Ähnlichen Ritualen hat sich der auszusetzen, der – wiederum gibt, siehe Heinze, Nietzsche das Beispiel ab – als Altphilologe ins Rennen gegangen, auf einem vermeintlich fachfremden Gebiet, dem der Philosophie, zu reüssieren sucht. Entsprechend schlecht ist das Image Nietzsches zumal bei Fachphilosophen auch heute noch. Selbst der renommierte Kant- und Nietzscheforscher Volker Gerhardt resümierte unlängst bitter: „Auch wenn sein Werk in fast allem unfertig geblieben ist, obgleich sich viele seiner Gedanken in einer exaltierten Geste erschöpfen und es in seinen Schriften kaum eine Einsicht gibt, die sich nicht schon bei anderen findet, ist er zum Klassiker der Philosophie geworden." (Gerhardt 2012, 31) Die dem angeschlossene Fehlerliste Gerhardts in Sachen Nietzsche hat es denn auch in sich: „Missachtung Hegels", „Spott über Schleiermacher", „Verrat an Kant", „Schwanken zwischen Leugnung der Freiheit und der Affirmation des ‚freien Geistes'", „Verkennung der Metaphysik", „Annihilation der Schulen", „unbekümmerte[r] Umgang mit Widersprüchen in seinen eigenen Schriften" (ebd., 32), nicht zu vergessen, und dies eher aufs Spätwerk hin gemünzt: „Phantasterei", „empörende Wertung[en]", „Ressentiment[s] gegen Juden und Christen" (ebd., 43) – kurz: Ginge es nach Gerhardt, immerhin seit über zwanzig Jahren (zusammen mit Renate Reschke) Herausgeber der *Nietzscheforschung* und von seinem Gegenspieler Werner Stegmaier – seit gut fünfzehn Jahren maßgebender Herausgeber der *Nietzsche-Studien* – inzwischen wegen Äußerungen wie den zitierten unter der Rubrik „‚Anti-Nietzsche'" (Stegmaier 2013, 360) gelistet, wäre ein Sammelband wie dieser wohl eher überflüssig und jedenfalls keine erbauliche Lektüre.

Freilich: Hier und im Folgenden geht es um anderes und andere und schon gar nicht um die Interessen jener beiden *gate keeper*, die offenbar ihre Lesarten, die sie sich über Jahre hinweg erarbeitet haben und die ihnen mitunter, vermittelt über Lehrer-Schüler-Verhältnisse, zu einer zweiten Haut geworden sind, nicht in Frage stellen lassen wollen. Dass die Forschung unter derartigem Beharrungsvermögen leidet, ist evident und anhand von Dissertationen zu besichtigen, denen ohne weiteres anzusehen ist, welcher ‚Schule' sie entstammen und welche konkurrierenden Sehweisen folglich ausgeblendet blieben. Die Pointe dessen liegt auf der Hand: Man hört auf, das zu werden, was Nietzsche, jedenfalls bis hin zu seiner auf Selbstverherrlichung abstellenden Autobiographie *Ecce homo* (vgl. Niemeyer 2014a), auch für sich als verpflichtend annahm und im Gegenbild des alternden Gelehrten – wohl Nietzsches ‚Doktorvater' Friedrich Wilhelm Ritschl – zu fassen suchte: „Nun ist es vorbei mit seinem früheren trotzigen, dem eignen Selbst überlegenen Verlangen nach ächten Schülern, nämlich ächten Fortdenkern, das heißt, ächten Gegnern: jenes Verlangen kam aus der ungeschwächten Kraft, aus dem bewussten Stolze, jederzeit noch selber der Gegner und Todfeind seiner eigenen Lehre werden zu können, – jetzt will er entschlossene Parteigänger, unbedenkliche Kameraden, Hülfstruppen, Herolde, ein pomphaftes Gefolge. Jetzt hält er überhaupt die furchtbare Isolation nicht mehr aus, in der jeder vorwärts- und vorausfliegende Geist lebt, er umstellt sich nunmehr mit Gegenständen der Verehrung, der Gemeinschaft, der Rührung und Liebe, er will es endlich auch einmal so gut haben, wie alle Religiösen" (KSA 3, 311 f.).

Soweit also diese einführende kleine Geschichte, die uns Nietzsche als unerschrockenen, nach wie vor Beispiel gebenden Wissenschaftskritiker vor Augen führt und die vielleicht hilft, einige Probleme gegenwärtiger Nietzscheforschung, von denen im Folgenden etwas genauer die Rede sein wird, einzuordnen. Begonnen sei dabei mit der Beobachtung, dass wir, wenn nicht alle Anzeichen täuschen, im Moment Zeugen einer Art Überproduktionskrise werden: Von Vielen heftig bedient, von Wenigen durchaus skeptisch gesehen, überschwemmt seit einigen Jahren eine förmliche Nietzsche-Industrie den Markt und versorgt ein offenbar nach wie vor hungriges Publikum mit immer neuen Publikationen über Nietzsche, sei es in Gestalt von Einführungen oder Kommentaren, sei es in Gestalt der wissenschaftlichen Abhandlung oder Monographie, sei es in Gestalt von Lesebüchern oder gar Gesamtausgaben, selbstredend diesmal solchen, die allen editorischen Anforderungen und quellenkritischen Bedenken Rechnung tragen (etwa Krahmer 2009; Szabó 2011; Biskup 2011; Santini 2012; Brock 2012; Born 2012; Reschke 2012; Mengaldo 2012; Benne 2013). Nicht, dass darunter nicht zahlreiche wichtige Texte sind, die der Nietzscheforschung einigen Auftrieb geben dürften. Und doch bleibt der Eindruck eines Überangebots. Lautstark verkündete Qualitätsstandards („Die Bände sind peer-reviewed"), in diesem Fall aus dem Hause des – nach Übernahme des Akademie Verlags – Nietzsche-Fast-Monopolisten de

Einleitung: Zum Stand der Nietzscheforschung und zu diesem Band 11

Gruyter (für die Reihe *Nietzsche heute/Nietzsche today*), sollen diesen Eindruck offenbar erst gar nicht erst aufkommen lassen, sind aber mitunter, wie an einem Fall (Niemeyer 2013b) gezeigt werden könnte, nicht wirklich ernstzunehmen, wie im Übrigen jeder weiß, der, auch in anderen Fächern, hinter die Kulissen des Begutachtungs(un)wesens und der auch hier gängigen Ämterhäufung und Prominentenpatronage zu blicken vermag.

Aber man kann noch einen Schritt weiter gehen. Denn nicht eben wenige Publikationen erwecken fast den Eindruck, es sei zwar schon alles zu Nietzsche gesagt worden, aber eben noch nicht von jedem bzw. jeder. Dies mag auch daran liegen, dass bestimmte Themenbereiche ‚ausgeforscht' scheinen, etwa: der Nietzsche/Wagner-Komplex (zuletzt: Georg 2013a; Rupschus 2013) inlusive der perönlichen Hintergründe („tödliche Beleidigung") für den Bruch zwischen beiden (zuletzt: Winteler 2011), das Nietzsche/Freud-Problem (zuletzt: Gödde 2012), die Nietzsche/Salomé-Frage (zuletzt: Goch 2012; Babich 2012), die Problematik der Edition von *Der Wille zur Macht* (zuletzt: Niemeyer ²2011), der Gedanke der ‚Ewigen Wiederkunft' (zuletzt: Vaas 2012), Nietzsches Stellung zu den Deutschen (zuletzt: Rupschus 2011, 2013) und zum Antisemitismus (zuletzt: Niemeyer 2012), Nietzsches Psychologie (zuletzt: Neymeyr 2012; Richardson 2012; Born 2012a) oder auch das Thema ‚Nietzsche und die Frauen' (zuletzt: Pechot Vuilleumier 2012; Klass Meilier 2012; Pieper 2012a). Vor diesem Hintergrund lässt sich Neues offenbar nur noch auf Kosten spektakulärer Begleitmusik als neu behaupten – was die These (von Brobjer 2006; 2011; zur Kritik: Drochon 2009; Winteler 2009; Niemeyer 2013a) erklären mag, Nietzsches Editionsprojekt *Der Wille zur Macht* (zuletzt: *Umwerthung aller Werthe*) sei sehr viel ernster zu nehmen als man in der Nietzscheforschung seit Montinari meint. Auch das Argument (von Prange 2011; zur Kritik: Landerer 2012), Nietzsche sei, wenn überhaupt, sehr viel kürzere Zeit als bisher angenommen Wagnerianer gewesen, gehört diesem Kontext zu. Gern glauben würde man auch, dass Nietzsches Problem mit den Deutschen Bedeutung habe „für sein philosophisches Denken" (Rupschus 2011, 72) – wenn denn dem letztlich nichts weiter folgte als ein endloses Referat längst bekannter Sachverhalte. Auch das Argument (von Koszka 2010; ähnlich 2009), Nietzsche habe an einer Erbkrankheit mütterlicherseits gelitten und komme durchaus nicht als Syphilitiker in Betracht, bedarf in diesem Zusammenhang der Erwähnung, zumal diese ‚Neuerung' mit der fast vollständigen Demontage der so argumentierenden, in Nietzsches Biographie gänzlich unbewanderten Wiener Augenärztin seitens der *gate keeper* ihrer eigenen (Medizin-)Profession (etwa Klopstock 2013 und Schiffter 2013) endet. Denn dies zeigt ja, dass sie zumindest im Nachgang funktionierten: die Selbstheilungskräfte des Marktes.

Und doch: Eingedenk des Umstandes, dass die Aufgaben der Nietzscheforschung inzwischen, angesichts des komplizierten und komplexen Sujets und nach einer überaus fatalen Rezeptions-, wenn nicht gar Missbrauchsgeschichte, eigentlich klar sein sollten, auch von ihrem Ernst und ihrer Wichtigkeit her, muten die nach wie vor zu notierenden Mängel durchaus erstaunlich an. Ein Beispiel, zu lesen vor dem Hintergrund der im Dritten Reich weitgehend bedenkenlosen Nazifizierung Nietzsches (vgl. Niemeyer 2013, 115 ff.) und dem in der neueren Nietzscheforschung zunehmend monierten (etwa Pfeuffer 2013) Umstand der Abschottung speziell des angloamerikanischen Sprachraums: Es ist durchaus nicht akzeptabel, wenn beispielsweise Robert C. Holub seine durchaus alte (etwa Holub 2002) Verteidigungsrede in Sachen von Nietzsches Schwester nun in aktualisierter Form vorträgt (Holub 2014) – und sich wiederum nicht als sattelfest erweist im Blick auf die Problematik der in diesem Zusammenhang wichtigen deutschsprachigen Briefeditionen (vgl. Niemeyer 2014). Im Übrigen deutet dieser Fall sowie jener Domenico Losurdos – der sich noch 2009 als komplett unkundig erwies in Sachen des immerhin schon sechs Jahre zuvor nachgezeichneten Schicksals der von Nietzsches Schwester unterschlagenen Fritsch-Briefe (vgl. Niemeyer 2003) – darauf hin, dass die internationale Nietzscheforschung insbesondere in Fragen der Spezifika der frühen, deutschsprachigen Editionsgeschichte von Nietzsches Werken und Briefen in lokale Wissenskulturen zu zerfallen droht, je nach Sprachmächtigkeit und Rezeptionswilligkeit.

Tatsächlich aber sind die aktuellen Probleme der Nietzscheforschung noch sehr viel grundlegender, am Beispiel eines ‚Lastenheftes' für die Nietzscheforschung geredet, das sich aus einer Mängelrüge Werner Stegmaiers entwickeln ließe (die übrigens von ferne an die oben erwähnte und von Stegmaier kritisierte Nietzschekritik Volker Gerhardts erinnert): Wenn gilt, was Stegmaier im Blick auf Nietzsches Arbeitsweise für evident hält, nämlich dass Nietzsche „seine Schriften nicht nach den Gewohnheiten der Wissenschaften ab[sichert], [...] gänzlich auf wissenschaftliches Beiwerk, auf vorausgeschickte Thesen und abschließende Schlussfolgerungen, auf kohärente und hierarchisch geordnete Argumente [verzichtet], auf Angaben von Quellen und Einordnungen in Forschungsfelder, auf gelehrte Auseinandersetzungen mit abweichenden Forschungsmeinungen (stattdessen bedient er sich meist der Polemik), auf Anmerkungen [...] und selbst auf eine feste Terminologie" (Stegmaier 2009, 19) – dann, so scheint mir, macht es wenig Sinn, diese Arbeitsweise als Nietzscheforscher auch noch zu kopieren. Anders gesagt: Nietzsche, dem Genie, mag man derlei sowie die wenig später von Stegmaier nachgereichten Mängelrüge: „spricht ganz aus eigenem Recht, führt seine Begriffe gleitend ein, lädt sie schrittweise pathetisch auf [...], personalisiert" etc. pp. (Stegmaier 2010, 66) nachsehen, nicht aber der Nietzscheforschung, zumal sie ihren Auftrag hier eigentlich recht gut umschrieben findet: Es geht darum, das zu leisten, was Nietzsche schuldig blieb, also schrittweise und gleichsam in kollektiver Anstrengung, auch beispielsweise durch Ausschaltung unwahrscheinlicher Lesarten, den ultimativen Kommentar zu seinem Werk zu erstellen und durch fortlaufende Arbeit zu optimieren.

Gleichwohl ist nicht eben selten, als gelte es, dem Genie Nietzsche seine recht eitle Referenz zu erweisen, exakt das Gegenteil zu beobachten, mit dem Ergebnis, dass zwar sehr viele Texte über Nietzsche im Umlauf sind, aber zugleich leider sehr wenige, die den Eindruck erwecken, sie seien auf die Bedürfnisse jener Interpretengemeinschaft hin konzipiert. Dies hat, um die auf Nietzsche bezügliche Litanei Stegmaiers kritisch auf die aktuelle Nietzscheforschung anzuwenden, auch damit zu tun, dass ‚gelehrte Auseinandersetzungen mit abweichenden Forschungsmeinungen' offenbar, unter dem Gebot des *publish or perish*, als zeitraubend und mithin als dysfunktional eingeschätzt werden. So erklärt sich dann möglicherweise auch der zunehmend zu beobachtende Trend, die relevante Sekundärliteratur zum je erörterten Problemkomplex zwar säuberlich aufzulisten oder – um auch den Fall des Ordinarius und eine in diese Richtung weisende Danksagung Werner Stegmaiers (2013a, 92) zu bedenken – auflisten zu lassen, nicht aber, auch in ihren Aufklärungsleistungen im Blick auf den eigenen Ansatz, ernsthaft zu diskutieren. Der zur Erläuterung dessen gelegentlich nachgereichte Satz, dieser oder jener Gedanke Nietzsches – in diesem Fall handelt es sich um den Gedanken der ‚Ewigen Wiederkunft' – sei nun einmal „kryptisch und vielseitig interpretierbar" (Vaas 2012, 374), hilft nicht wirklich weiter und gibt eher dem Spottwort Auftrieb, auf diese Weise sei wenigstens die ewige Wiederkehr der Nietzscheforschung gesichert.

Immerhin: In Zeiten der Postmoderne muss man offenbar dankbar sein, wenn überhaupt noch Rechenschaft über Gelesenes gegeben wird und nicht, ersatzweise, dem Literaturverzeichnis treuherzige Versicherungen vom Typus voranstehen: „Der Versuch einer umfassenden Bestandsaufnahme der Literatur zum Themenkreis [Nietzsche/Wagner; d. Verf.], resp. den behandelten Thematiken, scheint kaum möglich, noch zielführend." (Hofbauer 2007, 185) Die letzte Vokabel klingt ambitioniert und geheimnisvoll – wenngleich es in diesem Fall wohl ehrlicher gewesen wäre, wenn der Autor darauf hingewiesen hätte, dass er vor lauter Schreiben gar nicht mehr richtig zum Lesen, geschweige zum richtigen Lesen gekommen sei (womöglich ähnlich wie die ggfs. beteiligten Gutachter oder Lektoren). Nimmt man noch den offenbar nicht auszurottenden Prominentenbonus hinzu, beispielsweise zutage tretend in wortreichen Verbrämungen (etwa Holzer 2012, 412) zuvor geübter, sachlich berechtigter Kritik in Rezensionen (in diesem Fall des Buches von Georg-Lauer 2011), überrascht nicht, dass Texte, die sich ausweislich des Literaturverzeichnisses (etwa Borsche 2012) bzw. unter Beiseitesetzung der säuberlich bis ins Jahr 2011 aufgelisteten Eigenzitate auf dem Stand des Jahres 2000 bewegen, noch über ein Jahrzehnt später ohne Beanstandung abgedruckt werden (etwa Abel 2012). Auch Texte fast ohne Sekundärliteratur (etwa Georg 2011; Pieper 2012a) – die eigene natürlich abgerechnet (etwa Richardson 2012) – sind deutlich auf dem Vormarsch.

An sich nicht weiter der Begründung bedürftige Standards vom Typus ‚Bericht über den Stand der Forschung' als *conditio sine qua non* alles Weiteren sind entsprechend außer Mode gekommen, Referate – etwa zur Einordnung von *Zarathustra IV* (Dellinger 2011, 159, Fn. 17) oder von dessen letzten Abschnitt (vgl. Braun 2012, 257f.) – sind nicht eben selten unvollständig. Dem korrespondiert (etwa bei Nicodemo 2012, 225, Fn. 1) die Unsitte der Verbeugung vor Autoritäten bei gleichzeitigem Verzicht der Auflistung für das eigene Vorhaben („Vernunft bei Nietzsche"; Nicodemo 2012, 225; „die ‚andere Seite' der Vernunft"; Lossi 2012, 243) einschlägiger, aber von diesen ignorierten Arbeiten (etwa Niemeyer 1998). Dazu passt die diskussionsfreie Übernahme der von (anderen) Autoritäten vertretenen, aber durchaus umstrittenen Position, Nietzsches „lebenslange Aufgabe" (Nicodemo 2012a, 386) gründe in der Absicht, „die Wissenschaft unter der Optik des Künstlers zu sehn, die Kunst aber unter der des Lebens" (KSA 1, 14). Auch Literaturlisten (etwa jene von Rupschus 2011 im Vergleich zu jener von Bianchi 2013) erlauben mitunter den Rückschluss auf den jeweiligen Doktorvater. Beliebt ist auch das nachträgliche Einstreuen von Zitaten durchweg prominenter Autoren zwecks Kaschieren des Umstandes, dass man sich eigentlich, allein schon aus Zeitgründen, seinen eigenen Reim gemacht hat. Entsprechend sollten Versicherungen derart, man habe einen Blick auf die je relevante „Lektüre" (Schubert 2011, 197) geworfen, besser in aller Vorsicht zur Kenntnis genommen werden. Ehrlicher – aber wohl nur arrivierten Autoren zu empfehlen – wirkt da schon die Versicherung, man wisse zwar, dass über den je erörterten Gegenstand schon „viel geschrieben worden" sei, es sei aber „leider unmöglich" (Pichler 2013, 202) bzw. es fehle Zeit oder Platz oder was auch immer, „darauf im Einzelnen einzugehen" (Pieper 2012, 80). Zur Regel droht entsprechend die totale Diskursverweigerung zu werden nach dem Muster: diese oder jene – nicht eben selten vom eigenen Doktorvater oder jedenfalls doch vom relevanten *gate keeper* abgelehnte – Position eines (bekämpften) Dritten sei „schwer nachvollziehbar" (Hable 2011, 182), eher „alles andere" (Schubert 2011, 200) als überzeugend oder schlicht „zweifelhaft" (Schubert 2012, 282), „entschieden zu kurz" greifend (Schnyder 2013, 7) resp. ‚sprengend' (Pichler 2013, 202) für den eigenen

Ansatz, ohne dass auch nur ein Argument vorgebracht worden wäre, aus dem sich entnehmen ließe, woran derlei Kritik genau festgemacht wird.

Diesem Themenkomplex gehört, gleichsam unter der Überschrift eines relativen Verfalls von Leselust, beispielsweise auch die – wohl unter dem Gesichtspunkt von *gender correctness* zu sehende – Urteilsfreude bezogen auf Nietzsches Brief an Malwida von Meysenbug, eine Ikone der Frauenbewegung, vom 20. Oktober 1888 (KSB 8, 457ff.) zu: „hart" (Stegmaier 2008, 67) und „böse" (Klaas Meillier 2012, 50) argumentiere Nietzsche hier – ohne dass der Kontext und insoweit der Hintergrund für Nietzsches Ärger zureichend berücksichtigt worden wäre (vgl. Niemeyer 2013, 99).

Gott sei Dank wird man mit derlei Deutungsspannen zumindest in seriösen Organen wie der *Nietzscheforschung* oder den *Nietzsche-Studien* ansonsten nur selten behelligt, abgesehen vielleicht von den – unverständlicherweise (unkommentiert) abgedruckten – Morgenandachten selbsternannter theologischer Nietzscheexperten. Monsignore Eberhard Prause beispielsweise erging sich selbst noch 2010, also gleichsam zum 110. Jubiläum von derlei christlich unterlegten Invektiven, in weiträumigen, von Sachkenntnis gänzlich ungetrübten Anklagen wg. Nietzsches angeblicher „Idealvorstellung seines neuen Menschen" und bevorzugte ansonsten Vokabeln wie: Nietzsches „blanker Hass auf das Naumburger Milieu", „Immer stärker gerät Nietzsche aus den Fugen" etc. pp. (Prause 2010, 290f.).

Von etwas anderem Kaliber ist der oben bereits kurz angesprochene Fall des Jürgen Hofbauer. Hofbauer nämlich versah die Einleitung seiner (offenbar allerneuesten) Lesart Nietzsches – Nietzsche als ‚Philosoph der Verfeindungskunst' – mit dem warnenden Hinweis, aus dem Werk Nietzsche ließen sich vermutlich „diametrale Positionen" zu der von ihm dargelegten „justifizieren", eben deshalb habe er „erst gar nicht versucht [...], diese Frage auf den klassischen Pfaden der Exegese und der Hermeneutik zu einer Klärung zu bringen." (Hofbauer 2008, 89) Deutlich wirkt hier Hofbauers Studie *How to do things with Nietzsche* (2007) nach (zur Kritik: Holzer 2009, 433ff.): Nietzsche, so der Autor hier, habe „zeitlebens" an der Dekonstruktion der „Idee von Richtigkeit und Wahrheit (auch von Sprache und Literatur)" gearbeitet, so dass derjenige, der sich gleichwohl der Idee der „Richtigstellung" (etwa von Nietzschebildern) verpflichte, „die gesamte Strategie Nietzsches aufs Spiel [setzt]." (Hofbauer 2007, 12) Dies ist fürwahr eine tollkühne Ableitung, in deren Linie dereinst tausend bunte Blumen mit der Aufschrift ‚Nietzsche' blühen werden und das Reden und Streiten über Nietzsche und mithin die Nietzscheforschung jeden Sinn verlöre.

Wirklich neu freilich ist dieses Herangehen an Nietzsche nicht, wie die Rückbesinnung auf Bernard Pautrat zeigt, der gleich zu Beginn seines in der Hochphase der Postmoderne gehaltenen Vortrags *Nietzsche, medusiert* (1972) deklarierte: „[J]eder hat schon gesagt, was über Nietzsche zu sagen er Lust hat, und es ist ein Kompromiß zwischen all diesen Lüsten kaum möglich [...]. Ich möchte also, ohne weitere Umstände, von dem, was mich interessiert, reden und meine Begierde an der Lektüre realisieren." (Pautrat 1973, 113) Freilich, und dies fraglos zu Pautrats Enttäuschung: Auch hier darf man noch einmal gut sechzig Jahre zurückgehen, bis hin zu dem kroatischen Dichter Wilhelm Fischer, der 1910 deklarierte, dass ihm Nietzsches „aphoristische Denkart nicht eine systematisch zusammenhängende Darstellung" abverlange, diese These mit der Pointe besiegelnd: „Ich knüpfe daher in seiner Weise an, wo es mir interessant erscheint, und lasse den Faden fallen, wo es nichts mehr nach meiner Anschauung zu weben gibt. Auch Wiederholungen, Widersprüche werden bei mir nicht ausgeschlossen sein; die Berechtigung dazu schöpfe ich aus Nietzsche selbst." (Fischer 1910, 2) Diese kaum noch verborgene Identifizierung mit dem heimlichen Selbstideal operierte zugleich mit der Vorstellung, dass, weil nichts mehr gewiss sei, den Leser doch immerhin interessieren könne, wie man sich selbst seinen höchst privaten Nietzsche bastele. Dass derlei auch gut einhundert Jahre später nicht ausgespielt hat, zeigt also das Beispiel Hofbauer – zusammen mit den Folgen. Denn Hofbauer ist zwar imstande zu durchaus nachvollziehbaren Mängelrügen wegen Bertrand Russels „leichtfertiger Gleichsetzung von Siegfried und Übermensch" (Hofbauer 2008, 94) – kann diese aber nicht wirklich begründen, deutlicher: er darf sie letztlich, seiner eigenen Methode verpflichtet, gar nicht begründen, gilt doch für diese, gleichsam im Telegrammstil (des Verlages?) geredet: „Nietzsche nicht länger als ein Denker, der interpretiert werden könnte, sondern radikal nur noch als Methode, als Tool, als Aktion." (ebd.: Rückumschlag). Jeder, so könnte man derlei Sätze sarkastisch mit Nietzsche (etwa KSA 6, 292f.) kommentieren, will heutzutage offenbar „Denker" sein, keiner hingegen mehr „Gelehrter". Dass derlei psychologisch verständlich sein mag, sei eingeräumt, nur bleibt die Frage: Tut ein derartiger Redeanarchismus, zur Haltung geronnen und mithin Methode geworden, Nietzsche und der Nietzscheforschung eigentlich gut?

Die Frage ist rhetorisch, und sie kann es auch sein angesichts der Geschichte der Nietzscheinterpretationen. Dies zeigt exemplarisch die Rückbesinnung auf Otto Hartleben, der schon 1890 entschieden der Meinung war, dass sich der Versuch, eines systematischen Nietzsche habhaft zu werden, als ein dem Geist des zu Interpretierenden widersprechendes Unterfangen ausweisen lasse. In diesem Zusammenhang vertraute er seinem Tagebuch die Vision an: „Ich sehe eine Zeit herankommen, in der man diesen graziösen ,Tänzer' mit plumpen Händen greifen und auf das Prokrustesbett der ernsthaftesten ,Philosophie', der grausamsten Systematisierei zu fesseln versuchen wird." (Hartleben 1906, 118) Hartleben meinte dabei im Geiste Nietzsches sprechen zu können, im Geiste jedenfalls der *Göt-*

zen-Dämmerung. Tatsächlich: In diesem seinem gleichsam allerletzten, im Monat des Turiner Zusammenbruchs erschienenen Werk erklärte Nietzsche das „Tanzenkönnen mit den Füssen, mit den Begriffen, mit den Worten" zu einem der zentralen Merkmale einer „vornehmen Erziehung", unerreichbar für den „Begriffs-Krüppel" Kant, unerreichbar aber auch für den Deutschen allgemein, der nun einmal „keine Finger für nuances" (KSA 6, 110) habe – und mithin auch ‚keine Finger' für ihn, denn, so Nietzsche zeitgleich in *Ecce homo*: „[I]ch bin eine nuance." (KSA 6, 362) Eben dieser Zusatz untersagt indes, den von Hartleben ausgemachten „graziösen ‚Tänzer'" Nietzsche gleichsam unter Artenschutz zu stellen – und verweist letztlich auf die Notwendigkeit der Bereitstellung methodologischer Optionen, der ‚nuance' Nietzsche hermeneutisch auf die Spur zu kommen. Dass gleichwohl der erstmals von Hartleben ausgesprochene Einwand noch über einhundert Jahre später nicht ausgespielt hat, zeigt das Beispiel Axel Pichler: Ohne offenbar etwas von Hartleben zu wissen – auch dies wiederum ein Hinweis auf den Niedergang der Lesetätigkeit bei modernen Nietzscheforschern –, redet auch Pichler jenem Passus aus der *Götzen-Dämmerung* das Wort, mit dem Ergebnis, dass er „Nietzsches Denkbewegung [...] über das relativistische Parket (sic!) hinweg" tanzen sieht (Pichler 2010, 160; ähnlich: 2012; zur Kritik: Stegmaier 2013, 366).

Des einen Freud, des anderen Leid, will sagen: Die Rechnung für diese leichtfertig-postmoderne Freude über die von Nietzsche angeblich – leider, so Jutta Georg in abenteuerlicher Argumentationsvolte, nur mit „gravierender Inkonsistenz" (Georg 2013, 102) – beschworenen „Scheinwelten, Rauschwelten, Tanzwelten" (ebd., 91) präsentierte schon vor Jahren der Kantianer (und Nietzsche-Verächter) Reinhard Brandt (2005, 92 f.) in Gestalt seiner Empörung über den Spruch (gleichfalls aus der *Götzen-Dämmerung*): „Ich misstraue allen Systematikern und gehe ihnen aus dem Weg. Der Wille zum System ist ein Mangel an Rechtschaffenheit." (KSA 6, 63) Nietzsche plädierte mit diesem – ursprünglich den Systemanspruch seines geplanten Hauptwerks *Der Wille zur Macht* persiflierenden (s. KSA 13, 450) – Wort für Rechtschaffenheit resp. gegen Borniertheit, seine eigene eingeschlossen (s. KSA 12, 538). Brandt hingegen ignorierte diesen Kontext und tat so, als habe sich Nietzsche hiermit gegen den Sinn von Systematik und Systematisierung schlechthin ausgesprochen – und dies, obgleich zumal im Kontext der von Brandt gleichfalls ignorierten Nachlassvariante („Der Wille zum System ist, für einen Denker wenigstens, etwas, das compromittirt, eine Form der Unmoralität ..."; KSA 13, 189) kaum Zweifel darüber möglich ist, dass Nietzsche nicht den Systemgedanken als solchen ablehnte – im Sinne etwa seines ihm von Pichler attribuierten und positiv bewerteten Verständnisses von „Asystematik" als „Imperativ" seiner „aphoristisch-essayistischen Schreibpraxis" (Pichler 2012, 214) –, sondern lediglich ein Verständnis von Systematik verwarf, das der denkerischen Weiterentwicklung gegenüber nicht offensteht. Positiv reformuliert: Einem Verständnis von Systematik, das auf eine durch die Kreativität seines Autors verantwortete Geordnetheit entwicklungsoffener Argumentationsfolgen hinzielte, hat sich Nietzsche nicht widersetzt, im Gegenteil: Nietzsches schon an die *Morgenröthe* geknüpfte Erwartung, er könne nun seine „arme stückweise Philosophie" (KSB 6, 124) vergessen, trat mit dem *Zarathustra* vollends in ihr Recht: Seine „ganze Philosophie", so erfuhr sein Freund Carl von Gersdorff, stünde „hinter all den schlichten und seltsamen Worten" (KSB 6, 386) und mithin hinter Ausdrücken, die, nicht zuletzt ihrer Formgestalt wegen, der Auslegung, vor allem unter Rückgriff auf das übrige Œuvre, bedürftig waren.

Vor diesem Hintergrund muss der Umstand irritieren, dass die neuere Nietzscheforschung am *Zarathustra* kaum noch Interesse nimmt (zum Folgenden auch Niemeyer 2012a), gleichsam im Nachgang zu den Bedenken Thomas Manns, der in diesem Werk nur „erregte[n] Wortwitz" zu konstatieren vermochte sowie „gequälte Stimme und zweifelhafte Prophetie", ausgesprochen von einer „an der Grenze des Lächerlichen schwankende[n] Unfigur." (Mann 1947, 684) Andere Nietzscheforscher halten es klammheimlich mit Hermann Wein, der schon vor Jahrzehnten einem *Nietzsche ohne Zarathustra* das Wort redete und dies als Beitrag zur Entkitschung Nietzsches verstanden wissen wollte, zur Wiedergewinnung des kritischen Aufklärers, als Beitrag auch zur Beendigung eines (möglichen) Missverständnisses der Rezeptionsgeschichte, in deren Verlauf Nietzsche hineingeraten sei „in die deutsch-bürgerliche Hauspostille und in die Tornister des deutschen Soldaten des 1. Weltkriegs." (Wein 1972, 359) Wer so oder ähnlich redet und beispielsweise folgert, Nietzsches *Zarathustra* böte allenfalls „den Charme des bloß noch historisch Verständlichen und Zugänglichen" (Allemann 1974, 61) und sei weniger „Sprengstoff" denn „archäologisches Fundstück" (Koch 1984, 245), muss ihn als geradezu absurd ad acta legen: Nietzsches Anspruch, er habe mit dem *Zarathustra* „die deutsche Sprache zu ihrer Vollendung" gebracht, es sei „nach Luther und Goethe, noch ein dritter Schritt zu thun" (KSB 6, 479) gewesen, kurz: *Zarathustra* sei ‚große Dichtung'. Schärfer noch ist das abfällige Urteil über diesen Anspruch, wenn man dem Aktionskünstler Jonathan Meese sowie dem Schauspieler Martin Wuttke folgt, die im August 2006 in den Park von Schloss Neuhardenberg einluden. Sie nämlich riefen hier, im Zuge ihrer Inszenierung *Also sprach Zarathustra. ZARATHUSTRA – Die Gestalten sind unterwegs*, teils via Megaphon und offenkundig nach dem Muster ‚offene Psychiatrie' einzelne, ungeordnete Satzbrocken aus dem *Zarathustra* in Wald und Wiese hinein und stellten damit erkennbar darauf ab, die zweifelnde Überlegung des Zauberers: „N u r

Narr! Nur Dichter!" (KSA 4, 372) im Erleben des Publikums am Ende in ein glasklares: „Nietzsche – nur Narr!" zu verwandeln.

Nietzsche übrigens dürfte durch derlei Brachial-Humor auf Kosten des Opfers kaum überrascht worden sein. Schließlich hatte er schon im Februar 1883, unmittelbar nach Erscheinen des ersten Teils des *Zarathustra* gemutmaßt: „[V]on jetzt ab werde ich wohl in Deutschland unter die Verrückten gerechnet werden." (KSB 6, 321) Den Anfang damit machte vor über 100 Jahren der Leipziger Nervenarzt Paul J. Möbius, der fast die Contenance verlor angesichts von *Zarathustra IV*, speziell „das über alle Beschreibung widerliche Eselsfest" betreffend, ebenso wie die „vollkommen blödsinnig[en]" (Möbius 1909, 125) Verse *Unter Töchtern der Wüste*. Am Ende dieser Reihe stehen, wie angedeutet, Meese/Wuttke, aber letztlich auch Timo Hoyer, der in seiner 2002 erschienenen Dissertation *Nietzsche und die Pädagogik* seinem Stoff nicht eigentlich erziehungswissenschaftlich interessiert gegenübertrat, sondern erzieherisch ambitioniert: Zarathustra neige, so Hoyer mit tadelndem Unterton, zu „gehässigen Bemerkungen" (Hoyer 2002, 493), er sei „schroff und rücksichtslos" und unfähig, „andere Personen als gleichberechtigte Gesprächspartner zu akzeptieren." (2002a, 224f.) Ohne hier, allein schon aus Zeitgründen, auf die Berechtigung dieser Urteile oder die Gründe en detail eingehen zu können, die Nietzsche veranlassten, Zarathustra nicht einen herrschaftsfreien Diskurs (à la Habermas) führen zu lassen bzw. die Leser des *Zarathustra* mit (von Möbius offenbar nicht bewältigten) Denksportaufgaben gehobenen Typs zu behelligen, scheint ein Zwischenresümee unverzichtbar: Die Sprache des *Zarathustra* ist überladen von Rätseln, Metaphern, Bildern und Gleichnissen, und sie verlangt dem Interpreten – auch in Fragen dessen, was Dichtung meint im engeren Sinne – einiges ab an Verständnis für Ungewohntes und Zwischentöne, auch im Blick auf Quellenforschung sowie Kontexterkundung. Eines freilich geht nicht: nämlich aus Ärger über diesen (bösen) Streich Nietzsches oder schlicht aus Faulheit den Autor dieses Werkes zu pathologisieren oder ihn (im Nachgang) erziehen zu wollen.

Natürlich folgt aus diesem Protest gegen zwei Versuche (Möbius einerseits, Hoyer andererseits), Nietzsche als Dichter des *Zarathustra* einem falsch verstandenen Ideal politischer Korrektheit zu unterwerfen, nichts für Nietzsches These, *Zarathustra* sei ‚große Dichtung'. Und tatsächlich wird man ja auch ohne weiteres einräumen können, dass vieles am *Zarathustra* (etwa in den Reden *Von den Fliegen des Marktes* oder *Auf dem Oelberge*) eher nach verunglückter denn nach ‚großer' Dichtung (evtl. als Parodie auf sie) klingt. Insoweit hat es durchaus etwas Beruhigendes, dass dem Wort von der ‚großen Dichtung' (à la Luther und Goethe) ein anderes zur Seite steht, demzufolge *Zarathustra* einen „persönlichen Sinn" habe und folglich „dunkel und verborgen und lächerlich" sei „für Jedermann."

(KSB 6, 525) Noch deutlicher argumentierte Nietzsche unmittelbar nach Abschluss der Fahnenkorrektur von *Zarathustra II*: „Im Einzelnen ist unglaublich Vieles persönlich Erlebte und Erlittene darin, das nur mir verständlich ist – manche Seiten kamen mir fast blutrünstig vor." (KSB 6, 443) Wer über den *Zarathustra* redet, muss also wissen, dass nicht nur, aber immerhin doch auch eine Art Privatsprache zur Entschlüsselung ansteht (die durchaus den Rang ‚großer Dichtung' erreichen kann, aber nicht muss).

Was aber folgt nun daraus für die Bewertung und Interpretation des *Zarathustra*? Zunächst, dass man Nietzsche keinen Gefallen tut, wenn man die ästhetische Perspektive auf dieses Werk zur einzig möglichen und sinnvollen erklärt, kurz: sich an das hält, was Claus Zittel im Zuge seines seit Jahren geführten Feldzugs gegen „die ästhetische Blindheit der inhaltsfixierten Nietzscheforschung" (Zittel 2000, 17) als seine These am Exempel meines *Zarathustra*-Kommentars (Niemeyer 2007) meinte exponieren zu müssen: nämlich „dass es sich beim *Zarathustra* um ein ästhetisches Gebilde handelt, dass [sic!] mit kunstadäquaten Methoden erschlossen werden muß." (Zittel 2008, 381) Diese (mit Verlaub: dogmatische) These und das ihr zugehörende Verbot der angeblich überholten (u. a. auch von mir praktizierten) „biographische[n] Auslegungsmethode" (ebd., 383) beengt ohne Not und auf eine dem Geist zumal des späten Nietzsche entgegenstehende Weise das Methodenarsenal im Umgang mit diesem schwierigen Text. Vor allem aber könnte diese Zugangsweise dazu verführen, auch dasjenige, was ‚schlechte Dichtung' zu sein scheint, etwa in den Reden *Von den Fliegen des Marktes* oder *Auf dem Oelberge*, positiv zu würdigen und beispielsweise – wie andernorts von Zittel praktiziert – den „betont verunglückten Wortspielschöpfungen" zuzurechnen, die „insgesamt Zarathustras Schaffenspathos [parodieren]." (Zittel 2000, 150)

Insgesamt empfiehlt sich eine andere, geradezu gegenläufige Herangehensweise, ausgehend von Nietzsches Empörung über Carl Spittelers Urteil, der *Zarathustra* könne vielleicht noch als „als ‚höhere Stilübung'" durchgehen, allerdings möge Nietzsche „später doch auch für Inhalt sorgen." (KSA 6, 299) Denn es ist ja gerade diese Empörung, die einen deutlichen Beleg dafür gibt, dass Nietzsche seine – wie er, mitunter etwas verschämt, selbst sagte – „Dichtung" (KSB 6, 429) keineswegs *nur* als „ästhetisches Gebilde" (Zittel) und nicht etwa seiner Botschaft zufolge wahrgenommen wissen wollte, von welcher ja wohl auszugehen ist, wenn man Nietzsches Hinweis bedenkt, seine „ganze Philosophie" verberge sich hinter „all den schlichten und seltsamen Worten" dieses „Büchleins [gemeint war *Zarathustra I*; d. Verf.]." (KSB 6, 386) Von hier aus lautete Nietzsches zentrale Sorge denn auch, mit dem *Zarathustra* „nun gar noch unter die ‚Litteraten' und ‚Schriftsteller'" zu geraten, mit der Folge, dass „das Band, das mich mit der Wissenschaft verknüpfte, [...] als zerrissen e r s c h e i n e n [wird]." (KSB 6, 360) Damit war zugleich der Auftrag an seine (nachgeborenen) Interpreten verbunden, dieses Werk wieder für den Theoriediskurs über Nietzsches Philosophie zugänglich zu machen, sprich: es – wogegen Zittel heftig opponiert – „wie einen philosophischen Traktat" (Zittel 2008, 381) zu lesen.

Vielleicht muss man noch ergänzen: Man kann es nicht nur, man muss es sogar, eingedenk der in diese Richtung weisenden zahlreichen Hinweise Nietzsches, angefangen von seinem letztlich auch ihn überraschenden Eindruck „[b]eim Durchlesen von ‚Morgenröthe' und ‚fröhlicher Wissenschaft' [...], daß darin fast keine Zeile steht, die nicht als Einleitung, Vorbereitung und Commentar zu genanntem Zarathustra dienen kann" (KSB 6, 496); weitergeführt in seiner Hoffnung, *Jenseits von Gut und Böse* werde „ein paar erhellende Lichter auf meinen Zarathustra [...] werfen" (KSB 7, 223); und endend in seiner analogen, diesmal auf *Ecce homo* bezogenen Erwartung (KSB 8, 492) sowie der Maßgabe, sein *Antichrist* wende sich an Leser, „welche meinen Zarathustra verstehn." (KSA 6, 167) Mehr noch: Mit Seitenblick auf den 1886 vorgelegten *Versuch einer Selbstkritik* (zur *Geburt der Tragödie*) und der im nämlichen Jahr abgeschlossenen Vorrede zur Neuausgabe von *Menschliches, Allzumenschliches* bestimmte Nietzsche ausdrücklich: „Das Wesentliche ist, dass, um die Voraussetzungen zum Verständniß des Z a r a t h u s t r a zu haben [...] a l l e meine früheren Schriften ernstlich und tief verstanden werden müssen; insgleichen die N o t h w e n d i g k e i t der Aufeinanderfolge dieser Schriften und der in ihnen sich ausdrückenden Entwicklung." (KSB 7, 237) Insoweit besteht hinreichend Anlass für das Gebot, den *Zarathustra* im Kontext der Werke des mittleren, des späten, aber auch des frühen Nietzsche zu lesen und in die dort entwickelte Theoriesprache zu übersetzen. Nur ein solches Gebot scheint geeignet, beides zu vermeiden: eine moralisierende, auf politische Korrektheit abzielende Beiseitesetzung des angeblich allein biographisch interessierenden *Zarathustra* als Privatsprache; aber eben auch das geradezu verbissene Festhalten am Anspruch, beim Zarathustra handele es sich um ‚große Dichtung'. Nur auf diese Weise wird der Weg frei zu einer extensiven Ausdeutung des von Nietzsche in diesem Werk Intendierten.

Vor diesem Hintergrund überrascht denn auch nicht, dass Nietzsche im Sommer 1882, auf dem Höhepunkt seines um den *Zarathustra* gruppierten Schaffens, keine Schwierigkeiten hatte, von seiner Philosophie als eines Ganzen zu sprechen, die er abzugrenzen vermochte von den Philosophien Anderer, etwa jener Schopenhauers. Ihr stellte er im Zuge dieser Abgrenzung den Auftrag, die Philosophie zu Wagners Kunst, kulminierend in *Siegfried* (1871), zu entwickeln („Erst meine Philosophie ist recht dafür."

[KSA 9, 683]), die via Schopenhauer nicht zu entwickeln sei. Worum es dabei zu gehen habe, stand ihm schon seit dem Siegfried-Porträt aus dem Nachlass von Herbst 1875 bis Frühling 1876 (KSA 8, 273) außer Frage, das dann in *Richard Wagner in Bayreuth* (1876) einfließen und die klagende, rhetorische Frage an das Bayreuther Publikum motivieren wird: „Wo sind [...] die Freien, Furchtlosen, in unschuldiger Selbstigkeit aus sich Wachsenden und Blühenden, die Siegfriede unter euch?" (KSA 1, 509) Schon hier steht der Übermensch und die Überzeugung vor der Tür, das nur Nietzsche dessen Philosophie geben könne – ein Thema, dass Nietzsche zwölf Jahre später, in *Der Fall Wagner* (1888), wieder aufgreifen und in das Bild vom Schiff Wagners, einer Art Optimisten-Jolle, wie man scherzhaft wohl ergänzen darf, pressen wird, das auf das Riff einer „conträren Weltansicht", der (pessimistischen) „Schopenhauerischen Philosophie" (KSA 6, 20), aufgelaufen war. In der Umkehrung geredet: Nietzsches Philosophie, deren Notwendigkeit hiermit behauptet wird, ist, zumindest dies doch, als eine optimistische resp. bejahende zu lesen. Um welches Zweckes willen, wird deutlicher, wenn man sich jener 1876 noch als vermisst deklarierten ‚Siegfriede' erinnert und zusätzlich den gleichfalls bereits erwähnten Nachlassvermerk vom Sommer 1882 einbezieht, ebenso wie dessen Weiterführung von April–Juni 1885, der dahingehend lesbar ist, dass nur Nietzsches Philosophie (und nicht jene Schopenhauers) geeignet sei, Siegfried als „Figur [...] eines sehr freien Menschen" (KSA 11, 491), und man darf nun wohl auch sagen: des 1876 sich der Sache nach andeutenden und seit *Zarathustra* auch als Begriff eingeführten Übermenschen, zu exponieren, der sich in einer ‚Ordnung der Dinge' ohne Gott zu bewähren hat (vgl. Niemeyer 1998, 339 ff.).

Nietzsche hat sich immer wieder um die Bereitstellung von Hilfsmitteln zur Rekonstruktion seines soweit rekonstruierten „einen einzigen Gedankens" (KSA 9, 179) bemüht, zumal er unter der fast völligen Resonanzlosigkeit seines *Zarathustra* zutiefst litt. Sein trotziger Trost lautete: „Einige werden posthum geboren." (KSA 6, 298) Deswegen auch versah Nietzsche sein wohl bestes Buch *(Jenseits von Gut und Böse)* mit dem Sperrvermerk, diese Schrift dürfe erst „gegen das Jahr 2000 gelesen werden" (KSB 7, 257) – eine Zeit, „zu der man begriffen haben wird, worum es sich bei mir gehandelt hat." (KSB 8, 195) Sein Hilfeschrei aus *Ecce homo* gehört diesem Kontext zu: „H ö r t   m i c h !   d e n n   i c h   b i n   d e r   u n d   d e r.   V e r w e c h s e l t   m i c h   v o r   A l l e m   n i c h t !" (KSA 6, 257) Die Aufgabenstellung ist damit klar, jedenfalls für den, der, anders als Werner Stegmaier (2009, 20), diesen Imperativ nicht lediglich auf den Auftrag bezieht, Nietzsche nicht mit Zarathustra zu ‚verwechseln' und die in diesem Werk – immerhin das Hauptwerk Nietzsches – erstmals ausgeführten Lehren vom Übermenschen, von der ewigen Wiederkunft und vom Willen zur Macht für Lehren *Zarathustras*, nicht aber für solche *Nietzsches* zu halten, eingeschränkter: nicht für die *entscheidenden Lehren* Nietzsches. Gewiss ist, dass derjenige, der diesem erkennbar im Nachgang zu Josef Simon (2000, 225) ergangenen Lockruf Stegmaiers in Richtung eines Nietzsche ohne Zarathustra und einen Zarathustra ohne Nietzsche folgt und damit einer auch von Volker Caysa und Konstanze Schwarzwald unterstützten Tendenz der neueren Nietzscheforschung Ausdruck gibt, nicht „Nietzsche als Großmachtphilosophen zu rehabilitieren, sondern die Größe seines Denkens im Kleinen zu zeigen" (Caysa/Schwarzwald 2012, VII), am Ende einen domestizierten Nietzsche präsentieren wird, einen Nietzsche, so Stegmaier wie zur Beruhigung, der seinen Zarathustra ja „auch zahllose andere, nicht weniger bedeutsame Lehren lehren ließ." (Stegmaier 2009, 20) Ebenso gewiss ist aber auch, dass das dann zu erwartende Nietzschebild mit der eigentlichen Ambition Nietzsches und seinem Verlangen nach Größe und nach einer dieser Größe entsprechenden Wirkung so gut wie nichts mehr zu tun hat. Als Alarmzeichen in dieser Frage darf Stegmaiers auf den angeblichen Gegensatz zwischen *Also sprach Zarathustra* (1883–85) und *Die fröhliche Wissenschaft* (1882/87) anspielende Versicherung gelten: „Wirken Zarathustras Lehren düster und belastend, so wollte er, Nietzsche, doch eine Wissenschaft schaffen, durch die die Europäer ihres Lebens wieder froh werden sollten, eine fröhliche Wissenschaft." (Stegmaier 2009, 21) Am Ende von derlei Trivialisierung wird am Geistesheroen Nietzsche kein anderer Gesichtspunkt mehr interessieren als der von Stegmaier herausgestellte, nämlich als „Anregungspotential für die verschiedensten Bereiche der Philosophie" (ebd., 19) in Betracht zu kommen. Dabei sei nur am Rande notiert, dass in diesem Zitat noch ein Reduktionismus der besonderen Art verborgen ist, insofern Nietzsches faktisch sehr viel gewichtigeres Anregungspotential für die verschiedensten Bereiche der Kultur-, Geistes- und Sozialwissenschaften hiermit schlicht unterschlagen wird, in der erkennbaren Absicht, Nietzsche einseitig als Philosophen zur Geltung zu bringen.

Halten wir uns angesichts von derlei Fragwürdigkeiten lieber an den eben umrissenen Auftrag Nietzsches, ihn im Blick auf seinen ‚einen einzigen Gedanken' nicht zu ‚verwechseln'. Dieser Auftrag empfängt seine besondere Dringlichkeit aus der Vielgestaltigkeit der von Nietzsche hinterlassenen Textstruktur, die von der Abhandlung über den Aphorismus bis hin zur Lyrik fast alle Darstellungsformen kennt und im Blick auf die eine dekonstruktiv angelegte strukturale Analyse sicherlich im Nachteil ist im Vergleich zur rekonstruktiv orientierten klassischen Hermeneutik (zu diesem Gegensatz: Behler 1988, 147 ff.). Ob man derlei, wie Nicola Nicodemo neuerdings anzunehmen scheint, auch einem Forschungstrend einschreiben kann derart, dass die „gegenwärtige *interpretationsorientierte*

Nietzsche-Forschung [...] das Nietzschesche Denken konstruktiv interpretiert", und zwar „im Gegensatz zu den vorigen Strömungen, von denen sein Denken nur aus ideologischen, kritischen oder dekonstruktivistischen Perspektiven her aufgefasst wurde" (Nicodemo 2012a, 386), mag hier dahingestellt bleiben, insofern sich dadurch die Pointe nicht verändert und der Forderung nicht widersprochen wird, den methodologischen Überlegungen Nietzsches Folge zu leisten. Und diese Vorstellungen sind nun einmal primär rekonstruktiv angelegt, also einzubetten in eine für den Fall Nietzsche gleichsam maßgeschneiderte Hermeneutik. Ganz in diesem Sinne begründete auch Ulrich Willers sein durchaus analoges Vorgehen mit dem Argument, dass man auf diese Weise zu dem Leser werde, den der Autor „sich erwünscht und erwirken will." (Willers 1988, 34)

Freilich: Welchen Leser wünschte sich Nietzsche eigentlich? In der *Genealogie der Moral* beispielsweise lesen wir, durchaus irritierend für den Begründer einer eigenen Lehre dieser Art, der Genealogie: „Die Einsicht in die Herkunft eines Werkes geht die Physiologen und Vivisektoren des Geistes an: nie und nimmermehr die ästhetischen Menschen, die Artisten!" (KSA 5, 343) Dies klingt wenig verlockend für die erstgenannte Berufsgruppe – und könnte die wundersame Vermehrung der ‚Artisten' unter den Nietzschelesern erklären. Angesichts dessen hilft die Rückbesinnung auf Nietzsches Rat, ihn „ordentlich zu lesen" (KSA 8, 411) und etwas zu tun, „zu dem man beinahe Kuh und jedenfalls nicht ‚moderner Mensch' sein muss: das Wiederkäuen..." (KSA 5, 256). Folgerichtig sang Nietzsche denn auch sein Loblied auf den ‚guten Leser', einen Leser, „wie ich ihn verdiene, der mich liest, wie gute alte Philologen ihren Horaz lasen." (KSA 6, 305) Und er legte Verwahrung ein gegen die ‚schlechtesten Leser', die „wie plündernde Soldaten verfahren." (KSA 2, 436) Entsprechend definierte Nietzsche noch im *Antichrist* ausgesprochen schulmäßig: „Unter Philologie soll hier, in einem sehr allgemeinen Sinne, die Kunst, gut zu lesen, verstanden werden, – Thatsachen ablesen können, ohne sie durch Interpretation zu fälschen, ohne im Verlangen nach Verständniss die Vorsicht, die Geduld, die Feinheit zu verlieren." (KSA 6, 233) Bis zuletzt also blieben dies für Nietzsche achtbare Tugenden und Verstehensvoraussetzungen, zusammen mit gleichgerichteten „Erlebnissen" (KSA 6, 300) oder einer „Dosis Neugierde, wie vor einem fremden Gewächs, mit einem ironischen Widerstand" (KSB 8, 375), nicht zu vergessen: Nietzsche begehrte nach Lesern, die ihm „mit den Ohren verwandt sind" und folglich in der Lage seien, etwas zu verstehen, was er nur „im Fluge berührt" (KSA 3, 634) habe. Über allem aber steht, „dass man zuerst meine früheren Schriften gelesen und einige Mühe dabei nicht gespart hat." (KSA 5, 255) Über das Bekenntnis zu philologischer Solidität führt Nietzsche dort hinaus, wo er den Typus des ‚vollkommenen Lesers' in den Blick nimmt und definierte als „ein Unthier von Mut und Neugierde [...], ein geborner Abenteurer und Entdecker." (KSA 6, 303) Denn damit ist ein sehr viel stärker die Aktivität des Interpreten fordernder Deutungstypus angesprochen, der sich im Fall Nietzsche vor allem auch deswegen nahelegt, als er sich selbst mit Vorliebe als einen „geborenen Räthselrather" (KSA 3, 574), „Seelen-Errather" (KSA 5, 222) oder gar „Nussknacker der Seele" (KSA 5, 358) sah, als „gewitzten Interpreten und Zeichendeuter [...], denen das Schicksal aufgespart blieb [...], vor einen geheimnißvollen und ungelesenen Text hingestellt zu sein: der sich uns mehr und mehr verräth." (KSA 12, 175) Nichts spricht dagegen, die hier umschriebene Attitüde auch als Nietzsche-Interpret einzunehmen.

Dass es dabei auch des biographisch orientierten Zugangs bedarf, zeigt beispielsweise Zarathustras Klage: „Aber der Mensch nur ist sich schwer zu tragen! Das macht, er schleppt zu vieles Fremde auf seinen Schultern. Dem Kameele gleich kniet er nieder und lässt sich gut aufladen.//Sonderlich der starke, tragsame Mensch, dem Ehrfurcht innewohnt: zu viele f r e m d e schwere Worte und Werthe lädt er auf sich, – nun dünkt das Leben ihm eine Wüste!" (KSA 4, 243) Denn nur wer um Nietzsches Biographie weiß, kann erkennen, dass sich diese Sätze Wort für Wort auf Nietzsches Leben übertragen lassen – mit dem ‚Kamel' Nietzsche in der Rolle des Ritschl- und später Wagner-Schülers, und mit der ‚Wüste' der geistigen Umnachtung ganz am Ende. Aber auch der frühe Tod des Vaters nach recht rätselhafter Krankheit gehört zu diesem Thema, zumal sie in der Erkrankung des Sohnes nachzuwirken scheint, wie dieser selbst spätestens mit seiner Frühpensionierung in Basel im Alter von noch nicht einmal 35 Jahren anzunehmen begann. Die Folgen sind im Spätwerk, etwa im *Antichrist*, zu besichtigen: Nietzsche versucht sich hier, mit Seitenblick auf das fragwürdige Erbe seines Vaters, als eine Art Vererbungstheoretiker, mit, was die Wirkung im Dritten Reich angeht, fatalen Konsequenzen (vgl. Niemeyer 2011, 22ff.).

Zu den bei fast jeder Werkinterpretation in Rechnung zu stellenden Auffälligkeiten an Nietzsches Leben gehört auch die anfangs durchaus maßlose Verehrung für Richard Wagner, zumal sie durch eine teils vergleichbar maßlose Ablehnung dieses frühen Idols ersetzt wurde. Nicht minder aufwühlend war Nietzsches Erlebnis mit Lou von Salomé vom Sommer 1882 und deren Folgen. Immerhin hatte Nietzsche unmittelbar zuvor seinem lange Zeit unter Verschluss gehaltenen Begehren nach einem abwechslungsreichen und abenteuerlichen Leben – etwa in Begleitung von Paul Rée – Ausdruck verschafft, eine Perspektive, die nun zur Makulatur geriet. Ersatzweise stand ein Dauerstreit mit der Schwester ins Haus, auch mit Verlegern, dies im Blick auf ein Werk, das so gut wie unverkäuflich war und im Blick auf das Nietzsche zumal in seinen letzten Briefen zu einer gleichsam trotzigen Hybris neigte. Von all dem geben die ab 1967 erstmals verlässlich in der Colli/Montinari-Edition präsentierten Briefe (von und an Nietzsche: KGB; von Nietzsche: KSB) einen lebhaften Eindruck. Umso überraschender, dass sich die Nietzscheforschung, die sich über die Bedeutung dieser Quellen im Klaren sein sollte (hierzu Janz 1972), distanziert verhält und zahllose Beiträge zum Thema Nietzsche erkennbar in Unkenntnis dieser Textgattung geschrieben sind.

Die Distanz gegenüber dieser Erkenntnisquelle bzw. dem biographisch orientierten Ansatz allgemein wird man zumindest auch als langfristige Folge des über Jahrzehnte hinweg sich hinziehenden, zumeist in diskriminierender Absicht geführten Streits um den pathologischen Charakter einzelner Aussagen Nietzsches und die Anwendbarkeit des Duals ‚Genie und Wahnsinn' auf den Fall Nietzsche (vgl. Dahlkvist 2012) zu deuten haben. Zumal in der Zeit bis zum Ersten Weltkrieg stand Nietzsche ganz in diesem Sinne auch bei Pädagogen – genannt seien nur die Fälle Otto Willmann, Friedrich Paulsen und Wilhelm Rein – mit seinem *Zarathustra* im Fokus eines in pädagogischer Absicht geführten Prozesses, dessen Zweck klar war: Nietzsche, den die Jugend des fin de siècle gerade zu ihrem allerneuesten Heroen und Verführer – auch zum Ungehorsam, wenn nicht gar zum Suizid – auserkoren hatte, drohte gefährlich zu werden aus Perspektive des Mainstream (vgl. Niemeyer 2013c, 95ff.). Erst als man 1914 in Deutschland eines ‚Kriegsphilosophen' und zwei Jahrzehnte später eines ‚Naziphilosophen' bedürftig war und dabei beide Mal an Nietzsche dachte, behandelte man das vermeintlich Pathologische an Nietzsche mit äußerster Nachsicht bzw. mit entsprechender Klugheit, in Anlehnung an die Strategie Förster-Nietzsches, ihm, dem Pathologischen, auch Nietzsches Anti-Deutschtum zuzuschlagen (vgl. Niemeyer 2011, 51ff.).

Verunsichert durch diesen Vorlauf sowie im Nachgang zu dem nach 1945 anhebenden Bemühen um eine möglichst nüchterne Nietzschephilologie hat es der biographisch orientierte Ansatz in der Folge nicht leicht gehabt, sich eine eigene, seriöse Stimme zu geben. Entsprechend waren es eher Außenseiter wie Max Kesselring oder Joachim Köhler, die nachdrücklich die Notwendigkeit betonten, dass man Nietzsche von seiner Biographie her begreifen müsse. Die Fragwürdigkeiten eines solchen Zugangs offenbart der Streit um den Abschnitt *Unter Töchtern der Wüste* (vgl. Niemeyer 2007, 116f.): Schon Hellmut W. Brann identifizierte hier des Autors „Generalbeichte in eroticis" (Brann 1931, 132) unter Bezug auf einschlägige Abenteuer aus studentischer Zeit, und er bezog sich dabei – ähnlich wie später Thomas Mann unter dem Stichwort: „erotische[r] Wachtraum von peinlicher Humorigkeit" (1947, 11) – auf eine Anekdote des Nietzsche-Freundes Paul Deussen (1901, 24). Wie sehr derlei lange Jahre in Opposition zum Mainstream geschah, zeigt der Streit um Erich F. Podachs Buch *Ein Blick in Nietzsches Notizbücher* (1963): Podach wollte die von Nietzsches

Schwester lange Jahre dominierte, im Nietzsche-Archiv betriebene Legendenbildung um Nietzsche demaskieren. Im Zuge dieses Bestrebens suchte er unter Nutzung eines wenig bekannten Nietzsche-Textes vom Juli 1862 zu belegen, dass Nietzsche damals, mit fünfzehn Jahren, ein „hervorragend begabter, phantasiereicher Pornograph sadistischen Einschlags" (Podach 1963, 193) gewesen sei. Es war dieser kleine, keinesfalls fehlgehende Kommentar, der damals, auf dem Höhepunkt einer sich gerade erst wieder konsolidierenden seriösen Nietzsche-Forschung, provozieren musste und Eckhard Heftrich in einem in den Salaquarda-Band aufgenommenen Beitrag (Heftrich 1964) dazu veranlasste, in rigider Form die Grenzen der psychologischen Nietzsche-Erklärung zu ziehen. Die Folgen sind beachtlich, wobei vorab gerne zugestanden werden kann, dass Laiendiagnosen vom Typ: Nietzsches Verachtung für Wagner gehöre ins Reich des „Pathogene[n]" (Georg-Lauer 2011, 64), auch in der neueren Nietzscheforschung nicht ausgespielt haben und mitunter selbst dezidierte Gegner des biografieorientierten Zugriffs nicht vor psychologistischen Kurzschlüssen zurückschrecken. So meinte beispielsweise Werner Stegmaier vor einigen Jahren, Nietzsche habe den Begriff der Orientierung, damals Stegmaiers Lieblingsvokabel, wohl nur gemieden, „weil sein erklärter Gegner Eugen Dühring ihn so extensiv gebraucht hat." (Stegmaier 2009, 21) Immerhin: Bis hin zu einem echten Desaster fehlt hier noch ein ganzer Schritt, wie am Beispiel Joachim Köhler studierbar, der erst zögernd und dann entschlossen („man müsste blind sein, es zu übersehen") resümiert, Nietzsche sei „der kleine Pastor, der sich, als bürgerliche Existenz gescheitert, an seiner sexuellen Identität verzweifelt und durch eine venerische Infektion ruiniert, zum Menschenverächter wandelte, um endlich einem Massenmörder den Weg zu bereiten." (Köhler 2001, 148f.) Aber erlauben Unfälle wie dieser gleich ein abschlägiges Urteil über die Methode als solche?

Offenbar schon, wobei man differenzieren muss. Der marxistische Nietzscheverächter Domenico Losurdo beispielsweise, dem an – eventuell mittels dieser Methode mobilisierbarer – Exkulpation Nietzsches nicht gelegen sein kann, ist wohl allein deswegen bereit, den biographischen Zugang für „unfruchtbar" zu erklären und unter Vokabeln wie „Verstümmelung" und „Reduktionismus" (Losurdo 2009, 822f.) einzuordnen. Andere aus dem inneren Kreis der Nietzscheforschung um Werner Stegmaier treibt offenbar anderes um, etwa das Bedürfnis nach Schutz für den von ihnen einseitig favorisierten, vorsichtig paraphrasierenden texthermeneutischen Zugang. Der der Autorenintention nachspürende „Biographismus", so beispielsweise Corinna Schubert (2012) in deutlich pejorativer Absicht im Blick auf den neuerdings auch unter dem Stichwort „Genetische Nietzscheforschung und -interpretation" (Schmidt 2011, 229) popularisierten biographischen Ansatz, werde vor allem von jenen bevorzugt, die „den

Schwierigkeiten des Textes" (Schubert 2011, 193) ausweichen wollten. Kaum weniger radikal (und dogmatisch) argumentierte Enrico Müller, dem außer Frage steht, dass sich für „jedwede Nietzscheinterpretation auch angesichts pointiertester Formulierungen im Spätwerk eine Deutung im Sinne psychologisch-biographischer ‚Entlarvung' erübrigen sollte." (Müller 2005, 29) Indes: Träte das von Müller verhängte Erkenntnisverbot in Geltung, wäre Nietzsche für die Zukunft auf Gedeih und Verderb dem Nichtverstehen und Nichtverstehenwollen à la Losurdo ausgesetzt, und die ohnehin schon vielerorts beobachtbare Unkenntnis über Nietzsches Biographie würde sich auf Dauer stellen, mit der auch im Fall Müller nachweisbaren Folge der fehlenden Fähigkeit zur selbstständigen Beurteilung der von Nietzsche in seiner Autobiographie *Ecce homo* (1888) mitgeteilten, durchaus desorientierenden Fakten etwa zum Komplex Richard Wagner (vgl. Niemeyer 2014a).

Im Übrigen und dies vor allem: Urteile wie die von Schubert und Müller stehen im Widerspruch zu Nietzsches eigener methodologischer Position, die sich erstmals in seinem Diktum von 1880 ausspricht: „Ehemals fragte man: ist der Gedanke wahr? Jetzt: wie sind wir auf ihn gekommen? Welches war seine treibende Kraft?" (KSA 10, 232) Dass Nietzsche damals an Fragen wie diesen gelegen war, erklärt sich auch aus der Kritik an dem Paradigmenwechsel, der sich, viele Leser überraschend, mit *Menschliches, Allzumenschliches* (1878) und der hier vollzogenen Wagnerkritik vollzog. In dieser Situation hielt Nietzsche den Ratschlag an seine Leser für geboten: „Wenn der Mensch sich noch so stark fortentwickelt und aus einem Gegensatz in den andern überzuspringen scheint: bei genaueren Beobachtungen wird man doch die *Verzahnungen* auffinden, wo das neue Gebäude aus dem älteren herauswächst. Diess ist die Aufgabe des Biographen: er muss nach dem Grundsatze über das Leben denken, dass keine Natur Sprünge macht." (KSA 2, 641) Wichtig ist dabei, dass Nietzsche den biographischen Zugang nicht unter allen Umständen einklagte, wie sein Tadel in Richtung Kant (und Schopenhauer) andeutet: „[E]s giebt da keine Krisen, Katastrophen und Todesstunden zu errathen, ihr Denken ist nicht zugleich eine unwillkürliche Biographie einer Seele, sondern, im Fall Kant's, eines K o p f e s " (KSA 3, 285f.). Anders Nietzsche, sollte der Leser daraus lernen – woraus sich seine Kritik an Carl Spitteler erklärt: Dieser, so Nietzsche am 4. Februar 1888 in einem Brief an Josef Widmann im Zuge einer nicht auf den ersten Blick als Tadel erkennbaren Wendung, habe sich in seiner Sammelrezension wichtiger Werke Nietzsches „fast ganz auf das Formale" beschränkt und „die eigentliche Geschichte hinter den Gedanken, die Leidenschaft, die Katastrophe, die Bewegung gegen ein Ziel, gegen ein V e r - h ä n g n i ß hin einfach bei Seite" (KSB 8, 244) gelassen. So also geht es nicht, Nietzsche zufolge, und zwar weniger wegen seines an Tragik kaum zu überbietenden Lebenslaufs, auch nicht, weil er, anders als alle Philosophen vor und nach ihm und beginnend mit *Menschliches, Allzumenschliches*, vor keiner Darstellungsfinte zurückschreckte, sondern vor allem, weil Nietzsche nicht eben selten Geschriebenes zuvor durchlitten hatte und sich nicht scheute, Biographisches in verklausulierter Form in seine Texte, insbesondere in den *Zarathustra* (vgl. Niemeyer 2007), einfließen zu lassen, was Nietzsches Klage erklärt, *Zarathustra* werde möglicherweise deswegen nicht verstanden, weil man als Leser um den „persönlichen Sinn" (KSB 6, 525) nicht wisse und wissen könne. Nimmt man noch die Abgründe hinzu, die sich bei Nietzsche aufgetan haben dürften im Zuge seiner fünfjährigen Arbeit an den Aufzeichnungen zu *Der Wille zur Macht* (vgl. Niemeyer 2013a), ist der biographisch Zugang im Fall Nietzsche nicht nur vom Autor selbst als notwendig behauptet worden; vielmehr ist er sogar zwingend und alternativlos (Niemeyer 2011, 13ff.) und im Übrigen nur konsequent in der Linie von Nietzsches Projekt einer „Psychologie der Philosophen", das er vor allem im Blick auf diejenigen Philosophen für notwendig hielt, die, wie Kant, so taten, „als ob die reine Geistigkeit ihnen die Problem der Erkenntniß und Metaphysik vorlege" (KSA 13, 285) und dessen Leitsatz einem in *Jenseits von Gut und Böse* in Gestalt der Formulierung begegnet: „Allmählich hat sich mir herausgestellt, was jede grosse Philosophie bisher war: nämlich das Selbstbekenntniss ihres Urhebers und eine Art ungewollter und unvermerkter mémoires." (KSA 5, 19)

Es gehört zur Tragik Nietzsches (und der Nietzscheforschung), diesem Auftrag nicht bis zum Ende treu geblieben zu sein und ersatzweise dem Statement aus *Ecce homo* gefolgt zu sein: „Das Eine bin ich, das Andre sind meine Schriften." (KSA 6, 298) Zumal im Kreis um Werner Stegmaier wird dieses Gebot allzu oft wortwörtlich genommen und durch angebliche Paraphrasen ersetzt vom Typus: „Insbesondere schlichte Rückschlüsse von Nietzsches Leben auf sein Werk verbieten sich so." (Stegmaier 2011, 79; ähnlich Schubert 2012) Die gleich nachfolgend abgegebene lässige Erklärung Nietzsches, „die Frage nach dem Verstandenoder Nicht-Verstanden-werden dieser [= seiner] Schriften" sei „durchaus noch nicht an der Zeit" (KSA 6, 298), hat in der Rezeptionsgeschichte für nicht minder viel Unheil gesorgt. Stegmaier beispielsweise nahm auch dieses Zitat wörtlich, folgerte also, Nietzsche gehe nicht mehr „vom Verstehen, sondern vom Nicht-Verstehen [aus]" (Stegmaier 2000, 42; ähnlich: 1997, 405f.; 1992, 170) – und blieb weitgehend unbekümmert um andere, gegenläufige Zitate sowie den Kontext des von ihm einseitig favorisierten Statements, ignorierte also beispielsweise den vornehmlich ironisch zu lesenden Satz aus *Jenseits von Gut und Böse*, „dass es zur feineren Menschlichkeit gehört, Ehrfurcht ‚vor der Maske' zu haben und nicht an falscher Stelle Psychologie und Neugierde zu treiben." (KSA 5, 226) Denn im

Lichte dieses Zitats gelesen wird klar, dass in *Ecce Homo* ein Paradigmenwechsel weg von der Aufklärung – auch der Aufklärung über sich und sein Werk – stattfindet und Nietzsche ersatzweise einer gegenaufklärerischen ‚Ehrfurcht vor sich als Maske' huldigt (vgl. Niemeyer 2014a). Wer diesem an sich recht leicht durchschaubaren strategischen Interesse Nietzsches aufsitzt, unterliegt also der Gefahr der Teilhabe am Projekt gegenaufklärerischer Heiligenverehrung als offenbar der letzten Karte des auf selbstruinöse Weise erfolglosen ‚Philosophen' Nietzsche. So betrachtet kann nicht überraschen, dass der vorliegende Band in Kapitel A mit zwei *Beiträgen zur biographisch orientierten Forschung* – von **Pia Daniela Volz** (jetzt: Schmücker) und **Sander L. Gilman** – eröffnet wird, die exemplarisch deutlich machen sollen, welche Einsichten für die Deutung einzelner, ansonsten unverständlicher Äußerungen Nietzsches von diesem Forschungszugang erwartet werden können.

Vergleichbar wichtig ist Grundwissen um die Besonderheit der im Fall Nietzsche zu konstatierenden Editionspolitik, im Verein mit der Bereitschaft und Fähigkeit zur Quellenkritik. Denn: Nicht überall, wo Nietzsche drauf steht, ist auch Nietzsche drin. Schuld daran trägt vor allem, und dies meint auch: vor allen anderen Nietzsches Schwester Elisabeth Förster-Nietzsche, die ihres Bruders glaubwürdig überliefertes Vermächtnis, er gedenke, „nur Ausgearbeitetes und Ganzes vor das Volk zu bringen" und würde „alle seine Freunde verpflichten, nichts von ihm nach seinem Tode herauszugeben als was er selbst für die Publication bestimmt und fertig gestellt hätte" (zit. n. Krummel 1988, 488), bei ihrer erstmaligen Wiedergabe dieses Dokuments (Förster-Nietzsche 1904, 488) unterschlug und in der Folge konsequent ignorierte. Legendäres Beispiel für ihre, so betrachtet, ungestörte Fälschungsarbeit ist die von ihr und Henrich Köselitz vorgelegte ‚kanonische' Nachlasskompilation *Der Wille zur Macht* (1906): Die hier nachweisbaren Werkfälschungen waren eines der wichtigsten Motive für die auf gründlicher quellenkritischer Vorarbeit basierende Colli/Montinari-Ausgabe (s. KSA 14, 7ff.), in deren Linie auch deutlich wird, dass die in der Rezeptionsgeschichte verbreitete Empörung über § 52 der nämlichen Edition völlig entbehrlich ist. Denn es ist nicht Nietzsche, der hier verkündet, er sei nicht für Solidarität in einer Gesellschaft, „wo es unfruchtbare, unproduktive und zerstörerische Elemente giebt, die übrigens noch entartetere Nachkommen haben werden, als sie selbst sind." Es handelt sich hierbei vielmehr um ein – von Nietzsche übersetztes – Zitat von Charles Féré (KSA 13, 433), was Nietzsches Schwester mitzuteilen ‚vergaß.' (Montinari 1984, 76; Lampl 1986, in diesem Bd.) Deutlicher werden diese Zusammenhänge nach Lektüre der für dieses Kapitel B (*Beiträge zur Quellenkritik und Editionspolitik*) als exemplarisch ausgewählten Texte von **Hans-Erich Lampl** und **Dieter Fuchs**.

Dem quellenkritischen Zugang eng verwandt sind *Beiträge zur Quellenforschung* (Kapitel C). Dieser Forschungszugang hat in den letzten Jahren teils übermächtige Bedeutung gewonnen. So findet sich in den *Nietzsche-Studien* eine gleichnamige Rubrik, die immer umfassender wird und zunehmend davon Kunde gibt, in welchem Ausmaß Nietzsche Autoren seiner Zeit gelesen hat und – teilweise im Verlauf der Editionsgeschichte nicht ausgewiesen – paraphrasierte. Die Quellenforschung trug zur Herausprägung eines Forschungszugangs bei, der sich mit dem Stichwort der „kontextualisierenden Deutung" umschreiben lässt. Nicht nur der Kontext des jeweiligen Werkes Nietzsches wird dabei einbezogen, sondern auch der des entsprechenden Nachlasses, der Lektüren und Begegnungen Nietzsches und der allgemeinen historischen Situation. Im vorliegenden Band sind es die Beiträge von **Jörg Salaquarda** und **Andreas Urs Sommer**, die exemplarisch für diesen Forschungszugang stehen.

Natürlich kann der quellenkritische und der im weiteren Sinn – unter Einbezug der Lektüren Nietzsches – quellenforscherische Zugang nicht Selbstzweck sein, sondern er ist als vorbereitend zu verstehen im Blick auf die eigentliche Werkinterpretation, die in Kapitel D (*Beiträge zur Werkinterpretation*) im Vordergrund steht. Zu diesen vorbereitenden Schritten gehören auch die im *Nietzsche-Wörterbuch* (2004 ff.) dokumentierten Versuche der *Nietzsche Research Group* (Nijmegen), den Wortschatz Nietzsches zu rekonstruieren und das semantischen Feld zu rekonstruieren, in dem ein Wort seine Bedeutungen erhält. Eher klassische begriffsgeschichtlichen Erläuterungen finden sich im *Nietzsche-Lexikon* (2009; ²2011), auch hier mit den Anspruch, den Wandel des Begriffsverständnisse bei Nietzsche auf die Spur zu kommen und systematisch orientierten Interpretationen einzelner Werke, wie etwa im Heidelberger *Nietzsche-Kommentar* (2012 ff.) beabsichtigt, vorzuarbeiten. Diesem Zweck gehorchen vor allem die in diesem Band wiederabgedruckten Beiträge von **Christian Niemeyer** und **Heinrich Detering**.

Last but not least gilt es, den Hintergrund von Kapitel E (*Beiträge zur Rezeptions- und Wirkungsforschung*) zu erläutern. Wichtig ist dabei vorab der Hinweis, dass Nietzsche über seine eigene Wirkung in tiefster Sorge war. So hatte er zwar 1874 für eine ‚kritische' statt für eine bloß ‚verehrende' Historie votiert. Auch Zarathustra scheint seinen Jüngern eine kritische Historie abzuverlangen, insofern er sie im Zuge seines Spotts über „alle Gläubigen" warnt, dass er sie, sollten sie Neigungen in dieser Hinsicht entwickeln, als ihre „Bildsäule" (KSA 4, 101) erschlagen werde (vgl. Niemeyer 2007, 34 f.). Und schließlich hat Nietzsche in *Ecce homo* versichert: „Ich habe eine erschreckliche Angst davor, dass man mich eines Tages h e i l i g spricht." (KSA 6, 364) Dagegen freilich steht sein mächtiges Wort aus einem Brief an Franz Overbeck vom Mai 1884: „[W]enn ich es nicht so weit bringe, dass ganze Jahrtausende auf meinen Namen ihre höchsten Gelübde thun, so habe ich in meinen Augen Nichts erreicht." (KSB 6, 506) Wenn man dieses Interesse an Wirkung zum dominanten Zug in Nietzsches Selbstauslegung erklärt, wofür ja doch einiges spricht, ist Nietzsches beharrliche Sorge ob der eigenen Resonanzlosigkeit nicht nur ernst zu nehmen, sondern gewinnt einen dramatischen Zug – und nötigt den Nietzscheforscher letztlich dazu, der Frage nachzugehen, welche im Verlauf der Rezeptionsgeschichte zu beobachtende Wirkung Nietzsches wohl seine Billigung gefunden hätte und als eine von ihm intendierte Wirkung anerkannt worden wäre. Auf Nietzsche wird man bei der Suche nach einer Antwort auf diese Frage wohl kaum bauen zu können, es sei denn ex negativo. So blieb ihm, der noch ein Jahr vor dem Turiner Zusammenbruch begierig lauerte auf erste Anzeichen nennenswerter Resonanz, nur sprachloses Staunen ob der zahllosen Attribute, die man für ihn in Vorrat hielt und die sich, wie er erschrocken konstatierte, untereinander keineswegs gut vertrugen. „Bald", so berichtete er seiner Mutter im Oktober 1887 von Venedig aus über die ihm von Heinrich Köselitz zur Verfügung gestellten Rezensionen zu *Jenseits von Gut und Böse*, „ist mein Buch ‚höherer Blödsinn', bald ist es ‚diabolisch berechnend', bald verdiente ich, dafür aufs Schaffot zu kommen [...] bald werde ich als ‚Philosoph der junkerlichen Aristokratie' verherrlicht, bald als zweiter Edmund von Hagen verhöhnt, bald als Faust des neunzehnten Jahrhunderts bemitleidet, bald als ‚Dynamit' und Unmensch vorsichtig bei Seite gethan." (KSB 8, 165) Aus heutiger Perspektive hätte Nietzsche vielleicht noch hinzugesetzt: „Und danach habe ich Karriere gemacht als Leitfigur der Stürmer und Dränger der 1890er Jahre, als Philosoph des Kapitalismus, als Kriegsphilosoph, schließlich gar als Vordenker Hitlers und dann noch als Vater der Postmoderne", kurz: Die Attributionswut bezogen auf Nietzsche ist wirklich beachtlich und grenzt ans Absurde, wenn man bedenkt, dass der Campus-Verlag seit 2008 einen Ratgeber mit dem Titel *Nietzsche für Manager* in Vorrat hält.

Die Wirkungs- und Rezeptionsforschung hat angesichts von derlei Heterogenität die Aufgabe, Orientierungswissen bereitzustellen im Blick auf den kaum noch überschaubaren Resonanzboden, der seit Beginn der Nietzscherezeption auszumachen ist. Dabei ist Grundwissen in den zuvor benannten Bereichen vorauszusetzen, insbesondere solches in Sachen Quellenkritik/Editionspolitik, an einem Beispiel geredet: Quellentechnisch gesehen scheinen die 1890er Jahre (Niemeyer 1998a; Gerlach 2000) Glücksjahre für Nietzscheleser gewesen zu sein, wie Rafal Biskup (2011, 279) exemplarisch für Philo vom Walde (d.i. Johannes Reinelt [1859–1906]) darzulegen suchte: frei vom Ballast fragwürdig kompilierter Nachlassvermerke der Jahre 1884 bis 1888 *(= Der Wille zur Macht)* bzw. einer eigentlich nur dem Experten guten Gewissens anzuvertrauenden Autobiographie *(= Ecce homo)*; und erst verzögert konfrontiert mit von Nietzsche nicht zum Druck bestimmten Vorträgen (= *Über die Zukunft unserer Bildungsanstalten*; EA: 1893/84) bzw. schwer verdaulichen Streitschriften (= *Der Antichrist*; EA: 1895). Was unter diesen Bedingungen vergleichsweise ungestört im Bewusstsein der rasch wachsenden, vorzugsweise jungen Lesegemeinde Einzug hielt, war der bildungs- und kulturkritische, auf die Notwendigkeit von Selbsterziehung hinweisende Nietzsche aus der zweiten und dritten Unzeitgemässen Betrachtung plus der Nietzsche der Aphorismensammlungen sowie, unvermeidbar, weil befremdend und neugierig machend: der Nietzsche des *Zarathustra*, eine Dichtung, die – um nur ein Beispiel zu nennen – auf den damals (1895) siebzehnjährigen Martin Buber „nicht in der Weise einer Gabe, sondern in der Weise des Überfalls und der Freiheitsberaubung gewirkt [hat]." (Krummel 1998, 330) Wie dieses Beispiel zeigt, ist das Nietzschebild einer je interessierenden Epoche auch abhängig von den Quellen, die man über Nietzsche verfügbar hält – und natürlich von der Editionspolitik, die sich dahinter verbirgt. Elisabeth Förster-Nietzsche war eine Meisterin auf diesem Fachgebiet. So schrieb sie Ende 1896 einer Freundin, es müsse sobald als möglich der Irrtum beseitigt werden, dass Nietzsche „'nur unzusammenhängende Bruchstücke einer Philosophie gegeben hat'" (zit. n. Hoffmann 1991, 50) – und ließ, exakt mit diesem Auftrag, fünf Jahre später die erste Version von *Der Wille zur Macht*, enthaltend 483 Aphorismen, in die Welt hinausgehen, die denn auch das libertäre Nietzschebild der 1890er Generation nachhaltig veränderte. Alfred Baeumler, der zweite wichtige Nietzsche-Herausgeber in der Zeit bis 1945, war kaum weniger durchtrieben: Noch vor 1933 hatte er die Dokumentation *Nietzsche in seinen Briefen und Berichten der Zeitgenossen* vorgelegt, vor allem aber – bei Reclam – eine zweibändige Nietzscheausgabe mit dem Titel *Nietzsches Philosophie in Selbstzeugnissen* ediert, die zumal nach 1933 auch als Schulausgabe genutzt wurde und insofern ausgesprochen wirkmächtig war. Dies war insofern fatal, als sie die nicht in Baeumlers ‚System' passenden Schriften Nietzsches aus der mittleren Periode schlicht ignorierte.

Schon diese wenigen Hinweisen verdeutlichen die Notwendigkeit einer quellenkritisch exponierten Wirkungs- und Rezeptionsforschung. Sie erhielt in den vergangenen zwei Jahrzehnten erheblichen Auftrieb durch die von Frank Richard Krummel (1998, a, b; 2006) in unermüdlicher Arbeit zusammengetragenen Quellen für eine Rezeptionsgeschichte Nietzsches in Deutschland, die in ihrer Breite einen Schluss erlauben: Mit keinem anderen Philosophen ist derart viel (mit Nietzsche geredet:) „Unfug" (KSA 6, 365) getrieben worden, dies selbstredend nicht nur wegen der im Vorhergehenden an den Beispielen Förster-Nietzsche und Baeumler gegeißelten Editionspolitik, sondern auch infolge der Unkenntnis im Blick auf mancherlei Details. So wäre – um nur noch dieses Beispiel zu geben – Nietzsche und insbesondere der frühe Nietzsche vom Grundzug her falsch begriffen, wenn man nur über oberflächliches Wissen verfügte über sein frühes Idol Richard Wagner, der, etwas salopp geredet, Spinne im Netz der völkischen Bewegung. Zu denken ist dabei natürlich vor allem an das 1869 in zweiter Auflage vorgelegte Pamphlet *Das Judentum in der Musik*, mit welchem Wagner dem Antisemitismus der völkischen Bewegung eine wichtige Orientierung gab. Einen etwas genaueren Blick verdienen auch die von Wagner begründeten *Bayreuther Blättern* (1878–1938), als deren Redakteur ursprünglich Nietzsche fungierte sollte – der sich 1885 im Blick auf das nach wie vor von ihm bezogene Organ voller Abscheu ausließ über den hier zu besichtigenden, vom „Rattenfänger" Wagner angerichteten „Sumpf" von „Anmaaßung, Deutschthümelei und Begriffswirrwarr im trübsten Durcheinander" (KSA 11, 675). Das Problem selbst ist damit indes nicht ganz gelöst, zumal Nietzsche auch in *Ecce homo* nicht den Mut fand, sich eindeutig zu äußern über seine eigene frühe sowie natürlich Wagners Verantwortung für die völkische Ideologie vieler Wagnerianer. Der hier wieder abgedruckte Beitrag von **Weaver Santaniello** klärt über einige dieser Zusammenhänge auf, wohingegen der Beitrag von **Harald Lemke** die ‚helle', unter der Last der Editionspolitik Förster-Nietzsches und Baeumlers fast zum Verschwinden gebracht ‚helle' Seite Nietzsches in Erinnerung bringen soll.

*

Ganz am Ende sei darauf hingewiesen, dass die ausgewählten Beiträge hier weitgehend unverändert zum Abdruck gelangen. Offensichtliche Fehler (auch bei Zitaten) wurden stillschweigend korrigiert, auf neue Rechtschreibung wurde nicht umgestellt. Fußnoten wurden, von wenigen Ausnahmen abgesehen (Volz, Niemeyer, Detering, Lemke), so belassen.

Franziska Rödiger und Helene Schmidt sei, namens aller Herausgeber, für technische Hilfe gedankt, meinem Freiburger Kollegen Andreas Urs Sommer für fachlichen Rat, Benjamin Landgrebe von der WBG für sein Vertrauen und seine Geduld.

1. Quellen

KSA = Friedrich Nietzsche: Sämtliche Werke. Kritische Studienausgabe in 15 Einzelbänden. Hrsg. v. G. Colli u. M. Montinari. München 1988.

KSB = Friedrich Nietzsche: Sämtliche Briefe. Kritische Studienausgabe in 8 Bänden. Hrsg. v. G. Colli u. M. Montinari. München 1986.

2. Literatur

Abel, G. (2012): Die Aktualität der Wissenschaftsphilosophie Nietzsches. In: Heit/Abel/Brusotti (Hrsg.), 481–530.
Allemann, B. (1974): Nietzsche und die Dichtung. In: Steffen, H. (Hrsg.): Nietzsche. Werk und Wirkungen. Göttingen, 45–64.
Babich, B. (2012): Philosophische Figuren, Frauen und Liebe. Zu Nietzsche und Lou. In: Nietzscheforschung 19, 113–140.
Bataille, G. (1949): Nietzsche. In: Salaquarda (Hrsg.), 45–49.
Behler, E. (1988): Derrida – Nietzsche, Nietzsche – Derrida. Paderborn.
Benne, Ch. (2013): „Ihr meine geschriebenen und gemalten Gedanken!" Synästhetische Lektüre von *Jenseits von Gut und Böse*. In: Born/Pichler (Hrsg.), 305–322.
Bianchi, S. (2013): „Wahrhaft gerecht" urteilen. Zu den Dimensionen einer ‚sinnsetzenden Anerkennung' in Nietzsches zweiter Unzeitgemäßer Betrachtung. In: Nietzscheforschung 20, 301–312.
Biskup, R. (2011): Ein schlesischer ‚Heimatdichter' in Weimar. Philo vom Walde (Johannes Reinel) und Friedrich Nietzsche. In: Nietzscheforschung 18, 265–282.
Born, M. A. (2012): Vorbemerkungen zur Lektüre von Aphorismen. In: Nietzscheforschung 19, 297–306.
Born, M. A. (2012a): Nietzsche rhetorische Inszenierung der Psychologie. Zum ersten Hauptstück von *Jenseits von Gut und Böse*. In: Georg/Zittel (Hrsg.), 197–206.
Born, M. A./Pichler, A. (Hrsg.) (2013): Texturen des Denkens. Nietzsches Inszenierung der Philosophie in „Jenseits von Gut und Böse". Berlin/Boston.
Borsche, T. (2012): Wozu Wissenschaft? Überlegungen zu Fragen der Rangordnung im Wissenschaftsdiskurs nach Nietzsche. In: Heit/Abel/Brusotti (Hrsg.), 465–480.
Brandt, R. (2005): Nietzsche versus Platon & Kant versus Nietzsche. In: Himmelmann, B. (Hrsg.): Kant und Nietzsche im Widerstreit, Berlin, New York, 91–118.
Brann, H. W. (1931): Nietzsche und die Frauen. Leipzig.
Braun, St. (2012): Vita materna. Mütterliches Denken in Nietzsches Werk. In: Nietzscheforschung 19, 245–264.
Brobjer, Th. (2006): Nietzsche's *magnum opus*. In: History of European Ideas 32, 278–294.
Brobjer, Th. H. (2011): The Place and Role of *Der Antichrist* in Nietzsche's *Umwerthung aller Werthe*. In: Nietzsche-Studien 40, 244–255.
Brock, E. (2012): In Nietzsches Labyrinth. Von labyrinthischem Denken und Forschen. In: Nietzscheforschung 19, 289–296.
Camus, A. (1953/1969): Nietzsche und der Nihilismus. In: Salaquarda (Hrsg.), 63–77.
Caysa, V./Schwarzwald, K. (2012): Vorwort. In: Diess. (Hrsg.), VII-IX.
Dahlkvist, T. (2012): Genie, Entartung, Wahnsinn. Anmerkungen zu Nietzsche als Pathograph und Objekt der Pathographie. In: Reschke/Brusotti (Hrsg.), 173–182.

Dellinger, J. (2011): Erträumt, ersungen und erdichtet? Zur Irritation des Motivs der affirmativen Erlösung in ‚Also sprach Zarathustra'. In: Nietzscheforschung 18, 155–166.

Deussen, P. (1901): Erinnerungen an Friedrich Nietzsche. Leipzig.

Drochon, H. (2009): Twilight and Transvaluation: Nietzsche's ‚Hauptwerk' and the Götzen-Dämmerung. In: Nietzscheforschung 16, 175–182.

Fischer, W. (1910): Friedrich Nietzsches Bild. München.

Förster-Nietzsche, E. (1904): Das Leben Friedrich Nietzsche's. Zweiter Band. Erste Abtheilung. Leipzig.

Georg, J. (2011): Zum Verhältnis von Bewusstsein, Leib und Wahrheit bei Nietzsche. In: Nietzscheforschung 18, 215–224.

Georg, J. (2012): Zarathustra I und das Ende der Lou-Beziehung. In: Nietzscheforschung 19, 177–190.

Georg, J. (2012a): Ein tanzender Gott. Das Dionysische als Metapher des Unbewussten bei Nietzsche. In: Diess./Zittel (Hrsg.), 107–124.

Georg, J. (2013): Existenzielle Bewegung: Scheinwelten, Rauschwelten, Tanzwelten. In: Nietzscheforschung 20, 91–102.

Georg, J. (2013a): Nietzsche und Wagner: Konsonanz und Dissonanz. In: Perspektiven der Philosophie 39, 9–34.

Georg, J./Zittel, C. (Hrsg.) (2012): Nietzsches Philosophie des Unbewussten. Berlin/Boston.

Georg-Lauer, J. (2011): Dionysos und Parsifal. Eine Studie zu Nietzsche und Wagner. Würzburg.

Gerhardt, V. (2012): Philosophieren im Widerspruch zur Philosophie. Nietzsches Verhältnis zur Tradition des Denkens. In: Neymeyr, B./Sommer, A. U. (Hrsg.): Nietzsche als Philosoph der Moderne. Heidelberg, 31–58.

Gerlach, H.-M. (2000): Nietzsches Denken zwischen „aristokratischem Radikalismus" und „Psychopathia spiritualis"? Zur Nietzsche-Rezeption der neunziger Jahre des 19. Jahrhunderts und der Haltung der deutschen Linken. In: Nietzscheforschung 5/6, 575–590.

Goch, K. (2012): Sternenfeindschaft. Elisabeth Nietzsche contra Lou von Salomé. In: Nietzscheforschung 19, 155–174.

Gödde, G. (2012): Perspektiven des Unbewussten im Rahmen des Freud-Nietzsche-Diskurses. In: Georg/Zittel (Hrsg.), 49–70.

Hable, I. (2011): ‚Zarathustras Rundgesang' als irdischer Tanz der Ewigkeit. Ein genauer Blick auf den Text mit Bezügen zu Nietzsches Konzept der ‚Ewigen Wiederkunft des Gleichen' und zum ‚*Faust*schen Augenblick'. In: Nietzscheforschung 18, 179–190.

Hartleben, O. F. (1906): Tagebuch. Fragment eines Lebens. München.

Heftrich, E. (1964): Die Grenzen der psychologischen Nietzsche-Erklärung. In: Salaquarda (Hrsg.), 169–184.

Heit, H./Abel, G./Brusotti, M. (Hrsg.) (2012): Nietzsches Wissenschaftsphilosophie. Hintergründe, Wirkungen und Aktualität. Berlin/Boston.

Hofbauer, J. (2007): How to do things with Nietzsche. Nietzsche als Methode – Eine Versuchsanordnung mit drei Opern Richard Wagners. München.

Hofbauer, J. (2008): Nietzsche – Philosoph der Verfeindungskunst – Philosoph der Kulturen. In: Sommer (Hrsg.), 89–96.

Hoffmann, D. M. (1991): Zur Geschichte des Nietzsche-Archivs. Berlin, New York.

Holub, R. C. (2002): The Elisabeth Legend: The Cleansing of Nietzsche and the Sullying of His Sister. In: Golomb, J./Wistrich, R. S. (Ed.): Nietzsche, Godfather of Fascism? Princeton and Oxford, 215–234.

Holub, R. C. (2014): Placing Elisabeth Förster-Nietzsche in the Crosshairs. In: Nietzsche-Studien 43 (im Druck).

Holzer, A. (2009): Neuerscheinungen zur Konstellation Nietzsche – Wagner. In: Nietzsche-Studien 38, 420–436.

Holzer, A. (2012): Ästhetische Engführung: Nietzsche und Wagners Tragödienkonzeptionen. In: Nietzscheforschung 19, 410–412.

Hoyer, T. (2002): Nietzsche und die Pädagogik. Werk, Biografie und Rezeption. Würzburg.

Hoyer, T. (2002a): „[...] ich bedarf der Hände, die sich ausstrecken". Zarathustras pädagogisches Scheitern. In: Nietzscheforschung 9, 219–231.

Janz, C. P. (1972): Die Briefe Friedrich Nietzsches. Textprobleme und ihre Bedeutung für Biographie und Doxographie, Basel.

Klaas Meilier, B. (2012): Frauen: Nur gut fürs Basislager oder auch für den philosophischen Höhenweg? In: Nietzscheforschung 19, 31–51.

Klopstock, Th. (2013): Friedrich Nietzsche und seine Krankheiten: kein ausreichender Anhalt für MELAS. In: Nietzsche-Studien 42, 293–297.

Koch, M. (1984): Zarathustra ist kein décadent! Überlegungen zu „Also sprach Zarathustra". In: Nietzsche-Studien 13, 245–252.

Köhler, J. (2001): Nietzsche. München.

Koszka, C. (2009): Friedrich Nietzsche (1844–1900): a classical case of mitochondrial encephalomyopathy with lactic acidosis and stroke-like episodes (MELAS) Syndrome? In: Journal of Medical Biography 17, 161–164.

Koszka, C. (2010): MELAS (Mitochondriale Enzephalomyopathie, Laktazidose und Schlaganfall-ähnliche Episoden) – eine neue Diagnose von Nietzsches Krankheit. In: Nietzsche-Studien 39, 573–577.

Krahmer, C. (2009): Die französische Nietzsche-Ausgabe und das Nietzsche-Archiv. In: Nietzsche-Studien 39, 270–301.

Krummel, R. F. (1988): Josef Paneth über seine Begegnung mit Nietzsche in der Zarathustra-Zeit. In: Nietzsche-Studien 17, 478–495.

Krummel, R. F. (1998/1998a/1998b/2006): Nietzsche und der deutsche Geist. Bd. I. 2., Aufl. (1998). Bd. II. 2. Aufl. (1998a). Bd. III. (1998b). Bd. IV (2006). Berlin, New York.

Landerer, Ch. (2012): „Dies ist alles sehr beängstigend": Nietzsche, Wagner, Hanslick und die „jüdische Presse". Zu Martine Pranges Beitrag *Was Nietzsche Ever a True Wagnerian?* In: Nietzsche-Studien 41, 182–190.

Lopes, R. (2012): Methodologischer Naturalismus, epistemische Tugenden und Normativität bei Nietzsche. In: Heit/Abel/Brusotti (Hrsg.), 113–124.

Lossi, A. (2012): „Zum Mindesten sei das Bekannte leichter erkennbar als das Fremde": Über das Verhältnis von Philosophie und Wissenschaft bei Nietzsche. In: Heit/Abel/Brusotti (Hrsg.), 239–248.

Losurdo, D. (2009): Nietzsche, der aristokratische Rebell. Intellektuelle Biographie und kritische Bilanz. Bd. I. Bd. II. Berlin.

Lukács, G. (1954): Nietzsche als Begründer des Irrationalismus der imperialistischen Periode. In: Salaquarda (Hrsg.), 78–95.

Mann, Th. (1947): Nietzsches Philosophie im Lichte unserer Erfahrung. Berlin.

Mengaldo, E. (2012): Rechtschaffenheit des Kleinen. Nietzsches ästhetische Auffassung zwischen „großem Stil" und kleiner Form. In: Caysa/Schwarzwald (Hrsg.), 395–408.

Müller, E. (2005): Die Griechen im Denken Nietzsches. Berlin, New York.

Müller-Lauter, W. (1974): Nietzsches Lehre vom Willen zur Macht. In: Salaquarda (Hrsg.), 234–287.

Möbius, P. J. (1909): Nietzsche (= Ausgewählte Werke, Bd. V). Leipzig.

Montinari, M. (1976): Nietzsches Nachlaß von 1885 bis 1888 oder Textkritik und Wille zur Macht. In: Salaquarda (Hrsg.), 323–350.

Montinari, M. (1984): Nietzsche lesen: Die Götzen-Dämmerung. In: Nietzsche-Studien 13, 69–79.

Neymeyr, B. (2012): Abenteuer-Reisen in „eine tiefere Welt der Einsicht". Der Psychologe Nietzsche als „Freund der ‚grossen Jagd'". In: Caysa/Schwarzwald (Hrsg.), 101–130.

Nicodemo, N. (2012): Nietzsches „dichtende Vernunft". In: Heit/Abel/Brusotti (Hrsg.), 225–237.

Nicodemo, N. (2012a): Die Poetik der Geschichte und die Krise des Historismus. Nietzsches ästhetische Geschichtsauffassung im Lichte der Metageschichte von Hayden White. In: Reschke/Brusotti (Hrsg.), 379–392.

Niemeyer, Ch. (1998): Nietzsches andere Vernunft. Psychologische Aspekte in Biographie und Werk, Darmstadt.

Niemeyer, Ch. (1998a): Nietzsche als Jugendverführer. Gefährdungslage und Pädagogisierungsoffensive zwischen 1890 und 1914. In: Ders./Drerup, H./Oelkers J./v. Pogrell, L. (Hrsg.): Nietzsche in der Pädagogik? Beiträge zur Rezeption und Interpretation. Weinheim, 96–119

Niemeyer, Ch. (2003): Nietzsche, völkische Bewegung, Jugendbewegung. Über vergessene Zusammenhänge am Exempel der Briefe Nietzsches an Theodor Fritsch vom März 1887. In: Vierteljahrsschrift für Wissenschaftliche Pädagogik 79, 292–330.

Niemeyer, Ch. (2007): Friedrich Nietzsches „Also sprach Zarathustra". Darmstadt.
Niemeyer, Ch. (2009): „die Schwester! Schwester! 's klingt so fürchterlich!" Elisabeth Förster-Nietzsche als Verfälscherin der Briefe und Werke ihres Bruders. Eine offenbar notwendige Rückerinnerung. In: Nietzscheforschung 16, 335–355.
Niemeyer, Ch. (2010): [Rezension:] Domenico Losurdo: Nietzsche, der aristokratische Rebell. Bd. I u. II. In: Nietzscheforschung 17 (2010), 320–325.
Niemeyer, Ch. (2011): Nietzsche verstehen. Eine Gebrauchsanweisung, Darmstadt.
Niemeyer, Ch. (^{2}2011): *WM: Der Wille zur Macht*. In: Ders. (Hrsg.): Nietzsche-Lexikon. Darmstadt, 408–413.
Niemeyer, Ch. (2012): Nietzsches Verhältnis zum Antisemitismus. Eine bewusst missverstandene Rezeption? In: Reschke/Brusotti (Hrsg.), 501–511.
Niemeyer, Ch. (2012a): Große Dichtung? Zu einigen Fragwürdigkeiten der nur ästhetischen Perspektive auf Nietzsches *Zarathustra*. In: Caysa/Schwarzwald (Hrsg.), 441–450.
Niemeyer, Ch. (2013): Nietzsche. Werk und Wirkung eines freien Geistes, Darmstadt.
Niemeyer, Ch. (2013a): Wie wirklich ist *Der Wille zur Macht*? Über die Frage, warum sich Nietzsche fünf Jahre an einem Text versuchte, der primär rhetorisch gemeint war. In: Nietzscheforschung 20, 163–172.
Niemeyer, Ch. (2013b): Der unbewusste Nietzsche. Wer schrieb eigentlich Nietzsches Texte? In: Perspektiven der Philosophie 39, 51–66.
Niemeyer, Ch. (2013c): Die dunklen Seiten der Jugendbewegung. Vom Wandervogel zur Hitlerjugend. Tübingen.
Niemeyer, Ch. (2014): Elisabeth Förster-Nietzsche im Kontext. Eine Antwort auf Robert C. Holub. In: Nietzsche-Studien 43 (im Druck).
Niemeyer, Ch. (2014a): *Ecce homo* oder: Das Ende der Aufklärung. Über die (Hinter-)Gründe und die Folgen von Nietzsches allerletztem Paradigmenwechsel. In: Benne, Ch./Müller, E. (Hrsg.): Ohnmacht des Subjekts – Macht der Persönlichkeit. Berlin/Boston (im Druck).
Pautrat, B. (1973): Nietzsche, medusiert. In: Hamacher, W. (Hrsg.): Nietzsche aus Frankreich. Frankfurt/M., Berlin 1986, 111–128.
Pechota Vuilleumier, C. (2012): „Ihr hattet euch noch nicht gesucht: da fandet ihr mich." Nietzsches Einfluss auf schreibende Frauen des *Fin de siècle*. In: Nietzscheforschung 19, 13–29.
Pfeuffer, S. (2013) Nietzsche und Levinas. In: Nietzsche-Studien 42, 393–399.
Pichler, A. (2012): Unter der Optik des Künstlers? Bedeutung und Topos der Wissenschaft in Nietzsches radikalkritischer Denkbewegung der Orchestikologie. In: Heit/Abel/Brusotti (Hrsg.), 213–224.
Pichler, A. (2013): ‚Den Irrtum erzählen'. Eine Lektüre von „Wie die ‚wahre Welt' endlich zur Fabel wurde". In: Nietzscheforschung 20, 193–210.
Pieper, A. (2012): Das grösste Ereignis. Nietzsches narrative Dekonstruktion der Metaphysik. In: Caysa/Schwarzwald (Hrsg.), 75–87.

Pieper, A. (2012a): Nietzsche und die Geschlechterfrage. In: Nietzscheforschung 19, 53–64.

Podach, E. F. (1963): Ein Blick in Notizbücher Nietzsches. Heidelberg.

Prange, M. (2011): Was Nietzsche Ever a True Wagnerian? Nietzsche's Late Turn to and Early Doubt About Richard Wagner. In: Nietzsche-Studien 40, 43–71.

Prause, E. (2010): Morgenandachten mit Nietzsche. In: Nietzscheforschung 17, 285–291.

Reschke, R. (2009): Wie und warum Friedrich Nietzsche sich Heinrich Heine als Franzosen oder wie er sich Heine als Heine sah. In: Pornschlegel, C./Stingelin, M. (Hrsg.): Nietzsche und Frankreich. Berlin, 63–90.

Reschke, R. (2012): Utopien und Kritik mit Dionysos. Zwischen Macht und Rebellion, Gewalt und Illusion. In: Dies./Brusotti (Hrsg.), 183–208.

Reschke, R./Brusotti, M. (Hrsg.) (2012): „Einige werden posthum geboren". Nietzsches Wirkungen. Berlin/Boston.

Richardson, J. (2012): Nietzsche's Psychology. In: Heit/Abel/Brusotti (Hrsg.), 315–332.

Rupschus, A. (2011): Nietzsche und sein Problem mit den Deutschen. In: Nietzsche-Studien 40, 72–105.

Rupschus, A. (2013): Nietzsches Problem mit den Deutschen. Wagners Deutschtums und Nietzsches Philosophie. Berlin/Boston.

Salaquarda, J. (Hrsg.) (^{2}1996): Nietzsche. Darmstadt.

Santini, C. (2012): Die Methode der Quellenforschung am Beispiel der Basler Vorlesungen. In: Nietzscheforschung 19, 269–278.

Schiffter (2013): Friedrich Nietzsches Krakheiten – eine unendliche Geschichte. In: Nietzsche-Studien 42, 283–292.

Schmidt, H.-J. (2011): Letztes Refugium? Zum Dogma und zur Crux christlich orientierter genetischer Nietzscheforschung und –interpretation (diskutiert am Beispiel der Schriften von Reiner Bohley und Hans Gerald Hödl). In: Nietzscheforschung 18, 225–244.

Schnyder, P. (2013): Ursprungskritik. Nietzsches Anfänge und die Ursprünge der Rhetorik. In: Nietzsche-Studien 42, 1–20.

Schubert, C. (2011): Ein gefährliches Hinüber – Von Seiltänzern und Possenreißern. In: Nietzscheforschung 18, 191–202.

Schubert, C. (2012): „Der Autor hat den Mund zu halten [...]". Nietzsche-Interpretation zwischen Biographismus und Interaktion. In: Nietzscheforschung 19, 279–288.

Simon, J. (2000): Ein Text wie *Nietzsches Zarathustra*. In: Gerhardt, V. (Hsg.): Friedrich Nietzsche. Also sprach Zarathustra. Berlin, 225–256.

Sommer, A. U. (Hrsg.) (2008): Nietzsche – Philosoph der Kultur (en)? Berlin. New York.

Stegmaier, W. (1992): Nietzsches Kritik der Vernunft seines Lebens. In: Nietzsche-Studien 21, 163–183.

Stegmaier, W. (1997): Friedrich Nietzsche: *Also sprach Zarathustra*. In: Ders., unter Mitarb. v. H. Frank: Hauptwerke der Philosophie. Von Kant bis Nietzsche. Stuttgart, 402–443.
Stegmaier, W. (2000): Nietzsches Zeichen. In: Nietzsche-Studien 29, 41–69.
Stegmaier, W. (2008): Schicksal Nietzsche? Zu Nietzsches Selbsteinschätzung als Schicksal der Philosophie und der Menschheit (*Ecce homo*, Warum ich ein Schicksal bin 1). In: Nietzsche-Studien 37, 62–114.
Stegmaier, W. (2009): Nietzsche im 21. Jahrhundert. Mittel und Ziele einer neuen Nietzsche-Philologie. In: Nietzscheforschung 16, 17–26.
Stegmaier, W. (2010): „ohne Hegel kein Darwin". Kontextuelle Interpretation des Aphorismus 357 aus dem V. Buch der Fröhlichen Wissenschaft. In: Nietzscheforschung 17, 65–82.
Stegmaier, W. (2011): Friedrich Nietzsche zur Einführung. Hamburg.
Stegmaier, W. (2013): Anspruch, Wert und Zukunftsaussichten in aktuellen Publikationen. In Nietzsche-Studien 42, 346–367.
Stegmaier, W. (2013a): Oh Mensch! Gieb Acht! Kontextuelle Interpretation des Mitternachts-Liedes aus *Also sprach Zarathustra*. In: Nietzsche-Studien 42, 85–115.
Szabó, L. V. (2011): Der kosmische Übermensch. Zu Nietzsches Wirkung auf Rudolf Pannwitz. In: Nietzscheforschung 18, 245–264.
Vass, R. (2012): „Ewig rollt das Rad des Seins": Der ‚Ewige-Wiederkunfts-Gedanke' und seine Aktualität in der modernen physikalischen Kosmologie. In: Heit/Abel/Brusotti (Hrsg.), 371–390
Wein, H. (1972): Nietzsche ohne Zarathustra. In: Nietzsche-Studien 1, 359–379.
Winteler, R. (2009): Nietzsches *Antichrist* als (ganze) *Umwerthung aller Werthe*. Bemerkungen zum ‚scheitern' eines ‚Hauptwerks'. In: Nietzsche-Studien 38, 229–245.
Winteler, R. (2011): Nietzsches Bruch mit Wagner. Zur Plausibilität seiner späteren Stilisierung. In: Nietzsche-Studien 40, 256–272.
Zittel, C. (2000): Das ästhetische Kalkül von Friedrich Nietzsches *Also sprach Zarathustra*. Würzburg.
Zittel, C. (2008): Neuerscheinungen zu *Also sprach Zarathustra*. In: Nietzsche-Studien 37, 378–383.

A. Beiträge zur biographisch orientierten Forschung

Pia Daniela Volz, Vom „Alchimisten-Kunststück, aus Koth Gold zu machen",
Nietzscheforschung 2, Berlin: Akademie Verlag, 1995, S. 303–319.

Pia Daniela Volz

Vom „Alchemisten-Kunststück, aus Koth Gold zu machen"

Vignette zur Schreibmetaphorik Nietzsches

> „Leg ich mich aus so leg ich mich hinein
> so moeg ein Freud mein Interprete sein."
> *(Scherz, List und Rache)*[1]

Scheinbar im Scherz wünscht sich Nietzsche als Autor dieser Verse eine Interpretation, die den Text des Dichterphilosophen gewissermaßen mit Freundesauge, will sagen in „Mitgefühl für seine Leidenschaft und Leiden" zu verstehen sucht. Doch vor das Verständnis haben die Götter die Entzifferung des Textes gesetzt, bei Nietzsches schwer leserlicher Handschrift kein leichtes Unterfangen. Auch die Schreibmaschine, von der er sich zeitweilig Hilfe beim Schreibprozeß, nicht zuletzt seiner schlechten Augen wegen, erhoffte, erwies sich oft genug als widerspenstiges Instrument. Wenn sich der Tippfehler-Teufel einschlich, wie im eingangs zitierten Motto mit dem fehlenden „n", ergab sich im (nicht nachträglich handschriftlich korrigierten) Text unbeabsichtigt ein doppeldeutiger Hintersinn. Gerade die Vieldeutigkeit der Nietzscheschen Werke verbietet es dem Exegeten, sie mit von außen herangetragenen Kategorien (z. B. der Freudschen Terminologie) zu traktieren: dabei dem fehlenden Vermögen des Textes und seines Urhebers, sich zu wehren, eingedenk und die Widerständigkeit des Materials respektierend. Diese Vignette zur analen Schreibmetaphorik ist denn auch keine psychoanalytische Etikettierung von Nietzsches Persönlichkeit oder gar eine als Aufhellung der Philosophie des genialen Schriftstellers sich gerierende Deutung, um das von ihm 1875 konstatierte Manko, wonach es immer noch keine Psychologie des Schriftstellers gäbe, zu beheben.

Wenn wir die Äußerungen Nietzsches über Schreiben und Kreativität versammeln, so fällt eine besondere Duftnote der Metaphorik auf. Sie ist durchaus bekannt aus den nicht selten verwendeten Fäkalinjurien, die Dichter ihren lieben Kollegen zudenken respektive laut zurufen oder aus intimen Selbstbekenntnissen von der Art des Lutherschen Turmerlebnisses: der Gedankenfluß, der zur Entladung im Schreiben drängt, setzt unmittelbar nach erfolgreicher Entlastung des Unterleibs ein. Wort- und Dichtkunst also als Verdauungsfinale (wie Erich Kästners Glosse von der „Diarrhoe des Gefühls" nahelegt) verweist auf die wahre Herkunft des Menschen als Wesen, das „inter urin et faeces" geboren (Augustinus) wird, schwankend zwischen Fäkalhumor und Fäkaltragik.

Es entbehrt nicht der dichterischen Ironie, daß gerade folgende Verse von Nietzsche auf seiner Schreibmaschine, die er als „delikat wie ein kleiner Hund und viel Not machend" bezeichnete, getippt wurden:

„Narr in Verzweiflung

Ach! Was ich schrieb auf Tisch und Wand
Mit Narrenherz und Narrenhand,
Das sollte Tisch und Wand mir zieren? ...

Doch ihr sagt: ‚Narrenhände schmieren, –
Und Tisch und Wand soll man purgieren,
Bis auch die letzte Spur verschwand!'

Erlaubt! Ich lege Hand mit an –,
Ich lernte Schwamm und Besen führen,
Als Kritiker, als Wassermann.

Doch, wenn die Arbeit abgethan,
Säh' gern ich euch, ihr Ueberweisen
Mit Weisheit Tisch und Wand besch..." (KSA 3, 646)

Was als Lied des Prinzen Vogelfrei so leichtfüßig-lästerlich daherkommt und Lächeln entlockt, wirkt erschütternd, wenn es zur pathologischen Realität wird. Vom „Narren Nietzsche" wird unter anderen Symptomen in der Zeit des Aufenthalts in der Jenaer Psychiatrischen Klinik – nach Ausbruch der progressiven Paralyse – Koprophilie bezeugt, wie folgende Eintragungen ins Krankenbuch belegen: „Koth geschmiert" (4. April 1889); „Uriniert in den Stiefeln und trinkt den Urin" (5. April 1889); „Ißt Koth" (18. April 89); „Schreibt an die Wände unleserliches Zeug" (19.4.89); „Gibt dem Arzt einen schmutzigen, unleserlichen Zettel als sein Testament" (5.5.89); „Legt Koth in Papier gewickelt in die Tischschubladen" (20.8.89); „Sammelt neuerdings und zwar zum Teil ganz wertlose Sachen,

Papierschnitzel, Lumpen etc." (1. Jan. 1890) (Zit. n. Volz 1990, 394 ff.). In der Krankheit erfolgt also eine Regression auf einst befriedigende kleinkindliche Verhaltensweisen des zweiten Lebensjahres, wobei in der Perspektive der unbewußten Bedeutung diese Symptomatik als sublimierte Lust am Modellieren oder Manipulieren gedeutet werden kann.

Beim Nietzsche der mittleren Lebensjahre, dem „philologischen Lumpensammler", fällt demgegenüber der retentative Aspekt auf. Tiefenpsychologisch gesprochen herrscht hier gegenüber der Lust am Ausstoßen (erste Analstufe) die Beherrschung der Ausscheidungsfunktionen vor (zweite Analstufe): das Zurückhalten von Wertobjekten wird als lustbetonter Widerstand gegen die Forderungen der anderen erlebt. So ermahnt sich der Poet denn auch selbst:

„Nicht zu freigiebig! Nur Hunde
Scheissen zu jeder Stunde."

„Nothdurft ist Billig – Glück ist ohne Preis:
Drum sitz ich statt auf Gold auf meinem Steiss."[2]

Der Zusammenhang von Analität (Koth) und kreativem Reichtum (Gold, Geld) war natürlich längst vor Freud schon im kollektiven Unbewußten präsent – denken wir nur an den Dukatenscheißer im Märchen. Schreiben im und als Affekt (der Aggressivität und Scham z. B.), als kraftvolle Lebensäußerung, nicht als papierenes Geschäft, als Harnerotik onanierender Schreibtischtäter, die unter geistiger Indigestion leiden: ist dies nicht eine Perspektive einer „Physiologie der Kunst"? „Ich gehöre nicht zu Denen, welche mit der nassen Feder in der Hand d e n k e n ; und noch weniger zu Jenen, welche sich gar vor dem offenen Tintenfasse ihren Leidenschaften überlassen, auf ihrem Stuhle sitzend und auf's Papier starrend. Ich ärgere oder schäme mich alles Schreibens; Schreiben ist für mich eine Nothdurft" (KSA 3, 448), so bekennt Nietzsche von sich.

„Nothdurft", so belehrt uns das Grimmsche Wörterbuch, ist „ein nothwendiges, dringendes Bedürfnis und Erfordernis in verschiedenem Sinn":

I a) ein dringendes Begehren oder Verlangen nach etwas, was nötig ist oder scheint; b) der notwendige Unterhalt zum Leben; c) das erforderliche Tun, das unabwendbare Muß; d) das zur Verteidigung einer Rechtssache Erforderliche;

II) das notwendige Naturbedürfnis der Leibesentleerung;

III) die Erfordernis der Not, Notwendigkeit, Zwang;

IV) die Bedrängnis, der Mangel am Unentbehrlichsten.

In Nietzsches Nachlaßnotizen mit aufklärerischem anti-idealistischen Impetus wird das Sich-Erheben des Menschen lieber die „Nothdurft", d. h.

das Unentbehrliche und Natürliche, als lebensfeindliche Intellektualisierung kritisiert: „Das, was über die Nothdurft h i n a u s g e h t, **höher** zu achten, das Entbehrliche, den Putz u. s. w., ein uralter Trieb: eine gewisse Verachtung gegen das, was den Organismus und das Leben constituirt." (KSA 9, 131) Von hier aus ergeben sich zunächst einmal zwei Lesarten: Schreiben ist für Nietzsche, den Psychologen, offensichtlich ein Bedürfnis, eine Notlösung, ein Bewältigungsversuch – vielleicht autotherapeutischer Art – und für den Physiologen ein unverzichtbarer Verdauungs- und Ausscheidungsprozess. Seine neue Triebpsychologie der Komplexheit der Antriebe nimmt Abschied von falschen Kausalitäten: „Begierde! Das ist nichts Einfaches, Elementares! Vielmehr ist eine Noth (Druck, Drängen u. s. w.) zu unterscheiden und ein aus Erfahrung bekanntes Mittel, dieser Noth abzuhelfen. Es entsteht so eine Verbindung von Noth und Ziel, als ob die Noth von vornherein zu jenem Ziele h i n w o l l e. Ein solches Wollen gibt es gar nicht. ‚Mich verlangt zu uriniren', ist ebenso irrthümlich als ‚es giebt einen Willen zum Nachttopf'." (KSA 9, 181 f.) Die moralische Bewertung ist einmal mehr das eigentliche Problem: „Die Plage durch die Begierde ist an sich nicht so gross, wenn man sie für nichts Böses hält. So wenig als der Stuhldrang uns tiefe Seelennoth macht." (KSA 9, 318) Unter triebökonomischer Perspektive, die um die zerstörerische Macht von zurückgehaltenen Trieben weiß, kommt Nietzsche wiederholt auf dieselben Beispiele zu sprechen: die Mundhöhle sowie die anale und die urethrale Ausgangspforte werden von ihm nicht als erogene Zonen vorgestellt, sondern als Orte von lebensnotwendigen Ausscheidungs- bzw. Einverleibungsvorgängen in ihr Recht gesetzt: „Wo die Menschen nicht den Zweck eines Triebes als nothwendig zur Erhaltung mit Händen greifen, wie beim Koth- und Urinlassen, Nahrungnehmen u. s. w., da glauben sie ihn als überflüssig b e - s e i t i g e n zu können…" (KSA 9, 299) Der Blick ins Leibesinnere eines gläsernen Menschen ist für den Medizyniker faszinierend, für den gewöhnlichen Menschen jedoch abstoßend: „Das a e s t h e t i s c h -Beleidigende am innerlichen Menschen ohne Haut, – blutige Massen, Kothgedärme, Eingeweide, alle jene saugenden pumpenden Unthiere, – formlos oder hässlich oder grotesk, dazu für den Geruch peinlich. Also w e g g e d a c h t! Was davon doch heraustritt, erregt Scham (Koth Urin Speichel Same)." (KSA 9, 460)

Die physiologischen Vorgänge werden in ihrer Analogie zu seelischen Prozessen abgeklopft. Von den verschiedenen Eigenschaften des Organismus wie Selbstregulierung (Abgrenzungen), Habsucht (Machtgelüste), Assimilation (Einverleiben von Urtheilen und Erfahrungen), Regeneration (Geschlechtstrieb, Lehrtrieb) sind es die Ausscheidungen, welche bildlich die Brücke zur Welt der Sprache schlagen: „Secretion und Excretion: in der Form von Ekel, Verachtung der Eigenschaften an sich, die ihm nicht mehr nützen; das Ueberschüssige mittheilen: Wohlwollen" (MusA XI, 224); Nietzsche beschreibt den akquisitiven, einverleibenden (oralen), sowie den sammelnden, retentiven und ausstoßenden (analen) Charakterzug der unfeinen species „homo pamphagos". Die Reaktionsbildung der Verschwendungssucht als vermeintliche Wohltätigkeit des Raubtieres „Mensch" ist also gerade auch im geistigen Bereich zu beobachten:

„So leben wir Alle! – wir reissen die Dinge gierig an uns und haben unersättliche Augen dabei, dann nehmen wir eben so gierig aus ihnen heraus, was uns schmeckt und dienlich ist, – und endlich überlassen wir den Rest [...] den anderen Menschen und der Natur, namentlich aber alles, was wir verschlangen, ohne es uns einverleiben zu können –: unsere Excremente. Darin sind wir unerschöpflich wohltätig und durchaus nicht geizig: wir d ü n g e n die Menschheit mit diesem Unverdauten unseres Geistes und unserer Erfahrungen." (KSA 9, 626)

Die Stadien der Nahrungsumsetzung (das Einverleiben, Verdauen, Zurückhalten und Ausstoßen der Fäkalien), diese somatische Ökonomie der „Schwere in Gehirn und Magen", analogisiert Nietzsche spannenderweise – auf der Suche nach einer „Philosophie, die zu unserem Besitze paßt, d. h. ihn vergoldet" – auch mit der Kapitalakkumulation. Wird auch die „schlechte Diät" in der *Morgenröte* (Aph. 203; KSA 3, 179) als Problem der reichen Klasse Englands beschrieben, so wird in der Folgezeit die Indigestion zusehends zum Markenzeichen des deutschen Nationalcharakters.

Ein medizinischer Exkurs in die Biographie belegt, daß Nietzsche selbst nur allzu gut wußte, wovon er sprach. Seit 1871 sind bei ihm Verdauungsprobleme, eine chronische Gastritis im Sinne eines nervösen Reizmagens mit Sodbrennen, Schmerzen, Übelkeit bezeugt, die 1875 dann als chronischer Magenkatarrh (Magenerweiterung infolge einer Atonie) diagnostiziert wurde, und da auch der Zusammenhang mit der Migräne vermutet wurde, symptomatisch mit Brechpulver (Ipecacuanha) therapiert wurde. Nietzsche gebrauchte in reichlichem Maße (auch selbstverordnete) Laxantien, meist pflanzliche Abführmittel wie z. B. Nux vomica (Brechnuß) oder Rhabarber. Diätplane wurden minutiös entworfen und oft wieder verworfen: der Art der Ernährung schrieb er bekanntlich einen direkten Einfluß auf die Verfassung des Geistes zu und leitete davon die Maxime ab, die „intellektuellen Bedürfnisse der Ernährung" und der richtigen Lebensweise zu begreifen. Doch das Problem der Dyspepsie (der Verdauungsschwäche) im weitesten Sinn blieb ein ständiger Begleiter, auch wenn Nietzsche, der seinen Magen als „Vater der Trübsal" und sein Gedärm, vergiftet durch Arzneien, als das „langweiligste der Welt" bezeichnete, durch stundenlanges tägliches Wandern und den Aufenthalt in stimulanten Climata Abhilfe zu schaffen suchte. Im *Ecce homo* wird dieses individuelle Problem jedenfalls zum nationalen deklariert: „Der deutsche Geist ist eine Indigestion, er wird mit Nichts fertig." (KSA 6, 280; vgl. Volz 1990, 119 ff.)

Folgt man nicht dieser polit-pathographischen Lesart, sondern einer psychoanalytischen Hypothese, so lassen sich die habituellen Stuhlverstopfungen Nervöser mit dem „Geldkomplex" der Betreffenden zusammenbringen, würden somit eine Abneigung gegen das Geben, das Produzieren schlechthin widerspiegeln. Was den realen Umgang mit Geld und Vermögen angeht, so fehlt eine eingehende Untersuchung über diese Realien bei Nietzsche, der sich selbst einen „zum Glück sehr ökonomisch[en]" Menschen nannte.[3] Einige Grundzüge zeichnen sich allerdings deutlich ab: der Zwang zum Haushalten, zur Sparsamkeit erwuchs aus den Lebensumständen von Anfang an. Denken wir nur an die Unmenge von Zetteln aus den Jahren 1858–1864, auf denen der Pfortenser Schüler kleine Beträge erbittet. Auch die Briefe des Studenten an die Mutter sind voller Klagen über schmutzige Wäsche, zerrissene Stiefel und voll von Bitten um das Besorgen des Allernötigsten (wie Bücher, Papier, Nahrungsmittel etc.). Dabei sind für den Philologen, dessen Existenz auf „geistigem und körperlichem Hungerleiden" beruht, die Erfordernis solcher Geldbriefe eine „Verschwendung von Tinte und Zeit und sehr langweilig". Unter den Gelegenheitsnotizen des Nachlasses finden sich auch in der Professorenzeit zahlreiche Ausgaben, Auflistungen, Berechnungen, die ein buchhälterisches Moment bezeugen. Bei seiner bescheiden-asketisch zu nennenden Lebensweise war es Nietzsche gelungen, Ersparnisse für den Druck seiner Schriften zurückzulegen; seine Bücher bezeichnete er als „curios kostspieligen Luxus": „curios" deshalb, weil er den Luxus in materiellen Dingen sonst als Symptom einer „tiefen innerlichen Geistlosigkeit" ansah. Er selbst bezeichnete sich in Geldsachen als „unfreiwillig ängstlich und zögernd" (Oktober 1887) und bezichtigte den, der immer etwas zu geben hat, als schamlos. Es wäre ein zu weites Feld, den Paradoxien der „Armut des Reichsten" und den Verbindungen von Leidensdruck, eruptivem Schaffen, dichterischer Schwangerschaft, Sohnesgeburt und Strafphantasien in und um den *Zarathustra* nachzugehen; der Belege fänden sich gar viele: „Wehe dir, Zarathustra!/Du siehst aus, wie Einer/Der Gold verschluckt hat:/man wird dir noch den Bauch aufschlitzen! ..." (KSA 6, 443)[4]

Bringt man den Geld-Komplex im Sinne von Geben, Beschenken mit der dichterischen Produktion in Zusammenhang, so sind bereits die Jugendgedichte aufschlußreich. In einem Phantasiegebilde des zehnjährigen Knaben heißt es apokryphisch: „Ein Bescherung ich nun krieg/Mause nimt den grosen [.../Schlägt mich damit Mausetodt." (zit. n. *Nietzscheforschung* 1, 269; s.a. 271) Wie muß die fehlende Stelle ergänzt werden? Durch „Koth", vermutet Hermann Josef Schmidt, im Sinne einer Verkotung des Bettes. Fügen wir hinzu, daß die „Bescherung" immer mehrdeutig ist, Belohnung und Bestrafung zugleich sein kann. Immer wieder beschert der Knabe seiner Mutter Verse wie diese aus dem Jahr 1856: „Ich bringe dir eine kleine Gabe/Viel ist's ni<c>ht. Doch nimm's nur an/Weißt ja das ich nicht viel hab<e>,/Darum ich nicht viel geben kann." (BAW 1, 338) Die Demutsgeste rührt an. Das Festhalten-Wollen der Erinnerungen prägt auch die Autobiographie des 13jährigen von 1858 mit ihrer Atmosphäre der Wehmut und Trauer über den Verlust der geliebten Heimat, in der das Moment des Sammelns überhaupt ins Auge springt: ob es nun eine Sigelsammlung ist oder das Sammeln und Verzeichnen der eigenen Jugendgedichte, der Selbstbezug steht im Vordergrund: „Ueberhaupt war es stets mein Vorhaben, ein kleines Buch zu schreiben und es dann selbst zu lesen." (BAW 1, 11)

Zum besseren Verständnis ist an dieser Stelle ein entwicklungspsychologischer Exkurs vonnöten, der auf Freuds Arbeiten zur Bedeutung des analen Komplexes rekurriert. Ausgangspunkt ist die Erkenntnis, daß die Begriffe Kot (Geld, Geschenk), Kind und Penis (im Sinne des Kleinen) leicht miteinander vertauscht werden:

> „Der Darminhalt, der als Reizkörper für eine sexuell empfindliche Schleimhautfläche sich wie der Vorläufer eines anderen Organs benimmt [d. h. der Penis] hat für den Säugling noch andere wichtige Bedeutungen. Er wird offenbar wie ein zugehöriger Körperteil behandelt, stellt das ‚erste' Geschenk dar, durch dessen Entäußerung die Gefügigkeit, durch dessen Verweigerung der Trotz des kleinen Wesens gegen seine Umgebung ausgedrückt werden kann. Vom ‚Geschenk' aus gewinnt er dann später die Bedeutung des Kindes, das nach einer der infantilen Sexualtheorien durch Essen erworben und durch den Darm geboren wird." (Freud 1905, 88 f.)[5]

Die Defäkation ist eine unbewußte Analogie zum Geburtsakt, indem sie wertvoll Kreatives hervorbringt. Über dieses Urbeispiel lernt das Kind, daß es überhaupt Macht hat. Die analen und sadistischen Triebregungen gehen dabei aufgrund der Assoziation von Lust und Schmerz entwicklungspsychologisch parallel: die objektfreundlichen Tendenzen des Festhaltens und Besitzens sowie die destruktiven Tendenzen des Vernichtens und Verlierens liegen nahe beisammen. Die anale Lust kann dann (vor allem in der Reinlichkeitsdressur als einer besonderen Mutter-Kind-Interaktion) durch Gegenbesetzungen zum Inbegriff des Schmutzigen, Verwerflichen werden. In der sexuellen Latenzperiode (im Alter von 5–11 Jahren) verstärken sich noch die Gegenmächte wie Scham, Ekel, Moral gegen das ‚Anale', das Lou Andreas-Salomé als das „Symbol für alles zu Verwerfende, vom Leben Abzuscheidende" (Zit. n. Freud 1905, 89) bezeichnete.[6]

Beim Analneurotiker findet sich laut Freud die Trias Geiz (gesteigerte Sparsamkeit), Pedanterie (Ordnungssinn) sowie Eigensinn (leicht in Trotz und Wut übergehend), vergesellschaftet mit Mißtrauen, Grübelsucht, sexueller Prüderie, Steifheit – allesamt Eigenschaften, die zum Teil als Reaktionsbildung (Interesse an der „Kehrseite" als Abkehr von der Unreinlichkeit) und zum Teil als Sublimierung von Analerotik (lustvolle Zurückhaltung der Faeces als Sparsamkeit) aufzufassen sind (Freud, zit. n. Bornemann 1973, 87 ff.). Manches davon ließe sich bei Nietzsche wiederfinden: das angepaßte Verhalten des kleinen Kindes (der „kleine Pastor"); seine soignierte Erscheinung in Basel, das Entwerfen zahlreicher minutiöser Tagespläne zur zwanghaften Durchorganisation des Alltags, die bereits erwähnte Zögerlichkeit in Gelddingen, von Trotz und Eigensinn ganz zu schweigen ... Dennoch sollten wir uns hüten, den vielen psychopathologischen Etikettierungen, von denen Nietzsche ja wahrlich nicht verschont geblieben ist (Typus migränicus, Typus melancholicus, Hypochonder etc.), einfach noch die des Analcharakters hinzuzufügen. Fruchtbarer sind demgegenüber Erörterungen zur Psychodynamik seiner psychosexuellen Entwicklung. Der Zusammenhang seiner neurotischen Depression mit der Narzißmus-Problematik wurde z. B. bereits beschrieben (Volz 1990, 39 ff.). Ohne dies hier näher ausführen zu können, läßt sich auch sagen, daß Nietzsche nach dem Trauma des frühen Todes des Vaters in seiner persönlichen Entwicklung nie zur reifen Objektliebe gelangt ist, also der Fähigkeit, andere Menschen uneigennützig zu lieben, und daß es ihm nicht gelungen ist, eine sexuell befriedigende Beziehung zu erleben: dementsprechend sind in seiner Biographie Regressionen auf prägenitale, orale und anale Stufen unübersehbar. Vor allem ist es der frühe Verlust einer wichtigen Beziehungsperson, eines guten, schätzenden Objektes, der zu einer Regression auf eine pseudo-dyadische Stufe passiver Abhängigkeit führen kann. Die Wiederaufrichtung des verlorenen Objektes, gegen das sich die Aggression richtet, im eigenen Ich durch den Vorgang der Identifizierung, kann sich als massive Selbstaggressivität äußern. Inwieweit der schöpferische Mensch im Dienste der Werkerzeugung zu einem gesteigerten Masochismus (einer verminderten Abwehrspannung gegenüber Schmerz) fähig sein muß, steht auf einem anderen Blatt. Jedenfalls denken wir hier an das Wort von Lou Salomé über Nietzsche als diesem „Sadomasochisten an sich selber".

Vor allem das Leiden am unglücklichen Ausgang der Lou-Affäre am Jahresende 1882 war es ja bekanntlich, das ihn in Gefühlsambivalenzen stürzte, die dem „Irrsinn" und dem Selbstmord nahekamen, so daß der „Tausendkünstler der Selbstüberwindung" verzweifelt nach einer kreativen Lösung suchte, wie ein Brief an Franz Overbeck bezeugt:

„Wenn ich nicht das Alchemisten-Kunststück erfinde, auch aus diesem – Kothe G o l d zu machen, so bin ich verloren. –" (KSB 6, 312)

Es wäre nun eine spannende Frage, wie vor allem in seiner Lyrik und im *Zarathustra* die Metonymie von Sonne und Gold im Zusammenhang mit dem analen Komplex diese alchemistische Verwandlung einlösen. In der Lyrik fällt z. B. die besondere Farbwahl des Braun auf, das von seiner Farbsymbolik her als eine Art dunkel gewordenes Gold imponiert. Im Mittelalter war es die Farbe der Asketen (der Kargheit, Armut, Nacktheit). Vom Wärmepol her repräsentiert es die warmen Erdtöne der lebensspendenden Mutter Erde; vom Kältepol her den winterlich harten entblößten Boden. Bei Nietzsche findet sich die interessante Beobachtung, daß die Griechen es in einer Art Farbenblindheit an die Stelle von Blau setzten (Aph. 426 der *Morgenröte*, KSA 3, 261).

Zu umfangreich ist auch die Symbolik der Farbe Gold, als daß sie hier ausgelotet werden könnte: Gold als heilige Farbe göttlicher Offenbarung, als Archetypus der Vollendung, als Glanz himmlischer und weltlicher Macht, als wichtiges Reifestadium des alchemistischen Prozesses, als kostbares Material mit der Ausstrahlung eines „milden Hypnotismus", als Symbol der Ewigkeit und Unsterblichkeit in seiner Beständigkeit, die keine Oxydation und keine Legierungen zuläßt – eine Metapher der Erfüllungszeit und Endzeit. Bei Nietzsche kondensiert die Vollendungssehnsucht in seinem Begriff „Goethe", wie er zu *Ecce homo*-Zeit gesteht: „Eine verklärt-reine Herbstlichkeit im Genießen und Reifwerdenlassen [...] etwas Goldenes und Versüßendes, etwas Mildes, n i c h t Marmor – das nenne ich Goethisch." (KSA 13, 634) Für den wortgläubigen Nietzsche, um eine „kleine Unsterblichkeit bemüht", zielte sein alchemistisches Sprachschaffen darauf ab, aus Lebensschmutz gestaltete „Formen der Ewigkeit" zu erzeugen – ganz im Sinne seiner Auffassung von der Philologie als „Goldschmiedekunst und – Kennerschaft des Wortes" (KSA 3, 17). Ein Eintrag in sein Emerson-Exemplar (1881) spricht von eben dieser Unsterblichkeitssehnsucht: „Sei eine Platte von Gold – so werden sich die Dinge auf dir in goldner Schrift einzeichnen." (KSA 9, 619)

Diese poetologische Dimension des „Goldes" macht sich bei Nietzsche an dem Gegensatz von Autor und Schriftsteller fest – gemäß der Einsicht, daß der beste Autor der sei, der sich schäme, Schriftsteller zu werden. „Du bist kein Schriftsteller, du schreibst nur für dich! So erhältst du das Gedächtniss an deine guten Augenblicke und findest ihren Zusammenhang, die goldene Kette deines Selbst!" (MusA XI, 281 f.) Das Gegenteil, die Zerstörung des Selbst durch den lebensbedrohlichen Hunger nach Gold, zeigt der Fluch des Midas, jenes phrygischen Königs, der von Dionysos den Wunsch erfüllt bekam, daß alles, was er berühre, zu Gold werde. Als alles, auch Speise und

Trank sich in solches verwandelten, bat er um Befreiung von diesem Fluch. Er ward befreit und Apollo ließ ihm Eselsohren wachsen. In Goethes *Venezianischem Epigramm* von 1790 ist diese Geschichte verewigt:

„Traurig, Midas, war dein Geschick: in bebenden Händen
Fühltest Du, hungriger Greis, schwere verwandelte Kost.
Mir, im ähnlichen Fall, geht's lustiger; dem was ich berühre,
Wird mir unter der Hand gleich ein behendes Gedicht.
Holde Musen, ich sträube mich nicht; nur daß ihr mein Liebchen,
Drück' ich es fest an die Brust, nicht mir zum Mährchen verkehrt."
(Zit. n. Eissler 1985, 1504)

Demnach gefährden sich Liebesbeziehung und dichterisches Tun in geheimer Konkurrenz gegenseitig. Genauer: hier bestätigt Goethe selbst, daß das dichterische Genie beständig am Rande der Zerstörung der Objektbeziehung lebt, dadurch, daß er sie in ein Kunstwerk umformt und so die Konfliktspannung vermindert. Nietzsche wendet den Mythos ins Allgemein-Menschliche und beschreibt sehr schön die narzißtische „Königspersönlichkeit", die ohne lebendigen Bezug zu den Dingen ringsum dem Untergang geweiht ist. Bezeichnend, daß bei ihm die Geschichte offen endet:

„Gold und Hunger. – Hier und da giebt es einen Menschen, der Alles, was er berührt, in Gold verwandelt. Eines guten bösen Tages wird er entdecken, dass er selber dabei verhungern muss. Er hat Alles glänzend, herrlich, idealisch-unnahbar um sich, und nun sehnt er sich nach Dingen, welche in Gold zu verwandeln ihm durchaus unmöglich ist – und wie sehnt er sich! Wie ein Verhungernder nach Speise! – Wonach wird er greifen?" (KSA 3, 288)

Bei Nietzsche ist die Kehrseite der Idealisierung des eigenen Tuns die Entwertung der Anderen, der Allzuvielen. Er selbst möchte nicht der Zunft des übelriechenden schreibenden Gesindels angehören, denn Schreiben für andere ist möglicherweise nur Abfallverwertung im Dienste der Selbsterhaltung:

„Fortwährend scheidet jeder Körper aus, er secerniert das ihm n i c h t Brauchbare an den assimilirten Wesen: das, was der Mensch verachtet, wovor er Ekel hat, was er böse nennt, sind die E x c r e m e n t e. Aber seine unwissende ‚Vernunft' bezeichnet ihm oft als böse, was ihm Not macht, unbequem ist, den Anderen, den Feind, er v e r w e c h s e l t das U n b r a u c h b a r e und das Schwer-zu-erwerbende, Schwer-zu-besiegende, Schwer-einzuverleibende. Wenn er ‚m i t t h e i l t' an andere, ‚uneigennützig' ist, – so ist dies vielleicht nur die Ausscheidung seiner u n b r a u c h b a r e n faeces, die er aus sich w e g -

schaffen muss, um nicht daran zu leiden. Er weiss, dass dieser Dünger dem fremden Felde nützt und macht sich eine Tugend aus seiner ‚Freigebigkeit'." (MusA XI, 218f.)

Wenn Schreiben auch eine der Emanationen des „Willens zur Macht" ist, so gehört zu dieser Arbeit wesentlich die Selbstüberwindung als Machtgelüste:

„Schreiben sollte immer einen Sieg anzeigen, und zwar eine Ueberwindung seiner selbst, welche Andern zum Nutzen mitgeteilt werden muss; aber es gibt dyspeptische Autoren, welche gerade nur schreiben, wenn sie Etwas nicht verdauen können; ja wenn diess ihnen schon in den Zähnen hängengeblieben ist: sie suchen unwillkürlich mit ihrem Aerger auch dem Leser Verdruss zu machen und so eine Gewalt über ihn auszuüben, das heisst: auch sie wollen siegen, aber über Andere." (KSA 2, 441)

Nicht die bloße Nothdurft, nicht die Begierde, nein – die Liebe zur Macht ist also auch der Dämon des Schreibenden, das schöpferische Muss: eine übergeordnete, alles umfassende Notwendigkeit zu schaffen jenseits der Antinomie von Lust und Unlust zur Befriedigung des Objekthungers. Das Kunstwerk als Akt der Selbstbezeugung wird wichtiger als reale Liebesobjekte; die Libido wird auf kulturelle Ziele umgelenkt in der geheimen Alchemie des künstlerischen Schaffens, ein Vorgang, den Nietzsche bereits theoretisch als Sublimierung beschreibt[7] und für sich selbst als poetologisches Selbstverständnis preisgibt:

„Ja! Ich weiss, woher ich stamme! [...]
Licht wird Alles, was ich fasse,
Kohle Alles, was ich lasse:
Flamme bin ich sicherlich." (KSA 3, 367)

Anmerkungen

[1] Zit. n. Stingelin 1988, 336; Vorstufe zu Nr. 23, „Interpretation": „Leg ich mich aus, so leg ich mich hinein:/Ich kann nicht selbst mein Interprete sein." (KSA 3, 357)

[2] Zit. n. Stingelin 1988, 334; vgl. KSA 3, 355 (Nr. 11).

[3] Eine Einführung ins Thema bietet die Sendung im Hessischen Rundfunk vom August 1991, „‚Genie und Geld': Nietzsche", von Pia Daniela Volz.

[4] Zahlreich sind im *Zarathustra* die Äußerungen über Schwangerschaft in der Art: „ihr Schaffenden alle, an euch ist viel Unreinliches: das macht, daß ihr Mütter sein müßt." (KSA 11, 374)

⁵ Vgl. Freud (1908): „Es ist möglich, daß der Gegensatz zwischen dem Wertvollsten, das der Mensch kennengelernt hat, und dem Wertlosesten, das er als Abfall (refuse) von sich wirft, zu dieser bedingten Identifizierung von Gold und Kot geführt hat." (Zit. n. Bornemann 1973, 90)

⁶ Kot hat bei Nietzsche nicht nur die Bedeutung von Exkrementen, sondern fungiert auch als Inbegriff des Schmutzes schlechthin. Hierfür zwei Beispiele: Die Verehrung des Bodens als „Wirklichkeit" verhöhnt er in einem Fragment aus der Zarathustra-Zeit: „sie küssen Staub und Koth zu ihren Füßen" (KSA 11, 406). Vgl. die Verse im Jugendgedicht *Antromeda* von 1856, worin Neptun Andromeda mit den Worten verflucht: „Das Land wo sie geboren will ich strafen/[...] Den Boden, den sie hat betreten/Er soll verschlammt und kothig sein." (BAW 1, 355)

⁷ Daß Nietzsche, dem Freud eine ungeheure Introspektionsfähigkeit bescheinigte, Einsichten der Tiefenpsychologie vorweggenommen hat, ist in vielen Einzelheiten von Haslinger (1993) belegt worden.

1. Quellen

BAW = Friedrich Nietzsche: Frühe Schriften. Bde. 1–5. Hrsg. v. H. J. Mette. München 1994 (Reprint).
KSA = Friedrich Nietzsche: Sämtliche Werke. Kritische Studienausgabe in 15 Einzelbänden. Hrsg. v. G. Colli u. M. Montinari. München 1988.
KSB = Friedrich Nietzsche: Sämtliche Briefe. Kritische Studienausgabe in 8 Bänden. Hrsg. v. G. Colli u. M. Montinari. München 1986.
MusA = „Musarionausgabe" (= Friedrich Nietzsche: Gesammelte Werke, 23 Bde.) München 1920–29.

2. Literatur

Bornemann, E. (1973): Psychoanalyse des Geldes, Frankfurt a. M.
Eissler, K. R. (1985): Goethe. Eine psychoanalytische Studie 1775–1786. Bd. 2. Frankfurt a. M.
Freud, S. (1905): Drei Abhandlungen zur Sexualtheorie. Frankfurt a. M.
Freud, S. (1908): Charakter und Analerotik. Frankfurt a. M.
Haslinger, R. (1993): Nietzsche und die Anfänge der Tiefenpsychologie. Regensburg.
Stingelin, M. (1988): Kugeläußerungen. Nietzsches Spiel auf der Schreibmaschine. In: Gumbrecht, H. U. (Hg.): Materialität der Kommunikation. Frankfurt a. M., 326–341.
Volz, P. D. (1990): Nietzsche im Labyrinth seiner Krankheit. Würzburg.

Sander L. Gilman, „Heine, Nietzsche und die Vorstellung vom Juden";
in: Golomb, J. (Hrsg.): Nietzsche und die jüdische Kultur. Aus dem Engl. übers.
von Helmut Dahmer, Wien: WUV-Universitätsverlag, 1998, S. 87–112.

Sander L. Gilman

Heine, Nietzsche und die Vorstellung vom Juden

Das Problem

Nietzsches Schriften sind voll von falschen Dichotomien. Die politisch problematischste war seine Unterscheidung von Griechen und Juden. Handelt es sich um einen Gegensatz, dann zwingt Nietzsches Etikettierung Platons als des eigentlichen Anti-Hellenen, Anti-Griechen und Semiten den Leser dazu, zu fragen, was Nietzsche eigentlich mit den Verallgemeinerungen „Juden", „Semiten" oder „Hebräer" im Sinn hatte.[1] Die fin-de-siècle-Welt war von einem Rassendiskurs beherrscht, innerhalb dessen der Jude das wichtigste Unterscheidungskriterium abgab. Darum ist es wichtig, die „Bedeutung" zu verstehen, die dem Juden in der Herausbildung von Nietzsches Selbstverständnis zukam.

Nietzsche nahm in der Naturgeschichte des Juden drei Phasen wahr: Da gab es den Juden als den Propheten des Alten Testaments, der dem zornigen und heiligen Jahwe diente; dann den Juden als den archetypisch wandernden Christen (Saulus/Paulus), schwach und zerstörerisch; schließlich den Juden als Zeitgenossen, selbstgenügsam und unkorrumpierbar – die Antithese zu jeder Dekadenz.[2] In dieser Typologie macht sich Nietzsches gespaltene Identifizierung mit Heine geltend: der „gute" Jude (mit dem Nietzsche sich identifiziert) wird vom „schlechten" Juden geschieden, von dem Nietzsche (noch immer der Sohn seines Vaters, des Pfarrers) sich absetzt. Die drei Bilder [vom Juden] fungieren als negative Unterscheidungs-Stereotype, denn sie reduzieren die Wahrnehmung von Individuen auf [ihre Einordnung in] die Allgemeinheit von Klassen. Der Leser, der nach Herkunft und Struktur dieser Bilder der Andersheit fragt, stößt auf das Fundament von Nietzsches Selbstgefühl, – auch er zog die Grenzen seines Selbst entsprechend seiner Wahrnehmung des Andersartigen.

Den richtigen Einstieg für eine Untersuchung von Nietzsches Verständnis des Juden bietet eine viel zitierte Passage aus *Jenseits von Gut und Böse*. Sie wurde zumindest von einer Gruppe jüdischer Schriftsteller und Herausgeber von Anthologien oft zitiert, die, gegen Ende des neunzehnten

Heine, Nietzsche und die Vorstellung vom Juden 55

Jahrhunderts, in Nietzsche einen dezidierten Philosemiten sehen wollten, ganz im Gegensatz zu Elisabeth Förster-Nietzsche, die ihn als den Philosophen des profaschistischen Antisemitismus propagierte.[3] Im Achten Hauptstück – „Völker und Vaterländer" – preist Nietzsche die Juden als die reinste Rasse Europas.

> „Ich bin noch keinem Deutschen begegnet, der den Juden gewogen gewesen wäre; und so unbedingt auch die Ablehnung der eigentlichen Antisemiterei von Seiten aller Vorsichtigen und Politischen sein mag, so richtet sich doch auch diese Vorsicht und Politik nicht etwa gegen die Gattung des Gefühls selber, sondern nur gegen seine gefährliche Unmässigkeit, insbesondere gegen den abgeschmackten und schandbaren Ausdruck dieses Gefühls, – darüber darf man sich nicht täuschen. Dass Deutschland reichlich g e n u g Juden hat, dass der deutsche Magen, das deutsche Blut Noth hat (und noch auf lange Noth haben wird), um auch nur mit diesem Quantum ‚Jude' fertig zu werden – so wie der Italiäner, der Franzose, der Engländer fertig geworden sind, in Folge einer kräftigeren Verdauung –: das ist die deutliche Aussage und Sprache eines allgemeinen Instinktes, auf welchen man hören, nach welchem man handeln muss. ‚Keine neuen Juden mehr hinein lassen! Und namentlich nach dem Osten (auch nach Östreich) zu die Thore zusperren!' also gebietet der Instinkt eines Volkes, dessen Art noch schwach und unbestimmt ist, so dass sie leicht verwischt, leicht durch eine stärkere Rasse ausgelöscht werden könnte. Die Juden sind aber ohne allen Zweifel die stärkste, zäheste und reinste Rasse, die jetzt in Europa lebt; sie verstehen es, selbst noch unter den schlimmsten Bedingungen sich durchzusetzen (besser sogar, als unter günstigen), vermöge irgend welcher Tugenden, die man heute gern zu Lastern stempeln möchte, – Dank, vor Allem, einem resoluten Glauben, der sich vor den ‚modernen Ideen' nicht zu schämen braucht; sie verändern sich, w e n n sie sich verändern, immer nur so, wie das russische Reich seine Eroberungen macht, – als ein Reich, das Zeit hat und nicht von Gestern ist –: nämlich nach dem Grundsatze ‚so langsam als möglich!'"[4]

Diese Passage steht offensichtlich in Zusammenhang mit Nietzsches späterer Aussage in *Der Antichrist*, wonach die Juden die Antithese zu aller Dekadenz sind:

> „Psychologisch nachgerechnet, ist das jüdische Volk ein Volk der zähesten Lebenskraft, welches, unter unmögliche Bedingungen versetzt, freiwillig, aus der tiefsten Klugheit der Selbst-Erhaltung, die Partei aller décadence-Instinkte nimmt, – n i c h t als von ihnen beherrscht, sondern weil es in ihnen eine Macht errieth, mit der man sich g e g e n ‚die Welt' durchsetzen kann.

Sie sind das Gegenstück aller décadents: sie haben sie d a r s t e l l e n müssen bis zur Illusion, sie haben sich, mit einem non-plus-ultra des schauspielerischen Genies, an die Spitze aller décadence-Bewegungen zu stellen gewusst (– als Christentum des P a u l u s –), um aus ihnen Etwas zu schaffen, das stärker ist als jede J a - s a g e n d e Partei des Lebens."[5]

Nietzsche schrieb diese beiden, anscheinend positiven Passagen über die Juden in einem ganz besonderen Augenblick der Geschichte der osteuropäischen Juden. Nach der Ermordung des Zaren Alexanders II. im Jahr 1881 trieben ausgedehnte antisemitische Pogrome Millionen von osteuropäischen Juden nach Westen. Auf ihrem Weg nach England und in die Vereinigten Staaten strömten sie durch Zentraleuropa. Ihre Anwesenheit stellte das falsche Bewußtsein kultureller Homogenität in Frage, das sowohl den europäischen Nationalisten als auch den Gemeinschaften verwestlichter Juden eigen war, die sich (zumindest ihrem Selbstverständnis nach) schon seit mehreren Generationen assimiliert hatten. Die hereinströmenden Ostjuden wurden als ein möglicher Gegner wahrgenommen, als eine Gefährdung der europäischen Gesellschaft, wie sie, Jahrhunderte zuvor, von den Türken ausgegangen war.

Nicht nur im volkstümlichen Denken repräsentierte der Jude den entarteten Anderen. Vor diesem Hintergrund werden Nietzsches Bemerkungen über den Juden als einen Gegentypus zur Dekadenz verständlich. Denn der Prototyp des Dekadenten (ein Subtypus des Degenerierten) ist bei Nietzsche der Sonderling, der Verrückte: Poe, Kleist, Leopardi, Gogol ...[6] Brachte Nietzsche solche Gestalten mit dem degenerativen Wahnsinn in Verbindung, so konnte er sich auf die Medizin des späten 19. Jahrhunderts berufen. Dieser aber erschien auch die Dekadenz des Juden in einem ganz besonderen Licht: Man glaubte nämlich, die Juden seien – mehr als alle anderen Außenseiter im Westen – anfällig für Geisteskrankheiten. Größen der deutschen Psychiatrie des 19. Jahrhunderts – wie Emil Kraepelin, Richard Krafft-Ebbing und Theodor Kirchhoff – waren der Meinung, die Juden seien ihrer Natur nach degeneriert.[7] Theodor Kirchhoffs Auffassung ist dafür repräsentativ:

„Vielleicht muss man den Juden eine verhältnissmässig grössere Veranlagung [für Geisteskrankheiten] zuschreiben; aber auch hier mag ein anderer Grund vorliegen als eine Raßeneigenthümlichkeit. Bekanntlich heirathen die Juden vielfach in engen Familienkreisen, darum führt die Vererbung durch Inzucht zu einer rasch wachsenden Anlage."[8]

Das christliche (oder säkularisiert christliche) Westeuropa bedurfte eines Deutungsschemas, um die Wanderung der Ostjuden zu bewältigen. Bei diesen handelte es sich um eine Gruppe von Individuen, die durch Kleidung und Habitus ebenso wie durch Sprache und Redeweise leicht als die Anderen par excellence, als die Vergegenständlichung der antisemitischen Karikatur (des Juden im Westen) erkennbar waren. Tatsächlich waren sie der lebende Beweis für eine der Grundüberzeugungen der öffentlichen Meinung im späten 19. Jahrhundert. Diese Ostjuden waren offensichtlich degeneriert: Sie waren schmuddelig, primitiv und rochen schlecht, sie sprachen ein heruntergekommenes Pseudo-Deutsch, und sie liebten es, ungehobelt und viel zu laut zu argumentieren. Für das westliche Publikum war damit die Degeneration aller Juden – der Ostjuden und der maskierten Ostjuden – unter Beweis gestellt. Den verwestlichten Juden aber erschienen die Ostjuden als ein Schreckgespenst aus ihrer eigenen Vergangenheit, als eine Verkörperung jenes Bildes vom Juden, das zum Grundbestand des westlichen Mythos gehörte.

Kirchhoff hielt Inzucht für die Ursache der Prävalenz des Wahnsinns unter den Juden. Nietzsche aber verkehrte dies akzeptierte Wissen über den Anderen in sein Gegenteil. Das zeigt auch seine Deutung der Physiologie der Schwarzen.[9] Daß die anerkannten Autoritäten der westlichen Gesellschaft die Juden als „degeneriert" verdammten, eröffnete Nietzsche eine Möglichkeit, diese Welt aus den Angeln zu heben: Er verkehrte ihre Wertung einfach ins Gegenteil. Sahen die Antisemiten im Juden den Niedergang schlechthin, so mußte Nietzsche, der sich als Opposition per se verstand, in der erzwungenen Isolation der Juden eine Quelle ihrer Kraft sehen. Darum ist Nietzsche kein Philosemit, sondern eher ein Anti-Antisemit. Seine Opposition gegenüber dem Anspruch der Antisemiten (seinen Schwager Bernhard Förster eingeschlossen), die europäischen Werte vor dem Ansturm der östlichen Horden zu verteidigen, färbte sein Bild von den zeitgenössischen Juden. Nietzsche wandte sich gegen das Establishment, darum war für ihn die Anmaßung der Antisemiten nie akzeptabel. Je mehr er sich der herrschenden Meinung entfremdete, desto stärker identifizierte er sich mit den Außenseitern: mit den Polen in Deutschland, mit den Osteuropäern im Westen.

Seine Glorifizierung der „verrückten", degenerierten Juden war aber vielfach überdeterminiert: Da war zum einen Nietzsches immerwährende Furcht vor Wahnsinn und Zusammenbruch, die über ihn kam, als der Fünfjährige im Bett lag und die Pferde und den Wagen des Umzugsunternehmens hörte, das ihn, seine Mutter und seine Schwester aus dem Pfarrhaus in Röcken fortbringen sollte, nachdem sein Vater gestorben war. Das Heulen des Hundes, das Nietzsche bei dieser Gelegenheit hörte – oder von dem er träumte –, kehrte noch in den Albträumen des Erwachsenen wieder. Nach seiner syphilitischen Infektion (die er sich wahrscheinlich während seiner Studentenjahre zuzog) berichtete er dann von unaufhörlichen Kopfschmerzen und langdauernden dissoziativen Episoden, die ihn an den seinem Vater zugeschriebenen Wahnsinn gemahnten. Schließlich gibt es noch einen anderen Aspekt von Nietzsches Selbstwahrnehmung: In Nietzsches fiktivem Selbst spielte nicht nur die Vorstellung, infolge von „Entartung" wahnsinnig zu werden, eine Rolle. (Seiner Schwester war es natürlich außerordentlich wichtig, in ihren Schriften über die Krankheit des Bruders solche Vermutungen zurückzuweisen; [hätte er recht gehabt,] wäre ja auch sie gefährdet gewesen.) Vielmehr war ihm auch der mögliche Zusammenhang dieses Wahnsinns mit dem Verstoß gegen das Inzest-Tabu bewußt. (Die Pathologie des Juden wurde ja in erster Linie als eine Folge inzestuöser Degeneration verstanden.) Die Beziehung zwischen Nietzsche und seiner Schwester Elisabeth war [libidinös] hoch besetzt. Seine Opposition gegen ihre Heirat begründete er mit Bernhard Försters Haltung gegenüber den Juden. Doch kam darin auch eine tiefe Irritation zum Ausdruck, die darauf zurückging, daß er als Kind sicherlich im Zentrum des sexuellen Interesses seiner Schwester gestanden hatte. Nach dem Verschwinden des Vaters konnte er seine Liebe zur Mutter nur auf die Schwester übertragen. Schließlich identifizierte Nietzsche die Juden mit sich und sich mit den Juden: potentiell wahnsinnig, degeneriert, ein Gegner politischer Antisemiten wie Förster. Die „Juden" – bzw. die stereotypisierten Vorstellungen, die Nietzsche mit den „Juden" verknüpfte – boten ihm die Möglichkeit, viele Besonderheiten seines psychischen Lebens zu externalisieren.

1. Nietzsches Heine-Lektüre

Das Bild, das sich Nietzsche, der 24jährige Professor der klassischen Philosophie an der Universität Basel, von Heine machte, war in hohem Maße von der antisemitischen Rhetorik seines Mentors Richard Wagner geprägt. Heine galt ihm folglich als die Antithese zu einer arisch-germanischen Weltanschauung. Den jüngeren Nietzsche interessierte und provozierte nicht nur der Inhalt der Heineschen Schriften. Im Frühjahr 1876 hieß es bei ihm noch:

„Die Wirkungen Hegel's und Heine's auf den deutschen Stil! Letzterer zerstört das kaum fertige Werk unserer grossen Sprachkünstler, nämlich das kaum errungene Gefühl für einheitliche Farbe des Stils; er liebt die bunte Hanswurstjacke. Seine Einfälle, seine Bilder, seine Beobachtungen, seine sentiments, seine Worte passen nicht zu einander, er beherrscht als Virtuose alle Stilarten, aber benutzt diese Herrschaft nur um sie durcheinander zu werfen. Bei Hegel ist alles nichtswürdiges Grau, bei Heine electrisches Farbenspiel, das aber die Augen eben so fürchterlich angreift, als jenes Grau sie abstumpft. Hegel als Stilist ist ein factor, Heine ein Farceur. –"[10]

Nietzsche sieht in Heines Stil das formale Gegenstück zum „bequemen Sensualismus" der [Heineschen Auffassung der griechisch-] klassischen Welt. Hier handelt es sich um die „wirkliche", farbige Welt im Gegensatz zur „grauen" Welt der Photographie, – und doch scheint die Photographie das „Wirklichere" zu sein. Nietzsche charakterisierte Heine als einen Schauspieler: Er trägt seinen Stil wie eine „Hans Wurst Jacke", er ist ein oberflächlicher „farceur". Diese Verschlüsselung von Heines jüdischer Identität entsprach natürlich der Charakteristik, die Wagner von Meyerbeer gegeben hatte. Doch warum kümmerte Nietzsche sich um den Possenreißer Heine, um diesen komischen Schauspieler? In Nietzsches Annäherung an Heine wird eine tieferliegende Problematik deutlich, die auch für seine Antipathie dem Dichter gegenüber ausschlaggebend war. Schon seit Franz Schuberts musikalischen Interpretationen von Heine-Gedichten war die Bedeutung der Maske in Heines ästhethischem Vokabular erkannt und gewürdigt worden.[11] In der Periode, aus der das oben angeführte Zitat stammt, glaubte Nietzsche, Heine sei nur ein Poseur, der stets die Maske aufsetzte, die seiner augenblicklichen Phantasie entsprach. Er selbst aber entwickelte in dieser Zeit eine Reihe von Theorien über die Maske, die für sein Verständnis der menschlichen Psychologie, wie er es in den folgenden zehn Jahren entwickelte, grundlegend waren. Schon in der *Geburt der Tragödie* begann er, im Rahmen des romantischen Konzepts der Maske eine Theorie der Abwehrmechanismen des Ichs zu entwickeln. (Schubert verdankte seine Konzeption der Maske früheren romantischen Schriftstellern wie Jean Paul [Johann Paul Friedrich Richter].) Die Maske schuf zum einen die Illusion, das Ich des Dichters, sein eigentliches Wesen, sei in seinem Werk nicht präsent. Dem entsprach Nietzsches Bild von Heine als einem jüdischen Dichter, der aus Lust an der Sinnlichkeit mit der Reinheit Griechenlands Mißbrauch trieb. Zum anderen berief Nietzsche sich selbst auf die (dem Theater des Sophokles entlehnte) Idee der Maske. „Maskierung" ist in diesem Zusammenhang einer der Kernbegriffe, die sich auf die Umwandlung innerer Willenskräfte im Ritual beziehen. Und nun tauchte abermals dieser verdammte Jude Heinrich Heine auf, wurde populär, trällerte sein Liedchen. Seine *Sämtlichen Werke*, in denen er die erhabenen Wahrheiten des griechisch-deutschen Geistes depravierte, fanden sich in jedem bürgerlichen Salon.

Heine markierte für den jungen Nietzsche die Grenze seines fiktiven Selbst; das war nicht nur einer jener jungen Schriftsteller, die ihre Gedanken nicht unter Kontrolle haben. In einem Fragment vom Herbst 1873 äußerte Nietzsche sich über Berthold Auerbach. Auerbach (Moses Baruch Auerbacher) war ein akkulturierter deutsch-jüdischer Schriftsteller, der 1836 energisch Wolfgang Menzels Antisemitismus attackiert hatte, in die Annalen der deutschen Kultur aber als Autor einer populären Serie von „Schwarzwälder Dorfgeschichten" (1843–1854) einging. Nietzsche schrieb:

> „Wo Heine und Hegel zugleich gewirkt haben, wie z. B. bei Auerbach (wenn auch nicht direkt), und dazu eine natürliche Fremdheit in der deutschen Sprache aus nationalen Gründen kommt, entsteht ein Jargon, der in jedem Worte, jeder Wendung verwerflich ist."[12]

Auerbach war demzufolge kaum mehr als ein jiddisch sprechender Jude, – „Jargon" ist ja eine der pejorativen Bezeichnungen für das Jiddische. Auerbach war das Ergebnis der Kreuzung zweier pervertierter Diskurse – des Hegelschen, in dem die Voraussetzung der Philosophie mißverstanden wurde, und des Heineschen, der (wie auch der Auerbachsche) nur die angeborene Unfähigkeit unter Beweis stellte, irgendetwas anderes zu sein als die Sprache des Juden. Diese Sprache vermag wirklichen Stil nur „nachzuahmen", wie Nietzsche in einem Fragment aus dem Frühjahr 1884 vermerkte. Die Juden können „sich anpassen an [literarische] Formen"; daraus erklärt sich ihre unheimliche Begabung als Schauspieler und die Existenz von Schriftstellern wie Heine.[13] Damit war die Grenze zwischen Nietzsche und Heine markiert: Der eine beherrschte die literarischen Formen, der andere verstand sie nur nachzuahmen.

2. Wo ist Griechenland?

Nietzsches laute und beharrliche Verdammung Heines nötigt dazu, die Bedeutung, die Griechenland für die beiden Dichter hatte, noch einmal zu überdenken. Heines und Nietzsches Weltanschauung weisen Parallelen auf, die sich bis ins Innerste ihres Werks verfolgen lassen. Das gilt vor allem für ihre Vorstellung von der klassischen Welt des antiken Griechenlands als eines Utopias, in dem alle Möglichkeiten des Menschen beschlossen lagen. Nietzsche gilt allgemein als der Verkünder des Todes Gottes. In der *Fröhlichen Wissenschaft* erzählt er die oft zitierte Geschichte vom „tollen Menschen", der Gott sucht und ihn nicht findet, schließlich aber des Todes der Gottheit gewahr wird: „Riechen wir noch Nichts von der göttlichen Verwesung? – auch Götter verwesen! Gott ist todt! Gott bleibt todt! Und wir haben ihn getödtet! Wie trösten wir uns, die Mörder aller Mörder?"[14] Dem „tollen Menschen" gilt die versteinerte Institution der Religion als Symbol des toten Gottes: „Man erzählt noch, dass der tolle Mensch des selbigen Tages in verschiedene Kirchen eingedrungen sei und darin sein Requiem aeternam deo angestimmt habe. Hinausgeführt und zur Rede gesetzt, habe er immer nur diess entgegnet:, ... Was sind denn diese Kirchen noch, wenn sie nicht die Grüfte und Grabmäler Gottes sind?'" – [15] Entdeckt der „tolle Mensch" den Tod Gottes und klagt die Menschheit als Gottes Mörder an, so stellt Nietzsche in *Also sprach Zarathustra* die wirkliche Todesursache Gottes fest: ‚Gott ist todt; an seinem Mitleiden mit den Menschen ist Gott gestorben.' –"[16] Der Tod Gottes ist, Nietzsche zufolge, eine direkte Folge der menschlichen Situation. Sein Tod aber hat für das menschliche Handeln, zum Beispiel das religiöse, kaum Bedeutung, weil die Menschheit von Natur aus auf sich selbst gestellt ist. Die Kräfte der Erde überwinden auch den Tod Gottes. Zarathustra sagt: „– denn selbst Kirchen und Gottes-Gräber liebe ich, wenn der Himmel erst reinen Auges durch ihre zerbrochenen Decken blickt; gern sitze ich gleich Gras und rothem Mohne auf zerbrochnen Kirchen –."[17]

Daß Nietzsche sich an Heines Bild vom Tod Gottes orientierte, wird allgemein anerkannt. Georg Siegmund schreibt: „Heine ist es also gewesen, der das, was sich im Reich des strengen Gedankens ereignet hatte, in anschaulich eindringliche Bilder faßte, um das Geschehene allen verständlich zu machen."[18] Tatsächlich sind Heines Bilder überaus beeindruckend, etwa in seinem lyrischen Zyklus *Die Heimkehr*:

> *„Das Herz ist mir bedrückt, und sehnlich*
> *Gedenke ich der alten Zeit;*
> *Die Welt war damals noch so wöhnlich,*
> *Und ruhig lebten hin die Leut'.*
>
> *Doch jetzt ist alles wie verschoben,*
> *Das ist ein Drängen! Eine Not!*
> *Gestorben ist der Herrgott oben,*
> *Und unten ist der Teufel tot.*
>
> *Und alles schaut so grämlich trübe,*
> *So krausverwirrt und morsch und kalt,*
> *Und wäre nicht das bißchen Liebe,*
> *So gäb es nirgends einen Halt."*[19]

„Die alte Zeit", die Antike seines eigenen Griechenland-Mythos, galt Heine als das Zeitalter der Götter, dem die moderne Theologie und Philosophie die Totenglocke läuteten. Die Auseinandersetzung begann, als Hebräer und Hellene, Christus und die heidnischen Gottheiten aufeinander stießen, wie es in „Die Stadt Lucca" beschrieben wird:

„Da plötzlich keuchte heran ein bleicher, bluttriefender Jude, mit einer Dornenkrone auf dem Haupte und mit einem großen Holzkreuz auf der Schulter und er warf das Kreuz auf den hohen Göttertisch, daß die goldnen Pokale zitterten und die Götter verstummten und erblichen und immer bleicher wurden, bis sie endlich ganz in Nebel zerrannen."[20]

Das Christentum ist nur ein trübseliger Ersatz für die Götter Griechenlands; die Tempel der neuen Religion sind Horte des Aberglaubens (wie in Heines Beschreibung des Kölner Doms in „Deutschland, Ein Wintermärchen" [Caput IV]) und der Morbidität, wie in Heines Antwort auf Schillers „Die Götter Griechenlandes" [von 1788]:

„Und wenn ich bedenke, wie feig und windig
Die Götter sind, die euch besiegten,
Die neuen, herrschenden, tristen Götter,
Die schadenfrohim Schafspelz der Demut –
Oh, da faßt mich ein düsterer Groll,
Und brechen möcht ich die neuen Tempel,
Und kämpfen für euch, ihr alten Götter,
für euch und eu'r gutes ambrosisches Recht,
[...] "[21]

Nietzsches Vision von den Kirchen, in denen der „tolle Mensch" seine Totenmessen liest, und der Vorrang, den er den natürlichen Kräften gegenüber der Künstlichkeit der Religion einräumte, finden sich auch in Heines Werken. Als Heine im neunzehnten Jahrhundert den Tod Gottes ausrief, wußte er, daß sich auch dies Ereignis auf Kant zurückführen ließ. In seiner 1834/35 veröffentlichten Schrift *Zur Geschichte der Religion und Philosophie in Deutschland* wurde Kant für den Tod des Mörders der alten Gottheiten verantwortlich gemacht:

„Von dieser Katastrophe, von dem 21. Januar des Deismus, sprechen wir im folgenden Stücke. Ein eigentümliches Grauen, eine geheimnisvolle Pietät erlaubt uns heute nicht, weiterzuschreiben. Unsere Brust ist voll von entsetzlichem Mitleid – es ist der alte Jehova selber, der sich zum Tode bereitet. Wir haben ihn so gut gekannt, von seiner Wiege an, in Ägypten, als er unter göttlichen Kälbern, Krokodilen, heiligen Zwiebeln, Ibissen und Katzen erzogen wurde – [...] Hört ihr das Glöckchen klingeln? Kniet nieder – Man bringt die Sakramente einem sterbenden Gotte."[22]

Heine und Nietzsche wandten sich gegen die Einführung des Begriffs einer allmächtigen Gottheit in die menschliche Sphäre. Sie plädierten für eine Religion dieser Welt (für eine „weltliche Religion" der „Liebe" bzw. des „Grases und rothen Mohns") und stempelten damit die konventionelle Gottesvorstellung zu einer negativen. Heine aber erschien das Sterben der Götter als ein unaufhörlicher Prozeß. Seit dem Auftreten des Christentums durchliefen sie eine Reihe von Metamorphosen. Infolge dieser Veränderungen gingen sie in der Entwicklung des westlichen religiösen Denkens auf. Eine derart dynamische Sicht der Götter ist für einen Juden, besonders für Heine, den Nietzsche und Wagner für einen erzjüdischen Denker hielten, ganz außerordentlich. Denn nach Auffassung aller bedeutenden Denker des 19. Jahrhunderts – von Hegel über Renan zu Ratzel – war der Monotheismus der entscheidende Beitrag der Juden zur westlichen Kultur. Demnach war es für einen Juden unangemessen, die Wiedergeburt des Heidentums oder den Tod des Christentums und den Aufstieg des Rationalismus zu verkünden, – denn die Juden verkörpern das Heidentum, weil sie Gott getötet haben, und sie sind vom Rationalismus ausgeschlossen wegen ihrer angeborenen Unfähigkeit zur Rationalität. Der Anti-Sozialist Nietzsche stellte in seinem eigenen psychischen Pantheon der Heineschen Version vom Tod Gottes eine andere gegenüber, die sich auch bei Karl Marx, dem anderen Erzjuden, findet. Für Nietzsche war der Tod Gottes in der Moderne ein absoluter. Die religiöse Tradition der Vergangenheit ließ sich nicht fortsetzen, weil sie in der Gegenwart nichts mehr galt. Heines Vorstellung vom Tod der Götter und Nietzsches These vom Tod Gottes ähneln also einander, führen aber zu gänzlich verschiedenen Konsequenzen. Heine tröstete sich gegen Ende seines Lebens mit einer vereinfachten Version des jüdisch-christlichen Gottes, und Nietzsche beschloß seine Philosophie, die auf die Verwirklichung einer Welt abzielt, in der die Menschen keiner Götter mehr bedürfen, indem er der unerfüllbaren Sehnsucht nach Gott Ausdruck gab:

„Was bandest du dich
mit dem Strick deiner Weisheit?
Was locktest du dich
ins Paradies der alten Schlange?
Was schlichst du dich ein
in dich – in dich? ...

[...]

Und jüngst noch so stolz,
auf allen Stelzen deines Stolzes!
Jüngst noch der Einsiedler ohne Gott,
der Zweisiedler mit dem Teufel,
der scharlachne Prinz jedes Übermuths! ...

[...]

Oh Zarathustra!...
Selbstkenner!...
Selbsthenker!..." [23]

Was für eine orientalische Auffassung! Die Suche nach einem irdischen Gott, nach einem Gott dieser Welt, nach einer Antwort in der Geschichte, und die These einer „ewigen Wiederkehr des Gleichen", dies Amalgam von Schopenhauer und Vico, ein System, das die menschliche Geschichte und das individuelle Schicksal umgreift: das alles entspricht genau der Vorstellung, die Ludwig Feuerbach sich von der materialistischen Religion der Juden machte. Wollte Nietzsche sein Denken vom Heineschen abgrenzen, dann war er gezwungen, just diese Position einzunehmen.

3. Nietzsches Heine und Heines Heine

Heinrich Heines fiktives Selbst, wie es in seinen Schriften zum Ausdruck kommt, war die Voraussetzung für Nietzsches Antwort. S. S. Prawer, der zweifellos das beste neuere Buch über Heine geschrieben hat, erläutert diesen komplizierten Zusammenhang durch den Vergleich zweier Passagen aus „Atta Troll". Heine versuchte hier, sich selbst als den kranken Mann, der er war, in das Gedicht einzuführen:

„Dies geschah den zweiten Juli
Achtzehnhundert ein und vierzig
Und ein kranker deutscher Dichter,
Der vom sicheren Balkone

Diesem großen..."

Hier brach Heine ab, strich die letzten zweieinhalb Zeilen aus und ersetzte sie durch:

„Und ein großer deutscher Dichter
Der dem großen Schauspiel zusah,

(von dem sicheren Balkone)
Seufzte tief: O Vaterland
[...]" [24]

Dieser Einblick in die Arbeitsmethode des Autors macht deutlich, daß die „ironische" Maske das dichterische Ich nicht nur verbirgt, sondern auch vermittelt. Die ironische Wendung vom „großen deutschen Dichter" tritt an die Stelle der pathetischen vom „kranken deutschen Dichter", und dadurch wird eine allzu unmittelbare Wirkung vermieden. Infolge dieser Vermeidung erscheint die Ironie als zweideutig. Handelt es sich um die Ironie des Dichters, um eine zweite Maske (der Dichter als Ironiker), oder handelt es sich schlicht und einfach um Ironie als Stilmittel?

Erst als Nietzsche verstand, welche Bedeutung die Maske für jeden Menschen hat, verstand er auch Heine. Er wurde sich dessen bewußt, daß die Maske nicht nur ein Panzer des wehrlosen Geistes ist, nicht nur eine religiöse Form für die ursprünglichen Willensregungen. Maske und Ego sind unauflöslich miteinander verschränkt. Das wird am deutlichsten im Vorwort zur zweiten Ausgabe der *Fröhlichen Wissenschaft* formuliert:

> „Wer es aber könnte, würde mir sicher noch mehr zu Gute halten als etwas Thorheit, Ausgelassenheit, ‚fröhliche Wissenschaft', – zum Beispiel die Handvoll Lieder, welche dem Buche dies Mal beigegeben sind – Lieder, in denen sich ein Dichter auf eine schwer verzeihliche Weise über alle Dichter lustig macht. – Ach, es sind nicht nur die Dichter und ihre schönen ‚lyrischen Gefühle', an denen dieser Wieder-Erstandene seine Bosheit auslassen muss: wer weiss, was für ein Opfer er sich sucht, was für ein Unthier von parodischem Stoff ihn in Kürze reizen wird? ‚Incipit t r a g o e d i a' heisst es am Schlusse dieses bedenklich-unbedenklichen Buchs: man sei auf seiner Hut! Irgend etwas ausbündig Schlimmes und Boshaftes kündigt sich an: incipit p a r o d i a, es ist kein Zweifel..."[25]

In den „Liedern des Prinzen Vogelfrei" parodiert Nietzsche sich selbst. Die Maske des Parodisten nennt er eine „boshafte", die lyrischen Gefühle werden ironisch verteidigt. Beides zeigt, daß er sich der Allgegenwart der Maske und ihrer Unentbehrlichkeit in einer selbstreflexiven Kunst bewußtgeworden ist. Wie schon bei Heine dient ihm jetzt die Maske nicht zur Verhüllung, sondern zur Enthüllung. Seine frühere Behauptung, „[Eduard von] Hartmann und Heine sind unbewußte Ironiker, Schalke gegen sich selbst [...]"[26], erscheint ihm jetzt als falsch. In Heine erkennt er einen bewußten Parodisten, dessen Parodie – wie die Nietzsches – von Maske und Ego lebt.[27] Nietzsche war mit der Rolle des Parodisten vertraut, seit er, noch als Schuljunge, Gedichte im Stil der deutschen klassischen Tradition geschrieben hatte. Jetzt diente ihm der Parodist als Modell für sein komplexes Verständnis der Wechselbeziehung zwischen Vergangenheit und Gegenwart in der Welt der Texte. In der selbstbewußten Rhetorik des Ausdrucks, in der Welt der Worte, einer klassischen Buchwelt, entdeckte Nietzsche einen neuen Heine, der in hohem Maße Friedrich Nietzsche glich und auch wie Friedrich Nietzsche klang. Der neue Heine definierte nicht mehr Nietzsches Grenze, sondern wurde ein Teil von Nietzsches dichterischem Selbstverständnis. Und diese Gemeinschaft der Geister beruhte nicht nur darauf, daß Nietzsche in Heine (oder doch in Heines Persona) den exemplarisch jüdischen (lies: dekadenten und sinnlichen) Dichter sah, sondern den Mann, der in der deutschen literarischen Tradition den Typus des kranken Dichters geprägt hatte. Wie Keats' Tuberkulose, bestimmte auch Heines chronisches Leiden das Bild des Dichters in der Öffentlichkeit. Die Krankheit des Dichters ging in die Vorstellung ein, die sich das Publikum von ihm machte. (Während Nietzsche das Bild des Juden von dem des Leidenden trennte, verknüpfte Heine ironischerweise das Jüdischsein mit dem Kranksein und sah im Stigma der Rasse eine Parallele zum Stigma der Krankheit.)

In den „Liedern des Prinzen Vogelfrei" hat Nietzsche seinem neuen Verständnis Heines als des chronisch kranken Dichters ein Denkmal gesetzt. In dem 1879, nach Nietzsches schwerer Krankheit, geschriebenen Gedicht „Rimus remedium (mit dem Untertitel „Oder: Wie kranke Dichter sich trösten") verglich Nietzsche seine Situation mit der Heines in der „Matratzen-Gruft", in der der gelähmte Dichter gefangen gelegen hatte:

„Aus deinem Munde,
Du speichelflüssige Hexe Zeit,
Tropft langsam Stund' auf Stunde.
Umsonst, dass all mein Ekel schreit:
‚Fluch, Fluch dem Schlunde
Der Ewigkeit!'

Welt – ist von Erz:
Ein glühender Stier, – der hört kein Schrein.
Mit fliegenden Dolchen schreibt der Schmerz
Mir in's Gebein:
‚Welt hat kein Herz,
Und Dummheit wär's, ihr gram drum sein!'

Giess alle Mohne,
Giess, Fieber! Gift mir in's Gehirn!
Zu lang schon prüfst du mir Hand und Stirn.
Was fragst du? Was? ‚Zu welchem – Lohne?'
– – Ha! Fluch der Dirn'
Und ihrem Hohne!

Nein! Komm zurück!
Draussen ist's kalt, ich höre regnen -
Ich sollte dir zärtlicher begegnen?
– Nimm! Hier ist Gold: wie glänzt dos Stück! –
Dich heissen ‚Glück'?
Dich, Fieber, segnen? –

Die Thür springt auf!
Der Regen sprüht nach meinem Bette!
Wind löscht das Licht, – Unheil in Hauf'!
– Wer jetzt nicht hundert Reime h ä t t e ,
Ich wette, wette,
Der gienge drauf!" [28]

Das ist offenbar ein dramatischer Monolog, doch ist keineswegs klar, wer da eigentlich spricht. Das Streben nach „Glück" ist ein Leitmotiv, in Nietzsches dichterischer Phantasie wie in der von Heine. Doch ist es die Krankheit selbst, die den Dichter quält. Denn die Krankheit in Nietzsches Gedicht ist die Syphilis, die „Hexe Zeit", die Dirne, die den Dichter infiziert, sein Leiden verursacht. Das „Fieber", das schon in Ulrich von Huttens Dichtung auftauchte, der zur ersten Generation von Syphilitikern im Deutschland des 16. Jahrhunderts gehörte, ist das literarische Bild der Krankheit. David Friedrich Strauß, Nietzsches bête noire, hatte durch seine gelehrte Hutten-Biographie [1858–1860] die Aufmerksamkeit wieder auf Hutten gelenkt. Tatsächlich vermerkte Nietzsche in seinen Notizen vom Sommer 1877 seine Lektüre des Buches von Strauß über Hutten im Zusammenhang mit dem folgenden Aphorismus: „Die gute Meinung über mich habe ich von Anderen erst gelernt und subtrahire fortwährend davon ab, mit Grübelei, wenn ich krank bin."[29] Krankheit veranlaßte den Philosophen, seine Selbsteinschätzung zu revidieren – doch warum? Weil es sich um eine stigmatisierende Krankheit handelte, die er mit seinem dichterischen alter ego zu teilen glaubte. In dem Gedicht gibt es eine spezifische, wenn auch chiffrierte, Anspielung auf eine Geschlechtskrankheit. Mit dem Bild „der speichelflüssigen Hexe Zeit" als der Urheberin der Krankheit bezog Nietzsche sich auf eines der bekanntesten Symptome des Syphilitikers, den unkontrollierbaren Speichelfluß infolge der Quecksilberbehandlung.[30] Nietzsche, der die Befürchtung hegte, er leide (wie er es auch von Heine glaubte) an dieser ungenannten und unnennbaren Krankheit, präsentierte seine parodische Deutung von Heines Lyrik im Rahmen des Bildes des Syphilitikers.

Nietzsche fügte das Bild des Dichters, der an der Geschlechtskrankheit litt – der Krankheit der Frauen und der Zeit – dem Schema seiner Beziehung zu Heine ein. Heine hatte ihm in seinem Gedicht „Frau Sorge" genügend Material zu einem Vergleich geliefert:

„In meines Glückes Sonnenglanz,
Da gaukelte fröhlich der Mückentanz.
Die lieben Freunde liebten mich
Und teilten mit mir brüderlich
Wohl meinen besten Braten
Und meinen letzten Dukaten.

*Das Glück ist fort, der Beutel leer,
Und hab auch keine Freunde mehr;
Erloschen ist der Sonnenglanz,
Zerstoben ist der Mückentanz,
Die Freunde, so wie die Mücke,
Verschwinden mit dem Glücke.*

*An meinem Bett in der Winternacht
Als Wärterin die Sorge wacht.
Sie trägt eine weiße Unterjack',
Ein schwarzes Mützchen, und schnupft Tabak.
Die Dose knarrt so gräßlich,
Die Alte nickt so häßlich.*

*Mir träumt manchmal, gekommen sei
Zurück das Glück und der junge Mai
Und die Freundschaft und der Mückenschwarm –
Da knarrt die Dose – daß Gott erbarm,
Es platzt die Seifenblase –
Die Alte schneuzt die Nase."*[31]

Das gesellige Leben, ein Leben mit käuflichen Freunden und Geliebten, gehörte nun der Vergangenheit an. Heine hatte in einer seiner späten „Historien" die Welt der Konquistadoren des sechzehnten Jahrhunderts heraufbeschworen. Das Gedicht „Vitzliputzli" bot ihm Gelegenheit, über Natur und Bedeutung der Syphilis für den Westen nachzugrübeln.[32] Hier erschien nun die namenlose Krankheit abermals in der Gestalt des wartenden Todes, der weibliche Züge trägt. Nietzsches „speichelflüssige Hexe Zeit" war eine kaschierte Anspielung auf Heines „Die Alte schneuzt die Nase". Denn die „Nase" galt im neunzehnten Jahrhundert als Symbol für den Phallus des Juden. Tatsächlich verbrachten jüdische Sozialwissenschaftler wie Joseph Jacobs einen guten Teil ihrer Zeit damit, die Behauptung zurückzuweisen, eine auffällige Nasenpartie sei eine „Rasseneigentümlichkeit" der Juden.[33] Vor dem Hintergrund der Debatte über den „Primitivismus" der Beschneidung – und der Bedeutung dieser Debatte für die Akkulturation des westlichen Juden im späten neunzehnten Jahrhundert – ist klar, daß für Jacobs (wie für Sigmund Freuds Freund Wilhelm Fließ)[34] die Nase stellvertretend Ängste auf sich zog, die sich auf die Markierung des männlichen Körpers des Juden durch die Beschneidung bezogen.[35] Zum Zeichen ihrer (seiner) Sexualität und Rasse hat Heines „Hexe" eine tropfende Nase.

Das Bild der gesellschaftlich stigmatisierenden Syphilis war, wie viele andere Bilder aus dem Heine und Nietzsche gemeinsamen poetischen Vokabular, „klassischen" Ursprungs. Es entstammte dem Repertoire von Renaissance-Bildern, die in die Vorstellung eingegangen waren, die sich das neunzehnte Jahrhundert von der klassischen Welt machte. „Syphilis sive morbus Gallicus" hieß ein langes lateinisches Poem, das der Dichter-Arzt Hieronymus [Girolamo] Fracastoro aus Verona 1530 veröffentlichte. Es handelte von einem arkadischen Hirten, der die Götter nicht achtete, weshalb sie ihn mit der Krankheit schlugen, die später seinen Namen tragen sollte.[36] Fracastoro führte die Krankheit auf eine Konfrontation zwischen dem Menschen und den klassischen Göttern zurück und gab ihr damit einen mythischen Ursprung. Er bezog sich auf Lukrez' Beschreibung der Krankheit und deutete bereits seine eigene Theorie der Ansteckung an. Syphilis war ein Hirte, der lieber seinem Herrn Alcithous als dem Sonnengott opfern wollte. Der erzürnte Gott überzog daraufhin das ganze Land – auch Syphilis und seinen Herrn – mit einer neuen Krankheit. Die Geschichte des Syphilis und seiner Strafe gab den Hintergrund ab für Nietzsches „tollen Menschen", der den Tod der Götter beklagt, und für Pans Verkündung des Todes der Götter bei Heine. (Die ältere Geschichte lieh den beiden jüngeren ihre Kraft.) In der Renaissance wurde der Mythos von Syphilis möglicherweise als eine Illustration der von Fracastoro entwickelten „Keim"-Theorie verstanden. Denn in seinem Aufsatz „De Contagione" vertrat Fracastoro 1546 die These, daß die Krankheiten, eingeschlossen die Syphilis, aus der Übertragung von „seminaria" (wörtlich „Keimen") von Menschen und Objekten resultierten. Der Ausdruck „seminaria" entstammte der Sphäre der Zeugung und Fortpflanzung.[37] Fracastoro verknüpfte die Vorstellung von den Keimen (samt allen sexuellen Konnotationen des Wortes) mit der These vom sexuellen Ursprung der Krankheit. In seinem Mythos des Syphilis gab er seiner Einsicht noch verhüllten Ausdruck, in der Debatte über die Ansteckung explizierte er sie dann. Die Vorstellung von der ansteckenden Krankheit ist, Roy Porter zufolge, grundlegend für unsere Auffassung von der Macht der Krankheit, die einen Menschen befällt und besiegt.[38] Die Vorstellung von der Frau als einer Muse wurde von der Vorstellung der Frau als einer Quelle der Ansteckung abgelöst. Der Rückgriff auf Fracastoros Text eröffnete anderen Autoren dann die Möglichkeit, das Problem einer sexuell übertragenen Krankheit im Rahmen eines literarischen Werks zu behandeln. Es ist darum nicht überraschend, daß Fracastoros Text im späten neunzehnten Jahrhundert – in der Ära der Begeisterung für die klassischen Texte und der intensiven Syphilisangst – eine bemerkenswerte Renaissance erlebte. *Syphilis* erschien 1840 in einer vielgelesenen französischen Übersetzung von Auguste Barthélemy.[39] Die Titelvignette dieser Ausgabe zeigte die Ansteckungsquelle: die verkommene alte Frau in der schönen Verführerin. Es handelte sich um das Bild der Kakia, der klassischen Verführerin des Herkules. Solche Bilder gehörten auch zu der fiktiven Vorstellung vom Dichter, die Nietzsche seinem neuen Selbstverständnis – als chronisch kranker Schriftsteller – integrierte.

Die Sehnsucht nach der Welt der Gesundheit, die jenseits der Welt des kranken Dichters liegt, wurde nun zum Thema des Dichters. Wie Heine machte auch Nietzsche aus seinem Krankheitsgefühl (und dem „klassischen" Ursprung dieser Krankheit) den Stoff seiner Dichtung. Die Pointe der letzten Strophe des Heine-Gedichts „Böses Geträume" – der Dichter erwacht aus einem ironisch-idyllischen Traum und sieht sich noch immer an sein Bett gefesselt – bietet vielleicht eine Parallele zu Nietzsches Gedicht:

> „*Was sie zur Antwort gab, das weiß ich nimmer,*
> *Denn ich erwachte jählings – und ich war*
> *Wieder ein Kranker, der im Krankenzimmer*
> *Trostlos daniederliegt seit manchem Jahr.* – –"[40]

Die Rolle des kranken Dichters ermöglichte es Heine (und später Nietzsche), sich von ihrem Leiden zu distanzieren. Sie ermöglichte es ihnen, ihr wirkliches Leiden in die Grenzen einer Wortwelt einzuschließen, die der Dichter geschaffen hat und die er darum zu kontrollieren hofft. Alle Krankheit, alle Qual wird der fiktiven Maske überschrieben, einer gesonderten Realität, in der das Ich sich spiegelt. Das Thema der beiden zitierten Heine-Gedichte ist die Teilung der Persönlichkeit, die Flucht aus der Rolle des kranken Dichters. Daß dadurch die „Wirklichkeit" des Leidens nur maskiert wird, lehrt die Pointe von „Böses Geträume". Nietzsche übernahm diese Struktur in „Rimus remedium", allerdings mit einer wesentlichen Veränderung. Aus „Frau Sorge" wird die „Hexe Zeit", die Urheberin des Leidens des Poeten. An die Stelle der Furcht vor Ansteckung tritt das Verstreichen der Zeit, die Entropie. Die Krankheit wird zu einem „natürlichen" Prozeß. Wie in den Traumsequenzen der beiden Heine-Gedichte wird hier im Dialog zwischen Zeit und Dichter die eine fiktive Maske mit einer anderen verschmolzen. Auf dem Höhepunkt des Nietzsche-Gedichts erscheint der Tod. In Gestalt der gealterten, kranken, syphilitischen Frau, die im Tod des Kranken ihren Vorteil sieht, dringt die äußere Welt in das Krankenzimmer ein. Nur die Reime des Dichters bewahren ihn vor gänzlicher Auslöschung.

Tatsächlich wird Nietzsches wagnerianische Attacke auf Heines Stil hier ins Gegenteil verkehrt. Denn nun präsentiert Nietzsche (der die eigenen fiktiven „Personen" im Rahmen der konventionellen Vorstellungen von seiner und Heines Krankheit platziert) die Fantasie, die Maske, mit deren Hilfe die kranken Dichter sich trösten wollen. Sie glauben, daß ihre Werke sie unsterblich machen. Die Hoffnung auf die Unsterblichkeit ihrer Dichtung soll sie instandsetzen, die eigene Krankheit und Sterblichkeit unter Kontrolle zu bringen und auf Distanz zu halten. Nietzsche weiß natürlich, daß es sich dabei nur um eine Maske handelt. Darum wird in der parodischen Schlußpointe [von „Rimus remedium"] die Maske als Maske kenntlich, ohne daß die vitale Bedeutung geleugnet würde, die ihr zukommt, wenn es um den Ausdruck des dichterischen Ichs geht.[41] Heine, der Erzpoet, nicht der Jude, sondern der Syphilitiker, schien Nietzsche vorbildlich die Haltung des Dichters zu repräsentieren, der unter seiner Krankheit leidet und dies Leiden ausdrücken, ihm Form und damit Sinn geben will.

Nietzsches Identifikation mit Heine erreichte ihren Höhepunkt in *Ecce Homo*, seinem letzten bedeutenden Werk. In dem Abschnitt „Warum ich so klug bin" bekennt er:

„Den höchsten Begriff vom Lyriker hat mir H e i n r i c h   H e i n e gegeben. Ich suche umsonst in allen Reichen der Jahrtausende nach einer gleich süssen und leidenschaftlichen Musik. Er besass jene göttliche Bosheit, ohne die ich mir das Vollkommene nicht zu denken vermag, – ich schätze den Werth von Menschen, von Rassen danach ab, wie nothwendig sie den Gott nicht abgetrennt vom Satyr zu verstehen wissen. – Und wie er das Deutsche handhabt! Man wird einmal sagen, dass Heine und ich bei weitem die ersten Artisten der deutschen Sprache gewesen sind – in einer unausrechenbaren Entfernung von Allem, was blosse Deutsche mit ihr gemacht haben."[42]

Die „Bosheit", die Nietzsche seinen eigenen parodistischen Versuchen in *Die fröhliche Wissenschaft* bescheinigte, dient hier als Brücke zwischen seiner eigenen fiktiven Person und derjenigen, die er Heine zuschrieb (und in Heine fand). Nietzsche, der den slawischen Ursprung seiner Familie betonte, setzte sich, zusammen mit dem Juden Heine, von dem stilistisch banalen Lager der Deutschen ab. Die Macht der Krankheit verband alle Außenseiter. Und die fiktiven Persönlichkeiten dieser beiden Männer verband das Wissen um die göttliche „Bosheit", wie sie in Fracastoros Bild der klassischen Welt thematisiert worden war. Das kam in Nietzsches spätester Einschätzung Heines zum Ausdruck.

Nietzsche erkannte, daß Heines größtes Talent darin bestanden hatte, seine parodisch-sprachlichen Fähigkeiten zur Erforschung und Darstellung seiner eigenen fiktiven Persönlichkeit zu nutzen. Eben diese Fähigkeit hatte Wagner Heine abgesprochen. Nietzsche aber suchte und fand in Heine einen Dichter, dessen erste Sorge der Präsentation des inneren Selbstbildes des Schriftstellers in selbstbewußt artistischer Form galt. Dies Hauptinteresse beherrschte auch die Präsentation einer klassischen Welt, in der sich die tiefsten Sehnsüchte und Mängel des Dichters spiegelten. Die Bilder vom Hellenen und Hebräer, vom Exil und vom Tod der

Götter, die Heine auf der Suche nach dem klassischen Mythos schuf, waren nur Masken, Auslegungen des Ichs des kranken Poeten. Darum begann Nietzsche seine Auseinandersetzung mit Heines Schatten, indem er sich gegen ein ichzentriertes Bild der Vergangenheit wandte. Als er dessen inne wurde, daß auch sein eigenes Bild der Vergangenheit im Dienst seiner Wünsche stand, wandelte sich auch seine Vorstellung von Heine. Gegen Ende seiner kreativen Periode veränderte sich Nietzsches Selbstwahrnehmung: Heine erschien ihm nun als sein historischer Doppelgänger, als eine Gestalt, in der er sich selbst noch einmal begegnete. Die Parallelen zwischen seinem eigenen und Heines Schicksal führten zur Identifikation mit dem Dichter. Nietzsche kannte Heines Werk gut, obwohl er sich, unter Wagners Einfluß, zunächst gegen ihn zu stellen suchte. Als er mit Wagner brach, begann Nietzsche, in Heines Bild des kranken Dichters eine Spiegelung der eigenen literarischen Biographie zu sehen, und sein Heine-Bild nahm mehr und mehr autobiographische Züge an. In diesem Bild wich der Jude dem Dichter-Philosophen. Kein Jude mehr und kein „Farceur", erschien Heine dem älteren Nietzsche als die einzig sozial akzeptable Vision seiner selbst als eines Kranken. Er selbst war Heine, der kranke Dichter, er glich dem Bild, das er so lange verleugnet hatte. Und als sich Nietzsche gegen Wagner wandte und Heine neu schätzen lernte, fragte er sich, ob Wagner sein Geschäft nicht „den Juden abgelernt" habe.[43] Im Sommer 1888 nannte er schließlich diese beiden ‚Juden' – Heine, der aus Konvenienz zum Christentum konvertierte, und Wagner, den Antisemiten mit vermeintlich jüdischem Vater –, nannte er also den Doppelgänger und den Vater „die beiden größten Betrüger, mit denen Deutschland Europa beschenkt hat."[44] Diese letzte Umwertung zeigt, daß Nietzsche die Fähigkeit einbüßte, die beiden Kategorien, den Juden als Schauspieler und den Juden als kranken Dichter, auseinanderzuhalten: Heine galt ihm nun wieder, wie ein Jahrzehnt zuvor, nur als ein Jude. Und das schloß all' die negativen Konnotationen ein, die dem Wort „Jude" für einen Teutonen anhingen, wie er sich in Friedrich Nietzsche, dem kranken Dichter, verbarg.

4. Juden und Christen

Nietzsche glaubte, er müsse die zeitgenössischen Juden vor den Angriffen der Antisemiten im Westen verteidigen. Den Christen fühlte er sich nicht verpflichtet, denn sie bildeten die mächtige Mehrheit, gegen die er sich verteidigen wollte. Sie waren für ihn so etwas wie ein vervielfältigter Bernhard Förster. Die Milde und Schwäche des Christentums aber, seine Degeneration, führte er auf dessen jüdische Wurzeln zurück. Die erstickende

„Liebe" des Neuen Testaments war an die Stelle der alttestamentarischen Strenge getreten. Nietzsche schrieb über Texte, über Bücher, über Sprache. Das wird deutlich, wenn er im *Antichrist* das primitive Gesetz Manus mit dem Neuen Testament vergleicht:

> „– Zuletzt kommt es darauf an, zu welchem Z w e c k gelogen wird. Dass im Christenthum die ‚heiligen' Zwecke fehlen, ist m e i n Einwand gegen seine Mittel. Nur s c h l e c h t e Zwecke: Vergiftung, Verleumdung, Verneinung des Lebens, die Verachtung des Leibes, die Herabwürdigung und Selbstschändung des Menschen durch den Begriff Sünde, – f o l g l i c h sind auch seine Mittel schlecht. – Ich lese mit einem entgegengesetzten Gefühle das Gesetzbuch des M a n u, ein unvergleichlich geistiges und überlegenes Werk, das mit der Bibel auch nur in Einem Athem nennen eine Sünde wider den G e i s t wäre. Man erräth es sofort: es hat eine wirkliche Philosophie hinter sich, in sich, nicht bloss ein übelriechendes Judain von Rabbinismus und Aberglauben, – es giebt selbst dem verwöhntesten Psychologen Etwas zu beissen. N i c h t die Hauptsache zu vergessen, der Grundunterschied von jeder Art von Bibel: die v o r n e h m e n Stände, die Philosophen und die Krieger, halten mit ihm ihre Hand über der Menge; vornehme Werthe überall, ein Vollkommenheits-Gefühl, ein Jasagen zum Leben, ein triumphierendes Wohlgefühl an sich und am Leben, – die S o n n e liegt auf dem ganzen Buch. – Alle die Dinge, an denen das Christenthum seine unergründliche Gemeinheit auslässt, die Zeugung zum Beispiel, das Weib, die Ehe, werden hier ernst, mit Ehrfurcht, mit Liebe und Zutrauen behandelt."[45]

Die Gesetze des Manu sind positiv, sie stärken die Natur des Menschen in dieser Welt; das Neue Testament hingegen zerstört das Leben. Beide haben aber mit der Vorstellung von der Frau und von der Sexualität zu tun. Das (von den Juden gebrochene) Inzesttabu bildet den verborgenen Kontext für die Glorifizierung des Ostens bzw. der Wahrheit des „wirklichen", phantasierten Orients, wie man ihn in der Wortwelt Arthur Schopenhauers findet; ein „Indien" ohne „rohes Judenthum".[46] So repräsentiert die christliche Welt den verfälschten Osten. Nietzsche sah im Christen eine Manifestation des Juden; im Zentrum dieser Auffassung aber standen Sexualität und Verführung, stand die Idee der Frau.

Nietzsches Charakteristik des Neuen Testaments ist in diesem Zusammenhang von Bedeutung. Er hielt es für „ein übelriechendes Judain von Rabbinismus und Aberglauben". („Judain" war ein Neologismus Nietzsches zur Bezeichnung des verdorbenen Wesens des Judentums.) Der Satz bezieht sich nicht auf die Juden des Neuen Testaments, sondern verweist auf die Rhetorik des Antisemitismus des späten neunzehnten Jahrhunderts, in der es vor allem um die falsche Logik, die rabbinischen Sophistereien und um den Aberglauben der Juden ging, die auch mit ihrer Erscheinung und ihrem Geruch in Zusammenhang gebracht wurden. Der Geruch wurde von [zeitgenössischen] Antisemiten wie Theodor Fritsch „auf die Unreinlichkeit mancher Juden, insbesondere der Ostjuden, und den Knoblauchgenuß" zurückgeführt.[47] Die Synästhesie des Geruchs des Unlogischen und der schmutzigen Sophisterei taucht im *Antichrist* in einem viel spezifischeren Kontext wieder auf:

> „– Was folgt daraus? Dass man gut thut, Handschuhe anzuziehn, wenn man das neue Testament liest. Die Nähe von so viel Unreinlichkeit zwingt beinahe dazu. Wir würden uns –, erste Christen' so wenig wie polnische Juden zum Umgang wählen: nicht dass man gegen sie auch nur einen Einwand nöthig hatte ... Sie riechen beide nicht gut."[48]

Die ersten Christen waren ja wirklich „Ostjuden". Ihre bloße Gegenwart machte unrein. Ihre Gegenwart drängte sich aber auf durch das Wort, durch ihre Sprache, ihre Rhetorik. Und diese äußeren Zeichen und Symptome waren Ausdruck ihrer inneren sexuellen Verderbtheit.

Nietzsche greift die Vortragsweise des Neuen Testaments ebenso an wie seinen Gehalt. Was das Neue Testament mit der zeitgenössischen rabbinischen Tradition gemein hat, ist die lügnerische, korrumpierende Rhetorik. Das Christentum aber ist die Rhetorik der Macht, mit der Nietzsche auf Gedeih und Verderb verbunden ist. Sein Versuch, die christlichen Dämonen auszutreiben, die er in sich spürt, seine gewaltsamen Parodien des Stils des Neuen Testaments in *Also sprach Zarathustra* steigern nur sein Selbstbewußtsein als Repräsentant der dominantesten, machtvollsten, furchteinflößendsten aller Gruppen: der deutschen Christen.[49] Sie sind die „Gesunden", sie repräsentieren die Norm, die darüber entscheidet, wer krank ist; und Nietzsche verbirgt in sich selbst den Juden – das Stigma der Krankheit und des Wahnsinns, das den Juden kennzeichnet. Er befindet sich also in einer unmöglichen Position, und er muß dies Gefühl seiner Marginalität auf die von ihm im Text geschaffene Welt projizieren. Dabei muß die Konsistenz des fiktiven Universums, das er konstruiert hat, gewahrt werden. Und darum muß er die „Juden", die zu seiner Zeit vor allem Krankheit und Sexualität repräsentierten, idealisieren. In seiner eigenen Welt markierten sie ja die Grenzen seiner Persönlichkeit. Der „Christ" konnte, als Jude zweiten Grades, in diesem System die Rolle eines „neuen Juden" übernehmen. Nietzsche aber blieb im Bann der Differenz, die er so vollständig verinnerlicht hatte. Wollte er schmähen, was er am meisten in sich haßte, dann bediente er sich der deutsch-christlichen Rhetorik, die den Ostjuden als den Inbegriff der Andersheit apostrophierte. Noch wo er die herrschenden Kreise schmähte, akzeptierte er, wenn auch nur reflexartig, seine Rolle als ein ihnen Zugehöriger. Er war dann der selbstbewußte Antichrist, der die Christen verdammt, weil sie nur Ostjuden sind. So richtete Nietzsche seinen Zorn vor allem auf ihm verhaßte Objekte, die seine inneren Ängste repräsentierten (und ansonsten undeutlich blieben). In nicht geringem Maße waren diese Ängste mit dem Christentum verknüpft. Wir dürfen annehmen, daß die Wut und die Enttäuschung, die der Tod seines Vaters beim jungen Nietzsche ausgelöst hatte, in seine Vorstellung vom Christentum eingegangen waren. Sein Vater war ja nicht nur als Pfarrer Repräsentant der Kirche, sondern nahm auch in der Welt des jungen Nietzsche dieselbe patriarchalische Position ein, die der Kirche im geistigen Universum des Philosophen zukam. Kam Nietzsche auf das Problem [der Stellung] der Juden in der Gesellschaft seiner Zeit zu sprechen, beschäftigte er sich also mit den Juden als Haßobjekten, dann hatte er es mit einer direkten Folge dieses Paternalismus zu tun und war imstande, den Antisemitismus als ein gesellschaftliches Übel zu verdammen. Versuchte er jedoch, die Verlogenheit des Christentums zu charakterisieren, so fiel er auf eine Rhetorik zurück, die für ihn (als deutschen Christen) und für seine Zeit die machtvollste war: die Rhetorik des Antisemitismus. So können die Juden in Nietzsches System sowohl ein positives wie ein negatives Bild abgeben: Positiv erscheinen sie als Objekte des christlichen Antisemitismus. (Der Antisemitismus enthüllt die wahre Natur des Christentums als bösartig und destruktiv.) Negativ erscheinen die Juden, wenn Nietzsche sie als Stellvertreter dessen anspricht, was er in sich am meisten fürchtete: den deutschen Christen. Das Ergebnis war eine komplexe Form von Selbsthaß, und dieser Selbsthaß bediente sich sowohl der anti-antisemitischen Rhetorik als auch der antisemitischen. Nietzsches Rhetorik war – trotz dieses höchst spezifischen Zusammenhangs – nicht ohne Vorbild und Rechtfertigung. Heinrich Heine, mit dem er sich identifizierte, hatte das Bild des Ostjuden in seinem Werk auf die gleiche Art präsentiert. Heine hatte die Verwendung dieses Bildes akzeptabel gemacht, weil er selbst öffentlich zum typischen Juden gestempelt worden war.

Anmerkungen

[1] Nietzsche [1887–1888]: *Nachgelassene Fragmente. Herbst 1885 bis Anfang Januar 1889, 2. Teil. Sämtliche Werke* (KSA), Bd. 13, S. 114: „Versuch des Antiheidenthums, sich philosophisch zu begründen und möglich zu machen: Witterung für die zweideutigen Figuren der alten Cultur, vor allem für Plato, diesen Antihellenen und Semiten von Instinkt ..." (11 [294]) Das Problem der falschen Gegenüberstellung von Hebräern und Hellenen beruht vielleicht darauf, daß Nietzsches Überlegungen im Hinblick auf [einen ähnlichen Gedanken von]

Stirner gelesen wurden. Max Stirner hatte (in *Der Einzige und sein Eigenthum*, Leipzig 1844) eine unhaltbare Gegenüberstellung der „Alten" und der „Neuen" [Philosophen] präsentiert; sein Text ist voll von antisemitischen Anspielungen. Vgl. dazu Dannhauser, Werner J. (1974): *Nietzsches View of Socrates*, Ithaca.

2 Nietzsche (1881): *Morgenröthe*. Gedanken über die moralischen Vorurtheile, Aph. 38. *Sämtliche Werke* (KSA), Bd. 3, S. 45 f. Nietzsche ([1888] 1895): *Der Antichrist*. Fluch auf das Christentum, Aph. 58. *Sämtliche Werke* (KSA). Bd. 6, S. 246 f. A. a. O., Aph. 24, S. 192 f. Folgende Titel sind im Zusammenhang mit der vorliegenden Arbeit von Interesse: Grau, Gerd-Günter (1958): *Christlicher Glaube und intellektuelle Redlichkeit*: Eine religionsphilosophische Studie über Nietzsche. Frankfurt, S. 201–239. Wein, Hermann (1962): *Positives Antichristentum*: Nietzsches Christusbild im Brennpunkt nachchristlicher Anthropologie. Den Haag, S. 89–93. Ries, Wiebrecht (1977): *Friedrich Nietzsche: Wie die „wahre Welt" endlich zur Fabel wurde*. Hannover. S. 62 ff. Stern, J. P. (1979): *A Study of Nietzsche*. Cambridge.

3 Unter den frühen Versuchen, Nietzsche als Philosemiten einzuordnen, sind die interessantesten die folgenden: Schrattenholz, Josef (Hg.) (1894): *Anti-Semiten Hammer*. Düsseldorf. Anonym (1895): „Friedrich Nietzsche über die Juden", *Allgemeine Israelitische Wochenschrift Teschurim*, 29. März 1895. Anonym (1902): „Friedrich Nietzsche über die Juden!", *General-Anzeiger für die gesamten Interessen des Judentums*, 30. Oktober 1902. Achad-Haam (1902): „Nietzscheanismus und Judentum", *Ost und West*, Bd. 2, S. 145–152 und S. 242–254. Jankolowitz, Samuel (1908): „Friedrich Nietzsche und der Antisemitismus", *Israelitisches Wochenblatt*; Zürich, 13. November 1908. Anonym (1908): „Wie klein mancher Große ist ...", *Deutsche Sociale Blätter*, 12. Dezember 1908. Stolzing, Josef (1909): „Friedrich Nietzsche und [das] Judentum", *Deutsche Tageszeitung*, Berlin, 10. Januar 1909. Kraus, Eberhard (1909): „Wie Friedrich Nietzsche über das Judentum urteilte", *Deutsche Zeitung*, Berlin, 1. Januar 1909. Witkowsky, Gustav (1913): „Nietzsches Stellung zum Zionismus", *Jüdische Rundschau*, 2. Mai 1913. Ein außerordentliches Buch eines exilierten deutschen Juden erschien während der Nazizeit in Schweden. Es bietet das Beispiel einer „jüdischen" Deutung zu einer Zeit, in der Nietzsche einem der kulturellen Idole der Nazis geworden war: Lonsbach, Richard Maximilian (d. i. Richard Maximilian Cahen) (1939): *Friedrich Nietzsche und die Juden*. Stockholm. Reprint Bonn 1985. In der neueren Literatur sind die besten Versuche, Nietzsches Bild des Juden zu verstehen: Neumann, Harry (1985): „The case against apolitical morality: Nietzsches interpretation of the Jewish instinct." In: O'Flaherty, James C., et al. (1985): *Studies in Nietzsche and the Judaeo-Christian Tradition*. Chapel Hill, S. 29–46. Mattenklott, Gert (1985): „Nietzscheanismus und Judentum", in: Altenhofer, Norbert, und Renate Heuer (Hg.) (1985): *Jahrbuch 1*, 1985: „Probleme deutsch-jüdischer Identität." Archiv *Bibliographia Judaica e.V.* Frankfurt, S. 57–71. Poliakov, Léon (1977): *Geschichte des Antisemitismus*. Bd. VII (Zwischen Assimilation und Jüdischer Weltverschwörung"), Frankfurt 1988, S. 18–21. Golomb, Jacob

(1985): "Nietzsche über Juden und Judentum"; *Archiv für Geschichte der Philosophie*, Bd. 67, S. 139–161. Steiner, George, et al. (1985): *Jewish Themes: Holocaust, Dispersal, Preservation.* Saratoga Springs, New York. Eisen, Arnold M. (1986): "Nietzsche and the Jews reconsidered"; *Jewish Social Studies*, Bd. 48, S. 1–14. Golomb, Jacob (1988): "Nietzsche's Judaism of power"; *Revue des études juives*, Bd. 147, S. 335–385. Duffy, Michael F., und W. Mittelman (1988): "Nietzsche's attitudes towards the Jews"; *Journal of the History of Ideas*, Bd. 49, S. 301–317. Bauschinger, Sigrid, et al. (Hg.) (1988): *Nietzsche heute: die Rezeption seines Werks nach 1968.* Bern. Bourel, Dominique, und Jacques Le Rider (Hg.) (1991): *De Sils-Maria à Jérusalem: Nietzsche et le judaisme, les intellectuels juifs et Nietzsche.* Paris. Knodt, Eva M. (1993): "The Janus face of decadence: Nietzsche's *Genealogy* and the rhetoric of anti-Semitism"; *The German Quarterly.* Bd. 66, S. 160–178. Lungstrum, Janet (1993): "In Agon with Nietzsche: studies in modernist creativity." Dissertation, University of Virginia. Kofman, Sarah (1994): *Le Mépris des juifs: Nietzsche, les juifs, l'antisémitisme.* Paris. Über Elisabeth Förster-Nietzsches Antisemitismus siehe Peters, H. F. (1977): *Zarathustra's Sister*: The Case of Elisabeth and Friedrich Nietzsche. New York; und Stackelberg, Roderick (1983): "Nietzsche and the Nazis: the *völkisch* reaction to Nietzschean thought"; *Research Studies*, Bd. 51, S. 36–46. Vgl. auch Low, Alfred D. (1979): *Jews in the Eyes of the Germans*: From the Enlightenment to Imperial Germany. Philadelphia.

4   Nietzsche (1886): *Jenseits von Gut und Böse.* Vorspiel einer Philosophie der Zukunft. Aph. 251. *Sämtliche Werke* (KSA), Bd. 5, S. 193.

5   Nietzsche ([1888] 1895). a. a. O. (Anm. 2), Bd. 6, Aph. 24, S. 192 f. Vgl. auch: Nietzsche [1888]: *Nachgelassene Fragmente.* Herbst 1885 bis Anfang Januar 1889, 2. Teil. *Sämtliche Werke* (KSA) Bd. 13, S. 532 (18 [3]).

6   Nietzsche (1886), a. a. O. (Anm. 4), Bd. 5, Aph. 269, S. 224. Vgl. dazu: Gilman, Sander L., und J. Edward Chamberlin. (Hg.) (1985): *Degeneration. The Dark Side of Progress.* New York, S. 72–95.

7   Ein detaillierter Überblick über die Literatur des neunzehnten Jahrhunderts zu dieser Frage findet sich bei Pilcz, Alexander (1901): "Geistesstörungen bei den Juden." *Wiener Klinische Rundschau*, Bd. 14, S. 888–908. Daß es sich dabei nicht nur um eine esoterische medizinische Frage handelte, wird aus einem populären Aufsatz zum gleichen Thema ersichtlich, der im wesentlichen dieselben Informationen über Juden und Geisteskrankheiten enthält: "Einfluß der Rasse auf pathologische Erscheinungen", in: *Prochaskas illustrirte Monatsbände zur Erholung und geistigen Anregung in Mußestunden*, Bd. 7, Wien 1896, S. 198–201. Zum Hintergrund vergleiche Gilman, Sander L. (1985): *Difference and Pathology: Stereotypes of Sexuality, Race and Madness.* Ithaka, S. 150–174.

8   Kirchhoff, Theodor (1899): *Grundrisse der Psychiatrie für Studierende und Ärzte.* Kap. II ("Ursachen geistiger Störungen"), S. 18.

9   Vgl. Gilman, Sander L. (1982): *On Blackness without Blacks.* Essays on the Image of the Black in Germany. Boston, S. 93–118.

[10] Nietzsche [1876]; *Nachgelassene Fragmente*, Anfang 1875 bis Ende 1879. *Sämtliche Werke* (KSA), Bd. 8, S. 281 (15 [10]). Vgl. auch Nietzsche [1873]: *Nachgelassene Fragmente*, Herbst 1869 bis Ende 1874. *Sämtliche Werke* (KSA), Bd. 7, S. 595 (27 [29]).

[11] Sammons, Jeffrey L. (1969): *Heinrich Heine. The Elusive Poet.* (Yale Germanic Studies, 3.) New Haven, London.

[12] Nietzsche [1873]: *Nachgelassene Fragmente*, Herbst 1869 bis Ende 1874. *Sämtliche Werke* (KSA), Bd. 7, S. 598 (27 [38]).

[13] Nietzsche [1884]: *Nachgelassene Fragmente*, Juli 1882 bis Herbst 1885. 2. Teil. *Sämtliche Werke* (KSA), Bd. 11, S. 84 (25 [282]).

[14] Nietzsche (1882): *Die fröhliche Wissenschaft.* („la gaya scienza"). Aph. 125 („Der tolle Mensch"). *Sämtliche Werke* (KSA), Bd. 3, S. 480 ff.; Zitat S. 481.

[15] A. a. O., S. 482.

[16] Nietzsche (1883): *Also sprach Zarathustra. Ein Buch für Alle und Keinen.* 2. Teil: „Von den Mitleidigen". *Sämtliche Werke* (KSA), Bd. 4, S. 115.

[17] A. a. O., 3. Teil: „Die sieben Siegel" 2. S. 288.

[18] Siegmund, Georg (1964): *Nietzsches Kunde vom „Tode Gottes".* Berlin, S. 12.

[19] Heine, Heinrich (1827): *Buch der Lieder.* „Die Heimkehr", 39. *Werke und Briefe in zehn Bänden*, hg. von Hans Kaufmann, Bd. 1, Berlin und Weimar 1972, S. 125.

[20] Heine (1831): *Reisebilder*, 4. Teil: „Die Stadt Lucca". Kap. VI. A. a. O., Bd. 3, S. 376.

[21] Heine (1827): *Buch der Lieder.* „Die Nordsee", 2. Zyklus, 6: „Die Götter Griechenlands". A. a. O. (Anm. 19), Bd. 1, S. 206.

[22] Heine (1834/35): *Zur Geschichte der Religion und Philosophie in Deutschland*, 2. Buch. A. a. O. (Anm. 19), Bd. 5, S. 256.

[23] Nietzsche ([1888–1889] 1891): *Dionysos-Dithyramben*; „Zwischen Raubvögeln". *Sämtliche Werke* (KSA), Bd. 6, S. 391 f.

[24] Prawer, Siegbert Salomon (1961): *Heine. The Tragic Satirist. A Study of the Later Poetry, 1827–1856.* Cambridge, S. 65. [Es handelt sich (a) um eine Lesart und (b) um ein Bruchstück (A 2) aus der Entwurfsfassung des ‚Atta Troll" (von 1842). Beide Varianten sollten ursprünglich auf „Caput II", Vers 44 folgen. Vgl. Heine, H. (1985): *Historisch-kritische Gesamtausgabe der Werke*, hg. von Manfred Windfuhr; Bd. 4 (*Atta Troll. Ein Sommernachtstraum./Deutschland. Ein Wintermärchen.*), bearbeitet von Winfried Woesler. Hamburg, S. 17, 814 und 212.]

[25] Nietzsche (1887): *Die fröhliche Wissenschaft.* Vorrede zur 2. Ausgabe, 1. *Sämtliche Werke* (KSA), Bd. 3, S. 346. Zur Idee der Parodie bei Nietzsche vgl. Gilman, Sander L. (1976): *Nietzschean Parody. An Introduction to Reading Nietzsche.* Bonn.

[26] Nietzsche [1873]: *Nachgelassene Fragmente*, Herbst 1869 bis Ende 1874. *Sämtliche Werke* (KSA), Bd. 7, S. 659 (29 [67]).

²⁷ Vgl. Allemann, Beda (1956): *Ironie und Dichtung*, Pfullingen 1969. Und Glicksberg, Charles I. (1969): *The Ironic Vision in Modern Literature*. Den Haag.
²⁸ Nietzsche (1887): *Die fröhliche Wissenschaft*. „Lieder des Prinzen Vogelfrei": Rimus remedium. Oder: Wie kranke Dichter sich trösten. A. a. O. (Anm. 14), Bd. 3, S. 647.
²⁹ Nietzsche [1877]: *Nachgelassene Fragmente*, Anfang 1875 bis Ende 1879. *Sämtliche Werke* (KSA), Bd. 8, S. 391 (22 [73]).
³⁰ Brown, W.-J. (1970): *Syphilis and Other Venereal Diseases*. Cambridge.
³¹ Heine (1851): *Romanzero*, 2. Buch, „Lamentationen": Lazarus, 14. A. a. O. (Anm. 19), Bd. 2, S. 118. Vgl. dazu die Erörterung bei Hobbs, David (1976): *Heines's* „Ludwig Börne: Eine Denkschrift": a *literary analysis*. Dissertation. Cornell University 1976.
³² Heine (1851): *Romanzero*, 1. Buch, „Historien": Vitzliputzli. A. a. O. (Anm. 19), Bd. 2, S. 57–78.
³³ Jacobs, Joseph (1891): *Studies in Jewish Statistics, Social, Vital, and Anthropometric*. London, S. xxxii f.
³⁴ Sulloway, Frank (1979): *Freud, Biologe der Seele*. Jenseits der psychoanalytischen Legende. Köln-Lövenich 1982, S. 216–222.
³⁵ Vgl. die Erörterung dieser Frage bei Gilman (1985): *Disease and Representation*. Images of Illness from Madness to AIDS. Ithaka, S. 182–201.
³⁶ Eatough, Geoffrey (Hg. und Übers.) (1984): *Fracastoro's „Syphilis"*. Liverpool. Siehe auch Ziolokowski, – John E. (1984): *„Epic conventions in Fracastoro's poem ‚Syphilis'."* Altro Polo, S. 57–73.
³⁷ Fracastoro, Hieronymus (1546): *Drei Bücher von den Kontagien, den kontagiösen Krankheiten und deren Behandlung*. (Übersetzt und eingeleitet von Viktor Fossel.) Leipzig 1910. Vgl. das 11. Kapitel, „Von der Syphilis oder der Franzosenkrankheit", S. 67–70, in dem Fracastoro den sexuellen Ursprung des Leidens betont.
³⁸ Roy, Porter (1988): „Ever since Eve: the fear of contagion." *Times Literary Supplement*, 27.5.–2.6. 1988, S. 582.
³⁹ Fracastoro (1546): *Syphilis*. Poème en deux chants. (Übers. von Auguste Barthélemy.) Paris 1840.
⁴⁰ Heine (1851): *Romanzero*, 2. Buch, „Lamentationen": Lazarus, 17 („Böses Geträume"). A. a. O. (Anm. 19), Bd. 2, S. 121 f.; hier S. 122.
⁴¹ Vgl. Gilman (1972): „Braune Nacht": Friedrich Nietzsche's Venetian Poems. *Nietzsche-Studien*, Internationales Jahrbuch für die Nietzsche-Forschung; Montinari, M., u. a. Berlin, New York, Bd. 1, S. 247–260. Und ders. (1975): „Incipit parodia: the function of parody in the poetry of Friedrich Nietzsche." A. a. O., Bd. 4, S. 52–74.
⁴² Nietzsche ([1888/89] 1908): *Ecce homo*. Wie man wird, was man ist. „Warum ich so klug bin", Aph. 4. *Sämtliche Werke* (KSA), Bd. 6, S. 286.
⁴³ Nietzsche [1885]: *Nachgelassene Fragmente*, Juli 1882 bis Herbst 1885; *2*. Teil. *Sämtliche Werke* (KSA), Bd. 11, S. 472 (34 [152]).

44 Nietzsche [1888]: *Nachgelassene Fragmente*, Herbst 1885 bis Anfang Januar 1889; 2. Teil. *Sämtliche Werke* (KSA), Bd. 13, S. 500 (16 [41]).
45 Nietzsche ([1888] 1895): *Der Antichrist*. Fluch auf das Christenthum. Aph. 56. *Sämtliche Werke* (KSA), Bd. 6, S. 239 f.
46 [„Wie eine Epheuranke [...] hat die aus indischer Weisheit entsprungene Christuslehre den alten, ihr ganz heterogenen Stamm des rohen Judenthums überzogen, und was von seiner Grundgestalt hat beibehalten werden müssen, ist in etwas ganz Anderes, etwas Lebendiges und Wahres, durch sie verwandelt: es scheint das Selbe, ist aber ein wirklich Anderes." Schopenhauer, Arthur (1851): *Parerga und Paralipomena*: kleine philosophische Schriften, 2. Bd., § 179 („Über Religion"). *Sämtliche Werke* (ed. Hübscher), Bd. 6, Wiesbaden 1947, S. 404.]
47 Fritsch, Theodor (1887): *Handbuch der Judenfrage*, Die wichtigsten Tatsachen zur Beurteilung des jüdischen Volkes. 38. Aufl., Leipzig 1935, S. 28.
48 Nietzsche ([1888] 1895): *Der Antichrist*. A. a. O. (Anm. 45), Aph. 46, S. 223.
49 Nelson, Donald F. (1973): „Nietzsche, Zarathustra and *Jesus redivivus*." *Germanic Review*, Bd. 48, S. 175–188.

B. Beiträge zur Quellenkritik und Editionspolitik

Hans-Erich Lampl, Ex oblivione. Das Féré-Palimpsest, Nietzsche-Studien 15, Berlin/New York: de Gruyter, 1986, S. 225–264.

Hans-Erich Lampl

Ex oblivione: Das Féré-Palimpsest

Noten zur Beziehung Friedrich Nietzsche – Charles Féré (1857–1907)

> *Uxori – ex animi sententia*
> Ich bin ein Rendez-vous von Erfahrungen.
> *Fr. Nietzsche*

> Un texte peut en cacher un autre.
> *G. Genette („Palimpsestes")*

> Ein ... reizvolles Begebnis der Geistesgeschichte,
> wenn auf die Frage eines neuzeitlichen Philosophen
> ein alter Stein unerwartet Antwort gibt! – – –
> War also Nietzsche dem Sachverhalt doch nahe?
> *Karl Kerényi, „Dichterweihe auf Paros"*[1]

> Tout au monde existe pour aboutir à un livre.
> *St. Mallarmé*

> ... So bleibt man immer ein Kind seiner Zeit,
> auch mit dem was man für sein Eigenstes hält.
> *Sigmund Freud (Brief an Fließ, 5. 11. 1897)*

Kein einziger unter uns gibt sich mit „entlegensten Randfragen, Pedanterien, kleinlichen Tüfteleien", und dergleichen mehr ab, die periodisch unsereinem inkriminiert werden.[2] Daß sich Mikro- von Makroproblemen nicht gerade vorteilhaft abheben – es ist binsenwahr; obgleich seit Aufkommen der Mikrophysik auch *insofern* Beschämung nicht mehr als unentrinnbares Fatum bevorzustehen hat. Zur toto-coelo-Differenz zwischen dem Pol der Höhe und dem der Tiefe auch dies: Qualifizierung eines Problems, ob mikrologische Quisquillien, ob Makropneumatik, setzt selbst erst die notwendige Klärung voraus, wonach, wie historice keine Seltenheit, Rochaden, nietzscheisch formuliert: „Umwertungen", zwangsläufig zur Fälligkeit gelangen. Gegenstand der Beurteilung ist und bleibt – die Substanz ... und jeweils: a posteriori!

I

> „Die Anthropologen unter den Criminalisten sagen uns, dass der typische Verbrecher hässlich ist: monstrum in fronte, monstrum in animo" (GD, *Das Problem des Sokrates 3, KSA 6, 69),*

heißt es in der *Götzen-Dämmerung.*

Dem KSA-Kommentarband ist man für bedeutsame Orientierung und Quellenklärung des lateinischen Dictums verpflichtet: Cicero und Lichtenberg; doch spielt der Satz auf eine seinerzeit in hohem Grade aktuelle und aufrüttelnde Erscheinung in der wissenschaftlichen Welt an: die *Ecole d'anthropologie criminelle.* Zumal im Gefolge ihres ersten internationalen Kongresses (Rom 1885) hatte die Bewegung ihr Klimax erklommen. Die aufsehenerregenden und umwälzenden Thesen („le criminel né", morphologischer Atavismus der Straftäter) wurden weit und breit erregt rezipiert und kontrovers debattiert, da sie, über die rein-theoretische Sphäre hinaus, in die gesellschaftliche Alltagspraxis übergriffen, wo sie zu Reformmaßnahmen im Rechtswesen (Prinzip der Zurechnungsfähigkeit Strafmilderung) und im Strafvollzug (Behandlung der Häftlinge) nötigten. Ihrem legendären Hauptexponenten, dem Psychiater Cesare Lombroso, steht man gegenwärtig weitgehend ablehnend gegenüber. Immerhin wird ihm – bei kundig-sachlicher Beurteilung – zugestanden: seine Anregungen haben, unerachtet einiger Outriert- und Veranntheiten, letztlich ein Maß positiver Folgen für die wissenschaftliche Vertiefung der Kriminologie sowie für die Ausbildung ihrer Spezialdisziplinen hervorgerufen. Kompetenzmangel enthebt den Verfasser des Rechtens; es steht ihm jedoch frei, zu lächeln, denn der „Götzen-Dämmerer" ...

Während z. B. A. Verrecchia in seinem Buch *La catastrofe di Nietzsche a Torino* (Einaudi 1978), dessen wertvolle Auskünfte über das Ende des Philosophen im Weichbild der Stadt, wo ihn das Verhängnis ereilte, unbestritten bleiben, die forsche Behauptung lanciert, der Philosoph habe nicht einmal den Namen des berühmten Kriminologen vernommen, obgleich dessen Wirken mit Turin verbunden war (S. 136 ff.), läßt sich aus der *Göt-*

zen-Dämmerung, hauptsächlich aber aus dem Nachlaß dokumentieren: Nietzsche war mit der Persönlichkeit, Aktivität und Schule Lombrosos (den Garofalo, Ferri, Vizzioli, Marro etc.) sowie mit den Gegenargumenten ihrer Kritiker eingehend vertraut.[3] – Sofern nicht auf Grund von Primärlektüre – man möchte freilich der Vermutung zuneigen, Friedrich Nietzsche habe sehr wohl in die Publikationen der Hauptexponenten Einblick genommen (demonstrandum est!) –, verfügte er gleichwohl über eine mittelbar fundierte, überdurchschnittliche Orientierung. Und sollte auch nur *eine*, bereits dingfest gemachte Quelle vorliegen, nämlich Charles Férés *Dégénérescence et criminalité* (Paris 1888), ein seiner Privatbücherei einverleibter, eifrig durchgearbeiteter und reichlich ausgeschriebener Band, so ist er just im Hinblick auf C. Lombroso weitgehend auf seine Rechnung gekommen: über ein halb Dutzend zitat- und bibliographisch untermauerte Seiten boten da solide Beleuchtung. Die eingängig zitierte *Götzen-Dämmerung*-Formulierung selber, wiederum, entpuppt sich als ein pures Exzerpt aus obgenanntem Opus (S. 80), was den französischen Spender legitimiert, im KSA-Kommentarband eine „Note" zu reklamieren. Solche Erinnerungszeichen sind Féré bekanntlich wiederholt zufolge diverser Nominalmarkierungen in und von Nachlaßfragmenten am entsprechenden Orte in Band 14 gesichert worden[4].

Die Anleihen, Anregungen und direkten Ausschreibungen aus Féré, insgleichen die Titel der konsultiert-durchforschten Werke betragen allerdings – und nachweisbar – ein Vielfaches. Wie sich zur Stunde, bei genauerer, immer noch vorläufiger Spurenabtastung zeigt, hat Nietzsche – manifest wie latent – aus diesem Fundus ausgiebig Proviant und Munition herangezogen. Provisorische Bilanz: der die 16 Endmonate seines Wirkens umfassende Bd. 13 der KSA ist von einer ansehnlichen Zahl an zentralen Féré-ana bevölkert.

Wir nähern uns dem 100. Jahrestag der bedeutsamen Begegnung Nietzsche – Féré. Wie hat sich die Forschung zu dieser geistigen Beziehung gestellt, ehe die KSA den Partner-Schattenriß auf dem Hintergrund überhaupt sichtbar gemacht hat? Wie wurde der Tatbestand vom Archiv bewältigt? Einmal mehr steht die bewährte Praxis Weimars in schroffem Widerspruch zu den seinerseits einer quasi totalen damnatio memoriae überantworteten Fakten. Die Erbwalter gaukelten Ahnungslosigkeit vor und vermachten das Nichtwissen und den Mutismus des Hauses in kanonischer Weise der Leser- und Jüngerschaft Nietzsches. In der *Vita* der schwesterlichen Pythia hält man vergeblich nach dem französischen Gelehrten Ausschau. Die Leerstelle sollte, auf doppeltem Geleise, böse Folgen zeitigen:

1. In den Aber-Dutzenden von uns konsultierten Biographien, Studien, Kommentaren usw. wird bis jüngst – von einer einzigen positiven Aus-

nahme abgesehen (M. Montinaris *Che cosa ha veramente detto Nietzsche*, Rom 1975) – Ch. Féré als „Unperson"[5] unter den Teppich gekehrt.
2. Im kompilatorischen Potpourri des Archivs unter dem Titel *Der Wille zur Macht* wimmelt es an Voll-, Teil- und Paraexzerpten, die als genuine Nietzscheana[6], gar „Systembausteine" an den Mann gebracht werden. Ohne Wimperzucken! Entsinnt man sich der „gelahrten" und geschwollenen interpretatorischen Hochspielung des realiter nicht – existierenden Magnum Opus, bedenkt man, daß einige „Leibpassagen" der Zeichendeuter (und diese Texte gehören mit zu den „allerhärtesten" in Nietzsches Lebenswerk) Abschriften bzw. Resumés aus Féré darstellen... rieseln einem Schauer über den Rücken.

II

Mit Bd. 13 vor Augen schlug die Stunde des Herantretens an die selbstgestellte Aufgabe, den Beziehungen im Lichte der mir zum Zeitpunkt des Erscheinens der KSA disponiblen Féré-arbeiten nachzugehen: *Traité élémentaire d'anatomie médicale du sytème nerveux* (Paris 1887), *Le magnétisme animal* (gemeinsam mit A. Binet, Paris 1887) und *Sensation et mouvement* (Paris 1887). Die Quellenfunktion von *Dégénérescence et criminalité* (Paris 1888) für Nietzsches letztes Schaffensjahr konfrontierte mich mit einem überraschenden Novum. Dank Montinaris liebenswürdiger Vermittlung gelangte mir nämliches Buch gleichzeitig mit *La famille névropathique*[7] (Paris 1894) zur Hand. Am Rande vermerkt: Es widerstrebt uns, die ab 1976 gestarteten Treibjagden in Erinnerung zu rufen. Eine Kette ungemein unguter Erfahrungen! Plaudere ich ein Geheimnis aus? mit dem Langzeitgedächtnis unserer Nachschlagwerke ist's miserabel bestellt. Die Dienstsabotage nötigte zum Rückgriff auf Editionen der Jahrhundertwende, deren morsch-verstaubtes Papier beim Aufschlagen zerbröckelte. –

Hier nun das Approximativbild eines Veteranen der Neurophysiologie, dessen Format, geistige Spannweite und wissenschaftlicher Leistungskatalog sich schon aus seiner umfassenden Werkliste herauslesen ließe: Charles Féré, Mediziner, Neurophysiologe, Psychiater. Die vollständige Detaillierung seiner beruflichen Titel und Würden verleiht den Bezeichnungen schärferes Profil: Médécin adjoint à la Salpêtrière; Chef des travaux anatomo-pathologiques à la clinique des maladies du système nerveux; Vice-président de la Société de Biologie, de la Société de Psychologie physiologique, de la Société pathologique de Londres. Ferner – Ehrenmitglied der Society for Psychical Research (London), ab 1883, Spezialgebiete – in Theorie und Praxis: Anatomie, Neurologie, Ophthalmologie, Hysterie/Epilepsie, Hereditätsforschung usw.[8]

Jean Martin Charcot (1825–1893), der Großmeister der Salpêtrière, schanzte seinem hochbegabten und glänzenden Schüler den beneideten Assistentenrang zu und signierte Gemeinschaftsarbeiten mit ihm: er betraute ihn überdies mit der Edierung von Vorlesungen und verschiedenen Hauptwerken. Über den klinischen Dienst hinaus, in dessen Rahmen er sich als Diagnostiker und Therapeut hervortat, betätigte er sich – gemeinsam mit Alfred Binet – als rastloser Experimentator im Anstaltslabor und profilierte sich als erstrangige Kapazität, inmitten einer vielköpfigen Schar von Kollegen, die damals ihre tiefschürfenden und sensationellen Untersuchungen am Seinestrand in Gang setzten (Pierre Janet, Ch. Richet u. a. m.). Als unentwegter Pionier des jüngst offiziell anerkannten Hypnotismus peilte Féré anhand modernster Instrumentarien und teilweise heterodoxer Methoden (Metallotherapie/Magnet-, Ton- und Farbwirkungen/Chemikalien, Pharmaka und Drogen) tabuierte Bereiche (parties honteuses, erogene Zonen usw.) an. Um 1890, nach allmählicher Ausschöpfung seiner Vorzugswünschelruten, Dynamometer und Dynamograph (Nachlaßnotaten zufolge war Nietzsche von ihnen sehr eingenommen) schwenkte er auf die Anwendung elektrophysiologischer Verfahren über.

Wer vermöchte die Legio der Gelehrten diverser Sparten zu nennen, die sich aus dem Arsenal des Connoisseurs „Beratung" holten? Im Unterschied zu Nietzsche, der Quellensignalisierung beibringt, versteht sich das Gros der durch Féré Eingeweihten in seltensten Fällen ihr Debet zu markieren. Positive Ausnahmen finden sich gelegentlich bei Alfred Adler, bei den Parapsychologen und jenen „Nachkommen", die unter perfektionierten technischen Bedingungen seine Forschungen fortführten.[9]

Sigmund Freuds persönliche Bekanntschaft mit ihm datiert aus 1886. Unerachtet Impulsen und Anleihen gibt der Gründervater der Psychoanalyse nur minuskuläre bibliographische Hinweise. Férés *Lapsus calami*-Kapitel (1887) hat der Ermittlung von Fehlleistungen in der *Psychopathologie des Alltagslebens* (1901) um anderthalb Jahrzehnte gewichtig vorgegriffen. Es bleibt okkult!

Der Compagnon, A. Binet (1857–1911), sollte nach der Jahrhundertwende als Begründer der Testpsychologie (zu deren Etablierung Féré gleichfalls sein ansehnliches Scherflein besteuerte) Weltzelebrität erlangen; der zweite Mann des Gespanns geriet in Vergessenheit. Hätte der Tod ihn nicht vorzeitig hinweggerafft, würde Glorie seinen Namen umleuchten (ganz davon zu schweigen, welche unvollbrachten Leistungen mit ihm zu Grabe gingen). Pierre Janet, der im Verlauf seiner Vorlesungen (1930) des einstigen Kollegen lobend gedachte, hat der Nachwelt das bittere Unrecht vorgehalten, daß sie ihm zugefügt hat.

Dreidimensionale Konturen der lebendigen Erscheinung schenkte uns eine wissenschaftliche Studie Binets, 1886, worin auch einige unverwechselbare Eigenheiten des genialen Wissenschaftlers berührt werden. So etwa Férés Zugehörigkeit zum visuellen Typus. Auf Grund dieses seltenen (statistisch formuliert: ab-weichenden) Talents stellte er sich bereitwillig als „Kaninchen" für Tests zur Verfügung, die mit dazu verhalfen, individuelle Verschiedenheiten der elementaren optischen Wahrnehmungen aufzuspüren; sie liegen ihrerseits der Diversifizierung der Gesamtpersönlichkeit Einzelner konstitutiv zugrunde. Von Férés gestalthaftem So-Sein (was zugleich bedeutet: seinem „minoritären" Anders-Sein) zweigt sich jener Weg zur Differentialdiagnostik und -psychologie ab, der von dem ihn um einige Jahre überlebenden Mitarbeiter produktiv beschritten worden ist. (Ausbau der weltweit bekannten „kognitiv" orientierten Intelligenztests.)

Im Programmieren und Anstellen von Laborversuchen, hauptsächlich mit Kranken (meist handelte es sich um Hysteriker) ging er ebenso nüchtern-streng wie erfindsam zu Werke. Als Kontrollgruppe zog er „Gesunde" heran. Er verfügte über eine phänomenale „Nase" und verstand sich darauf, auch aus zeitweiligen Rückschlägen zwingende, vorwärtsstoßende Schlüsse zu ziehen. Zu seinen Primäranliegen gehörte der Vergleich zwischen den durchwegs schwebenden Kategorien „krank" und „gesund", der Versuch selbige – im Bewußtsein der Vagheit und Flüssigkeit der tradierten Begriffsgehalte – voneinander in greifbarerer Weise abzuheben (Prinzip der „Objektivität"). Anhand hunderter dynamometrischer „Operationen" erarbeitete er – mit festem Grund unter den Sohlen – Meßwerte von Verhalten (d. h. Reaktionsmustern des Nervensystems, der Sinnesorgane, des Muskelapparates, des Organismus in toto), wobei der Relation zwischen Stimulus und Respons eine ausschlaggebende Indikatorfunktion zugewiesen wurde. Signifikante Abweichung der Antwort (nach oben oder unten) wird als Kriterium des „Pathologischen" postuliert (Hyper- bzw. Anästhesie). Im Hinblick auf das „Wohlergehen" des Organismus fungieren das Großhirn und das darin lokalisierte „Bewußtsein" als bloße Vermittlungsinstanz; die erhobenen Befunde deuten in wachsendem Ausmaß auf die Bedeutung intellekt-unabhängiger Schwerpunkte, jenseits (und unterhalb) von Willkür und Bewußtheit hin: Die autonomen Systeme (Sympathikus, Parasympathikus usw.) markieren sich als tragender und aktiver Unterbau des kortikalen „Gefüges" (sprich: des „Geistigen"); in ihren Tiefendimensionen ist der elementare, auf die Überbautätigkeit ausstrahlende *Tonus* (Stärke/Schwäche), das inner-personale Energiepotential[10] des Menschen als L e b e w e s e n angesiedelt. „Intakt", „stark" ist, was das reibungslose, stillschweigende Funktionieren der zuvörderst inner-organischen Abläufe spontan gewährleistet; „Schwäche" (débilité, faiblesse, épuisement) auf der Gegenseite gefährdet den somatischen Gesamtbereich; je ausgeprägter das „Kraft"-Defizit, um so anfälliger und wehrloser ist die Existenz der „Gestalt" exogenen Gefährdungen (Infektionen, Umwelteinflüssen) preisgegeben; die Heimsuchungen laufen in chronische Morbidität und – in extremis – in den Tod aus.

Hinsichtlich der „reinen" Sinneswahrnehmungen hat Féré einen großen Schritt über seine Vorgänger hinaus getan, indem er durch sein holistisches Konzept der „induction psycho-motrice" (auf die zurückzukommen ist) die Nichtisolierbarkeit des vorgeblichen „Elementarereignisses" schlagend auf den Begriff brachte; die allereinfachsten Empfindungen schon transzendieren insofern ihre Eigensphäre, als sie entweder partielle oder gesamtorganismische Response (und Veränderungen) motorischer Art auslösen; die einschlägigen Verhaltensmuster entstehen ebenfalls auf einer bewußtseinsunterschwelligen Ebene. –

Die in den renommiertesten in- und ausländischen Fachzeitschriften in rascher Folge veröffentlichten Studien und Abhandlungen aus Férés Feder kennzeichnen sich durch eine Prosa klassischer Stilführung sowie eine durchgehend von der Eigenperson distanzierte, kühl-exakte Berichterstattung („impassibilité"). Opulenz und Reichweite des fixierten Stoffes, der scharf systematisierten Beobachtungs- und Erfahrungstatsachen und der von ihnen ausgehenden logischen Induktionen genügen ihm, nachdem er den Gegenstand, nach allen Richtungen hin, gewendet, durchprobt, qualifiziert hat. Den faszinierenden Fragestellungen halten die auf behutsame Weise exponierten frappanten Lösungen die Waage. Jeglicher dogmatischer Kategorik ist er ebenso abhold wie schweifender Spekuliersucht. Zuweilen drängt ihn seine Vor- und Umsicht innezuhalten: so sperrt er sich z. B. gegen die ihm zu „romantisch" dünkende direkte Gedankenübertragung (Telepathie), der u. a. sein Kollege Ch. Richet die erfolgreichen Wege ebnete; in rebus sexualibus übt er, sich auf Andeutungen beschränkend, Diskretion; in bezug auf endogene Geisteskrankheiten bringt er ein „ignoramus sed non ignorabimus" vor und stellt die Lösung ihres Rätsels der Zukunft anheim, die kraft optimierter Ausrüstung schärfer, mikrologischer wird *sehen* können. Denn auch auf diesem heiklen Problemgebiet bewegt er sich von einer radikal neurologischen Position aus: und erhofft sich die Erklärung der Ätiologie und Pathogenese selbst der anscheinend „funktionellen" Störungen im Psychischen durch bislang noch undurchschaubare organische Substratveränderungen. –

Sämtliche Schriften Férés sind mit reichlichen, stets à jour gehaltenen soliden bibliographischen Hinweisen durchsetzt; den Auffassungen der „Gegenseite" wird darin ordnungsgemäß Rechnung getragen. Unter diesem Aspekt gewürdigt, hat sein Oeuvre vor dem zeitgenössischen Publikum aus Zünftigen wie Laien (auf die der Autor offensichtlich Rücksicht nahm), einen gewissenhaften panoramatischen Überblick über die aktuelle wissenschaftliche Frontlage exponiert; der hochwertige Einstrom des Informatorischen bei Friedrich Nietzsche wird sich schwerlich überschätzen lassen.

Zu guter Letzt: der vorbildliche und effiziente Fachinvestigator Charles Féré überrascht – ein Rarissimum unter Empirikern seines Schlages – durch imponierende und vielfacettierte belletristische und philosophische[11] Bewandertheit. Die homme-d'ésprit-Statur des großen Forschers bietet zusätzliche Begründung für den auf Friedrich Nietzsche ausgeübten Attraktionseffekt.

III

Veränderung der Werthschätzung – ist meine Aufgabe.
Der L e i b und der Geist
[...]
(Fr. 11[76], Frühj.–Herbst 1881, KSA 9, 471)

Der Glaube an den Leib ist fundamentaler als der Glaube an die Seele: [...]
(Fr. 2 [102], Herbst 85–Herbst 86, KSA 12, 112)

Hiermit dürfen wir unser Augenmerk auf die vielschichtige Beziehung des Philosophen zur magna inauguratio Ch. Férés (und seines Kreises) richten. Der hellwache, sensibilisierte Leser und „Studiosus" Nietzsche entnahm den Publikationen des selbstgewählten Animators doppelte Unterweisung:
1. Eine Fülle Bestandsaufnahmen über das Wirken sowie letzte Nova der einschlägigen Fachforschung, sonderlich der Laboratorien, deren „action sur le vif" das von ihm 1880/81 formulierte Postulat „Auch bei den Menschen E x p e r i m e n t e nöthig [...]"[12] in die Tat umsetzten. Die „Communiqués" aus Paris über die experimenta crucis konfrontierten ihn mit Tatbeständen, Kasuistiken, Fallgeschichten, Befunden und Theorien, die ihn anspornten, nicht nur die Lehren zu assimilieren, sondern sich auf die dargelegten Gegenstände höchstpersönliche „Gedankenreime" zu schmieden.
2. Eine ebenso überraschende wie beglückende Probe aufs Exempel „privater" Natur: hier stieß er auf grundsätzliche Verifizierung des eigenen konzeptiven Beginnens; schien sich ihm doch nunmehr zu bestätigen, daß er, Friedrich Nietzsche, mitnichten exzentrisch auf Holzwegen umherirrte, vielmehr auf der richtigen Hauptstraße dem fernen, selbstgesteckten Erkenntnis- und Gesetzgeberziel (Kosmos Anthropos) entgegenging. Nicht

zuletzt aus diesem Grunde, drängte es ihn, den „allerlei neurotisch-hypnotisch-erotischen Experimenten der Pariser Psychologen"[13] konzentriert Gehör zu schenken.

Ermittlung des „suum cuique" wird mit eine künftige Aufgabe der Nietzscheologie darstellen: in welchen Einzelpunkten hat Nietzsche, bei offenkundigen wie versteckten Parallelen, im Alleingang, ehe die Geistesbegegnung stattfand, die Ein- und Ausblicke Férés vorweggenommen; wo ist er durch den Franzosen kontrasigniert und bestärkt, implicite radikalisiert sowie „verleidenschaftlicht" worden; und wo ist er, erst infolge von Anstößen des Anderen, zu bestimmten Psychologemen bzw. Philosophemen angeregt bzw. hingelenkt worden?

Der unausweichlichen Klärung stellen sich erhebliche Schwierigkeiten entgegen: „Bei Befruchtung der Geister läßt sich Eigenes und Angenommenes nicht mehr scharf unterscheiden"[14] hat ein ranghoher Literaturhistoriker in anderem Zusammenhang hervorgehoben. Einige vergleichende Stichproben betreffs des „Vorfeldes" machen einsichtig: die Genealogie der Grundkonzepte und Denkspiralen findet sich beim Philosophen häufig, u. zw. sogar eindrücklich präformiert. Visiert man z. B. die prägnant akzentuierte, iterative Nachschwingungen zeitigende Korrelation „Pessimismus-Schwäche" (aus *Dégénérescence* ...) an, so fördert die Suche nach allfälligen Antecedentien deren unwiderlegbares, ja massives Vorhandensein in Nietzsches Gedankenwelt zutage.

Ein frühzeitiges Fragment, Sommer 1880,[15] u. zw. 4[194], beinhaltet nachstehende, knapp und präzis gemeißelte Aussage:

„Je nachdem das Gefühl der Schwäche (Furcht) oder das der Macht überwiegen, entstehen pessimistische oder optimistische Systeme".

Und in der *Fröhlichen Wissenschaft* (1882 erschienen) besagt Aphorismus 89 „Jetzt und ehedem" u. a.:

„Ehemals waren alle Kunstwerke an der grossen Feststrasse der Menschheit aufgestellt, [...]. Jetzt will man mit den Kunstwerken die armen Erschöpften und Kranken von der grossen Leidensstrasse der Menschheit bei Seite locken, für ein lüsternes Augenblickchen ..." (KSA 3, 446).

Diagnostischer Volltreffer; er weist – um Jahre „avant la lettre" – inhaltliche Deckung mit späterhin bei Féré er-lesenen statements. Dem wird voraussichtlich – wie auf Grund von 2 Dutzend Stichproben eingeworfen werden darf – bei der Mehrzahl der beiderseits etablierbaren „großen Gedankengänge und Schlußfolgerungen" so oder ähnlich sein: jeweils tritt ein zumindest keimhaft angelegtes substantielles Proprium des Philosophen in Erscheinung. Die Betonung des „antizipativen" Moments bei Nietzsche scheint mir deshalb notwendig, weil wir ab der 2. Hälfte von KSA 12 usque ad finem auf die Integration einer Unmasse von miniaturalen bzw. molekulären Zuschüssen aus Féré stoßen werden. Sie finden sich in nahezu sämtlichen, die Bereiche des Physiologisch-Psychologischen entweder thematisierenden oder tangierenden Fragmenten, splitter- und einsprengselhaft einmontiert. Ein beliebiges Beispiel, KGW VIII 14[68], dessen Abschlußsentenz lautet: „Nichts hat sich theurer bezahlt gemacht, als die Verwechslung im Physiologischen". Es stehe dahin, ob der Satz einen Wink (Paris-wärts) birgt. Féré ist jedenfalls – homöopathisch dosiert – im ganzen Notat mit in und von der Partie. Es sei uns gestattet, diese eigentümliche Artung seiner Anwesenheit in Nietzsches Schriften – die Streuung geht ins Hundertfache – als „mikropartizipativ" zu bezeichnen.

Hingegen ist es nah-anliegend, Férés „Hauptpatenschaft" und Priorität auf anderer Ebene in Anschlag zu bringen: von der Stunde an, als die Kreuzung des Ideenweges in der Einsiedlerwerkstatt sich ereignet, bewirkt der Fremdimpuls *eine* genau umreißbare Konsequenz: die bei Nietzsche präfigurierten („erlebten") Gedankenformationen, ihre Begründung und Argumentationsweise, und mehr noch seine Ausdrucksgebung und Semantik tendieren Mustern zu, deren „spezifische" Konfiguration ins Auge springt. Den längst präsenten und durchexerzierten Vorstellungen, Bedeutungen und Kombinationen wächst ein frisches Vokabular zu; die jahraus-jahrein verwendeten, unermüdlich verfeinerten, zurechtgeschliffenen Kategorien und Artikulierungen schlüpfen in ein modernes Habit; die stringenten, raffinierten, subtilen Redefiguren, Formulierungen und Bezeichnungszusammenhänge weisen ihre Herkunft aus einem Prägestock (more gallico) aus, dessen Standort in Kliniken und Laboratorien beheimatet ist. Angesichts des medi-zynischen Diktionsumschlages mutet es rückblickend, als schlechthinniges Rätsel an, daß die – sonderlich ärztlich geschulte – Leserschaft einer Alexie verfiel. Herausragendes Exempel: Deutschlands Stammvater der Pathographie. Paul Möbius, der sich in seiner Nietzsche gewidmeten „Krankenstudie" (1902) dreist unterfing, an ihm Stilbeckmesserei zu üben, hat ausgerechnet das für ihn selber Nächstliegende übersehen: die frappant-gepfefferte Häufung der berufseigenen Nomenklatur und deren souveräne Performanz. Medicalia – hauptsächlich morbide Devianzen anlangend (mit seiner „Kranken-Optik" und seinen „Fingern für Nuancen" zupaar gehend): Das Nervengebiet, Neurose, Neuropathie, Neurasthenie und Nervenschwäche; altération de la personalité, idée fixe, influx cérébral, suggestion mentale, induction psycho-motrice, pudeurs, Contagion, système fortifiant, Degenereszenz, folie circulaire, Monomanie, Coma, Disgregation (des Willens, der Persönlichkeit), corroborierende Kräfte und Systeme, Depression, tonicité, Hemiplegie, Excremente und excretieren, accumulierende Kräfte, Anästhesie und Hyperreizbarkeit, Stimulus und Stimulans, Stigmata, Eierstöcke und Sekretionen, Dyspepsie, Schutzdiät, Blutumlauf und Hirnernährung, gastrisches System und Indigestion, intestinales Fieber, Epilepsie, Hysterie, erotische Präcocität, Muskelreize und Vaskulatorisches, erbliche Melancholie, Heredität und Criminalität, Hypochondrie, purgieren, habituelle Schwäche, Impotenz, Somnolenz, Idiosynkrasie, Syphilis und Tuberkulose, Rhachitik, Anämie, Paralyse, Automatismus, système fortifiant, Abortieren, degenerative Selektion usw. usf.[16]

Die Formulierungen und die damit verbundenen Sondierungen türmen sich im Schlußbiennium 87-88, um in wirbelndem Crescendo die Herrschaft an sich zu reißen.[17] Von der *Genealogie der Moral* angefangen, sind die vollendeten Schriften – und erst recht die Nachlaßnotate – von pathographischen Exkursen und zuweilen, ganzen in sich geschlossenen Kapiteln (z. B. in Sachen Wagner – oder in ureigener Sache, im *Ecce homo*) durchschlagen. Wir stehen wahren Kabinettstücken gegenüber, deren diagnostische Treffsicherheit und Reichtum an psychopathologischen Einsichten den Äußerungen der fähigsten „Kollegen vom Fach" ebenbürtig sind. Der pedantische Zünftler Möbius nimmt sich – verglichen mit dem Basler Ex-Philologen – weitgehend unbeholfen aus.

Mit obskizzierter Volte harmoniert gültig Nietzsches Griff in die Mitte ihrer Motivierung und raison d'être, in Fragment 14[182],[18] (dessen Gehalt, in Parenthese vermerkt, den Eindruck erweckt, die Aussage sei auf unsere gegenwärtige Situation gemünzt):

> „Endlich: die zunehmende Civilisation, die zugleich nothwendig auch die Zunahme der morbiden Elemente, des Neurotisch-Psychiatrischen und des Criminalistischen mit sich bringt..."

Der 1872 vom „Philosoph(en) als Arzt der Cultur"[19] intuitiv diagnostizierte „nihilistische Zwischenzustand",[20] sowie die Bemühungen um dessen Überwindung, diktierten ihm die frontale Inangriffnahme des *Abnormen* auf, dessen empirische Realität – nachdem die Scheinwerte der gängigen Moral und Metaphysik, gleichfalls Krankheitssymptome, als potentielle Heilmittel ausgespielt hatten – vorwiegend im Raum der Kliniken und Laboratorien erfaßbar und bezwingbar war. Nietzsches „bösem Blick" stehen häßliche und „böse" Machtworte zur Seite; tut man ihrer dringlichen Forderung „beim Worte genommen zu werden" Genüge, entpuppen sie ihre „professionelle" Faktur und, indem der „Arzt" (im bildlichen Sinne) von vormals zu einem wirklichen Medikus herangereift ist – schließt sich ein Ring. Ohne uns gegen allfällige Gegenargumente beschlagener Forscher zu verschließen, möchten wir, hypothetice, als seinen fachlichen Ausbildner (und „Prinzipal") Ch. Féré in Vorschlag bringen. In seinem Brief vom 22. 9. 1888 an J. Burckhardt bekundet er diesem gegenüber die Gemeinsamkeit „eine[r] solche[n] Menge von Voraussetzungen"; gesetzt, daß ein persönlicher Kontakt und Dialog mit Paris zustande gekommen wäre, würde ein gleichlautendes Bekenntnis an den dortigen Adressaten am Platze gewesen sein. Die Rolle beider Gelehrten, des Historikers von Basel und des Arztes von der Salpêtrière, ist für die letzte Schaffensperiode des Philosophen bezeichnend, insofern Nietzsches Denkbewegung sich folgerichtig zwischen den Spannungspolen „Historie" und „Hysterie" entfaltet. (Man verzeihe das Wortspiel.)

Im Zu-greifen nach und Be-greifen von Férés Lehre drückt sich überdies ein „Intim"-anliegen aus, zu einem Zeitpunkt, da sich in seinem Organismus unterschwellig der Zusammenbruch ankündigt. Die eigenen Leiden erkennt er – im Spiegel von „*Dégénérescence . . .*" – als Vorsignale der „décadence", von der er im *Ecce homo* spricht. Er setzt sich zur Wehr – und sagt „ja". Amor fati!

IV

> Auch an einer Leidenschaft, einem Triebe begreifen
> wir nur den i n t e l l e k t u e l l e n Vorgang daran
> – nicht das physiologische, wesentliche . . .
> *(Fr. 11[75], Frühj.–Herbst 81, KSA 9, 470)*

> Denn Psychologie ist nunmehr wieder der
> Weg zu den Grundproblemen.
> *(JGB, Erstes Hauptstück 23, KSA 5, 39)*

> [. . .] diese ganze Praxis der seelischen Wiederherstellung
> muß auf e i n e p h y s i o l o g i s c h e Grundlage
> zurückgestellt werden: [. . .] Die bisherige Praxis,
> die rein psychologische und religiöse, war nur auf
> eine V e r ä n d e r u n g d e r S y m p t o m e aus: [. . .]
> *(Fr. 14[155], Fr. 1888, KSA 13, 339)*

Das mystisch-mythisch geprägte, an einen Faden aus Sinnbildern und Metaphern geknüpfte „Seelenlot" des Historie und Ästhetik treibenden Philologen, taucht auf den Grund des rätselhaften Gewässers „Geist"; das Erkannte bringt ihn in Opposition zu dem seit 2500 Jahren tyrannisch herrschenden Entitätsdogma „Vom Himmel her". Wenn A. N. Whitehead der gesamten westlichen Kosmologie anlastet, sich auf Fußnoten zu Platos

Auffassungen zu beschränken, hat Friedrich Nietzsche vor 100 Jahren ein gleichlautendes Verdikt über den falschmünzerischen Werdegang schroff dualistischer abendländischer „Seelenkunde" gefällt. Sich vom begrifflich-abstrakten Theoretisieren über das dem Lebensprozeß konsubstantielle „Psychische" abkehrend, drängt es ihn zum Konstitutiven selbst. Wissen um die irdische Matrix des Menschen und „eine vollständige Erfahrung, die die Theorie in sich enthalten muß" brauchte auch er, der in seinen Streifzügen durch die Gefilde von Kunst, Dichtung und Philosophie dem Gipfelgedanken des Paracelsus „Ehe zwischen Leib und Seele/ Leib und Geist sind ein Ding" nachfahndete. Jahre hindurch blieb er auf „Wähnen" angewiesen. „Zum Psychologen der Tiefe wurde Nietzsche" – meint G. Wehr, „ohne [...] der schulmäßigen Vertreter zu bedürfen. Bei ihnen konnte er gerade nicht jene ‚Ausspürung und Entdeckung der Seele' erlernen, die er als ‚Psychologie des Um-die-Ecke-sehens' zu benennen beliebte." Zweifellos war die im Begrifflichen steckenbleibende, schulische, intellektualistische Psychologie ein moralpaukender Jammer, inkapabel, dem „Wegbereiter der entlarvenden Triebpsychologie" das Mindeste mitzugeben. Sollte er jedoch daher tatsächlich einzig „in Übereinstimmung mit Leibniz und Schopenhauer, Goethe und Carus" (usw.) und ausschließlich intuitiv arbeitend, zum Wegbahner geworden sein?[21] G. Wehrs geistesgeschichtlich-immanentistische Darlegung verliert eine wesentliche „Brücke" aus dem Auge: Psychologie als „scientia" harrte in jenen 70er Jahren ihrer Niederkunft. Diese erfolgte erst im Umfeld von 1880. Ouvertüre: Das Leipziger Labor W. Wundts. Die einseitige „Bewußtseins"-Bindung blieb freilich fortbestehen. Ihre Sprengung wurde in der Seine-Metropole in Szene gesetzt.

Seit *Menschliches, Allzumenschliches* erhoffte sich Nietzsche in steigendem Grad von der *Physiologie* (grch. Naturlehre) die Entschlüsselung seines Kernproblems: Lebenstotalität. Sie war es, die als „Leitfaden des Leibes" (Fr. 27[27], Sommer/Herbst 84)[22] in den Fragmenten der 80er Jahre als Richtschnur des Denkens, Schätzens und Wertens (ganz zu schweigen, des Lebens selbst) diente und ihn, der von der *Hoch-zeit* dieser Wissenschaft ebenso gebannt wurde wie eine Vielzahl anderer Geister, zu einem sehr zeitgemäßen Biozentriker machte. Erstmalig in der Geschichte vermochte der siegreiche Gang des Forschens dem uralten Desiderat des klassischen Spruchs „pathologia physiologiam illustrat" Realisierung zu schaffen. Zupaar mit der Erlotung der Krankheiten (d. h. eigentlich: des kranken Menschen) qua Spontanexperimenten des Naturprozesses,[23] durchbricht ein zusätzliches Novum das Kontinuum (die „allmähliche Evolution") des Erkenntniszuwachses: vormals gänzlich unmöglich geltende Versuche an Leib und Seele erweisen sich, nachgerade spielerisch und „zauberhaft" bewerkstelligbar; der Hinabstieg ins „Reich der Mütter", die Einkreisung und Ausspähung der mitternächtlichen Schichten und Schlupfwinkel („tiefer als der Tag gedacht") wurde ein fait accompli. Dem paracelsischen Dictum: „Wo die Philosophie aufhöret, da fänget der Arzt an" wurde von der durch Charcot geleiteten Salpêtrière ausgehende Königsweg ins Unerforschte Erfüllung. Die „Entdeckung" und akademische Anerkennung der *Hypnose* 1881/2, deren Vorstufen, Mesmerismus bzw. tierischer Magnetismus, ein volles Jahrhundert als Unfug verpönt und verspottet gewesen waren, entzündet die Morgenröte einer neuen Wissenschaft. Paradigmenwechsel! Eine Equipe begeisterter und wagemutiger, von Charcot geschulter Experimentalphysiologen peitschte die Erkenntnisvorstöße rasant voran. Mit Sonden, Lupen und Skalpellen unter Beihilfe des „sommeil provoqué" erbrachen sie das verriegelte Tor, vor dessen Schwelle Nietzsche hatte innehalten müssen: Zerebrum, Nerven, Innervationen, Reflexe, Automatismen, Säfte, Gifte, Energiepotentiale, Spannungen, Antriebe, Triebkräfte und Kreisläufe, Schlaf und Traum, Ich-spaltung und Irresein, – kurz: das Unter- und Unbewußte – wogendes Zusammen- und Auseinanderwirken von unterschiedlichen Ebenen und Zentren, Dynamismen und Energien. Ihre Erfassung machte manifest: „Der Begriff des Geistes kann gar nichts anderes meinen als die Leibhaftigkeit der existentiellen Zusammenhänge".[24] Platos sublimes Dogma: die Zweiheitslehre (Soma/Sema), ein im Christentum fatal fortwucherndes Doppel- und Falschspiel, zerschellte. Novarum rerum cupidus, entschied sich Nietzsche, mit seinem Gespür, seinen Nüstern „für die große Spur, auf der das Leben geht", unvermittelt für die Aufbruchsroute. „Im Vertrauen gesagt: das Wenige was ich mit den Augen arbeiten kann, gehört jetzt fast ausschließlich physiologischen und medizinischen Studien (ich [...] muß so Vieles wirklich w i s s e n !)", verrät er in seinem Silser Schreiben an Overbeck, 20/21. 8. 1881 (!). Von Stund an bekannte er sich zu den Geistern und Meistern am Seinestrand, weil sie „das Wesentliche" er- und begriffen hatten. Der Nachlaß dokumentiert: Das Itinerar war in seiner gedanklichen Entwicklung notwendig angelegt; sein Aufmerken in betreff Hypnose und Hysterie datiert ab 1883/84. Dahingehende Fingerzeige dürfen nachstehendem Passus aus *Zur Genealogie der Moral* zu entnehmen sein:

> „Hybris ist unsre Stellung zu u n s , – denn wir experimentiren mit uns, wie wir es uns mit keinem Thiere erlauben würden, und schlitzen uns vergnügt und neugierig die Seele bei lebendigem Leibe auf [...]" (3. Abh. 9)[25]

Leib-Seele-Einheit!
   Wie gesagt: das Telos war innerlich angelegt. Bevor A. Baeumler seine manipulatorische und ominös-„machtwillige" Vereinnahmung Nietzsches fürs „3. Reich" lancierte, hielt er es pronounciert zwiespältig. In seiner *Bach-*

ofen-Studie (1926) glättete er partienweise Reverenz durch unvermittelt „kleinmachende" Rüge aus. Dem Basler Philologie-Professor schreibt er Mißgriffe und Profanationen, Mangel an symbolischem Blick und Mythik, an Sinn für Vorzeit und Kult ins Sündenregister. So weit – so arg! – Auf der Aktivseite verbucht er – nb. bei durchsichtigem persönlichem Dissens – die „psychologische Einstellung". Zugute sei hierbei dem rümpfenden Interpreten die Signalisierung zu halten, der Philosoph habe dieser Position *more physiologico* Genüge getan. Fürwahr!

In *Zur Genealogie der Moral* findet sich eine petit-Druck-Schlußanmerkung zur (ersten) Abhandlung „Gut und Böse", worin die Dinge, bzw. Nietzsches Anliegen auf just *jenen* Nenner gebracht werden, dem wir hier unser Interesse zuwenden. Als die ihm bei der Niederschrift vorschwebende Bezugsgestalt drängen sich uns – eine Konjektur?! – die Lineamente jenes Mannes auf, der kühl und sachlich die Gleichsetzung des starken mit dem gesunden Menschentyp wissenschaftlich geltend machte: Ch. Féré. Nietzsche schlägt die Ausschreibung einer akademischen Preisfrage vor mit dem Titel:

> „Welche Fingerzeige giebt die Sprachwissenschaft, insbesondere die etymologische Forschung, für die Entwicklungsgeschichte der moralischen Begriffe ab?"

Nachdem er schon auf die Notwendigkeit einer historischen Ausrichtung der Philosophie hingewiesen hat, betont er nun nachdrücklich mit den physiologischen Aspekt seines Konzepts der „Genealogie der Moral":

> „Andrerseits ist es freilich ebenso nöthig, die Theilnahme der Physiologen und Mediciner für diese Probleme (vom W e r t h e der bisherigen Werthschätzungen) zu gewinnen: wobei es den Fach-Philosophen überlassen sein mag, auch in diesem einzelnen Falle die Fürsprecher und Vermittler zu machen, nachdem es ihnen im Ganzen gelungen ist, das ursprünglich so spröde, so misstrauische Verhältniss zwischen Philosophie, Physiologie und Medicin in den freundschaftlichsten und fruchtbringendsten Austausch umzugestalten. In der That bedürfen alle Gütertafeln, alle ‚du sollst', von denen die Geschichte oder die ethnologische Forschung weiss, zunächst der p h y s i o l o - g i s c h e n Beleuchtung und Ausdeutung [...]. Etwas zum Beispiel, das ersichtlich Werth hätte in Hinsicht auf möglichste Dauerfähigkeit einer Rasse (oder auf Steigerung ihrer Anpassungskräfte an ein bestimmtes Klima oder auf Erhaltung der grössten Zahl), hätte durchaus nicht den gleichen Werth, wenn es sich etwa darum handelte, einen stärkeren Typus herauszubilden. [...]" (KSA 5, 289).

Bleibt anzumerken, daß Nietzsche hier z. T. auf Gedanken aus der Zeit der „Geburt der Tragödie" und seine damalige Auffassung des altgriechischen Wahlspruchs „anagogē tou biou" (Lebenshöherbildung) zurückkommt.[26]

V

Nietzsches Respekt für den psycho-physiologischen Ereigniskomplex der „induction psycho-motrice"[27] läßt sich aus mehreren von ihm signierten Passagen ablesen; außerdem durchwittert das Item häufig, in latenter, „maskierter" Form seine Überlegungen. Über die Bedeutung des rätselhaften Terminus technicus, der dringlich seine Entschlüsselung reklamierte, herrschte in der Sekundärliteratur beharrlich-betretenes Schweigen vor. (Sogar Malcolm Pasley, beispielsweise, hat ihn in seiner vorzüglichen Studie „Nietzsche's Use of Medical Terms", London 1978, schlichtweg „ausgegliedert"). Erst der Rückgriff auf Férés eigene Arbeiten vermochte uns selber klärend weiterzuhelfen und der Fremdvokabel ein Licht aufzusetzen.

Der im Schaffen des „letzten Nietzsche" zentral einmontierte Terminus (im folgenden verkürzt: IP wiedergegeben) entstammt dem hervorragenden Opus *Sensation et mouvement* (1887) – nicht wie vormals vermutet *Dégénérescence et criminalité*. Allerdings wurde er von Charcots Sekundanten bereits früher, 1885, in Berichten vor der Société de Biologie umfassend erörtert, deren Text in der Oktobernummer von Ribots *Revue Philosophique* zum Abdruck gelangte. Da Nietzsche, ab Ende der 70er Jahre, dem getreuen Leserkreis der Publikation angehörte, wäre die Hinterfragung am Platz, ob er von den Erst- und Frühfassungen Kenntnis erhalten hatte.

In puncto puncti sticht Féré wohl weniger als Initiator, denn als ein Vollender hervor. Von seinen großen Vorgängern (darunter P. Broca) inspiriert, begann sich der Physiologe Manouvrier ab 1882 hierüber schriftlich zu äußern und veröffentlichte 1884 in Ribots Organ seinen Aufsatz *La fonction psychomotrice*. Als Ausgang diente Brocas die a prima vista paradoxal anmutende Beobachtung: typische Muskelmenschen (Hand- und Schwerarbeiter) weisen geringere Leistungen als Intelligenzpersonen auf; Maximalwerte werden gar von den meistausgeprägten „Intelligenzlern" erzielt.

Paralleltests an weiblichen Probanden wiederum erwiesen das Koinzidieren der Augenblicksleistung mit einer deutlichen Hochtreibung der Intelligenzfunktionen. Insgleichen wurde eine Disparität der Meßwerte zwischen „zivilisationslosen" und kultivierten Probanden festgestellt: die Europäer schnitten besser ab. Frage: deuteten die „Schwankungen" auf etwaige Zusammenhänge mit den unterschiedlichen Hirnvolumina hin?

Féré, der die fraglichen Befunde bestätigte, möchte zunächst die Beantwortung dahingestellt lassen und beschränkt sich, provisorisch, auf folgende Schlußfolgerung: *die Energie der Momentan-anstrengung (éffort) hänge mit der habituellen Betätigung der intellektuellen Funktionen zusammen.* Sein Buch behandelt auf 200 Seiten den experimentell ausgiebig und abgewandelt durchprobten Tatbestand sowie den Horizont des IP-Erscheinungskomplexes, unter Beigabe einer Vielzahl von die dynamischen bzw. dynamometrischen Schwingungskurven eindrücklich veranschaulichenden Diagrammen.

Wenn Nietzsche gelegentlich – in witziger Wendung (z. B. KSA 13, 526; Fr. 17[5]) – ans Dynamometer appelliert, dem er eine schlagende Bekräftigung des eigenen Rausch-Philosophems zutraut, handelt es sich mithin keineswegs um eine charmierende Geistreichelei, sondern um im Labor Erhärtetes und Quantifiziertes. Im Grunde repräsentiert „die wachsende Muskelkraft des jungen Mädchens" ein Pendant der er-lesenen „Exempla docent" aus Ch. Férés umfangreichem Inventar von physiologischen Versuchen und „Spielen". In seinem Buch führt er Manouvriers Beobachtung an, wonach öffentliche Zurschaustellung der Kraftproben spontane Leistungspotenzierungen bewirken. Férés eigene, hieran anknüpfende Tests ergaben: in Anwesenheit eines gegengeschlechtlichen Publikums tendieren die Druckleistungen jäh aufwärtszuschnellen. Interpretation: zwischen der excito-motorischen Kraft und der sexuellen Reizung besteht ein direkt-proportionales Verhältnis, dem der Philosoph im herangezogenen Dictum („Selbstbewunderung schützt vor Erkältung. Hat sich je ein hübsches Weib erkältet, das sich gut bekleidet wußte? Nie und nimmermehr! Ich setze selbst den Fall, daß sie kaum bekleidet war ...") und zahlreicher anderer Nachlaßnotizen Rechnung trägt.

Wir möchten nunmehr summarisch einige IP-Aspekte streifen, um deren Zündungseffekte und Assoziationsspiralen im Spätwerk des Denkers erkennbar zu machen bzw. näherzurücken:
1. Intellektuelle Tätigkeit erhöht die dynamometrische Kraft (DK) bis zu 25%.
2. Momentane Intellekt-Aktivität fördert unvermittelte Energiesteigerungen der willensmäßig kontrollierten Bewegungen, was u. a. miterklärt, weshalb die DK-Leistungen nachmittags (trotz Ermüdung) höher ausfallen als am Morgen, bei vollem Ausgeruhtsein: der Organismus befindet sich nämlich in „Tätigkeits-Schwung".
3. Intelligenz stärkt die Muskelaktivität; umgekehrt wirkt letztere fördernd auf Intelligenzleistungen ein.
4. Insgleichen fungieren Leistungswiederholungen ergebnispotenzierend; der Proband hat die Vorstellung des zu vollbringenden Akts bereits „im Sinne" – ihre mentale Präsenz schießt ihrerseits einen Plus-Anreiz zu.

5. Ein in Aktion gesetztes Glied oder Organ löst Streuungs-Effekte aus: über das tangierte spezifische Hirnzentrum hinaus bewirkt eine Bewegung die Stimulierung des gesamten Umfeldes der benachbarten Kortikalzentren.

Spannender und faszinierender (insbesondere im Hinblick auf Nietzsches Einvernehmen und seine Fortentwicklung der Konzepte) gestaltet sich das Repertoire von Férés basalen Statuierungen, sobald die Auswertung von Differentialausschlägen Kurs auf eine sorgfältigere Abgrenzung der Grundpole des physio-psychologischen Status: *normal* („gesund") und *abnormal* („krankhaft") ermöglicht. Denn just diese Bestimmungen betreffend schlug Charcots Mannschaft (gegenüber der Wundt-Schule, ganz zu schweigen gegenüber Herbart und seiner Tradition) beachtliche Vorsprünge zu Buche. Den geeichten *Pathologen* der Salpêtrière ist es bei ihren Erkundungen auch deshalb vorrangig um die Erfassung des *Normwidrigen* zu tun, weil ihnen letztlich der prinzipielle Ansatz: „Erhellung des Normalen – von der pathologischen Devianz her" das Aufdecken des ens realissimum in Sicht stellt. In Abwandlung und Umkehrung des herkömmlichen Axioms „l'exception confirme la règle" erfolgt der Anlauf zur Bewältigung der Bipolaritätsfrage vom Leitgedanken her: „Erst die Ausnahme bietet die Erklärung für die Regel".

Daher: Wie fungieren die IP-Mechanismen bei *Neuropathen*? Die nosographische Bezeichnung Ch. Férés (und seines Kreises) will sich streng definiert verstanden wissen: sie faßt jene Kategorie Individuen zusammen, die – im Vergleich zu dem „Normaldurchschnitt" – generell und durchgängig, „sensitiver" (outrierter), u. zw. sowohl auf steigernde (tonische) als auch auf depressive Stimuli reagieren.

1. Der Anblick einer Bewegung reicht hin, um deren Tätigkeit auszulösen. Bei dem zur Betrachtung eines beliebigen Aktes aufgeforderten *neuropathischen* Probanden regt sich im Nu das Empfinden, er vollbringe ihn persönlich; anschließend wird er die wahrgenommenen Einzelflexionen, gleichsam zwanghaft (ohne Entgegensetzung von Widerstand) ausagieren. Die aufgewandte motorische Energie steht dabei in direkter Beziehung mit der Intensität der angekurbelten Mentalvorstellung.

In der Alltagspraxis spielt die IP hinsichtlich der Induzierung („Ansteckung") von Emotionen, Gefühlen, Leidenschaften sowie Gedanken eine erhebliche Rolle. Sie zeitigt Bewegungsnachbildungen (réproductions): Entsprechungen machen sich im physiognomischen Bereich (Haltung und Ausdruck) geltend. Die Reproduktion von Zügen der vis-à-vis-Personen tritt ein und, damit verbunden, deren zugehörige, „hintergründige" Ideen oder Gemütserregung („suggestion"). Ein namhafter Diplomat bezeugte, er habe auf diesem Umwege mal zu mal die „inneren Vorgänge" der Widerparte erraten („gelesen").

2. Je sensitiver ein Individuum (sonderlich der Abnorme) geartet ist, um so stärker bildet es, unwillkürlich, die die Gedanken des Gegenübers begleitenden Gesten nach – um so besser gelingt ihm die Abzapfung der „inneren Vorgänge". Man gehorcht auf diese Weise dem Diktat der *Mentalsuggestion*.

Zwei weitere bei *Neurasthenikern* deutlich erkennbare Ablaufselemente sind geeignet, das Wohl und Wehe des Gefühlslebens der „Normalen" anzuleuchten:

3. Die IP löst Emotionssteigerung aus: Wahrnehmen von Lustvollem fördert eigenes Lust- und Wohlbefinden, der Anblick von Leid/Unlust hingegen aktiviert die negativen (depressiven) Empfindungen des Subjekts. Obzwar jedermann über die Korrelationen irgendwie (dunkel-unbewußt) im Bilde ist, entziehen sie sich dem „bewußten Wissen". (Theoretische Nutzanwendungen und ausgesponnene Nachschläge bei Nietzsche gelangen vornehmlich bei seiner subtilen Erörterung von Wagners Musik, speziell deren suggestiven Implikationen, zur Sprache).

4. Unmittelbar damit liiert: Das Individuum spendet dem „Nächsten" Gefallen, Lust, Freude zum Behufe der Erhöhung persönlicher Euphorie. Deutlicher ausformuliert: Dem Verhalten des *Altruismus* liegt letztlich ein physiologisch bedingter und erklärbarer „selbstsüchtiger" Ursprung zugrunde.

Férés medizinische, weltanschaulich neutrale *Revision* der Gewichte greift markant bis in den Kern eines häufig zwiespältig-mißtrauisch beurteilten Propriums von Nietzsche über: seine Umwertungslehre (in der Hauptsache: Entsündigung und Hochwertung des „Egoismus"). Die gängigen gegnerischen Mißdeutungen der „neuralgischen Tugend" (?) scheinen uns daher zu rühren, daß sie die Berücksichtigung des unabdingbar beigeordneten und beizuordnenden Komplementär-Imperativs „schenkende Tugend" ausgrenzen. Die konträren Antriebe sind – gleich wie bei Féré – voneinander unablösbar; zwei-einig gehen sie auf eine gemeinsame Wurzel zurück. Ersichtlicherweise treibt auch der Franzose, wenngleich rudimentär, Moral-Genealogie „am Leitfaden des Leibes". Zufolge der Begegnung, wird Nietzsche die ihm zugestellten „embryonär-gehaltenen" Fazits explizitieren, forcieren, eskalieren und „pathetisieren".

5. Unterscheidungsmerkmal zwischen den „Wohlgeratenen" und den „Morbiden": bei ersteren steigert die *Aufmerksamkeit* die motorische Kraft, bei den „Schlechtweggekommenen" wird die mobilgemachte Kraft durch die mit einer „représentation mentale" synonyme Suggestion ausgelöst.

Die Endpartie des von uns referierten Ouverturekapitels von *Sensation et mouvement* befaßt sich eingehender mit einer Observation des Engländers Bain, dessen Buch *„Geist und Körper"* (Leipzig 1874) übrigens einen Platz in der Privatbücherei des Philosophen einnahm ... Rasch bewegte Glieder bewirken Aktivierung der übrigen Organe durch Anregung von deren zerebraler Repräsentation. Schnelles Gehen stimuliert den „Geist", ruft Beschleunigung von gestischen und verbalen Äußerungen hervor: Daher: sobald das Hirn zu denken anhebt, tritt der ganze Leib in Aktion. Bildlich ausgedrückt: der Leib denkt mit.

Es erübrigt sich, den Niederschlägen des „motorischen Moments" in Nietzsches Philosophemen im einzelnen nachzugehen; wir begnügen uns mit dem Randvermerk: ungeachtet des „paradoxalen Anscheins" werden hierdurch Tatbestände visiert, um deren Erfassung vorrangig Ch. Féré bemüht war. Seine Feststellungen sind überdies angetan u. E. nach bislang ungenügend berücksichtigte Komponenten von Nietzsches Biographie aus dem Dunkelfeld herauszuheben: Schaffensweise, Kreativtempo und Wandertrieb: sowohl seine Denktätigkeit als auch das Schreiben fungierten im Zuge stundenlangen Marschierens (sowie unmittelbar anschließend) optimal.[28] Der von ihm formulierte Imperativ („ergangene" Gedanken) entstammt, gleich den polemischen Spitzen wider die stubenhockerisch-ersessenen Ideenkinder der Antipoden, einer vielbewährten Eigenerfahrnis. – Wir werden fortan ein Dutzend moussierender „Bonmots" im Bewußtsein ihres tieferen (und ernsthaften) Sinngehalts zu lesen und deuten wissen. –

Es ist gegenwärtig so gut wie unmöglich, genauer zu bestimmen, an welchem „Ort" in Nietzsches Werk bzw. Nachlaß Ch. Féré sein Entrée machte, zumal ja dessen Gedanken mit denjenigen verschiedener anderer, gleichfalls vom Philosophen studierten zeitgenössischen Koryphäen zusammentreffen.[29] Angesichts der Gleichsinnigkeit von Aussagegehalten, ist dafürzuhalten, daß das 21. Kapitel *(Impuissance et péssimisme – Sympathie et antipathie – Aboulie)* sowie das Finale *(Effort et douleur – Les nuisibles)* die stärkste Resonanz ausgelöst haben. Was der „Experimentalphilosoph" aus Sils Maria erwittert, erspürt und ersonnen, durch waghalsige Folgerungsspiralen erarbeitet hatte – die veröffentlichten Schriften der 80er Jahre dokumentieren die Stadien des Entwicklungsprozesses und ihre Ergebnisse – schlägt ihm, Passus für Passus, im Opus des ranghohen „Experimentalphysiologen" als à fond durchkontrolliertes und (unwiderlegbar) verwissenschaftlichtes Tatsachenmaterial entgegen. 1888, gelegentlich der Durcharbeitung von *Dégénérescence et criminalité*, namentlich das weitgehende Übereinstimmung mit seiner persönlichen Affektlehre verdeutlichende Einleitungskapitels *Les conditions physiologiques des émotions* wird gewißlich, für die Dauer von Zeitbruchstücken, tonisch-frohlockende Erlebnisse auf seiner inneren Szene aktiviert haben.

Férés Texte haben Friedrich Nietzsche das verbindliche Beweismaterial des „zu Beweisenden", die sichergestellten und sicherzustellenden Unterlagen, gleichsam die „Partitur zur fertigen Melodie" überreicht. *Daß* er zugriff, um aus dem reichen Born der „Jungfer Experientia" zu schöpfen, geschah ebenso zwingend wie frei- und bereitwillig, da er – ohne sich etwas vorzumachen – sich dem Lehrmeister in praxi, dem Dynamographisten, gewachsen wußte; er überhöhte dessen „Lehrsätze" und „Gesetzmäßigkeiten" ins Generalisierend-Philosophische und betrachtete sich vergewissert und voll-legitimiert, den eigenen Weg des Immer-weiter-Vordringens zu Ende gehen zu dürfen. Bollwerke und Hürden, die auf der Strecke Anlaß zu Selbstzweifeln gaben, schienen hinweggeräumt. –

Wir können uns vorstellen, daß Nietzsche möglicherweise – in Ermangelung der „Rückendeckung" durch Féré – vor einigen der drastischsten und schroffsten Formulierungen des Jahres 1888 betr. Wertlehre, Christentum, Vererbung, Selektion, Menschsein, Kulturschicksal usw. zurückgeschreckt wäre, die samt und sonders physiologische Markierung verraten. Closereading, sowie reifliche Überlegung und Abwägung der entsprechenden Passagen weisen auf integrale wie fragmentäre Féré-einschläge und -epenthesen hin; insbesondere die fragmenthaften „Einfälle" arten sich polymorph: jeweils ein „Gesätz", ein Gedankenblitz, eine Pointe – eine Begriffskoppelung; und schließlich *dieses* bestimmte Einzelwort da, in seinem gestalthaften und sinnmäßigen So-sein wirken unwiderstehlich als „An-Reiz".

Bei einer Kontrolle von 3–4 Dutzend begrifflichen und semantischen Artikulierungen des Bienniums 1887–8 sprang uns ins Auge: die fallweisen „Fremd"-zuschüsse blinken – gleich einer Fliege im Bernstein – in seltsamem Widerstrahl hindurch.[30]

Womit wir aufs Wesentliche der Fahndungsoperation zu sprechen kommen. Die Quellenfindung repräsentiert kaum mehr als einen Sekundärwert, sofern sie bloß auf ein Fußnotenplus in den Kommentaren hinausliefe. Primär kommt es „auf Gedeih und Verderb" an. Die jeweiligen Konnotationen von Friedrich Nietzsches resümativen Formulierungen, das „Sogemeint-haben" schwebt nämlich bei Nichtberücksichtigung der „Hintergrundskontexte" aus Férés Feder in einer gefahrvollen Zwielichtzone; da drohen allerwärtig – Zerfließen, Versanden, Versinken des Be-deuteten, Trivialisierung und Absurdisierung, ärgstenfalls gar der Umschlag ins Konträre des Intendierten. Die Bedeutung ist ja stets mehr als die „Bedeutungssumme" der einzelnen Wörter. „I may understand these words and miss the meaning of the whole" (Pettit, *The concept of structuralism*, Dublin 1975).

Die „Situation" bei Nietzsche ist insofern eine singuläre, als sogar das Mitumfassen der Vielzahl von Eigenkontexten unzureichend bleibt, wo diese selbst wiederum mit anderwärtigen Kontexten in unsichtbarer, direkter oder indirekter Verbindung „kommunizieren". Nietzsche hat Féré ebenso korrekt und bedächtig (lento) gelesen und gedeutet, wie seine übrigen Lieblingsautoren; lesen und deuten wir Nietzsche (ohne uns einer Vorkenntnis des „Originals" zu befleißigen) voreilig, d. h. unzureichend und fehl, werden wir jeweils in ein Abseits abgedrängt – unser eigenes Verschulden! – das im Hafen der Baeumler (rechts) und Lukács (links) vor Anker geht.

Als Schulbeispiel diene das penetrant brüske und brutal lautende Fragment 23[1] von Oktober 1888 (KSA 13, 599 f.). „Auch ein Gebot der Menschenliebe". Bei einer ernsthaft-strikten Auseinandersetzung damit, auf Grund einer Parallellektüre von *Dégénérescence et criminalité* wird der Integraleinfluß des Franzosen sehr deutlich. Es ist sogar wahrscheinlich, daß die Interpretation der „gesetzgeberischen" Aussage von einer autobiographischen Brechung auszugehen hat. Knapp 3 Monate hernach wurde der Schreiber von der die Sprosse der „hoffnungslosen Geschlechter" (H. Bang) unerbittlich heimsuchenden Nemesis *(„dégénérescence et folie")* ereilt. Anhand der schneidenden physischen und psychischen Stigmenlehre des Spitzenmediziners erhielt der von Jugend an kränkliche Nietzsche – der ab Mitte der 80er Jahre wiederholt seinen Vertrauten gegenüber düstere Vorahnungen im Hinblick aufs Finale[31] (Walten der väterlichen Erbsubstanz) angedeutet hatte – jetzt fachkundig sicheren Bescheid über das ihm bevorstehende Schicksal. Die Richtigkeit der Diagnose eigener Leidens-Symptome und -erfahrungen in *Dégénérescence* verlieh der einschlägigen Prognose Absolutgewicht: er erkannte darin das Bild eines (zur Umnachtung) Vorgezeichneten (ob mit oder ohne Luesbehaftung) – gleich der Oswald-Gestalt aus H. Ibsens „Gespenster" (1882).

Das Stelldichein mit Ch. Féré gehört zu den einschneidendsten Ereignissen in der Landschaft der geistigen Erfahrungsrendezvous von Friedrich Nietzsche. Es überragt an Bedeutung weitaus das, was wir im Laufe einer knappen Stunde summarisch zu referieren versuchten. Denn – um abschließend noch eine Dimension zu erwähnen: im Namen, Wirken und Œuvre des eminenten Forschers konzentrieren sich „brennspiegelartig" die positiven Gesamterrungenschaften eines Umbruchsdezenniums, dem die Entdeckung des bislang unbekannten Kontinents (nennen wir ihn Neu-seel- bzw. Neu-leibland) geglückt ist.

Womit *zu guter Letzt* einer stets wiederkehrenden prinzipiellen Einprägung Montinaris Konformität bezeugt sei: Nietzsches außerordentliche Produktion ist auf andere, denn auf autonom-autarke Weise entstanden (etwa im Medium eines luftleeren Raumes, zufolge einer, in 3 Phasen gegliederten, Evolution „innerer" Artung). Vielmehr stehen das denkerische Beginnen und seine Leistung in unablässigem vitalen Austausch, Stoffwechsel und Dialog mit Zeit-Geist und -Genossenschaft – positiv wie negativ. Spätestens via und dank Charles Féré ist er mit einer Legio von Autoren und Werken in Fühlung getreten, die ihn in seinem ureigenen Anliegen, der physiologisch ausgerichteten Seelenlehre, tätig sekundieren und bereichern. Schon flüchtige Durchsicht des synchronischen Inventars,[32] vermag uns über den dominierenden Generaltrend und die merkbare Intentionsverwandtschaft, ja Motivgemeinsamkeit Auskunft zu geben. Die zu bewältigende Einblicknahme in den Grundtext der gebuchten Einzeltitel stellt – im Sinne mancher dahingehenden Fingerzeige aus Nietzsches Feder – Überraschungen in Sicht. U. E. nach wohnt dem nachstehenden, auf Musiker gemünztem Aperçu, Frühjahr 1888, eine verklausulierte Eigenaussage, aus der sich das vielleicht prägnanteste NB. in bezug auf seine unverwechselbare Methodik heraushebt. Fragment 14[55] (KSA 13, 244) besagt ironice:

„Unser Gedächtniß citirt beständig. Wir dürfen unter uns auf eine fast gelehrte Weise anspielen: wir verstehen uns schon. Auch unsere Zuhörer lieben es, daß wir anspielen: es schmeichelt ihnen, sie fühlen sich dabei gelehrt."

Die massive Präsenz Ch. Férés in Nietzsches Œuvre des Endbienniums repräsentiert ein solches Anspielungs-kaleidoskop, dessen Zweischneidigkeit zugleich den „Spender" und den „Rezipienten" herausfordert; die kryptische Augenfälligkeit der zitathaften Heraufbeschwörung appelliert an unsere „Ge- und Belehrtheit". –

Die Agenda eines rezenten Endokrinologenkongresses lautete: „Vergessenheit ist heilbar". Die Nietzsche-Forschung trägt das feinsinnige Motto um so bereitwilliger in ihr Merkbuch ein, als dessen Befolgung unserem Philosophen und ihrer eigenen Tätigkeit optimale Erträge verheißt.

Ex oblivione – Charles Féré!

Post-Scriptum

Frau Bettina Wahrig-Schmidt möchte ich auch auf diesem Wege meinen herzlichen Dank für ihre feinsinnige Mithilfe bei Fertigstellung des Druckmanuskriptes zum Ausdruck bringen.

Anhang: Übersicht über die wichtigsten Féré-Exzerpte und -bezüge in den Fragmenten und Werken des Jahres 1888

[...; Kürzung d. Hrsg.]

Anmerkungen

1 1949 förderten griechische Archäologen auf Paros, der Heimatinsel des großen Lyrikers Archilochos, zahlreiche wichtige Altertümer zutage. Eine Marmorinschrift berichtet u. a. darüber, daß nämlicher Dichter als erster eine Kulthandlung zu Ehren des Dionysos dortselbst eingeführt habe.
2 So z. B. in W. Hochkeppels scharf gehaltenem Requisitoire *Mythos Philosophie* (1976).
3 Hieraus erwachsen der Forschung wichtige Aufgaben, da – bei näherer Fokussierung – in Nietzsches Aussagen über Probleme der Kriminalität (ein ebenso heikles wie relevantes Thema der Jahre 1887/88) merkbare „innere Widersprüche" zutage treten. Diese bezeugen, daß Friedrich Nietzsche über Faktizität und Wesen von „Verbrecher" und „Verbrechertum" nicht völlig ins Reine gekommen war, sondern teils Lombroso, teils dessen Gegnern Gehör schenkend, lavierend um Klärung rang. Vgl. die Auseinandersetzung mit A. Strindberg (Brief vom 8. 12. 88), worin er sich in Nachbarschaft der „Atavismus"-These des Italieners situiert. Die Berufung auf Galtons *hereditary genius* steht in Zusammenhang mit dem Werk *Inquiries into human faculty and its development*, London 1883, das seiner Bibliothek angehörte.
4 KSA 14, 446, 760, 764 und 768 zwecks Klärungen zu Texten aus dem *Antichrist* (Nr. 51) sowie aus Bd. 13, S. 297, 358, 429 und 530. Die Referenzen im Kommentar beschränken sich auf *Dégénérescence et criminalité*.
5 Angesichts dieser Tatsache konnte, ja mußte es geschehen, daß z. B. dem Herausgeber der vorzüglichen Textauswahl psychologischer Schriften Nietzsches u. d. T. *Du sollst werden der du bist* (München: Kindler 1976), Gerhard Wehr, in seiner beschlagenen einleitenden „Hinführung", der Beitrag Férés zu Nietzsches Seelenerratertum entging, obwohl der Name des Physiologen von dem in anderem Zusammenhang zitierten A. Adler auf indirektem Weg doch zur Erwähnung kommt. Eine partiell-adäquate Würdigung seiner Leistung begegnet man bei den Historikern des Freudismus L. Chertok und R. de Saussure (*Naissance du psychoanalyste*, Paris, 1973).
6 Auf selbige Manier wie das „Lama" die L. Sterne-Notate des Knaben Friedrich als ipsissima iuvenilia an die Glocke hängte.
7 Trotz Veröffentlichung *nach* Nietzsches Umnachtung ein insofern zu berücksichtigendes Werk, als ein wesentlicher Teil im Vorgriff bereits 1884 (als Mémoire in den *Archives de Neurologie*) herausgekommen war.
8 Er behandelte Hysterien, Epilepsien, Neurosen und Neurasthenien, organische Hirnschäden, Tabes, hereditäre Leiden.

⁹ So die russische Reflexologie-Schule von Pawlow und Bechterew bis zu dem aufs Gebiet der Bioinformation (Mentalsuggestion/Telepathie u. a.) übergegangenen L. Wassiljew; ferner einige amerikanische Fortsetzer.

¹⁰ In Anbetracht des Umstandes, daß Friedrich Nietzsches „Irrationalismus" (?) sich in Nachbarschaft des Durchbruches einer „bio-energetischen" Optik Férés situiert, empfiehlt es sich, am Rande an die Standpunkte der *gegenwärtigen Psychosomatik* zu erinnern. Ihr Menetekel lautet: „Das Bewußtsein [...] ist nicht gleichbedeutend mit Bewußtheit. [...] Es ist ein Zustand des g e s a m t e n Organismus – und nicht lediglich eine Angelegenheit des Gehirns. Ein gesunder Mensch ist jemand, dessen Körper und Gehirn in Harmonie miteinander arbeiten, ohne daß ein Bereich des Gehirns von irgendwelchen anderen Bereichen isoliert ist. [...] Bewußtsein ist nicht ein Phänomen nur des Gehirns, in dem das Cerebrum wie in einem Glaskasten sitzt, losgelöst von seinen entsprechenden Gegenstücken im Körper. *Bewußtsein ist ein Zustand des Gesamtorganismus.*" A. Janov, E. M. Holden: *Primal Man; the new consciousness*, New York 1975.

¹¹ Von den Griechen über die Renaissance und die Moralisten – bis zu A. Schopenhauer und K. Marx.

¹² Fr. 10[B42], KSA 9, 421.

¹³ Fr. 15[6], KSA 13, 407, Frühj. 1888.

¹⁴ Fritz Strich, *Die Mythologie in der deutschen Dichtung von Klopstock bis Wagner*, 2 Bde., 1910, Bd. 1, S. 387.

¹⁵ KSA 9, 148

¹⁶ Ferner sind zu erwähnen: Arzt, Affekt, Leidenschaft, Grausamkeit, Begierde, Chemika, Bewußtsein, Egoismus, Ekstase, Epilepsie, Gehirn, Gedächtnis, Faulheit, Überarbeitung, Willensschwäche.

¹⁷ Numerisch am stärksten sowie inhaltlich am explosivsten erfolgt die Mobilmachung der Begriffe „Degenereszenz" („Degeneration") und „décadence", die sich sowohl in Nietzsches letzten veröffentlichten oder zur Publikation bestimmten Werken finden als auch im Nachlaßband 13 der KSA, wo sie in verschiedensten Wendungen und Zusammenhängen immer wieder auftauchen. Die Übernahme des erstgenannten Terminus ist auf Férés *Dégénérescence et criminalité* rückführbar. „Décadence" schillert demgegenüber in onomasiologischer Mehrdeutigkeit. Dieser Ausdruck wird zunächst (wie schon seit 1884) eher im Sinne von Stil- und Kulturkritik gebraucht und bedeutet Niedergang/Verfall usw. Allmählich reichert er sich mit medizinisch-psychiatrischen Bedeutungen an und nimmt häufig die Gestalt eines Wechselbegriffs zur „dégénérescence" ein. Wir konnten feststellen, daß der weitgehend synonyme Gebrauch der Begriffe, den Nietzsche gleichfalls bei Féré vorfand, im damaligen Medizinerjargon gang und gäbe war. So heißt es z. B. in S. Freuds Brief an W. Fließ (24. 11. 87): „Frau A. befand sich allem Anschein nach in der langsamen Décadence der Ernährung, welche das Los unserer Stadtfrauen nach mehreren Entbindungen ist."
Ein Nb. für sämtliche medizinischen Stichworte bei Friedrich Nietzsche: Fachterminologisches durchläuft – in noch höherem Grade und in raschrem Tempo

als Umgangssprachliches – erheblichen Bedeutungswandel. Woraus sich ergibt: die Fachausdrücke können und dürfen unter keinen Umständen in gegenwärtiger Akzeptanz gelesen/rezipiert werden, sondern im Sinne der „seinerzeitigen Usancen".

[18] KSA 13, 366, betitelt „Warum die Schwachen siegen". Vgl. hierzu auch seinen Brief an den Verleger C. G. Naumann vom 4. 1. 1888 (KGB III 5, S. 223).

[19] Ein Notat von 1872/73 (KSA 7, 545, Fr. 23[15].

[20] KSA 12, 351, Fr. 9[35]: „Nihilismus als pathologischer Zwischenzustand".

[21] Gerhard Wehr, Du sollst werden, der du bist, München 1976, S. 12.

[22] KSA 11, 282.

[23] „Ebenso verhält es sich mit einer Unzahl pathologischer Schäden, die wahre Experimente sind, aus denen der Arzt und der Physiologe Nutzen ziehen [...]. [...] daß die Medizin über wahre Experimente verfügt, die spontan und nicht von einem Arzt ausgelöst werden." Claude Bernard, Einführung in das Studium der experimentellen Medizin, Paris 1865, übs. v. P. Szendö, Leipzig 1961, S. 25 f. – Féré, der zuweilen diese Argumentation benutzt (vgl. die tabellarische Gegenüberstellung im Anhang), hat natürlich Bernard gekannt, den er auch ausführlich zitiert.

[24] Satzentlehnung aus H. Schipperges, Paracelsus, Stuttgart 1974.

[25] KSA 5, 357. – Es ist davon auszugehen, daß Nietzsche als begeisterter Leser von Th. Ribots Revue Philosophique ziemlich frühzeitig sachlich ins Bild gesetzt wurde. Das der jungen Schule verbundene Organ brachte ab 1882 in jeder Nummer gründliche Beiträge und Besprechungen über ihre rasch wachsenden Einsichten und Errungenschaften.

[26] Das 1. Kapitel der nachgelassenen Schrift Die Philosophie im tragischen Zeitalter der Griechen (1872/73) hebt so an:
„Es giebt Gegner der Philosophie: und man thut wohl auf sie zu hören, sonderlich wenn sie den erkrankten Köpfen der Deutschen die Metaphysik widerrathen, ihnen aber die Reinigung durch die Physis [...] predigen. Die Ärzte des Volkes verwerfen die Philosophie; wer diese also rechtfertigen will, mag zeigen, wozu die gesunden Völker die Philosophie brauchen und gebraucht haben. Vielleicht gewinnen, falls er dies zeigen kann, selbst die Kranken die ersprießliche Einsicht, warum gerade ihnen dieselbe schädlich sei. [...] Aber wo fände sich das Beispiel der Erkrankung eines Volkes, dem die Philosophie die verlorne Gesundheit wiedergegeben hätte? [...]" (S. 804) – „Die Griechen, als die wahrhaft Gesunden, haben Ein- für -Allemal die Philosophie selbst g e r e c h t - f e r t i g t, dadurch, daß sie philosophirt haben; [...]." (S. 805) (KSA 1).

[27] Sie findet, außer in den Nachlaßfragmenten, in den veröffentlichten Schriften Echo: erstmals in der Götzen-Dämmerung (KSA 6, 124), wo es heißt. „Man kann die Wirkung des Hässlichen mit dem Dynamometer messen". Im übrigen weist das ganze Kapitel 20 – worin der Satz vorkommt – einen starken Féré-Anstrich auf. Vgl. ferner 15[10] und 16[40] in KSA 13.

[28] Die Forschung bekommt zu spüren, wenn sie sich an seine „Kritzeleien" heranmacht, die ihm selber oft, nach Rückkehr von den Touren, Entzifferungsschwierigkeiten bereiteten.

[29] So exzerpiert etwa Fragment 9[70] aus dem Herbst 1887 Henri Jolys *Psychologie des grands hommes*, Paris 1883, S. 260 (vgl. Kommentar zur KSA, KSA 14, S. 741): „Beethoven componirte g e h e n d. Alle genialen Augenblicke sind von einem Überschuss an Muskelkraft begleitet. Das heißt in jedem Sinne der Vernunft folgen. Ford<ert> erst jede geniale Erregung eine Menge Muskel-Energie, – sie e r h ö h t das Kraft-Gefühl überall. Umgekehrt steigert ein starker Marsch die geistige Energie, bis zum Rausch" (KSA 12, 372). Das prägnante Aperçu illustriert für unsere Rechnung in schulbeispielhafter Weise, wie schwer die Scheidung von „eigen und fremd" sowie der verschiedenen Quellen voneinander im Falle des Féré-Palimpsestes fällt.

[30] Abgesehen von direkten Wiedergaben und Übernahmen hat man den mehr oder weniger modifizierten, auf die Spitze getriebenen oder re-funktionierten „Tagesresten" (mit S. Freud gesprochen) Rechnung zu tragen.

[31] Vgl. insbes. den Brief an F. Overbeck vom 4. 7. 1888: „Druck einer nervösen Erschöpfung (die zum Theil h e r e d i t ä r, – von meinem Vater, . . .)"

[32] Den Teilnehmern der Nietzsche-Tagung lag eine synchronische Tabelle vor.

Dieter Fuchs

Der Wille zur Macht:
Die Geburt des „Hauptwerks" aus dem Geiste des Nietzsche-Archivs

Der Wille zur Macht – das dürfte heute hinlänglich bekannt sein – ist kein Buch Friedrich Nietzsches.[1] Zwar hatte Nietzsche eine Zeitlang beabsichtigt, die zentralen Gedanken seiner späten Philosophie in einer eigenen Publikation mit dem „nicht ungefährlichen Titel ‚Der Wille zur Macht'"[2] darzustellen, das Projekt wurde jedoch zugunsten anderer Arbeiten verworfen bzw. ging in diesen auf.[3] Elisabeth Förster-Nietzsche, die Schwester des Philosophen und Leiterin des von ihr 1894 begründeten Nietzsche-Archivs, war es, die nach dem Tod ihres Bruders dieses von ihr so genannte „theoretisch-philosophische Hauptprosawerk" aus Nachlaßfragmenten zusammenstückeln ließ und als authentisches Werk ausgab.[4] Der Erfolg des Buches war derart durchschlagend, daß Mazzino Montinari in einem seiner letzten Vortragsentwürfe – Montinari starb 1986 – hinsichtlich der Nachlaßkompilation resümieren mußte: „Der Wille zur Macht hat gewirkt. *Echtes Problem* – der gesamten N(ietzsche)-Rezeption (und Interpretation) *bis heute!*"[5] Wolfgang Müller-Lauter hat mit seiner Darstellung der Interpretationen von *Der Wille zur Macht* bei Baeumler, Heidegger, Jaspers, Löwith und Schlechta den bedeutenden Einfluß der Kompilation aufgezeigt und einen wichtigen Beitrag zur Wirkungsgeschichte derselben geleistet.[6] Ein Ende dieser Wirkungsgeschichte ist indes nicht abzusehen. Ungeachtet kritischer Publikationen über die Unhaltbarkeit der Kompilation und die unkorrekte Vorgehensweise der Herausgeber, ungeachtet gar der *Kritischen Gesamtausgabe* (KGW/KSA) von Colli und Montinari wird bis in unsere Zeit von verlegerischer Seite am Mythos des *Willen zur Macht* festgehalten.[7] Dabei wird schon bei einem ersten Vergleich der beiden extremsten Formen, in denen Nietzsches Nachlaß betrachtet werden kann, nämlich im „unhaltbaren"[8] *Willen zur Macht* von 1906 einerseits und in den kritisch edierten Nachlaßbänden der KGW/KSA andererseits, das Ausmaß der Eingriffe und Verfälschungen seitens der Herausgeber Peter Gast und Elisabeth Förster-Nietzsche ebenso deutlich wie die Berechtigung der Aussage Collis und Montinaris über die erreichte Gegenstandslosigkeit der „Hauptwerk"-Diskussion.[9] Nietzsches Nachlaß stellt ein Sammelsurium von Gedanken, eine Anhäufung von Ideen, ein intellektuelles Tagebuch, eine Werkstatt dar – es kann weder die Rede von einem „Hauptwerk" noch von einem „System" sein. Der fatale Umstand, daß der *Wille zur Macht* „gewirkt" hat, ist demnach zum größten Teil der editorischen Tätigkeit von Elisabeth Förster-Nietzsche zuzuschreiben, deren Bedeutung hinsichtlich der Popularisierung und der damit einhergehenden Verfälschung von Nietzsches Philosophie kaum überschätzt werden kann. Es soll im folgenden der Frage nachgegangen werden, wie durch Elisabeth Förster-Nietzsches vorgenommene Präparierung Nietzsches seine Nutzbarmachung für Volk und Vaterland möglich wurde. Ausgehend von der verbindlichen Form der Fragmente, wie sie in der KGW/KSA vorliegen, kann genau verfolgt werden, wie bei der Erstellung des *Willen zur Macht* von 1906 verfahren wurde.

1.) Der „ungeheure Stoff",[10] der nach Elisabeth Förster-Nietzsches Meinung den Korpus des „Willen zur Macht", also des von Nietzsche vermeintlich unvollendet liegengelassenen „Hauptwerks", bildete, wurde anhand eines Planes von Nietzsche aus dem Jahr 1887 angeordnet.[11] Ausgangspunkt war dabei eine von Nietzsche im Februar 1888 angelegte Liste, in der sich 374 zur Verwendung vorgesehene Fragmente stichwortartig rubriziert und numeriert finden.[12] 300 dieser Nummern waren von Nietzsche selbst durch die Hinzufügung der römischen Ziffern I, II, III oder IV den jeweiligen Büchern seines geplanten „Willen zur Macht" zugeordnet worden. Diese Zuordnung war aber anhand eines direkt im Anschluß an die Auflistung dargelegten Plans erfolgt.[13] Die Ähnlichkeit dieses Plans mit dem der Kompilation zugrundegelegten erlaubte nun bei der Erstellung des *Willen zur Macht* die Benutzung von Nietzsches Register. Dennoch wurden entgegen seiner Anweisung 104 Fragmente nicht aufgenommen; bei der Verteilung der Fragmente auf die vier Bücher wurde in 64 Fällen Nietzsches Zuordnung ignoriert. Die aus der Auflistung übernommenen Fragmente bildeten nun quasi ein erstes Gerüst, von dem ausgehend nach und nach weitere, inhaltlich ähnliche Aufzeichnungen herangezogen und angepaßt wurden. Die vielen von Nietzsche nachgelassenen Dispositionen und Entwürfe von Kapitelüberschriften ermöglichten den Kompilatoren eine genauere Gliederung des zu verarbeitenden Stoffes. Etliche Pläne wurden dabei durcheinandergemengt – man ging ja davon aus, daß das „Hauptwerk, wie es dem Autor vorgeschwebt hat",[14] also quasi dessen Ideal, im Laufe der Jahre keinerlei konzeptionellen Veränderungen unterworfen war.

2.) Die Anpassung des Materials an die teils vorgefundene, teils weiterentwickelte Struktur erfolgte im großen und ganzen auf zwei Arten: entweder wurden Nietzsches Nachlaßaufzeichnungen getrennt und den jeweiligen Themengebieten zugeordnet, oder sie wurden ungeachtet ihrer unterschiedlichen Herkunft zu zusammenhängenden Abschnitten neu komponiert. Das Anliegen der Kompilatoren war dabei, den Gang der Argumentation zu verlangsamen – immerhin waren ja vier Bücher zu füllen. Deshalb war es notwendig, die von Nietzsche oft in wenigen Sätzen skizzierte Entwicklung seiner Gedanken dahingehend zu verändern, daß die Nachlaßaufzeichnungen dem Leser nur bruchstückhaft und häppchenweise zugeführt wurden. Die Mischung und Trennung von Fragmenten hatten also den Zweck einer Neuordnung des Nachlasses unter Anhäufung von themenbezogenem Material. Die Zusammenballung inhaltlich ähnlicher Aufzeichnungen wies diesen aber in ihrer Gesamtheit einen ganz neuen Stellenwert zu. Viele der benutzten Textstücke hatte Nietzsche nämlich nur einzeln und schnell notiert, um sie später eventuell zu überarbeiten. Durch die Kompilierung dieser flüchtigen Skizzen unter den jeweiligen Überschriften der Herausgeber des *Willen zur Macht* gewannen sie insofern an Bedeutung, als sie nun Differenzierungen von Nietzsches Problematik darstellten – in einer umfassenden Art und Weise, wie Nietzsche selbst sie nicht geleistet hat. Die „sach- und problembezogene Ordnung seiner Gedankengänge", die noch im Klappentext einer neueren Ausgabe angepriesen wird,[15] verleiht Nietzsches gedanklichen und schriftlichen Versuchen somit den Charakter der Reife und der Endgültigkeit.

3.) Bei der Betrachtung der Fragmente in der von Peter Gast und Elisabeth Förster-Nietzsche vorgenommenen Anordnung fällt auf, daß an strategisch bzw. rhetorisch bedeutsamen Stellen im *Willen zur Macht* ganz besondere Texte anzutreffen sind – Texte, die im Gegensatz zu anderen an Deutlichkeit nichts zu wünschen übriglassen. Die Vorrede, die dem *Willen zur Macht* vorangestellt wurde, erhielt den Vorzug vor vielen anderen, weil hier deutlich zum Ausdruck kam, was geleistet werden sollte: die Initialzündung für „eine Bewegung, welche in irgend einer Zukunft jenen vollkommenen Nihilismus ablösen wird". Nietzsche verspricht, „als ein Wage-und-Versucher-Geist, der sich schon in jedes Labyrinth der Zukunft einmal verirrt hat", den endgültigen Nachweis der Notwendigkeit neuer Werte zu liefern, und bezeichnet demgemäß das geplante Werk als „Zukunfts-Evangelium" (KSA 13, 11[411]). Etliche Alternativ-Fassungen und -Entwürfe blieben unberücksichtigt – dort hatte Nietzsche vorsichtiger formuliert, ja sich sogar distanziert.[16]

Der „Aphorismus" 2, der den eigentlichen Text des *Willen zur Macht* eröffnet,[17] legt kurz und knapp dar, um was es geht:

> was bedeutet Nihilism? – Daß die obersten Werthe sich entwerthen.
> Es fehlt das Ziel; es fehlt die Antwort auf das „Warum?"

Dieser „Aphorismus" korrespondiert mit der in der Vorrede zu *Jenseits von Gut und Böse* geäußerten Eventualität eines Wissens um das „Ziel".[18] Die Verwendung dieses kurzen Textes gleich zu Beginn des *Willen zur Macht* erwies sich insofern als sehr geschickt, als dem Leser von Anfang an eine „Antwort" in Aussicht gestellt wurde. Auch im „Aphorismus" 56, der das erste Kapitel des ersten Buches des *Willen zur Macht* abschließt, wird dem Leser – wiederum an extremer Stelle – der Ausblick auf Kommendes gewährt. Nietzsches grobe Gliederung der „**Geschichte des europäischen Nihilismus**" endet in der Ankündigung einer „P e r i o d e   d e r   K a t a - s t r o p h e", für die er „die Heraufkunft einer Lehre" prophezeit, „welche die Menschen a u s s i e b t ... welche die Schwachen zu Entschlüssen treibt und ebenso die Starken" (KSA 13, 11[150]). Eine derartige Beschwörung des Unheils bzw. der Erlösung sollte wohl an geeigneter Stelle die Motivation zur Lektüre oder zum Kauf des Buches steigern – es ist jedoch zu bemerken, daß durch die Anordnung von Fragmenten, die Reizwörter wie eben „Katastrophe", „Erdbeben" und „Auswahl auf Unkosten einer Menge",[19] „Schicksal" und „Furcht",[20] „Rangordnung",[21] „Übermensch"[22] oder „der große züchtende Gedanke"[23] enthalten, zu Anfang bzw. Ende von „Aphorismen"-Gruppen, also an Stellen, die schnell und leicht ins Auge fallen, Nietzsches Schlagwort-Schreibweise zu Ungunsten einer gemäßigteren in den Vordergrund rückt. Eine dem Zeitgeist entsprechende Ausdrucksweise wurde also hervorgehoben – so konnte Nietzsche zum Schlagwortlieferanten für die folgenden Jahre werden.

4.) Das vermeintliche Wissen um Nietzsches Absicht[24] erlaubte den Kompilatoren die wahllose Heranziehung von Nachlaßtexten aus einem Zeitraum von acht Jahren. So stammt der jüngste im *Willen zur Macht* verwendete Text aus den letzten Wochen von Nietzsches Schaffen: Aus einem Fragment, das Nietzsche im Oktober 1888 verfaßt und für das später verworfene zweite Buch seiner „Umwerthung" geplant hatte,[25] wurden die „Aphorismen" 282 und 935 gewonnen. Das älteste der ausgewählten Fragmente stammt aus dem Herbst 1880, also aus der Zeit, da Nietzsche an seiner *Morgenröthe* arbeitete.[26]

Die Verwendung dieses Fragments als „Aphorismus" 149 widerlegt die Behauptung der Kompilatoren, entsprechend der Intention Nietzsches zu verfahren. Anfang der achtziger Jahre hatte Nietzsche noch nicht einmal den Plan zu einem „Hauptwerk" gefaßt – aus diesem Grund kann das Fragment nicht im Zusammenhang mit der „Wille zur Macht"-Thematik entstanden sein. Offensichtlich konnte aber der Entstehungszeitraum der Fragmente gar nicht groß genug sein, um möglichst viel Material zur Verfügung zu haben. Die von den Herausgebern unternommene Nutzbarmachung des Nachlasses aus dem riesigen Zeitraum von acht Jahren verdeutlicht, daß es um mehr ging, als nur den „Willen zur Macht" in einem vermeintlichen

Sinne des Autors zu rekonstruieren; die Zuordnung der unzähligen nachgelassenen Fragmente zu den im Plan angeführten Themengebieten stellt ein fragwürdiges Text-Recycling dar, das die dem Unternehmen zugrundeliegende und auf finanziellen Erfolg zielende Motivation beweist.

5.) In den *Willen zur Macht* wurden Vorstufen zu beinahe sämtlichen Werken aufgenommen, die Nietzsche im Lauf der achtziger Jahre bearbeitet hatte.[27] Erst die Verwendung dieser Fragmente, die, wie Schlechta zu Recht anmerkte, inhaltlich „nichts Neues" bringen,[28] konnte den einflußreichen Nietzsche-Interpreten Baeumler zu seiner Einschätzung veranlassen, daß *Der Wille zur Macht* „alle grundsätzlichen Resultate" von Nietzsches Denken vereinige.[29] Dies ist insofern verständlich, als durch die Verwendung unzähliger Vorstufen und Alternativfassungen von anderswo Veröffentlichtem in der Nachlaßkompilation tatsächlich eine Ansammlung von zentralen Themenkomplexen vorzufinden ist. Daß aber die „grundsätzlichen Resultate" von Nietzsche bereits selbst veröffentlicht waren und daß demzufolge der interessierte Leser auf diese von Nietzsche autorisierten Werke hätte zurückgreifen können, wurde außer acht gelassen bzw. vorsätzlich dementiert.

6.) Aus dem Winter 1886/87 stammt eine Reihe von Aufzeichnungen, die Nietzsche selbst eineinhalb Jahre später anhand seines letzten Planes zum „Willen zur Macht" anordnete.[30] Diese immerhin fünfzig Seiten umfassende Sammlung stellt damit so etwas wie einen Entwurf des geplanten Werkes dar, obwohl die Fragmente aneinandergereiht und nicht zusammenhängend ausgearbeitet wurden. Die Zugehörigkeit der Fragmente zu den jeweiligen Stoffgebieten bestimmte Nietzsche dadurch, daß er die Textstücke nachträglich mit den betreffenden Überschriften der geplanten Kapitel versah. Die vom Autor vorgenommene Zusammenstellung der Aufzeichnungen wurde allerdings bei der Anfertigung des *Willen zur Macht* ignoriert. Der von Nietzsche vorgesehene Stoff wurde dort auseinandergerissen und auf die vier Bücher verteilt, deren Schwerpunkte anders gelagert waren, weil ein anderer Plan zugrundelag. 42 Textstücke wurden aus der in einer (!) Mappe angelegten Sammlung herausgelöst und als „Aphorismen" veröffentlicht. Dabei spielte Nietzsches Zuordnung keine Rolle mehr: Der – wenn auch aus aneinandergereihten Fragmenten bestehende, so doch in gewisser Weise fortlaufende – Text wurde ganz neu gemischt.[31]

7.) Die Kriterien, die bei der Auswahl des Stoffes für Elisabeth Förster-Nietzsche und Peter Gast eine Rolle spielten, können ansatzweise rekonstruiert werden, wenn man sich vor Augen führt, welches von Nietzsche vorgesehene Material vernachlässigt und nicht aufgenommen wurde. Die oben beschriebene fünfzigseitige Sammlung wurde beispielsweise als derart unverbindlich angesehen, daß Textstücke, die in der KSA insgesamt vierzehn Seiten ausmachen, ihren Nachlaß-Status behalten durften. Insbesondere die Überlegungen, die Nietzsche zu seiner Kritik des Wahrheitsbegriffs anhand von Texten Spinozas, Leibnitz', Humes, Kants und Feuerbachs anstellte, fielen weg.[32] Dieser Versuch einer ernsthaften Auseinandersetzung mit Philosophemen, die Nietzsche für überholt hielt, deshalb kritisierte und durch eigene ersetzen wollte, stellte wohl eine trockene Angelegenheit dar. Man bevorzugte deshalb bei der Auswahl kernige Sätze wie: „Meine Philosophie ist auf Rangordnung gerichtet" oder: „Mein Gedanke: es fehlen die Ziele, und diese müssen Einzelne sein!" („Aph." 287 und 269). Die Auswahl erfolgte hier also zugunsten deutlicher und vermeintlich leicht verständlicher Aussagen. Zündende Formulierungen und ein vehementer Stil lagen Nietzsche eher als eine fundierte theoretische Behandlung von Problemen. Auch im hier besprochenen Entwurf zeigt sich, daß die Ausarbeitung von Texten, die Nietzsches Konsequenzen aus seiner Philosophie-Kritik – also sein eigenes Anliegen – beinhalten, gegenüber den Textstellen, in denen eher schulphilosophisch vorgegangen wird, sehr viel weiter gediehen ist. Es ist aber festzuhalten, daß Nietzsche für ein noch zu schaffendes Werk „Der Wille zur Macht" eine gewisse Zeit lang beabsichtigte, eine wissenschaftlich haltbare Analyse der von ihm kritisierten Theorien zu leisten. (Die Frage, inwieweit Philosophie eine Wissenschaft ist, soll hier nicht weiter diskutiert werden). Die Aussparung dieser Textstellen im *Willen zur Macht* bedeutet demnach, daß Nietzsches eine Seite des „Über-Feuilletonisten"[33] in den Vordergrund gerückt und die Seite des besonnenen Analytikers unterschlagen wurde – eine Relativierung der manchmal bedenklichen Aussagen blieb somit aus.

8.) Fragmente, die allzudeutlich Religion, Kirche und Reich verunglimpften, wurden hingegen nicht in die Kompilation aufgenommen. Gemäßigte Kritik ließ man noch gelten, Nietzsches Holzhammersätze wurden gestrichen. Beispielsweise erschien ein Fragment, das ansonsten komplett veröffentlicht wurde, ohne den Satz: „Ist nicht die Kirche genau das: „falsche Propheten in Schafskleidern, inwendig reißende Wölfe"?"[34] Nietzsches Überzeugung, daß der Glaube „eine Form der Geisteskrankheit" und „die Reue, die Erlösung, das Gebet alles n e u r a s t h e n i s c h", d. h. auf eine Nervenschwäche zurückzuführen seien,[35] fand im *Willen zur Macht* ebensowenig ihren Ausdruck wie sein Diktum, daß für das Christentum mit der Person Jesus eine „Null am Anfang" stehe.[36] Eine Anzahl von Aufzeichnungen, die Nietzsche Anfang 1888 rubriziert und mit Nummern versehen hatte, um sie in seinem „Willen zur Macht" zu verwenden, wurden bei der Stoffindung ignoriert – beispielsweise ein Fragment, in dem

> die Weiblein, die darauf warten, bis der Priester oder der Bürgermeister ihnen die Erlaubniß giebt, ihren Geschlechtstrieb zu befriedigen und dabei das Versprechen abgeben, ihn immer nur an einem Manne zu befriedigen

und die Institution der Ehe verspottet werden.[37] Möglicherweise empfand Elisabeth Förster-Nietzsche die Spitze gegen sich selbst gerichtet; keinesfalls wollte sie aber durch die Veröffentlichung dieses und anderer Fragmente ähnlicher Tonart gegen die guten Sitten verstoßen. Frauenfeindliche Äußerungen übernahm Elisabeth Förster-Nietzsche grundsätzlich nicht in ihre Kompilation – schon gar nicht, wenn darin Nietzsche auf seine Beziehung zu seinem „lieben Lama" – „die Schwester! Schwester! 's klingt so fürchterlich!" – anspielte.[38] Nietzsches verbale Grobheiten gegen die „Idealisten", die von ihm samt und sonders als „Lügner" (KSA 12, 10[103]) bezeichnet wurden, fehlen im *Willen zur Macht* ebenso wie Diffamierungen beispielsweise des Antisemiten Adolf Stöcker als einer „Hofprediger-Canaille" (KSA 13, 11 [235]) und des Philosophen Eduard von Hartmann als eines „mageren Affen" (KSA 13, 11[61]). Auch die Metapher vom „K o t h d e s D a s e i n s ", der für eine zeitgemäße Philosophie den besten „Dünger" darstellt (KSA 13, 11 [93]), taucht – obwohl von Nietzsche für *sein* Werk vorgesehen – in der Kompilation nicht auf. Elisabeth Förster-Nietzsches Einschätzung dessen, was „Nietzsche bei späterer Überarbeitung vermieden hätte",[39] wirkte sich also dergestalt aus, daß anstoßerregende Polemik ausgemerzt wurde. Daß diese polemische Schreibweise aber das Spätwerk durchgehend kennzeichnet und unter anderem der Grund dafür war, daß Nietzsche lange nicht ernstgenommen wurde, gab Anlaß, im „theoretisch-philosophischen Hauptprosawerk" derartige Ausrutscher zu vermeiden und somit dem Text den Anschein der Seriosität zu verleihen.

Nietzsches Versuch, auf theoretischer Ebene eine Bestandsaufnahme dessen, was in der Welt vor sich geht, zu leisten und eine zugrundeliegende Motivation zu beschreiben, erfolgte im [B]ewußtsein der Gefahr, die ein solches Unternehmen hinsichtlich seiner Nutzbarmachung für ideologische Zwecke barg. Die Strömungen der Zeit – Nationalismus, Imperialismus und Rassismus – erkannte und mißbilligte Nietzsche. Seine Theorie vom „Willen zur Macht" sollte nichts sein, was in der realen Politik in seinem Namen verwirklicht werden durfte. Deutliche Distanzierungen vom aktuellen Zeitgeschehen waren deshalb für Nietzsche unabdinglich; die aufgestellte

> Maxime: mit keinem Menschen umgehn, der an dem verlogenen Rassen-Schwindel Antheil hat. (Wieviel Verlogenheit und Sumpf gehört dazu, um im heutigen Mischmasch-E<uropa> Rassenfragen aufzurühren!) (KSA 12, 5 [52]),

wurde in den *Willen zur Macht* jedoch nicht aufgenommen. Nietzsches ambivalente Haltung, die einen Alexander, Cesare Borgia, Napoleon und nicht zuletzt sich selbst als „große[] Menschen" (KSA 11, 35[18]) einschätzte, einen Bismarck oder Wilhelm II. hingegen nicht – man darf vermuten, auch keinen Hitler –, wurde durch die Unterdrückung von Texten, in denen tagespolitische Vorgänge kritisiert oder verurteilt wurden, im „Hauptwerk" auf eine verfälschende Eindimensionalität reduziert.[40] Nietzsches Entwurf verlor so seinen utopischen Charakter und konnte auf die vorhandene Realität bezogen werden.

Wichtige Fragmente, die eindeutig im Hinblick auf den „Willen zur Macht" verfaßt wurden und oftmals Versuche der Klärung dessen, was unter diesem Theorem zu verstehen ist, darstellen, wurden nicht aufgenommen. Es fehlt die Vorrede, die die Vermutung beinhaltet, daß „der Wille zur Macht als Princip" den Deutschen „sch<we>r verständlich" wäre, weil er eben nicht als eine „Befürwortung [...] reichsdeutscher Aspirationen" gedacht werden muß (KSA 12, 9[188]); es fehlen Aufzeichnungen, in denen die verschiedenen Daseinbereiche – beinahe in Form einer Phänomenologie – explizit erläutert und auf den „Willen zur Macht" zurückgeführt werden.[41]

9.) Nur ein kleiner Teil der Nachlaßfragmente wurde genau so in den *Willen zur Macht* übernommen, wie von Nietzsche angefertigt und liegengelassen.[42] Die Veränderung, die am häufigsten vorgenommen wurde, war die Verkürzung von Aufzeichnungen. Dieses Verfahren soll hier an einem Beispiel demonstriert werden. Der von Nietzsche ursprünglich verfaßte Text liest sich folgendermaßen:

– Die L e h r e v o n d e n G e g e n s ä t z e n (gut, böse usw.) hat Werth als E r z i e h u n g s -Maaßregel, weil sie Partei ergreifen macht.
– die mächtigsten und gefährlichsten Leidenschaften des Menschen, an denen er am leichtesten zu Grunde geht, sind so gründlich in Acht gethan, daß damit die mächtigsten Menschen selber unmöglich geworden sind oder sich als b ö s e, als „schädlich und unerlaubt" fühlen müßten. Diese Einbuße ist groß, aber nothwendig bisher gewesen: jetzt, wo eine Menge Gegenkräfte groß gezüchtet sind, durch zeitweilige Unterdrückung jener Leidenschaften (von Herrschsucht, Lust an der Verwandlung und Täuschung) ist deren Entfesselung wieder möglich: sie werden nicht mehr die alte Wildheit haben. Wir erlauben uns die zahme Barbarei: man sehe unsere Künstler und Staatsmänner an
– Die Synthesis der Gegensätze und Gegentriebe ein Zeichen von der Gesamtkraft eines Menschen: w i e v i e l kann sie **bändigen**?
– ein neuer Begriff von Heiligkeit: Plato's Naivetät – Nicht mehr der Gegensatz der verketzerten Triebe im Vordergrund
– zu demonstriren, in wiefern die griechische Religion die <u>höhere</u> war als die jüdisch-christliche. Letztere siegte, weil die griechische Religion selber entartet (**zurück** g e g a n g e n) war.

Ziel: die Heiligung der mächtigsten furchtbarsten und bestverrufenen Kräfte, im alten Bilde geredet: die Vergöttlichung des Teufels (KSA 12, 1[4]).

Aus diesem Text, der in seiner Gesamtheit wohl eher als eine brainstormartige Auflistung von Gedanken, die ein Problem einkreisen, und nicht als eine definitive Erörterung angesehen werden kann, gewannen die Kompilatoren zwei „Aphorismen": Der zweite der Stichpunkte („die mächtigsten [...] Staatsmänner an") wurde unter der Nummer 869 in den *Willen zur Macht* aufgenommen; der kurze Abschnitt „zu demonstriren [...] war" wurde zum „Aphorismus" 1042.

Die übrigen Ausführungen blieben unberücksichtigt. Der Charakter des Vorläufigen wurde den zwei verwendeten Textstücken allein schon dadurch genommen, daß die Gedankenstriche zu Beginn weggelassen und die jeweils ersten Worte der Abschnitte mit Großbuchstaben versehen wurden. Die Veränderung der graphischen Merkmale, die diesen Nachlaßtext Nietzsches ebenso wie viele andere als Entwurf erkennbar werden lassen, vermittelt dem Leser den Eindruck der Richtigkeit und Abgeschlossenheit der „Aphorismen". Die Teilung des Nachlaßfragments und die darauffolgende Verteilung der Textstücke auf unterschiedliche Kapitel des *Willen zur Macht* kann weitergehend als ein Versuch interpretiert werden, dem vorgefundenen Text den Makel der inhaltlichen Unzulänglichkeit zu nehmen. Nietzsche notierte hier ja Punkte, deren Zusammenhang nicht ohne weiteres ersichtlich ist, den er selbst aber eventuell noch herzustellen beabsichtigte. Besonders die kurze Reflexion über die griechische Religion, die als „Aphorismus" 1042 kompiliert wurde, ist im Originalkontext doch eindeutig als eine Arbeitsanweisung zu erkennen, die Nietzsche sich selber gibt.

Die Loslösung einzelner Textpassagen aus einem Rohentwurf, in dem ein Gedanke mehr assoziativ als logisch zwingend durchgespielt wird, und deren Einordnung in jeweils passendere Kontexte bedeutete eine Verleugnung sowohl des Versuchs-Charakters der ganzen Aufzeichnung als auch der einzelnen Abschnitte – doch erst dadurch war weiteres Material verfügbar und die benötigte Seriosität gewährleistet.

10.) Im *Willen zur Macht* findet man unzählige „Aphorismen", die sich durch Kürze auszeichnen und meistens nur aus einem Satz bestehen. Diese Kürze, die den Äußerungen allein schon formal etwas sentenzartiges und – weitergehend, den Inhalt betreffend – etwas apodiktisches verleiht, ist in vielen Fällen das Resultat der Bearbeitung von Seiten der Herausgeber. So finden sich auf den ersten Seiten der Kompilation die „Aphorismen" 6: „Dies ist die Antinomie: Sofern wir an die Moral glauben, verurtheilen wir das Dasein" und 9: „Der Pessimismus als Vorform des Nihilismus". Beide Formulierungen stammen aus Aufzeichnungen, die Nietzsche im Herbst 1887 festgehalten hatte, um sich über Inhalt, Aufbau und Gang der Argumentation seines geplanten Werkes „Der Wille zur Macht" klar zu werden. Die Aufzeichnung, der der „Aphorismus" 6 entnommen ist,[43] trägt die

Überschrift „Zum Plane" und bringt auf einer halben Seite knapp formuliert die logische Entwicklung von Nietzsches Gedankengang zu einem Moral-Problem. Die andere enthält auf engstem Raum den Inhalt der vier geplanten Bücher.[44] Eines der zu behandelnden Themen in diesem Plan ist eben „Der Pessimismus als Vorform des Nihilismus" – es handelt sich bei dieser Formulierung aber eher um eine Überschrift oder einen Programmpunkt als um einen Aphorismus oder eine Sentenz. Auch der als „Aphorismus" 1001 veröffentlichte Satz: „Nicht ‚Menschheit', sondern *Übermensch* ist das *Ziel*!" wurde einem Zusammenhang entnommen, der die Aussage zumindest teilweise hätte relativieren können. Wie aus dem Fragment[45] ersichtlich ist, fehlt im *Willen zur Macht* der von Nietzsche notierte Zusatz „Mißverständnis bei Comte!", der zumindest klarstellt, daß die Aussage bezüglich einer Lektüre getroffen wurde, um einen inhaltlichen Unterschied festzuhalten, und nicht unbedingt, um das neue Motto für kommende Geschlechter zu postulieren. Auch dieses Fragment muß eher als eine Notiz angesehen werden; seine Verwendung als „Aphorismus", zumal in seiner exponierten Stellung am Ende des „Rangordnung"-Kapitels im vierten Buch des *Willen zur Macht*, das den Titel „Zucht und Züchtung" trägt, ist ein weiteres Mal fragwürdig. „Wer Sentenzen schreibt, will nicht gelesen, sondern auswendig gelernt werden" (KSA 10, 3[1]305), hatte Nietzsche 1882 notiert. Die „Sentenzen", die durch die Bearbeitung von Elisabeth Förster-Nietzsche und Peter Gast in den *Willen zur Macht* eingingen, waren zum Auswendiglernen genausogut geeignet wie die, die Nietzsche selbst als solche verfaßt und veröffentlicht hatte.

11.) Eine andere Methode zur Gewinnung von „Aphorismen" war die der Zusammenführung von Fragmenten. In den meisten Fällen handelt es sich dabei um Texte, die schon in Nietzsches Mappen und Notizbüchern eng beieinander lagen und deshalb auch in der KSA nacheinander aufgeführt sind.[46] Einige der „Aphorismen" sind jedoch aus Fragmenten ganz unterschiedlicher Herkunft komponiert. Die Kriterien waren bei dieser Vorgehensweise dieselben wie bei der Sammlung der fertigen „Aphorismen" innerhalb der jeweiligen Themenkomplexe. Ähnlicher Inhalt oder eine vermeintlich logische Fortführung des geäußerten boten Legitimation genug zur Zusammenstellung. In einer Aufzeichnung aus dem Herbst 1887 behandelte Nietzsche, „[w]as v e r d o r b e n ist durch den Mißbrauch, den die Kirche damit getrieben hat" (KSA 12, 10[165]). Sechs Punkte sind angeführt, nämlich „die A s k e s e", „das F a s t e n", „das ‚K l o s t e r'", „die Feste", „die M u t h l o s i g k e i t v o r d e r e i g n e n N a t u r" und „der T o d" – erläutert werden aber nur die ersten fünf. Das Fragment endet mit dem nicht weiter ausgeführten Stichpunkt: „6) der T o d". Eine kurze Aufzeichnung zu diesem Thema aus dem Frühjahr 1884:

Der Tod. Man muß die dumme physiologische Thatsache in eine moralische N o t h w e n d i g k e i t umdrehen. So leben, daß man auch z u r r e c h t e n Z e i t s e i n e n W i l l e n z u m T o d e h a t! (KSA 11, 25[226])

wurde deshalb kurzerhand dem ersten Fragment angefügt; beide zusammen ergaben den „Aphorismus" 916. Auch dieser fand seinen Platz im Buch „Zucht und Züchtung" des *Willen zur Macht*. Diese Einordnung wird jedoch erst durch den Zusatz der früheren Aufzeichnung verständlich – nur in der kompilierten Fassung läßt der Text zu, als Direktive verstanden zu werden.

12.) Eine weitere Vorgehensweise bei der Gewinnung von tauglichen „Aphorismen" war die Umstellung von Sätzen und Satzteilen innerhalb nachgelassener Aufzeichnungen. So ist der den Text des *Willen zur Macht* eröffnende „Aphorismus" 2 das Resultat eines derartigen Eingriffs. Eine zwei Seiten lange Aufzeichnung, in der Nietzsche Gedanken zu dem von ihm noch detaillierter zu behandelnden Problem des Nihilismus festhielt, wurde nicht nur in vier Teile geteilt, sondern auch – um eine gewisse Abgeschlossenheit der neuentstandenen „Aphorismen" zu gewährleisten – neu geordnet. Der Beginn von Nietzsches Aufzeichnung lautet in der KSA:

1. D e r N i h i l i s m ein **normaler** Z u s t a n d.

N i h i l i s m : es fehlt das Ziel; es fehlt die Antwort auf das „Warum?" was bedeutet Nihilism? – d a ß d i e o b e r s t e n W e r t h e s i c h e n t w e r t h e n.

Er ist **zweideutig**:

A)) Nihilism als Zeichen der g e s t e i g e r t e n M a c h t d e s G e i s t e s : als **activer Nihilism**.

Er kann ein Zeichen von S t ä r k e sein: die Kraft des Geistes kann so angewachsen sein, daß [...] (KSA 12, 9 [35]).

In der postumen Bearbeitung wurde die Überschrift unter Verzicht auf die Ordnungszahl zum einleitenden Satz des „Aphorismus" 23, der sich mit dem Text ab „Er kann ein Zeichen [...]" fortsetzt. Das Stichwort „Nihilism" wurde mit dem Zusatz „Er ist zweideutig" unter Anführung von „A) Nihilism als Zeichen [...]" und einer im weiteren Verlauf der Nachlaßaufzeichnung besprochenen Differenzierung zum „Aphorismus" 22:

Nihilismus. Er ist *zweideutig*

A) Nihilism als Zeichen der *gesteigerten Macht des Geistes*: als *aktiver Nihilism*.

B) Nihilism als *Niedergang und Rückgang der Macht des Geistes*: der *passive Nihilism*.

Was von dem hier zitierten Fragmentbeginn übrigblieb, ergab nach einer Vertauschung der Sätze den „Aphorismus" 2:
Was bedeutet Nihilismus? – *Dass die obersten Werthe sich entwerthen.* Es fehlt das Ziel; es fehlt die Antwort auf das „Warum?"
Durch diese Umstellung und die vorhergehende Loslösung aus einem Zusammenhang hatte man gleich zu Beginn des *Willen zur Macht* eine Definition des im folgenden behandelten Problems zur Verfügung – eine Definition, die Nietzsche so nicht gegeben hatte. Andere Umstellungen erfolgten vor allem innerhalb von Auflistungen und stichwortartigen Plänen, die Nietzsche erstellt hatte, um sich eine Übersicht über Geleistetes und noch zu Leistendes zu verschaffen. So avancierte eine im Sommer 1886 notierte Inhaltsangabe zu dem geplanten „Der Wille zur Macht" unter Verleugnung ihrer ursprünglichen Bedeutung – nämlich der einer Notiz – teilweise und bunt durcheinandergewürfelt zum „Aphorismus" 905, der im vierten, mit „Zucht und Züchtung" überschriebenen Buch des *Willen zur Macht* veröffentlicht wurde. Festgehalten hatte Nietzsche den Inhalt der vier geplanten Bücher: Im ersten Buch sollte „Die Gefahr der Gefahren", der Nihilismus, dargestellt werden, im zweiten sollte eine „Kritik der Werthe" erfolgen. Der übrige Teil des Plans sah folgendermaßen aus:

> Drittes Buch: das Problem des Gesetzgebers (darin die Geschichte der Einsamkeit) W i e müssen Menschen beschaffen sein, die umgekehrt werthschätzen? Menschen, die alle Eigenschaften der modernen Seele haben, aber stark genug sind, sie in lauter Gesundheit umzuwandeln.
>
> Viertes Buch: der Hammer
>
> ihr Mittel zu ihrer Aufgabe (KSA 12, 2[100])

In diesem frühen Plan hatte Nietzsche noch die Absicht, sein Hauptwerk in einer Philosophie des „Hammers" gipfeln zu lassen. Die einzige von ihm geleistete Realisierung dieses Vorhabens stellt aber ansatzweise die Ende 1888 verfaßte *Götzendämmerung* dar – ihr gab Nietzsche schließlich den Untertitel *Wie man mit dem Hammer philosophirt*. Der „Hammer", das wertezertrümmernde Werkzeug, hatte seine Verwendung gefunden: nicht in irgendeinem „Wille zur Macht", sondern in einem der Werke, die diesen „Wille zur Macht" abgelöst und ersetzt hatten. Dennoch wurde die Metapher des „Hammers" in den *Willen zur Macht* aufgenommen – unter Herstellung ganz neuer und verfälschter Bezüge. Aus dem zitierten Teil des Planes entstand der „Aphorismus" 905 mit dem Text:

> Der Hammer. *Wie* müssen Menschen beschaffen sein, die umgekehrt werthschätzen? – Menschen, die *alle* Eigenschaften der modernen Seele haben, aber stark genug sind, sie in lauter Gesundheit umzuwandeln? – Ihr Mittel zu ihrer Aufgabe.

Was hier auf den ersten Blick wie barer Unsinn erscheint, ist wohl das Ergebnis von Elisabeth Förster-Nietzsches Bemühung, den Erwägungen und Anweisungen, die Nietzsche sich in einem mit „Das vollkommene Buch" (KSA 12, 9[115]) überschriebenen Fragment notiert hatte, so weit wie irgend möglich Folge zu leisten und sie bei der Erstellung ihres *Willen zur Macht* zu berücksichtigen. In dem Fragment hatte Nietzsche von sich selbst eine „Sammlung ausdrücklicher Worte" für dieses „vollkommene Buch" gefordert. Die Forderung wurde von der Schwester dergestalt erfüllt, daß alles, was irgendwie „ausdrücklich" schien – und eben auch ein Ausdruck wie „Der Hammer" –, in das „Hauptwerk" hineingewurstet wurde. Eine Formulierung wie „Der Hammer ihr Mittel zu ihrer Aufgabe" war aber wohl etwas zu dürftig; erst im Zusammenhang mit der Erläuterung dessen, wozu der „Hammer" dienlich sein könnte, waren Verständnis und Lesbarkeit der Notiz gegeben. Eine manuskriptgetreue Wiedergabe der Nachlaßaufzeichnung hätte diese wiederum als eine Inhaltsangabe erkennbar werden lassen, die nun aber keineswegs Nietzsches Forderung nach dem „Hammer" darstellte, sondern einfach das Thema des geplanten vierten Buches, in dem erörtert werden sollte, wie und wodurch eine „Umwerthung aller Werthe" erfolgen müsse. Erst nach der Neuordnung der Formulierungen und der Veränderung der Graphik konnte ein weiterer – im Sinne der Kompilatoren tadelloser – „Aphorismus" in den *Willen zur Macht* aufgenommen werden.[47]

13.) Es wurde weiter oben schon darauf hingewiesen, daß Fragmente, in denen allzudeutlich die Frau in einer vermeintlich biologistischen Argumentation verunglimpft wurde, keinen Einlaß in die Kompilation fanden. Eine Möglichkeit, derartig frauenfeindliche Äußerungen auszumerzen und dennoch Text für das „Hauptwerk" zu gewinnen, war – dies zeigt sich im „Aphorismus" 894 –, die nachgelassenen Formulierungen Nietzsches sinnentstellend zu ergänzen. So widerfuhr dem Fragment KSA 12, 9[158]:

> Wogegen i c h kämpfe: daß eine Ausnahme-Art der Regel den Krieg macht, statt zu begreifen, daß die Fortexistenz der Regel die Voraussetzung für den Werth der Ausnahme ist. Z. B. die Frauenzimmer, welche, statt die Auszeichnung ihrer abnormen Bedürfnisse zu empfinden, die Stellung des Weibes überhaupt verrücken möchten ...

eine Überarbeitung durch Elisabeth Förster-Nietzsche in der Form, daß den „abnormen Bedürfnissen", die zwar an dieser Stelle nicht weiter erläutert werden, die aber dennoch für jeden aufmerksamen Nietzsche-Leser als im Zusammenhang mit Fragen der Empfängnis und Fortpflanzung stehend erkennbar sind,[48] der Zusatz „zur Gelehrsamkeit" angefügt wurde. Frauen mit „abnormen Bedürfnissen zur Gelehrsamkeit" – wen könnte Elisabeth Förster-Nietzsche wohl damit gemeint haben?

An anderen Stellen wurden Ergänzungen vorgenommen, um den Aufzeichnungen ihren Notiz- bzw. Entwurfcharakter zu nehmen. Einen Text, den Nietzsche im Anschluß an seine Lektüre von L. Jacolliots *Les Législateurs religieux. Manou-Moïse-Mahomet* verfaßt hatte, erweiterte Peter Gast für den *Willen zur Macht* um zwei Zitate Manus aus eben diesem Buch.[49] Mögen diese Zitate auch sinngemäß richtig sein und durchaus dem entsprechen, was Nietzsche an den betreffenden Stellen eingefügt hätte – möglicherweise wußte Gast auch aus persönlichen Gesprächen, was Nietzsche in diesem oder anderen Fällen zu tun beabsichtigte: Das Resultat – hier der „Aphorismus" 716 – waren abgeschlossene Texte, deren Vorläufigkeit und Versuchshaftigkeit durch die postume Bearbeitung verlorengingen. Ein weiterer Einwand gegen dieses Verfahren könnte sein, daß Nietzsche während seines Schaffens durchaus bemüht war, fremdes Gedankengut zu verarbeiten und zu benutzen, Fremd-Zitate jedoch vermied, sofern er sich nicht davon distanzieren wollte.[50] Die Verwendung der Zitate Manus im *Willen zur Macht* entlarvt so für den Nietzsche-Kenner – wenn ein solcher Nachweis noch nötig wäre – den „Aphorismus" 716 als unecht. Für den unkundigen Leser hingegen wird Manu zur Autorität, die Nietzsche scheinbar anerkennt und deren Worte er an Stelle eigener benutzt.

Eine dritte Art und Weise, innerhalb der Fragmente Veränderungen vorzunehmen, war die, Nietzsches Ausführungen zusammenzufassen und durch neue Formulierungen zu ersetzen. So wurde gegen Ende einer langen, allzulangen Reflexion, die Nietzsche mit „Warum die Schwachen siegen" überschrieben hatte, eine Kürzung vorgenommen. Die betreffende Passage aus Nietzsches Text lautete ursprünglich folgendermaßen:

> Resultat. Ich sage noch ein Wort von der dritten Kraft. Das Handwerk, der Handel, der Ackerbau, die Wissenschaft, ein großer Theil der Kunst – das Alles kann nur stehen auf einem breiten Boden, auf einer stark und gesund consolidirten Mittelmäßigkeit. [...] (KSA 13, 14[182])

Bei einem fünfseitigen Text kam es Elisabeth Förster-Nietzsche wohl auf ein paar Zeilen nicht an: Nietzsches Einleitungssatz und seine Aufzählung wurden gestrichen. Die neue Fassung, wie sie im „Aphorismus" 864 des *Willen zur Macht* vorzufinden ist, liest sich so:

> Resultat. – Eine hohe Cultur kann nur stehen auf einem breiten Boden, auf einer stark und gesund consolidirten Mittelmäßigkeit.

In späteren Ausgaben des *Willen zur Macht* wurde die vorgenommene Veränderung immerhin dadurch angedeutet, daß die – mittlerweile einer zeitgemäßen Orthographie angepaßte – Formulierung „eine hohe Kultur" in eckige Klammern gesetzt wurde. In der Erstausgabe von 1906 hingegen wurde auf diesen zarten Hinweis verzichtet – hier präsentierte man dem Publikum Nietzsches Reflexion über das, was seiner Meinung nach eine angestrebte „hohe Cultur" kennzeichnet, als einen vermeintlich authentischen Text.

14.) Ein letzter Punkt, der hier behandelt werden soll, ist die von den Herausgebern zum Zwecke einer „sach- und problembezogenen"[51] Ordnung des Materials vorgenommene Einfügung von Überschriften. Dieses Verfahren ist insofern bedeutsam, als Nietzsche selbst einen Großteil der verwendeten Formulierungen gar nicht als solche vorgesehen hatte. Andererseits wurden Nietzsches tatsächlich formulierte Überschriften – sei es zu geplanten Kapiteln oder zu ausgearbeiteten Texten – oft genug gestrichen und durch passendere ersetzt. So verlor das Nachlaßfragment KSA 13, 16[32], welches als „Aphorismus" 1041 kompiliert wurde, die von Nietzsche ursprünglich vorgesehene Überschrift „Woran ich meines Gleichen erkenne". Sie wurde ersetzt durch die Überschrift „Mein neuer Weg zum ‚Ja'", die Nietzsche einem für den „Willen zur Macht" geplanten Text gegeben hatte – dieser wiederum wurde nicht in den *Willen zur Macht* aufgenommen.[52] Zweck und gleichermaßen Resultat dieses Vorgehens war die Rettung einer Formulierung, die bedeutsam – schon in Nietzsches Anlage – mit einem anderen Fragment korrespondierte. Der „neue Weg zum ‚Ja'" sollte nach Nietzsches Absicht in direkter Nachfolge der Aufzeichnung „Meine fünf ‚Neins'" stehen.[53] Der Zusammenhang wurde im *Willen zur Macht* etwas gelockert – zwischen die „Neins", die zum „Aphorismus" 1021 wurden, und dem „Ja" wurde noch Füllmaterial im Umfang von zwanzig Textstücken eingeschoben. Um so deutlicher mußte deshalb wohl der Inhalt des Textes sein, der als Antithese das „Ja" von den „Neins" absetzte. Die überarbeitete Fassung wurde deshalb der ersten, von Nietzsche ursprünglich vorgesehenen, vorgezogen. Nietzsches neue Überschrift „Woran ich meines Gleichen erkenne" schien Elisabeth Förster-Nietzsche aber offensichtlich zu unspektakulär.

Beim Vergleich der nachgelassenen Pläne, die sich durch detailliertere Angaben über vorgesehene Inhalte auszeichnen, und der Inhaltsangabe, die dem *Willen zur Macht* vorangestellt wurde, wird deutlich, daß in der postumen Kompilation sehr viel mehr Kapitel mit den dazugehörigen Überschriften enthalten sind als je von Nietzsche selbst notiert und geplant. Die Titel der vier Bücher folgen, wie bereits erwähnt, dem Plan vom 17. März 1887.[54] Aus unterschiedlichen Plänen und Dispositionen Nietzsches entnahmen Elisabeth Förster-Nietzsche und Peter Gast die Überschriften für die zusammengestellten Kapitel. So entstammt beispielsweise die dem vierten Kapitel des dritten Buches des *Willen zur Macht* gegebene Überschrift „Der Wille zur Macht als Kunst" einer Aufzeichnung, in der Nietzsche eine „Morphologie" seines „Willen zur Macht" notiert hatte: „‚als Natur', als Leben, als Gesellschaft, als Wille zur Wahrheit, als Religion, als Kunst, als Moral, als Menschheit" (KSA 13, 14[72]). Auch wenn die beinahe beliebig anmutende Verwendung dieser Überschriften und ihre ebenso beliebig anmutende Plazierung fragwürdig bleibt, so handelt es sich doch immerhin um Überschriften und Inhalte, die Nietzsche als solche irgendwann formuliert hatte. Die Überschreibung der für den *Willen zur Macht* entstandenen Unterkapitel unternahmen die Herausgeber jedoch auf eigene Faust. Nirgendwo im Nachlaß findet sich beispielsweise eine Einteilung, wie sie im Kapitel „Rangordnung" des vierten Buches „Zucht und Züchtung" vorgenommen wurde:[55]

1. Die Lehre von der Rangordnung
2. Die Starken und die Schwachen
3. Der vornehme Mensch
4. Die Herren der Erde
5. Der grosse Mensch
6. Der höchste Mensch als Gesetzgeber der Zukunft

Diese Formulierungen stammen zwar von Nietzsche, waren als Überschriften aber vom Autor nicht vorgesehen. Die Kompilatoren gewannen sie aus zur Disposition stehenden Aufzeichnungen, die diese Ausdrücke beinhalteten. Die Anordnung der Aufzeichnungen konnte nun wiederum mit Bezug auf die gewonnenen Überschriften erfolgen. Das Verfahren läßt sich einleuchtend anhand der Anfangssätze der „Aphorismen" demonstrieren, die die ersten Seiten des Unterkapitels „5. Der grosse Mensch" ausmachen:[56]

961.
Mein Augenmerk darauf, an welchen Punkten der Geschichte die *grossen Menschen* hervorspringen [...]

962.
Ein *grosser Mensch*, ein Mensch, welchen die Natur in grossem Stile aufgebaut und erfunden hat [...]

963.
Der *grosse Mensch* ist nothwendig Skeptiker [...]

964.
Der *grosse Mensch* fühlt seine Macht über ein Volk, sein zeitweiliges Zusammenfallen [...]

965.
Die Revolution, Verwirrung und Noth der Völker ist das Geringere in meiner Betrachtung, gegen die Noth der *grossen Einzelnen* in ihrer Entwicklung [...]

966.
Der Mensch hat, im Gegensatz zum Thier, eine Fülle gegensätzlicher Triebe und Impulse in sich *gross* gezüchtet [...]

Es fällt nicht weiter schwer, die Logik des Vorgehens zu erkennen: Fragmente ähnlichen Inhalts bzw. Variationen desselben Themas wurden unter einer Überschrift zusammengefaßt und aneinandergereiht, die als *tertium comparationis* den übergeordneten Zusammenhang ausmachte und deshalb pointierend vorangestellt werden konnte. Der wichtige Punkt ist aber der, daß als Resultat dieses Verfahrens eine komprimierte „Sammlung a u s d r ü c k l i c h e r Worte" (KSA 12, 9[115]) bereits auf der ersten Seite des „Hauptwerks" – als Inhaltsangabe! – zustandekam. Die Inhaltsangabe wurde somit zu einer Übersicht des philosophischen Systems, das Elisabeth Förster-Nietzsche so wichtig war.

15.) Die Betrachtung der Vorgehensweise von Elisabeth Förster-Nietzsche und Peter Gast bei der Erstellung des *Willen zur Macht* konnte hier nur an wenigen, wenngleich wichtigen Stellen erfolgen. Dennoch ist aus dem Behandelten ersichtlich, wie sehr und aufgrund welcher Umstände Nietzsches vermeintliches „Hauptwerk" das Resultat eines Verfahrens ist, das entgegen einer ursprünglichen Absicht des Autors getätigt wurde. Es steht dabei nicht zur Debatte, daß ein unvollendetes Werk niemals durch postume Rekonstruktion in der Form wird vollendet und realisiert werden können, wie es vom Künstler zu Lebzeiten geplant war. Diesen Sachverhalt wird man Nachlaßbearbeitern nicht vorwerfen – es sei denn, sie benutzten nachgelassenes Material im Namen des Künstlers für ihre eigenen Zwecke. Diese eigenen Zwecke verfolgte aber Elisabeth Förster-Nietzsche bei der Erschließung des Nachlasses ihres Bruders und der Publikation jenes fragwürdigen „Hauptwerks". Ihre Absicht war, Nietzsches Zeitgemäßheit endgültig zu beweisen, ja, ihn gar zum Vordenker des sich anbahnenden totalitären Zeitalters hochzustilisieren und im Zusammenhang mit einer breiten und wohlwollenden Rezeption des *Willen zur Macht* bedeutende Umsatzsteigerungen zu erzielen. Dies konnte jedoch nur erreicht werden, wenn einerseits eine größtmögliche Authentizität des Buches, andererseits eine – im Sinne ihres Anliegens – erleichterte Lesbarkeit gewährleistet war. In der rezeptionsgeschichtlichen Forschung ist man sich heute weitgehend einig, daß Nietzsches Verwendbarkeit für ideologische Zwecke hauptsächlich aufgrund seiner ebenso knappen wie drastischen Formulierungen gegeben war. So resümiert beispielsweise David Marc Hoffmann: „Der Rückgriff auf Nietzsche in der offiziellen NS-Propaganda war allerdings, wie so vieles, hohle Phrase und beschränkte sich auf das Zitieren geeigneter Schlagwörter wie Übermensch, Wille zur Macht, Herrenmoral, blonde Bestie und ‚Werdet hart!'."[57] Eine derartige Verwendung war nicht zuletzt durch eine Präsentation dieser Schlagwörter, wie im *Willen zur Macht* vorgenommen, möglich geworden. Wir haben gesehen, daß Texte, die – aus heutiger Sicht – faschistisches Vokabular beinhalten, an exponierten Stellen vorzufinden sind: zu Beginn oder am Schluß von Kapiteln. Dabei handelt es sich teilweise um Formulierungen, die größeren Zusammenhängen entnommen wurden. Erläuterungen und Relativierungen der von Nietzsche geprägten Ausdrücke wurden dadurch unterdrückt – übrig blieben griffige Formeln, die als Zusammenfassungen des zuvor Ausgeführten, als Quintessenz und *conclusio*, angesehen und zitiert werden konnten. Auch die nachträglich eingefügten Überschriften ermöglichten in der Form ihrer Sammlung als Inhaltsangabe einen leichten Zugriff auf prägnante Formulierungen. Unterstützt wurde eine derartig vereinfachte Lesbarkeit durch die von den Herausgebern zum Zwecke der Volumenvergrößerung vorgenommene Anhäufung von Nachlaßfragmenten, die einen jeweils übergeordneten Begriff oder dasselbe Thema umspielen. Dieses in der rhetorischen Theorie als „Breiten-Amplifizierung" bezeichnete Verfahren beabsichtigt eine gesteigerte Glaubwürdigkeit eines „kernhaft in einem Satz ausdrückbaren" Gedankens.[58] Dabei besteht jedoch die Gefahr, daß durch eine Überhäufung sich beim Leser oder Zuhörer Langeweile einstellt. Für den *Willen zur Macht* ist folgendes zu bemerken: Viele der verwendeten Fragmente stellen Versuche und Entwürfe Nietzsches dar. Ihnen fehlt der letzte stilistische Schliff – eine „Verführung durch die vollkommene Sprache"[59] findet hier nur bedingt statt. Die Aneinanderreihung dieser teilweise recht trockenen Ausführungen hat zur Folge, daß die Aufmerksamkeit des Lesers sich verstärkt auf die zündenden und vermeintlich leicht verständlichen Formeln richtet. Karl Schlechta hatte in seiner Ausgabe allen „Nachlaß-Enthusiasten" angeboten, „die Texte losgelöst von allem Sensationellen des Haupttitels und der Zwischentitel [...] zu lesen"[60] – auch für ihn resultierte die faschistische und kommunistische Rezeption des *Willen zur Macht* hauptsächlich aus den eingängigen Formeln, die Förster-Nietzsche und Gast durch ihre editorischen Eingriffe zur Verfügung gestellt hatten. Es muß an dieser Stelle die Frage aufgeworfen werden, ob denn im Verlauf unseres Jahrhunderts der *Wille zur Macht* tatsächlich gelesen wurde oder ob sich die breite Rezeption des Werkes nicht vielmehr allein auf den Titel beschränkt, hinter dem man einen Inhalt mehr vermutete als wirklich überprüfte.

In jedem Fall erhielten der Titel und die präparierten Schlagwörter zusätzliches Gewicht durch den Umfang und die pseudo-systematische Form des „Hauptwerks". Das von Elisabeth Förster-Nietzsche gegebene System, in dem zudem Nietzsches Kritik am Zeitgeschehen, seine Polemik gegen staatstragende Institutionen und seine Distanzierung von Antisemitismus und Nationalismus größtenteils unterdrückt wurden, hatte den Effekt, daß der *Wille zur Macht* als ein weitgehend kohärenter Entwurf einer chauvinistischen Gesellschaft angesehen werden konnte. Dabei bemächtigte sich Förster-Nietzsche der Philosophie ihres Bruders – der Zweifler und Zerstörer Nietzsche wurde zu einem Konstrukteur umgewertet. Für Elisabeth Förster-Nietzsche traf somit als erste zu, was Nietzsche prophezeit und bedauert hatte: „Die Deutschen von Heute sind keine Denker mehr [...] Der Wille zur Macht als Princip wäre ihnen sch<we>r verständlich ..." (KSA 12, 9[188]).

Für den „nicht ungefährlichen Titel [,]Der Wille zur Macht[,]" (KSA 11,40[50]), der als solcher allein die Initialzündung für das Unternehmen *Der Wille zur Macht* darstellte, läßt sich abschließend mit Nietzsche sagen: „Kurze Rede, langer Sinn – Glatteis für die Eselin!" (JGB 237)

Anmerkungen

[1] Bei dem vorliegenden Aufsatz handelt es sich um eine gekürzte und überarbeitete Fassung meiner (unveröffentlichten) Magisterarbeit *Rhetorische Strukturen im Willen zur Macht. Zur Problematik des postum kompilierten „Hauptwerks" Friedrich Nietzsches* (Tübingen 1994). Abgesehen von rhetorikspezifischen Details sind jedoch alle wesentlichen Punkte berücksichtigt. Für das Analyseverfahren wurde der – üblicherweise bei der Erstellung eines Textes angewandte – rhetorische Dreischritt a) inventio (Stoffindung), b) dispositio (Stoffanordnung), c) elocutio (Ausarbeitung/Formulierung) fruchtbar gemacht.

[2] Friedrich Nietzsche wird zitiert nach *Sämtliche Werke. Kritische Studienausgabe in 15 Bänden* (KSA), hrsg. v. Giorgio Colli u. Mazzino Montinari, München/Berlin/New York 1988 (2., durchges. Auflage). Die KSA ist im Text identisch mit der *Kritischen Gesamtausgabe* (KGW), Berlin/New York 1967ff. Hier: KSA 11, 40[50].

[3] Mazzino Montinari beschreibt diese Entwicklung in seinem Aufsatz: Nietzsches Nachlaß von 1885 bis 1888 oder Textkritik und Wille zur Macht. In: ders., *Nietzsche lesen*. Berlin/New York 1982, S. 92–119.

4 *Vorwort* von Elisabeth Förster-Nietzsche in: Friedrich Nietzsche, *Der Wille zur Macht. Versuch einer Umwerthung aller Werthe.* Leipzig 1906, S. VII. Bereits 1901 war eine Sammlung von Nachlaßfragmenten unter dem Titel *Der Wille zur Macht* erschienen – die um über 600 Fragmente erweiterte Fassung von 1906 sollte jedoch Epoche machen. Auf diese „kanonische" (Montinari) Ausgabe beziehen sich die folgenden Ausführungen, in denen grundsätzlich der „Wille zur Macht", wie ihn Nietzsche geplant und behandelt hat, und der *Wille zur Macht*, wie er postum veröffentlicht wurde, deutlich und deshalb auch typographisch unterschieden werden. Ist von dem Theorem oder Nietzsches literarischem Projekt die Rede, stehen Anführungszeichen; handelt es sich um Elisabeth Förster-Nietzsches Kompilation, erscheint der Titel des Buches kursiv.

5 Zit. nach Wolfgang Müller-Lauter, Ständige Herausforderung. Über Mazzino Montinaris Verhältnis zu Nietzsche. In: *Nietzsche-Studien*, 18 (1989), S. 40.

6 Wolfgang Müller-Lauter, „Der Wille zur Macht" als Buch der ‚Krisis' philosophischer Nietzsche-Interpretation. In: *Nietzsche-Studien*, 24 (1995), S. 223–260.

7 Den Gang der *Wille zur Macht*-Editionen und die Diskussion um dieselben zeigt umfassend und engagiert David Marc Hoffmann in seiner – bescheiden betitelten – Studie *Zur Geschichte des Nietzsche-Archivs*. Berlin/New York 1991 und im Katalog zu seiner Ausstellung *Das „Basler Nietzsche-Archiv"* (Publikationen der Universitätsbibliothek Basel, Nummer 20, Basel 1993). Hoffmanns besonderes Augenmerk gilt dabei den pseudolegitimierten Neuausgaben von *Der Wille zur Macht*, die der Kröner-Ausgabe (Stuttgart 1980, 12. Aufl.), an die man sich schon beinahe gewöhnt hat, jüngst folgten: *La volonté de puissance*. Paris 1991; *Der Wille zur Macht*. Frankfurt/Main 1992; *La volonté di potenza*. Mailand 1992. Bei Kröner/Stuttgart erschien der „kanonische" Text 1995 in 13. Auflage.

8 Karl Schlechta, Philologischer Nachbericht. In: Friedrich Nietzsche, *Werke in drei Bänden*. Hrsg. von Karl Schlechta. Bd. 3. München 1956, S. 1393.

9 KSA 14, S. 383. Für den Vergleich ist die von Jörg Salaquarda und Marie-Luise Haase erstellte Konkordanz zwischen dem *Willen zur Macht* von 1906 und der KGW hilfreich, die in den *Nietzsche-Studien*, 9 (1980) veröffentlicht wurde; s. auch meine Ergänzungen dazu in *Nietzsche-Studien*, 25 (1996).

10 *Vorwort* von Elisabeth Förster-Nietzsche in: Friedrich Nietzsche, *Nachlass. Der Wille zur Macht*. Leipzig 1901, S. XX.

11 Es handelt sich um den mit „entworfen den 17. März 1887, Nizza" datierten Plan KSA 12, 7 [64], der auch dem *Willen zur Macht* von 1901 zugrundelag. Dieser Plan bot „die einfachste und durchsichtigste Formulirung", wie Elisabeth Förster-Nietzsche im Vorwort zu der Kompilation von 1901 betonte (S. IX), gleichzeitig ließ er die größte Freiheit bei der Auswahl der Fragmente aus dem riesigen – bei Anfertigung der Kompilation noch teilweise unerschlossenen – Nachlaßkorpus. Peter Gast besorgte die Anordnung für die Bücher eins und drei, das zweite und vierte Buch gestaltete Elisabeth Förster-Nietzsche (vgl. KSA 14, S. 11). Gasts Tätigkeit ging dabei jedoch im Sinne Elisabeth

Förster-Nietzsches vonstatten, deshalb wird im folgenden vornehmlich von ihr die Rede sein.

[12] KSA 13, 12[1].

[13] KSA 13, 12[2].

[14] Elisabeth Förster-Nietzsche, *Das Leben Friedrich Nietzsche's*. 2. Bd., 2. Abt. Leipzig 1904, S. 694.

[15] Friedrich Nietzsche, *Der Wille zur Macht*. Stuttgart 1980 (12. Aufl.).

[16] Vgl. die Vorrede KSA 12, 9[188]: „Die Deutschen von Heute sind keine Denker mehr [...] Der Wille zur Macht als Princip wäre ihnen sch<we>r verständlich [...]"; des weiteren die Entwürfe KSA 12, 2[179]; KSA 13, 15[13]; KSA 13, 15[76]; KSA 13, 16[43]; KSA 13, 19[1].

[17] KSA 12, 9[35]. Die Bezeichnung „Aphorismus" wird den Textstücken, die in den *Willen zur Macht* eingingen, nur in Anführungszeichen zugestanden. Eine deutliche Distanzierung von der Vorgehensweise Elisabeth Förster-Nietzsches soll dadurch zum Ausdruck gebracht werden.

[18] JGB Vorrede, KSA 5, S. 127: „[W]ir haben [...] vielleicht auch den Pfeil, die Aufgabe, wer weiss? das Ziel [...]".

[19] Die „Aphorismen" 133 (KSA 11, 34[19]) und 134 (KSA 12, 2[128]) beschließen das erste Buch „Der europäische Nihilismus".

[20] Vorrede (KSA 13, 11[411]).

[21] „Aphorismus" 854 (KSA 11, 26[9]) eröffnet das vierte Buch „Zucht und Züchtung".

[22] „Aphorismus" 1001 (KSA 13, 15[39]) am Ende des „Rangordnung"-Kapitels.

[23] „Aphorismus" 1053 (KSA 11, 26[376]) zu Beginn des Kapitels „Die ewige Wiederkunft".

[24] In ihrer sogenannten „großen Biographie" (*Das Leben Friedrich Nietzsche's*, a.a.O., S. 696) hatte Elisabeth Förster-Nietzsche bezüglich des *Willen zur Macht* behauptet, „in den eignen Worten des Autors [...] den Gedankengang zu geben, wie er nach sorgfältihger Prüfung aus den Bruchstücken ungefähr hervorzugehen scheint". Und: „Ich füge Nichts hinzu, sondern nur die einzelnen Aphorismen aneinander, daß sie eine fortlaufende Gedankenreihe bilden."

[25] KSA 13, 23[4].

[26] KSA 9, 6[255].

[27] Eine Aufzeichnung über „Christliche Mißverständnisse", deren überarbeitete Fassung Nietzsche für seinen *Antichrist* benutzte, findet sich im *Willen zur Macht* wieder; dort jedoch geteilt – als „Aphorismen" 162, 161 und 198 (KSA 13, 11[354]; vgl. *AC*, S. 207). Aus einer Vorarbeit zur Vorrede der neuaufgelegten *Morgenröthe* entstanden die „Aphorismen" 253 und 258 (KSA 12, 2[165]). Einer Reflexion, die Nietzsche teilweise in *Der Fall Wagner* verarbeitete, entstammt „Aphorismus" 834 (KSA 13, 16[37]; vgl. *WA*, S. 29ff.). Ein Fragment, das eine Vorstufe zu einem Abschnitt der *Götzendämmerung* darstellt, wurde zum dritten Teil des „Aphorismus" 397 (KSA 13, 15 [55]; vgl. *GD*, S. 99). Der berühmte „Aphorismus" 1067, der den *Willen zur Macht* abschließt, stellt eine

Vorstufe zu einem Abschnitt von *Jenseits von Gut und Böse* dar (KSA 11, 38 [12]; JGB, S. 54f.). Es ließen sich zahllose weitere Beispiele anführen.

28 Karl Schlechta, Philologischer Nachbericht, a. a. O., S. 1404.
29 Nachwort von Alfred Baeumler in: Friedrich Nietzsche, *Der Wille Zur Macht*. Leipzig 1930, S. 35. Vgl. dazu Mazzino Montinari, Nietzsche zwischen Alfred Baeumler und Georg Lukács. In: ders., *Nietzsche lesen*, a. a. O., S. 169–206.
30 Plan: KSA 13, 18 [17]; Stoffsammlung: KSA 12, 7[1–9].
31 Um Nietzsches ursprüngliche Anordnung wiederherzustellen, müßten die zu „Aphorismen" avancierten Bruchstücke im *Willen zur Macht* in der folgenden Reihenfolge gelesen werden: 666, 472, 665, 678, 661, 572, 18, 677, 412, 261, 530, 368, 138, 306, 378, 343, 279, 774, 266, 970, 326, 275, 389, 287, 859, 286, 269, 273, 788, 234, 672, 105, 118, 828, 103, 819, 113, 8, 681, 680, 504, 510, 679, 644, 648.
32 KSA 12, 7[4].
33 Den Begriff „Über-Feuilletonismus" für Nietzsches Art des Schreibens prägte 1947 Thomas Mann in seinem Aufsatz: Nietzsche's Philosophie im Lichte unserer Erfahrung. In: *Nietzsche und die deutsche Literatur*. 2 Bde. Hrsg. von Bruno Hillebrand. München/Tübingen 1978, Bd. 1, S. 287.
34 KSA 13, 11[360]; der restliche Text ergab die „Aphorismen" 163, 165 und 164 – in dieser Reihenfolge. Laut KSA 14, S. 757 zitiert Nietzsche hier *Matth. 13, 57*; das Fragment entstand insgesamt im Anschluß an die Lektüre von Tolstois *Ma religion*. Zur Verwendung fremden Gedankenguts für den *Willen zur Macht* vgl. Elisabeth Kuhn, „Cultur, Civilisation, die Zweideutigkeit des ‚Modernen'". In: *Nietzsche-Studien*, 18 (1989), S. 600–626.
35 KSA 13, 14[13]; aus diesem Fragment wurde „Aphorismus" 152 herausgelöst.
36 KSA 13, 15 [108]; das Fragment wurde ansonsten als „Aphorismus" 177 verwendet.
37 Rubrizierung: KSA 13,12[1]; Fragment: KSA 12, 10[71].
38 KSA 13, 14[162]. Andere nicht aufgenommene Fragmente z. B. KSA 13, 14 [106] und 15[18].
39 *Vorwort* von Elisabeth Förster-Nietzsche in: Friedrich Nietzsche, Nachgelassene Werke. *Der Wille zur Macht*. Leipzig 1901 (GA 15), S. XIII.
40 Man muß sich an dieser Stelle klarmachen, daß Nietzsches Forderung nach dem „Übermenschen" nicht um dessen selbst willen gestellt wurde oder gar, um irgendein totalitäres System als Selbstzweck zu errichten. Der „Übermensch" hatte vielmehr eine Aufgabe: Für Nietzsche bedurfte es einer „Wiederkunft des griechischen Geistes" – dementsprechend bestand die „Nothwendigkeit von G e g e n - A l e x a n d e r n , welche den gordischen Knoten der griechischen Cultur wieder b i n d e n , nachdem er gelöst war ... [...]" (EH, Die Geburt der Tragödie 4).
41 Z. B.: KSA 10, 7[107]; KSA 11, 26[273–275]; KSA 11, 40[2]; KSA 11, 43 [1–2]; KSA 12, 9[51]; KSA 12, 9[72–73] etc.
42 Auch Marie-Luise Haase und Jörg Salaquarda bemängeln in der *Vorbemerkung* zu ihrer Konkordanz zwischen den *Wille zur Macht*-Ausgaben und der KGW

(a. a. O., S. 447), daß „kaum eine einzige Aufzeichnung in den früheren Ausgaben korrekt wiedergegeben ist".

[43] KSA 12,10[192].
[44] KSA 12,10[58].
[45] KSA 11, 26[232].
[46] Beispielsweise ist „Aphorismus" 936 aus den Fragmenten KSA 13, 11[140], [141] und [142] zusammengesetzt.
[47] Im Unterschied zu Nietzsches Original steht im *Willen zur Macht* nach „umzuwandeln" ein Fragezeichen. Dieser Unterschied, der den Inhalt der Aussage verändert, soll hier festgehalten, jedoch nicht weiter erläutert werden.
[48] Vgl. beispielsweise die mit „Vorschrift für den jungen Theologen" überschriebene Aufzeichnung KSA 13, 14[106], in der Nietzsche bemerkt: „Es liegt in der Natur des Weibes daß es den Männern gefalle und sie versuchen will."
[49] KSA 13, 14[196]; vgl. dazu den Kommentar in KSA 14, S. 762.
[50] Vgl. dazu die Unzeitgemäße Betrachtung *David Strauss: Der Bekenner und der Schriftsteller* (KSA 1), in der Nietzsche vor allem durch häufige und ausführliche Zitate seine ablehnende Haltung verdeutlicht.
[51] Klappentext von Friedrich Nietzsche, *Der Wille zur Macht*. Stuttgart 1980 (12. Aufl.).
[52] KSA 12,10[3].
[53] KSA 12, 10[2]. Entsprechend der großen Auflistung KSA 13, 12[1], in der Nietzsche das zur Verfügung stehende Material stichwortartig gesammelt hatte, erhielten die Fragmente von ihm selbst die Nummern 137 und 138.
[54] Es ist jedoch zu bemerken, daß auch hier eine Veränderung insofern vorgenommen wurde, als das zweite, von Nietzsche mit „Kritik der höchsten Werthe" betitelte Buch im *Willen zur Macht* die Überschrift „Kritik der *bisherigen* höchsten Werthe" (Hervorhebung von mir, D. F.) erhielt.
[55] Friedrich Nietzsche, *Der Wille zur Macht. Versuch einer Umwerthung aller Werthe*. Leipzig 1911 (Bd. XV und XVI der sogenannten Großoktavausgabe). Hier: Bd. XV, S. 132. Diese Ausgabe ist text-, wenn auch nicht seitenidentisch mit der sogenannten Taschenausgabe von 1906.
[56] Ebd. Bd. XVI, S. 341 ff. (Hervorhebungen von mir, D. F.). Auch hier ist zu bemerken, daß erst in den neueren Ausgaben seit 1964 die nachträglich eingefügten Überschriften in eckigen Klammern stehen, in der Erstausgabe eine derartige Kennzeichnung jedoch fehlt. Nachweis der „Aphorismen": 961: KSA 11, 34[178]; 962: KSA 11, 34[96]; 963: Vorstufe zu KSA 13,11[48] und *Antichrist* 54; 964: KSA 11, 25[335]; 965: KSA 11, 25[342]; 966: KSA 11, 27[57]. Man beachte außerdem, daß ein von Nietzsche in der Auflistung KSA 13, 12[1] „der große Mensch, der Verbrecher" genanntes und als Nummer 79 aufgeführtes Fragment (KSA 12, 9[120]) nicht innerhalb des hier beschriebenen Unterkapitels „Der grosse Mensch" untergebracht, vielmehr als „Aphorismus" 736 an anderer Stelle kompiliert wurde.
[57] Hoffmann, *„Das Basler Nietzsche-Archiv'*, a. a. O., S. 45.

[58] Heinrich Lausberg, *Elemente der literarischen Rhetorik*. München 1987 (9. Aufl.), S. 116.
[59] So der Titel der Laudatio von Heinz Schlaffer, die anläßlich des hundertfünfzigsten Geburtstags von Nietzsche in der Stuttgarter Zeitung (15. Okt. 1994) erschien.
[60] Karl Schlechta, Philologischer Nachbericht, a. a. O., S. 1403.

C. Beiträge zur Quellenforschung

Jörg Salaquarda, Friedrich Nietzsche und die Bibel unter besonderer
Berücksichtigung von Also sprach Zarathustra, Nietzscheforschung 7,
Berlin: Akademie Verlag, 2000, S. 323–333.

Jörg Salaquarda

**Friedrich Nietzsche und die Bibel
unter besonderer Berücksichtigung von
*Also sprach Zarathustra***

Vorbemerkung

In Nietzsches Schriften finden sich viele Zitate aus der Bibel und eine Fülle von Anspielungen auf biblische Gestalten, Situationen und Wendungen. Vollends in seiner „Zarathustra"-Dichtung machte Nietzsche von der Sprache und den Bildern der (Luther-)Bibel in einem Ausmaß Gebrauch, das in der Weltliteratur seinesgleichen sucht. Auf den ersten Blick springt der „Verkündigungsstil" dieses Buchs ins Auge, der bereits Nietzsches Schüler und Helfer Köselitz (alias Peter Gast) zu dem Vorschlag animierte, es unter die „heiligen Schriften" einzureihen (6. 4. 1883). Darin erschöpfen sich aber die Verbindungen von ZA und Bibel nicht. Um nur zwei zu nennen: In beiden Werken spielt das Verhältnis von mündlicher Rede und schriftlicher Mitteilung implizit und explizit eine wichtige Rolle. Und bei beiden handelt es sich nicht um Werke aus einem Guß, vielmehr ist die uns vertraute Textgestalt erst nachträglich redaktionell hergestellt worden.

Ich kann in dieser Übersicht nicht auf alle relevanten – genannten oder ungenannten – Themen eingehen, geschweige denn sie ausführlich erörtern. Die komplexe Entstehungsgeschichte des *Zarathustra*[1] übergehe ich ebenso wie Nietzsches bereits in den frühen siebziger Jahren entwickelte sprachphilosophische Überlegungen. Anderes, wie z. B. Nietzsches Verhältnis zu Luther, werde ich nur kurz streifen. Ich werde mich auf drei Themenkreise konzentrieren: Nietzsches Interpretation biblischer Texte im Rahmen seiner Christentumskritik – Das Verhältnis von mündlicher Rede und schriftlicher Mitteilung im *Zarathustra* – Die Technik der Integration biblischer Motive und Texte in den *Zarathustra*. Auch dabei muß ich mich auf das Nötigste beschränken. In einem kurzen Schlußabschnitt werde ich Folgerungen für die *Zarathustra*-Interpretation ziehen.

Nietzsches Interpretation biblischer Texte im Rahmen seiner Christentumskritik

Der christlichen Tradition galt Gott als der eigentliche Autor der biblischen Texte. Die protestantische Orthodoxie brachte das mit Hilfe des aristotelischen Schemas der vier Ursachen zum Ausdruck. Bei der causa efficiens unterschied sie zwischen den biblischen Schriftstellern als den causae efficientes secundariae und Gott als der causa efficiens primaria.[2] Bis ins vorige Jahrhundert hinein – in bestimmten Kreisen bis heute – wurde und wird diese Glaubensaussage oft in einer falsch vergegenständlichenden Weise ausgelegt, etwa im Sinne der sogenannten Verbalinspiration. Verstehen wir die Rede vom „göttlichen Schriftsteller" (Hamann) aber als Metapher, dann schwingt darin die Einsicht mit, daß auch das „Wort Gottes" der Vielfalt und dem Konflikt der Interpretationen unterworfen ist. Nietzsche kannte diese Zusammenhänge, spielte sie aber zumeist gegen das christliche Bibelverständnis aus. Er nahm die vergegenständlichende Auffassung als Maßstab und konfrontierte sie mit der faktischen Vielheit, ja Disparatheit der Interpretationen. „Es ist eine Feinheit, dass Gott griechisch lernte, als er Schriftsteller werden wollte – und dass er es nicht besser lernte", formulierte er z. B. in einer Mischung von Problembewußtsein und ironischer Polemik (KSA, JGB, 5, 94).

Der christliche Glaube lebt nach reformatorischem Verständnis davon, daß sich die Intention der Schrift beim Lesen der biblischen Texte und beim Hören der auf ihnen beruhenden Predigt je neu zur Geltung bringt. Das will heute die sogenannte „literarische Hermeneutik" vermitteln.[3] Die dogmatische Tradition hat dieses Sich-durchsetzen der Schrift mit dem Beistand Gottes in der Person des Heiligen Geistes verknüpft: Es bedürfe des „testimonium spiritus sancti internum", damit der Leserin/Hörerin bzw. dem Leser/Hörer die „intentio operis" aufgehen könne. Dem Pfarrerssohn und ehemaligen Theologiestudenten Nietzsche war auch dies bekannt. In Aufnahme der ihm durch die Familientradition vertrauten Terminologie der „Erweckungsbewegung" sprach er in diesem Zusammenhang von „erbaulicher" Lektüre. Gegen sie setzte er die historisch-kritische Lektüre. Den für sein Paulus-Verständnis zentralen Text (KSA, M, 3, 64) beginnt er in diesem Sinne mit folgender Entgegenstellung:

„Alle Welt glaubt noch immer an die Schriftstellerei des ‚heiligen Geistes' oder steht unter der Nachwirkung dieses Glaubens: wenn man die Bibel aufmacht, so geschieht es, um sich zu ‚erbauen', um in seiner eigenen [...] Noth einen Fingerzeig des Trostes zu finden, – kurz, man liest sich hinein und sich heraus."

Hätte man die Briefe des Paulus, der nach Nietzsches These der eigentliche Stifter des Christentums gewesen ist,

„nicht als die Offenbarungen des ‚heiligen Geistes', sondern mit einem redlichen und freien eigenen Geiste, und ohne an unsere persönliche Noth dabei zu denken, gelesen, **wirklich gelesen** [...], so würde es auch mit dem Christenthum längst vorbei sein."

In seiner bekannten These vom „Tod Gottes" (KSA, FW, 3, 481) spitzte Nietzsche diese Überlegung weiter zu. Das „grösste neuere Ereigniss", so können wir uns die Absicht Nietzsches im hier diskutierten Zusammenhang verdeutlichen, erfüllt in bezug auf die Bibel die ironische Forderung U. Ecos[4] in einem radikalen Sinne: Nicht nur die menschlichen Autoren der biblischen Texte sind längst dahingesunken und können der Interpretin und dem Interpreten nicht mehr widersprechen, sondern auch der eigentliche Autor, der göttliche Schriftsteller, ist nunmehr der Emanzipation des menschlichen Geistes zum Opfer gefallen und kann nicht mehr intervenieren. Jetzt erst ist die Schrift völlig den Verstehensvoraussetzungen des modernen Lesers und der modernen Leserin anheimgegeben. In seinem *Zarathustra* setzte Nietzsche diese Situation voraus. Wer vom „Tod Gottes" noch nichts gehört hat, wie der heilige Einsiedler (ZA I, Vorrede 2), dem hat ‚Zarathustra' nichts zu sagen. Er würde es doch falsch, jedenfalls anders auffassen, als es gemeint ist. In seiner Verkündigung auf dem Marktplatz verknüpft ‚Zarathustra' seine Botschaft vom „Übermenschen" mit der Erfahrung vom „Tod Gottes", und in Zusammenfassung seiner Verkündigung gegen Ende des ersten Teils seiner philosophischen Dichtung stellt er schließlich fest: „**Todt sind alle Götter: nun wollen wir, dass der Übermensch lebe**" (KSA, ZA, 4, 102).

Diese Hinweise erwecken den Eindruck, daß Nietzsche von differenzierten hermeneutischen Erwägungen bei der Schriftexegese nicht viel hielt, sondern einzig und allein auf die Anwendung der historisch-kritischen Methode pochte. Die von der heutigen Exegese wieder stärker beachteten traditionellen Auslegungen mit Hilfe von vierfachem Schriftsinn, Typologie und Allegorese,[5] lehnte er mitunter in Bausch und Bogen ab (vgl. AC 24). Wir dürfen solche Bemerkungen aber nicht vorschnell verallgemeinern, denn so eindeutig argumentierte er nur in seinen polemischen Auseinandersetzungen mit dem Christentum und der traditionellen Metaphysik. Seine konkreten Interpretationen waren gewöhnlich viel differenzierter, und er lieferte wichtige Beiträge zu einer umfassenden hermeneutischen Theorie. Ich verweise auf die ausführliche Darstellung von Nietzsches eigener Position und die zusammenfassende Darstellung und Kritik von deren bisheriger Aufnahme durch die Sekundärliteratur in dem empfehlenswerten Buch von J. N. Hofmann.[6] In den beiden folgenden Abschnitten werde ich das an einigen Beispielen darstellen und diskutieren.

Mündliche Rede und schriftliche Mitteilung in Nietzsches *Zarathustra*

Der Titel „Also *sprach* Zarathustra" unterstreicht einen unübersehbaren Grundzug des Werks: ‚Zarathustra' s p r i c h t. Nietzsche setzte den Titel zusätzlich als bekräftigende Formel ein, mit der er die meisten Abschnitte abschloß. Aber wie uns die mündliche Verkündigung Jesu nur in den schriftlichen Berichten der neutestamentlichen Bücher zugänglich ist, so sind auch ‚Zarathustras' Reden allein durch Nietzsches Buch bekannt. Ist mündliche Mitteilung aber noch das, was sie sein möchte oder zu sein vorgibt, wenn sie ausschließlich schriftlich überliefert ist? Dieses Problem beschäftigte Nietzsche schon lange vor Abfassung des *Zarathustra*-Werks. Seine sprachphilosophischen Überlegungen setzten bei der gesprochenen Sprache und ihrer Metaphorik an, nicht bei der normierten Begriffssprache und schon gar nicht bei der schriftlichen Fixierung. Die rhetorische Tradition und die Dichtung waren wichtige Voraussetzungen, für seine theoretischen Überlegungen wie für seine eigene schriftstellerische Praxis. Bei Abfassung des *Zarathustra* stand ihm dies alles vor Augen.

Ich greife ein aufschlußreiches Moment heraus. Wer Außergewöhnliches schaffen will, muß nach Nietzsches Auffassung an eine entwickelte Tradition anknüpfen. Das gilt auch und besonders für sprachliche Kunstwerke. Es muß sich über Geschlechterketten hinweg ein Mitteilungsbedürfnis aufgebaut haben, bis

„[...] endlich ein Ueberschuss dieser Kraft und Kunst der Mittheilung da [ist], gleichsam ein Vermögen, das sich allmählich angehäuft hat und nun eines Erben wartet, der es verschwenderisch ausgibt (– die sogenannten Künstler sind diese Erben, insgleichen die Redner, Prediger, Schriftsteller, Alles Menschen, welche immer am Ende einer langen Kette kommen, ‚Spätgeborene' jedes Mal, im besten Verstande des Wortes, und, wie gesagt, ihrem Wesen nach V e r s c h w e n d e r)" (KSA, FW, 3, 591).

In Deutschland gab es nach Nietzsches Meinung nur eine einzige derartige Tradition – die der protestantischen Kanzelpredigt:

> „Der Prediger allein wusste in Deutschland, was eine Silbe, was ein Wort wiegt, inwiefern ein Satz schlägt, springt, stürzt, läuft, ausläuft, er allein hatte Gewissen in seinen Ohren [...]" (KSA, JGB, 5, 191).

Der Stifter dieser Tradition sei Luther gewesen, der auch als Schriftsteller von seiner Praxis als Kanzelredner zehrte. Sein literarisches Meisterwerk war die Übersetzung der Bibel ins Deutsche. An dieser gemessen sei „fast alles Übrige nur ‚Litteratur' – ein Ding, das nicht in Deutschland gewachsen ist und darum auch nicht in deutsche Herzen hinein wuchs und wächst: wie es die Bibel gethan hat" (KSA, JGB, 5, 191). Deswegen vor allem orientierte sich Nietzsche bei der Abfassung des *Zarathustra* so entschieden an Luthers Bibel-Übersetzung. Er verband mit seinem Versuch einen bedeutenden Anspruch:„[D]en Deutschen einen höheren Rang unter den Völkern geben", notierte er für sich, „weil der Zarathustra deutsch geschrieben ist" (KSA, NF, 11, 84).

Nietzsche behauptete, daß Luther der deutschen Sprache ihre kraftvolle Grundlage gegeben, und Goethe ihr zusätzlich Geschmeidigkeit und Wohllaut verliehen habe (an Rohde vom 22. 2. 84). Allerdings habe Goethe dabei einiges von der Lutherischen Kraft wieder preisgegeben. Nietzsche reklamierte für sich, beide Momente, („männliche") Festigkeit und Kraft ebenso wie („weibliche") Geschmeidigkeit und Wohllaut, zu einer neuen und höheren Einheit verbunden zu haben.

Die Festigkeit und die Kraft kommen in ‚Zarathustras' Reden wesentlich durch die Satz- und Argumentationsstruktur zum Ausdruck: Die Sätze sind kurz und klar, sie behaupten einen Sachverhalt ohne Wenn und Aber. Hauptsätze überwiegen, Behauptung folgt gleichberechtigt auf Behauptung. ‚Zarathustra' begründet und argumentiert nicht. Er stellt Thesen auf und bekräftigt sie allenfalls durch leicht variierende Wiederholung.

Die Geschmeidigkeit und der Wohllaut kommen in der Satzmelodie zum Ausdruck, ferner in der Färbung der Vokale und in der lautlichen Abstimmung der Wörter eines Satzes sowie der Sätze eines Abschnitts. Die Prosa streift fortwährend die Poesie, geht aber nur ausnahmsweise in sie über. Nietzsche folgte dabei einer Maxime, die er in einer Notiz aus dem Jahre 1880 so formulierte: „Der Takt des guten Prosaikers in der Wahl seiner Mittel besteht darin, dicht an die Poesie heranzutreten, a b e r n i e m a l s zu ihr ü b e r zutreten" (NF VII1 [45] vgl. [109]).

Bei der schriftlichen Fixierung sollten nach Nietzsches Theorie die Vorzüge und Eigentümlichkeiten der mündlichen Rede soweit wie möglich erhalten bleiben. Daran orientierte Nietzsche sich auch in seiner eigenen schriftstellerischen Praxis – wobei ihm klar war, daß sich dieses Ideal nur annäherungsweise realisieren läßt. Im Einzelnen empfahl er folgende Mittel und verwendete sie selber:

Satzzeichen. – Interpunktionen, besonders Gedankenstriche, Frage- und Rufzeichen und drei Pünktchen am Ende eines Satzes oder Abschnitts, sollen die Gebärden, die Pausen und das Tempo der gesprochenen Sprache wiedergeben. In GM und AC führte Nietzsche vor, wie sich seiner Meinung nach die eigentliche Bedeutung neutestamentlicher Texte besser enthüllt, wenn man sie in mündliche Rede zurückübersetzt und dabei auf die Gebärden der Redenden achtet.

Tempo. – Steigerung des Tempos und Klimax dienen demselben Zweck. Indem ‚Zarathustra' sich dieser Mittel bedient, wird seine Rede mitunter beschwörend. Aus voreiligem „Eheschliessen" folge „Ehebrechen", sagt er z. B. im Abschnitt „Von alten und neuen Tafeln" im dritten Teil des Buchs, um dann überbietend hinzuzufügen: „Und besser noch Ehebrechen als Ehe-biegen, Ehe-lügen! –" (KSA, ZA, 4, 264).

Einbeziehung der Leserinnen und Leser. – Durch direkte Anrede und rhetorische Fragen bezog Nietzsche seine Leserinnen und Leser, Einverständnis heischend, in das Geschehen mit ein. Sie sollten den Eindruck gewinnen, ‚Zarathustra' spreche direkt zu ihnen. „Ich habe eine Frage für dich allein, mein Bruder", heißt es in diesem Sinne im Abschnitt „Von Kind und Ehe" im ersten Teil: „Du bist jung und wünschest dir Kind und Ehe. Aber ich frage dich: bist du ein Mensch, der ein Kind sich wünschen d a r f ?" (KSA, ZA, 4, 90)

Wiederholung und Alliteration. – Eines der wichtigsten Ausdrucksmittel in Nietzsches *Zarathustra* ist die variierende Wiederholung von Wörtern, Satzteilen und ganzen Sätzen. Dadurch wird eine Spannung aufgebaut, die die Lesenden in Atem hält. Wenn sie sich schließlich löst, macht sich Erleichterung breit, was die Bereitschaft erhöht, ‚Zarathustras' Botschaft zu akzeptieren. Wie Nietzsche in seinem Brief an Rohde andeutete, suchte er die allmähliche Steigerung und schließliche Lösung der Spannung durch eine Reihe von poetischen Figuren zu erreichen, etwa durch Häufung anlautgleicher Wörter oder gleicher Vokale in einer Sequenz. Im Abschnitt „Vom Baum am Berge" im ersten Teil soll ein von ‚Zarathustra' angesprochener Jüngling in einem einsamen, hochragenden Baum im Gebirge sich selbst wiedererkennen. ‚Zarathustra' prägt ihm in dieser Absicht ein: „Nun wartet er und wartet, – worauf wartet er doch? Er wohnt dem Sitze der Wolken zu nahe: er wartet wohl auf den ersten Blitz" (KSA, ZA, 4, 52) (vgl. auch das spätere Gedicht „Pinie und Blitz": NF VII 3[2]). In den beiden folgenden Beispielen aus dem Abschnitt „Der freiwillige Bettler" im vierten Teil ist die Alliteration noch auffälliger: „[...] wehe wie wirst du diesen Verlust verscherzen und verschmerzen?" „Du armer Schweifender, Schwärmender, du müder Schmetterling [...]".

Wortspiele. – Auffällig und einprägsam ist Nietzsches spielerischer Umgang mit der Sprache. Er macht sich lautliche Anklänge und Nebenbedeutungen von Wörtern und Phrasen zu Nutze. Bei „gerecht" hört er auch „gerächt", bei Notwendigkeit „Wende der Not". Abstrakte Wörter klopft er auf ihren konkreten Hintergrund ab, etwa wenn er sagt, daß „Gewissensbisse" zum Beißen anregen. Die Wendung „zu Kreuze kriechen" wird ihm zu einem christentumskritischen „zu*m* Kreuze kriechen". Umgekehrt verdichtet er Konkretes zu Abstraktem, etwa wenn er vom Essen zu den Nüssen übergeht und diesen die Rätsel an die Seite stellt, da beide etwas „zum Knacken" sind.

Mit diesen und anderen Mitteln wollte Nietzsche die schriftliche Mitteilung so nahe wie möglich an die Unmittelbarkeit der mündlichen Redesituation heranführen. Zweifellos wollte er seine Leserinnen und Leser verführen und überreden, indem er sie in das Geschehen einbezog. Das ist aber nur die eine Seite. Er wollte sie nämlich auch dazu motivieren, mißtrauisch gegen die geronnenen Floskeln und geprägten Formen zu werden. Sie sollten nicht in der Sprache gefangen bleiben und das Gesagte nicht einfach als gegeben hinnehmen. Er lehrte sie, darauf zu achten, wer jeweils in welcher Absicht spricht. ‚Zarathustra' ist wohl ein Verführer, aber er wechselt von Zeit zu Zeit seine Rolle, um die von ihm Verführten zu warnen, wobei er die Verführung durch ihn selber nicht ausnimmt. Allen, die „Ohren haben zu hören" und „Augen zu sehen", führt er vor, wie es gemacht wird. Er *sagt* nicht nur, daß die Dichter zuviel lügen, und daß auch er ein Dichter ist, er *demonstriert* auch ad oculos, wie sie es machen. Bald verhält er sich wie Don Giovanni, bald wie Leporello, und gelegentlich sind diese Rollen nicht mehr zu unterscheiden. ‚Zarathustras' Refrain lautet in unaufhebbarer Mehrdeutigkeit: „Seht (oder: hört) doch selber, wie ich's mach!"

‚Zarathustra' und die Bibel

Im *Zarathustra* sind bisher etwa 150 Zitate aus der Bibel bzw. Anspielungen auf biblische Texte nachgewiesen worden, etwa zwei Drittel aus dem NT, ein Drittel aus dem AT. Dazu kommen eine Fülle von Zitaten aus und Anspielungen auf mehr als dreißig sonstige Werke, worauf ich hier nicht eingehe.

Von den alttestamentlichen Zitaten stammen etwa zwanzig aus dem Pentateuch – überwiegend aus Genesis und Exodus, keines aus Leviticus.

Aus den sonstigen Geschichtsbüchern zitierte Nietzsche nur zweimal, beide Male aus den Königsbüchern. Aus den Propheten zitierte er ca. zehnmal, davon allerdings allein dreimal aus der Jona-Fabel; vier Zitate entnahm er aus Jesaja, die übrigen aus Amos, Ezechiel und Nahum. Von den ca. zwanzig Stellen aus den Lehrschriften stammt die Hälfte aus den Psalmen, fünf aus Kohelet und je zwei aus dem Buch der Sprüche und aus dem apokryphen Buch der Weisheit. Auf das Hiob-Buch hat Nietzsche erstaunlicherweise nicht zurückgegriffen. Von den neutestamentlichen Zitaten findet sich die Mehrzahl (etwa sechzig) in den Synoptischen Evangelien, weitere ca. zehn im Johannes-Evangelium und ebensoviele in der Johannes-Apokalypse. Etwa zwanzigmal zitiert Nietzsche aus den Briefen, wobei die Hälfte dieser Anleihen aus dem 1. Brief an die Korinther stammt. Auf die Apostelgeschichte hat er nur zweimal zurückgegriffen.

Manche Texte setzte Nietzsche mehrfach ein, etwa Koh 1,2: „Alles ist eitel", oder Mt 11,15par „Wer Ohren hat zu hören, der höre". Außerdem zog er überwiegend bekannte, in Luthers Übersetzung sprichwörtlich gewordene biblische Motive und Wendungen heran, z. B. die zehn Gebote – sein Herz verhärten – das Land, wo Milch und Honig fließen – Nächstenliebe und Feindesliebe – das Tier aus dem Abgrund – das Blut schreit gen Himmel – der Herr der Welt – Arzt, hilf dir selbst – ihr sollt mein Volk sein – geben ist seliger denn nehmen – Herr der Heerscharen – Adams Rippe – der Jünger, den Jesus lieb hatte – Erstlingsopfer – Pharisäer – in die Säue fahren – selig die Barmherzigen – die sieben Siegel – ein Korn Salzes – das A und O – das tausendjährige Reich – der Mensch lebt nicht vom Brot allein. Nur ausnahmsweise bezog er sich auf weniger bekannte Stellen, etwa wenn er in dem Abschnitt „Vor Sonnen-Aufgang" im dritten Teil in Anspielung auf das apokryphe Buch der Weisheit (2,2) das „von Ohngefähr" als den „ältesten Adel der Welt" bezeichnete. Oder wenn er sich in seinem „Buch der Sprüche", nämlich dem Abschnitt „Von alten und neuen Tafeln" im dritten Teil, der wahrscheinlich auf Mt 23,27 (die Pharisäer als „übertünchte Gräber") zurückgehenden Wendung „Wer aber sein Haus weiß tüncht, der verräth mir eine weissgetünchte Seele" bediente.

Zumeist hat Nietzsche nicht einfach zitiert, sondern ein komplexes intertextuelles Gefüge erstellt, wie Claus Zittel dargelegt hat.[7] Selbst wenn er innerhalb eines solchen Gefüges eine Bibelstelle wörtlich wiedergeben wollte, sind seine Zitate in der Regel nicht ganz korrekt. So läßt Nietzsche z. B. in ZA IV, 7 Jesus vor Pilatus sagen: „ich – bin die Wahrheit", während dies tatsächlich im Rahmen der „Abschiedsreden" in der Form „Ich bin der Weg und die Wahrheit und das Leben" gesagt wird (Joh 14,6). Vor Pilatus sagt der johanneische Jesus dagegen: „Ich bin [...] in die Welt gekommen, daß ich für die Wahrheit zeugen soll. Wer aus der Wahrheit ist, der höret meine Stimme" (Joh 18,37), worauf Pilatus die – nach Nietzsches Meinung „höfliche" – Rückfrage stellt: „Was ist Wahrheit?" (AC 46). Es ist daher anzunehmen, daß Nietzsche oft aus dem Gedächtnis zitierte. Dafür spricht auch, daß er überwiegend Verse, Worte, Bilder und Wendungen heranzog, die ihm von Kindheit an geläufig waren und von denen er annehmen konnte, daß auch seine Leserinnen und Leser sie kannten. ‚Zarathustra', so läßt sich folgern, sollte zwar etwas radikal Neues verkünden, dabei aber im Interesse der besseren Eingängigkeit an Bekanntes und Vertrautes anknüpfen. Nietzsche wollte auf diese Weise nicht nur den Intellekt seines Publikums ansprechen, sondern auch die Tiefenschicht erreichen.

Ich merke am Rande an, daß sich in dieser Hinsicht die Situation seit dem ersten Erscheinen des Werks grundlegend geändert hat. Die meisten heutigen Leserinnen und Leser bringen die von Nietzsche vorausgesetzte „Bibelfestigkeit" nicht mehr mit. Das Werk ist inzwischen historisch geworden und bedarf, wie das NT, der historisch-kritischen Aufhellung seiner Voraussetzungen und Hintergründe. Wenn heutige Leserinnen und Leser unabhängig davon einen Zugang dazu suchen – was natürlich jederzeit möglich bleibt –, ergibt sich ein wieder anderer Verstehenszusammenhang.

Zurück zur Kompositionstechnik: Mit seiner Anknüpfung an Sprache und Bilder der Bibel wollte Nietzsche nicht die jüdisch-christliche Auffassung von Gott, Welt und Mensch übernehmen und für sie werben. Vielmehr war es ihm um eine ganz andere, in vielem geradezu entgegengesetzte Auffassung zu tun. Hatte der historische Zarathustra als erster verkündet, daß die Welt eine „moralische Bedeutung" habe, so wies Nietzsche seinem ‚Zarathustra' die „welthistorische" Mission zu, diese – nach seiner Meinung – Verfälschung der Welt zu widerrufen. Der Autor Nietzsche brachte dies nicht nur in seinen bekannten Lehren von der „Unschuld des Werdens", von der „guten Nachbarschaft zu den nächsten Dingen", vom „Übermenschen", vom „Willen zur Macht" und der „Ewigen Wiederkunft" zum Ausdruck, sondern parallel dazu auch mit Hilfe sprachlicher und stilistischer Mittel. Was seinen Umgang mit der uns hier primär interessierenden Sprache der Bibel betrifft, bediente er sich vor allem folgender Kunstgriffe:

Sprachlich-motivliche Aufnahme bei sachlichem Widerspruch. – Während Jesus im Alter von 30 Jahren zu lehren begann, zieht sich der dreißigjährige ‚Zarathustra' zu Beginn des Werks für ein Jahrzehnt in die Einsamkeit zurück, um für die Lehrerrolle reif zu werden. Gegen Mt 5,44: „segnet, die euch fluchen", setzt ‚Zarathustra' im Abschnitt „vom Biss der Natter" des ersten Teils die Aufforderung: „Lieber ein Wenig mitfluchen". Auf Jesu Drohung: „Weh' euch, die ihr hier lachet! denn ihr werdet weinen und heulen" (Lk 6,25), entgegnet ‚Zarathustra' im Abschnitt „Vom freien

Tode" des ersten Teils, daß auch Jesus lachen gelernt hätte, wenn er länger in der Einsamkeit geblieben wäre. Im Unterabschnitt 16 der Reden „Vom höheren Menschen" des vierten Teils wiederholt Nietzsche diese Einschätzung und verstärkt seine Kritik an der Haltung Jesu durch den Hinweis, daß dieser uns „Heulen und Zähneklappern" (Mt 8,12) in Aussicht gestellt habe (vgl. die Grundidee von U. Ecos *Der Name der Rose*). Gegen eine der bekannten Seligpreisungen aus der Bergpredigt (Mt 5,7) heißt es unter der Überschrift „Von den Mitleidigen" im dritten Teil: „Wahrlich, ich mag sie nicht, die Barmherzigen, die selig sind in ihrem Mitleiden: zu sehr gebricht es ihnen an Scham" (ZA II, 3). Einem seiner Jünger schließlich, der trotzig sagt, daß er an ‚Zarathustra' glaube, hält er im Abschnitt „Von den Dichtern" des zweiten Teils, im Widerspruch zu Mk 16, 16, entgegen: „Der Glaube macht nicht selig".

Ironische Zustimmung. – Im Abschnitt „Von den Lehrstühlen der Tugend" hört ‚Zarathustra' zu Beginn des ersten Teils einen Weisen die traditionelle Moral nicht deswegen empfehlen, weil sie dem Willen Gottes entspricht, sondern weil sie einen guten Schlaf garantiere. Nietzsche nahm also den berühmten „Schlaf des Gerechten", der sich so nicht in der Bibel findet, aber in einer Reihe von Stellen anklingt (Num 26,6, Ps 3,6.7, Koh 5,11 usw.) ironisch wörtlich. Dabei schwingen noch andere bekannte Zitate mit, etwa das aus Ps 127,2 abgeleitete Sprichwort „den Seinen gibt's der Herr im Schlafe" und das (nicht biblische) Sprichwort „ein gutes Gewissen ist ein sanftes Ruhekissen". Der Weise, den Nietzsche das Geheimnis seiner Zunft ausplaudern läßt, spielt auch direkt auf einige Bibelstellen an. Mit dem Satz: „Der soll mir immer der beste Hirt heißen, der sein Schaf auf die grünste Aue führt: so verträgt es sich mit gutem Schlafe" z. B. auf Ps 23,1 f. Im Abschnitt „Von der Keuschheit" des ersten Teils nimmt ‚Zarathustra' die paulinische Überlegung zustimmend auf, daß sexuelle Enthaltsamkeit etwas Positives ist, aber nicht allen anzuraten sei (I Kor 7,2.7). Die Ironie kommt darin zum Ausdruck, daß ‚Zarathustra' die Begründung umkehrt: „Wem die Keuschheit schwer fällt, dem ist sie zu widerrathen: dass sie nicht der Weg zur Hölle werde – das ist zu Schlamm und Brunst der Seele".

Überraschende Umdeutung. – Aus dem Bericht über das „zum Himmel schreiende Blut" des erschlagenen Abel (Gen 4,10) läßt sich ‚Zarathustra' in der Vorrede zu folgender Schelte seiner Zuhörerschaft anregen: „Nicht eure Sünde – eure Genügsamkeit schreit gen Himmel". Dem problematischen Spruch: „Wen Gott liebt, den züchtigt er" (Hebr 12,6) modifiziert ‚Zarathustra', ebenfalls in der Vorrede, zu: „Ich liebe Den, welcher seinen Gott züchtigt, weil er seinen Gott liebt". Die Verheißung, daß „ein Hirt und eine Herde" sein werden (Joh 10,16), nimmt ‚Zarathustra' zweimal auf, mit jeweils anderer Pointe. In der Vorrede macht er daraus eine Kennzeichnung des „letzten Menschen": „Kein Hirt und eine Heerde!" Im Abschnitt „Von den Verächtern des Leibes" des ersten Teils zitiert er korrekt „eine Heerde und ein Hirt", bezieht das Bild aber nicht auf Christus und die Gemeinde der Glaubenden, sondern auf die große Vernunft des Leibes. Aus der Geschichte von dem Dämon, der nach seiner Austreibung in die Säue fährt (Mt 8,28–32), leitet ‚Zarathustra' wiederum im Abschnitt „Von der Keuschheit", folgende Warnung ab: „nicht Wenige, die ihren Teufel austreiben wollten, fuhren dabei selber in die Säue". Daß „Geben [...] seliger [sei] denn Nehmen" (Act 20,35), davon ist auch ‚Zarathustra' überzeugt. Aber seine Variante hat eine ganz andere Pointe: Geben sei ein Vorrecht der Überreichen, Nehmen(müssen) ein Ausdruck von Schwäche. In diesem Sinne sagt er im „Nachtlied" des zweiten Teils: „Ich kenne das Glück des Nehmenden nicht; und oft träumte mir davon, daß Stehlen noch seliger sein müsse, als Nehmen". „Bei Gott ist kein Ding unmöglich", heißt es Lk 1,37 im Blick auf die Schwangerschaft Elisabeths, die als unfruchtbar gegolten hatte. Die alte Frau, mit der sich ‚Zarathustra' im ersten Teil („Von alten und jungen Weiblein") unterhält, münzt den Spruch auf alle Frauen: „Seltsam ist's, Zarathustra kennt wenig die Weiber, und doch hat er über sie Recht! Geschieht diess deshalb, weil beim Weibe kein Ding unmöglich ist? [...]" Die unterschwellig transportierte Botschaft lautet, daß bei empirisch so wenig kontrollierbaren Phänomenen wie Frauen und – Göttern Beliebiges behauptet werden kann. Durch den Bericht von der Erschaffung Evas aus einer Rippe Adams (Gen 1,2) läßt sich ‚Zarathustra' im zweiten Teil („Vom Lande der Bildung") zu einem boshaften Seitenhieb auf gelehrte „Softies" anregen: „Ach, wie ihr mir dasteht, ihr Unfruchtbaren, wie mager in den Rippen! Und Mancher von euch hatte wohl dessen selber ein Einsehen. Und er sprach: ‚es hat wohl da ein Gott, als ich schlief, mir heimlich etwas entwendet? Wahrlich, genug, sich ein Weibchen daraus zu bilden! Wundersam ist die Armuth meiner Rippen!' [...]". Im vierten Teil schließlich („Das Abendmahl") schreckt Nietzsches Protagonist nicht einmal vor einem Kalauer zurück, indem er Mt 4,4 – „der Mensch lebt nicht von Brot allein" – durch den Zusatz erweitert: „sondern auch vom Fleische guter Lämmer".

Neukomposition. – Bisher habe ich vorwiegend einzelne Sätze, Wendungen und Wörter berücksichtigt. Bei der Abfassung seines *Zarathustra* gestaltete Nietzsche aber auch einige Abschnitte ganz oder teilweise nach biblischen Perikopen. Die Bergpredigt (Mt 5–7) bzw. Feldrede (Lk 6,20ff) benutzt er an mindestens zwei Stellen als literarische Vorlage: Den „freiwilligen Bettler" identifiziert ‚Zarathustra' im vierten Teil als „Berg-Prediger", was dieser dadurch bestätigt, daß er sein Credo wie folgt formuliert: „So wir nicht umkehren und werden wie die Kühe, so kommen wir nicht in das Himmelreich [...] Und wahrlich, wenn der Mensch auch die ganze

Welt gewönne und lernte das Eine nicht, das Wiederkäuen: was hülfe es [...]". In dem umfangreichen Abschnitt „Von alten und neuen Tafeln", in dem ‚Zarathustra' im dritten Teil seine neue Lehre in 30 Punkten zusammenfassend wiederholt, orientiert er sich stark an der Juxtaposition von „Euch ist gesagt worden" zu „Ich aber sage euch". In Unterabschnitt 14 heißt es, in zusätzlicher Anspielung auf das Sprichwort Tit 1,15: „‚Dem Reinen ist alles rein' – so spricht das Volk. Ich aber sage euch: den Schweinen wird alles Schwein!". Im ersten Teil ist der schon erwähnte Abschnitt „Vom Baum am Berge" durch Jesu Gespräch mit dem reichen Jüngling (Mk 10,17–31 par) angeregt. Im Abschnitt „Außer Dienst" (vierter Teil) greift ‚Zarathustra' die biblische Wendung „dahinfahren" (z. B. Ps 46; 90,10) auf. Dabei bezieht er sich zusätzlich auf einen in protestantischen Kreisen sehr bekannten Text, der sie ebenfalls enthält, nämlich auf die 4. Strophe von Luthers Reformationslied „Ein feste Burg ist unser Gott", wo es heißt: „Nehmen sie den Leib – Gut, Ehr' Kind und Weib – laß' fahren dahin – sie haben kein Gewinn – das Reich muß uns doch bleiben". ‚Zarathustra' appelliert mit folgenden Worten an den „alten Papst", sich von seiner Bindung an den „toten Gott" frei zu machen: „Lass ihn fahren [...] Lass ihn fahren, er ist dahin". Der ebenfalls schon gestreifte Abschnitt „Das Abendmahl" im vierten Teil ist natürlich parodierend auf Jesu letztes Abendmahl mit seinen Jüngern (Mk 14,22–25 par) bezogen. Das gilt auch noch für den folgenden Abschnitt „Die Erweckung" und reicht bis zur Stiftung eines Gedächtnismahls am Ende des Abschnitts „Das Eselsfest".

Nietzsche verstehen

Die zuletzt hervorgehobene „Neukomposition" ist im Werk Nietzsches, und insbesondere im *Zarathustra*, nicht die Ausnahme, sondern die Regel. „In Nietzsche hat sich „eine vielfache philosophische Tradition exemplarisch und *eigentümlich* verdichtet."[8] Zum Verständnis seiner Werke ist es daher notwendig, die von ihm zitierten oder in Anspielungen herangezogenen Texte zu kennen. Dieser notwendigen Bedingung einer Nietzsche-Hermeneutik dient die sogenannte „Quellenforschung", die in den Nachberichtsbänden der Kritischen Gesamtausgaben und in dem Jahrbuch *Nietzsche-Studien* einen breiten Raum einnimmt. Die Ergebnisse dieser historisch-philologischen Arbeit dürfen aber nicht isoliert und absolut gesetzt werden. Sie verfielen sonst der Kritik schon des jungen Nietzsche an der Verwechslung von Bildung mit „historischen Kenntnissen" in HL. Im zweiten Teil des *Zarathustra* hat Nietzsche diese Verwechslung erneut gebrandmarkt („Vom Lande der Bildung").

Die „literarische Hermeneutik" kann uns verständlich machen, was über die historischen Nachweise hinaus nötig ist, um Nietzsches Texten gerecht zu werden – nämlich ein Verständnis der intertextuellen Bezüge. Das hat C. Zittel in seinem bereits erwähnten Beitrag energisch und zu Recht angemahnt:

> „Der Sinn des Textes liegt nicht einfach als Inhalt vor, sondern konstituiert sich allererst im Widerspiel von intertextuellen Verweisungsstrukturen und ihren jeweils manifesten Kristallisationen. Die Interpretation des im Sinne Nietzsches ‚idealen Leser' wird deshalb immer das Resultat unterschiedlichster Beziehungsoperationen sein. Hier setzt die Intertextualitätstheorie an, in deren Analyse-Fokus gerade das Zusammenspiel der intertextuellen Verfahren und deren Funktion bei der Integration der verschiedenen intertextuellen Bezüge gerückt ist."[9]

Zittel verbindet diese zutreffende Kennzeichnung von Nietzsches schriftstellerischer Praxis mit einer geharnischten Kritik an der „Quellenforschung", weil diese dem Mißverständnis Vorschub leiste, daß es primär auf die historischen Nachweise ankomme. Es kann aber nicht Aufgabe der „Nachberichte" zu den Kritischen Gesamtausgaben (in diesem Fall besonders Montinaris und Haases Nachbericht zum *Zarathustra*) sein, die Interpretation vorwegzunehmen. Sie können und sollen sich darauf beschränken, das Material dafür bereitzustellen. In diesem Sinne bleibt die „Quellenforschung" eine unumgängliche *Voraussetzung* aller weiteren Beschäftigung mit den Texten Nietzsches.

Aber kann den *Zarathustra* nur verstehen, wer alles kennt, was auch Nietzsche gelesen hat, zusätzlich die intertextuellen Bezüge erfaßt, die Nietzsche hergestellt hat, und die so komponierten Texte schließlich aus dem Zusammenhang von Nietzsches Philosophie heraus interpretiert? Eine solche Leserin oder ein solcher Leser könnte wohl die ideale Rekonstruktion des Nietzscheschen *Zarathustra* liefern, wäre dabei aber immer noch primär historisch orientiert. Die literarische Hermeneutik weist uns darüber hinaus auf ein alternatives Verstehen hin, nämlich – um das hier Gemeinte mit Hilfe des plastischen Titels von U. Körtners bereits genannter Studie auszudrücken – sich das Buch als „inspirierte Leser" aus der eigenen Lebenserfahrung heraus anzueignen und dabei seine (für uns) „lebensdienlichen" Momente zu betonen. Nietzsche selbst hat Verstehen nicht nur so aufgefaßt, sondern dieses Verstehen auch bei der Abfassung seines *Zarathustra* praktiziert. Mag es ihm auch nicht gelungen sein, durch diese Tat die Bibel aus dem Felde zu schlagen, so hat er doch erfaßt, wie und auf welcher Ebene eine solche Herausforderung ansetzen muß.

Anmerkungen

[1] Vgl. dazu Marie Luise Haase, „Zur Überlieferung und Entstehung von *Also sprach Zarathustra*", in: KGW VI/4, 943–978 u. Mazzino Montinari, „Zarathustra vor *Also sprach Zarathustra*", in: *Nietzsche lesen*, Berlin/New York 1982, 79–91.

[2] Vgl. dazu Carl Heinz Ratschow, *Lutherische Dogmatik zwischen Reformation und Aufklärung*, Bd. I, Gütersloh 1964, hier: Teil 1 = „Das Wort Gottes", 71 ff.

[3] Vgl. dazu Ulrich H. J. Körtner, *Der inspirierte Leser*, Göttingen 1994.

[4] Umberto Eco, *Nachschrift zum Namen der Rose*, München 1984, 14; vgl. dazu Ulrich H. J. Körtner, *Literalität und Oralität als Problem christlicher Theologie*, Ms., 9 f.

[5] Vgl. dazu Klaas Huizing, Ulrich H. J. Körtner u. Peter Müller, *Lesen und Leben. Drei Essays zur Grundlegung einer Lesetheologie*, Bielefeld 1997.

[6] Johann Nepomuk Hofmann, *Wahrheit, Perspektive, Interpretation. Nietzsche und die philosophische Hermeneutik* (MTNF 28), Berlin/New York 1994.

[7] Claus Zittel, „Von den Dichtern. Quellenforschung versus Intertextualitätskonzepte, dargestellt anhand eines Kapitels von Fr. Nietzsches Also sprach Zarathustra", in: Anton Schwob, Erwin Streitfeld u. Karin Kranich-Hofbauer (Hg.), *Quelle – Text – Edition* (= Beiheft 9 zu editio), Tübingen 1997, 315–331.

[8] Mazzino Montinari, „Zum Verhältnis Lektüre – Nachlaß – Werk bei Nietzsche", in *editio*, 1/1987, 249.

[9] Claus Zittel, „Von den Dichtern", 318, Anm. 27.

Andreas Urs Sommer

Vom Nutzen und Nachteil kritischer Quellenforschung
Einige Überlegungen zum Fall Nietzsche

„Quellen l e s e n kann ein jeder, aber Quellen
m a c h e n – das ist die Kunst"[1]

„Bei einem Schriftsteller, der [...] so viel [...] abschreibt, muss man doppelt vorsichtig sein, wenn es gilt, persönliche Beziehungen, Ansichten, Neigungen und Abneigungen des Autors aus seiner Schrift herauszulesen; denn nur zu leicht geschieht es, dass man ihm selbst etwas zumisst, was er doch nur [...] aus der ihm vorliegenden und von ihm ausgenützten Schrift mit hinübernahm." Wer meint, hier habe sich jemand etwas herablassend über Nietzsches nicht selten der Veruntreuung verdächtigten Umgang mit seinen Quellen geäussert, unterliegt freilich einer Täuschung. Nicht von Nietzsche ist die Rede, sondern von Diogenes Laertius, dem an den ausgesparten Stellen überdies Eigenschaften bescheinigt werden, die nicht einmal die dezidiertesten Verächter Nietzsche zu unterstellen pflegen: „Unverstand", „schläfrige Gewohnheit seiner Abschreiberei". Nietzsche selber ist es, der in der zitierten Passage (KGW II/1, S. 193) am Anfang seiner 1870 publizierten *Beiträge zur Quellenkunde und Kritik des Laertius Diogenes* zur Vorsicht rät angesichts eines Autors, der seine Texte patchworkartig zusammenschustert. Im Nachlass der letzten Leipziger Zeit stellt der junge Philologe eingehende Reflexionen darüber an, wann die „Frage „welche Bücher hat ein Autor benutzt?"" (BAW 5, S. 126), tunlich sei: Sie habe „wenig Aussicht auf präzise Beantwortung, wenn jener Autor ein seinen Quellenschriftstellern überleg[ener] Kopf ist, der mit voller Freiheit über sie schaltet und waltet und der alles, was er an Material aus ihnen entnimmt, in neue Form giesst und mit dem Stempel seiner Individualität versieht" (ebd.). Sodann gebe es Autoren, die „unehrlich" seien und es nicht liebten, „controliert zu werden", weswegen sie „die Benutzung ihrer Quellen in einen luftig gewobenen Schleier" hüllten, während bei andern auch „Ehrlichkeit" nichts nütze, „weil die offen eingestandene

Quelle für uns schliesslich doch blos ein Name ist, den dichte Finsternis umhüllt" (ebd.). Daran schliesst sich Grundsätzliches:

> was fragen wir überhaupt, wenn wir nach den Quellen eines Autors fragen: nur wenn wir die Aussicht haben, nicht einen Namen für einen andern Namen, sondern Erkenntnisse um Erkenntnisse einzutauschen: ein Buch soll uns in seiner Form, in seinem Gedankengehalt verständlicher werden; wir wollen mehr sehen als das fertige Buch, wir wollen die Genesis eines Buches, die Geschichte seiner Zeugung und Geburt vor unserm Auge sehen: und es ist weiter der Fall, dass uns mehr an den Eltern als an dem Kinde, mehr an den Quellen als an ihrem Bearbeiter gelegen ist. Wir wünschen, dass der Prozess seines Werdens sich langsam vor unserm Blick enthülle. (Ebd.)

Und genau dieses Interesse an den „Eltern", an den wertvolleren Ursprüngen ist es, was Nietzsche zu seinen quellenkritischen Diogenes Laertius-Studien motiviert. „Es würde niemand über die philiströse Physiognomie dieses Schreibers ein Wort verlieren, wenn er nicht zufällig der tölpelhafte Wächter wäre der Schätze hütet" (ebd.).[2] Diese Schätze will Nietzsche in seinen philologischen Arbeiten bergen, wobei er dem Früheren eine höhere Dignität als dem Späteren einräumt. Zumindest bei Diogenes Laertius wird man diesen Dignitätsvorrang des Vorgängigen auch nicht bestreiten; die philosophische Frage an Nietzsches Frühwerk (namentlich auch an die *Geburt der Tragödie*) wäre freilich, ob Nietzsche aus diesem Vorrang des Ursprünglicheren ein quasi metaphysisches Prinzip macht.[3] Hier interessiert uns jedoch ein anderes, ebenfalls fundamentales, aber philosophischerseits wenig diskutiertes Problem, das Nietzsche mit seinen Bemerkungen zum „Nachtwächter der griech[ischen] Philosophiegeschichte" (BAW 5, S. 126) angerissen hat: Welchen Nutzen zeitigt Quellenforschung für das Verständnis eines *philosophischen* Textes? Gibt es jenseits rein positivistischer Neugierde überhaupt gute Gründe, jenes im Falle Nietzsches seit zwei, drei Jahrzehnten blühende Geschäft der Quellenforschung zu betreiben, oder ist die Blüte der Quellenforschung vielmehr auf die Theoriemüdigkeit der Interpreten – auf ihre Phantasielosigkeit zurückzuführen, sich zu Nietzsche etwas Eigenes zu denken? Die Geburt der Quellenforschung aus der Einfallslosigkeit?

Zweifellos wird sich Nietzsche als einen „seinen Quellenschriftstellern überleg[enen] Kopf" gesehen haben, „der mit voller Freiheit über sie schaltet und waltet und der alles, was er an Material aus ihnen entnimmt, in neue Form giesst und mit dem Stempel seiner Individualität versieht" (ebd.). Häufig genug hat er auch die Gewässer, in denen er fischte,[4] absichtlich verunklart, um die Spuren seines Denkens zu verwischen.[5] Damit hängt Nietzsches, wie Giorgio Colli im Nachwort zu KSA 1 moniert, „üble Angewohnheit" zusammen, „seine Informationen aus der Literatur zweiter oder dritter Hand, und zwar antiker wie moderner Autoren, zu beziehen" (KSA 1, S. 917).[6] Aber was hilft uns das Wissen um diese Quellen zweiter und dritter Hand, wenn wir als philosophisch Interessierte Nietzsche für einen diesen seinen Quellen „überlegenen Kopf" halten und ihm attestieren, er giesse das vorgefundene Material in eine neue Form? Immerhin sind wir mittlerweile im Detail recht genau darüber unterrichtet, wie das Quellenuniversum in etwa ausgesehen hat, in dem sich Nietzsche bewegte. Mazzino Montinaris Aufforderung, Nietzsches „ideale Bibliothek zu rekonstruieren",[7] ist vielfach aufgegriffen worden. Davon legen die seit einigen Jahren in den *Nietzsche-Studien* unter einer eigenen Rubrik erscheinenden „Beiträge zur Quellenforschung" beredtes Zeugnis ab. Da sich ja ein guter Teil von Nietzsches realer Bibliothek in Weimar erhalten hat,[8] sind Randglossen und Anstreichungen in den von Nietzsche benutzten Bänden für die Rekonstrukteure der idealen Bibliothek, etwa für die Mitglieder der italienischen Forschergruppe „La biblioteca et le letture di Nietzsche", wichtige Fährten. Bisher blieben die vielerorts verstreuten Beiträge zur Quellenforschung allerdings Stückwerk – umfassende Synopsen der geleisteten Arbeit stehen noch aus,[9] so dass dieselben Dinge mitunter gleich mehrfach ‚entdeckt' werden.[10]

Die Standard-Antwort, die man auf die Frage nach dem Nutzen von Quellenforschung erhält, behauptet, Quellenforschung helfe, den jeweiligen Nietzsche-Text besser zu verstehen; kritisches Nachfragen macht freilich rasch deutlich, dass sich die Antwortenden mitunter nicht im klaren sind, was „besseres Verstehen" hier präzise heissen soll. Montinari hat darauf hingewiesen, dass „die Genese des Textes als Reihenfolge seiner Fassungen nie kausal erklärt, sondern immer nur beschrieben werden" könne: „Der erschlossene Zusammenhang verleiht dem Text durch eine Art Kontrast-Effekt historische Tiefe; er bedeutet jedoch keine Reduction des Textes auf anderes, etwa den ‚Zeitgeist', noch deckt er dessen Entstehung auf."[11]

Tatsächlich folgt aus dem Wissen um Anregungen, Anleihen oder Übernahmen aus einer der Textentstehung vorangehenden oder sie begleitenden Lektüre keineswegs eine Erklärung dieser Textentstehung, geschweige denn ein Verstehen des Textgehaltes. Hingegen umreisst das Wissen um die Lektüren, die mit der Textgenese in mittelbarer oder unmittelbarer Beziehung standen, den *Problemhorizont* eines Textes. Quellenforschung ist dann der Versuch, jene Fragen zu rekonstruieren, auf die der Text antwortet – Fragen, die unserer eigenen, verspäteten und verschobenen Lektüre wegen nicht mehr (sozusagen ‚von selbst') unsere eigenen Fragen sind.[12] Quellenforschung, reflektiert betrieben, ist zunächst also eine *Kontextualisierungsleistung*. Sie versucht, die Texte, mit denen man sich beschäftigt, in den Zusammenhang zurückzustellen, in welchem sie ursprünglich standen. Natürlich ist eine solche Kontextualisierung bestenfalls annähernd möglich, bleibt es doch jedem Leser auch bei denkbar grössten Einfühlungsanstrengungen verwehrt, sich der Perspektive des Autors im Augenblick der Niederschrift anzuverwandeln.[13] Quellenforschung erschafft jedoch immerhin den Rahmen, der eine solche Annäherung überhaupt erst gestattet. Oft genug agiert sie damit gerade im Falle Nietzsches gegen die unverhohlene Strategie des Textes, der es auf die Verunklarung seiner eigenen Vorformen und Ursprünge angelegt hat, insbesondere auch da, wo er in aphoristischer Form daherkommt. Den Quellenforscher mag dann beruhigen, dass er selbst für *Re*kontextualisierungen[14] (wie für fast alles hermeneutische Tun) bei Nietzsche einen legitimierenden *locus probans* findet:

> Eine Sentenz ist ein Glied aus einer Gedankenkette; sie verlangt, dass der Leser diese Kette aus eigenen Mitteln wiederherstelle: diess heisst sehr viel verlangen. Eine Sentenz ist eine Anmaassung. – Oder sie ist eine Vorsicht: wie Heraclit wusste. Eine Sentenz muss, um geniessbar zu sein, erst aufgerührt und mit anderem Stoff (Beispiel, Erfahrungen, Geschichten) versetzt werden. Das verstehen die Meisten nicht und desshalb darf man Bedenkliches unbedenklich in Sentenzen aussprechen. (Nachlass 1876/77, KSA 8, 20[3])

Wenn man Quellenforschung als Rekontextualisierungsleistung versteht, wird deutlich, dass sie prinzipiell von den *vergleichenden Studien* unterschieden ist, die seit Beginn der Nietzsche-Forschung den Philosophen zu anderen Grössen der Geschichte ins Verhältnis setzen, um so entweder geistesgeschichtliche Gipfelhistoriographie oder aber Entlarvungsstories zu schreiben. Die mittlerweile etwas aus der Mode gekommenen Abhandlungen des Typs „Nietzsche und . . ." verfolgen gemeinhin entweder hagiographische, oder aber denunziatorische Zwecke. So stellt Ernst Bertram Nietzsche einen „dürerschen" Paulus gegenüber (Bertram, Ernst: Nietzsche. Versuch einer Mythologie. 6. Auflage. Berlin 1922. S. 54), um beider Grösse ins Übermenschliche zu steigern, während Franz Brentano daran zweifelt, ob man – wie er es tut –, Nietzsche und Jesus „in einem Atem nennen" dürfe: „eine belletristisch schillernde Eintagsfliege [sc. Nietzsche] und einen Religionsstifter, der mächtig wie kein anderer in die Geschichte der Menschheit eingegriffen hat [sc. Jesus]".[15] Verwandt sind diese vergleichenden Studien mit der traditionellen *Einflussforschung*. Diese ist ihrerseits von sozusagen vorkritischen Kausalitätsvorstellungen bestimmt, indem sie von der impliziten Annahme ausgeht, dass eine grosse Wirkung eine ebenso grosse Ursache voraussetze, mag man im einzelnen gerade bezweifeln, dass die grosse Ursache eine grosse Wirkung gehabt hat (der grosse Religionsstifter hat eben auch die schillernde Eintagsfliege zur Konsequenz gehabt). An der Grösse der Ursache hegt die Einflussforschung kaum Zweifel: Sie untersucht den Einfluss Kants und Schopenhauers, nicht aber Langes, Dührings oder Mainländers auf Nietzsche, weil sie von der Grösse Kants und Schopenhauers überzeugt ist und diesen beiden daher apriori einen Einfluss auf den ‚grossen' Nietzsche zutraut. Somit gewährt die Einflussforschung gleich wie die allgemein vergleichenden Betrachtungen einen Ausblick auf erhabene geistesgeschichtliche Gipfelgespräche. Von der komparativen Methode unterscheidet sie sich idealtypisch dadurch, dass sie die tatsächlichen Äusserungen der späteren Geistesgrösse zur früheren in ihre Analysen integriert.[16] Aber am konkreten Materialhintergrund der Gedankenkonstitution bei Nietzsche sind beide Ansätze nicht interessiert. Sie verfahren nach Massgabe monumentalischer Historie, bei der die feineren Kausalitätsverästelungen nicht zählen – nicht zählen dürfen, um das (geistes)geschichtliche Wertgefüge nicht aus dem Lot zu werfen.

Das auf blosse Beobachtung der Forschungsaktivitäten gestützte Urteil, die vergleichende Betrachtung und die traditionelle Einflussforschung seien der *monumentalischen Historie* verpflichtet, impliziert keinen Tadel. Mit ihrem (mehr oder weniger unterschwelligen) Konzept monumentalischer Historie scheinen die Vertreter dieser Forschungsrichtung Nietzsches Leseanweisungen am ehesten zu gehorchen. In seinen von ihm selbst publizierten Werken geht Nietzsche gewöhnlich mit den kanonischen Grössen der Welt- und Geistesgeschichte auf Tuchfühlung.[17] Er liebt es, sich an Platon oder Kant, Spinoza oder Goethe, Buddha oder Paulus zu messen. An Figuren dieses Kalibers macht Nietzsche Leitideen von epochenübergreifender Wirksamkeit fest, in denen er sich entweder partiell wiedererkennt, oder gegen die er eigene Gedankenexperimente anstellt. Nietzsche sucht also, wenn wir seinen Werken vertrauen wollen, selber im Medium monumentalischer Historie die Auseinandersetzung mit der Vergangenheit; er verdichtet die Vergangenheit zu einzelnen, besonders sprechenden Zeichen[18] und sieht die einzelnen, überragenden Gestalten dieser Vergangenheit als emblematische Verkörperungen jeweils ganz spezifischer Welt- und Selbstdeutungen. Monumentalischer Vergangenheitsbezug, wie ihn Nietzsche pflegt (und wie ihn die vergleichende Betrachtung und die traditionelle Einflussforschung so kongenial zu imitieren wähnen), scheint zu zementieren, zu ‚monolithisieren', weil er sowohl das Vergangene als auch das Gegenwärtige auf ihre emblematisch kondensierten Rollen festschreibt. Es artikuliert sich da ein Wille zur Macht, der nach ihm ebenbürtigem Gegenwillen dürstet, die er sich schlussendlich notgedrungen in der monumentalischen Konstruktion grosser Gegenfiguren selbst erschafft (auch wenn die von Nietzsche ausgewählten Gestalten in der kulturellen Tradition ohnehin schon als grosse Figuren gelten). Die monumentalische Historie, mit deren Hilfe sich Nietzsche selber in der Geschichte positioniert (so dass er sich im Spätwerk vornehmlich in heilsgeschichtlichen Kategorien deutet, also den höchstmöglichen Bezugsrahmen wählt[19]), berichtet vom Titanenkampf antagonistischer grosser Individuen, die ihrer Grösse erst in diesem Kampf gewahr werden. Die jeweilige Versuchsanordnung lässt selten Zweifel darüber aufkommen, dass eines dieser titanischen Individuen Nietzsche selber ist.[20]

Die Quellenforschung im Sinne Montinaris ist aller monumentalischen Historie abhold und damit in ihrem Ansatz nicht nur von vergleichender und einflussorientierter Forschung, sondern auch von Nietzsches eigener, ‚offiziöser' Monumentalgeschichtsschreibung unterschieden. Dafür findet sie in Nietzsches *Genealogie-Konzept* eine Stütze, die gerade nicht voraussetzt, dass die Ursachen von gleicher Grösse, gleichem Gewicht oder gleicher Dignität seien wie die Wirkungen. Prozesse historischen Werdens sind nach dem Genealogie-Gedanken des späten Nietzsche nicht eine Abfolge gleichförmiger Ursachen und Wirkungen, sondern vielmehr ein chaotisches Interagieren gegenstrebiger Willensquanten, bei denen das anfänglich Kleinste über das Grösste triumphieren kann. Das heisst, die kleinste Ursache kann die grössten, unabsehbarsten Folgen haben. Angewendet auf Nietzsches Lektüren, mit denen sich die Quellenforschung beschäftigt, bedeutet dies, dass der unscheinbarste Eindruck, das flüchtigste Exzerpt aus einer tertiären Quelle, womöglich einem Zeitschriftenartikel,[21] vielleicht einen viel wesentlicheren Einfluss auf Nietzsches Denken ausübte als die trauten Unterredungen mit den Grossen, von denen Nietzsche in seinen Werken so viel Aufhebens macht.

Beim flüchtigen Betrachter hinterlässt die Quellenforschung den Eindruck, ihre Beflissenheit sei eine rein antiquarische. Als solche trägt sie scheinbar zur *Kanonisierung* dessen bei, dem ihre liebevolle Aufmerksamkeit gilt, ja zur Kanonisierung auch der periphersten Dinge, die im Zusammenhang mit dem Hauptobjekt der jeweiligen Verehrung (in unserem Falle also Nietzsches) stehen. Andererseits muss die Kanonisierung des Verehrten schon zu einem guten Teil erfolgt sein, *bevor* sich *antiquarische Historie* in breiter Front überhaupt zu Wort meldet. Erst wenn (durch Gewaltakte monumentalischer Geschichtsschreibung?) Kanonizität gesetzt ist, findet das antiquarische Interesse einen würdigen Gegenstand seiner Kontemplation. Welchen komplexen Prozessen öffentlichen und privaten Vernunft- oder Geschmacksgebrauchs sich Kanonisierungen jeweils verdanken, kann hier nicht erörtert werden.[22] Immerhin ist daran zu erinnern, dass Nietzsches Freund Overbeck die Frage, wie etwas mehr oder weniger allgemeine, kulturelle Normativität erlangt, also kanonisch wird, sehr grundsätzlich anging:

> Es liegt im Wesen aller Kanonisation ihre Objecte unkenntlich zu machen, und so kann man denn auch von allen Schriften unseres neuen Testamentes sagen, dass sie im Augenblick ihrer Kanonisirung aufgehört haben verstanden zu werden. Sie sind in die höhere Sphäre einer ewigen Norm für die Kirche versetzt worden, nicht ohne dass sich über ihre Entstehung, ihre ursprünglichen Beziehungen und ihren ursprünglichen Sinn ein dichter Schleier gebreitet hätte.[23]

Wer Overbecks Fundamentalverdacht gegen die Kanonisierung teilt und diese also für das Unkenntlichmachen ihres Gegenstandes zur Verantwortung zieht, wird erst recht Vorbehalte gegen einen bloss antiquarischen Umgang mit dem bereits Kanonisierten anmelden, insofern dieser tatkräftig am Unkenntlichmachen partizipiert, also jedes Komma und jedes Räuspern des jeweils kanonisierten Autors in den (erblichen) Adelsstand erhebt.[24] Ist die Quellenforschung da nicht der Gipfel der Veruneigentlichung, der antiquarischen Perversion, insofern sie auch noch jeden flüchtigen Lektüreeindruck, der zum Räuspern oder zum Komma geführt hat, in den Kanon einbegreift?

Zweifellos stehen manche Beiträge zur Quellenforschung im Falle Nietzsches unter Verdacht eines solchen reinen Antiquarismus. Aber die Grundintention der Quellenforschung ist ja nicht die Sakralisierung des unscheinbarsten Details im Dienste des grossen Dichters oder Denkers. Vielmehr bricht sie, indem sie hinter jedem einzelnen Bestandteil des Kanons eine Geschichte und damit Unkanonisches, weil Nicht-Kanonisiertes und Nicht-zu-Kanonisierendes wittert, zumindest ihrer Struktur nach Kanonisierungen auf, da sie alles, was kanonischen Anspruch anmeldet, auf seine kontingenten Hintergründe hin durchleuchtet und so eine unendliche Mannigfaltigkeit miteinander verzahnter Gedanken verschiedenster Leute offenlegt, in der es keine feststehenden Hierarchien der Werte gibt. Wenn der späte Nietzsche tatsächlich „den Ordnungstypus der pyramidalen Hierarchie durch den *Ordnungstypus des Geflechts* ersetzt",[25] hat man gewisse Schwierigkeiten, der Standard-Antwort auf die Frage nach Nietzsches *Umgang* mit seinen Quellen ohne einschränkende Kautelen beizupflichten. Diese Antwort lautet, Nietzsche mache aus (all) den von ihm ausgeschöpften Quellen etwas vollkommen Neues, so dass das, was in ihnen ursprünglich stehe, viel weniger interessant sei als das, wozu Nietzsche sie umschmilzt. Wie wir eingangs gesehen haben, ist das schon die Meinung des frühen Nietzsche zwar nicht in Bezug auf Diogenes Laertius, wohl aber in Bezug, um es nochmals zu zitieren, auf den „seinen Quellenschriftstellern überleg[enen] Kopf [...], der mit voller Freiheit über sie schaltet und waltet" (BAW 5, S. 126). Quellenforschung hat demgegenüber gerade dann, wenn sie nach den Hinter- und Untergründen eines im Rufe der Kanonizität stehenden Textkorpus fragt, eine *radikal egalisierende Tendenz*. Diese Tendenz kann sie tumbem Positivismus verdanken, falls ihr wirklich alle Dinge gleich gültig und also gleichgültig sind; die radikal egalisierende Tendenz kann jedoch auch auf einen antihierarchischen Affekt zurückzubuchstabieren sein, den sie mit Nietzsche gerade teilt: Quellenforschung als sich selber kritisch reflektierende Disziplin verweigert sich den kraft monumentalisch-historischer Setzung (oder gar kraft eines herrschaftsfreien Diskurses) zustandegekommenen Geltungshierarchien und Wertkonsensen, die sie nur insofern reproduziert, als sie ihr Forschungsgeschäft bei einem gemeinhin hoch bewerteten Autor oder Textkorpus anfängt: Es gibt Quellenforschung bei Kant und Nietzsche,[26] jedoch nicht bei Louis Jacolliot, dem Nietzsche seine Kenntnisse über das Manu-Gesetzbuch verdankt.[27] Nach dieser Ausgangsentscheidung dokumentiert Quellenforschung indessen nur noch Transformationen im grossen Geflecht der Gedanken, das keine absoluten Wert- und Sinnhierarchien mehr kennt, die es noch erlaubten, das chronologisch Vorgängige – das Gelesene selbst, die Lektüreexzerpte, die Nachlassnotizen – zur „Vorstufe" in einem irgendwie pejorativen Sinn zu erklären. Im Prinzip leugnet Quellenforschung alle Teleologien hin zum (grossen) Werk. Auch in dieser Hinsicht ist sie entschieden antimonumentalisch. Die entkanonisierende Wirkung der Quellenforschung hat ihre direkte Parallele übrigens in der Geschichte der historisch-kritischen Bibelauslegung, die ebenfalls auf eine Kontextualisierung des Kanonischen bedacht war und ist, indessen schon durch die grundsätzlich einmal eingeräumte Vergleichbarkeit des einst allerheiligsten Offenbarungswortes und erst recht durch die konkrete Durchführung dieser Kontextualisierung zu all den anderen, zeitgenössischen und älteren Texten des vorderen Orients die Kanonizität des Kanons so sehr geschwächt hat, dass solche Kanonizität im traditionell biblizistischen Sinn nur noch unverbesserlichen Erkenntnisverweigerern (und US-amerikanischen Schulaufsichtsbehörden) anzusinnen ist.

Der scheinbare Antiquarismus der Quellenforschung entpuppt sich demnach als praktizierte und an Entschiedenheit kaum überbietbare *Kritik*. Sie wirkt insofern zersetzend, als sie in ihrer Kontextualisierung von grundsätzlich allem mit allem die vertikale Organisation von Erkenntnis aufhebt und damit Erkenntnisgewissheiten in Zweifel zieht. Mit ihrem antimonumentalischen Affekt scheint die kritisch reflektierte Quellenforschung Nietzsches Intentionen gänzlich entgegengesetzt zu sein. Dieser Eindruck eines Gegensatzes trügt allerdings, falls er sich entweder nur auf die Oberfläche von Nietzsches monumentalischer Rhetorik stützt und aus dieser Oberfläche bereits weitreichende Rückschlüsse auf die letzte Beschaffenheit von Nietzsches Denken zieht. Oder aber der Eindruck, der antimonumentalische Affekt der Quellenforschung sei Nietzsches Intentionen gänzlich entgegengesetzt, gründet auf dem traditionellen Nietzsche-Bild, das den Philosophen in erster, in zweiter und womöglich auch noch in dritter Linie als Erfinder grosser (spät)metaphysischer Lehren darstellt – der Lehre vom Übermenschen, vom Willen zur Macht und von der Ewigen Wiederkunft. Demgegenüber macht sich mit der Quellenforschung nicht einfach (falsche) Bescheidenheit im Geschäft der Nietzsche-Interpretation breit. Diese Quellenforschung als Ausgestaltung eines neuen Paradigmas wissenschaftlichen Umgangs mit Nietzsche entspringt kaum der Lähmung angesichts unüberbietbarer Gross-Interpretationen (von Jaspers, Heidegger, Löwith und Kaufmann), sondern ist der Versuch, der *Denkbewegung* Nietzsches auf die Schliche zu kommen. Sie ist Nietzsche nicht so sehr entgegengesetzt, weil sie dessen monumentalische Rhetorik nicht für bare Münze nimmt oder weil sie der älteren Sekundärliteratur in der Hochschätzung von Nietzsches vorgeblichen Hauptlehren nicht mehr folgt, sondern vielmehr, weil sie sich den Strategien des Spurenverwischens widersetzt. Es gibt in Nietzsches Werken keine Fussnoten,[28] die die Leser darüber belehren, dass ein Gedanke bei Féré oder bei Lichtenberg abgekupfert ist, dass die eine Passage Lagarde travestiert, eine andere aber ohne Wellhausens Schützenhilfe nicht zu denken ist. Von eigentlicher Vertuschung wird man zwar nicht sprechen wollen – die Nachlassaufzeichnungen legen die Quellen häufig offen –, wohl aber von gewollter und gezielter „Abkürzungskunst" (Nachlass 1886/87, KSA 12, 5[16]). Wenn das Denken Nietzsche zufolge eine solche „Abkürzungskunst" ist,[29] dann wird es philosophisches Schreiben wohl auch sein müssen: „Die Abkürzung ist Nietzsches Mittel, *‚um Herr über etwas zu werden'*."[30] Und darin mag sich u. a. dieses philosophische Schreiben vom wissenschaftlichen unterscheiden, insofern letzteres bei einer willentlich und von vornherein viel eingeschränkteren Perspektive möglichst die Komplexität des Vorgefundenen reproduzieren, nicht aber auf ihren wahren Kern reduzieren will (wie es die Philosophie, selbst bei Nietzsche, zu tun sich anschickt). Als wohlwollender Interpret wird man sagen, Nietzsches philosophisches Schreiben gebe aus Gründen der schriftstellerischen Ökonomie kaum Auskunft über seine eigene Genealogie, während man als etwas weniger wohlwollender Interpret von einer gezielten Strategie der Selbstkanonisierung durch Verunklarung der eigenen Ursprünge sprechen wird.

Wenn die Quellenforschung sich nun gerade auf die Suche nach diesen Vorformen und Ursprüngen macht, dann übt sie sich, wie gesagt, in jener genealogischen Methode, die der späte Nietzsche selber entwirft. Quellenforschung ist *exemplarische Genealogie*. Die Positionierung des von Nietzsche Geschriebenen in seinem Entstehungshorizont stellt nicht allein eine Kontextualisierungsleistung, sondern ebenso eine *Distanzierungsleistung* dar. Die Distanzierung rührt weniger daher, dass Quellenforschung als wissenschaftliches Schreiben vom philosophischen Schreiben, das Nietzsche pflegt, gattungsmässig unterschieden ist. Eher basiert die Distanzierungsleistung darauf, dass Quellenforschung das scheinbar Zeitlose in seinen Entstehungszusammenhang stellt und ihm damit seine erdrückende Überzeitlichkeit, eben seine Monumentalität raubt. Kritische Quellenforschung rekonstruiert den Verstehenshorizont, innerhalb dessen bestimmte Fragen und bestimmte Anworten auftauchen.[31] Diese Fragen bestehen ebensowenig wie ihre Antworten rein für sich; sie werden nicht direkt vom Ideenhimmel gepflückt. Nur wer das glaubt, kann Quellenforschung mit philosophischer Verachtung übergehen. Freilich wäre ein solcher ahistorischer Idealismus kaum mehr einer Richtung anschlussfähig.

Wenn in der Quellenforschung wie allgemein in der Nietzsche-Philologie „die ‚Distanz' das ‚Pathos' überwiegt" (Ries, Wiebrecht: Zur Nietzsche-Philologie in der gegenwärtigen Nietzsche-Rezeption. In: Nietzsche-Studien 24 (1995). S. 324–335, S. 324), dann kann man dies gerade angesichts der langen und unheilvollen Tradition sehr pathetischer Nietzsche-Rezeptionen zunächst einmal nur begrüssen. Denn die Quellenforschung gibt der kreativen (also philosophischen) Auseinandersetzung mit Nietzsche eine Bodenhaftung, die ihr sonst allzuleicht abhanden kommt. Ihre Distanzierungsleistung, die bezogen auf die pathetischen Nietzsche-Lesarten durchaus auch eine Desillusionierungsleistung ist, entfernt viel weniger von Nietzsches Denken und Schreiben als von den metaphysisch-ontologischen Grosstheorien, die man – mit der Schützenhilfe von Nietzsches eigenen, monumentalischen Verlautbarungen – aus diesem Denken und Schreiben meinte extrahieren zu können. Indem Quellenforschung uns lehrt, Nietzsche als Teil und auf dem Hintergrund der Wissenschaft seiner Zeit wahrzunehmen,[32] führt sie, richtig verstanden, nicht zu einer Beschwerung, sondern zu einer *Revitalisierung* der Nietzsche-Forschung. Quellenforschung *entlastet* von den sekundärliterarischen Grossüberbauungen ebenso wie von der Macht des Kanons, aber keineswegs von der Anforderung, sich philosophisch mit Nietzsche auseinanderzusetzen. Vielmehr wird dank der Quellenforschung – und darin liegt ein Teil ihres Revitalisierungspotentials – offenkundig, dass hinter jedem Satz Nietzsches etwas völlig Neues, Unerwartetes stehen kann. Und es steht da, nicht nur, weil Nietzsche über einen höchst wandlungsfähigen Geist verfügt, sondern auch, weil diese Wandlungsfähigkeit durch tausenderlei, häufig sehr gezielte, häufig sehr zufällige Lektüre erst wirklich angestachelt wird.[33] Indem die Quellenforschung diese Lektüre und vor allem die Transformationen und Transfigurationen des Gelesenen sichtbar werden lässt, zeigt sie einen Nietzsche, der sich nicht mehr auf einen einheitlichen Generalnenner bringen lässt. Der monumentalischen Historie und den Kanonisierungsbestrebungen ist sie zwar prinzipiell abhold, hat aber gleichwohl Sinn für Tradition, insofern sie ein spezifisches Denken und Schreiben in spezifische Traditionszusammenhänge stellt. Diese der kritischen Quellenforschung eigene Form von Traditionalismus kann gerade in philosophischen ‚Diskursen' *disziplinierend* wirken, in denen man grundsätzlich meint, nach eigenem Gusto alles (Kanonische) mit allem (Kanonischen) in Verbindung bringen zu dürfen und zu sollen. Eine solche Tendenz macht sich ja nicht erst heute bemerkbar, sondern beherrscht beispielsweise schon die vergleichen Studien des Typs „Nietzsche und …".

Das Revitalisierungspotential der kritischen Quellenforschung beruht nicht zum geringsten Teil darauf, dass sie zum *Misstrauen* erzieht. Zu Misstrauen Nietzsche gegenüber, insofern Quellenforschung den unbarmherzigen Instrumentalisierungen auf die Schliche kommt, in die Nietzsche das von ihm Vorgefundene, die Lektüre- und Welteindrücke zwängt. Nietzsches Zurüstungen, Verkürzungen, Pointierungen, aber auch Anreicherungen, Ausweitungen, Transpositionen dessen, was er zu seinen Zwecken einschmilzt und umprägt, sind in ihrer Unbekümmertheit um die ursprünglichen Kontexte und in ihrer erfrischenden Unverfrorenheit immer wieder atemberaubend. Das durch Quellenforschung geschürte Misstrauen betrifft beispielsweise all die literarischen Inszenierungen von Unmittelbarkeit und Authentizität, die einen bei der Nietzsche-Lektüre auf Schritt und Tritt beggnen. Mitaffiziert vom Misstrauen gegen die Inszenierungen von Unmittelbarkeit und Authentizität sind naturgemäss auch all jene Nietzsche-Deutungen, in denen Originalität und Authentizität (Nietzsches!) Kultstatus geniessen (also von Elisabeth Förster bis Georges Bataille, um von neueren Hierophanten zu schweigen). Das Misstrauen der Quellenforschung kann zeigen, dass so mancher Ausdruck scheinbar unmittelbar intuitiver Erkenntnis literarische Fiktion mit sehr konkret nachweisbaren Genealogien ist.[34] Solche Einsichten ernüchtern.

Quellenforschung hat eine kritische und keine antiquarische Disziplin zu sein, wenn sie philosophische Inspirationskraft entfalten soll. Kritisch ist sie dann, wenn sie ihr Potential, Nietzsches Schreiben in seinem genetischen Kontext zu vergegenwärtigen, wahrnimmt, nicht um Nietzsche (oder eine von Nietzsches Quellen) mit kanonischen Würden zu versehen, sondern um dieses Schreiben in seinen verschiedenartigsten Kontexten immer wieder neu deutbar und neu lesbar zu machen. Kritische Quellenforschung geht von der Vielgestaltigkeit des Nietzscheschen Denkens aus, um damit nicht nur den Nietzsche eigenen Monumentalismus und rhetorischen Monolithismus zu bekämpfen, sondern insbesondere, um die Selbstpositionierungen, die Nietzsche in der Zwiesprache mit seinen Lektüren vornimmt, als permanente Neupositionierungen sichtbar zu machen. Richtig verstanden, bedeutet dies aber keineswegs irgendeine schwammig postmodernistische Kapitulation des Denkens vor dem Text. Ernsthaftem philosophischem Interesse an Nietzsche kann es mitnichten darum zu tun sein, gedankliche Gehalte gänzlich in „Schreibprozesse" aufzulösen und jeden Weg zur bedeutungsschwer nichts-sagenden Spur zu degradieren. Im Gegenteil: Kritische Quellenforschung, die sich in Philosophie transsubstantiiert, wird sich vom Einblick in die Gedankengenealogien bei Nietzsche zu eigenem Denken anregen lassen. So könnte man schliesslich argumentieren, kritische Quellenforschung sei gerade und nur dann nützlich, wenn sie selber instrumentalisiert wird – genau so, wie Nietzsche seine Lektüren instrumentalisiert: Nämlich um einen philosophischen Mehrwert herauszuschlagen. „Aufgabe für die Philologie: Untergang." (Nachlass 1875, KSA 8, 5[145]).[35]

Anmerkungen

[1] Quellenkritische Vorbemerkung: Ich danke Prof. Dr. Werner Stegmaier (Greifswald) für Anregungen zu diesem Artikel, dem Schweizerischen Nationalfonds für die finanzielle Förderung meiner Arbeit.
Jhering, Rudolf von: Scherz und Ernst in der Jurisprudenz. Eine Weihnachtsgabe für das juristische Publikum [1884]. Leipzig ^{9}1904. S. 267. Zwar haben komparativ verfahrende Interpreten gelegentlich starke Ähnlichkeiten zwischen Iherings und Nietzsches Rechtsverständnis behauptet (Kerger, Henry: Autorität und Recht im Denken Nietzsches. Berlin 1988); die quellenkritische Forschung macht indessen direkte Anleihen Nietzsches weniger bei Ihering als bei Josef Kohler und Albert Hermann Post geltend. Vgl. den Sonderband „Nietzsche und das Recht" des *Archivs für Rechts- und Sozialphilosophie*.

[2] Zu Nietzsches Diogenes Laertius-Studien im einzelnen Barnes, Jonathan: Nietzsche and Diogenes Laertius. In: Nietzsche-Studien 15 (1986). S. 16–40; ferner Gigante, Marcello: Friedrich Nietzsche und Diogenes Laertius. In: Borsche, Tilman/Gerratana, Federico/Venturelli, Aldo (Hrsg.); ‚Centauren-Geburten'. Wissenschaft, Kunst und Philosophie beim jungen Nietzsche. Berlin, New York 1994. (Monographien und Texte zur Nietzsche-Forschung 27). S. 3–16.

[3] Siehe dazu, namentlich im Hinblick auf Nietzsches Basler Antrittsvorlesung über Homer, z. B. Sommer, Andreas Urs: Der Geist der Historie und das Ende des Christentums. Zur „Waffengenossenschaft" von Friedrich Nietzsche und Franz Overbeck. Berlin 1997. S. 18–29 u. ö. Nietzsches frühe philologische Hermeneutik und ihre praegenealogische Methode erörtert eingehend Figl, Johann: Hermeneutische Voraussetzungen der philologischen Kritik. Zur wissenschaftsphilosophischen Grundproblematik im Denken des jungen Nietzsche. In: Nietzsche-Studien 13 (1984). S. 111–128. Figl findet in Nietzsches Äusserungen zu Diogenes Laertius „ein grundsätzlich skeptisches Verhältnis zur vor-

gegebenen Gestalt des schriftlich fixierten Textes" (a. a. O., S. 117). Eine Skepsis freilich, die m. E. die prätendierte Dignität der (normativen) Ursprünge nicht affiziert.

4 Apropos Fischen: Der Aphorismus, in dem sich Nietzsche eingehend damit beschäftigt – MA II WS 317 – ist selber, wie Stingelin, Martin: „Unsere ganze Philosophie ist Berichtigung des Sprachgebrauchs". Friedrich Nietzsches Lichtenberg-Rezeption im Spannungsfeld zwischen Sprachkritik (Rhetorik) und historischer Kritik (Genealogie). München 1996. S. 74, nachgewiesen hat, ein Lichtenberg-Plagiat . . .

5 Vgl. etwa Sommer, Andreas Urs: Zwischen Agitation, Religionsstiftung und „Hoher Politik". Friedrich Nietzsche und Paul de Lagarde. In: Nietzscheforschung. Ein Jahrbuch 4 (1998). S. 169–194.

6 Most, Glenn/Fries, Thomas: <">: Die Quellen von Nietzsches Rhetorik-Vorlesung. In: Borsche/Gerratana/Venturelli (Hrsg.): ‚Centauren-Geburten', a. a. O., S. 17–46, wenden die „methodologischen Prinzipien der Nietzscheschen Quellenkritik [sc. bei Diogenes Laertius) auf Nietzsches eigene Rhetorik-Vorlesungen" (S. 31) an – und kommen dabei zu ernüchternden Resultaten.

7 Montinari, Mazzino: Nietzsche lesen. Berlin, New York 1982. S. 6. Bei Venturelli, Aldo: Quellenforschung und Deutungsperspektive. Einige Beispiele. In: Borsche/Gerratana/Venturelli (Hrsg.): ‚Centauren-Geburten', a. a. O., S. 292–305, S. 292, wird die „ideale" zur „ideellen Bibliothek".

8 Siehe nach wie vor das nicht immer zuverlässige Verzeichnis von Oehler, Max: Nietzsches Bibliothek. Vierzehnte Jahresgabe der Freunde des Nietzsche-Archivs. Weimar 1942. Auch die Bücher, die sich Nietzsche ausgeliehen hat, gehören natürlich in seine „ideale Bibliothek". Vgl. Crescenzi, Luca: Verzeichnis der von Nietzsche aus der Universitätsbibliothek in Basel entliehenen Bücher (1869–1879). In: Nietzsche-Studien 23 (1994). S. 388–442; ferner Tetz, Martin: Franz Overbecks Bibliothek als Quelle? In: Basler Zeitschrift für Geschichte und Altertumskunde 94 (1994). S. 241–279.

9 Für Nietzsches Spätwerk hat Brobjer, Thomas H.: Nietzsche's Reading and Private Library, 1885–1889. In: Journal of the History of Ideas 58 (1997). S. 663–693, eine solche Synopse skizziert und versprochen, sie zu einem Buch zu erweitern. Kürzlich hat Brobjer, Thomas H.: Nietzsche's Education at the Naumburg Domgymnasium 1855–1858. In: Nietzsche-Studien 28 (1999). S. 302–322, S. 315–322, überdies Nietzsches Lektüren und Bücher zwischen 1856 und 1858 zusammengestellt. Siehe auch schon Brobjer, Thomas H.: Nietzsche's Ethics of Character. A Study of Nietzsche's Ethics and its Place in the History of Moral Thinking, Uppsala 1995 (= Institutionen för ide- och lärdomshistoria, Uppsala universitet, Skrifter 13).

10 Beispielsweise Nietzsches Wellhausen-Adaption im *Antichrist*, siehe Ahlsdorf, Michael: Nietzsches Juden. Die philosophische Vereinnahmung des alttestamentlichen Judentums und der Einfluss von Julius Wellhausen in Nietzsches Spätwerk. Diss. phil. Berlin 1990 (Mikrofiche; als Buch textlich unverändert und ohne Berücksichtigung der neueren Literatur unter dem weniger spezifi-

schen Titel: Ahlsdorf, Michael: Nietzsches Juden. Ein Philosoph formt sich ein Bild. Aachen 1997); Hartwich, Wolf-Daniel: Die Erfindung des Judentums. Antisemitismus, Rassenlehre und Bibelkritik in Friedrich Nietzsches Theorie der Kultur. In: Trumah. Zeitschrift der Hochschule für jüdische Studien in Heidelberg 5 (1996). S. 179–200; Orsucci, Andrea: Orient – Okzident. Nietzsches Versuch einer Loslösung vom europäischen Weltbild. Berlin, New York 1996. (Monographien und Texte zur Nietzsche-Forschung 32). S. 318–340. Um Synthese all dieser ‚Entdeckungen' bemüht: Sommer, Andreas Urs: Friedrich Nietzsches „Der Antichrist". Ein philosophisch-historischer Kommentar. Basel 2000. (Beiträge zu Friedrich Nietzsche 2).

11 Montinari, Mazzino: Aufgaben der Nietzsche-Forschung heute. Nietzsches Auseinandersetzung mit der französischen Literatur des 19. Jahrhunderts. In: Bauschinger, Sigrid/Cocalis, Susan L./Lennox, Sara (Hrsg.): Nietzsche heute. Die Rezeption seines Werkes nach 1968. Bern, Stuttgart 1988. S. 137–148, S. 138. Zu diesem antireduktionistischen Verständnis von Quellenforschung, das Montinari entwickelt, siehe Campioni, Giuliano: „Die Kunst, gut zu lesen". Mazzino Montinari und das Handwerk des Philologen. In: Nietzsche-Studien 18 (1989). S. XV–LXXIV, S. XLVII–XLIX. Montinaris Verständnis von Quellenforschung steht durchaus im Dienste der langwierigen „‚Entschwesterung'" unseres Nietzsche-Verständnisses (Cases, Cesare: Der Grossherzog von Weimar. Erinnerung an Mazzino Montinari. In: Nietzsche-Studien 18 (1989). S. 20–26, S. 23).

12 Dazu Montinari: Nietzsche lesen, a. a. O., S. 6.

13 Der „ideale Leser müsste den gleichen Code wie der Autor besitzen", was am Ende aber selbst für den sich selber lesenden Autor ein Ding der Unmöglichkeit ist (Iser, Wolfgang: Der Akt des Lesens. Theorie ästhetischer Wirkung. München ³1990. S. 53).

14 Es liegt auf der Hand, wie wichtig solche Rekontextualisierungen gerade dann sind, wenn die technischen Möglichkeiten (CD-ROM), indem sie auf Tastendruck alles verfügbar machen, der radikalen *Dekontextualisierung* entschieden Vorschub leisten – nämlich der Zerlegung von gedanklichen Zusammenhängen ganzer Werke Nietzsches in monadisierte Sentenzen (vgl. z. B. Sommer, Andreas Urs: Rezension von Friedrich Nietzsche, Werke. Historisch-kritische Ausgabe auf CD-ROM. In: Philosophisches Jahrbuch 104 (1997). S. 439–440).

15 Brentano, Franz: Nietzsche als Nachahmer Jesu. In: ders.: Die Lehre Jesu und ihre bleibende Bedeutung. Mit einem Anhange: Kurze Darstellung der christlichen Glaubenslehre. Hrsg. aus seinem Nachlasse von Alfred Kastil. Leipzig 1922. S. 129–132, S. 129.

16 Die Unterscheidung von rein vergleichender und einflussorientierter Methode ist tatsächlich nur eine idealtypische. In der Forschungspraxis berücksichtigt die vergleichende Betrachtung meist auch die Äusserungen des Späteren zum Früheren (so z. B. bei Bertram und Brentano).

17 Gerade Nietzsches öffentlich kundgegebene ‚Neuentdeckungen' (etwa Spinoza, Lichtenberg, Stendhal oder Dostojewskij) betreffen meistens schon etab-

lierte oder in Etablierung begriffene Heroen des Geistes oder der Feder. So „eigentümlich" und „privat", wie Wuthenow, Ralph-Rainer: Nietzsche als Leser. Drei Essays. Hamburg 1994. S. 41, meint, ist Nietzsches „Kanonbildung" nun doch auch wieder nicht.

[18] Siehe dazu Stingelin, Martin: Historie als ‚Versuch das Heraklitische Werden [...] in Zeichen abzukürzen'. Zeichen und Geschichte in Nietzsches Spätwerk. In: Nietzsche-Studien 22 (1993). S. 28–41, sowie den Beitrag von Werner Stegmaier im vorliegenden Band.

[19] Dazu ausführlicher Sommer: Friedrich Nietzsches „Der Antichrist", a. a. O., S. 669f., 682f., 688f. und passim.

[20] Es liefe auf unbeweisbare psychologisierende Spekulation heraus, wollte man in Nietzsches Monumentalisierung des eigenen Verhältnisses zur Vergangenheit nur das verborgen sehen, was Harold Bloom als Movens grosser Dichtung ausmachen zu können glaubt: Einfluss-Angst (vgl. Bloom, Harold: Einflussangst. Eine Theorie der Dichtung [1973]. Aus dem amerikanischen Englisch von Angelika Schweikhart. Basel, Frankfurt 1995). Nietzsches Konstrukte grosser Vergangenheiten machen selten den Eindruck, aus der Einschüchterung durch die Übermacht des Vergangenen gezeugt zu sein.

[21] Siehe etwa Treiber, Hubert: „Das Ausland" – die „reichste und gediegenste Registratur" naturwissenschaftlich-philosophischer Titel in Nietzsches „idealer Bibliothek". In: Nietzsche-Studien 25 (1996). S. 394–412.

[22] Die Vielgestaltigkeit der Theorien, wie etwas (oder jemand) zu einem kanonischen Kulturgut wird, dokumentieren in ganz unkanonischer Buntheit die Beiträge in: Heydebrand, Renate von (Hrsg.): Kanon – Macht – Kultur. Theoretische, historische und soziale Aspekte ästhetischer Kanonbildungen. Stuttgart, Weimar 1998.

[23] Overbeck, Franz: Zur Geschichte des Kanons. Zwei Abhandlungen, Chemnitz 1880. S. 1 (= Overbeck, Franz: Werke und Nachlass. Bd. 2: Schriften bis 1880. In Zusammenarbeit mit Marianne Stauffacher-Schaub hrsg. von Ekkehard W. Stegemann und Rudolf Brändle. Stuttgart, Weimar 1994. S. 393. Vgl. dort auch die kundige, forschungsgeschichtliche Einführung von Rudolf Brändle).

[24] So meint Pieper, Annemarie: Akzeptanzbarrieren für philosophische Editionen?. In: Senger, Hans Gerhard (Hrsg.): Philosophische Editionen. Erwartungen an sie – Wirkungen durch sie. Tübingen 1994 (Beihefte zu *editio*, hrsg. von Winfried Woesler, Bd 6). S. 55–61, S. 59, gegen den reinen Antiquarismus, „der Sinn philosophischer Editionen" könne „nicht darin bestehen, einen Autor bis zum letzten handschriftlichen Zettel zu edieren, ganz gleich, ob es sich um bloss hingeworfene Notizen, Lesefrüchte, Rohentwürfe oder Vorstufen eines später ausgearbeiteten Textes handelt, – wenn dadurch nur den Bedürfnissen einer Kultgemeinde nachgekommen werden soll". Pieper nennt als Beispiel die Rudolf Steiner-Ausgabe, natürlich nicht die Kritische Nietzsche-Gesamtausgabe, für deren Briefteil sie editorisch selber verantwortlich zeichnet. „Andererseits gebe ich zu, dass es nicht immer leicht zu entscheiden ist, was publikationswürdig ist und was besser ungedruckt bleibt, da es den Rang eines

Zettelkastens nicht übersteigt. Dennoch geht es nicht an, die Entscheidung dem Leser aufzubürden, denn der wird in Anbetracht der Materialfülle ohnehin die Segel rasch streichen und sich über das unnütz vergeudete Papier ärgern." (Ebd.) Im selben Band macht sich Becker, Werner: Philosophische Editionen. Erwartungen an sie – Wirkungen durch sie. In: Senger (Hrsg.): Philosophische Editionen, a. a. O., S. 9–17, für Editionen als Hüterinnen des philosophischen Kanons stark und sieht den „Kanon der Tradition als identitätsbewahrenden Ersatz für den Mangel an Lehrbuchbeständen in einer Zeit, in der auch die Fachleute die Übersicht nicht mehr behalten können" (S. 16). Becker reflektiert in seinem Beitrag freilich nicht, dass die schiere Masse des in einer durchschnittlichen kritischen Werkausgabe Präsentierten die reale Kanonizität aller einzelnen, in ihr inkorporierten Elemente schon aufhebt. Was ist denn kanonisch, wenn man sagt, Nietzsche gehöre zum Kanon? Welchen lebensweltlichen Effekt zeitigt die Kanonizität von „Nietzsche"? Ist mit der Abbreviatur „Nietzsche" in diesem Zusammenhang eine historische Person, eine Person als Autor, bestimmte von ihr verfasste Texte oder gar alles je von ihr Geschriebene, also auch der berühmte Waschzettel gemeint?

25 Stegmaier, Werner: Nietzsches ‚Genealogie der Moral'. Darmstadt 1994. S. 41.
26 Wobei das Quellenproblem bei Nietzsche und bei Kant insofern ein wesentlich anderes ist, als Kant mit seinen Quellen den althergebrachten wissenschaftlichen Umgang pflegt, ohne sie entweder zu Figuren im Spiel der monumentalischen Selbstpositionierung zu machen oder sie aber beredt zu verschweigen.
27 Zu Jacolliot siehe Etter, Annemarie: Nietzsche und das Gesetzbuch des Manu. In: Nietzsche-Studien 16 (1987). S. 340–352, sowie Sommer, Andreas Urs: Ex oriente lux? Zur vermeintlichen ‚Ostorientierung' in Nietzsches *Antichrist*. In: Nietzsche-Studien 28 (1999). S. 194–214, S. 208–213.
28 Weshalb Nietzsche in seinen Werken fast ausnahmslos auf Fussnoten verzichtet, wäre in einem Nachtrag zu Grafton, Anthony: Die tragischen Ursprünge der deutschen Fussnote. Aus dem Amerikanischen von H. Jochen Bußmann. Berlin 1995, zu erörtern. Grafton zufolge hat erst Ranke die Fussnote endgültig nobilitiert und zum unentbehrlichen Bestandteil des geisteswissenschaftlichen ‚Diskurses' gemacht. In welchem Verhältnis der Fussnotenverweigerer Nietzsche zu diesem ‚Diskurs' stand, lässt sich aus seiner Fussnotenverweigerungspraxis leicht ableiten.
29 Dazu Stegmaier, Werner: „Denken". Interpretationen des Denkens in der Philosophie der Moderne. In: Studia philosophica 57 (1998). S. 209–228, S. 224–228.
30 Stingelin, Martin: Geschichte, Historie und Rhetorik. Eine Hinführung zu Nietzsches Begriff der „Abkürzung". In: Kopperschmidt, Josef/Schanze, Helmut (Hrsg): Nietzsche oder „Die Sprache ist Rhetorik". München 1994. S. 85–92. S. 92 im Anschluss an Nachlass 1885/1886, KSA 12, 2[148].
31 Selbstredend darf man auch umgekehrt fragen, nämlich inwiefern Nietzsche als Leser den Erwartungshorizont der anderen Leser desselben Textes (von Galton, Renan oder Lange, um beliebige Beispiele zu nehmen) durchbrach und

schliesslich – mit der einsetzenden Nietzsche-Rezeption – nachhaltig veränderte. Bei der „Rekonstruktion des Erwartungshorizontes, vor dem ein Werk in der Vergangenheit geschaffen oder aufgenommen wurde", verstellen vielerlei Imponderabilien die Aussicht, mag diese Rekonstruktion es auch ermöglichen, „Fragen zu stellen, auf die der Text eine Antwort gab, und damit zu erschliessen, wie der einstige Leser das Werk gesehen und verstanden haben kann" (Jauß, Hans Robert: Literaturgeschichte als Provokation der Literaturwissenschaft. In: Warning, Rainer (Hrsg.): Rezeptionsästhetik. Theorie und Praxis. 4. Auflage. München 1994. S. 126–162, S. 136).

32 Namentlich auch der *Naturwissenschaften* – Nietzsches entsprechende Lektüren waren ja exzessiv und unbekümmert um irgendwelche Grabenkriege zwischen Natur- und Geisteswissenschaften. Freilich war z. B. gerade Nietzsches Physiologie reines „Buchwissen" und „konzentrierte sich auf Konzepte und Erkenntnisstrategien, die er philosophisch instrumentalisieren konnte. Dem auf Wiederholbarkeit und Überprüfbarkeit beschränkten Begriff der physiologischen Experimente steht Nietzsches Versuch gegenüber, ihre Ergebnisse zu entgrenzen" (Stingelin, Martin: Friedrich Nietzsches Psychophysiologie der Philosophie. In: Max-Planck-Institut für Wissenschaftsgeschichte (Hrsg.): Preprint 120. Workshop „Physiologische und psychologische Praktiken im 19. Jahrhundert: ihre Beziehungen zu Literatur, Kunst und Technik". Berlin 1999. S. 33–43, S. 43).

33 Wenn Nietzsche wiederholt behauptet, er gehöre „nicht zu denen, die erst zwischen Büchern, auf den Anstoss von Büchern zu Gedanken kommen" (FW 366), und hinzufügt, er lese selten, dann wird man dies – angesichts der erdrückenden Lektüreevidenzen – ins Reich der Selbstmonumentalisierungsfabeln verweisen. Nietzsche macht permanent „Jagd auf gute originelle Bücher" (Briefentwurf an Franz Overbeck, 14. Juli 1886, KGB III/3, Nr. 720, S. 204).

34 Zur Genealogie von Nietzsches Maskenspiel siehe Vivarelli, Vivetta: Nietzsche und die Masken des freien Geistes. Montaigne, Pascal und Sterne. Würzburg 1998.

35 Zu dieser in den Kontext der unvollendeten *Unzeitgemässen Betrachtung* „Wir Philologen" gehörenden Aufzeichnung siehe Cancik, Hubert: „Philologie als Beruf". Zu Formengeschichte, Thema und Tradition der unvollendeten vierten Unzeitgemässen Friedrich Nietzsches. In: ders./Cancik-Lindemaier, Hildegard: Philolog und Kultfigur Friedrich Nietzsche und seine Antike in Deutschland. Stuttgart, Weimar 1999. S. 69–84. S. 77.

D. Beiträge zur Werkinterpretation

Christian Niemeyer, Die Fabel von der Welt als Fabel oder
Nietzsches andere Vernunft. Irrtümer um eine Geschichte?, Nietzscheforschung 3,
Berlin: Akademie Verlag, 1995, S. 233–246.

Christian Niemeyer

**Die Fabel von der Welt als Fabel oder
Nietzsches andere Vernunft.
Irrtümer um eine Geschichte?**

„Die wahre Welt haben wir abgeschafft: welche
Welt blieb übrig? die scheinbare vielleicht?... Aber nein!
mit der wahren Welt haben wir auch die
scheinbare abgeschafft!"
(Friedrich Nietzsche 1888)

„Es giebt noch eine andere Welt zu
entdecken – und mehr als eine! Auf die
Schiffe, ihr Philosophen!"
(Friedrich Nietzsche 1882)

Lange schon, spätestens seit Heidegger, währt der Streit um den kurzen, eineinhalbseitigen Abschnitt *Wie die „wahre Welt" endlich zur Fabel wurde* aus Nietzsches *Götzen-Dämmerung*. Heidegger hat diesen Abschnitt als „kurze Darstellung des Platonismus und seiner Überwindung" (Heidegger 1961, 235) gelesen und daran die Frage angeschlossen, „welche neue Auslegung und Einstufung des Sinnlichen und Übersinnlichen" Nietzsche infolge dieser seiner „Umdrehung des Platonismus" (ebd., 243) anzubieten habe. Die im folgenden bevorzugte Lesart nimmt ihren Ausgang, ähnlich wie jene Heideggers, von der in diesem Zusammenhang wohl provokantesten These Nietzsches: „Die wahre Welt haben wir abgeschafft: welche Welt blieb übrig? die scheinbare vielleicht? ... Aber nein! mit der wahren Welt haben wir auch die scheinbare abgeschafft!" (KSA 6, 81) Anders aber als Heidegger möchte ich diesen Satz, den Nietzsche seiner Auseinandersetzung mit Gustav

Teichmüller abgewann (vgl. Nohl 1913), nicht dem Platonismus-Problem als solchem kontrastieren, sondern der sechs Jahre älteren Botschaft Nietzsches aus *Die fröhliche Wissenschaft*: „Es giebt noch eine andere Welt zu entdecken – und mehr als eine! Auf die Schiffe, ihr Philosophen!" (KSA 3, 530) Ich sehe mich zu dieser Kontrastierung, die jene Heideggers weitgehend unberührt läßt, durch den Verlauf veranlaßt, den der von Heidegger angeregte Streit um Nietzsches *Wie die „wahre Welt" endlich zur Fabel wurde* in neuerer Zeit genommen hat. Denn dieser Streit konfrontiert den Leser zunehmend mit dem Bild eines ‚pessimistischen' Nietzsche, der 1888 die Abgeschafftheit der ‚wahren' und der ‚scheinbaren' Welt deklarierte und – mit Erich Meuthen gesprochen – „nicht zur Entdeckung eines positiv bestimmbaren Ortes schöpferischer Phantasie, der für sich letztlich doch wieder ‚Wahrheit' beansprucht" (Meuthen 1991, 169), durchdrang. Und zu diesem Bild will ja nicht recht passen, daß Nietzsche noch 1882, in gleichsam ‚optimistischer' Manier, zur Entdeckung ‚anderer' Welten aufgerufen hatte. Entgegen der scheinbaren Unvereinbarkeit beider Sätze möchte ich im folgenden also deren Anschlußfähigkeit belegen. Dabei gehe ich in drei Schritten vor: Zunächst (1) will ich die Problematik der auf einen ‚pessimistischen' Nietzsche abstellenden Auslegung diskutieren, um dann (2) den ‚optimistischen' Nietzsche zu rehabilitieren und (3) fruchtbar zu machen für eine Neuinterpretation von *Wie die „wahre Welt" endlich zur Fabel wurde*.

1. Der ‚pessimistische' Nietzsche – und die ‚wahre' sowie ‚scheinbare' Welt

Der Ausdruck ‚pessimistischer' Nietzsche ist gewiß nicht schön. Er legt sich aber aufgrund zahlreicher neuerer Auslegungen von *Wie die „wahre Welt" endlich zur Fabel wurde* – erinnert sei nur an jene Erich Meuthens – nahe und wird auch expressis verbis von Spiekermann verwandt. Dieser nämlich drückte sein Erstaunen darüber aus, daß sich der – wie er es nennt – ‚erkenntnistheoretische Pessimist' Nietzsche selbst im Fall offenkundiger ‚kosmologischer Fabeleien' (gemeint ist die Wiederkunftslehre) auf die Suche nach empirischen Beweisen begeben habe, obgleich ihm doch „die ‚wahre Welt' zur Fabel geworden" (Spiekermann 1988, 496) sei. Mich interessiert bei diesem Urteil nur das in ihm verborgene Mißverständnis über den Begriff ‚wahre Welt'. Denn bei Nietzsche bezieht sich dieser Begriff auf Metaphysisches, nicht aber auf Physisches. Nietzsche kann – im Gegensatz zu der Unterstellung Spiekermanns – also sehr wohl beides tun, nämlich die ‚wahre Welt' für abgeschafft erklären und gleich-

Die Fabel von der Welt als Fabel oder Nietzsches andere Vernunft 165

wohl nach empirischen Beweisen für seine Wiederkunftslehre suchen. Ob letzteres sinnvoll war oder ist, steht hier nicht zur Debatte. Mir geht es nur um den Befund als solchen – und und der lautet: Annahmen über die ‚wahre Welt' berühren gar nicht die von Spiekermann angesprochene empirische Problemebene.

Deswegen übrigens kann Nietzsche auch noch im Anschluß an die *Götzen-Dämmerung*, etwa in *Ecce homo*, empirische Forschung einklagen. Prominent geworden ist etwa sein Urteil, daß die Begriffe „‚Seele', ‚Geist', zuletzt gar noch ‚unsterbliche Seele'" erfunden worden seien, „um den Leib zu verachten, um ihn krank – ‚heilig' – zu machen, um allen Dingen, die Ernst im Leben verdienen, den Fragen von Nahrung, Wohnung, geistiger Diät, Krankenbehandlung, Wetter, einen schauerlichen Leichtsinn entgegenzubringen!" (KSA 6, 374) Deutlicher kann man gar nicht für empirische Forschung eintreten, und zwar dies gerade weil die ‚wahre' Welt, wie dieses Zitat nun deutlich macht, nicht nur als abgeschafft zu gelten hat, sondern abgeschafft werden muß – wenn denn empirische Forschung nicht behindert werden soll. Denn die von Nietzsche in diesem Zitat als bloß erfunden gerügten, die empirische Forschung behindernden Begriffe – „Seele", „Geist", „unsterbliche Seele" – sind nichts anderes als Beispiele für jene metaphysischen Entitäten, die Nietzsche mit seinem ‚wahre-Welt'-Konzept anspricht.

Andere Beispiele für derartige metaphysische Entitäten nennt Nietzsche im *Antichrist* unter dem Stichwort „Fiktions-Welt" (KSA 6, 181), vor allem aber auch in der *Götzen-Dämmerung*, also in dem Text, der dem Abschnitt *Wie die „wahre Welt" endlich zur Fabel wurde* den entscheidenden Kontext verleiht. Hier nämlich ist wenige Seiten nach diesem Abschnitt vom „Ich" bzw. von den „geistigen Ursachen" als „Fabel" die Rede, allgemeiner gesprochen: Es ist die Rede von einer „Ursachen-Welt" und einer „Willens-Welt" und einer „Geister-Welt", die der (philosophierende) Mensch in einem Akt des „Missbrauch[s]" (KSA 6, 91) der (tatsächlichen) Empirie geschaffen habe, weil er einem Weltmodell bedürftig sei, in der die Gottesvorstellung ebenso zu beheimaten ist wie die Gottgleichheitsvorstellung des Menschen. Der Begriff ‚wahre Welt', so darf man aus all dem also folgern, repräsentiert in Nietzsches Verständnis – das zweifellos durch Platons *Phaidros* angeregt wurde – einen Sammelbegriff für metaphysische Optionen, die dem Menschen eine Adelung seiner Selbstauslegung erlauben und/oder die ihn antreiben, sich aus den Niederungen der empirischen Welt zu erheben. Insoweit Nietzsche diese ‚wahre' Welt als abgeschafft deklariert, begegnet er uns also als Antimetaphysiker und Vordenker einer empirischen Humanwissenschaft.

Warum aber redet Nietzsche dann davon, daß auch die ‚scheinbare' Welt abgeschafft sei? Denn dies klingt ja tatsächlich sehr pessimistisch, wenn nicht gar defaitistisch und jedenfalls so, als stünde gar kein Weltkonzept für Theoriebildung und Forschung mehr zur Verfügung. Namentlich postmoderne Interpreten, wie etwa Jacques Derrida (1986, 135 ff.) oder Richard Rorty (1992, 58 f.), haben denn auch aus Nietzsches These von der Abgeschafftheit der ‚wahren' und der ‚scheinbaren' Welt gefolgert, diese These sei identisch mit der generellen Einsicht in die Unmöglichkeit von Wahrheitserwerb und Daseinsrechtfertigung. In der Logik dieser Interpretationen und unter Mißachtung der Mahnung Heideggers, daß Nietzsche dieses „leere Nichts" nicht meinen könne, insofern er „die Überwindung des Nihilismus in jeder Form" (Heidegger 1961, 241) wolle, begegnet uns Nietzsche also wiederum als der, als den wir ihn eingangs bei Meuthen oder Spiekermann antrafen: als eine Art ‚erkenntnistheoretischer Pessimist', nur, daß die helle Seite dieses ‚Pessimisten' nun im Vordergrund steht: etwa unter der – bei postmodernen Nietzsche-Interpretationen auch in anderen Zusammenhängen nahegelegten (vgl. Schweppenhäuser 1988, 10) – Chiffre des ‚anything goes', die offenbar auch Richard Rorty im Blick hat, wenn er Nietzsche seinem Lobgesang auf das „Vokabular der Selbsterschaffung" einfügt, das, im Unterschied zu dem mit den Namen Dewey und Habermas belegbaren „Vokabular der Gerechtigkeit", „privat" sei und „ungeeignet zur Argumentation." (Rorty 1992, 13)

Mitunter, etwa bei Pierre Klossowski, wird diese oder jedenfalls doch eine analoge Schlußfolgerung auch noch zusätzlich gestützt durch die von Nietzsche mit der „Gott-ist-tot"-Formel angesprochenen „ontologische[n] Katastrophe" (Klossowski 1963, 39 f.). Für diese gibt der berühmte Aphorismus *Der tolle Mensch* aus *Die fröhliche Wissenschaft* gewiß die nachdrücklichste Anschauung: „Wer gab uns den Schwamm", fragt hier der ‚tolle Mensch' sich und die Mörder Gottes, „um den ganzen Horizont wegzuwischen? Was thaten wir, als wir diese Erde von ihrer Sonne losketteten? Wohin bewegt sie sich nun? Wohin bewegen wir uns? Fort von allen Sonnen? Stürzen wir nicht fortwährend? [...] Irren wir nicht wie durch ein unendliches Nichts?" (KSA 3, 481) Indes muß man hier deutlich trennen. Denn was den verzweifelten Fragen des ‚tollen Menschen' unterliegt, ist die sich hier anbahnende Folgerung aus Nietzsches Dekonstruktion auch des Pantheismus als des Versuchs, Gott mit der Welt zu identifizieren. Nicht nur Gott ist nun nicht mehr da, auch die Welt, für die er zeugte, sieht sich ins Nichts versetzt – und bedarf neuer Sinngebung. Eben dies aber ist das entscheidende: Nietzsche begnügt sich keineswegs mit der Feststellung, daß die Welt, mit der und in der sich Gott bezeugt, mit Gottes Tod ihre Geltung verliert. Sondern Nietzsche will auch die Sinngebung für eine ‚Ordnung der Dinge' ohne Gott – und konzentriert deswegen sein Denken mit dem *Zarathustra* auf den Übermenschen. Wer diesen Zusammenhang auflöst und mithin die Bedeutung des Übermenschenkonstrukts nicht mehr zu sehen vermag – und dies gilt für viele Autoren im Umfeld der Postmoderne, etwa auch für Foucault (1974, 412) –, wird notwendig nur ‚pessimistische' Nietzsche-Bilder zu zeichnen in der Lage sein (vgl. Reschke 1994, 95 f.).

Damit mögen postmoderne Einwände erledigt sein. Wie aber steht es mit den Einwänden jener, die vielleicht noch zuzugestehen vermögen, daß Nietzsche als Antimetaphysiker die – mit der Gottesvorstellung verküpfte – metaphysische ‚wahre' Welt als abgeschafft deklariert, ohne daß sie doch anders als ‚pessimistisch' damit umgehen können, daß Nietzsche der ‚wahren' Welt auch noch die ‚scheinbare' Welt nachwirft?

Die Antwort auf diese Frage hängt natürlich vor allem davon ab, was unter jener ‚scheinbaren' Welt eigentlich zu verstehen ist. Nimmt man, wie Heidegger, das Platon-Problem zum Ausgangspunkt, ist die Antwort leicht: Die ‚scheinbare Welt' steht für das Sinnliche und repräsentiert zusammen mit dem Übersinnlichen, also der ‚wahren Welt', „das Seiende im Ganzen." (Heidegger 1961, 241) Die Fortführung dieser Erwägung läßt sich dann bei Volker Gerhardt nachlesen: „Die deklarierte Abschaffung der ‚scheinbaren Welt' beseitigt nicht die Vorgänge und Eindrücke, die uns die Welt bedeuten, sondern sie nimmt ihnen ihren von der Substanzmetaphysik zugewiesenen Charakter als bloßer Schein oder Erscheinung." (Gerhardt 1992, 35) Ich würde aber auch an dieser Stelle die von Heidegger wie Gerhardt in Erinnerung gerufene platonische Denk- und Begriffstradition gerne vernachlässigen. Die Berechtigung hierfür beziehe ich aus dem angeführten Zitat aus *Ecce homo*. Denn es ist ja auffällig, daß Nietzsche hier den von ihm abgelehnten metaphysischen Entitäten empirisch erforschbare Realitäten entgegenhält. Der Begriff ‚scheinbare' Welt, so könnte man mithin auch sagen, repräsentiert in Nietzsches Sprachgebrauch jene empirische Welt, auf die der Mensch in seinem Erkenntnisbemühen Bezug nahm, als er um die Grenze seines metaphysischen ‚wahre'-Welt-Konzepts zu ahnen begann. Warum aber, so muß man nun natürlich fragen, wählt Nietzsche dann das Adjektiv ‚scheinbar', und, vor allem: Warum deklariert er die Abgeschafftheit dieser ‚scheinbaren Welt', wenn er in ihr doch jenes empirische Wissen beheimatet glaubt, mit dessen Hilfe er das metaphysische ‚wahre'-Welt-Konzept zu entwichten hofft?

Bei einer Antwort auf diese Frage hat man zu berücksichtigen, daß der Mensch sich wohl nie zuvor so sehr wie im auslaufenden 19. Jahrhundert von Metaphysik und Philosophie entkoppelte, um voller Optimismus die Naturvorgänge zu entschlüsseln. Indem Nietzsche die damit entdeckte und entdeckbare neue Welt des empirischen Wissens nur als ‚scheinbare' deklariert und, ähnlich wie die ‚wahre' Welt, für abgeschafft erklärt, erweist er sich also als Wissenschaftskritiker, deutlicher gesprochen: Er erweist sich als Kritiker einer in seiner Epoche um sich greifenden Tendenz zur Entphilosophierung der Wissenserwerbsgrundlagen. Dies nun konfrontiert uns mit einem etwas irritierenden Zwischenresultat. Denn – Sie werden sich erinnern – Nietzsches Hinweis auf die Abgeschafftheit der ‚wahren' Welt meinten wir ja lesen zu können als Indiz für seine Selbstauslegung als eines Anti-Metaphysikers, der für empirische Forschung eintritt. Nietzsches Hinweis auf die Abgeschafftheit auch der ‚scheinbaren' Welt hingegen konfrontiert uns mit einem Nietzsche, der als Rephilosophierer zu begreifen ist und vor kurzschlüssiger empirischer Forschung warnt. Wie aber kann beides zusammen gehen?

Meine Antwort wäre: sehr gut. Denn, um mit dem Anti-Metaphysiker zu beginnen: Nietzsches Interesse an empirischen Beweisen für die Wiederkunftslehre oder an – um noch einmal die Themen aus dem *Eccehomo*-Zitat Revue passieren zu lassen – empirischer Erforschung der Zusammenhänge zwischen menschlichem Wohlbefinden einerseits sowie Nahrung, Wohnung, geistiger Diät, Krankenbehandlung und Wetter andererseits ist eher didaktischer Natur. Nietzsche will also, anders gesagt, einen der Hauptsätze aus der *Götzen-Dämmerung*, nämlich die – sarkastische – Formulierung „Es giebt mehr Götzen als Realitäten in der Welt" (KSA 6, 57), als Sarkasmus kenntlich machen und, im Bewußtsein der Leser, durch die Umdrehung ersetzen: ‚Es gibt mehr Realitäten als Götzen in der Welt, und wer uns das Umgekehrte glauben machen will, betreibt Ideologie.' Weitergehende Ambitionen sind hiermit sowie mit dieser Inanspruchnahme des Realitätsbegriffs aber nicht verbunden, will sagen: Man wird dem ganzen Nietzsche nicht gerecht, wenn man hieraus folgert, Nietzsche habe ja doch an die empirische Konstitution einer – ansonsten von ihm als abgeschafft deklarierten – ‚scheinbaren' Welt geglaubt. Insoweit erreicht auch die gegen Spiekermann naheliegende Setzung, Nietzsche sei kein ‚erkenntnistheoretischer Pessimist', noch nicht das Zentrum des uns überantworteten Nietzsche-Problems.

Daraus folgt im Umkehrschluß: Dieses Zentrum ist erst dort erreicht, wo wir in Nietzsche einen – allerdings über seine Metaphysik-Kritik belehrten – Rephilosophierer sehen, der die Frage stellt, mithilfe welcher methodologischer Vorkehrungen man sicherstellen kann, dem Publikum eine Welt des Wissens zu präsentieren, die – wie sich in Anlehnung an Kant vielleicht variieren ließe – für Blindheit der Metaphysik (‚wahre Welt') ebensowenig Zeugnis ablegt wie für Leere der Empirie (‚scheinbare Welt'). Diese Welt des Wissens ist m. E. jene ‚andere' Welt, die Nietzsche erstmals in *Die fröhliche Wissenschaft* in den Blick nahm. Diese These möchte ich nun, in meinem zweiten Argumentationsschritt, verständlich machen.

2. Der ‚optimistische' Nietzsche – und die ‚andere' Welt

Nietzsches Annahme, wonach es für die Philosophen noch eine „andere Welt" (KSA 3, 530) zu entdecken gäbe, beschließt den Aphorismus *Auf die Schiffe!* aus *Die fröhliche Wissenschaft*. „Erwägt man", so eröffnet Nietzsche diesen Aphorismus, „wie auf jeden Einzelnen eine philosophische Gesammt-Rechtfertigung seiner Art, zu leben und zu denken, wirkt, [...] so ruft man zuletzt verlangend aus: oh dass doch viele solche neuen Sonnen noch geschaffen würden! Auch der Böse, auch der Unglückliche, auch der Ausnahme-Mensch soll seine Philosophie, sein gutes Recht, seinen Sonnenschein haben!" (KSA 3, 529) Die Anrufung des ‚Sonnenscheins' in diesem Zusammenhang belegt, daß Nietzsche hier in sinngebender Absicht tätig ist. Denn – wir erinnern uns – die Frage ‚fort von allen Sonnen?' markierte ja den höchsten Punkt des Sinnlosigkeitsverdachts des wenige Seiten zuvor aufgebotenen ‚tollen Menschen'. Die ‚andere' Welt, auf die Nietzsche abzielt, ist also, so das erste Resultat, identisch mit einem neuen, sinngebenden philosophischen Grundgedankengang, der tauglich ist zu einer alternativen, aus herkömmlichen Philosophien nicht beziehbaren Daseinsrechtfertigung insbesondere für den ‚Bösen', den ‚Unglücklichen', den ‚Ausnahme-Menschen', also, kurz und im Vorblick auf den *Zarathustra* gesprochen: den Übermenschen.

In *Jenseits von Gut und Böse* sehen wir Nietzsche erneut ‚auf die Schiffe' gehen, nun ein – wie er es nennt – fast noch neues „Reich gefährlicher Erkenntnisse" entdeckend, ein Reich psychologischer Erkenntnisse vor allem, wie man hinzuzusetzen hat. „Die gesammte Psychologie", so notiert Nietzsche denn auch, „ist bisher an moralischen Vorurtheilen und Befürchtungen hängengeblieben: sie hat sich nicht in die Tiefe gewagt." (KSA 5, 38) Fast folgerichtig scheint der Begriff ‚Tiefenpsychologie' für das von Nietzsche Beabsichtigte, wobei das in dieser Hinsicht (erkenntnis-)'optimistische' Selbstbild durchaus auffällig ist. So lesen wir etwa im nämlichen Jahr (1886): „Man hat meine Schriften eine Schule des Verdachts genannt, noch mehr der Verachtung, glücklicherweise auch des Muthes, ja der Verwegenheit. In der That, ich selbst glaube nicht, dass jemals Jemand mit einem gleich tiefen Verdachte in die Welt gesehn hat." (KSA 2, 13) Ein vergleichbares Eigenlob Nietzsches als eines Vorläufers einer – so möchte ich es vorläufig nennen (vgl. Niemeyer 1996) – ‚anderen Vernunft' findet sich auch in *Der Fall Wagner*: „Hat man sich für die Abzeichen des Niedergangs ein Auge gemacht, so versteht man auch die Moral, – man versteht, was sich unter ihrem heiligsten Namen und Werthformeln versteckt: das v e r a r m t e Leben, der Wille zum Ende, die grosse Müdigkeit." (KSA 6, 11 f.) Dieser Satz kennt dann auch die Umkehrung, die lauten könnte: ‚Hat man für die Abzeichen des Niedergangs kein Auge, also keine andere Vernunft, so hält man für Moral, was nur Zeugnis verarmten Lebens ist.'

Hinter diesem Urteil verbirgt sich auch das Plädoyer für eine neue Erkenntnismoral, die Nietzsche denen abverlangt, die sich gleich ihm aufmachen, eine ‚andere' Welt zu suchen. Und so lesen wir denn auch im – 1887 nachgereichten und mit der Überschrift *Wir Furchtlosen* versehenen – fünften Buch von *Die fröhliche Wissenschaft*, und zwar an einer Stelle, an der sich Nietzsche als „Antimetaphysiker" zu erkennen gibt: „Es ist kein Zweifel, der Wahrhaftige, in jenem verwegenen und letzten Sinne, wie ihn der Glaube an die Wissenschaft voraussetzt, b e j a h t d a m i t e i n e a n d r e W e l t als die des Lebens, der Natur und der Geschichte" – also, wie Nietzsche noch erläuternd hinzusetzt: eine ‚andere Welt' als „diese Welt, u n s r e Welt" (KSA 3, 577), für die gelte, daß sie vor allem moralisch diskreditiert sei. Nicht von ungefähr wird denn auch in *Jenseits von Gut und Böse* die – damit gerechtfertigte – Kolumbusmentalität aus *Die fröhliche Wissenschaft* strapaziert: „nun! wohlan! jetzt tüchtig die Zähne zusammengebissen! die Augen aufgemacht! die Hand fest ans Steuer! wir fahren geradewegs über die Moral w e g ." (KSA 5, 38)

Die Schätze, die Nietzsche angesichts seiner durch diese Mutmacherformel vorangetriebenen Eroberungstätigkeit an Land bringt, können sich durchaus sehen lassen, zumal sie bereits ein Stück weit die methodologischen Optionen eines moralisch geschärften Psychologieinteresses belegen. So deklariert Nietzsche etwa, als habe er gerade Freud gelesen: „Eine eigentliche Physio-Psychologie hat mit unbewussten Widerständen im Herzen des Forschers zu kämpfen, sie hat ‚das Herz' gegen sich: schon eine Lehre von der gegenseitigen Bedingtheit der ‚guten' und der ‚schlimmen' Triebe, macht, als feinere Immoralität, einem noch kräftigen und herzhaften Gewissen Not und Überdruss, – noch mehr eine Lehre von der Ableitbarkeit aller guten Triebe aus den schlimmen." (KSA 5, 38) Eines hat Nietzsche nun also erkannt: Die Rehabilitation des ‚Bösen' bedarf des psychologisch subtilen Blicks auf das Andere der Vernunft des vermeintlich ‚Guten', auf dessen – in der etwas späteren Terminologie der *Genealogie der Moral* geredet – Ressentimentstruktur. Denn ohne Psychologie bliebe diese Struktur, diese auf Selbstidealisierung und Fremdverachtung beruhende Ideologie des ‚Guten', in Geltung – eine Ideologie, zu der gehört, das ‚Böse' immer nur als das (qua Moral) zu Überwindende zu lesen, nicht aber als „lebensbedingende[n] Affekt" (KSA 5, 38) beziehungsweise, wie es im *Zarathustra* heißt, „des Menschen beste Kraft." (KSA 4, 359) Indem Nietzsche diese alternative Lesart des ‚Bösen' zur Geltung bringt, löst er eben das ein, was er in *Die fröhliche Wissenschaft* als Desiderat einklagte: eine ‚philosophische Gesamt-Rechtfertigung' der Lebens- und Denkart des ‚Bösen' resp. des Übermenschen.

Daß damit dem ‚Guten', sofern dieser sich über seine geheime Immoralität Selbsttäuschungen auferlegt, die philosophische Rechtfertigung entzogen ist, gilt damit zugleich als mitgesagt. In Anbetracht dieser bösen Seite des Guten kann Nietzsche denn auch, sich in ironischer Attitüde als „Immoralist" definierend und damit seine Absicht der „Umwerthung aller Werthe" (KSA 6, 57) komplettierend, im *Ecce homo* die Ernte einfahren: „Ich verneine [...] einen Typus Mensch, der bisher als der höchste galt, die G u t e n , die W o h l w o l l e n d e n , W o h l t ä t h i g e n ." (KSA 6, 367) In der Linie dieser Kritik begegnet einem als weiterer Typus psychologischer Reflexion auf den dekadenten Effekt christlich unterlegter Gleichheitspostulate so etwas wie ein früher Abglanz psychologischer Biographieforschung, in dessen Linie sich Kants „Sapere aude!" als eine zwar akzeptabel pointierte, aber unzureichend durchdachte Triebfeder erweist. Die ‚andere' Welt, auf die Nietzsche abzielt, ist also, so ließe sich nun auch und mit größerer Präzision formulieren, identisch mit einem neuen (philosophischen) Grundgedankengang, desen philosophischer Anteil im wesentlichen in der Psychologie – und in gekonnter Psychologienutzung hin auf die Kritik der Ressentimentstruktur des ‚Guten' – gründet. Deswegen auch kann Nietzsche nun sagen: „Psychologie ist nunmehr wieder der Weg zu den Grundproblemen" (KSA 5, S. 39) – eine Aussage, mit der er sich als eine Art (Erkenntnis-)'Optimist' erweist, der zugleich an einer rephilosophierten Psychologieauslegung Interesse nimmt.

Damit nun kann auch ein zentrales Element der Ausgangsfrage aufgenommen werden – die Frage nämlich, wieso Nietzsche 1888, in (erkenntnis-)'pessimistischer' Manier, die Abschaffung der ‚wahren' und der ‚scheinbaren' Welt deklariert, obgleich er doch noch 1882, in offensichtlich (erkenntnis-)'optimistischer' Manier, die Entdeckung einer ‚anderen' Welt für möglich gehalten hatte. Nietzsche nämlich, dieser Eindruck drängt sich jedenfalls zunehmend auf, kam bei seiner 1882 einsetzenden Suche nach einer ‚anderen' Welt zu der Erkenntnis, daß das psychologisch in den Blick genommene Dilemma der Welt der ‚Guten' strukturidentisch ist mit dem Dilemma der ‚wahren' Welt. Beide Welten nämlich können der metaphysisch ausgerichteten Sicherung ihres Bestandes nicht entraten. „[W]ir haben", so lesen wir hierzu denn auch im Nachlaß vom Frühjahr 1888, „die ‚wahre Welt' als , e r l o g e n e W e l t ' und die Moral als eine F o r m d e r U n m o r a l i t ä t erkannt." (KSA 13, 322) Entsprechend war es für Nietzsche auf seinem Weg in eine ‚andere' Welt denn auch ein leichtes, auf diese gleichsam in doppelter Hinsicht fragwürdige ‚wahre' Welt Verzicht zu leisten.

Analoges gilt für die ‚scheinbare' Welt. Auch die Abgeschafftheit dieser Welt konnte Nietzsche in *Wie die „wahre Welt" endlich zur Fabel wurde* nicht zuletzt deswegen ohne weiteres deklarieren, weil er um die –

oder besser wohl: seine – ‚andere' Welt bereits wußte. Denn die ‚scheinbare' Welt ist zwar – im Gegensatz zur ‚wahren' Welt – eine Welt ohne Metaphysik, eine Welt, die durch empirische Forschung konstituiert wird und der sich Nietzsche, wie wir hinsichtlich minder wichtiger Themen (Nahrung, Wohnung, geistige Diät, Krankenbehandlung, Wetter) gesehen haben, durchaus mitunter nahe wußte. Aber gegenüber der ‚anderen' Welt nimmt sich die ‚scheinbare' Welt doch eher kärglich aus, weiß sie sich doch (beispielsweise) bar des Wissen um die von Nietzsche in *Jenseits von Gut und Böse* dem Ansatz nach entschlüsselte Selbsttäuschung in Gestalt der Ideologie des ‚Guten'. Dabei gibt – und dies ist wohl das wichtigste Resultat – die ‚andere' Welt im Gegensatz zur ‚scheinbaren' Welt ihr Geheimnis nicht preis durch (naturwissenschaftsanaloge) empirische Forschung, sondern durch (geisteswissenschaftsanaloge) psychologische Hermeneutik. In diesem Erkenntnisinteresse erweist sich Nietzsche als der, als den wir ihn ausgangs des letzten Kapitels meinten sehen zu müssen: als ein Rephilosophierer, der sein Veto einlegt gegen die in seiner Epoche um sich greifende Entphilosophierung. Damit steht auch unsere andere, im Zusammenhang mit dem Stichwort ‚Rephilosophierung' stehende Vermutung wieder im Raum, insoweit des späten Nietzsche Hauptinteresse tatsächlich darin zu gründen scheint, eine ‚andere' Welt des Wissens zu entdecken, die sich von der Blindheit der Metaphysik (‚wahre Welt') ebenso weit entfernt weiß wie von der Leerheit der Empirie (‚scheinbare Welt'). Überraschend indes ist die Bedeutung, die der Psychologie zugewiesen wird hinsichtlich ihrer Leistungen zur Entdeckung dieser ‚anderen' Welt.

Überraschend ist allerdings auch (und nach wie vor), warum Nietzsche, wenn er denn, wie hier behauptet, derart großes Gewicht auf die Entdeckung und Entdeckbarkeit einer ‚anderen' Welt des Wissens legte, noch 1888 in *Wie die „wahre Welt" endlich zur Fabel wurde* derart apodiktisch von der Abgeschafftheit der ‚wahren' und der ‚scheinbaren' Welt redete, ohne ein Wort über diese ‚andere' Welt zu verlieren. Denn damit ging Nietzsche das Risiko ein, mißverstanden zu werden. Indes, und das Wort vom Mißverständnis deutet es bereits an, steht doch sehr in Frage, ob es sich hier tatsächlich um ein Problem Nietzsches oder nicht vielmehr um eines seiner Interpreten handelt. Anders gesagt: Ich möchte abschließend den Nachweis führen, daß Nietzsche trotz des knappen Textangebots von *Wie die „wahre Welt" endlich zur Fabel wurde* jene Informationen nicht außer acht läßt, die ihn als souveränen Anwender seiner eigenen Psychologie kenntlich machen.

3. Die andere Vernunft in *Wie die „wahre Welt"* *endlich zur Fabel wurde*

Der kurze, eineinhalbseitige Abschnitt *Wie die „wahre Welt" endlich zur Fabel wurde* gehört zu einem jener Nietzsche-Texte, die man eigentlich ohne Mobilisierung eines größeren Kontextes nicht interpretieren kann: zu spärlich (vom Umfang her) ist das Gebotene, zu stichwortartig das Gesagte, zu rätselhaft das Gemeinte. Außer Frage nur scheint zu stehen, daß Nietzsche hier mittels sechs stichwortartig geraffter Punkte die – mit Heidegger gesprochen – „wichtigsten Zeitalter des abendländischen Denkens" (Heidegger 1961, 234) Revue passieren läßt, wenn nicht gar, etwas deutlicher gesagt, die Verfallsgeschichte der Vernunftmetaphysik erzählt. Das bisher ins Zentrum gerückte Diktum von der Abgeschafftheit der ‚wahren' und der ‚scheinbaren' Welt repräsentiert dabei die sechste und letzte Stufe des Verfalls, also das – mit Nietzsche gesprochen – „Ende des längsten Irrthums" (KSA 6, 81).

Wenn nun Nietzsche seine eigentlichen Hoffnungen jenseits der ‚wahren' und der ‚scheinbaren' Welt auf die ‚andere' Welt und deren psychologische Decouvrierung gerichtet hat, wären Aussagen hierüber zu beheimaten auf einer – aus der sechsten Stufe sich herausentwickelnden – siebten Stufe, die zugleich für die erste Stufe des Nicht-Verfalls sowie für die erste Stufe eines Vernunftgebrauchs stünde, der nicht heimgesucht wäre von den Dilemmata klassischer Vernunftmetaphysik. Die erste Frage an den Text *Wie die ‚wahre Welt' endlich zur Fabel wurde* muß mithin lauten, ob sich Hinweise in dieser Richtung identifizieren lassen.

Es liegt nahe, die Sucharbeit in dieser Richtung zunächst auf Nietzsches Ausführungen zur sechsten Stufe zu konzentrieren. Bemerkenswert ist dabei vor allem, daß uns hier der Name Zarathustras begegnet. Denn Zarathustra ist für Nietzsche gewiß kein Symbol des Verfalls – schon gar nicht des Verfalls der Vernunftmetaphysik – gewesen, sondern, eher im Gegenteil, Signum einer neuen Menschheitsepoche, die sich auf den Tod Gottes einzurichten weiß und mithin eine ‚Ordnung der Dinge' ohne Gott vorzubereiten hat, eine Ordnung, deren ‚ewige Wiederkunft' guten Gewissens gewünscht werden kann. Karl Löwith hat denn auch vorgeschlagen, die von Nietzsche nur angedeuteten Stichworte zur sechsten Stufe folgendermaßen fortzuschreiben: „Ich, Nietzsche-Zarathustra, bin die Wahrheit der Welt, denn ich habe zuerst, über die ganze Geschichte des längsten Irrtums hinweg, die Welt vor Platon wiederentdeckt. Ich will gar nichts anderes als diese ewig wiederkehrende und mir nicht mehr entfremdete Welt, welche ineins mein Ego und Fatum ist; denn ich will selber mich ewig wieder, als einen Ring im großen Ring der sich-selber-wollenden Welt." (Löwith 1967, 128 f.)

Indes: Diese Formulierung, deren Tendenz nicht bestritten werden soll, krankt doch etwas an einer zu starken Konzentration auf die antiken Vorbilder des vom späten Nietzsche mit eigenem Sinngehalt aufgeladenen Wiederkunftsgedankens. Vor allem: Daß uns Nietzsche Zarathustra als „Lehrer der ewigen Wiederkunft" (KSA 4, 275) und als Proponenten einer Ordnung der Dinge ohne Gott vorführt, will noch nicht viel besagen hinsichtlich der uns maßgeblich interessierenden Frage, ob wir in Zarathustra auch jemand sehen dürfen, der mittels seiner anderen Vernunft eine ‚andere' Welt entdeckte. Gottlob aber führt uns Nietzsche Zarathustra ja nicht nur als Pädagogen oder Theismus-Dekonstrukteur vor, sondern auch als – wie es in *Ecce homo* heißt – „Psycholog[en] der Guten" und „Freund der Bösen" (KSA 6, 369). Damit nun sind die entscheidenden Stichworte genannt, die eine ‚andere' Welt des Wissens entdecken helfen sollen. Denn der Auftrag an dieses Wissen geht ja – wie hier unter Bezug auf unsere Auslegung des Aphorismus *Auf die Schiffe!* aus *Die fröhliche Wissenschaft* zu erinnern ist – auf eine alternative, aus herkömmlichen Philosophien nicht beziehbare Daseinsrechtfertigung insbesondere für den (vermeintlich) ‚Bösen'. „Siehe die Guten und Gerechten! Wen hassen sie am meisthen?", hören wir denn auch Zarathustra, den ‚Psychologen der Guten', fragen, und seine Antwort ist der eines ‚Freundes der Bösen' würdig: „Den, der zerbricht ihre Tafeln der Werthe, den Brecher, den Verbrecher: – das aber ist der Schaffende." (KSA 4, 26) Mit diesem Wort, so ist hier im Blick auf das vorherige Kapitel zu erinnern, legt Zarathustra seine – von Nietzsche in *Die fröhliche Wissenschaft* eingeklagte – ‚philosophische Gesamt-Rechtfertigung' der Lebens- und Denkart des ‚Bösen', des ‚Unglücklichen', des ‚Ausnahme-Menschen' vor.

Die Gegenprobe zu dieser Deutung, an deren Horizont sich die ‚andere' Welt des Wissens als Ertrag einer hermeneutisch gerichteten Psychologienutzung abzeichnet, würde es erforderlich machen, auch für die anderen fünf Stufen der in *Wie die „wahre Welt" endlich zur Fabel wurde* erzählten Verfallsgeschichte der Vernunftmetaphysik analoge Argumente, nur mit umgekehrten Ergebnis, zu plausibilisieren. Es wäre also, anders gesprochen, zumindest je an einem zentralen Repräsentanten der jeweiligen Stufe ein – begriffliches oder auch persönliches – Psychologiedefizit nachzuweisen, dem der Rang eines Verfallsindikators zukommt, von dem sich Zarathustra als Repräsentant der sechsten Stufe unbetroffen weiß. Diese Erwartung verträgt sich mit Christoph Türckes Annahme, wonach man die Geheimnisse der menschlichen Vernunft nach Nietzsches Überzeugung „nicht durch so etwas Abstraktes wie Erkenntnistheorie [errät], sondern an dem jeweiligen Typus Mensch, in dem sie auf unverwechselbare Weise Gestalt, Gesicht, Geruch – konkret werden." (Türcke 1989, 95) Indes: Ein derartiges, auf Rekonstruktion des Typus Mensch abzielendes Vorhaben

Die Fabel von der Welt als Fabel oder Nietzsches andere Vernunft 175

scheint im Fall von Nietzsches *Wie die „wahre Welt" endlich zur Fabel wurde* schon an dem schlichten Umstand zu scheitern, daß das knappe Textangebot entsprechendes Material nur für die erste und dritte Stufe ansatzweise zur Verfügung stellt. Ich möchte trotzdem versuchen zu sehen, wie weit sich damit kommen läßt, wobei ich mit der ersten Stufe beginne.

Als Name wird auf dieser Stufe nur der Platons genannt, aber man hat natürlich dabei Anlaß, an Sokrates zu denken, den Nietzsche schon in der *Geburt der Tragödie* als Vorläufer der Verwissenschaftlichung von Kultur, Kunst und Moral brandmarkte, um ihn später, mit den Antipoden „décadence gegen Wohlgeratenheit, Philosophieren aus dem Mangel gegen ein Denken aus der Fülle, Verneinung versus Bejahung des Lebens, Denken im Banne der Moral gegen ein Denken Jenseits von Gut und Böse" (Salaquarda 1989, 323), gegen Zarathustra auszuspielen. Vor dem Hintergrund dieser Begriffsduale will es durchaus einleuchten, warum es Sokrates ist, an dem Nietzsche – wie dies Christoph Türcke im Rahmen seines Ansatzes formuliert – „des ganzen psychologischen Geheimnisses von Philosophie innezuwerden glaubt." (Türcke 1989, 95) Tatsächlich aber ist die Sokrates-Kritik im Umfeld des Textabschnitts, um den es hier geht, kaum psychologisch ambitioniert. Sokrates, so lesen wir hier beispielsweise, habe „aus der Vernunft einen Tyrannen" (KSA 6, 72) gemacht und stünde in dieser seiner Eigenschaft für ein „Verfalls-Symptom" (KSA 6, 68). Immerhin: Wenn Nietzsche in *Wie die „wahre Welt" endlich zur Fabel wurde* die mit dem Namen Sokrates assoziierbare erste Stufe der Verfallsgeschichte der Vernunftmetaphysik mit den Worten charakterisiert: „Die wahre Welt erreichbar für den Weisen, den Frommen, den Tugendhaften, – er lebt in ihr, er ist sie" (KSA 6, 80), läßt sich zumindest vermuten, daß er hier in kritischer Absicht auf Selbststilisierungen abstellt, die Sokrates (resp. Platon) eigentümlich waren und die des zu fordernden psychologisch subtilen Blicks auf das Andere der Vernunft des vermeintlich ‚Guten' ebenso entraten, wie der Voraussetzung des Zugriffs auf eine Rehabilitation des ‚Bösen' resp. auf die ‚andere' Welt des Wissens.

Etwas fruchtbarer in Richtung der von mir beabsichtigten Gegenprobe sind die Ausführungen Nietzsches zur dritten Stufe. Sie ist nach Nietzsches Auffassung gekennzeichnet durch das Diktum: „Die wahre Welt, unerreichbar, unbeweisbar, unversprechbar, aber schon als gedacht ein Trost, eine Verpflichtung, ein Imperativ." (KSA 6, 81) Diese Umschreibungen spielen deutlich auf die kritische Philosophie Kants an. Die letzten drei Attribute der im Klammerausdruck nachgereichten Erläuterung bringen denn auch Kant, zumal als psychologischen Typus, ins Spiel: „bleich, nordisch, königsbergisch" (KSA 6, 81). Gewiß: Auf den ersten Blick besagen diese Attribute für sich noch nicht viel. Bezieht man sie aber auf Zarathustras Wort, wonach die Weisheit ein Weib sei und immer nur einen – mutigen, unbekümmerten, spöttischen und gewalttätigen – „Kriegsmann" (KSA 4, 49) liebe, entfalten sie eine eigentümliche Kontrastwirkung. Kant nämlich, so könnte man schließen, verfügte nach Nietzsches Auffassung als (psychologischer) Typus nur über unzureichende Apriori, um den Verfall seiner Konzeption der ‚wahren' Welt aufzuhalten und sich den Zutritt in jene ‚andere' Welt zu verschaffen, der sich Nietzsche nur – wie wir gesehen haben – mittels Kolumbusmentalität zu nähern wußte.

Wichtiger aber vielleicht noch als derartige typologische Erwägungen ist das zentrale theoretische Motiv in Nietzsches Bemühen, Kants „Behauptungen" auf „de[n] Behauptenden" (KSA 10, 262) zurückzuführen. Nietzsche nämlich, so könnte man dann sagen, exekutierte an Kant exemplarisch ein bedeutendes Teilstück seiner – mit einem Nachlaßwort von 1888 – „Psychologie der Philosophen" (KSA 13, 285). Ein derartiges Projekt, das in der Hauptsache getragen wurde von Nietzsches Annahme, daß „das meiste bewusste Denken eines Philosophen [...] durch seine Instinkte heimlich geführt und in bestimmte Bahnen gezwungen" (KSA 5, 17) werde, ist zu sehen als zentraler Teil eines weitausgreifenden, aber nicht mehr zur gänzlichen Ausführung gebrachten Spätprogramms, das Nietzsche unter dem Titel einer Etablierung der Psychologie als „Herrin der Wissenschaften" (KSA 5, 39) ankündigt, damit sein frühes Interesse an Inthronisation der „Göttin Philosophie" (KSB 2, 329) durchkreuzend. Wir haben im vorhergehenden Abschnitt ja bereits einige eher gegenstandstheoretische und methodologische Aspekte dieses Programms angesprochen.

Es gehört dem auf eine ‚Psychologie der Philosophen' zulaufenden Programmpunkt zu, wenn Nietzsche den „Aberglauben der Logiker" (KSA 5, 30) abhandelt und in diesem Zusammenhang ausführt: „Es denkt: aber dass dies ‚es' gerade jenes alte berühmte ‚Ich' sei, ist, milde geredet, nur eine Annahme, eine Behauptung, vor allem keine ‚unmittelbare Gewissheit'." (KSA 5, 31) Die Folgerung Nietzsches ist kühn und hat namentlich die Gemüter derer beschäftigt, die, zumal in neuerer Zeit, über die Herkunft des seit Freud in der Psychoanalyse üblichen Ausdruck des Es stritten: Das „ehrliche alte Ich" hat sich zu einem „kleinen ‚es'" (KSA 5, 31) verflüchtigt. Entsprechend auch, so darf man Nietzsche verstehen, verflüchtigen sich bei näherem Hinsehen die aus der vermeintlichen Gewißheit über ein verfügungsfähiges Philosophen-Ich aufgestellten philosophischen resp. metaphysischen Positionen.

Diesen Gesichtspunkt vertiefte Nietzsche in der dritten Abhandlung der *Genealogie der Moral*. Nietzsche liefert hier eine psychologische Analyse der Bedeutung, die die Philosophen dem asketischen Ideal verleihen. Der Ertrag dieser Analyse scheint auf den ersten Blick recht bescheiden: Nietzsche vermerkt „eine eigentliche Philosophen-Gereiztheit und -Rancune gegen die Sinnlichkeit" und „eine eigentliche Philosophen-Voreingenommenheit und -Herzlichkeit in Bezug auf das ganze asketische Ideal" (KSA 5, 350) – Positionen, die notwendig scheinen, weil sie das „Optimum der Bedingungen höchster und kühnster Geistigkeit" (KSA 5, 351) zu gewährleisten vermögen. Im Rücken dieser Philosophen-Rationalität identifiziert Nietzsche allerdings „la bête philosophe", also eine, wie sich vielleicht übersetzen läßt, im Philosophen sich entäußernde Unterform der ‚Bestie Mensch', die bei ihrer Art des Kampfes ums Dasein im Reich der Philosophie über das Ziel hinausschießt „und mit einer Feinheit der Witterung, die ‚höher ist als alle Vernunft', alle Art Störenfriede und Hindernisse" (KSA 5, 350) beseitigt. Der Effekt dessen ist für Nietzsche eindeutig negativ: „Ruhe in allen Souterrains; alle Hunde hübsch an die Kette gelegt; kein Gebell von Feindschaft und zotteliger Rancune; keine Nagewürmer verletzten Ehrgeizes; bescheidene und unterthänige Eingeweide, fleissig wie Mühlwerke, aber fern; das Herz fremd, jenseits, zukünftig, posthum." (KSA 5, 352) Diese Metaphorik, in der sich ein zweifelndes Porträt der freiwillig-unfreiwilligen asketischen Existenzweise Nietzsches mit bitteren Reminiszenzen an seine Zeit als Philologe mischt, steht für die dunkle Seite von Philosophie als Lebensform. Auf dieser Seite begegnet uns der Philosoph als jemand, der des asketischen Ideals im Interesse seiner Arbeitsbedingungen bedürftig ist, zugleich aber doch auch dieses Ideal immer wieder mißbraucht, und sei es qua Ruhigstellen dessen, was nach Ausdruck und Berücksichtigung verlangt: die Seinsverfaßtheit des Menschen etwa oder auch nur der Einspruch von Kollegen.

Dieses (wissenschafts-)psychologische Interesse dominiert auch die *Götzen-Dämmerung*, also das Werk, das dem uns hier in besonderer Weise interessierenden Text den unmittelbaren Kontext verleiht. „Götzen aushorchen" auf das hin, was ihren „geblähten Eingewänden" (KSA 6, 57) an Substantiellem zu entnehmen ist, so Nietzsche im Vorwort dieser Schrift, sei ein „Entzücken [...] für mich alten Psychologen." (KSA 6, 58). Diesem Entzücken gibt Nietzsche auch unter dem Abschnittstitel *Die „Vernunft" in der Philosophie* Raum. Hier nämlich untersucht er „Alles, was Philosophen seit Jahrtausenden gehandhabt haben" (KSA 6, 74). Der Hauptertrag dieser Untersuchung sei nicht vorenthalten: „Die Sprache gehört ihrer Entstehung nach in die Zeit der rudimentärsten Form von Psychologie; wir kommen in ein grobes Fetischwesen hinein, wenn wir uns die Grundvoraussetzungen der Sprach-Metaphysik, auf deutsch: der Vernunft, zum Bewusstsein bringen. Das sieht überall Thäter und Thun: das glaubt an Willen als Ursache überhaupt; das glaubt an's ‚Ich'" (KSA 6, 77) – und das glaubt letzten Endes auch an Gott: „Ich fürchte", so Nietzsche nur eine Seite später, „wir werden Gott nicht los, weil wir noch an die Grammatik glauben..." (KSA 6, 78)

Vor dem Hintergrund dieses Zitats macht das offenkundige Losgekommensein Zarathustras von Gott ebenso hellhörig wie seine Worte: „‚Ich' sagst du und bist stolz auf diess Wort. Aber das Grössere ist, woran du nicht glauben willst, – dein Leib und seine grosse Vernunft: die sagt nicht Ich, aber thut Ich." (KSA 4, 39) Zarathustra bezeugt hiermit nämlich, so könnte man sagen, daß er als ‚Psychologe der Guten' und ‚Freund der Bösen' nicht die ‚rudimentärste Form von Psychologie' vertritt, sondern die elaborierteste. Denn er jedenfalls sieht nicht mehr nur ‚Täter' und ‚Tun' und ‚Wille' und ‚Ich', sondern er sieht allererst die ‚kleinen Leute', die sich ‚heerdenmäßig' der Obhut christlicher Priester und dem ‚höchsten Ratschluß' Gottes anvertrauen und sich ansonsten über ihre tatsächlichen Handlungsimpulse Selbsttäuschungen hingeben. Diese Problemsicht Zarathustras geht auf theoretische Entlegitimierung der ‚wahren Welt' (mithilfe der „Gott-ist-tot"-Formel); und sie geht auf psychologische Demaskierung sowie pädagogische Abschaffung der ‚scheinbaren Welt' (der ‚kleinen Leute'). Insoweit wäre Zarathustra tatsächlich nicht (nur) Vollender der sechsten Stufe des Niedergangs der Vernunftmetaphysik, sondern er wäre (auch) Vorbereiter der siebten Stufe, auf der ein nicht sprachmetaphysisch unterlegter Vernunftgebrauch freisetzbar wird, von dem ausgehend sich über die Abgeschafftheit der ‚wahren' und der ‚scheinbaren' Welt in Ruhe urteilen läßt, weil nun jene ‚andere' Welt zu Gebote steht. Mit dieser Lesart, so meine ich, läßt sich verhindern, daß Nietzsches Geschichte der Genese einer Fabel unversehens, so wie bei einigen der eingangs erwähnten (postmodernen) Interpreteten, selbst zu einer Fabel wird.

1. Quellen

KSA = Friedrich Nietzsche: Sämtliche Werke. Kritische Studienausgabe in 15 Einzelbänden. Hrsg. v. G. Colli u. M. Montinari. München 1988.
KSB = Friedrich Nietzsche: Sämtliche Briefe. Kritische Studienausgabe in 8 Bänden. Hrsg. v. G. Colli u. M. Montinari. München 1986.

2. Literatur

Derrida, J. (1973): Sporen. Die Stile Nietzsches. In: Hamacher (Hg.), 129–168.
Foucault, M. (1974): Die Ordnung der Dinge. Frankfurt/M.
Gerhardt, V. (1992): Selbstbegründung. Nietzsches Moral der Individualität. In: Nietzsche-Studien 21, 8–49.
Hamacher, W. (Hg.) (1986): Nietzsche aus Frankreich. Frankfurt/M., Berlin.
Heidegger, M. (1961): Nietzsche. Erster Band. Pfullingen.

Klossowski, P. (1963): Nietzsche, Polytheismus und Parodie. In: Hamacher (Hg.), 15–45.

Löwith, K. (1967): Gott, Mensch und Welt in der Metaphysik von Descartes bis zu Nietzsche. In: Ders.: Sämtliche Schriften 9. Stuttgart 1986, 1–194.

Meuthen, E. (1991): Vom Zerreißen der Larve und des Herzens. Nietzsches Lieder der „Höheren Menschen" und die „Dionysos-Dithyrambien". In: Nietzsche-Studien 20, 152–185.

Montinari, M. (1984): Nietzsche lesen: Die Götzen-Dämmerung. In: Nietzsche-Studien 13, 69–79.

Niemeyer, Ch. (1996): Psychologie Nietzsches – Nietzsches Psychologie. Von der anderen Vernunft eines Klassikers der Philosophie und Pädagogik. Berlin 1996 (im Druck).

Nohl, H. (1913): Eine historische Quelle zu Nietzsches Perspektivismus: G. Teichmüller, die wirkliche und die scheinbare Welt. In: Z. f. Philosophie u. philosoph. Forschung, Bd. 149, 106–115.

Reschke, R. (1994): Der Lärm der grossen Stadt, der Tod Gottes und die Misere vom Ende des Menschen. Zu Nietzsches Kulturkritik der Moderne. In: Nietzscheforschung 1, 79–97.

Rorty, R. (1992): Kontingenz, Ironie und Solidarität. Frankfurt/M.

Salaquarda, J. (1989): Der ungeheure Augenblick. In: Nietzsche-Studien 18, 317–337.

Schweppenhäuser, G. (1988): Nietzsches Überwindung der Moral. Bonn.

Spiekermann, K. (1988): Nietzsches Beweise für die Ewige Wiederkehr. In Nietzsche-Studien 17, 496–538.

Türcke, Ch. (1989): Der tolle Mensch. Nietzsche und der Wahnsinn der Vernunft. Frankfurt/M.

Heinrich Detering, „Singe mir ein neues Lied". Zu Friedrich Nietzsches letzten Texten; in: Ringleben, J. (Hrsg.): Bursfelder Universitätsreden 27, Göttingen: Göttinger Tageblatt, 2009.

Heinrich Detering

„Singe mir ein neues Lied"
Zu Friedrich Nietzsches letzten Texten

Der Umgang mit Nietzsches letzten Texten ist besonderen Bedenken und Befangenheiten ausgesetzt. Wer die Zeugnisse eines geistig zusammenbrechenden Schriftstellers in derselben Weise analysieren will wie andere literarische Texte, begibt sich in die Gefahr, in einer sachlich wie menschlich unangemessenen, wenn nicht ungehörigen Weise mit ihnen umzugehen. Wer überdies nach religiösen Motiven, Denkfiguren und Erzählstrukturen fragt, begibt sich in die nicht geringere Gefahr, entweder die an ihrem antireligiösen Pathos entschieden festhaltenden Texte für eine theologische Lektüre zu vereinnahmen oder umgekehrt die religiöse Sphäre zu verletzen, von der hier in einer alles andere als unanstößigen Weise die Rede ist. Beides soll hier – erste Regel – so weit wie möglich vermieden werden. Zweitens wird der folgende Versuch unter dem Vorsatz durchgeführt, Nietzsches letzte Schriften so lange wie möglich als Texte ernstzunehmen, auch angesichts der medizinischen Umstände, unter denen sie entstanden sind. Die letzten Briefe etwa sind, wer wollte das bestreiten, offenkundig vom nahen Zusammenbruch bestimmt. Ebenso offenkundig aber beobachten sie diesen Zusammenbruch selbst und lassen dabei gerade im ausbrechenden Wahnsinn auf eine unheimliche Weise Methode walten – künstlerische, poetische Methode. Ihren Regelhaftigkeiten, ihrer erzählerischen Tiefenstruktur gilt mein Interesse.

Meine Spurensuche nach religiösen und kunstreligiösen Mustern in Nietzsches letzten Texten ist weder medizinisch noch philosophisch noch theologisch, sondern literaturwissenschaftlich bestimmt. Es soll im folgenden um *narrative Strukturen* gehen, die in diesen Texten adaptiert und transformiert werden: um Figurenkonzeptionen, um Bild- und Erzählmodelle, um Varianten einiger g r a n d s   r e c i t s der europäischen Tradition. Dabei wird (dritter und letzter Vorsatz) vorausgesetzt, dass die hier in den Blick genommenen Schriften ein Kontinuum bilden. Und damit zu meinen drei fortlaufend kürzeren Abschnitten.

I

Nach dem „Tode Gottes" kommt das Ende Richard Wagners. In *Der Fall Wagner* (1888) wird das bis dahin ambitionierteste Unternehmen einer deutschen Kunstreligion durch einen Abtrünnigen angegriffen, der sich nicht lange zuvor noch als eiferndster Jünger ausgegeben hatte. Der Apostel wird zum Apostaten. Leidenschaftlicher und pragmatischer als alle Romantiker vor ihm hatte Wagner mit Vehemenz und Tatkraft eine Kunst proklamiert und praktiziert, die *als* autonome alle herkömmlichen religiösen Systeme ersetzen, die sich buchstäblich als kunstreligiöse ‚Gegen-Kirche' etablieren soll. Folgerichtig hatte er um seine eigene, zugleich prophetische und priesterliche Person herum ein ganzes System religiöser Institutionen errichtet, mit eigenen Mythen und Dogmen, Kulten und Ritualen. Im Erfolgsfall wäre dies hinausgelaufen auf eine Selbstaufhebung der Freiheit einer autonomen Kunst für alle Beteiligten – mit Ausnahme des Urhebers selbst. Ein Konkurrenzverhältnis bestünde dann nicht mehr zwischen Religion und Kunst, sondern zwischen Religion und Religion. Dass dieser Erfolg nicht eingetreten ist, liegt nicht zuletzt an dem Dichterphilosophen, der dem Christus der Kunstreligion als ihr höhnender Antichrist entgegentritt. Derselbe Nietzsche aber, der die Wagnersche Kunstreligion als scheinhaften Effekt artistischer Raffinesse de-konstruiert, beginnt unmittelbar darauf mit der Konstruktion einer neuen Variante kunstreligiöser Selbstermächtigung, die *das Unternehmen einer Kunstreligion selbst* zugleich auf die Spitze treibt und dialektisch widerruft. (Die Selbstvergöttlichung, auf die das schließlich hinausläuft, wird durch ihre pathologischen Begleitumstände entschieden begünstigt, sollte aber nicht voreilig mit ihnen verrechnet werden.) Was Nietzsches Spätschriften an die Stelle der einstigen Wagner-Idolatrie setzen, ergibt – ein erstaunlicher Anblick – seinerseits die vielleicht folgenreichste kunstreligiöse Figur der Klassischen Moderne.

Die Geschichte trägt sich zu in den letzten, hitzigsten und produktivsten Monaten seines Schreiberlebens. Nach dem Ende der Arbeiten an der Anti-Bibel über den Anti-Erlöser Zarathustra, der Abrechnung mit Wagners Kunstreligion und dem Resümee seiner Spätphilosophie in *Götzen-Dämmerung* 1888 wendet sich Nietzsche unter veränderten Bedingungen wieder dem Christentum selbst zu. Diese Auseinandersetzung bildet das Zentrum dessen, was er als „Umwerthung aller Werthe" über längere Zeit als ein Buch unter diesem Titel (zeitweise auch als *Der Wille zur Macht*) plant. Dieses Vorhaben aber gibt er Ende 1888 wieder auf, weil er mittlerweile zu der Ansicht gelangt ist, diese „Umwertung" bereits geschrieben zu haben: in jenem Buch nämlich, das er unter dem Titel *Der Antichrist* soeben beendet hatte.

Der bis heute vorherrschende Ruf des *Antichrist* entspricht dieser Beurteilung Nietzsches selbst kaum; der Titel scheint zu der Ansicht zu verführen, hier würden vor allem seine bereits bekannten Argumente und Polemiken gegen das Christentum noch einmal polemisch resümiert; andererseits ermangelte der Text aber auch der poetischen Reize, die man dem *Zarathustra* trotz aller Peinlichkeiten doch abgewinnen konnte. Erst mit den großen Arbeiten, die in jüngster Zeit Nietzsches Verhältnis zur Theologie (und vice versa) neu aufgegriffen haben, ist auch der *Antichrist* wieder in die zentrale Position eingerückt, die ihm Nietzsche selbst zuschrieb.

Im Zentrum dieses Buches steht der behauptete Gegensatz zwischen dem Christentum und dem historischen Jesus (der, wie man sehen wird, auch als eine *Künstlergestalt* erscheint). Mit Jesus befassen sich von den 61 Abschnitten des Buches die vierzehn zentralen. Nach seiner historisch-polemischen Rekonstruktion des Judentums kommt Nietzsche im 27. Abschnitt auf das Christentum zu sprechen; sogleich in Beziehung auf den historischen Jesus; erst nach dem 40. Abschnitt tritt dann die Polemik gegen Paulus und die ihm folgende Kirche in den Vordergrund. Worum geht es in diesen Jesus-Abschnitten? Zunächst setzt Nietzsche gegen die florierende „Leben Jesu"-Forschung (also gegen David Friedrich Strauß und Renan, aber wohl auch gegen Daniel Schenkels *Das Charakterbild Jesu*) das, was er den „psychologische[n] Typus des Erlösers" (KSA 6, 199) nennt. Abgesehen von der sonderbaren Wendung, mit der das Wort „Typus" scheinbar sinnwidrig auf einen Einzelfall angewandt wird, hat vor allem die Frage nach der „Psychologie des Erlösers" Forschungsdiskussionen provoziert.

In einer polemischen Wendung namentlich gegen „Herr[n] Renan, diese[n] Hanswurst in psychologicis" und seine bourgeoise Ästhetisierung und Heroisierung Jesu (die er als im Wortsinne „unevangelisch" verwirft) setzt Nietzsche zunächst folgende Beobachtung: „Gerade der Gegensatz zu allem Ringen, zu allem Sich-in-Kampf-fühlen ist hier Instinkt geworden: die Unfähigkeit zum Widerstand wird hier Moral (‚widerstehe nicht dem Bösen' das tiefste Wort der Evangelien, ihr Schlüssel in gewissem Sinne), die Seligkeit im Frieden, in der Sanftmuth, im Nicht-feind-sein-k ö n n e n . Was heisst ‚frohe Botschaft'? Das wahre Leben, das ewige Leben ist gefunden – es wird nicht verheissen, es ist da, es ist in e u c h : als Leben in der Liebe, in der Liebe ohne Abzug und Ausschluss, ohne Distanz. Jeder ist das Kind Gottes – Jesus nimmt durchaus nichts für sich allein in Anspruch – als Kind Gottes ist Jeder mit Jedem gleich ... [...] Mit der Strenge des Physiologen gesprochen, wäre hier ein ganz andres Wort [als ‚Held'] eher noch am Platz: das Wort Idiot." (KSA 6, 199 f.) In psychologischer Perspektive erweise dies alles sich als „Folge einer extremen Leid- und Reizfähigkeit" – „ein t y p i s c h e r décadent" (KSA 6, 201).

Das Bild Jesu als des Verkünders einer egalitären Liebesreligion aus seelischer und physischer Schwäche scheint damit psychologisch konsistent entwickelt (wenngleich sonderbar ambivalent bewertet). Im weiteren Verlauf des Textes aber vollziehen sich in diesem Bild einige bemerkenswerte Akzentverschiebungen. In dem Maße nämlich, in dem Nietzsche nun (vgl. KSA 6, 201–203) den Gegensatz zwischen der ersten Gemeinde und dem von ihr missdeuteten Jesus herausarbeitet, gehen die Züge der Schwachheit und Egalität zunehmend auf diese Gemeinde über, während Jesus selbst in dieser Opposition derart ‚starke' Züge annimmt, dass er immer weniger als Realitätsflüchtling und Religionsstifter aus Lebensangst erscheint denn als *Überwinder* der eigenen décadence: gestärkt von „innere[n] Lust-Gefühle[n] und Selbstbejahungen" und erfüllt von einer „Erfahrung ‚Leben'", die ganz „ausserhalb aller Religion" stehe und von Weltverneinung nichts wisse. Ja: „Man könnte, mit einiger Toleranz im Ausdruck, Jesus einen ‚freien Geist' nennen – er macht sich aus allem Festen nichts: das Wort t ö d t e t, alles was fest ist, t ö d t e t. Der Begriff, die E r f a h r u n g ‚Leben', wie er sie allein kennt, widerstrebt bei ihm jeder Art Wort, Formel, Gesetz, Glaube, Dogma." (KSA 6, 204) „Leben" versus „Religion", Weltverneinung versus „Selbstbejahung": man bemerke, wie Jesus selbst hier nicht nur in Opposition gebracht wird zur liberalen Theologie des 19. Jahrhunderts und zu jenem paulinisch-kirchlichen Christentum, das Nietzsche bekämpft – sondern wie er darüber hinaus auch Züge des „Antichristen" selbst annimmt und wie seine Verkündigung herangerückt wird an jene, die mit Nietzsches *Sanctus Januarius* ihren Anfang genommen hatte. 1882, zu Beginn des so überschriebenen 4. Buchs der *Fröhlichen Wissenschaft*, hatte Nietzsche als „Grund, Bürgschaft und Süssigkeit alles weiteren Lebens" den Vorsatz formuliert, „das Nothwendige an den Dingen als das Schöne [zu] sehen": „ich will irgendwann einmal nur noch ein Ja-sagender sein!" (KSA 3, 521) In der *Götzen-Dämmerung* wird das 1888 fast wörtlich wiederholt. Im *Antichrist* nun, im selben Jahr, sieht Nietzsche „die Verklärung des Lebens, das ewige Ja" in Jesus verwirklicht. Was der Nietzsche des *Sanctus Januarius* wieder erreichen will, das war diesem kindlichen Erlöser, diesem ‚reinen Thor' die einzig mögliche Lebensform: „er hat nie einen Grund gehabt, ‚die Welt' zu verneinen, er hat den kirchlichen Begriff ‚Welt' nie geahnt ... Das V e r n e i n e n ist eben das ihm ganz Unmögliche. –" (KSA 6, 204).

Die psychopathischen Züge des „Idioten" verschwinden in dieser Umwertung nicht, aber sie wandeln nun zusehends ihre Gestalt: werden zu Belegen einer Kindlichkeit, die als Voraussetzung dessen erscheint, was Jesus auf seine Weise zum „freien Geist" macht. „Die ‚gute Botschaft'", so erklärt Nietzsche zu Beginn des 32. Abschnitts gegen Renan, „ist eben, dass es keine Gegensätze mehr gibt; das Himmelreich gehört den K i n d e r n; der

Glaube, der hier laut wird, ist kein erkämpfter Glaube, – er ist da, er ist von Anfang, er ist gleichsam eine ins Geistige zurückgetretene Kindlichkeit." (KSA 6, 203) Sogleich stellt sich wieder ein medizinischer Befund ein: „Der Fall der verzögerten und im Organismus unausgebildeten Pubertät als Folgeerscheinung der Degenerescenz ist wenigstens den Physiologen vertraut." (KSA 6, 203) Man bemerke die schwebend-allgemeine Formulierung dieses Satzes: Die physiologische Verfallsdiagnose bleibt auf Jesus beziehbar, aber sie lässt sich auch schon als bloßer Vergleich für einen Fall lesen, der eigentlich anders gelagert ist. Die Unschlüssigkeit ist begreiflich. Denn das Bild einer Schwäche aus „Degenerescenz" verträgt sich schlecht mit dem einer „reinen" Torheit und „Kindlichkeit", die nun, nach der Pause eines Gedankenstrichs und von Zeile zu Zeile deutlicher, als genaues Gegenteil der décadence modelliert wird, als emphatisches *Leben*: „– Ein solcher Glaube zürnt nicht, tadelt nicht, wehrt sich nicht; er bringt nicht ‚das Schwert', – er ahnt gar nicht, inwiefern er einmal trennen könnte. [...] Dieser Glaube formulirt sich auch nicht – er l e b t, er wehrt sich gegen Formeln. [...] sein ‚Wissen' ist eben die r e i n e T h o r h e i t darüber, d a s s es Etwas dergleichen giebt." (KSA 6, 203 f.) Liest man in Kenntnis dieser Sätze die Bemerkungen über Jesus als einen „Idioten" noch einmal, so erscheinen sie in verändertem Licht: Weniger an Dostojewski lassen sie dann denken als an die griechisch-wörtliche Bedeutung des „idiotes" als des Sich-der-Gesellschaft-Entziehenden, wie Paulus sie 1 Kor 14 gebraucht oder Hamann, wenn er Sokrates den „weisen Idioten Griechenlands" nennt – eine tückische Variante dessen also, was Nietzsche selbst kurz zuvor mit den Worten „[d]ieser heilige Anarchist" (KSA 6, 198) umschrieben hatte.

Nun erscheint Jesus in den Augen dieses „Antichrist" aber vor allem als eine – wenngleich auch in dieser Hinsicht spontan-unreflektierte – *Künstlergestalt*, genauer: als Sprach-Künstler. Seine Welt-Erfahrung ist das Resultat seiner Welt-Umdeutung; sie entsteht aus unreflektiertem „Instinkt-Hass gegen jede Realität", aus Schutz gegen Verletzung und als Bemühung um das „Zu-Hause-sein in einer Welt, an die keine Art Realität mehr rührt" (KSA 6, 200). Sie entsteht im Vollzug und als Ergebnis eines gewissermaßen existenziellen Sprach-Spiels. Es ergibt sich aus der Abwehr aller begrifflichen Formeln – „Dieser Glaube formulirt sich auch nicht – er l e b t, er wehrt sich gegen Formeln" – und entfaltet sich als Strategie einer permanenten Poetisierung: „Gerade, dass kein Wort wörtlich genommen wird, ist diesem Anti-Realisten die Vorbedingung, um überhaupt reden zu können." (KSA 6, 203 f.) In dieser Gleichnis-Sprache wird die „Seligkeit" als stets gegenwärtiger Glückszustand umschrieben (oder konstruiert). Diese „Seligkeit" aber „ist die einzige Realität – der Rest ist Zeichen, um von ihr zu reden ..." (KSA 6, 205) „Wenn ich irgend Etwas von diesem grossen Symbolisten verstehe, so ist es das, dass er nur i n n e r e Realitäten als Realitäten, als „Wahrheiten" nahm, – dass er den Rest [...] nur als Zeichen, als Gelegenheit zu Gleichnissen verstand." (KSA 6, 206) Diese Verabsolutierung dieses Innen aber führt zu der Konsequenz, dass es in seinem Welterleben keine Differenz von Außen und Innen mehr gibt, dass die „wahre Welt" endlich zur Fabel wird. Zu diesen Zeichen gehören alle theologischen Begriffe, die Jesus verwendet – vom „Begriff ,des Menschen Sohn'"" und dem „Gott dieses typischen Symbolikers" bis zu den „Zeichen ,Vater' und ,Sohn'" (KSA 6, 206). Sie alle sind nur scheinbar „Formeln" – in Wirklichkeit entfalten sie genuin *poetische Metaphern* des Lebens. Diese dichterische Zeichen-Sprache Jesu ist es, die sich im Laufe der Jesus-Abschnitte zunehmend als der eigentliche Gegenstand von Nietzsches Rekonstruktionsarbeit erweist.

Dabei wird einerseits – negativ – die Streichung derjenigen etablierten theologischen Begriffe, die schon Kernbegriffe in Nietzsches bisherigem Kampf gegen das Christentum waren, Jesus selbst unterstellt, andererseits – positiv – als seine eigentliche „frohe Botschaft" rekonstruiert, was im Horizont von Nietzsches eigenen Konzepten seit dem *Sanctus Januarius* liegt: „In der ganzen Psychologie des ,Evangeliums' fehlt der Begriff Schuld und Strafe; insgleichen der Begriff Lohn. Die ,Sünde', jedwedes Distanz-Verhältniss zwischen Gott und Mensch ist abgeschafft, – e b e n d a s i s t d i e , f r o h e B o t s c h a f t '. Die Seligkeit wird nicht verheissen, sie wird nicht an Bedingungen geknüpft: sie ist die e i n z i g e Realität – der Rest ist Zeichen, um von ihr zu reden..." (KSA 6, 205) „Nichts ist unchristlicher als die k i r c h l i c h e n C r u d i t ä t e n von einem Gott als P e r s o n, von einem ,Reich Gottes', welches k o m m t, von einem ,Himmelreich' j e n s e i t s, von einem ,Sohne Gottes', der z w e i t e n P e r s o n der Trinität. Dies Alles ist – man vergebe mir den Ausdruck – die F a u s t auf dem Auge – oh auf was für einem Auge! des Evangeliums; ein w e l t h i s t o r i s c h e r C y n i s m u s in der Verhöhnung des Symbols..." (KSA 6, 206) Nietzsches (seinem Jesus unterstellte) Umdeutung zentraler Theologoumena (oder: seine Rekonstruktion einer bereits von Jesus selbst vollzogenen Umdeutung) schließt endlich auch die Rede von Gott als „Vater" und als „Sohn" ein: „Aber es liegt ja auf der Hand, was mit dem Zeichen ,Vater' und ,Sohn'" angerührt wird – nicht auf jeder Hand, ich gebe es zu: mit dem Wort ,Sohn' ist der E i n t r i t t in das Gesammt-Verklärungs-Gefühl alter Dinge (die Seligkeit) ausgedrückt, mit dem Wort ,Vater' d i e s e s G e f ü h l s e l b s t, das Ewigkeits-, das Vollendungs-Gefühl. –" (KSA 6, 207) Erst die Jünger und namentlich Paulus verkehren diese Botschaft in ihr Gegenteil: „Der Eine Gott und der Eine Sohn Gottes: Beides Erzeugnisse des ressentiment..." (KSA 6, 214)

Damit hat sich auch Nietzsches einleitende Darstellung Jesu als eines Realitätsflüchtlings aus Berührungsangst kaum merklich, aber in der Sache entscheidend verschoben: Wird „Seligkeit" als „die e i n z i g e Realität" (KSA 6, 205) und umgekehrt die Realität als „Gesammt-Verklärungs"-Zusammenhang (KSA 6, 207) aufgefasst, dann rückt sie nahe heran an jene eine Welt, die nicht geschieden ist in Diesseits und Jenseits, die ohne Rekurs auf irgendeine Zweiweltenlehre bejaht werden kann. Diese bejahte und verklärte Welt Jesu erscheint zugleich als eine Welt zeitloser Gegenwärtigkeit, fern jeder Art heilsgeschichtlichen und dann überhaupt geschichtsphilosophischen Denkens. Was Nietzsches Jesus-Rekonstruktion damit wiederherstellt, das ist ausdrücklich „der Ursprung, der Sinn, das Recht des Evangeliums" (KSA 6, 208).

Wie aber vereinbart sich dieses Bild eines glücklich verklärten Lebens mit dem zentralen Ereignis des *Kreuzestodes*? Nietzsche verwendet viel Energie auf die Beantwortung dieser Frage (und zwar, das ist gegen Salaquarda festzuhalten, in seiner Auseinandersetzung schon mit Jesus, nicht erst mit der frühen Kirche). „Das Leben des Erlösers war nichts andres als d i e s e Praktik, – sein Tod war auch nichts andres ..." (KSA 6, 205). Denn er steht für ihn eben gar nicht mehr im Gegensatz zum Leben. Das ergibt sich folgerichtig aus dem „Leben" und der „Praktik", die Jesus mit seiner sprachspielenden Umwertung aller Werte begründet hat. So ungeheuerlich es klingt, so folgerichtig ist es: „Der ganze Begriff des natürlichen Todes fehlt im Evangelium: der Tod ist keine Brücke, kein Übergang, er fehlt, weil einer ganz andern bloss scheinbaren, bloss zu Zeichen nützlichen Welt zugehörig." (KSA 6, 207) Diesen Kreuzestod Jesu nimmt Nietzsche immerhin so wichtig, dass er ihm über die wiederholten beiläufigen Bemerkungen hinaus einen eigenen Abschnitt widmet (den 35.). Er lautet, vollständig zitiert: „Dieser ‚frohe Botschafter' starb wie er lebte, wie er l e h r t e – n i c h t um ‚die Menschen zu erlösen', sondern um zu zeigen, wie man zu leben hat. Die P r a k t i k ist es, welche er der Menschheit hinterliess: sein Verhalten vor den Richtern, vor den Häschern, vor den Anklägern und aller Art Verleumdung und Hohn, – sein Verhalten am K r e u z. Er widersteht nicht, er vertheidigt nicht sein Recht, er thut keinen Schritt, der das Äusserste von ihm abwehrt, mehr noch, e r f o r d e r t e s h e r a u s ... Und er bittet, er leidet, er liebt m i t denen, i n denen, die ihm Böses thun. Die Worte zum S c h ä c h e r am Kreuz enthalten das ganze Evangelium. ‚Das ist wahrlich ein g ö t t l i c h e r Mensch gewesen, ein ‚Kind Gottes' sagt der Schächer [hier vermengt Nietzsche das Lukasevangelium mit Matthäus 27, 54; er zitiert nach dem Gedächtnis]. „Wenn du dies fühlst – antwortet der Erlöser – s o b i s t d u im P a r a d i e s e, so bist auch du ein Kind Gottes ...' Nicht sich wehren, n i c h t zürnen, n i c h t verantwortlich-machen ... Sondern auch nicht dem Bösen widerstehen – ihn l i e b e n ..." (KSA 6, 207f.) Wie man leicht bemerkt, entspricht Jesu „Verhalten am Kreuz" auch dem Programm Nietzsches so, wie ihm auch sein Leben entsprochen hat. „Amor fati: das sei von nun an meine Liebe", hatte Nietzsche in *Sanctus Januarius* geschrieben, und er hatte hinzugefügt: „Ich will nicht anklagen, ich will nicht einmal die Ankläger anklagen." (KSA 3, 521) Dass bei diesem Jesus „der Tod [...] fehlt": dieser Satz resümiert, ohne dass diesmal der theologische Begriff fiele, Nietzsches Umdeutung der Auferstehung. Wie Jesus in der Konsequenz seiner Lebens-Praktik, seiner sprachspielenden Zeichen-Deutung, immer schon im „Himmel", in der „Seligkeit" lebt, so lebt er auch im Sterben. „Das Evangelium", wiederholt Nietzsche, „war doch gerade das Dasein, das Erfülltsein, die W i r k l i c h k e i t dieses ‚Reichs' gewesen. Gerade ein solcher Tod w a r eben dieses ‚Reich Gottes'..." (KSA 6, 214) Denn das Evangelium selbst „hieng am ‚Kreuz'" (KSA 6, 213).

Immer wieder kommt der „Antichrist" auf das Kreuz zurück; es entwickelt sich im Laufe des Gedankengangs geradezu zum Grunddatum des ursprünglichen *euangelion* – und zu seinem Enddatum. Denn „im Grunde", heißt es in Abschnitt 39, „gab es nur Einen Christen, und der starb am Kreuz. Das ‚Evangelium' s t a r b am Kreuz." (KSA 6, 211) Diese beiden Sätze entsprechen den beiden Perspektiven auf das Geschehen von Golgatha, die hier miteinander kontrastiert werden. Mit der Deutung des Kreuzes durch die verzweifelte und verfolgte erste Gemeinde als eines Sühnetodes, dessen gläubige Annahme die jenseitige Seligkeit eröffnet: mit dieser frühchristlichen Umwertung ist für Nietzsche das Evangelium Jesu tot. „die Geschichte des Christenthums – und zwar vom Tode am Kreuze an – ist die Geschichte des schrittweise immer gröberen Missverstehns eines u r s p r ü n g l i c h e n Symbolismus." (KSA 6, 209)

„Das ‚Evangelium' starb am Kreuz." Das heißt in der Umkehrung: Was erst durch Nietzsche selbst nun, im Zeichen eines zum Verklärungssymbol umgedeuteten Kreuzes, wieder lebendig gemacht wird, das ist das „Evangelium", ausdrücklich gegen das „Dysangelium" der Kirche. Von *Evangelium* und *Froher Botschaft* spricht Nietzsche von hier an, soweit ich sehe, ausschließlich im entschieden bejahenden Sinne. Von hier an eignet auch Nietzsches Rede vom Kreuz – und damit dann auch seinem Begriff „Der Gekreuzigte" – dieselbe wesentliche *Doppeldeutigkeit* wie seiner Rede von Jesus selbst, von der „Seligkeit" und von der „Frohen Botschaft": Insofern der Gekreuzigte als leidender Erlöser von der Sünde und sein Tod als Sühnetod gedeutet wird, erscheint er als Inbegriff des scharf attackierten Christentums (der „kirchlichen Cruditäten" [KSA 6, 206]). Insofern er, mit Nietzsches Relektüre der Evangelien, jenes „Gesammt-Verklärungs-Gefühl aller Dinge" bekräftigt und vollendet, ist er Inbegriff dieser ursprünglichen Frohbotschaft selbst. In dieser zweideutigen Rede vom Kreuz und vom Gekreuzigten – im kirchlichen Sinne, im dionysischen Sinne – kulminiert das Zweideutig-Werden zentraler biblischer Begriffe, das sich durch seine gesamte Jesus-Darstellung hindurch vorbereitet hat.

Woher weiß Nietzsche das alles eigentlich? Was ermöglicht es ihm, in den Evangelien das wahre Bild jenes Jesus zu erkennen, das von aller bisherigen Tradition verfehlt und verfälscht worden ist? Warum ist er sich seines Jesus so sicher? Weil er hier in „kindlicher" Ursprünglichkeit wiedererkennt, was ihn selbst zutiefst beschäftigt. Nietzsche beobachtet den leidenden décadent, den schöpferisch weltumdeutenden Sprachspieler und Daseinsbejaher Jesus keineswegs mit der spöttisch-herablassenden Überlegenheit des Fortgeschrittenen, sondern im Bewusstsein einer Verwandtschaft – oder im Willen zu ihrer Konstruktion. Dem kindlich „freien Geist" antworten aus der Distanz von neunzehn Jahrhunderten die mit Nietzsche wieder freigewordenen Geister; was bei Jesus als *Instinkt* erscheint, kehrt jetzt, *erst* jetzt als gleichsam zurückgewonnener Instinkt (und mit diesem Wort!) wieder: „Erst wir, wir freigewordenen Geister, haben die Voraussetzung dafür, Etwas zu verstehn, das neunzehn Jahrhunderte missverstanden haben, – jene *Instinkt* und Leidenschaft *gewordene* Rechtschaffenheit, welche der ‚heiligen Lüge' noch mehr als jeder andren Lüge den Krieg macht ..." (KSA 6, 208; Herv. d. Verf.) Auch Nietzsches Blick auf Jesus scheint mir, wie zuvor derjenige auf Dionysos, noch immer mitbestimmt von *frühromantischen* Denkfiguren – hier der Hoffnung, nach der Reise um die Welt, unter den Bedingungen potenzierter Reflexion den verborgenen Hintereingang finden zu können in das seit dem platonisch-christlichen Sündenfall verschlossene Kindheits-Paradies. Das schließt eine strategische Instrumentalisierung im Kampf gegen das Christentum so wenig aus wie den Gestus der triumphalen Überbietung. Der „große Symbolist" vollzieht eine Umwertung aller Werte aus „Instinkt" – der „Antichrist" vollzieht sie aus „wieder Instinkt gewordener" Entschlossenheit. Nietzsches Jesus bleibt der Erde treu, weil er gar nicht *weiß*, dass und wie man ihr untreu werden konnte – der *Antichrist* will ihr wieder treu sein, weil er es weiß.

Gewiss, wenn Nietzsche in dieser Weise von Jesus und dem Evangelium spricht, von Vater und Sohn, Kreuz und Erlösung, Seligkeit und Gotteskindschaft, dann hat das natürlich zunächst eine rhetorisch-strategische Seite: Im apokalyptischen Endkampf, in dem dieser Schreiber sich offenkundig wähnt, schlägt der „Antichrist" „das Christentum" als den Inbegriff alles Falschen und Verwerflichen mit seinen eigenen Waffen. Doch dieser Umstand (den Sommers Kommentar immer wieder so nachdrücklich hervorhebt) spricht keineswegs dagegen und sollte nicht darüber hinwegtäuschen, dass Nietzsche hier Sprachspiele und Konzepte umkreist, die ins Zentrum seiner eigenen Spätphilosophie führen – im Namen von und gewissermaßen in Waffenbrüderschaft mit Jesus von Nazareth.

Was sich hier nach und nach aus dem Entwurf einer – genealogisch desillusionierenden – „Psychologie des Erlösers" ergeben hat, erscheint

„Singe mir ein neues Lied." Zu Friedrich Nietzsches letzten Texten 189

am Ende fast wie das Bild eines gewissermaßen kindlich-sanften Bruders des Dionysos – jenes Dionysos, der in Nietzsches Spätwerk „in smaragdener Schönheit sichtbar" (KSA 6, 401) wird. Nicht ekstatisch und tragisch, sondern glücklich bejahend ist sein Erleben der Welt als eines ungeschiedenen Kontinuums. Er steht nicht wie Nietzsche jenseits, sondern noch diesseits von Schmerz und Lust, von Tod und Leben, diesseits von Gut und Böse.

Dieser „Typus des Erlösers" entspricht dem Selbst-Bild des „Antichrist" als Vor-Bild, als ankündigender „Typus" dieses vollendenden „Anti-Typus". Zwischen diesem Anfangs- und diesem Endpunkt liegt die Zeit jenes lügenhaften Missverständnisses, als die Nietzsche „das Christentum" wahrnimmt und gegen die er am Ende des Buches, *als* der sich nun vollends offenbarende „Antichrist", sein „Gesetz wider das Christenthum" verkündet, als Zeitenwende. Auch dabei hat er *seinen* Jesus im Rücken; ja, in diesem letzten Augenblick der Schrift rückt die eigene Rolle bereits nahe an die des Bergpredigers heran, der das, was „euch gesagt ist", kontrastiert mit seinem souverän-herrscherlichen „Ich aber sage euch".

Betäubt vom schrill apokalyptischen Ton dieser Überbietung, hat man oft überhört, dass diese Umwertung *zwei* Seiten hat. Sie richtet sich nicht nur auf das Christentum, sondern auch auf Nietzsches eigene antichristliche Spätphilosophie. Beide transformieren sich *wechselseitig*. So wie die mythologische Figur des Dionysos und die zum „Typus des Erlösers" stilisierte Gestalt des historischen Jesus. Die „Umwertung", die der Antichrist in seiner Anti-Erzählung vom gekreuzigten Erlöser vollzieht, reicht darum sehr viel weiter, als weite Teile der Nietzsche-Rezeption sich träumen ließen. Es ist ein erstaunlicher (und ein erstaunlich unspektakulärer) Anblick, wie im Verlauf der Auseinandersetzung des Antichrist mit Jesus die Proklamation des „Übermenschen" lautlos zerfällt, wie nun selbst von den bösen und zerstörerischen Seiten des Dionysos nichts bleibt als Süßigkeit und Güte, sanftes Leiden und ausdrücklich die Feindesliebe. In dem Maße also, in dem der Jesus des *Antichrist* dionysische Züge annimmt, wird sein Dionysos-Bild jesuanisch.

II

Mit *Ecce homo* tritt Nietzsche selbst offen in die Rolle dieses re-konstruierten Erlösers ein. Wird im *Antichrist* die Figur Jesu von Nazareth an Nietzsches Rollen-Ich selbst herangeführt, so in *Ecce homo* die Figur des Schreibers an diese Figur Jesu.

Angefangen mit dem Titel, inszeniert Nietzsche seine triumphale und parodistische Umkehrung des Bildes vom Gottessohn zum sich vergöttlichenden Menschen, die zugleich seine Selbsterhöhung als Autor bedeutet, als Wiederholung einer biblischen Szene. So vieldeutig der Titel gelesen werden kann – von der Betonung des Nichts-als-Menschlichen oder des menschlich Vorbildhaften bis zur Anspielung auf Napoleons „voilà un homme" –, so offenkundig präsentiert sich Nietzsches in jeder Hinsicht finale öffentliche Selbst-Darstellung doch zunächst im Modus eines Bibelzitats (vergl. Joh 19,5) und eines darauf bezogenen ikonographischen Schemas. „Ecce homo": das ist das Wort des Pilatus über den dornengekrönten *Gefangenen* als *König* mit Dornenkrone und Stab, an der Seite des Pilatus, eines Machthabers des alten und nun endenden Äons, der ihn dem nach seiner Kreuzigung schreienden Volk aussetzt. Nietzsche zieht damit aus den vielen Szenen der Passionsgeschichte eine signifikante *Schwellensituation* heran: Der „ecce homo" ist *nicht mehr* der Wanderprediger und Tempelreiniger, und er ist *noch nicht* der Gekreuzigte. Gezeigt wird der leidende Christus in den letzten Augenblicken vor seiner Verurteilung, der Weltenherr als Schmerzensmann.

Die christomorphen Züge in *Ecce homo* beschränken sich nicht auf diese vom Titel evozierte Konstellation. Vielmehr werden die Analogien zwischen dem eigenen Denken und der Praxis Jesu, die im *Antichrist* entwickelt worden sind, hier gesteigert zur expliziten *Überbietung* Jesu. Diese Übernahme der Rolle des „Sohnes" geschieht auch hier im Bezug auf einen „Vater", der den Namen „Dionysos" trägt und der im Zeichen des einen, grenzenlosen „Lebens" mit diesem identisch ist.

Erst von der jesuanischen Rolle her scheinen manche verrätselten Details sich zu erklären. Da ist die Herkunft von einem überirdisch erscheinenden, aber nun toten Vater („die Bauern, vor denen er predigte [...], sagten, so müsse wohl ein Engel aussehn" [KSA 6, 267f.]). Da ist die Abkehr von der irdischen Familie und die Betonung einer göttlichen Abkunft: „mit solcher canaille mich verwandt zu glauben wäre eine Lästerung auf meine Göttlichkeit." (KSA 6, 268; vgl. Mt 12, 46–48; Mk 3,21). Da ist die Zerstörung des alten und Heraufführung des neuen Äons („Das, was heute gebaut wird, steht in drei Jahren nicht mehr. – Wenn ich mich danach messe, was ich k a n n , nicht davon zu reden, was hinter mir drein kommt, ein Umsturz, ein Aufbau ohne Gleichen [...]" [KSA 6, 296]), aber doch nicht ohne Vor-Bild: „Dieser hat gesagt", hatte Nietzsche bei Matthäus gelesen, „Ich kann den Tempel Gottes zerstören und nach drei Tagen aufbauen." (Mt 26, 61) Hier wie dort vollzieht sich in Umsturz und Aufbau das Gericht über die Welt: „Von jetzt an", sagt der gefangene Jesus zum Hohenpriester, „werdet ihr den Sohn des Menschen sitzen sehen zur Rechten der Macht und kommen auf den Wolken des Himmels." (Mt 26, 64) Der, als den Nietzsche sich in *Ecce homo* darstellt, bringt die "G ö t z e n - D ä m - m e r u n g – auf deutsch: es geht zu Ende mit der alten Wahrheit ..." (KSA 6, 354). Und umgekehrt, wie er auf der nächsten Seite fortsetzt: „erst von mir an giebt es wieder Hoffnungen, Aufgaben, vorzuschreibende Wege der Cultur – i c h b i n d e r e n f r o h e r B o t s c h a f t e r ..." (KSA 6, 355). Erst „von mir an [...] wieder": dieses „wieder" ruft unauffällig die explizite Grundkonstellation des *Antichrist* wieder auf, die typologische Analogie von Christus und Anti-Christ, die Denkfigur der *überbietenden Identifikation*.

Deren emphatischste Formulierung findet sich gleich im ersten Absatz des „Vorworts". Wie bei Jesus auch in der Differenz von „Vater" und „Sohn" nur begrifflich auseinander tritt, was in der Erfahrung eine emphatische Einheit ist, so zeigt sich hier der *Ecce homo*, der demütig seinem „ganzen Leben dankbar" ist, *zugleich* als der sich offenbarende „Gott", vom ersten Satz an: „In Voraussicht, dass ich über Kurzem mit der schwersten Forderung an die Menschheit herantreten muss, die je an sie gestellt wurde, scheint es mir unerlässlich, zu sagen, w e r i c h b i n . Im Grunde dürfte man's wissen: denn ich habe mich nicht ‚unbezeugt gelassen'. [...] H ö r t m i c h ! d e n n i c h b i n d e r u n d d e r . " (KSA 6, 257) Vom „lebendigen Gott" sagen Barnabas und Paulus in Lystra (Apg 14, 15–1), dass „er sich nicht unbezeugt gelassen" habe, auch unter den Heiden. Und die Forderung, diesen seinen lieben Sohn zu hören, ertönt als Stimme vom Himmel — und zwar in ebenjener Szene, in der sich der irdische Jesus als der Gottessohn zeigt, bei seiner *Verklärung*: „Dies ist mein lieber Sohn, den sollt ihr hören." (Mt 17, 5) Auch die sonderbar formelhafte Wendung „Ich bin der und der" lässt sich in diesem Kontext lesen als Paraphrase des „Ich-bin-der-ich-bin". (1 Mose 3, 14) Und wenn Nietzsche, vieldeutig changierend zwischen autobiographischem Detail und religiöser Chiffre, erklärt, er sei „bloss mein Vater noch einmal und gleichsam sein Fortleben nach einem allzufrühen Tode" (KSA 6, 271): dann klingt darin auch das johanneische „Ich und der Vater sind eins" an (Joh 10,30) – modifiziert für die Zeit nach dem zuvor proklamierten „Tode Gottes".

Rhetorische Strategie ist auch dies alles, par-odistisch im Wortsinne: als triumphale Überbietungsgeste, die sich gegenüber der christlichen Tradition als übermütig blasphemische Verspottung inszeniert – sie aber in dieser sehr eigenwilligen Variante eben doch fortschreibt. Denn zugleich erscheint auch diese Selbstkundgabe alles andere als ironisch. Um das zu erläutern, muss auf eine zweite Gruppe von Selbstcharakterisierungen hingewiesen werden, die – wie mir scheint – zu selten wahrgenommen worden ist und für Nietzsches Eintreten in die Christusrolle die entscheidende sein könnte. Neben die auf Bibelstellen oder allgemeiner auf biblische Sprache bezogenen Christus-Anspielungen nämlich treten im *Ecce homo* solche Passagen, in denen Nietzsche sein Selbstbild – unausgesprochen und doch bis an den Rand der wörtlichen Übernahme – nach ebenjenem Bild modelliert, das er selbst eben gerade im *Antichrist* von Jesus entworfen hat. Das betrifft nicht nur einzelne Formulierungen, sondern die wesentlichen Züge dieses Bildes selbst.

Zunächst und vor allem ist es hier wie dort ein *décadent*, der zum großen Jasagenden wird – nur dass sich bei Nietzsche das *Bewusstsein* der eigenen décadence-Ursprünge aus der reflektierten Selbstbeobachtung ergibt: „aus der Fülle und Selbstgewissheit des reichen Lebens hinuntersehn in die heimliche Arbeit des Décadence-Instinkts – das war meine längste Übung" (KSA 6, 266). Waren bei Jesus Zustände „krankhafter Reizbarkeit" (KSA 6, 200) Voraussetzung für „die Seligkeit (die Lust)" (KSA 6, 201) und „das ‚Licht'" (KSA 6, 205), so verbindet sich bei Nietzsche selbst die „vollkommne Helle und Heiterkeit" eines Werkes wie *Morgenröthe* „nicht nur mit der tiefsten physiologischen Schwäche, sondern sogar mit einem Excess von Schmerzgefühl." (KSA 6, 265): „Alles verletzt" (KSA 6, 272). Wie bei Jesus ergibt sich auch bei ihm eben hieraus jener „Heilinstinkt": die Bejahung, der *amor fati*. Aus ihr ergibt sich auch die vollkommene „Freiheit vom Ressentiment" (KSA 6, 272), die diesen Nietzsche – das ist oft übersehen worden – gerade mit Jesus *verbindet* und sie in eine Front bringt gegen Paulus und Kirche: „Das Verneinen ist eben das ihm ganz Unmögliche." (KSA 6, 204) Hier wie dort ist die große Bejahung also dieselbe „sublime Weiter-Entwicklung des Hedonismus auf durchaus morbider Grundlage" (KSA 6, 201) (so über Jesus); und hier wie dort ergibt sie sich mit bloßer „Instinkt-Sicherheit" (KSA 6, 273) (so über sich selbst), mit einem „tiefe[n] Instinkt dafür, wie man leben müsse" (KSA 6, 206) (so über Jesus). Im *Antichrist* erschien Jesus als ein schwächlicher *décadent*, der aus instinktiver Lebenskraft die eigene *décadence* in der emphatischen Bejahung des Lebens überwindet. Dies wird nun die Vorlage, nach der Nietzsche in *Ecce homo* seine *eigene* Geschichte erzählt: „Abgerechnet nämlich, dass ich ein décadent bin, bin ich auch dessen Gegensatz." (KSA 6, 266)

Auf die vielleicht verblüffendste Adaptation der Jesus-Darstellung in Nietzsches Selbstbild hat bereits Karl Jaspers aufmerksam gemacht. Sie ergibt sich aus der Zurückweisung des Renanschen Bildes von Jesus als einem „héros". Wenn irgendwo, so hätte man am ehesten hier doch einen Gegensatz zwischen dem sanftmütigen Nazarener und dem kriegerischen Philosophen erwartet. Stattdessen hat Nietzsche gerade hier seine Charakteristik Jesu fast wörtlich auf sich selbst übertragen. „Aber wenn irgend Etwas unevangelisch ist", hat er im *Antichrist* Renan entgegnet, „so ist es der Begriff Held. Gerade der Gegensatz zu allem Ringen, zu allem Sich-in-Kampf-fühlen ist hier Instinkt geworden" (KSA 6, 199) (über Jesus). In

Ecce homo nun, über die „geheime Arbeit und Künstlerschaft meines Instinkts": „es ist kein Zug von Ringen in meinem Leben nachweisbar, ich bin der Gegensatz einer heroischen Natur." (KSA 6, 294) Denn auch „der Glaube, der *hier* laut wird, ist" – so hatte es Nietzsche über Jesus geschrieben – „kein erkämpfter Glaube" (KSA 6, 203; Herv. d. Verf.). Zufolge dem *Antichrist* vollendete sich diese Praxis in Jesu „Verhalten am Kreuz" (KSA 6, 207): „N i c h t sich wehren, n i c h t zürnen, n i c h t verantwortlichmachen ... Sondern auch nicht dem Bösen widerstehen, – ihn l i e b e n ..." (KSA 6, 208) In *Ecce homo* lautet der letzte Satz des Kapitels „Warum ich so klug bin": „Das Nothwendige nicht bloss ertragen, [...] – sondern es l i e b e n ..." (KSA 6, 297)

Diese Rollenübernahme geht in rhetorischer Strategie allein schwerlich auf. Gewiss, der hier gezeichnete Jesus fungiert auch als Kronzeuge im Kampf gegen „das [paulinische] Christentum". Aber er verkörpert nun vollends und in entschiedener Offenheit den Typus, als dessen Antitypus Nietzsche sich inszeniert. Entscheidend aber für diese sonderbarste mir bekannte Weise einer *imitatio Christi* scheint mir das *christologische Paradoxon* zu sein: die Vorstellung also einer absoluten Überwindung im Scheitern, einer göttlichen Hoheit in der Niedrigkeit, einer in nichts als liebender Allumarmung bestehenden Kriegführung – und, gerade dieser Aspekt scheint mir hier für Nietzsche zentral, der *Gottgleichheit in der Verkennung*. Dies ist ja die (theologische und ikonographische) Grundkonstellation, die mit den Worten „Ecce homo" resümiert wird. Allein dieses christologische Paradoxon entspricht der Ambivalenz der Selbsterfahrung, um die Nietzsches späte Darstellungen seiner Ängste und Größenvorstellungen kreisen; dem in vieler Hinsicht verwandten Mythos vom zerrissenen und wiedererstehenden Dionysos fehlt dieser Grundzug von Verkennung und Triumph.

Bei alldem vertritt Nietzsches Jesus, auf seine so weiche Weise, ein denkbar ‚starkes' Konzept des Ich – jedoch so, dass es mit dem von Nietzsche proklamierten Ende dieser Instanz vereinbar ist: mit der Verwandlung des cartesianischen „Ich" in, wie es in *Götzen-Dämmerung* hieß, „Fabel" und „Wortspiel" (KSA 6, 91). Im Rückbezug auf diesen Jesus und seine „frohe Botschaft", und zugleich anknüpfend an seine eigenen dionysischen und zoroastrischen Mythologeme, kann Nietzsche sogar nach dem „Tode Gottes" von Gott sprechen. Im Rückbezug auf Jesu emphatisches Leben und Sterben in einer Welt, in der „es keine Gegensätze mehr giebt" (KSA 6, 203), in deren universaler Gotteskindschaft selbst die Grenzen zwischen den Individuen verschwimmen und das sich selbst fiktionalisiert, kann er sich als exemplarisches Ich inszenieren nach dem Ende des Ich – bis zum Tode, ja zum Tode am Kreuz.

Denn dieser Tod bereitet sich in den letzten Passagen des Textes tatsächlich vor; nun tritt ein, was der Schreiber vieldeutig „die Erfülltheit" nennt. „In Voraussicht", so hatte die Selbstdarstellung angefangen, „dass ich über Kurzem mit der schwersten Forderung an die Menschheit herantreten muss, die je an sie gestellt wurde, scheint es mir unerlässlich, zu sagen, wer ich bin" (KSA 6, 257). Das hat er getan, viele Kapitel lang. Nun, im letzten Abschnitt seiner Selbst-Besichtigung, rückt das Bild eine Einstellung weiter. Dort nämlich ersetzt Nietzsche jetzt die Formulierung, er habe „das Schicksal der Menschheit in der Hand" (KSA 14, 505), durch den neuen Schluss-Satz „Denn ich trage das Schicksal der Menschheit auf der Schulter. –" (KSA 6, 364) Das ist zumeist ungenau gelesen worden, so als prahle hier ein neuer Atlas mit seiner Kraft. Doch nicht von ‚den Schultern' ist ja die Rede, sondern von *der* Schulter, im Singular. Es ist eben der, den eben noch Pilatus dem Volk vorgeführt hat, der nun das Kreuz „auf der Schulter" trägt. Zwingend wird diese Deutung, wenn man die rätselhafte Formulierung mitliest, mit der Nietzsche auf die alte Freundin Malvida von Meysenbug anspielt: „Soeben schreibt mir noch, damit auch die Freunde nicht fehlen, eine alte Freundin, sie lache jetzt über mich ..." (KSA 6, 364) Aber die Rolle, in die sie in diesem Text einrückt, ist (darauf hat Nietzsche in seinen letzten Briefen ausdrücklich hingewiesen) die der Wagnerschen Kundry: Sie ist es, die gelacht hat beim Anblick des von allen Freunden verlassenen Christus, der sein Kreuz nach Golgatha trägt.

III

Die Briefe des Zusammenbrechenden, der sich inmitten aller übersteigerten Euphorie bis zum letzten Augenblick selbst beobachtet: sie vollziehen in der ersten Januarwoche 1889 den letzten Schritt, sie bilden das letzte Kapitel dieser eigenartigen Ich-Erzählung. Die hitzig wechselnden Rollenspiele dieser Texte konvergieren immer deutlicher in der einen Formel, die das dionysisch verformte Jesusbild des *Antichrist* wieder aufnimmt: „Der Gekreuzigte".

An Meta von Salis am 3. Januar 1889: „Die Welt ist verklärt, denn Gott ist auf der Erde. Sehen Sie nicht, wie alle Himmel sich freuen?" (KSB 8, 572) Und die Unterschrift: „Der Gekreuzigte." Am selben Tag an Cosima Wagner: „Dies breve an die Menschheit sollst du herausgeben, von Bayreuth aus, mit der Aufschrift: Die frohe Botschaft." (KSB 8, 573.) Tags darauf dann an Peter Gast, den Komponisten: „Singe mir ein neues Lied: die Welt ist verklärt und alle Himmel freuen sich. Der Gekreuzigte." (KSB 8, 575) Identität des irdischen Menschen mit dem Vater-Gott, die umgedeutete „Frohe Botschaft", zweimal die Verklärung: Auch *dieser* frohe Botschafter stirbt, wie er gelehrt hat.

Am 1. Januar 1889 unterschreibt Nietzsche zum ersten Mal als „Nietzsche Dionysos", in einem Widmungstext am selben Tag dann nur als „Dionysos", kurz darauf dann erstmals als „Der Gekreuzigte". Mit demselben Motiv endet am selben Tag der „Ariadne"-Brief an Cosima Wagner: Er komme, schreibt Nietzsche, „als der siegreiche Dionysos, der die Erde zu einem Festtag machen wird ... Nicht daß ich viel Zeit hätte ... Die Himmel freuen sich, daß ich da bin ... Ich habe auch am Kreuze gehangen ..." (KSB 8, 573.)

Ab dem 4. Januar wechseln dann beide Signaturen ab: „Dionysos", „Der Gekreuzigte". Im letzten Brief an Jacob Burckhardt endlich werden die Rollenspiele des göttlichen Artisten gipfeln im Bild des präexistenten Welten-Schöpfers, der zum Gekreuzigten wird: „zuletzt wäre ich sehr viel lieber Basler Professor als Gott; aber ich habe es nicht gewagt, meinen Privat-Egoismus so weit zu treiben, um seinetwillen die Schaffung der Welt zu unterlassen [...]. auch bin ich voriges Jahr von den deutschen Ärzten auf eine sehr langwierige Weise gekreuzigt worden [...]" (KSB 8, 577ff.) „Ich fürchte, wir werden Gott nicht los, weil wir noch an die Grammatik glauben" (KSA 6, 78), hatte der Verkünder der *Götzen-Dämmerung* geschrieben. Nun, am Ende der damit begonnenen Serie von Texten, fordert der selbst als „Dionysos" und „Der Gekreuzigte" kommende „Gott" den Glauben an eine Erzähl-Grammatik, die sehr alte Muster variierend wiederholt.

Damit bin ich am Ende meiner Überlegungen. Blickt man zurück auf die Wegstrecke, die wir hier im Zeitraffer zurückgelegt haben, dann zeichnet sich in der Abfolge von *Antichrist, Ecce homo* und pseudonymen Briefen das Muster einer großen Erzählung ab, wie ein Wasserzeichen, das im Papier sichtbar wird. Es ist das Modell der Passionsgeschichte als einer Verklärungsgeschichte (und zugleich der fortschreitenden Enthüllung verborgener Göttlichkeit). Sie beginnt mit dem Auftreten des Anti-Christ nach der „Götzen-Dämmerung" des alten Äon; sie setzt sich fort in Verkennung und Verachtung des gekrönten Schmerzensmannes; und sie vollendet sich im Triumph des „Gekreuzigten" in einer verklärten Welt: in seiner dionysischen Auferstehung und Himmelfahrt.

Derselbe Autor, der Wagners deutsche Kunstreligion als Effekt schauspielerischer Inszenierung denunziert hat, hat damit aus dem existenziellen Schauspielertum seiner erzählerischen Rollenwechsel eine neuartige, geradezu ekstatische Form von Kunstreligion zurückgewonnen. Man erinnere sich: Was wir hier verfolgt haben, nennt der Schreiber selbst die „geheime Arbeit und Künstlerschaft meines Instinkts". Kein anderer Zug seiner Spätphilosophie wird in der frühen Rezeptionsgeschichte denn auch so wirkungsmächtig sein wie dieser. Es ist diese Erlösergestalt einer modernen Kunstreligion, über die der entlaufene Pfarrerssohn Gottfried Benn bemerkt hat: „für meine Generation war er das Erdbeben der Epoche und seit Luther das größte deutsche Sprachgenie."

Im Grunde, so war kurz zuvor in *Ecce homo* zu lesen, „bin ich bloss mein Vater noch einmal und gleichsam sein Fortleben nach einem allzufrühen Tode" (KSA 6, 271). In seinem Bericht über den Nietzsche, den er in Turin vorfand, hat Overbeck geschrieben: „es kam vor, daß er in lauten Gesängen am Klavier sich maßlos steigernd, [...] in kurzen mit einem unbeschreiblich gedämpften Tone vorgebrachten Sätzen, sublime, wunderbar hellsichtige und unsäglich schauerliche Dinge über sich selbst als den Nachfolger des toten Gottes vernehmen ließ." (Janz 1979, 39)

1. Quellen

KSA = Friedrich Nietzsche: Sämtliche Werke. Kritische Studienausgabe in 15 Einzelbänden. Hrsg. v. G. Colli u. M. Montinari. München 1988.

KSB = Friedrich Nietzsche: Sämtliche Briefe. Kritische Studienausgabe in 8 Bänden. Hrsg. v. G. Colli u. M. Montinari. München 1986.

2. Literatur

Janz, C. P. (1979): Friedrich Nietzsche. Biographie. Bd. 3. München, Wien.

E. Beiträge zur Rezeptions- und Wirkungsforschung

Weaver Santaniello, Nietzsche und die Juden im Hinblick auf Christentum und Nazismus – nach dem Holocaust; in: Golomb, J. (Hrsg.): Nietzsche und die jüdische Kultur. Aus dem Engl. übers. von Helmut Dahmer, Wien: WUV-Universitätsverlag, 1998, S. 31–66.

Weaver Santaniello

Nietzsche und die Juden im Blick auf Christentum und Nazismus – nach dem Holocaust

Einleitung

Neuere Forschungen und die Publikation von zuvor unveröffentlichtem Material ermöglichen es uns heute, Nietzsches Ansichten über das Judentum und die Juden – auch im Hinblick auf die Erfahrung des zweiten Weltkriegs – richtiger als zuvor einzuschätzen, vor allem im Zusammenhang mit dem Christentum und mit Nietzsches Analyse der turbulenten jüdisch-christlichen Beziehungen im Deutschland des 19. Jahrhunderts.

Im Laufe der vergangenen zwanzig Jahre sind zahlreiche Geschichten des Antisemitismus, des Holocaust und der geistigen Ursprünge des Nazismus erschienen, aus denen hervorgeht, daß Nietzsche – entgegen der Nazi-Propaganda und der von ihr geprägten öffentlichen Meinung – kein Antisemit war; daß die germanische Ideologie entstand, noch ehe Nietzsches Schriften erschienen, und daß Nietzsche zu seinen Lebzeiten vielen geistigen Vorläufern des Dritten Reiches entgegentrat.[1] Zu diesen Präfaschisten im Umkreis Nietzsches gehörten seine Schwester Elisabeth, eine bösartige christliche Antisemitin, die später, Jahrzehnte nach ihres Bruders Tod, eine treue Helferin Hitlers und der Nazis wurde; ihr Gatte Bernhard Förster, der Sohn eines protestantischen Pfarrers, der, gemeinsam mit Elisabeth, 1886 in Paraguay eine Kolonie zur Menschenzüchtung gründete, die der Reinheit der arischen Rasse geweiht war und Juden ausschloß; dann Nietzsches Mentor und späterer Feind Richard Wagner, mit dem Nietzsche wegen Wagners Bekehrung zum Christentum, vor allem aber wegen dessen antijüdischem Rassismus brach; Adolf Stoecker, der prominente Hofprediger und Führer der lutherischen Staatskirche in Deutschland[2]; der antichristliche Anarchist Eugen Dühring, der als erster die Ausrottung der Juden predigte und in dem Historiker heute so etwas wie einen frühen „Nazi" sehen; schließlich den christlichen Theologen Ernest Renan, der in Frankreich ein berühmter Verfechter des Arier-Mythos war und später beinahe zu einer Art offiziellem Ideologen des Dritten Reiches avancierte. Es wird sich zeigen, daß diese und andere (christliche und antichristliche) Antisemiten in Nietzsches Schriften, vor allem in seinen späteren – *Also sprach Zarathustra, Zur Genealogie der Moral* und *Der Antichrist* – als seine religiösen und politischen Hauptgegner figurieren. Eine fast hundert Jahre während Propagandakampagne, die mit Elisabeths Fälschung und Zensurierung von Nietzsches Schriften, Aufzeichnungen und Dokumenten direkt nach seiner Erkrankung im Jahre 1889 begann, diente zur Unterdrückung dieser Texte.[3] Und die den zweiten Weltkrieg überdauernde Propaganda, die auf Elisabeths und Hitlers fortwährender Verdrehung und Manipulation von Nietzsches Schriften und Worten beruhte, hat noch Interpreten verwirrt, die nach der Nazi-Ära schrieben und herauszufinden suchten, was es mit Nietzsches verwickelter Kritik des Christentums, des Judentums und des Antisemitismus in der Zeit, in der er schrieb, auf sich hatte. Die 1976 erfolgte Freigabe der unveröffentlichten Tagebücher Cosima Wagners und die Öffnung des Weimarer Nietzsche-Archivs im Jahre 1991, wo Elisabeths Nachlaß in der Zeit des „Dritten Reiches" und noch während des Kalten Krieges unter Verschluß gehalten wurde, wird für Wissenschaftler hilfreich sein, die die prominente Rolle, die Elisabeth und die Wagner-Familie bei der Entstehung des Dritten Reiches spielten, näher untersuchen wollen. Die Rolle, die Elisabeth und die Wagner-Familie spielten, und ihre rassistischen Ideologien sind nicht nur für das Verständnis des Stellenwerts von Nietzsches Ansichten in ihrem biographischen, historischen und geistigen Kontext von zentraler Bedeutung, sondern ebenso für das Verständnis seines Mitgefühls mit den Juden seiner Zeit, für seine elitäre Verachtung des Christentums als der Religion des Massen-Ressentiments und schließlich für seine angebliche Verbindung mit dem Nazismus, Jahrzehnte nach seinem Tode. Nietzsche erschien der Antisemitismus abstoßend, [schon] wegen seiner Animosität gegenüber geistigen und kulturellen Werten: „So ist der Kampf gegen die Juden immer ein Zeichen der schlechteren, neidischeren und feigeren Natur gewesen: und wer jetzt daran Theil nimmt, muß ein gutes Stück pöbelhafter Gesinnung in sich tragen."[4] Er war fest davon überzeugt: „Wenn erst das Christenthum vernichtet ist, wird man den Juden *gerechter* werden: selbst als Urhebern des Christenthums und des höchsten bisherigen Moral-Pathos."[5] Es ist darum wichtig, sich von Anfang an klarzumachen, daß Nietzsches Kritik des Christentums mit seiner Verachtung des Antisemitismus verknüpft ist.

Ich bin überzeugt, daß Nietzsche – ursprünglich ein Angehöriger, dann ein „Apostat" des nationalistischen und virulent antisemitischen Wagner-Kreises – etwas sehr Wichtiges zur Revolte seiner Kultur gegen die europäische Judenheit im letzten Drittel des 19. Jahrhunderts zu sagen hatte, – etwas, das die religiösen und politischen Autoritäten vor der Öffentlichkeit verbergen wollten und *wollen*. Deshalb kommt es darauf an, nicht auf die zahllosen Mythen, die massive Propaganda und die hermeneutischen Kunststücke hereinzufallen, die traditionell (und zweckdienlich) den Blick auf Nietzsche verstellt haben, sondern seine scharfe Kritik der Religion und der Politik aus seiner Zeit heraus zu verstehen, – [als die Kritik des Philosophen, der] *noch nicht* [, wie es Nietzsche dann in den dreißiger und frühen vierziger Jahren widerfuhr,] in einen brutalen (antichristlichen und antisemitischen) „Nazi" verwandelt worden war.

Daß Nietzsche sich gegen den Antisemitismus, den deutschen Nationalismus und die germanisch-arische Rasse wandte, also gegen die drei für den Nationalsozialismus ausschlaggebenden Doktrinen, ist inzwischen Allgemeingut der Nietzsche-Forschung. Aber als zu Beginn der vierziger Jahre Nietzsche-Forscher wie Walter Kaufmann aus den veröffentlichten Nietzsche-Schriften zitierten, um die Behauptungen der Nazis zu widerlegen, Nietzsche habe diese Doktrinen unterstützt, entgegneten ihnen die Nazis, in Nietzsches veröffentlichten Schriften seien seine Gedanken nur „maskiert" enthalten, – der „wahre Nietzsche" sei darin nicht zu finden.[6] Man muß daher fragen, *wozu* die Nazis Nietzsche brauchten, und warum sie die Mühen des Falsch-Zitierens, des Verdrehens und des Herausreißens seiner Texte aus ihrem Kontext auf sich nahmen, was sie ja unleugbar taten. Man muß auch fragen, warum Elisabeth seit 1892 Nietzsches veröffentlichte Schriften stark zensurierte und kontrollierte, und *warum* sie solche Eile hatte, eine Sammlung von Aufzeichnungen unter dem Titel *Der Wille zur Macht* (1901) zusammenzustellen und als Nietzsches letztes großes, „zusammenfassendes" Werk auszugeben; warum sie die Geschichte des Bruchs zwischen Nietzsche und Wagner in ihrer, die Tatsachen verdrehenden, Biographie des Bruders fälschte; warum sie schließlich Dokumente Nietzsches fälschte, änderte oder zerstörte, um seine negativen Bemerkungen über Wagner, sie selbst, das Christentum und den Antisemitismus zu bemänteln. Seit fast einem Menschenalter haben Interpreten nun mit der Annahme gearbeitet, daß die Nazis Nietzsche „schätzten", weil sie sich seiner bedienten, und/oder daß Nietzsches Philosophie irgendwie zum Nazismus „führte" oder auf ihn „Einfluß hatte". Das historische Beweismaterial aber weist ganz und gar auf das Gegenteil hin. Statt anzunehmen, daß die Nazi-Führer Nietzsche verehrten, sollte man seine Texte befragen, um zu sehen, was Elisabeth und den Nazis daran *nicht* gefiel. Am Schluß dieses Essays werde ich zeigen, worum es Elisabeth bei ihrer Mythisierung Nietzsches ging. Wer aber genau hinsieht, wird gewahr, daß von Anfang an, das heißt, noch ehe Nietzsche – nach seinem Zusammenbruch – in Deutschland jäh berühmt wurde, zwei [Auslegungs-] Traditionen miteinander kollidierten, die durch Elisabeth auf der einen und Nietzsches jüdischen Verbündeten Georg Brandes auf der anderen Seite verkörpert wurden, jenen Georg Brandes, der in den letzten Jahren von Nietzsches produktivem Leben einer seiner wenigen Leser war. Die eine Traditionslinie verläuft von Wagner zu Elisabeth und dann weiter zu Hitler, die andere von Nietzsche zu Brandes und zu *Emigranten* wie Kaufmann, der sich, wie andere Nietzsche-Forscher, weigerte, Nietzsche ganz oder teilweise den Manipulationen der Nazis zu überlassen. Andere Kommentatoren in der englischsprachigen Welt, wie Crane Brinton, der (in den vierziger Jahren) urteilte, Nietzsche sei „halb Nazi, halb Anti-Nazi" gewesen, nahmen eine mittlere Position ein.[7] In der erstgenannten, der Nazi-Tradition, wurde behauptet, einige von „Nietzsches" Aufzeichnungen (1901) über „Rasse und Züchtung" seien authentisch und Nietzsche habe in Wahrheit nicht das gemeint, was er in seinen [veröffentlichten] Texten sagte. Die Interpreten der zweiten Tradition bezogen sich auf Nietzsches Gesamtwerk und gingen mit dem *Nachlaß* verantwortlich um. Die Interpreten der dritten Traditionslinie vergaßen mit der Zeit, daß die Nazis Nietzsches Schriften diskreditiert hatten, und trugen zur Verwirrung bei, indem sie Zufallszitate aus seinen Publikationen herauspflückten, um zu „zeigen", daß Nietzsches Philosophie mit dem Nazismus vereinbar sei. Jedenfalls war seit der Jahrhundertwende die Strategie Elisabeths und später die der Nazis darauf gerichtet, Leser von Nietzsches veröffentlichten Schriften *abzulenken*. Dieser entscheidende Sachverhalt wird fast immer übersehen.[8]

Wie schon gesagt, stehen Nietzsches Gegnerschaft zum Antisemitismus und seine Hochschätzung seiner jüdischen Zeitgenossen bei den Nietzsche-Forschern kaum mehr in Frage. Doch tun diese Forscher sich schwer mit Nietzsches komplexer Auffassung des antiken Judentums, die sowohl positiv als auch negativ ausfiel. Nietzsches Position hat die meisten Kommentatoren dazu verleitet, seine negative Beurteilung des [antiken] Judentums davon herzuleiten, daß das Judentum das Christentum – seinen ärgsten Feind – hervorgebracht hatte; andere lassen sich auf seine Überlegungen gar nicht ein, weil sie ihnen widersprüchlich erscheinen; noch andere verdrehen völlig den Sinn von Nietzsches Texten.[9]

In den letzten Jahren ist durch intensivere Beschäftigung mit Nietzsches Texten deutlich geworden, daß Nietzsche von den Juden in dreifachem Sinne sprach: Nietzsche favorisierte das alte Israel und die zeitgenössische Judenheit; dem priesterlich-prophetischen Judentum, von dem er glaubte, es habe den Aufstieg des Christentums zu verantworten, stand er ambivalent gegenüber.[10] Paradoxerweise bietet diese Unterscheidung dreier Gruppen von Juden, die in Nietzsches späteren Schriften zu voller Entfaltung kam, nicht den Schlüssel zum Verständnis seiner Auffassung des antiken Judentums als solchen, sondern macht die Logik seiner Opposition gegen den Antisemitismus verständlich, wie er in der christlichen Theologie des neunzehnten Jahrhunderts zur Geltung kam. Kurz gesagt: Nietzsches dreifältige Position war die Umkehrung der Position der christlichen Antisemiten, gegen die er Front machte. Während Elisabeth und andere christliche Antisemiten gewöhnlich das alte Israel und die zeitgenössische Judenheit herabsetzten und behaupteten, das priesterlich-prophetische Judentum habe Jesus als den Messias anerkannt, verwarf Nietzsche diese Position. Seine Hochschätzung galt dem alten Israel und dem zeitgenössischen Judentum, während er vom Judäo-Christentum – als einer Tradition, die im Ressentiment wurzelt – verächtlich sprach.[11] Bei der Beschäftigung mit Nietzsches Texten ist es darum von *größter* Bedeutung, seine Gedanken in den zugehörigen politischen und theologischen Kontext zu stellen und ihr Verhältnis zu den Meinungen seiner wichtigsten religiösen und politischen Gegner, also etwa seiner Schwester und ihres Gatten Förster, zu berücksichtigen. Es wird dann deutlich, daß Nietzsches Auffassung, interpretiert vor dem Hintergrund der damals in Deutschland gängigen theologischen und politischen Kategorien, kohärent ist, und daß Nietzsche, dieser einsame Außenseiter, der über keinerlei gesellschaftlichen Rückhalt verfügte, einige der mächtigsten und prominentesten antisemitischen Führer seiner Zeit anprangerte und in Wut versetzte, so den weithin geachteten Prediger und Führer der lutherischen Staatskirche, Adolf Stoecker, und andere, damals populäre Autoren wie Eugen Dühring, der von der Ausrottung der Juden als der einzig „durchgreifenden" „Lösung" der Juden-„Frage" sprach.[12]

1. Christlicher und antichristlicher Antisemitismus

Der Antisemitismus trat im neunzehnten Jahrhundert in Deutschland gewöhnlich in zwei Formen auf, als christlicher und als antichristlicher Antisemitismus. Ideologen des christlichen Antisemitismus, der in der christlichen Theologie wurzelte, stellten gewöhnlich *eine* Tendenz im alten Judentum, die von Jesus weiterentwickelt und vollendet wurde, dem entarteten Israel gegenüber, das sie zu Jesus und dem Christentum in Gegensatz brachten. Der antichristliche Antisemitismus fand sich bei französischen

Philosophen wie Voltaire und Holbach. Hier ging es um einen Angriff sowohl auf die Juden und das Judentum, als auch auf das Christentum selbst, eingeschlossen seine biblisch-jüdischen Quellen, seine Eschatologie und seine ethisch-theologischen Elemente.[13] Grob gesagt, versuchten christliche Antisemiten wie Stoecker, „verstockte" zeitgenössische Juden zum Christentum zu bekehren, und unterschieden gewöhnlich die „edlen" Juden der priesterlich-prophetischen Zeit vom korrupten schriftgelehrt-rabbinischen Judentum (des alten Israel). Antichristliche Antisemiten wie Dühring verabscheuten das Judentum insgesamt und verachteten das Christentum gleichermaßen. Gleichwohl waren Stoeckers und Dührings Positionen nicht unvereinbar. Obwohl sie über das Christentum entgegengesetzter Meinung waren, hielten beide Gruppen die Juden für moralisch minderwertig.[14]

Nietzsche wandte sich dezidiert gegen beide Formen von Antisemitismus. Doch verachtete er die Vorstellungen von der Auserwähltheit und von einer [Herstellung der] Gerechtigkeit durch immerwährende Vergeltung. Von beiden glaubte er, sie seien mit dem Judentum aufgekommen und die Christen hätten sie sich zu eigen gemacht. Nun hielten sie sich für Gottes auserwähltes Volk und bedrohten die Juden mit dem Jüngsten Gericht, wie es die Juden vordem mit ihren Feinden getan hätten.[15] Während Nietzsche also bestimmte Elemente der jüdischen Religion verächtlich machte, vor allem solche, die bei christlichen Antisemiten in hohem Ansehen standen, blieb er doch unverwandt bei seiner Hochschätzung der zeitgenössischen Juden, was biographisch ebenso wie in seinen Texten deutlich wird.[16]

Für den antisemitischen Hofprediger und Pfarrer Adolf Stoecker, Försters Bundesgenossen und [damals] vielleicht den Prominentesten unter den deutschen Protestanten, war die Verteidigung des christlichen Staates von größter Bedeutung. Stoecker, der den christlichen Antisemitismus repräsentierte, verkündete, die Juden-„Frage" könne erst gelöst werden, wenn die Juden ihren Glauben aufgäben und aufhörten, „in der Sünde zu leben".[17] Seine Popularität nahm in den achtziger Jahren des 19.n Jahrhunderts rasch zu, als er eine an die verarmten Mittelschichten gerichtete ultrakonservative, antisemitische Kampagne eröffnete und antisemitische Propaganda verbreitete. Er prangerte die „Capitalskraft" der modernen Judenheit an, gab öffentlich seiner Sorge Ausdruck, daß „der Krebsschaden an dem wir leiden" (die Judaisierung deutschen Geistes), zur „Verarmung" des „deutsche[n] Wirthschaftsleben[s]" führen werde, und plädierte für eine „Rückkehr zu mehr germanischem Rechts- und Wirthschaftsleben".[18] Seine politische Theologie besagte im wesentlichen, die christlichen Deutschen seien zum auserwählten Volk geworden, weil die Juden die Botschaft von der Erlösung in Christo nicht angenommen hatten. Weil die Juden Christus kreuzigten, hatten sie die Sünde begangen, „die nicht vergeben wird", das heißt, den Fluch ewiger Verdammnis auf sich gezogen.¹⁹ Stoecker, der seine Botschaft oft mit einem Schleier von Frömmigkeit und „Gleichheit" verhüllte, behauptete, er wolle „die Judenfrage [...] in voller christlicher Liebe, aber auch in voller socialer Wahrheit" behandeln.²⁰ Seine „Wahrheit" aber lautete: „Israel muß den Anspruch aufgeben, der Herr Deutschlands werden zu wollen"; andernfalls sei „eine Katastrophe zuletzt unausbleiblich".²¹ Auf diese Weise nutzte Stoecker den schon bestehenden Judenhaß, um die Autorität des christlichen Staates zu stützen.

Nietzsche bezog sich in seinen Aufzeichnungen und Schriften gelegentlich auf Stoecker (die berühmteste Stelle ist seine Notiz, er wolle „Wilhelm, Bismarck und Stöcker erschießen" lassen²²). In den frühen achtziger Jahren irritierte ihn Stoeckers antijüdische Gesinnung; in der Christlichsozialen (Arbeiter-)Partei sah er ein Produkt des Ressentiments und der Feigheit.²³ In den späten achtziger Jahren beschäftigte Nietzsche sich höchst beunruhigt mit Stoeckers rhetorischer Wiederbelebung [der Idee] des christlichen Staates.²⁴ Er schrieb über das „bescheidene Christenthum" „der Hofprediger und antisemitischen Spekulanten".²⁵ Im Zusammenhang mit seiner Klage über den Tod Friedrichs III. schrieb er, die christlichen Antisemiten seien wie „ein kleines liebes, absurdes Schaf mit Hörnern", das sich zum Richter aufwerfe und das es zu „kleinen Heerdenthier-Tugenden" gebracht habe²⁶; in einem persönlichen Brief vom Sommer 1888 kündigte er den Beginn einer Ära Stoecker an.²⁷

Der radikalste Vertreter des antichristlichen Antisemitismus in den achtziger Jahren war der Anarchist Eugen Dühring, den Nietzsche den „Berliner Rache-Apostel"²⁸ nennt und der in *Also sprach Zarathustra* und in der zweiten und dritten Abhandlung von *Zur Genealogie der Moral* als Nietzsches politischer Gegner in Erscheinung tritt.²⁹

Dühring, den der Historiker Peter Gay als „hohlen, bombastischen und verwirrten Schriftsteller" charakterisiert, war vor allem wegen seiner Lehre [von der Intersubjektivität] „gleichwertiger Willen" der Individuen berühmt, die er auf die Annahme einer altruistischen Natur des Menschen gründete.³⁰ Die Moralität ergibt sich, Dühring zufolge, aus dem „Verhältnis von Wille zu Wille"; Grundgesetz der Ethik ist, daß sich die Individuen gegenseitiger Verletzungen enthalten. Die Geschichte aber beginnt mit Gewalt und besteht in Unterdrückung und Sklaverei, die nicht aus der Wirtschaftsordnung resultieren. Soll die Geschichte umgestaltet werden, müssen – im „sozialitären System" – die Widersprüche zwischen Gewalt (Unterdrückung) und Wille (Freiheit) gelöst werden. Die Juden manipulieren die Wirtschaft und handeln so dem Gemeinwohl zuwider; darum müssen sie eliminiert werden.

In der zweiten Abhandlung von *Zur Genealogie der Moral* wendet sich Nietzsche gegen Versuche wie den von Dühring, „den Ursprung der Gerechtigkeit auf einem ganz andren Boden zu suchen, – nämlich auf dem des Ressentiment".[31] Nachdem er Dührings Begriffe der menschlichen Natur und der Gerechtigkeit als Erzeugnisse des *Ressentiments* verurteilt hat, kommt Nietzsche zu dem Schluß, Dührings Prinzip der Gleichheit sei ein lebensfeindliches Prinzip, „ein Faktor der Auflösung und Zerstörung des Menschen, ein Versuch, die Zukunft des Menschen umzubringen, ein Zeichen von Müdigkeit, ein geheimer Pfad zum Nichts."[32]

Dühring opponierte dem christlichen Staat und wünschte sich einen neuen Staat, der einer freien und individualistischen Gesellschaft dienen sollte.[33] In den achtziger Jahren ein Lieblingsautor der Mitglieder des Exekutiv-Komitees des [russischen] „Volkswillens" [Narodnaja Wolja], predigte er einen seltsamen demokratischen Sozialismus und berief sich für seinen Versuch, die Strafrechtslehre auf den Vergeltungstrieb zu gründen, auf John Stuart Mills Utilitarismus.[34]

Dühring strebte nationale Autarkie mit Hilfe einer gelenkten Wirtschaft an. Dieser national begrenzte Sozialismus sollte von der Begeisterung der Massen und vom Gemeinwillen des germanischen Volkes getragen werden.[35] Sein Hauptgedanke war, daß das Volk im Kampf gegen die Juden, die sich dem „Gemeinwohl" und dem allgemeinen Volkswillen widersetzten, sein gemeinsames Interesse finde.[36] Theologisch forderte er von den Deutschen die Verwerfung des Alten Testaments; die Juden seien nicht das Volk Gottes, und Christus sei Arier und Antisemit gewesen.[37] Er wandte sich gegen Mischehen, um die Deutschen vor der Vergiftung ihres Bluts zu schützen, und bekämpfte das Christentum, weil es mit dem nordischen Geist unvereinbar sei.[38] Nach Einschätzung von Historikern ging Dühring mit seiner Grundeinstellung, den Juden schlechtweg das Existenzrecht zu bestreiten, weiter als die meisten [damaligen Antisemiten]. Er gilt daher als erster Nazi (vor deren Zeit) – als eine „unheimliche und verbitterte Gestalt", deren obskure Anhänger später (nach seinem Tod im Jahre 1921) zu prominenten SS-Leuten wurden. Im Jahr nach Wagners Tod besuchte Dührings Proselyt und Schüler, Heinrich von Stein, Nietzsche und versuchte, ihn zur Rückkehr in den Wagner-Kreis zu überreden. Nietzsche weigerte sich und versuchte seinerseits vergeblich, den jungen Akademiker aus dem „Sumpf" Dührings und Wagners herauszuführen.[39]

Der intellektuelle und kulturelle Antisemitismus, vor allem der christliche Antisemitismus, der Nietzsche in Gestalt seiner Familienangehörigen schwer zu schaffen machte, bildet den Hintergrund, vor dem seine Kritik des antiken Judentums verständlich wird. Das gilt besonders für seine letzten produktiven Jahre, in denen seine Schriften in Ton und Duktus heftiger und politischer wurden. Die Beziehungen zwischen Juden und Christen waren für sein Denken von zentraler Bedeutung, sind aber von der Nietzsche-Forschung bisher vernachlässigt worden.

2. Die Schriften der Reifezeit

Also sprach Zarathustra

Es gibt historische Anhaltspunkte dafür, daß Nietzsche sich auch in seinem höchst poetischen und autobiographischen *Zarathustra* gegen Dühring wendet, wo er zum einen seine berüchtigte [Konzeption der] „Ewigen Wiederkehr" Dührings wissenschaftlicher Theorie gegenüberstellt und zum anderen den *Übermenschen* der „barbarischen Gewalt der Massen" (die Dühring repräsentiert). Damit der *Übermensch* nicht mit den barbarischen Massen verwechselt würde, kontrastierte Nietzsche ihn seinem eigentlichen Widersacher, dem *Untermenschen* der Massengesellschaft, dem *letzten Menschen*.[40] In den achtziger Jahren kam Nietzsche noch einmal auf Dührings Schriften zurück, um „die Mysterien des neuen Terrorismus zu verstehen".[41]

Im *Zarathustra* spricht Nietzsche durchweg verächtlich von der lutherischen Staatskirche (dem „heuchlerischen Feuerhund")[42] und versucht, die frohe Botschaft von der Ankunft des „Großen Mittags" an die Stelle der haßerfüllten Vorstellung vom Jüngsten Gericht zu setzen.[43] Er schmäht seine Schwester und Wagner sowie eine ganze Schar anderer antisemitischer Gegner, die er unter anderem des öfteren als Prediger der Gleichheit, des Todes, des Guten und Gerechten, als Taranteln, Giftmischer und Totengräber etc. apostrophiert. Autobiographische Kapitel wie „Von den Abtrünnigen" und „Auf den glückseligen Inseln" beschreiben den schmerzlichen „Bruch" mit Elisabeth und mit dem Wagner-Kreis. „Auf den glückseligen Inseln" bezieht sich auf Nietzsches Tage in Wagners Schweizer Villa in Tribschen, die Nietzsche als eine Insel der Seligen pries. Anspielungen auf Wagner finden sich auch in „Der Zauberer", und wahrscheinlich steht der verrufene Possenreißer (oder Teufel) in der Vorrede zum I. Buch, der über den Seiltänzer hinwegspringt, der dadurch zu Tode kommt, mit Wagner in Zusammenhang.[44] In vier aufeinander folgenden Kapiteln des II. Buchs geht es um das Ressentiment der „bösen Feinde" Nietzsche/Zarathustras: „Von den Priestern", „Von den Tugendhaften", „Vom Gesindel" und „Von den Taranteln". In „Von den Priestern" tut Zarathustra seinen berühmten Ausspruch, daß es noch nie einen Übermenschen gab und daß er auch den größten Menschen noch allzumenschlich fand. Richtet sich diese Passage gegen die christlichen Antisemiten, dann handelt es sich bei dem, was Nietzsche über den Übermenschen sagt, um eine kühne politische These, mit der er sich der traditionellen jüdischen Überzeugung anschließt, daß der Messias *nicht*, wie vom Christentum behauptet, bereits erschienen ist, und daß Jesus ein Mensch, kein Gott war. (In *Menschliches, Allzumenschliches* spricht Nietzsche von Jesus als dem

„edelsten Menschen".⁴⁵) In den folgenden drei Kapiteln wendet sich Zarathustra gegen die Vorstellung von der Hölle und setzt dagegen, „d a s s d e r M e n s c h e r l ö s t w e r d e v o n d e r R a c h e : das ist mir die Brücke zur höchsten Hoffnung [...]." Er warnt seine Freunde vor den „Prediger[n] der Gleichheit", – „gerade sie waren ehemals die besten Weltverleumder und Ketzer-Brenner":

> „Also aber rathe ich euch, meine Freunde: misstraut Allen, in welchen der Trieb, zu strafen, mächtig ist! [...] Misstraut allen Denen, die viel von ihrer Gerechtigkeit reden! [...] Und wenn sie sich selber ‚die Guten und Gerechten' nennen, so vergesst nicht, dass ihnen zum Pharisäer Nichts fehlt als – Macht!"⁴⁶

An anderer Stelle, in einem außerordentlich interessanten Kapitel, trifft der Prophet Zarathustra einen „schäumenden Narren" am „Stadtthor der g r o s s e n S t a d t", die dem Narren als eine „Hölle für Einsiedler-Gedanken" gilt: „Riechst du nicht schon die Schlachthäuser und Garküchen des Geistes", fragt ihn der Narr. Weil er den Propheten loswerden möchte, warnt der Narr (dem Possenreißer ähnlich) Zarathustra und sagt ihm: „speie auf die grosse Stadt und kehre um!"

> „Hier aber unterbrach Zarathustra den schäumenden Narren und hielt ihm den Mund zu.
> ‚Höre endlich auf! rief Zarathustra, mich ekelt lange schon deiner Rede und deiner Art! [...]
> Rache nämlich, du eitler Narr, ist all dein Schäumen, ich errieth dich wohl! Aber dein Narren-Wort thut m i r Schaden, selbst, wo du Recht hast! Und wenn Zarathustra's Wort sogar hundert Mal Recht h ä t t e : d u würdest mit meinem Wort immer – Unrecht t h u n !'
> Also sprach Zarathustra; und er blickte die grosse Stadt an, seufzte und schwieg lange."⁴⁷

Theodor Lessing zufolge, einem umstrittenen deutsch-jüdischen Philosophen und einem Nietzscheforscher der frühen zwanziger Jahre, ist Dühring der „schäumende Narr" im *Zarathustra*.⁴⁸ Lessing wurde 1933 zu einem der ersten Opfer der Nazis.

Möglicherweise steht der düster-prophetische Ton dieser Kapitel damit im Zusammenhang, daß Nietzsche Zugang zu dem inneren Wagner-Kreis hatte, der heute als der Ursprung des Nationalsozialismus gilt. Nachdem er den Kreis 1876 verlassen hatte, schrieb er, die Wagnerianer huldigten der „litterarische[n] Unarth", „die Juden als Sündenböcke aller möglichen öffentlichen und inneren Uebelstände" Deutschlands „zur Schlachtbank zu führen."⁴⁹ Äußerungen, Bilder und Metaphern, die sich auf die Ausrottung der Juden beziehen, finden sich in Nietzsches Schriften des öfteren. Unter anderem gibt es eine Passage in der *Morgenröthe*, in der Nietzsche – unmittelbar, bevor er [in Aph. 205] seiner Sorge über das Schicksal der europäischen Juden Ausdruck gibt – von der „Unmenschlichkeit" früherer Zeiten schreibt, in denen „man es [...] wagen konnte, mit gutem Gewissen [...] Juden, Ketzer und gute Bücher zu verbrennen und ganze höhere Culturen wie die von Peru und Mexiko auszurotten". „Die Mittel des Machtgelüstes haben sich verändert, aber derselbe Vulcan glüht noch immer, [...] und was man ehedem ‚um Gottes willen' that, thut man jetzt um des Geldes willen [...]."⁵⁰ Ähnliche Passagen finden sich auch in der *Genealogie*, wo Nietzsche über Dührings „Attentat auf die Zukunft des Menschen" schreibt⁵¹, und im *Zarathustra*, wo es heißt: „Die Guten nämlich – die k ö n n e n nicht schaffen: [...] sie opfern s i c h die Zukunft, – sie kreuzigen alle Menschen-Zukunft! Die Guten – die waren immer der Anfang vom Ende. –"⁵² Ferner im *Antichrist*, wo Nietzsche, im Kampf mit seinen Feinden, schreibt, der Begriff der „Unsterblichkeit" sei „bisher das grösste, das bösartigste Attentat auf die v o r n e h m e Menschlichkeit" gewesen.

Das Christentum „hat aus dem Ressentiment der Massen sich seine H a u p t w a f f e geschmiedet gegen u n s, gegen alles Vornehme, Frohe, Hochherzige auf Erden, gegen unser Glück auf Erden ... [...] *Und* unterschätzen wir das Verhängniss nicht, das vom Christenthum aus sich bis in die Politik eingeschlichen hat!"⁵³

Es zeigt sich, daß sorgfältige historische Analysen von Nietzsches Texten nötig sind, um herauszufinden, warum Elisabeth und die Nazis (wohlmeinende) Leute von [der Lektüre] seiner Werke abschreckten und warum „von maßgeblicher Seite" immer wieder die unsinnige Behauptung aufgestellt wurde, es sei „gefährlich", Nietzsches Schriften zu lesen, – weil sie zu gesellschaftlicher Anarchie führen könnten!

Zur Genealogie der Moral

Trotz der vielen, in Nietzsches Werken vorwiegenden, projüdischen Textstellen hat sich – *infolge* der Jahrzehnte später vorgenommenen Entstellungen von seiten der Nazis – dem Bewußtsein der Zeitgenossen wohl keine Passage mehr eingeprägt als die wohlbekannte, in der der Sklavenaufstand in der Moral dem priesterlichen Judentum zugeschrieben wird (im 7. Abschnitt der 1. Abhandlung von *Zur Genealogie der Moral*). Hier erklärt Nietzsche, im Tonfall eines Zürnenden, den Sklavenaufstand zu einem Resultat des (priesterlich-) jüdischen Hasses, „des tiefsten und sublimsten, nämlich Ideale schaffenden, Werthe umschaffenden Hasses, dessen Gleichen nie auf Erden dagewesen ist".⁵⁴ Aufgrund dieses einen Abschnitts ist traditionell immer rasch die Anschuldigung erhoben worden, Nietzsche sei selbst ein Antisemit gewesen. Doch wird selten bemerkt, daß Nietzsche hier nicht das zeitgenössische Judentum angreift, sondern das priesterliche Judäa, dem nach seiner Auffassung das (antisemitische) Christentum entstammt. Selten wird auch gesehen, daß Nietzsche anderwärts in den drei Abhandlungen der *Genealogie* – in nicht weniger tyrannischem Ton – von der psychologischen Disposition des Ressentiments sagt: „diese Pflanze blüht jetzt am schönsten unter Anarchisten und Antisemiten, übrigens so wie sie immer geblüht hat, im Verborgnen [...]"⁵⁵; daß er das Alte Testament dem neuen als höherrangig gegenüberstellt⁵⁶; daß schließlich sein Zorn sich auf die gesamte Geschichte des Christentums richtet, besonders auf die Vorstellungen von der Hölle und von der Seligkeit, die die Frommen – „Kellerthiere voll Rache und Hass" – daraus herleiten, daß die Gottlosen beim Jüngsten Gericht im Zorn des göttlichen Feuers zugrunde gehen.⁵⁷ Die gesamte *Genealogie* hindurch eifert Nietzsche gegen „die Antisemiten, welche heute ihre Augen christlich-arisch-biedermännisch verdrehn"⁵⁸, und gegen Ende der Schrift verdammt er das ganze neue Deutschland samt Dühring, Renan und der lutherischen Staatskirche. Er prangert die „Würmer der Rach- und Nachgefühle" an, die auf dem Boden des modernen Europa gedeihen, und apostrophiert die Antisemiten als „moralische Onanisten", als „Henker" und als Menschen, die den Willen „der Schwächsten zur Macht" repräsentieren: „Das sind alles Menschen des Ressentiment, diese physiologisch Verunglückten und Wurmstichigen, [...] unerschöpflich, unersättlich in Ausbrüchen gegen die Glücklichen [...]."⁵⁹ Will man herausfinden, ob Nietzsche selbst bei Verstand war, und verstehen, warum die bösartigsten Antisemiten seiner Zeit sich durch sein Traktat angegriffen fühlten und sich zur Wehr setzten, dann genügt es nicht, sich auf die Lektüre der kurzen Passage über den (priesterlich-)jüdischen Sklavenaufstand – in der ersten Abhandlung – zu beschränken. Es bedarf dann einer eingehenden Untersuchung der ganzen Schrift.⁶⁰

Mit allem Respekt gegenüber den Feinheiten, den Details und den komplizierten Zusammenhängen der *Genealogie* sollte der Text mit anderen, zu Nietzsches Zeit vorherrschenden, germanisch-arischen Mythologien verglichen (und ihnen kontrastiert) werden, deren Grundgedanke der Ausschluß der Juden war.

Im ganzen hat die *Genealogie* die Struktur eines Traktats über die „Genealogie der Moral" im wörtlichen Sinn. In der ersten Abhandlung, die von der ursprünglichen arischen Rasse bis zu Napoleon den Bogen schlägt, stehen der Sklavenaufstand und die judäo-christliche Tradition im Mittelpunkt. Die zweite Abhandlung reicht vom Ursprung des schlechten Gewissens und dessen Ausdruck im Staat bis zur Versöhnung (im Christentum) und endet mit der Botschaft, daß der Antichrist und der Antinihilist über Gott und das Nichts triumphieren werden. Die dritte Abhandlung schließlich beginnt mit einer Auseinandersetzung mit den früheren Nietzsche-Heroen Wagner und Schopenhauer und endet mit der Forderung nach einer Überwindung der christlichen Moral und des asketischen Ideals: „Und, um es noch zum Schluss zu sagen, was ich Anfangs sagte: lieber will noch der Mensch d a s N i c h t s wollen, als n i c h t wollen..."61

In dem berüchtigten 7. Abschnitt [der 1. Abhandlung] macht Nietzsche die priesterliche Kaste Judäas, die mit dem Christentum ihr Ziel erreicht – und die er den barbarischen griechischen Adligen [Abschnitt 5] gegenüberstellt –, für den Sklavenaufstand in der Moral verantwortlich: „Ich erinnere [...] an den Satz, [...] dass [...] mit den Juden *der* S k l a v e n a u f stand in der Moral beginnt: jener Aufstand, welcher eine zweitausendjährige Geschichte hinter sich hat und der uns heute nur deshalb aus den Augen gerückt ist, weil er – siegreich gewesen ist..."62 Mit dem moralischen Aufstand, der „eine zweitausendjährige Geschichte hinter sich hat", spielt Nietzsche auf die christliche Religion an; die „siegreiche" Moral des neuen Deutschland, das Nietzsche verabscheut, ist die priesterliche Moral Judäas, die sich im Christentum fortsetzt. Nietzsche sagt also, daß das Christentum der Erbe des priesterlichen Judentums (im Unterschied zum älteren Israel) ist, und führt das im 9. Abschnitt näher aus.

Nachdem er (im 7. Abschnitt) den Sklavenaufstand beschrieben und (im 9.) den Triumph der jüdisch-christlichen Moral des neuen Deutschland über „die Herren" konstatiert hat – „Alles verjüdelt oder verchristlicht oder verpöbelt sich zusehends (was liegt an Worten!)"63 –, verwendet Nietzsche den Ausdruck „Israel" oder „Juden" nur noch, wenn er speziell von den Christen spricht. Eine Ausnahme macht der Abschnitt 16, auf den ich noch kurz eingehen werde. Die Sprache der ersten Abhandlung ist die eines Zornigen, vor allem, wenn Nietzsche das Wort Jude gebraucht: „Aber es ist ja gar kein Zweifel: man erwäge doch, vor wem man sich heute in Rom selber als vor dem Inbegriff aller höchsten Werthe beugt – und nicht nur in Rom, sondern fast auf der halben Erde, überall wo nur der Mensch zahm geworden ist oder zahm werden will, – vor d r e i J u d e n , wie man weiss, und E i n e r J ü d i n (vor Jesus von Nazareth, dem Fischer Petrus, dem Teppichwirker Paulus und der Mutter des anfangs genannten Jesus, genannt Maria)."64 Doch wählte er diese Rhetorik nicht, um nichtchristliche oder christliche Antisemiten, die seine Gegner waren, zu unterstützen. Ihm ging es vielmehr darum, Christen, die ihre Abkunft vom Judentum leugneten, zu provozieren und den Streit zwischen Anarchisten und Christen über das Verhältnis des Christentums zum Judentum – ihre einzige Meinungsverschiedenheit – zu schüren. Indem er das priesterliche Judäa angriff, schmähte Nietzsche gerade denjenigen Zweig des Judentums, von dem sich die christlichen Antisemiten – wegen des Glaubens an den kommenden Messias, das heißt an Jesus Christus – herleiteten. Das macht verständlich, warum Nietzsche das priesterliche Judäa verleumdete, während er das zeitgenössische und das ältere Judentum verteidigte. Umgekehrt wird dadurch klar, warum prominente (christliche und antichristliche) Ideologen, die – wie Renan, Dühring und Förster – von der Überlegenheit der arischen Rasse überzeugt waren, gegen Nietzsches *Genealogie* Front machten.

Der Mythos von der germanisch-arischen Rasse wurde, historisch gesehen, lange, ehe Nietzsches *Genealogie* erschien, von Rassen-Theoretikern wie Gobineau, Wagner und Renan ausgedacht und propagiert. Mit seiner *Genealogie* beteiligte Nietzsche sich an dem politischen Disput seiner Zeit und legte eine alternative Version des Mythos vor, die dazu angetan war, antijüdische Rassisten in Rage zu bringen. Nietzsche *unterschied* die germanische Abstammung vom arischen Menschentum: „zwischen alten Germanen und uns Deutschen [besteht] kaum eine Begriffs-, geschweige eine Blutsverwandtschaft"[65]. Er proklamierte stattdessen die Vermischung der Rassen: „Auf dem Grunde aller dieser vornehmen Rassen ist das Raubthier, die prachtvolle nach Beute und Sieg lüstern schweifende b l o n d e   B e s t i e nicht zu verkennen [...]: – römischer, arabischer, germanischer, japanischer Adel, homerische Helden, skandinavische Wikinger – in diesem Bedürfniss sind sie sich alle gleich."[66] Er stellte die Juden über die Deutschen: „man vergleiche nur die verwandt-begabten Völker, etwa die Chinesen oder die Deutschen, mit den Juden, um nachzufühlen, was ersten und was fünften Ranges ist".[67] Jahrzehnte später haben die Nazis Termini wie „blonde Bestie" hervorgehoben, um die Illusion zu erzeugen, Nietzsche habe die [Ideologie einer] rassischen Vorherrschaft der Arier unterstützt. In Wahrheit hat Nietzsche sich den wirklichen Vorläufern des „Dritten Reiches" widersetzt, und die Nazi-Führer wußten das sehr wohl. Nietzsche gebrauchte den Ausdruck „blonde Bestie" zuerst im Zusammenhang mit dem Staat und der christlichen Kirche des Mittelalters.[68]

Der Antichrist

Nietzsche führte seinen Krieg gegen die Vorläufer der Nazis im *Antichrist* weiter, wo er sich gegen den christlichen Theologen Ernest Renan wandte, dessen antisemitische Biographie *Das Leben Jesu* in ganz Europa zu einem Bestseller wurde. Renan entwertete das alte Israel und das zeitgenössische Judentum und verknüpfte die geistige Entwicklung des Christentums mit der priesterlich-prophetischen Tradition des Judentums, besonders mit dem Propheten Jesaja. Bei oberflächlicher Lektüre des

Antichrist könnte man glauben, Nietzsche verwerfe das priesterlich-prophetische Judentum ohne erkennbaren Grund. Setzt man aber seine Position in Beziehung zu derjenigen seines antisemitischen Gegenspielers Renan, dann wird deutlich, daß es Nietzsche nicht darum ging, mutwillig das Judentum (oder die Juden) anzugreifen, sondern darum, Renans antisemitische christliche Theologie auf den Kopf zu stellen.

Renan schreibt zum Beispiel im Kapitel 10 – „Predigten am See" – über die frühen Ansprachen Jesu': „Seine sanfte und milde Predigt hatte den Atem der Natur und den Duft der Felder."[69] Erst nachdem er auf Opposition seiner Widersacher gestoßen war, begann Jesus sich selbst als einen machtvollen Richter zu sehen, der einst wiederkommen wird, um die Welt zu verdammen und seine Gegner zu richten.[70] Im Kapitel XX seines Buches beschreibt Renan dann einen Jesus der Strenge und des Ressentiments, voll von Vorwürfen denen gegenüber, die nicht an ihn glauben:

„Das war nicht mehr der milde Lehrer der ‚Bergpredigt', der noch auf keinen Widerstand und auf keine Schwierigkeit gestoßen war. [...] Und doch enthalten viele der Empfehlungen, die er seinen Schülern gab, die Keime eines wirklichen Fanatismus. Soll man ihm daraus einen Vorwurf machen? Keine Revolution kommt ohne eine gewisse Härte aus. [...] Besonders die Pharisäer bildeten ein unüberwindliches Hindernis für die [Verbreitung der] Ideen Jesu'. Jesus entfernte sich mehr und mehr von dem als orthodox geltenden Judentum."[71]

Nietzsche spottet über diese Darstellung: „Einstweilen klafft ein Widerspruch zwischen dem Berg- See- und Wiesen-Prediger [...] und jenem Fanatiker des Angriffs, dem Theologen- und Priester-Todfeind, den Renan's Bosheit als ‚le grand maître en ironie' verherrlicht hat."[72]

Renan schreibt, Jesus habe sich mehr und mehr „als Zerstörer des Judentums verstanden"; er „verlor vollständig seinen jüdischen Glauben".[73] „Jesus ist kein Fortsetzer des Judentums, sondern er stellt den Bruch mit dem Judengeiste dar. [...] Der allgemeine Gang des Christentums entfernte sich weiter und weiter vom Judentum. Seine Vervolkommnung wird von seiner Rückkehr zu Jesu, gewiß nicht von seiner Rückkehr zum Judentum abhängen."[74]

Renan macht „die alt-jüdische Partei, [...] das mosaische Gesetz" für Jesu' Tod verantwortlich. Deshalb sind auch die Juden des 19. Jahrhunderts für den Tod Christi verantwortlich: „Jeder Jude [...], der noch heute für den Mord Jesu dulden muß, hat ein Recht, sich zu beklagen. [...] Aber die Völker haben ihre Verantwortlichkeit wie die einzelnen Menschen. War jemals ein Verbrechen das Verbrechen eines Volkes, so war es der

Tod Jesu."[75] Renans 1864 erschienenes Buch war nicht nur in der akademischen Welt populär, sondern erzielte von Anfang an beim großen Publikum einen Erfolg wie einst „Waverley" [der Geschichtsroman von Walter Scott]. Fünf Monate nach seinem Erscheinen waren 11 Auflagen (100 000 Exemplare) ausverkauft, und das Buch war bereits ins Deutsche, Italienische und Holländische übersetzt. Weitere Übersetzungen folgten rasch. Noch 1927 wurde das Buch, das heute als einer der beiden antisemitischen Bestseller im Europa des 19. Jahrhunderts gilt, mehr gelesen als jede andere Jesus-Biographie.[76]

In der *Genealogie* erwähnt Nietzsche Renan im Zusammenhang mit Dühring und dem arischen Mythos. Im *Nachlaß* (von 1884) sieht er in ihm einen willensschwachen Repräsentanten des demokratischen „Heerdenthier-Europa", und in der *Götzen-Dämmerung* rechnet er ihn zur „Familie" Rousseaus und nennt ihn abschätzig einen Demokraten[77]:

> „Er wünscht, mit keinem kleinen Ehrgeize, einen Aristokratismus des Geistes darzustellen: aber zugleich liegt er vor dessen Gegenlehre, dem évangile des humbles auf den Knien und nicht nur auf den Knien ... Was hilft alle Freigeisterei, Modernität, Spötterei und Wendehals-Geschmeidigkeit, wenn man mit seinen Eingeweiden Christ, Katholik und sogar Priester geblieben ist! [...] Dieser Geist Renan's, ein Geist, der e n t n e r v t, ist ein Verhängniss mehr für das arme, kranke, willenskranke Frankreich. –"[78]

Im *Antichrist* bezieht sich Nietzsche auf Renans Vorstellung vom Jüngsten Gericht: „Als die erste Gemeinde einen richtenden, hadernden, zürnenden, bösartig spitzfindigen Theologen nöthig hatte, g e g e n Theologen, s c h u f sie sich ihren ‚Gott' nach ihrem Bedürfnisse: wie sie ihm auch jene völlig unevangelischen Begriffe, die sie jetzt nicht entbehren konnte, ‚Wiederkunft', ‚jüngstes Gericht', jede Art zeitlicher Erwartung und Verheissung ohne Zögern in den Mund gab. –"[79] Nietzsche verfolgt den Antisemitismus von der frühchristlichen Gemeinde über Rousseau bis hin zu Zeitgenossen wie Renan und Dühring, von denen er glaubt, daß man mit ihnen rechnen müsse.[80] Er wendet sich nicht nur gegen Renans Auszeichnung des Christengottes gegenüber dem machtvollen Jahwe, sondern wendet sich auch gegen Renans Vorstellung von Jesus als einem Genius und einem Heroen. Renan sieht in Jesus ein Genie, weil dieser sich dessen bewußt wurde, daß er als ein mächtiger Richter das apokalyptische „Königreich Gottes" – das heißt: eine „plötzliche Erneuerung der Welt" – heraufführen werde.[81] Renan zufolge nannte Jesus sich selbst den „Menschensohn" und bejahte die kommende „Katastrophe", in der er Richter sein würde, bekleidet mit Vollmachten, die ihm seit den ältesten Zeiten zugesprochen waren.[82] Renan schreibt: „Von

Nietzsche und die Juden im Blick auf Christentum und Nazismus 213

einer mehr und mehr gebieterischen und ausschließlichen Idee beherrscht [der des Königreichs Gottes], wird Jesus fernerhin mit einer gewissen Unbekümmertheit auf dem Wege fortschreiten, den ihm sein erstaunlicher Genius und die außerordentlichen Verhältnisse, in denen er lebte, vorzeichnen."[83] Im *Antichrist* antwortet Nietzsche auf diese Passage:

> „Ich wehre mich, nochmals gesagt, dagegen, dass man den Fanatiker in den Typus des Erlösers einträgt: das Wort impérieux, das Renan gebraucht, a n - n u l l i r t allein schon den Typus. Die ‚gute Botschaft' ist eben, dass es keine Gegensätze mehr giebt; das Himmelreich gehört den K i n d e r n [...]. Ein solcher Glaube zürnt nicht, tadelt nicht, wehrt sich nicht: er bringt nicht ‚das Schwert' [...]."[84]

Renan führte das Christentum auf den Propheten Jesaja zurück. Er verwarf das alte Israel und machte die Juden des 19. Jahrhunderts, die Erben Israels, für den Tod Jesu' verantwortlich.[85] Nietzsches Position war das genaue Gegenteil. Obwohl er Renans Auffassung teilte, daß das Christentum mit dem Propheten Jesaja begann, sah er im Unterschied zu Renan darin keineswegs einen geistigen *Fortschritt*, sondern den Beginn von Israels Niedergang, der zum antisemitischen Christentum des Ressentiments führte.[86] Der Tod am Kreuz führte, sagt Nietzsche, zur Sklavenmoral des Ressentiments, deren eigentliches Motiv die Rachsucht ist. Charakteristisch dafür ist das völlige Unverständnis der Jünger für die Botschaft Jesu' vom Königreich Gottes. Sie verlangten stattdessen nach dem apokalyptischen Jüngsten Gericht.[87] „Was heisst ‚frohe Botschaft'?", fragt Nietzsche. Die, die Jesus bringt, besteht darin, daß es weder Schuld und Sünde, noch Strafe mehr gibt. Die Sünde, die die Menschen von Gott trennt, wird getilgt. Das Königreich Gottes ist das Unerwartete, es kennt kein Gestern und kein Heute, es liegt nicht in der Zukunft, es kommt nicht in tausend Jahren. „‚Das Reich Gottes ist in e u c h ' ..."[88] Oberflächliche Lektüre von Nietzsches *Antichrist* hat zu der irrigen Auffassung geführt, Nietzsche sei, weil er das Judentum „angriff", „Antisemit" gewesen. Demgegenüber ist es von entscheidender Bedeutung, zu verstehen, daß Nietzsches Position ihm dazu diente, die Grundlage der antisemitischen christlichen Theologie anzugreifen. Ebenso wichtig ist es, sich klarzumachen, daß die im Hinblick auf Nietzsches Position entstandene Konfusion *nicht* eine Folge mangelnder Klarheit und Kohärenz seiner Texte ist, *sondern* auf Elisabeth und auf die Nazis zurückgeht, die Nietzsche, Jahrzehnte später, für ihren Kampf gegen die Juden mißbrauchten. Diese Taktik war erfolgreich und erwies sich als verheerend; sie verwirrt die Nietzsche-Interpreten noch heute. Infolgedessen war es außerordentlich schwierig, sich über Nietzsches Ansichten über das Judentum und die Juden Klarheit zu verschaffen.

Das Thema ist emotional hoch besetzt. Viele wohlmeinende Leute haben Nietzsche wegen seiner aggressiven Suada „getadelt" und ihn beschuldigt, er habe die Nazis, die angeblich von ihm gelernt haben, mit antisemitischem Zündstoff versorgt. Weniger Wohlmeinenden dient die alte Taktik außerdem dazu, Elisabeths Version vom Christentum zu verteidigen: Nach dem Ende der Nazi-Ära gab es viele Autoren, die sich beeilten, auf Nietzsches negative Kritik des alten Judäa aufmerksam zu machen; demgegenüber gibt es praktisch *keine* Untersuchungen zu Nietzsches Kritik des christlichen Antisemitismus.

3. Ergebnis

Der Antisemitismus war ausschlaggebend für Nietzsches Bruch mit Wagner, mit seiner Schwester und sogar mit seinem Verleger. Nietzsche drängte die ihm Nahestehendsten, dem Antisemitismus abzusagen, und nahm dafür persönliche Opfer in Kauf. Seine späteren Schriften zeigen, daß er sich in steigendem Maße mit den Juden seiner Zeit, mit dem Christentum und dem deutschen Nationalismus beschäftigte. Gegen die Antisemiten wütete er noch, während er schon in den Wahn hinüberglitt. Das alles zeigt, daß das Problem des Antisemitismus und seine geradezu pathologische Reaktion darauf für Nietzsche keineswegs von nur marginaler Bedeutung waren und daß er sich nicht nur zeitweilig damit beschäftigte. Die Frage aber, warum Nietzsche sich mit den Juden identifizierte, die [damals] gerade ein Prozent der Bevölkerung ausmachten, bleibt ungeklärt.

Klar ist, daß Nietzsches Erziehung ihn in keiner Weise in Distanz zum Antisemitismus brachte. Eher im Gegenteil. Obwohl der Antisemitismus in seinen Jugendjahren in Deutschland verbreitet war, hatten Juden für Nietzsches Familie keine besondere Bedeutung. Erst auf der Universität bekam er es mit dem Antisemitismus zu tun und zeigte gelegentlich selbst antisemitische Tendenzen, die sich im Laufe seiner Beziehung zu Wagner (1869–76) verstärkten."[89]

Das erste Zeugnis einer positiven Haltung zu den zeitgenössischen Juden taucht in einem persönlichen Brief auf, der 1872 geschrieben wurde.[90] Dieser Brief wurde zwar noch vor der Begegnung mit seinem jüdischen Freund Paul Rée im Jahre 1873 geschrieben, [im allgemeinen aber läßt sich sagen, daß erst] Nietzsches Freundschaft mit Rée zu einer Änderung seiner Einstellung führte. Die Nietzsche-Rée-Freundschaft bildete das Gegenstück zu Nietzsches wachsendem Unbehagen Wagners Vorurteilen gegenüber. Für seine Entscheidung, die Beziehung zu den Wagners abzubrechen, gab den Ausschlag, daß ihnen Rée mißfiel und daß Nietzsche sich darum nicht kümmerte.⁹¹ Nach dem Bruch und mit dem Erscheinen von *Menschliches, Allzumenschliches* (1878–80) kam es zu einer jähen Änderung der Einstellung Nietzsches den Juden gegenüber. Von nun an äußerte er seine Sorge, daß die Juden infolge der gefährlichen nationalen Animositäten als Sündenböcke für Deutschlands Unglück herhalten sollten.⁹²

Seit dieser Zeit (1878–82), in der auch die *Morgenröthe* und die *Fröhliche Wissenschaft* erschienen, äußerte sich Nietzsche, obwohl er sich keineswegs völlig unkritisch zu ihnen verhielt, über die modernen Juden durchgehend enthusiastisch und positiv. Seine Meinungen über das alte Judentum fielen sowohl positiv als auch negativ aus. Was er an ihm verdammte, hatte fast immer mit seiner Kritik des Christentums zu tun.⁹³ Obwohl im *Zarathustra* (1883–85) auf Juden kaum Bezug genommen wird und das Wort Christentum kein einziges Mal fällt, ist das Werk, das im Kampf mit den Wirren nach dem Verlust der heiligen Dreieinigkeit (Nietzsche, Rée und Lou Salome), nach Wagners Tod und nachdem Elisabeth ihre Beziehung zu dem Antisemiten Förster eingegangen war, geschrieben wurde, doch ganz erfüllt von jüdisch-christlichen Themen.⁹⁴

Nietzsches Ausscheiden aus dem Wagner-Kreis und Elisabeths fortdauernder Umgang mit Wagnerianern hatte zu jahrelangen Spannungen zwischen ihnen geführt. Doch war es in der Hauptsache ihre Heirat mit Förster im Jahre 1885, die Nietzsche als einen persönlichen Verrat empfand: „Du bist zu meinen Antipoden übergegangen! [...] Nun, ich will es nicht verhehlen, daß ich auch diese Verlobung als Beleidigung empfinde – oder als eine Dummheit, die Dir ebenso schaden wird wie mir."⁹⁵

Mit Elisabeths Heirat begann Nietzsches Verwicklung in die Politik, vielleicht weil ihm klar wurde, daß er mit einem kulturellen Phänomen konfrontiert war, das sein eigenes Leben tief in Mitleidenschaft gezogen hatte. Ein paar Wochen nach Elisabeths Hochzeit begann Nietzsche mit der Niederschrift von *Jenseits von Gut und Böse* (1886), worin er sagte, er sei „noch keinem Deutschen begegnet, der den Juden gewogen gewesen wäre", und die Juden als die „reinste Rasse" bezeichnete.⁹⁶ Sie sollten einen Teil der [von ihm erträumten] „neuen Kaste" bilden, die Europa regieren und die so dringend erforderliche Umwertung der Werte zustande bringen würde.⁹⁷

Vor dem Hintergrund von Nietzsches Fürsprache für die Juden seiner Zeit ist seine ambivalente Einstellung zum priesterlich-prophetischen Judentum, besonders der scharfe und schrille Ton im Aphorismus 7 der [1. Abhandlung der] *Genealogie* (1887), von heutigen Gelehrten als unzweideutig, bedenkenlos, unkontrolliert und verantwortungslos beschrieben worden.⁹⁸ All' das ist unzutreffend. Nietzsches Anschauungen waren von theologischen und politischen Kategorien geprägt, die er in Deutschland vorfand, und müssen in diesem Rahmen verstanden werden. Es ist daran zu erinnern, daß der Antisemitismus im Deutschland des 19. Jahrhunderts die Regel und daß Nietzsche eine Ausnahme war. Nietzsche, das war eine Minderheit, die, genau besehen, nur aus einem obskuren Autor bestand, – eine machtlose Stimme, die es mit sehr prominenten Führerfiguren aufnahm. Daß die Antisemiten in Nietzsche einen unverschämten Gegner sahen und seine späteren Schriften angriffen, bezeugt, daß ihnen seine Texte als weniger zweideutig erschienen als heutigen Lesern.

Die christliche Theologie neigte dazu, die alten Hebräer und die modernen Juden herabzusetzen, und berief sich auf die Propheten als auf ihre eigenen Vorläufer. Nietzsche nahm die entgegengesetzte Position ein (*Der Antichrist*, 1888). Seine ambivalente Einstellung gegenüber der priesterlich-prophetischen Tradition entsprang weder einer grundsätzlichen Verachtung des historischen Judentums per se, noch diente sie ihm nur dazu, dessen Erben anzugreifen. Nietzsches Position war vielmehr die logische Konsequenz seiner Opposition zu Christentum *und* Antisemitismus. Für die christliche Tradition waren die jüdischen Propheten unentbehrlich. Liberale und konservative Christen grenzten die Juden gerade deshalb aus, weil sie Jesus, den von den Propheten verheißenen Messias, verschmäht hatten. Hätte Nietzsche also das priesterlich-prophetische Judentum vorbehaltlos bejaht, dann hätte er damit im wesentlichen auch den christlichen Antisemitismus bejaht. Darum ist der „Übermensch" von so großer Bedeutung. Er repräsentiert den Messias, der erst noch kommen soll. Kurz gesagt: Das Christentum, nicht Nietzsche schuf die Terminologie. Er drehte die herrschende christliche Theologie einfach um. Als er stärker in die Politik hineingezogen wurde, diente ihm seine Unterscheidung dreier jüdischer Gruppen [bzw. Traditionen] als eine unentbehrliche Waffe. Sein Jasagen zu den alten Hebräern und zu den zeitgenössischen Juden und seine Verachtung für das im Ressentiment wurzelnde Juden-Christentum erfüllten vor allem zwei Funktionen. Zum einen stellte es die antisemitisch-christliche Theologie auf den Kopf. (In Nietzsches Schema sind die Christen „nicht das wahre Volk Israel"; Jesus ist ein Jude und kein Christ.[99]) Zum anderen opponierte er damit dem antichristlichen Antisemitismus, der das alte Israel und die gesamte jüdisch-christliche Tradition gleichermaßen verächtlich machte. Man kann es in aller Kürze so ausdrücken: Wollte man den Antisemitismus im Deutschland des 19. Jahrhunderts in beiderlei Gestalt, der christlichen und der antichristlichen, bekämpfen, dann mußte man gerade zu der Position kommen, die Nietzsche einnahm. Nietzsches Sprache ist wahrlich heftig und *übertreibend*, aber nicht unkalkuliert, unvorsichtig oder unverantwortlich[100]: „Anbei ein komisches Faktum [...] Ich habe nachgerade einen ‚Einfluß', sehr unterirdisch, wie sich von selbst versteht. [...] Ich kann meine Freimüthigkeit selbst mißbrauchen, [...] man leidet darunter, man ‚beschwört' mich vielleicht, aber man kommt von mir nicht los. In der ‚antisemitischen Correspondenz' (die nur privatim versandt wird, nur an ‚zuverlässige Parteigenossen') kommt mein Name fast in jeder Nummer vor."[101]

Weder Nietzsches Auszeichnung „echter Philosophen" und zeitgenössischer Juden als Vorläufer einer neuen, aristokratischen Kultur, die er heraufführen wollte, noch sein Wunsch, die heroischen Qualitäten alter, vorchristlicher Kulturen wieder auferstehen zu lassen, wurde in einem historischen Vakuum formuliert. Sein aristokratischer Radikalismus war zum guten Teil eine logische Folge seiner Opposition gegenüber den herrschenden politischen Ideologien seiner Zeit, deren sozialistische, demokratische und lutherische Spielarten gleichermaßen nationalistisch orientiert waren, sich gegen die Assimilation und Emanzipation der Juden richteten und/oder auf dem christlich-spirituellen Elitismus der Massen basierten. Wie immer man Nietzsches alternative Antwort auf die Frage, wer wirklich zur geistigen Elite gehörte, beurteilt, und was immer man von seinen alternativen politischen Visionen hält, – wichtig ist, daß nicht er der Sieger war.

Nicht daß die Juden zu wohlhabenden Bürgern der deutschen Gesellschaft wurden, beunruhigte Nietzsche; was ihn mit steigender Sorge erfüllte, war das wuchernde nationale Ressentiment: „Die Antisemiten vergeben es den Juden nicht, daß die Juden ‚Geist' haben – und Geld: der Antisemitismus, ein Name der ‚Schlechtweggekommenen'."[102] Nietzsches Kulturkritik erwuchs aus diesem nationalen Konflikt, in dem nach heutiger Auffassung der Antisemitismus heranreifte. Die *Genealogie* und Nietzsches Aufzeichnungen aus den achtziger Jahren zeigen, daß Nietzsche sich durch die zunehmende rassistische Propaganda dazu veranlaßt sah, arische Mythologien zu widerlegen. Nietzsche kannte die Schriften Renans, Gobineaus und Paul de Lagardes gut. In seiner Sprache macht das politische Klima sich geltend, das die Theoretiker, die die Doktrin einer rassischen Überlegenheit verkündeten, geschaffen hatten: „der a r i - s c h e E i n f l u ß ", schrieb Nietzsche, „hat alle Welt verdorben..."[103] Im *Zarathustra* geht es vor allem um die Psychologie des Christentums im Hinblick auf die Lehre von der Vergeltung und von der Eschatologie; in der *Genealogie* um das politische Klima in Deutschland und um die arischen Mythologien; im *Antichrist* um die antisemitisch-christliche Theologie. Obwohl die meisten Interpreten den *Antichrist* für den Schlüssel zum Verständnis von Nietzsches Haltung zur judäo-christlichen Tradition halten, handelt es sich dabei um den am wenigsten tiefgründigen der drei Texte.

Ein Blick auf Nietzsches Beziehungen zu Juden – eingeschlossen seine frühe Beziehung zu Rée, seine Begegnung mit dem österreichischen Juden Paneth, mit dem er in den frühen achtziger Jahren die Möglichkeit einer Regeneration der jüdischen Massen erörterte, und sein Bündnis mit Brandes, der Nietzsche als erster populär machte – zeigt, daß es sich bei seiner Position den Juden gegenüber nicht um eine indifferente oder abstrakte handelte, die er nur einnahm, um damit gegen die christliche Tradition und/oder die Wagnerianer zu polemisieren, sondern daß seine Affinität einer wirklichen Sorge um die Zukunft der europäischen Juden entsprang, wie er sie bereits in seiner *Morgendämmerung* zum Ausdruck brachte:

> „Zu den Schauspielen, auf welche uns das nächste Jahrhundert einladet, gehört die Entscheidung im Schicksale der europäischen Juden. Dass sie ihren Würfel geworfen, ihren Rubikon überschritten haben, greift man jetzt mit beiden Händen: es bleibt ihnen nur noch übrig, entweder die Herren Europa's zu werden oder Europa zu verlieren, so wie sie einst vor langen Zeiten Aegypten verloren, wo sie sich vor ein ähnliches Entweder-Oder gestellt hatten."[104]

Nietzsches Identifikation mit seinen jüdischen Zeitgenossen zeigt also verschiedene Facetten: persönliche, religiöse, politische, kulturelle und, nicht zuletzt, prophetische. Die Frage, warum Nietzsche sich so entschieden auf die Seite des jüdischen Volkes stellte, läßt sich kaum eindeutig beantworten. Es ist allemal schwierig, herauszufinden, was irgend jemanden zu irgend etwas bewog, – von Nietzsche ganz zu schweigen. Doch kann man jedenfalls sagen, daß seine Sorgen ethischer Art waren und unglücklicherweise zu Recht bestanden. Schon die bloße Frage ist aber ein gewaltiger Fortschritt im Vergleich zu dem (von Brinton und anderen fortgeschriebenen) Mythos der Nazis, die Nietzsche als einen Autor hinzustellen suchten, der die Juden seiner Zeit als „Parasiten und Dekadente" schmähte, – als den Antichrist und wahren Vorläufer der Hitler-Ideologie.[105]

Meine Skizze von Nietzsches Leben und Schriften zeigt, daß Nietzsches Angriff auf das Christentum durch seine Verachtung für die religiös-politischen Ansichten Wagners und Elisabeths und durch ein echtes Mitgefühl mit dem jüdischen Volk motiviert war, wie es in seinem Widerstand gegenüber der überbordenden antisemitischen Bewegung seiner Zeit zum Ausdruck kam. Nietzsche, der Einsiedler, machte sich zu einem Außenseiter der deutschen Gesellschaft. Vielleicht lag darin für ihn ein weiteres Motiv, sich auf die Seite der Juden zu schlagen, die ausgegrenzt wurden, ohne daß sie eine Wahl gehabt hätten.

Was das antike Judentum angeht, ergibt eine Analyse von Nietzsches späteren Schriften, daß seine Auffassungen kohärent sind, wenn man sie in ihren historischen und politischen Kontext stellt. Ich habe gezeigt, daß Nietzsche das alte Israel verteidigt und daß sein Zorn auf das priesterlich-prophetische Judäa paradoxerweise dem christlichen Antisemitismus galt. Das heißt freilich nicht, daß Nietzsche dem historischen Judentum völlig unkritisch gegenübergestanden hätte. Er verabscheute die Vorstellungen von der Auserwähltheit und vom Jüngsten Gericht, die nach seiner Auffassung aus dem Judentum stammten und im Christentum und im modernen germanischen Volks-Begriff weiterentwickelt worden waren. Was schließlich sein Verhältnis zur modernen Judenheit anbelangt, hat der Vergleich von Nietzsches Texten mit den religiösen und politischen Vorstellungen seiner wichtigsten Gegner gezeigt, daß er gegen die gesellschaftliche Verfolgung kämpfte, die sich im letzten Drittel des 19. Jahrhunderts gegen die Juden richtete.

Alles in allem kritisierte Nietzsche offen das Christentum, den Antisemitismus und die Wagner-Ideologie. Elisabeth hingegen bekannte sich zur christlichen Religion, zur Überlegenheit der arischen Rasse und, Jahrzehnte nach dem Tod ihres Bruders, zu Hitler und zur NSDAP. Es ist also kein Rätsel, wieso Nietzsche schließlich Hitler in die Hände fiel. Und der erbitterte Streit, zu dem es zwischen Nietzsche und Wagner über den Antisemitismus kam und der, nach Wagners Tod, zwischen Nietzsche und Elisabeth weitergeführt wurde, sollte nicht verharmlost werden. Hitler las wahrscheinlich von Nietzsche nie ein Wort; aber er schwärmte seit seiner Jugend für Wagner und war sich zweifellos der Einstellung Nietzsches zu Wagner, zur Wagner-Familie, zu Elisabeth und zu den zeitgenössischen Juden bewußt, einer Einstellung, die er wohl kaum billigte. Historisch haben wir es mit zwei Tatsachen zu tun, die miteinander unvereinbar sind: Zum einen war Nietzsche kein Antisemit; zum anderen behaupteten die Nazis wider besseres Wissen, er sei Antisemit gewesen. Daß die Nazi-Führer sich der Termini „Übermensch" und „blonde Bestie" bedienten, um Millionen von Menschen davon zu überzeugen, Nietzsche sei ein Juden-Hasser gewesen, daß sie das Publikum von der Lektüre seiner Schriften *abschreckten* und seinen guten Ruf zerstörten, indem sie ihre monströsen Verbrechen in seinem Namen begingen, sollte darum höchsten Argwohn erwecken.

Klar ist, daß meine Auffassung im Gegensatz zu der von Autoren steht, die glauben, daß die Nazis Nietzsche „schätzten", von ihm lernten und/oder ihn „mißverstanden". Ich denke, die Nazis verstanden Nietzsche nur zu gut und versuchten eben darum, ihn – und damit einen wichtigen Teil der jüdischen Geschichte – zu zerstören. Die Nazis „mochten" Nietzsche nicht, er stieß sie ab und brachte sie in Wut, gerade weil er die Juden verteidigte und es wagte, viele geistige Vorläufer des „Dritten Reiches" herauszufordern: Richard und Cosima Wagner, Renan, Dühring, Lagarde, Chamberlain, Gobineau, Stoecker, Förster und Elisabeth Förster-Nietzsche.[106] Was die Nazis mit Nietzsche trieben, beruhte nicht auf „Mißverständnis" oder „selektiver Aneignung", sondern auf verdrücktem Groll; es handelte sich um einen Racheakt. Dafür spricht auch die seltsame Inschrift auf der Schleife eines Kranzes, den Alfred Rosenberg auf Nietzsches Grab niederlegte: „Dem großen Kämpfer". Diese Worte machen eigentlich nur im Hinblick auf das sinistre Verhältnis der Nazis zu Nietzsche Sinn. Deren Aneignung Nietzsches diente freilich nicht nur der Rache, sondern sollte den Philosophen auch zum Schweigen bringen, was schon Elisabeth versucht hatte. Nimmt man an, daß die Wagnerianer [schon] zur Zeit Nietzsches beabsichtigten, alle oder einen Teil der europäischen Juden zu vernichten – und zugleich die eigenen Spuren zu verwischen –, dann waren Nietzsches Schriften, die zuerst von einem Juden bekanntgemacht worden waren, ein Hindernis. Als Nietzsche berühmt wurde, sah Elisabeth dieses Risiko, wie ihr panischer Versuch bezeugt, Nietzsches Dokumente, Schriften und Gedanken, besonders die über den Antisemitismus, zu unterdrücken oder zu zerstören. Später setzten die Nazis, Meister der Propaganda, das Werk Elisabeths – die Verdrehung und Unterdrückung von Nietzsches Gedanken – auf ihre Weise fort. Einerseits priesen sie Nietzsche als einen antisemitischen Bundesgenossen, um ihre Spuren zu verwischen und seine Opposition zum Antisemitismus zu diskreditieren. Andererseits war ihnen klar, daß Nietzsche, würden ihre Verbrechen einmal aufgedeckt, *auch weiterhin* als Sündenbock dienen werde, wie es dann auch gekommen ist. Daß Nietzsche (unter anderem) über und gegen die Vernichtung der Juden schrieb, und daß sich Elisabeth sogleich daranmachte, ihren Bruder zu mythologisieren und seine Dokumente zu zerstören oder zu verändern, weckt den starken Verdacht, daß die Absicht, die Juden auszurotten, schon zu Lebzeiten Nietzsches formuliert wurde. Ich vermute, daß Nietzsche, der als früheres Mitglied des inneren Kreises um Wagner auch das „geheime" Korrespondenzblatt zu Gesicht bekam, von diesem Vorhaben Kenntnis hatte und zu Tode erschrak, und daß Elisabeth und später die Nazis versuchten, ihn zum Schweigen zu bringen, zu entmächtigen und zu zerstören. *Nicht ohne Grund* werden Dokumente gefälscht, Briefe vernichtet, Biographien geschrieben, die die Tatsachen verdrehen, Veröffentlichungen zensuriert und aus handschriftlichen Aufzeichnungen „Bücher" fabriziert; nicht ohne Grund wird ein heftiger Streit über den Antisemitismus kaschiert. Und Elisabeths Bigotterie ist für all' das wohl kein hinreichendes Motiv. Bei der Manipulation Nietzsches, mit der Elisabeth begann und die unter Hitler ihren Höhepunkt erreichte, handelte es sich nicht um eine „selektive Aneignung" oder um eine „Fehldeutung". Es ging vielmehr darum, einen verhaßten Gegner zum Schweigen zu bringen, was ja auch gelang. Die Nazis konnten vielleicht die Welt betrügen, nicht aber die Juden. Steven Aschheim berichtet, daß Führer der deutschen Juden, die unter dem Nazi-Regime zu leiden hatten, sich oft mit Nietzsches berühmtem Satz zu trösten suchten: „Was mich nicht umbringt, macht mich stärker."[107]

Um es zusammenzufassen: Selbst wenn wir uns heute die Auffassung der radikalsten Anti-Nietzsche-Interpreten zu eigen machten, er sei, ganz oder teilweise, schuld an Hitlerdeutschland, bliebe doch wahr, daß seine Schriften uns Aufschlüsse über den Wagner-Kreis, den religiösen und den politischen Antisemitismus, den deutschen Nationalismus und den Glauben an die Rassen-Überlegenheit der Arier geben, – also über all' das, was er bekämpfte. Gerade diese Elemente seiner Philosophie versuchten Elisabeth und die Nazis zu unterdrücken, und ich habe hier versucht, sie hervorzuheben. Es geht nicht darum, aus Nietzsche einen Heros, einen Helden oder Erlöser zu machen – was eine seiner größten Befürchtungen war –, sondern zu unterstreichen, daß seine Schriften für die Erforschung des Antisemitismus und der Geschichte des Holocaust von großer Bedeutung sind.[108]

Nach dem zweiten Weltkrieg geht es für ernsthafte Nietzsche-Forscher nicht darum, sich in fruchtlose Debatten darüber zu verstricken, welche Gedanken Nietzsches mit dem Nazismus verträglich sind (falls es solche überhaupt gibt). Denn das käme den Nazis gerade recht. Wir sollten nicht von der Annahme ausgehen, daß sie von Nietzsche „gelernt" hätten. Wäre dem so, dann hätten sie sich zweifellos vom Antisemitismus losgesagt und uns die Ermordung von sechs Millionen unschuldiger Juden erspart. Heute ist es die Aufgabe von Historikern und Nietzsche-Forschern, anhand von Nietzsches Texten minuziös der Frage nachzugehen, was die [lutherische] Staatskirche des 19. Jahrhunderts, Elisabeth, die Wagner-Familie und schließlich die Nazis zu verbergen suchten.

Anmerkungen

[1] Zur Geistesgeschichte des Faschismus vergleiche Kohn, Hans (1960): *The Mind of Germany*, New York; Mosse, George Lachmann (1981): *The Crisis of German Ideology*, New York; Stern, Fritz (1961; 1973): *Kulturpessimismus als politische Gefahr.* (= *The Politics of Cultural Despair.*) Bern, Stuttgart, Wien 1963; Viereck, Peter (1941): *Metapolitics*, New York 1961; Weiss, David (1967): *The Fascist Tradition*, New York.

Kohn betont (S. 207 ff.), daß Nietzsche kein geistiger Vorläufer des Nationalsozialismus war, macht aber auf (seines Erachtens) „gefährliche Implikationen" von Nietzsches leidenschaftlicher Sprache und des Lobes heroischer Größe in seinen letzten produktiven Jahren aufmerksam. Mosse schildert (S. 204 ff.), wie Nietzsche trotz Baeumlers Fehldeutung und Nietzsches Spott über die Schriften Lagardes als nordischer Prophet vereinnahmt wurde. Stern beharrt (S. 283 ff.) darauf, „daß Nietzsche mit der germanischen Ideologie nichts zu tun hatte", daß er für deren geistige Ahnen (zum Beispiel Wagner, Dühring und Lagarde) nur Verachtung übrig hatte und daß er auch gegen die [spätere] Kollektiv-Tyrannei der deutschen Volksgemeinschaft angekämpft hätte. Viereck, der Nietzsche eine intellektuelle Schuld zumißt, schreibt (S. XX ff.), daß Nietzsche aufgrund seiner Erfahrung mit Wagner und mit seiner „prä-nazistischen" Schwester „auf eine unheimliche Weise die Nazi-Zukunft voraussagte": „Nietzsche ist in gar keiner Weise dafür verantwortlich, daß *Der Wille zur Macht* deutschen Nationalisten in die Hände fiel." Weiss weigert sich entschieden, sich auf Nietzsches angebliche Affinität zum Faschismus überhaupt einzulassen. Er sagt, daß Geistesgeschichtler, die sich damit befassen, infolge ihrer veralteten Auffassung, daß nur eine Handvoll Theoretiker die wichtigsten Träger der geistigen Überlieferung seien, zur Verwirrung der Frage beigetragen haben: „Brillante, esoterische Denker wie [...] Nietzsche haben keinen wirklichen Einfluß auf große Menschengruppen, also auch keine direkte Wirkung auf die große Abstraktion ‚Geschichte'. Sie sind zu kompliziert und zu subtil, darum erreicht ihre Stimme nur wenige."

² [Santaniello bezeichnet Stoecker hier und im Folgenden als „the prominent [...] leader of the Lutheran state church in Germany". Stoecker selbst reklamierte für sich (1891) die folgenden Funktionen: „Mitglied der Berliner Stadtsynode, der brandenburgischen Provinzialsynode, der preußischen Generalsynode". Zit. nach: Greschat, Martin (1982): „Adolf Stoecker und der deutsche Protestantismus"; in: Brakelmann, Günter, M. Greschat, W. Jochmann (1982): *Protestantismus und Politik*. Werk und Wirkung Adolf Stoeckers. Hamburg, S. 19–83; hier S. 21.]

³ Zu den mit Nietzsches *Nachlaß* verknüpften Problemen vergleiche den [in der deutschen Ausgabe von 1982 nicht enthaltenen] Anhang – „Nietzsche's ‚suppressed' manuscripts" – zur 4. Auflage von Kaufmanns Nietzsche-Buch: Kaufmann, Walter (1950): *Nietzsche. Philosopher, Psychologist, Antichrist*. Princeton 1974. Die Angelegenheit ist recht kompliziert. Im Zentrum stehen Elisabeths Fälschung und Unterdrückung der Notizbücher und Briefe ihres Bruders im Weimarer Nietzsche-Archiv. Elisabeth unterdrückte etliche Aufzeichnungen Nietzsches, die sich gegen sie selbst, ihren Gatten, Wagner, den Antisemitismus, die Deutschen, Jesus und das Christentum richteten. Obwohl die unterdrückten Aufzeichnungen indirekten Bezug zu den Hauptthemen seines Werks haben, ist die Bedeutung der Aufzeichnungen und Briefe meines Erachtens im Verhältnis zu Nietzsches [veröffentlichten] Texten, in denen seine Ideen hinreichend deutlich werden, zweitrangig.

⁴ Nietzsche [1880]: *Nachgelassene Fragmente*, Anfang 1880 bis Sommer 1882. *Sämtliche Werke* (KSA), Bd. 9, S. 254. [Santaniello zitiert Nietzsche hier nach: Low, Alfred D. (1979): *Jews in the Eyes of the Germans*: From the Enlightenment to Imperial Germany. Philadelphia, S. 386.] Vgl. auch Nietzsche (1881): *Morgenröthe*. Gedanken über die moralischen Vorurtheile. Aph. 205 („Vom Volke Israel"). *Sämtliche Werke* (KSA), Bd. 3, S. 180–183. Nietzsche (1882): *Die fröhliche Wissenschaft*, („la gaya scienza"). Aph. 136 („Das auserwählte Volk"). A. a. O., S. 487f. Nietzsche (1886): *Jenseits von Gut und Böse*. Vorspiel einer Philosophie der Zukunft. A. a. O., Bd. 5, S. 191. Nietzsche ([1888/89] 1908): *Ecce homo*. Wie man wird, was man ist. „Warum ich so klug bin", Aph. 4. A. a. O., Bd. 6, S. 286f. Nietzsche [1887]: *Nachgelassene Fragmente*, Herbst 1885 bis Anfang 1889. 1. Teil, 9 [53] (42), Herbst 1887. A. a. O., Bd. 12, S. 361.

⁵ Nietzsche [1884]: *Nachgelassene Fragmente*, Juli 1882 bis Herbst 1885, 2. Teil (25 [221]). A. a. O., Bd. 11, S. 72.

⁶ Vgl. Kaufmann, Walter (1950; 1974): *Nietzsche*. Philosoph – Psychologe – Antichrist. Darmstadt 1988, Kap. 10 („Die Herrenrasse"), vor allem S. 337.

⁷ Vgl. Brinton, Crane (1941): *Nietzsche*. New York 1965, Kap. 8. Und ders. (1940): „The National Socialists' use of Nietzsche." *Journal of the History of Ideas*, Bd. 1, S. 131–150.

⁸ Die von Elisabeth unter dem Titel „Zucht und Züchtung" (*Der Wille zur Macht*, IV. Buch) arrangierten Aufzeichnungen paßten besser zu ihren eigenen Vorstellungen als zu denen ihres Bruders. Sie wurden aus Tausenden von planlos niedergeschriebenen Aufzeichnungen und Notizen herausgezogen, die während eines langen Zeitraums entstanden waren. Wo es dabei um Züchtung geht, ist unklar, ob dem Ausdruck kulturelle oder biologische Bedeutung zukommt. Von wohlgeratenen Kindern kann man zum Beispiel im einen wie im anderen Sinn sprechen. Vgl. Nietzsche (1906; 1911): *Der Wille zur Macht*, Aph. 397 (biologische Bedeutung), Aph. 462, 862, 1053 (kulturelle Bedeutung). [Nietzsche {1888; 1887}: *Nachgelassene Fragmente*, Herbst 1885 bis Anfang Januar 1889; *Sämtliche Werke* (KSA), Bd. 13, S. 444f. (15 [55]) und S. 453 (15 [72] und [73]); Bd. 12, S. 342f. (9 [8]) und S. 470 (10 [28]); S. 304f. (7 [25] und [26]).] Da es im Verhältnis zu Nietzsches vielen anderen Themen nur wenige Aufzeichnungen über Züchtung gab und gerade die Züchtungs- und Zähmungsmoral in der *Götzen-Dämmerung* als „unmoralisch" verurteilt wurde, war es absurd, daß Elisabeth und die Nazis diese Entwürfe aus ihrem Kontext herausnahmen. Vgl. Nietzsche (1889): *Götzen-Dämmerung* oder Wie man mit dem Hammer philosophirt; „Die ‚Verbesserer' der Menschheit", Aph. 5. *Sämtliche Werke* (KSA), Bd. 6, S. 102. Elisabeths Experiment der Züchtung deutscher Familien in Paraguay hat Nietzsche ausdrücklich verurteilt. Offenbar versuchten sie und die Nazis, die Illusion zu erzeugen, ihr eigener Rassismus sei von „Nietzsches" Gedanken über Züchtung geprägt. Ich möchte noch einmal betonen, daß das vorrangige Interesse an Nietzsches *Nachgelassenen Fragmenten* dazu dient, die Leser von Nietzsches [von ihm selbst veröffentlichten] Texten *abzulenken*, in denen er seine andersartige Vorstellung von einer idealen

„künftigen arischen Rasse" entwickelt hat. (Vgl. weiter unten den entsprechenden Abschnitt aus *Zur Genealogie der Moral.*) Der *Nachlaß* ist eine unschätzbare Ergänzung der von Nietzsche veröffentlichten Schriften, doch sollten diese Aufzeichnungen nicht – entsprechend der Strategie Elisabeths und später Baeumlers – unabhängig von seinen Texten gelesen werden. Zur Frage der *Nachlaß*-Aufzeichnungen und der nachgelassenen Materialien vgl. Kaufmann (1950; 1974), a. a. O. (Anm. 6): „Prolog: Die Nietzsche-Legende" (S. 1–19) und Kap. 2, „Nietzsches Methode" (S. 84–111, besonders S. 89 ff.).

⁹ Kaufmann (a. a. O., S. 339 ff.) und Golomb [Golomb, Jacob (1988): „Nietzsche's Judaism of power". *Revue des Études juives*, Nr. 146–147 (Juli-Dezember 1988), S. 353–385, hier S. 353] machen in der englischsprachigen Welt vor allem Crane Brinton dafür verantwortlich, daß sich noch immer eine falsche Auffassung der Äußerungen Nietzsches über die Juden hält. Kaufmann macht in seiner Kritik von Brintons *Nietzsche* auf Brintons mangelnde Nietzsche-Kenntnis – auf seine Inkompetenz – aufmerksam. Brinton behauptet, daß „ein Großteil des professionellen Antisemitismus' auch bei Nietzsche vorkommt" und daß Nietzsche „die Juden für das Christentum, die Demokratie und den Marxismus verantwortlich machte" (Brinton [1941], a. a. O. [Anm. 7], S. 215). Brinton führte als Beleg für seine Behauptung sechs Nietzsche-Stellen an. Kaufmann hat herausgefunden, daß in zweien der von Brinton angegebenen sechs Nietzsche-Passagen von Juden überhaupt nicht die Rede ist; zwei weitere richten sich gegen den Antisemitismus; eine gibt es gar nicht; und in keiner ist von der „Trias" Christentum, Demokratie, Marxismus die Rede. Kaufmann hat weiterhin entdeckt, daß die „Trias" ebenso wie die sechs Belegstellen von dem Nazi-Wissenschaftler Heinrich Härtle [*Nietzsche und der Nationalsozialismus*, München 1937] stammen und daß Brinton die „Zitate" von Härtle übernahm, ohne sie selbst zu überprüfen. Dies Ergebnis ist befremdlich, doch Brinton weigerte sich, auch nachdem er von Kaufmanns Entdeckungen Kenntnis hatte, die falschen Belege in der 1965 erschienenen. Neuauflage seines Buches zu korrigieren. In Brintons Buch findet sich auch ein Foto, das Hitler im Weimarer Nietzsche-Archiv zeigt, wie er eine Nietzschebüste anstarrt. (Interessant ist, daß Nietzsches Gesicht darauf nur halb sichtbar ist und Hitler finster dreinschaut.) Der weithin geachtete Harvard-Historiker [Brinton] ordnete in seinem Buch durchweg Abschnitte aus *Jenseits von Gut und Böse* irrtümlich der *Genealogie der Moral* zu.

¹⁰ Duffy und Mittleman haben diese unterschiedlichen Wertungen Nietzsches chronologisch – seit *Jenseits von Gut und Böse* – nachgewiesen (und ich knüpfe hier an ihre Arbeit an). Vgl. Duffy, Michael, und Willard Mittleman (1988): „Nietzsche's attitudes toward the Jews." *Journal of the History of Ideas*, Bd. 49, S. 301–317. Auch Golomb (1988) orientiert sich an diesen verschiedenen Wertungen Nietzsches, obwohl er weniger an der Herausbildung von Nietzsches Ansichten interessiert ist, als vielmehr daran, den Stellenwert von Nietzsches Meinungen über Juden und Judentum im Ganzen seiner Psychologie und Philosophie zu bestimmen.

[11] Vgl. zum Beispiel: Nietzsche ([1888] 1895): *Der Antichrist*. Fluch auf das Christentum. Aph. 24. *Sämtliche Werke* (KSA), Bd. 6, S. 191 ff.

[12] Historikern wie Tennenbaum zufolge [Tennenbaum, Joseph (1956): *Race and Reich*, New York, S. 12] handelte es sich bei Dührings *Judenfrage* [Dühring, Eugen (1881): *Die Judenfrage als Frage des Racencharakters und seiner Schädlichkeiten für Völkerexistenz, Sitte und Cultur*. Mit einer denkerisch freiheitlichen und praktisch abschliessenden Antwort. 5., umgearbeitete Auflage, Berlin 1901] schon um ein beinahe vollständiges Nazi-Programm. [„Für mich steht es seit den Erfahrungen des letzten Jahrzehnts und insbesondere nach Alledem, was in den letzten paar Jahren des abgelaufenen Jahrhunderts sichtbar geworden, über allen Zweifel erhaben fest, daß [...] die einzige zulängliche Antwort auf die Judenfrage nur in dem Verschwindenlassen des ganzen fraglichen Typus bestehen kann. [...] Die Welt hat mit dem Hebräervolk durchgreifend abzurechnen [...]" Dühring, a. a. O., 5. Kap. („Völker- und Volksmittel gegen die Hebräerwucherung"), S. 113.]
Stoeckers Rede „Unsere Forderungen an das moderne Judentum" von 1879 ist dokumentiert in: Levy, Richard S. (1991): *Antisemitism in the Modern World*, Lexington. [Stöcker, Adolf (1880): *Das moderne Judenthum in Deutschland, besonders in Berlin*. Zwei Reden in der christlich-sozialen Arbeiterpartei gehalten von Adolf Stöcker, Hof- und Domprediger in Berlin. Berlin.]

[13] Eine umfassende Erörterung des christlichen und antichristlichen Antisemitismus findet sich bei Tal, Uriel (1975): *Christians and Jews in Germany*. Religion, Politics and Ideology in the Second Reich, 1870–1914. Ithaca, Kap. 5.

[14] Katz, Jacob (1980): *Vom Vorurteil zur Vernichtung*. Der Antisemitismus 1700–1933. München 1989, S. 274 f. Auch wenn der Ausdruck ‚antichristlicher Antisemitismus' einen Gegensatz zum Christentum anzeigt, haben Antisemiten wie Dühring das Christentum keineswegs im gleichen Maße verachtet wie das Judentum und die Juden. Ebensowenig *entstammt* der Antisemitismus einer Opposition zum Christentum. Darum fanden Dühring und Stoecker eine gemeinsame Plattform in ihrer Verachtung des modernen Judentums.

[15] Nietzsche [1888]: *Der Antichrist*, Aph. 25–27, 31 und 40; a. a. O. (Anm. 11), S. 193–198, S. 201 ff. und S. 213 f. Ders. [1887]: *Zur Genealogie der Moral*. Eine Streitschrift. 1. Abhandlung, Aph. 14–16. *Sämtliche Werke* (KSA), Bd. 5, S. 281–288. Ders. [1887]: *Nachgelassene Fragmente*, a. a. O. (Anm. 8), Bd. 12, S. 574 f. (10 [198] und [199]) und S. 510 f. (10 [96]): „Die tiefe Verachtung, mit der der Christ in der vornehm-gebliebenen antiken Welt behandelt wurde, gehört eben dahin, wohin heute noch den Instinkt-Abneigung gegen den Juden gehört [...]. Das neue Testament ist das Evangelium einer gänzlich unvornehmen Art Mensch; ihr Anspruch, mehr Werth zu haben, ja allen Werth zu haben, hat in der That etwas Empörendes, – auch heute noch."

[16] „Die verfluchte Antisemiterei verdirbt mir alle meine Rechnungen, auf pekuniäre Unabhängigkeit, Schüler, neue Freunde, Einfluß, sie hat R[ichard] W[agner] und mich verfeindet, sie ist die Ursache eines radikalen Bruchs zwischen mir und meiner Schwester u. s. w. u. s. w. u. s. w. Ohe! Ohe!" Nietzsche, Brief an

Overbeck vom 2.4.1884. *Sämtliche Briefe* (KSB), Bd. 6, Nr. 503, S. 493. [Santaniello zitiert diesen Brief nach: Bergmann, Peter (1987): *Nietzsche*: „The Last Antipolitical German." Bloomington, S. 157.]

[17] Groh, John E. (1982): *Nineteenth Century German Protestantism*. Washington, S. 569. Stoecker wurde 1879 ins Preußische Abgeordnetenhaus gewählt, wo er ununterbrochen bis 1898 Abgeordneter war. Er wurde auch in den Reichstag gewählt, wo er bis 1893 einen Abgeordnetensitz hielt; 1898 wurde er wiedergewählt. Zu Stoecker vgl. Pulzer, Peter (1964; 1988): *Die Entstehung des politischen Antisemitismus in Deutschland und Österreich 1867–1914*. Gütersloh 1966, Kap. 10: „Stoecker und die Berliner Bewegung" (S. 77–90).

[18] Stoecker, Adolf ([1879] 1880): *Das moderne Judenthum in Deutschland, besonders in Berlin*. Zwei Reden in der christlich-sozialen Arbeiterpartei. Berlin, S. 20.

[19] Tal (1975), a. a. O. (Anm. 13), S. 257.

[20] Stoecker,„a. a. O., S. 5.

[21] Ebd., S. 19.

[22] „Ich habe eben Besitz ergriffen von meinem Reich, werfe den Papst ins Gefängniß und lasse Wilhelm, Bismarck und Stöcker erschießen." Nietzsche, Brief an Meta von Salis vom 3.1.1889. *Sämtliche Briefe* (KSB), Bd. 8, Nr. 1239, S. 572.

[23] Bergmann (1987), a. a. O. (Anm. 16), S. 144. Bergmann, dessen ausgezeichnete historische Studie primär Nietzsches Lebensgeschichte und seinen Briefen gilt – nicht seinen Texten –, schreibt, daß Nietzsche, wiewohl kein Antisemit, doch „heftige Schimpfreden gegen die Juden von sich gab, als ihn sein Cäsarismus und sein antichristlicher Antisemitismus in Rage brachten". Es wird sich noch zeigen, daß das Gegenteil der Fall ist. Nietzsches heftige Schmähung des antiken Judentums (besonders in *Zur Genealogie der Moral*) richtete sich gegen den christlichen Antisemitismus. Und der Verweis auf Nietzsches „Atheismus" hat in diesem Zusammenhang keine Bedeutung.

[24] Bergmann, a. a. O., S. 172 f.

[25] „Was hat der deutsche Geist aus dem Christenthum gemacht! – Und daß ich beim Protestantismus stehen bleibe, wie viel Bier ist wieder in der protestantischen Christlichkeit! [...] Das nenne ich mir ein bescheidenes Christenthum! eine Homöopathie des Christenthums nenne ich's! – Man erinnert mich daran, daß es heute auch einen u n b e s c h e i d e n e n Protestantismus giebt, den der Hofprediger und antisemitischen Spekulanten: aber Niemand hat noch behauptet, daß irgend ein ‚Geist' auf diesen Gewässern ‚schwebe'..." Nietzsche [1888]: *Nachgelassene Fragmente*, a. a. O. (Anm. 8), Bd. 13, S. 240 (14 [45]). – Der Ausdruck „Hofprediger", der nur hier auftaucht, ermöglicht es den Lesern, Stoecker als Objekt von Nietzsches Attacke zu identifizieren.

[26] Nietzsche, a. a. O., Bd. 12, S. 502 und S. 501 (10 [80]).

[27] „Der Tod des Kaisers hat mich bewegt: zuletzt war er ein kleines Schimmerlicht von f r e i e m Gedanken, die letzte Hoffnung für Deutschland. Jetzt beginnt das Regiment *Stöcker*. – ich ziehe die Consequenz und w e i ß bereits, daß nunmehr

mein ‚Wille zur Macht' zuerst in Deutschland confiscirt werden wird ..."
Nietzsche, Brief an Heinrich Köselitz vom 20.6. 1888; *Sämtliche Briefe* (KSB), Bd. 8, (Nr. 1049), S. 338f.

[28] Nietzsche (1887): *Zur Genealogie der Moral*, a. a. O. (Anm. 15), S. 370.

[29] Vgl. Nietzsche, a. a. O., 2. Abhandlung, Aph. 11 (S. 309–313), 3. Abhandlung, Aph. 14 und 26 (S. 367–372 und S. 405–408).

[30] Gay, Peter (1952): *Das Dilemma des demokratischen Sozialismus*. Eduard Bernsteins Auseinandersetzung mit Marx. Nürnberg 1954, S. 108. Mosse hält Dührings Vorstellung von den „gleichen Willen" für eine „mythische", – nicht im Sinne einer Phantasie über den Anfang der Welt, sondern im Sinne der Ansetzung eines ursprünglichen „Wesens" des menschlichen Willens. Dühring war, Katz zufolge (a. a. O., Anm. 14, S. 273), „ein bemerkenswerter Wissenschaftler". „In Wahrheit verband Dühring ein großes Maß an Intelligenz mit einer morbiden Geistesverfassung [...]." Nietzsches Einschätzung Dührings entsprach der von Katz. Ihm galt Dühring als „ein geschickter und wohlunterrichteter Gelehrter, der aber doch fast mit jedem Worte verräth, daß er eine kleinliche Seele herbergt und durch enge neidische Gefühle zerquetscht wird [...]." Nietzsche [1885]: *Nachgelassene Fragmente*, Juli 1882 bis Herbst 1885, 2. Teil. *Sämtliche Werke* (KSA), Bd. 11, S. 550. Vgl. auch Nietzsche (1883): *Also sprach Zarathustra*. Ein Buch für Alle und Keinen. II. Teil, Kap. „Vom Lande der Bildung": „Unfruchtbare seid ihr: darum fehlt es euch an Glauben. [...] Halboffne Thore seid ihr, an denen Todtengräber warten. Und das ist eure Wirklichkeit: ‚Alles ist werth, dass es zu Grunde geht.'" Ebd., Kap. „Von den Gelehrten": „Aber trotzdem wandele ich mit meinen Gedanken über ihren Köpfen; [...] Denn die Menschen sind nicht gleich: so spricht die Gerechtigkeit." *Sämtliche Werke* (KSA), Bd. 4, S. 154 und S. 162.

[31] Nietzsche (1887): *Zur Genealogie der Moral*, 2. Abh., Aph. 11, a. a. O. (Anm. 15), S. 309 313; hier S. 309.

[32] Ebd. und Nietzsche (1884): *Also sprach Zarathustra*, III. Teil, Kap. „Von alten und neuen Tafeln", Abschn. 26. A. a. O. (Anm. 30), S. 265f. Vgl. die [eben angeführte] Passage aus *Zur Genealogie der Moral* mit dem Aph. 259 in *Jenseits von Gut und Böse*, a. a. O. (Anm. 4), S. 207f., bei dem es sich offenbar um einen weiteren Kommentar zu Dührings Theorie vom gleichwertigen Willen der Individuen handelt.

[33] Gay, a. a. O. (Anm. 30), S. 111.

[34] Brandes, Georg (1889): „Aristokratischer Radikalismus. Eine Abhandlung über Friedrich Nietzsche." *Deutsche Rundschau*, 63. Jg., 1890, S. 67–81. [Teilabdruck in: Guzzoni, Alfredo (Hg.) (1979): *90 Jahre philosophische Nietzsche-Rezeption*. Königstein/Ts., S. 15. Die Passage, auf die Santaniello sich bezieht, findet sich hier auf S. 7.] Im Aph. 253 von *Jenseits von Gut und Böse*, a. a. O. (Anm. 4), S. 196, kommt Nietzsche auf den „Geist achtbarer, aber mittelmäßiger Engländer" wie Darwin, John Stuart Mill und Herbert Spencer zu sprechen. Wahrscheinlich bezieht er sich am Anfang von *Zur Genealogie der Moral* [1. Abhandlung] auf Mills Utilitarismus.

[35] Vgl. Pulzer, a. a. O. (Anm. 17), S. 51.
[36] Vgl. Mosse, a. a. O. (Anm. 1), S. 131 f.; Gay, a. a. O. (Anm. 30), S. 108.
[37] Katz, a. a. O. (Anm. 14), S. 275 ff. Bergmann geht in seinem Nietzsche-Buch (a. a. O., Anm. 16, S. 121 f. und S. 124 f.) kurz auf Dührings Rolle als Nietzsches geistige Nemesis ein.
[38] Tennenbaum, a. a. O. (Anm. 12), S. 12.
[39] Nietzsche, *Ecce homo*, „Warum ich so weise bin", Aph. 4, a.a.O (Anm. 4), S. 269 ff. Bergmann, Nietzsche, a. a. O. (Anm. 16), S. 124 f. Das Verhältnis Nietzsches zu Heinrich von Stein erörtert Stackelberg, Roderick (1976): „The role of Heinrich von Stein in Nietzsche's emergence as a critic of Wagnerian idealism and cultural nationalism." *Nietzsche-Studien*, Internationales Jahrbuch für die Nietzsche-Forschung, hg. von Montinari, M., u. a., Bd. 5. Berlin, New York, S. 178–193. Wagner stand Dühring, als einem Nichtchristen, skeptisch gegenüber. Doch fand Dühring, vermittelt durch von Steins Rolle im Hause Wagner als Hauslehrer Siegfrieds, bei Wagner Anklang; der Haß auf die Juden verband sie. Nach dem Bruch zwischen Nietzsche und Wagner im Jahre 1878 war von Stein der „Ersatz" für Nietzsche im Hause Wagner.
[40] Vgl. Bergmann, *Nietzsche*, a. a. O. (Anm. 16), S. 145. Nietzsche [1883/84]: *Nachgelassene Fragmente*, Juli 1882 bis Herbst 1885 – *Sämtliche Werke* (KSA), Bd. 10, S. 659: „Die Barbaren, zuerst natürlich unter der Form der bisherigen Cultur (z. B. Dühring) [...]." Die Nazis stellten natürlich später Nietzsches Terminologie auf den Kopf: sie hielten sich selbst für *Über-* und die Juden für *Untermenschen*.
[41] Vgl. Bergmann, *Nietzsche*, a. a. O. (Anm. 16), S. 145.
[42] Nietzsche (1883, 1884): *Also sprach Zarathustra. Ein Buch für Alle und Keinen*. II. Teil, „Von großen Ereignissen"; I. Teil, „Vom neuen Götzen". *Sämtliche Werke* (KSA), Bd. 4, S. 167–171 und S. 61–64.
[43] Nietzsche, *Zarathustra*, III. Teil, „Von den drei Bösen". A. a. O., S. 235–240.
[44] A. a. O., I. Teil, „Zarathustra's Vorrede", Abschn. 6 (S. 21 f.). Diese Passage ähnelt auffallend der Geschichte von einem Seiltänzer, die Wagner in seiner Autobiographie erzählt, mit der Nietzsche vertraut war, weil er sie [zu einem Teil] redigiert hatte. [Wagner, Richard (1911): *Mein Leben*, Bd. 1 und 2. München. Bd. 1, 1. Teil, S. 14: „Wir wohnten am Markte, der mir oft eigenthümliche Schauspiele gewährte, wie namentlich die Vorstellungen einer Akrobaten- Gesellschaft, bei welchen auf einem von Thurm zu Thurm über den Platz gespannten Seile gegangen wurde, was in mir lange Zeit die Leidenschaft für ähnliche Kunststücke erweckte. Ich brachte es wirklich dazu, auf zusammen gedrehten Stricken, welche ich im Hofe ausspannte, mit der Balancirstange mich ziemlich geschickt zu bewegen; noch bis jetzt ist mir eine Neigung, meinen akrobatischen Gelüsten Genüge zu thun, verblieben."] Eine ausgezeichnete Untersuchung zu den Wagner-Bezügen im *Zarathustra* hat Hollinrake veröffentlicht: Hollinrake, Roger (1982): *Nietzsche, Wagner, and the Philosophy of Pessimism*, London. Vgl. dort S. 12.

[45] Nietzsche (1878): *Menschliches, Allzumenschliches*. Ein Buch für freie Geister. I, 8. Hauptstück („Ein Blick auf den Staat"), Aph. 475 („Der europäische Mensch und die Vernichtung der Nationen"). *Sämtliche Werke* (KSA), Bd. 2, S. 309 ff; Zitat auf S. 310.

[46] Nietzsche, *Zarathustra*, II. Teil, „Von den Taranteln", a. a. O. (Anm. 42), S. 128–131.

[47] Ebd., III. Teil, „Vom Vorübergehen", a. a. O., S. 222–225. Zur „Sprache des Schweigens" vgl. auch die „Vorrede" (von 1886) zu *Menschliches, Allzumenschliches*, Abschn. 8, a. a. O. (Anm. 45), S. 22: „Nach einer so artigen Antwort räth mir meine Philosophie, zu schweigen und nicht mehr weiter zu fragen; zumal man in gewissen Fällen, wie das Sprüchwort andeutet, nur dadurch Philosoph b l e i b t, dass man – schweigt." Ferner eine interessante Passage, die auf eine Attacke auf die Staatskirche folgt: „Aber was rede ich da? Genug! Genug! An dieser Stelle geziemt mir nur Eins, zu schweigen [...]." Nietzsche (1887): *Zur Genealogie der Moral*, 2. Abhandlung, Aph. 25. *Sämtliche Werke* (KSA), Bd. 5, S. 337.

[48] Lessing, Theodor (1924): *Untergang der Erde am Geist*. (Europa und Asien.) Hannover, [Kap. 26: „Für Europa: Eugen Dühring", S. 429–432] S. 429. Bergmann, *Nietzsche*, a. a. O. (Anm. 16), S. 150. Lessing (1872–1933) war ein Zionist, der mehrere Arbeiten über Nietzsche veröffentlichte und in seinen Schriften zur Lage der Juden in seiner Zeit – mit seiner Analyse und seinen Lösungsvorschlägen – auf Nietzschesche Argumente zurückgriff. Vgl. dazu Aschheim, Steven (1992): Nietzsche und die Deutschen. Karriere eines Kults. [= *The Nietzsche Legacy in Germany 1890–1990*.] Stuttgart, S. 109 f.

[49] Nietzsche, *Menschliches, Allzumenschliches*, a. a. O. (Anm. 45).

[50] Nietzsche (1881): *Morgenröthe*. Gedanken über die moralischen Vorurtheile. Aph. 204 („Danae und Gott im Golde"). *Sämtliche Werke* (KSA), Bd. 3, S. 180. Vgl. dazu Nietzsche (1882): *Die fröhliche Wissenschaft* („la gaya scienza"), 1. Buch, Aph. 9 („Unsere Eruptionen"); a. a. O., S. 381. Und *Zarathustra*, II. Teil, „Von den Taranteln", a. a. O. (Anm. 46).

[51] Nietzsche (1887): *Zur Genealogie der Moral*, 2. Abhandlung, Aph. II, a. a. O. (Anm. 47), S. 309–313; Zitat S. 313. Nietzsche (1886): *Jenseits von Gut und Böse*. Aph. 204 und 259. A. a. O., S. 129–132 und S. 207 f.

[52] Nietzsche, *Zarathustra*, III. Teil, „Von alten und neuen Tafeln", Abschn. 26, a. a. O. (Anm. 42), S. 265 f.; Zitat S. 266. Der Abschnitt 4 des Kapitels „Warum ich ein Schicksal bin" in *Ecce homo* bildet einen wichtigen Kommentar zu den Abschnitten 26 und 15 in „Von alten und neuen Tafeln" im *Zarathustra*. Nietzsche ([1888/89] 1908): *Ecce homo. Wie man wird, was man ist*. *Sämtliche Werke* (KSA), Bd. 6, S. 367 ff.

[53] Nietzsche ([1888] 1895): *Der Antichrist*. Fluch auf das Christenthum. Aph. 43. *Sämtliche Werke* (KSA), Bd. 6, S. 217 f.

[54] Nietzsche (1887): *Zur Genealogie der Moral*. 1. Abhandlung, Aph. 8. *Sämtliche Werke* (KSA), Bd. 5. S. 268.

[55] Ebd., 2. Abhandlung, Aph. 11, S. 309.

⁵⁶ Ebd., 3. Abhandlung, Aph. 22, S. 392–395.
⁵⁷ Ebd., 1. Abhandlung, Aph. 14–16, S. 281–288. Zitat S. 282.
⁵⁸ Ebd., 3. Abhandlung, Aph. 26, S. 407.
⁵⁹ Ebd., 3. Abhandlung, Aph. 14, S. 367–372 (Zitate S. 368 ff.).
⁶⁰ 1887 wurden Nietzsches Schriften in der *Antisemitischen Correspondenz* als „excentrisch", „pathologisch" und „psychiatrisch" angegriffen. Vgl. dazu Nietzsches Brief an Paul Deussen vom 3. 1. 1888; *Sämtliche Briefe* (KSB), Bd. 8, Nr. 969, S. 221. Der Philosoph hieß die kleine, aber wachsende Zahl negativer Rezensionen seiner beiden letzten Veröffentlichungen *(Jenseits von Gut und Böse* und *Zur Genealogie der Moral)* willkommen, weil ihm die öffentliche Mißbilligung ein Zeichen dafür schien, daß er in Deutschland allmählich doch einen gewissen „Einfluß" gewönne: Daß Dr. Förster „und i c h eine Anstrengung sonder Gleichen zu machen haben, um uns nicht direkt als *Feinde* zu behandeln, kannst Du errathen … Die antisemitischen Blätter fallen über mich in aller Wildheit her (– was mir hundert Mal mehr gefällt als ihre bisherige Rücksicht)". Brief an Franz Overbeck vom 3. 2. 1888, a. a. O., Nr. 984, S. 243.
⁶¹ Nietzsche, *Zur Genealogie der Moral* 3. Abhandlung, Aph. 28, a. a. O. (Anm. 54), S. 412.
⁶² Ebd., 1. Abhandlung, Aph. 7, S. 267 f.
⁶³ Ebd., Aph. 9, S. 270.
⁶⁴ Ebd., Aph. 16, S. 287.
⁶⁵ Ebd., Aph. 11, S. 276.
⁶⁶ Ebd., S. 275.
⁶⁷ Ebd., Aph. 16, S. 286. Ferner Nietzsche (1886): *Jenseits von Gut und Böse*, Aph. 251. *Sämtliche Werke* (KSA), Bd. 5, S. 192–195.
⁶⁸ Der Ausdruck „blonde Bestie" taucht in den Nietzsche-Schriften fünf Mal auf (dreimal in der ersten und einmal in der zweiten Abhandlung der *Genealogie*, einmal in der *Götzen-Dämmerung*).
⁶⁹ Renan, Ernest (1863): *Das Leben Jesu* (gekürzte dt. Ausg.), Berlin (1864), S. 85 – *Vie de Jésus*. (*Histoire des origines du Christianisme*, Livre Premier.) *OEuvres complètes de Emest Renan* (hg. von H. Psichari), Paris 1949, Bd. IV, S. 189.
⁷⁰ Renan, *Vie de Jésus*, a. a. O., Bd. IV, Kap. XIX
⁷¹ A. a. O., S. 288 f.
⁷² Nietzsche ([1888] 1895): *Der Antichrist*. Fluch auf das Christenthum. Aph. 31. *Sämtliche Werke* (KSA), Bd. 6, S. 202. Renan, a. a. O., S. 294.
⁷³ Renan, a. a. O., S. 222 und S. 231.
⁷⁴ Renan, *Das Leben Jesu*, a. a. O., S. 227. *Vie de Jésus*, a. a. O., S. 369. Diese Passage entspricht Renans Bemerkung in seiner *Histoire générale et système comparé des langues Sémitiques* [Première Partie] (Paris 1855; 5. Aufl. 1878. S. 503): „Anfänglich gewinnen die Arier aufgrund ihrer politischen und militärischen Begabung die Oberhand über die Semiten, später dann durch ihre Intelligenz und ihre Befähigung zu rationellen Spekulationen. Die Semiten aber sind ihnen lange Zeit auf religiösem Gebiet weit überlegen und bringen es

schließlich zuwege, fast alle arischen Völker von ihren monotheistischen Ideen zu überzeugen. War es die Hauptaufgabe der Semiten, den Polytheismus und die enormen Schwierigkeiten, in denen der religiöse Gedanke der Arier sich verfing, zu beseitigen, dann erscheint der Islam als die Krönung dieses Werks. Sobald diese Mission erfüllt ist, verfällt die semitische Rasse rasch und überläßt es der arischen, allein die Menschheit ihrer Bestimmung entgegenzuführen."

[75] Renan, *Das Leben Jesu*, S. 209. *Vie de Jèsus*, S. 341.

[76] Der Einführung von John Haynes Holmes zur englischen Übersetzung von Renans *Vie de Jésus* (*The Life of Jesus*, New York 1927) ist zu entnehmen, daß das Buch von Gebildeten und Laien wie ein „Waverly-Roman" gekauft wurde, und daß man es wegen des „schönen Stils", der Renans „brillante" Neudarstellung des Lebens Jesu auszeichnete, außerordentlich schätzte. Renan, heißt es weiter in dieser Einführung, war unter den Gelehrten seiner Zeit eine „herausragende Figur", ein schlichter, ernster, mutiger Heiliger – „selbst nach den Maßstäben der Lehren vom See von Galiläa".
Holocaust-Forschern und Historikern des Antisemitismus erscheint Renans Erzählung weder als schön, noch als brillant. Renans *Vie de Jésus* und Edouard Drumonts *La France juive*, das in Frankreich der antisemitischen Propaganda großen Stils den Weg bereitete, waren die beiden antisemitischen Bestseller der zweiten Hälfte des 19. Jahrhunderts. Vgl. dazu Poliakov, Léon (1987): *Geschichte des Antisemitismus*, Bd. VI („Emanzipation und Rassenwahn"), Worms, S. 99. Und Poliakov (1975): *The Aryan Myth*. Chatto, S. 208. Unglaublich ist, daß das, was Nietzsche (und später die Historiker des Antisemitismus) gegen Renan aufbrachte, noch heute übersehen wird oder außer acht bleibt. In einer 1968 erschienenen, englischsprachigen Renan-Biographie – Chadbourne, Richard (1968): *Ernest Renan*; New York, S. 153 – ist von Renans „mutigem" Versuch die Rede, eine Ethik im wesentlichen auf christlichen Prinzipien zu begründen, ohne doch den „übernatürlichen" Lehren des Christentums Glauben zu schenken: „Bei seiner Untersuchung christlicher Schriften orientiert sich Renan an einem einfachen Kriterium. Er fragt: ‚Wie viel von Jesus ist darin enthalten?' Er ist weit entfernt von der skandalösen Einfalt Nietzsches, wie sie in dessen Bemerkung zum Ausdruck kommt: ‚im Grunde gab es nur Einen Christen, und der starb am Kreuz'." Zu Renans Rassenlehre vgl. Almog, Shmuel (1967): „The racial motif in Renans attitude toward Judaism and the Jews." *Zion*, 32. Jg., S. 175–200.

[77] Nietzsche (1887): *Zur Genealogie der Moral*, 3. Abhandlung, Aph. 26. *Sämtliche Werke* (KSA). Bd. 5, S. 405–408. Nietzsche [1884]: *Nachgelassene Fragmente*, Juli 1882 bis Herbst 1885, 2. Teil. *Sämtliche Werke* (KSA), Bd. 11, S. 269f. (26 [449]). Brief an Heinrich Köselitz vom 24. 11. 1887 in: Nietzsche, *Sämtliche Briefe* (KSB), Bd. 8, Nr. 958, S. 202 ff.

[78] Nietzsche (1889): *Götzen-Dämmerung*. Streifzüge eines Unzeitgemäßen, Aph. 2. *Sämtliche Werke* (KSA), Bd. 6, S. 111 f. Renan war ein Ex-Katholik, den die katholische Kirche öffentlich anklagte, weil er die Göttlichkeit Christi nicht anerkannte. Als Professor am Collège de France wurde er 1862 suspendiert; 1864

schlug er eine Anstellung als Stellvertretender Leiter der Manuskript-Abteilung der Kaiserlichen Bibliothek aus, um sich seinen Studien widmen zu können; 1871 erhielt er seine Professur zurück. 1879 wurde er Mitglied der Akademie. Seit 1884 war er Direktor des Collège de France. Renan hielt sich für einen liberalen Protestanten, hatte aber, wie Nietzsche, für die institutionalisierte Religion oder das dogmatische Christentum nichts übrig. Im Unterschied zu Nietzsche sah er gleichwohl im Christentum eine vorbildliche geistige Disziplin. Vgl. Katz (1980): *Vom Vorurteil zur Vernichtung*, a. a. O. (Anm. 14), S. 134.

[79] Nietzsche ([1888] 1895): *Der Antichrist*. Aph. 31. *Sämtliche Werke* (KSA), Bd. 6, S. 202 f.

[80] Ein kurzer Vergleich von Renan und Dühring findet sich bei Katz, a. a. O. (Anm. 14), S. 272 ff.

[81] Renan, *Das Leben Jesu*, a. a. O. (Anm. 69), S. 33 und S. 55 ff. *Vie de Jésus*, S. 127 und S. 158 ff.

[82] *Vie de Jésus*, S. 167 f.

[83] Renan, *Das Leben Jesu*, S. 64. *Vie de Jésus*, S. 166.

[84] Nietzsche, *Der Antichrist*, Aph. 32; a. a. O. (Anm. 79), S. 203.

[85] Zu Renans Herleitung des Christentums von Jesaja vgl. sein „Vorwort" zum 7. Band seiner vielbändigen *Histoire des origines du Christianisme: Marc Aurèle et la fin du monde antique*, Paris 1882, S. 737–740. Die negative Einstellung gegenüber dem alten Israel überwiegt in allen seinen Schriften. Nietzsche las Renans *Histoire...* im Winter 1887 „mit viel Bosheit und – wenig Nutzen". Brief an Overbeck vom 23. 2. 1887; *Sämtliche Briefe* (KSB), Bd. 8, Nr. 804, S. 28.

[86] Vgl. Nietzsche, *Der Antichrist*, a. a. O. (Anm. 79), Aph. 17, 25 und 26.

[87] Ebd., Aph. 40, S. 213 f.

[88] Ebd., Aph. 29, S. 200. Vgl. dazu *Götzen-Dämmerung*, „Die vier grossen Irrthümer", Aph. 7. A. a. O. (Anm. 78), S. 95 f. Nietzsche argumentiert hier, daß „die Priester an der Spitze alter Gemeinwesen" die Lehre vom freien Willen erfanden, auf daß sie – oder Gott – die andern für schuldig befinden und sie bestrafen könnten: „Das Christenthum ist eine Metaphysik des Henkers..." (S. 96). Für christliche Antisemiten war es entscheidend, das Christentum mit dem Propheten Jesaja beginnen zu lassen. Sie richteten Jesajas Zornesworte gegen die deutschen Juden, weil sie die Erlösung und den Erlöser zurückgewiesen hatten: „Geh und sag diesem Volk: Hören sollt ihr, hören, aber nicht verstehen. Sehen sollt ihr, sehen, aber nicht erkennen. Verhärte das Herz dieses Volkes [...]." [*das Buch Jesaja*, 6: 9–10. *Neue Jerusalemer Bibel*, Freiburg 1985, S. 1040.] Schon im *Neuen Testament* wurden Jesajas Worte wiederholt und gegen die Juden gewendet [*Das Evangelium nach Markus*, 4: 12, a. a. O., S. 1437; *Die Apostelgeschichte*, 28: 26, a. a. O., S. 1606]. Dem Evangelium zufolge verwirkte Israel die Erwählung zum „neuen Israel" (der Heiden), weil es die Erlösung durch Christus zurückwies. Paulus sagt: „Darum sollt ihr nun wissen: Den Heiden ist dieses Heil Gottes gesandt worden. Und sie werden hören!" [*Apostelgeschichte*, 28: 28, a. a. O.].

⁸⁹ Low, Alfred D. (1979): *Jews in the Eyes of the Germans*, a. a. O. (Anm. 4), S. 383. Duffy, M., und W. Mittleman (1988): „Nietzsche's attitudes toward the Jews." *Journal of the History of Ideas*, Bd. 49, S. 301–317; hier S. 302. 1866 suchte Nietzsche über eine Anzeige im *Leipziger Tageblatt* ein Zimmer, „nicht im Geschäftsviertel", um von den Juden fortzukommen. Vgl. Hayman, Ronald (1984): *Nietzsche. A Critical Life*. New York, S. 78.

⁹⁰ Duffy und Mittleman, a. a. O., S. 303. Vgl. Nietzsches Brief an Erwin Rohde vom 7. 12. 1872; *Sämtliche Briefe* (KSB), Bd. 4, Nr. 277, S. 96 ff.

⁹¹ „Auch die Wagners bestätigen die Darstellung, die Nietzsche von dem Bruch gibt, der ihn mit Recht auf Wagners antijüdischen Rassismus zurückführt. Cosima schrieb einer Freundin: ‚Schließlich kam noch Israel hinzu in Gestalt eines Dr. Rée, sehr glatt, sehr kühl, [gleichsam durchaus eingenommen und unterjocht durch Nietzsche, in Wahrheit aber ihn überlistend,] im Kleinen das Verhältnis von Judäa und Germania ... [...] ich weiß, daß hier das Böse gesiegt hat.'" Heller, Erich (1986): „Introduction" to *Human, All Too Human*; Cambridge, S. XI. [Cosima Wagners Brief an Marie von Schleinitz vom Mai 1878 wird hier zitiert (und ergänzt) nach der „Chronik zu Nietzsches Leben vom 19. April 1869 bis 9. Januar 1889", in: *Sämtliche Werke* (KSA), Bd. 15, S. 84.] Vgl. auch Gutman, Robert (1968; 1990): *Richard Wagner. Der Mensch, sein Werk, seine Zeit*. München 1970, 1989, S. 407. Ferner Nietzsches Brief an Heinrich Köselitz vom 31. 5. 1878; *Sämtliche Briefe* (KSB), Bd. 5, Nr. 723, S. 328 ff. Die Interpreten neigten – so wie Elisabeth – traditionell (aus welchen Gründen auch immer) dazu, Nietzsches eigene Darstellung des Bruchs mit Wagner zu ignorieren. Sie sahen die Ursache des Bruchs nicht in Wagners Antisemitismus, sondern machten zweitrangige Faktoren – wie Wagners Bekehrung zum Christentum – dafür verantwortlich oder die Tatsache, daß Wagner Nietzsche tödlich beleidigte, als er dessen Arzt schrieb, er führe Nietzsches „Sonderbarkeit" auf habituelle Masturbation zurück, usw. [Zum Letzteren vgl.: Köhler, Joachim (1996): *Friedrich Nietzsche und Cosima Wagner. Die Schule der Unterwerfung*. Kap. 9 („Eine tödliche Beleidigung"), S. 156–175.]

⁹² In der *Geburt der Tragödie* (1872) war von den Juden keine Rede.

⁹³ „Unangenehme, ja gefährliche Eigenschaften hat jede Nation, jeder Mensch; es ist grausam, zu verlangen, dass der Jude eine Ausnahme machen soll." Nietzsche (1878): *Menschliches, Allzumenschliches. Ein Buch für freie Geister*. Erster Band, Aph. 475 („Der europäische Mensch und die Vernichtung der Nationen"). *Sämtliche Werke* (KSA), Bd. 2, S. 310. Zum antiken Judentum vgl. Nietzsche (1881): *Morgenröthe*, Aph. 38, 68, 72 und 205. *Sämtliche Werke* (KSA), Bd. 3. Nietzsche (1882): *Die fröhliche Wissenschaft*, Aph. 135–139. A.a.O (Anm. 50).

⁹⁴ Vgl. Nietzsche (1883–1885): *Also sprach Zarathustra*. I. Teil, „Von tausend und Einem Ziele". *Sämtliche Werke* (KSA), Bd. 4, S. 74 ff. IV Teil, „Gespräch mit den Königen", a. a. O., S. 304–308. Hier gebraucht Nietzsche das Wort „Jude" im Zusammenhang mit Christus. Wie schon gesagt, ist der Text, obwohl die Worte Juden und Christen kaum oder gar nicht vorkommen, erfüllt von jü-

disch-christlicher Metaphorik und voll von bösartiger Polemik gegen Nietzsches antisemitische Gegner. Werner Dannhauser hat herausgefunden, daß das Wort „Christentum" im *Zarathustra* nicht vorkommt (*Nietzsche's View of Socrates*, New York 1974, S. 241).

[95] Förster-Nietzsche, Elisabeth (Hg.) (1909): *Friedrich Nietzsches Briefe an Mutter und Schwester.* [*Friedrich Nietzsches Gesammelte Briefe*, Bd. 5.] Leipzig, 2. Teil, Nr. 377 (Winter 1883/84), S. 558 und 559. [Der Brief gehört zu den (mehr als 32) „unechten", von Schlechta als Fälschungen der Schwester entlarvten Briefen Nietzsches, die weder in die Schlechta-Edition, noch in die *Sämtliche Briefe-Edition* (KSB) aufgenommen wurden. Vgl. Schlechta, Karl (Hg.) (1958): *Friedrich Nietzsche. Werke in drei Bänden.* München. „Philologischer Nachbericht", Bd. III, S. 1383–1432, speziell S. 1408–1423. – Santaniello zitiert den fraglichen Brief nach Low (1979), a. a. O. (Anm. 4), S. 383.]

[96] Nietzsche (1886): *Jenseits von Gut und Böse*, Aph. 251. *Sämtliche Werke* (KSA), Bd. 5, S. 193.

[97] Auch vor *Jenseits von Gut und Böse* pries Nietzsche durchgehend die Juden seiner Zeit, war ihnen gegenüber aber nicht völlig unkritisch. (Vgl. zum Beispiel seine Bemerkung, daß die Juden, im Unterschied zu den Griechen, keinen Sinn für die Tragödie hatten, „trotz aller [ihrer] dichterischen Begabung und Neigung zum Erhabenen". Nietzsche (1882): *Die fröhliche Wissenschaft*, Aph. 135. *Sämtliche Werke* (KSA), Bd. 3, S. 487.) Seit *Jenseits von Gut und Böse* weiß Nietzsche seine jüdischen Zeitgenossen im Grunde nur noch über alle Maßen zu loben, wobei er oft die Juden den dekadenten Deutschen – und das Alte dem Neuen Testament – gegenüberstellt. „Dieses neue Testament [...] mit dem alten Testament zu Einem Buche zusammengeleimt zu haben, [...] das ist vielleicht die grösste Verwegenheit und ‚Sünde wider den Geist', welche das litterarische Europa auf dem Gewissen hat." Nietzsche (1886): *Jenseits von Gut und Böse*, Aph. 52. *Sämtliche Werke* (KSA), Bd. 5, S. 72. Vgl. ferner Nietzsche, *Die fröhliche Wissenschaft*, 5. Buch (1887), Aph. 348, a. a. O., S. 583 ff. Nietzsche, *Zur Genealogie der Moral*, 1. Abh., Aph. 16, und 3. Abh., Aph. 22; a. a. O. (Anm. 77), S. 285–288 und S. 392–395. Nietzsche ([1888/89] 1908): *Ecce homo*. „Warum ich so klug bin", Aph. 7; „Der Fall Wagner", Aph. 4; *Sämtliche Werke* (KSA), Bd. 6, S. 362 ff. Nietzsche [1888]: *Nachgelassene Fragmente*, Herbst 1885 bis Anfang Januar 1889, 2. Teil, *Sämtliche Werke* (KSA), Bd. 13, S. 456 (15 [80]). Usw. – Nietzsche schätzte die Juden seiner Zeit offensichtlich nicht deshalb so hoch, weil er überzeugt gewesen wäre, sie seien vollkommen oder reinrassig. Er nahm diese Auszeichnung vor, um seine politischen Gegner, die Verächter seiner jüdischen Zeitgenossen, zu treffen. Vgl. *Ecce homo*, „Warum ich so gute Bücher schreibe", Aph. 2; a. a. O., S. 301 f.

[98] Vgl. Danto, Arthur (1965): *Nietzsche as Philosopher*. New York, S. 166 f. („War er kein Antisemit, dann war seine Sprache irreführend bis zur Verantwortungslosigkeit.") Duffy und Mittleman (1988): „Nietzsches attitudes ...", a. a. O. (Anm. 89), S. 313 und S. 317. Eisen, Arnold M. (1986): „Nietzsche and the Jews reconsidered." *Jewish Social Studies*, Bd. 48, H. 1, S. 7.

⁹⁹ Nietzsche (1881): *Morgenröthe*, Aph. 84 („Die Philologie des Christenthums"). A. a. O. (Anm. 93), S. 79 f. Golomb (1988): „Nietzsche's Judaism of power", a. a. O. (Anm. 9), S. 379. Nietzsches berüchtigter Satz: „im Grunde gab es nur Einen Christen, und der starb am Kreuz", ist in diesem Zusammenhang höchst aufschlußreich. Nietzsche, *Der Antichrist*, Aph. 39; a. a. O. (Anm. 79), S. 211.

¹⁰⁰ Duffy und Mittleman (a. a. O., [Anm. 89], S. 314) führen Nietzsches rein negative Attacke auf das prophetische Judentum in der *Genealogie* auf seine gescheiterte Beziehung zu Rée zurück – und sehen darin einen „zeitweiligen Rückfall" auf frühere antisemitische Tendenzen. Sie sehen nicht, daß es sich hier um einen politischen Schachzug gegenüber der christlichen Theologie handelt, wohl aber, daß seine heftige Attacke gegen das priesterliche Judentum (in *Zur Genealogie der Moral*) auf die christliche Kultur seiner Zeit gemünzt ist. Die Rée-Hypothese der Autoren ist unhaltbar, da sie nicht erklären kann, wieso Nietzsche das priesterlich-prophetische Judentum angriff, nicht aber die zeitgenössischen Juden, zu denen Rée gehörte.

¹⁰¹ Nietzsche, Brief an Franz Overbeck vom 24. 3. 1887; *Sämtliche Briefe* (KSB), Bd. 8, Nr. 820, S. 48. Tal ist sich über Nietzsches Strategie im klaren: „Friedrich Nietzsche, der seiner Muttersprache wie kein anderer mächtig war, wollte seine Generation gegen die Übel seiner Zeit mobilisieren – gegen die Sterilität der zeitgenössischen Kultur, Ethik und Religion und gegen den verhängnisvoll zunehmenden politischen und geistigen Despotismus. Er warnte davor, für die Lebensprobleme der damaligen Zeit einfache Lösungen im engen Rahmen des rassischen und politischen Antisemitismus zu suchen, wie er von Paul de Lagarde, Richard Wagner und Professor Adolf Wahrmund formuliert wurde." Tal, Uriel (1975): *Christians and Jews in Germany*. Religion, Politics and Ideology in die Second Reich, 1871–1914. Ithaca, S. 47.

¹⁰² Nietzsche [1888]: *Nachgelassene Fragmente*, Herbst 1885 bis Anfang Januar 1889. 2. Teil. *Sämtliche Werke* (KSA), Bd. 13, S. 365 (14 [182]).

¹⁰³ A. a. O., S. 440 (15 [45]). Vgl. auch S. 364 f. (14 [180]) und S. 380 f. (14 [195]).

¹⁰⁴ Nietzsche (1881): *Morgenröthe*, Aph. 205 („Vom Volke Israel"). *Sämtliche Werke* (KSB), Bd. 3, S. 180 f. Low zufolge erörterten Nietzsche und Paneth am Vorabend des Auftretens des politischen Zionismus in Europa die Frage einer Wiedergeburt Palästinas. Vgl. Low (1979): *Jews in the Eyes of Germans*. A. a. O. (Anm. 4), S. 388. Nietzsche schickte 1888 viele seiner früher erschienenen und seiner soeben abgeschlossenen Schriften an Brandes. Vgl. dazu Nietzsches Brief an seinen Verleger Ernst Wilhelm Fritzsch vom 2. 12. 1887 und seinen Brief an Heinrich Köselitz vom 6. 1. 1888; *Sämtliche Briefe* (KSA), Bd. 8, Nr. 961 und 973, S. 207 f. und S. 225 f. Ferner Brandes' Briefe an Nietzsche vom 26. 11. 1887 und vom 7. 3. 1888. *Nietzsche Briefwechsel*, Kritische Gesamtausgabe, III. Abt., 6. Bd.: *Briefe an Friedrich Nietzsche*. Nr. 500 und Nr. 527, S. 120 f. und S. 170–173. Brandes und Nietzsche, die keine Gelegenheit hatten, sich persönlich kennenzulernen, hatten im Jahr zuvor damit begonnen, Briefe, Photographien und Gedanken miteinander auszutauschen. Brandes

prägte zur Charakterisierung von Nietzsches Denken den Ausdruck „aristokratischer Radikalismus", was Nietzsche sehr gefiel. [Vgl. Nietzsches Brief an Heinrich Köselitz vom 20. 12. 1887 – *Sämtliche Briefe* (KSB), Bd. 8, Nr. 964, S. 213.] Auch Brandes dachte elitär und ärgerte sich über die Deutschen.

[105] Vgl. Brinton (1941), a. a. O. (Anm. 7), S. 215.

[106] Lagarde schrieb: „Es gehört ein Herz von der Härte einer Krokodilhaut dazu, um mit den armen, ausgesogenen Deutschen nicht Mitleid zu empfinden, und – was dasselbe ist – um die Juden nicht zu hassen, um diejenigen nicht zu hassen und zu verachten, die – aus Humanität! – diesen Juden das Wort reden, oder die zu feige sind, dies wuchernde Ungeziefer zu zertreten." „Mit Trichinen und Bazillen wird nicht verhandelt, Trichinen und Bazillen werden auch nicht erzogen, sie werden so rasch und so gründlich wie möglich vernichtet." Lagarde, Paul de (1887): *Mittheilungen*, Bd. II, Göttingen, S. 339 („Juden und Indogermanen"). [Santaniello zitiert Lagarde nach Bauer, Yehuda (1982): *A History of the Holocaust*. New York, S. 43.]

[107] Vgl. Aschheim, a. a. O. (Anm. 48), S. 98. Nietzsche (1889): *Götzen-Dämmerung oder Wie man mit dem Hammer philosophirt*. „Sprüche und Pfeile", Aph. 8. *Sämtliche Werke* (KSA), Bd. 6, S. 60.

[108] „Ich habe eine erschreckliche Angst davor, dass man mich eines Tages h e i l i g spricht: man wird errathen, weshalb ich dies Buch vorher herausgebe, es soll verhüten, dass man Unfug mit mir treibt . . ." Nietzsche ([1888/89] 1908): *Ecce homo. Wie man wird, was man ist.* „Warum ich ein Schicksal bin", Aph. 1. A. a. O. (Anm. 97), S. 365.

Zu den Nazi-Gegnern, die später Nietzsche gegen die Nazis verteidigten, gehören: Bataille, Georges ([1944] 1945): *Sur Nietzsche*. Volonté de chance. *Œuvres complètes*, Bd. VI (*La Somme Athéologique*, Bd. 2), Paris 1973, S. 7–205. Mann, Thomas (1947): „Nietzsche's Philosophie im Lichte unserer Erfahrung." *Gesammelte Werke in Einzelbänden*. Frankfurter Ausgabe (ed. Peter de Mendelssohn). *Leiden und Größe der Meister*. Frankfurt 1982; S. 838–875. Camus, Albert (1951): *Der Mensch in der Revolte*. Hamburg 1953, S. 70–85 („Nietzsche und der Nihilismus"). Die allerradikalsten „Nazifizierer Nietzsches" waren George Lichtheim, der behauptete, „daß ohne Nietzsche der SS [. . .] die Inspiration gefehlt hätte, die sie allein zur Durchführung ihres Massenmordprogramms in Osteuropa befähigte." Lichtheim, George (1972): *Europa im zwanzigsten Jahrhundert. Eine Geistesgeschichte der Gegenwart*. München 1973, S. 271. Ferner Georg Lukács, der aus marxistischer Sicht [über Nietzsche und Hitler] schrieb. Lukács, Georg (1954): *Die Zerstörung der Vernunft. Der Weg des Irrationalismus von Schelling bis Hitler*. Berlin, Kap. 3 und 7.V. Schließlich McGovern, William (1941): *From Luther to Hitler*. New York. Nietzsches Aneignung durch die Nazis ging natürlich nicht ohne Einwände und Diskussionen vonstatten; doch hat sie sich dem allgemeinen Bewußtsein für immer tief eingeprägt. Das heißt aber nicht, daß dadurch auf Nietzsche für alle Zeit ein schlechtes Licht fiele; gerade das Gegenteil könnte der Fall sein.

Harald Lemke

Nietzsche: Kritische Theorie als Ethik

In systematischer Hinsicht läßt sich Kritische Theorie als eine Philosophie der Freiheit verstehen. Sie operiert in zwei Richtungen: ihre kritische Arbeit besteht darin, diejenigen Herrschaftsverhältnisse und Lebensbedingungen zu kritisieren, die Freiheitsmöglichkeiten unterdrücken und Menschen unfrei machen. Die Arbeit der Kritik richtet sich gegen die Unvernunft der vorherrschenden Existenzbedingungen. Die theoretische Kritik ist allerdings nur Mittel für einen anderen Zweck: als ein Denken der Freiheit geht es Kritischer Theorie vor allem darum, schon im Bestehenden *die ergreifbaren Möglichkeiten* zu konkreten Veränderungen und der Verwirklichung eines freien und selbstbestimmten Lebens *aufzuweisen*. In diesem dialektischen Selbstverständnis reflektiert eine kritische Philosophie das objektiv gegebene Potential einer Praxis der Freiheit. Durch die „dynamische Einheit" (Horkheimer 1968: 43) von Kritischer Theorie und verändernder Praxis wird eine Verwirklichung solcher Philosophie im Leben möglich – wie dies der junge Marx forderte. Nur irrte Marx in dem Glauben, die philosophisch ausweisbare und theoretisch mögliche Verwirklichung von Freiheit würde mit historischer Notwendigkeit kommen. Von Marx' geschichtsphilosophischer Annahme einer gesellschaftlichen Zwangsläufigkeit der proletarischen Weltrevolution hatte sich die ältere Kritische Theorie um Horkheimer und Adorno schon in den dreißiger Jahren verabschiedet. Dazu bedurfte es nicht erst des Zusammenbruchs des Realsozialismus.

Überzeugt von der Unmöglichkeit, konkrete Alternativen und ergreifbare Potentiale der Gesellschaftsveränderung aufweisen zu können, verfielen Adorno und Horkheimer in den sechziger Jahren in eine Resignation und Hoffnungslosigkeit, die ihre Kritische Theorie am Ende in die Sackgasse eines subjektiven und letztlich willkürlichen Negativismus trieben. Der sogenannte „Streit um die Erbschaft der Kritischen Theorie" (Dubiel 1989), in den Habermas Adorno und Horkheimer verwickelte, bezog sich auf das angesprochene Problem der theoretischen Aufgabe, eine ergreifbare Alternative und ein Anderes zur Unvernunft des Bestehenden aufzuzeigen, um überhaupt eine dialektische Gesellschaftstheorie formulieren zu können. Allerdings gelang es auch Habermas' Kommunikationstheorie aus den achtziger Jahren nicht, ein ausreichendes begriffliches Instrumentarium für die Fortführung einer Kritischen Theorie zu bieten, um zur notwendigen Transformation der modernen Arbeitsgesellschaft philosophisch beizutragen (vgl. Lemke 1996).

Vor dem Hintergrund dieser Entwicklung der Kritischen Theorie sehe ich die aktuelle Bedeutung von Nietzsches Philosophie der Freiheit, wie er sie in seiner mittleren Lebensphase, in den Schriften *Menschliches, Allzumenschliches*, *Morgenröte* und *Die Fröhliche Wissenschaft*, entwickelt hat. Nietzsches Philosophie der Freiheit entspricht in ihrem dialektischen Zuschnitt, nämlich Kritik der Unfreiheit *und* zugleich auch Aufweis möglicher Selbstbestimmung zu sein, vielleicht weit mehr dem Programm einer Kritischen Theorie, als so mancher, der Anspruch auf diesen Namen erhebt. So muß der Schritt von Marx zu Nietzsche entgegen geläufiger Bedenken auf keine Verabschiedung ‚linker Theorie' hinauslaufen, sondern kann ihre veränderte Fortsetzung bedeuten. Jedenfalls bietet Nietzsche meines Erachtens eine *(un-)zeitgemäße* Version einer kritischen Freiheitsphilosophie und eine in vielerlei Hinsicht reformulierbare Alternative zur Tradition der marxistischen Gesellschaftstheorie an. Nietzsche als kritischen Theoretiker anzusprechen, ruft sicherlich Irritationen hervor, wenn man bedenkt, daß gerade Habermas in Nietzsche den Wegbereiter und Vater der Postmoderne im negativsten Sinne ihrer Bedeutung sieht – also als Gegenaufklärung, radikale Vernunftkritik und Absage an jede Form normativer Philosophie (Habermas 1985). Allerdings schießt Habermas mit seiner Polemik weit über sein Ziel hinaus. So läßt sich zwar sagen, daß Nietzsche ohne Zweifel (und avant la lettre) der postmoderne Philosoph *par excellence* ist, sofern man unter Postmoderne die schonungslose Kritik an der Moderne und an der Vorherrschaft instrumenteller Vernunft versteht. Denn in der Tat gehen von Nietzsche die entscheidendsten Impulse zum philosophischen Postmodernismus aus: seine Kritik an den ‚großen Erzählungen' von der Einen Wahrheit, von einer metaphysischen Hinterwelt, von Gott, also von der absoluten Verbindlichkeit höchster Werte, vom Fortschrittsglauben und philosophiegeschichtlichen Teleologien, vom Glück der Arbeit und einer Moral der Selbstlosigkeit. Die folgenreiche Erkenntnis, daß all diese Erzählungen fraglich geworden sind und jede Form normativer Letztbegründung nicht länger möglich sei, daß – in Nietzsches Worten – ‚Gott tot ist', bewertet Nietzsche aber als einen nicht rückgängig zu machenden, kritischen Aufklärungsprozeß. Er zieht aus dieser ideologiekritischen Einsicht gerade nicht die postmoderne Konsequenz, daß nichts gilt und folglich ‚anything goes'. Im Gegenteil, aus der Ernüchterung darüber, daß die letzten Wahrheiten und vorherrschenden Lebensideale nur selbstgeschaffene Konstruktionen sind, folgt für Nietzsche vielmehr die Notwendigkeit, andere Lebensideale, eine nicht-metaphysische Vernunft und glaubwürdigere Wahrheiten *neu zu erschaffen*. Mit seiner Kritik an den alten Werten verbindet Nietzsche den Impuls, sich der schwierigen Aufgabe zu stellen, neue und zwar erstrebenswerte, wirkungsvolle und bejahbare Werte zu begründen. Nietzsches Philosophie redet keinem postmodernen Nihilismus das Wort. Weder muß man in ihm einen postmodernen Relativisten sehen, noch aber entpuppt er sich in seinem größenwahnsinnigen Versuch, neue Gottheiten zu schöpfen, als der letzte Metaphysiker. Vielmehr gibt sich Nietzsche als der erste Theoretiker zu erkennen, der im klaren Bewußtsein des Fallibilismus der höchsten Werte an deren Notwendigkeit gleichwohl festhält und sich an die Arbeit ihrer philosophischen Begründung macht. Nach einer kritischen Aufklärung über die Unmöglichkeit und Unwahrheit *letzter* Gründe versucht sich Nietzsche als erster nachmetaphysischer Denker an der möglichen Wahrheit *guter* Gründe – für eine fröhliche Vernunft. Der leichtfüßige Wanderer Friedrich Nietzsche geht einen Schritt zurück, um zwei auf einmal voran zu schreiten; er ertänzelt sich gleichsam den philosophischen Fort-Schritt der Freiheit. Der ‚tolle Mensch' wirft seine Laterne auf den Boden, weil er mit seiner Gottsuche bei den Umstehenden nur auf Unverständnis stößt. „Ich bin zu früh, sagte er dann, ich bin noch nicht an der Zeit." (KSA 3, 480) Vielleicht ist Nietzsches Zeit jetzt gekommen – rechtzeitig zu einem welthistorischen Zeitpunkt, der er selbst prophezeite: nach einem Jahrhundert und zu Beginn eines neuen Jahrtausends (KSA 6, 313 ff.). Die Aktualität seiner kritischen Philosophie der Freiheit liegt jedenfalls darin, daß sie jenseits der Postmoderne Perspektiven für eine *andere*, eine umgewertete und künftige Moderne eröffnet.

Nietzsches Freiheitsdenken liegen persönliche Lebensumstände zugrunde, die mit denjenigen vergleichbar sind, denen sich gerade heute immer mehr Menschen als Folge einer gesamtgesellschaftlichen Individualisierung konfrontiert sehen. Nietzsche ist einer der ersten, der sich philosophisch mit den praktischen und normativen Konsequenzen dieses Individualisierungsprozesses beschäftigt. Er führt dazu aus: „Der gefährliche und unheimliche Punkt ist erreicht, wo das grössere, vielfachere, umfänglichere Leben über die alte Moral hinweg lebt; das ‚Individuum' steht da, genötigt zu einer eigenen Gesetzgebung, zu eigenen Künsten und Listen der Selbst-Erhaltung, Selbst-Erhöhung, Selbst-Erlösung. Lauter neue Wozu's, lauter neue Womit's, keine gemeinsamen Formeln mehr [...]." (KSA 5, 216) Nietzsche registriert diese Lebenssituation nicht einfach als eine soziologische Tatsache; er nimmt in dem gegebenen Individualismus gerade das *emanzipatorische Potential*, den Zuwachs an *individualer Freiheit* wahr. Nietzsche erkennt darin die einzigartige Chance zur Verwirklichung einer selbst-bestimmten Gestaltung des eigenen Lebens. Ausdrücklich ist für ihn das historische Subjekt dieser ergreifbaren Freiheit der „Einzelne", der „selbsteigene, freie Mensch", das „Individuum" und dessen „Selbst- und Lustgefühl", ein selbstbestimmtes Leben gestalten zu können.[1]

Von dieser Situation ausgehend stellt Nietzsche sich die Aufgabe, das Programm zu einer „neuen Lebensweise" zu entwerfen, in dessen Zentrum im Unterschied zur traditionellen Moral keine gesetzmäßigen Normen und Tugendpflichten stehen, sondern die selbsterwählte Ethik des Einzelnen. Daraus ergibt sich für ihn die inhaltliche Aufgabe, entsprechende Werte und Lebensideale zu erschaffen. Diesbezüglich macht er sich zunächst den *lebenspraktischen Umfang* einer solchen Ethik klar. Eine Ethik, die sich auf die Gestaltung des alltäglichen Lebens bezieht, hat Nietzsche zufolge die ganze Fülle von dessen Kleinigkeiten – „die nächsten Dinge, zum Beispiel Essen, Wohnen, Sich-Kleiden, Verkehren" – zu umfassen und „zum Objekt des stätigen unbefangenen und allgemeinen Nachdenkens und Umbildens" (KSA 2, 541) zu machen. Entsprechend gilt es, all „die nächsten und kleinsten Dinge" in den Blick zu nehmen, die vom Großteil der bisherigen Moraltheorie ignoriert (KSA 6, 374) oder verächtlich als unbedeutend aus dem Bereich der ethisch relevanten Lebenspraxis abgedrängt wurden (KSA 2, 542). Hinsichtlich des Umstandes, daß es sich bei alledem um die abenteuerliche Suche nach neuen Welten und um das Betreten noch ganz unentdeckten Neulands einer philosophischen Lebenskunst handelt, hebt Nietzsche – als selbsternannter Kolumbus neuer Lebensformen – die Notwendigkeit des Experimentierens hervor.[2] Mit dem experimentellen Charakter eines selbstgestalteten Lebens verbindet er die praktische Einsicht, daß die Verwirklichung einer neuen Lebensweise nur über das langwierige und kleinschrittige Geschehen einer beständigen Praxis der Einübung und Angewöhnung bestimmter Lebensvollzüge möglich ist. Dazu führt er in einer längeren Passage aus:

> „L a n g s a m e Kuren. – Die chronischen Krankheiten der Seele entstehen wie die des Leibes, sehr selten nur durch einmalige grobe Vergehungen gegen die Vernunft von Leib und Seele, sondern gewöhnlich durch zahllose unbemerkte kleine Nachlässigkeiten. – Wer zum Beispiel Tag für Tag um einen noch so unbedeutenden Grad zu schwach athmet und zu wenig Luft in die Lunge nimmt, so dass sie als Ganzes nicht hinreichend angestrengt und geübt wird, trägt endlich ein chronisches Lungenleiden davon: in einem solchen Falle kann die Heilung auf keinem anderen Wege erfolgen, als dass wiederum zahllose kleine Übungen des Gegentheils vorgenommen und unvermerkt andere Gewohnheiten gepflegt werden, zum Beispiel, wenn man sich zur Regel macht, alle Viertelstunden des Tages Einmal stark und tief aufzuathmen (womöglich platt am Boden liegend; eine Uhr, welche die Viertelstunden schlägt, muss dabei zur Lebensgefährtin gewählt werden). L a n g s a m und

kleinlich sind alle diese Kuren; auch wer seine Seele heilen will, soll über die Veränderung der kleinsten Gewohnheiten nachdenken. Mancher sagt zehnmal des Tages ein böses kaltes Wort an seine Umgebung und denkt sich Wenig dabei, namentlich nicht, dass nach einigen Jahren er ein G e s e t z der Gewohnheit über sich geschaffen hat, welches ihn nunmehr n ö t h i g t, zehnmal jedes Tages seine Umgebung zu verstimmen. Aber er kann sich auch daran gewöhnen, ihr zehnmal wohlzuthun!" (KSA 3, 278)

Auf diese Weise macht Nietzsche sich klar, daß die Verwirklichung einer selbstbestimmten, freien Existenz in der alltäglichen Lebenspraxis die ganz und gar unspektakuläre Form von mühsam eingeübten Gewohnheiten, leicht mißlingenden Kunstgriffen und handgreiflich praktischen Tätigkeiten annimmt. Weil für Nietzsche die Praxis der Freiheit in der Gestaltungsarbeit des alltäglichen Lebens besteht, hat Ethik hier den Charakter einer *Ästhetik der Existenz*, einer Lebenskunst: „Das eigenthümlichste Product eines Philosophen ist sein Leben, es ist sein Kunstwerk" (KSA 7, 804; vgl. auch KSA 3, 464, 538; KSA 9, 361).

In jüngster Vergangenheit wird vor allem Foucault und nicht so sehr Nietzsche im Zusammenhang einer Neubegründung der Ethik als Ästhetik der Existenz genannt, wobei daran zu erinnern ist, daß auch Marcuse schon in den siebziger Jahren eine Annäherung der Kritischen Theorie an Überlegungen zu einer philosophischen Lebenskunst betrieb (vgl. Lemke 1995). Genauer betrachtet hat Foucault allerdings nur den kleinsten Teil von Nietzsches Vorarbeiten zu einer neuen Ethik aufgegriffen. Mit anderen Worten, hinsichtlich der Ausarbeitung einer Ethik des Individuums als einer Ästhetik der Existenz ist bei Nietzsche weit mehr zu holen als bei Foucault. Ein unter Moraltheoretikern verbreiteter Einwand gegenüber Nietzsche (und Foucault) betrifft die Kritik, dieser Ansatz laufe auf einen heillosen Subjektivismus hinaus. In der Tat finden sich bei Nietzsche viele Formulierungen, die diesen Einwand rechtfertigen. Im Kern aber geht es ihm um die philosophische Begründung einer Ethik, die zwar vom einzelnen Individuum ausgeht und gewählt werden muß; die sich aber durchaus jedem und allen empfiehlt (vgl. KSA 3, 95). In diesem Zusammenhang steht Nietzsches Theorem von der ewigen Wiederkunft – allerdings nicht verstanden als metaphysisches Erklärungsmodell, sondern in dem eingeschränkten und einzig vertretbaren Sinne einer ethischen Maxime. Auch wenn die verschiedenen Formulierungen und unterschiedlichen Umschreibungen erkennen lassen, daß Nietzsche das, an was er dabei denkt, nicht sicher in den Griff bekommt, so ist seine Intuition doch deutlich erkennbar und ließe sich am besten auf die allgemeine Formel bringen: „Handle so, daß du dein Leben so, wie du es im Augenblick lebst, immer wieder leben wollen könntest."[3]

Aus dieser Maxime ergibt sich für Nietzsche, wie es in einer Notiz aus dem Jahre 1881 heißt, die „[u]nendliche Wichtigkeit unseres Wissen's, Irren's, unsrer Gewohnheiten, Lebensweisen für alles Kommende." (KSA 9, 494) Nietzsche formuliert damit einen ethischen Grundsatz, der sich (neben dem Seitenhieb gegen das christliche Askeseideal eines in die himmlische Ewigkeit vertagten Lebens) ausdrücklich als kritische Absetzung und Umkehrung des kategorischen Imperativs versteht. Denn er legt seinen normativen Schwerpunkt nicht auf die gesetzesmäßige Verallgemeinerbarkeit eines Handlungsmotivs, weil jede Situation praktischen Handelns hinsichtlich ihrer kontextuellen Bedingungen je verschieden ist. Vielmehr legt die Verewigungsformel ihr Gewicht auf die praktisch-situative Beurteilung, inwieweit das eigene Leben im einzelnen dauerhaft und nachhaltig lebenswert, d. h. bejahbar und mit Lust verbunden werden kann. Mit dem Kriterium der ewigen Wiederkunft stattet Nietzsche seine Ethik mit einem formalen Gestaltungs- und Beurteilungsprinzip aus,[4] das in seiner inhaltlichen Orientierung auf den höchsten Wert voller Lebensbejahung und erfüllter Lebenslust auch material nicht unbestimmt bleibt. Wenn also Nietzsches Konzept eines selbstgestalteten Lebens in praktischer Hinsicht den Charakter einer Ästhetik der Existenz hat, so erweist es sich mit Bezug auf seine prinzipielle Begründung als eine *formale Ethik des lustvoll-guten Lebens*. Nietzsche nähert sich dabei dem zentralen Anliegen der sokratischen Ethik. Insofern verwundert es nicht, wenn er den Xenophonischen Sokrates mit Begeisterung liest und seine ehemals ablehnende Haltung revidiert. Nietzsche begeistert sich daran, daß Sokrates das höchste Gut als das individuelle Glück der Lust bestimmt und auf den Denkfehler hinweist, ‚Lust' bloß mit wahllosem Vergnügen und willkürlicher Bedürfnisbefriedigung gleichzusetzen (vgl. KSA 2, 94 f.; Böhme 1988, 84 ff.). Gerade vor dem Hintergrund der Kritik eines falsch verstandenen Hedonismus und der möglichen Unwissenheit hinsichtlich der richtigen Lust gewinnt wie bei Sokrates auch bei Nietzsche *ein Wissen* um das Lustvolle des ethisch Guten an Bedeutung.[5] Dieses ethische Wissen der aufs eigene Wohlleben bezogenen Selbsterkenntnis betrifft die praktischen Lebensfragen, was für einen (in ethischer Hinsicht) gut ist, sowie die eigenen Wertschätzungen, in wie weit einem etwas (in ethischer Hinsicht) Lust oder Unlust macht.[6] Nietzsche geht es dabei um die philosophische Aufwertung eines praktischen Wissens, das im Unterschied zu Theorie und reiner Wissenschaft einen existenziellen Bezug zur alltäglichen Lebensgestaltung hat. Ziel dabei ist, daß das Individuum sich dieses Wissen einverleibt und instinktiv macht – wie es in der *Fröhlichen Wissenschaft* (KSA 3, 383) heißt. Nietzsches Wissenschaftskritik zielt dementsprechend auf die Aufwertung einer Selbstbildung ab, deren Wert in der Aneignung eines Wissens liegt, das für die Gestaltung eines selbstbestimmten Wohllebens wichtig ist (KSA 3, 168 ff.). Die Einheit von Denken und Existenz, die Ganzheit von persönlicher Ethik und „Wahrheit"[7] zeichnet Nietzsche zufolge das eigentlich philosophische Wissen bzw. das bewußte Leben des Philosophen aus. Allerdings setzt dies voraus, „dass man den Begriff ‚Philosoph' nicht auf den Philosophen einengt, der Bücher schreibt – oder gar seine Philosophie in Bücher bringt!" (KSA 5, 57) Mit Nachdruck setzt Nietzsche den echten Philosophen von der Existenz des Gelehrten, des Wissenschaftlers und Universitätsprofessors kritisch ab. Beinahe beiläufig liefert er so eine Neubegründung der Philosophie als Lebensweise: Gemäß der individualen Ethik zu leben heißt folglich nichts anderes, als philosophisch zu leben. Und umgekehrt wird Philosophie in der Praxis einer ethischen Lebensgestaltung verwirklicht und in der individuellen Wissenschaft eines lustvollen Lebens gelebt. Das ethische Subjekt einer selbstbestimmten Lebenspraxis ist der „Philosoph". – Zweifelsohne rührt das Faszinierende an der Person Friedrich Nietzsches zu einem hohen Maße daher, daß er auf beispielhafte Weise ein in diesem Sinne echter Philosoph war und Philosophie lebte.

Aufgrund der existentiellen Ganzheit von Denken und Leben ist das philosophische Wissen nicht nur das *Denken der Lust* (des Lustvollen), vielmehr verbindet sich umgekehrt damit auch eine *Lust am Denken*. Hinsichtlich dieses Wechselspiels zwischen Denken und Lust spricht Nietzsche ausdrücklich von einer „Leidenschaft der Erkenntnis". Darüber hinaus versucht Nietzsche sich mit dem, was er die „Physiologie"[8] nennt, eines bestimmten Wissenstyps zu vergewissern, der die Kenntnis des Lustvollen aus der philosophischen Einsicht in diejenigen lebenspraktischen Bedingungen und Aufgaben gewinnt, die für eine nachhaltige Befriedigung spezifisch leiblicher und persönlicher, lebenslustverheißender Bedürfnisse und Lebensmöglichkeiten erforderlich sind. So umfaßt die ethische Arbeit des Wissens neben der Kenntnis des Guten auch ein *Lebenwissen*. Denn, da die philosophische Lebenskunst auf einem einverleibten und buchstäblich verkörperten und gelebten Wissen beruht, hängt die Ästhetik der Existenz vom ‚praxologischen' Wissen ab, sich auf die betreffenden (und im folgenden noch genauer zu bestimmenden) Tätigkeiten und Lebensvollzüge auch ‚lebenspraxisch' gut zu verstehen. Allerdings gelingt Nietzsche das schwierige Unterfangen einer lebenspraktisch hergeleiteten Normativität nicht, ohne immer wieder einerseits in eine deterministische Biologie abzudriften (vgl. KSA 3, 96 f.) und andererseits in die metaphysische Theorie einer (ersten) Natur des Menschen zurückzufallen (vgl. KSA 3, 464 f.). Nietzsche war sich der unzureichenden Grundlage seiner „Physiologie" durchaus bewußt, weshalb er von der Notwendigkeit einer umfassend wissenschaftlichen Forschung und einer entsprechenden Erkenntnisausrichtung der Wissenschaften im ganzen (KSA 3, 274) und der praktischen Philosophie im besonderen spricht:

„Hat man schon die verschiedene Eintheilung des Tages, die Folgen einer regelmässigen Festsetzung von Arbeit, Fest und Ruhe zum Gegenstand der Forschung gemacht? Kennt man die moralischen Wirkungen der Nahrungsmittel? Giebt es eine Philosophie der Ernährung? (Der immer wieder losbrechende Lärm für und wider den Vegetarianismus beweist schon, dass es noch keine solche Philosophie giebt!) Sind die Erfahrungen über das Zusammenleben, zum Beispiel die Erfahrungen der Klöster, schon gesammelt? Ist die Dialektik der Ehe und Freundschaft schon dargestellt?" (KSA 3, 379)

Auf welchen Idealen, Praktiken, Lebensvollzügen, Tätigkeiten und Gewohnheiten beruht nun die individuale Ethik eines selbstbestimmten Lebens, die den Kern Nietzsches kritischer Philosophie der Freiheit bildet? Welche Lebenskünste und ‚lebenspraxischen' Erfordernisse ermöglichen ein wohlverstanden lustvolles, philosophisches Leben? Ein Grunderfordernis, über das sich Nietzsche in seiner Auseinandersetzung mit dem antiken Ideal der *vita contemplativa* (vgl. KSA 3, 329) Klarheit verschafft, betrifft den vom Einzelnen selber bestimmbaren Spielraum freier Zeit: „Wer von seinem Tage nicht zwei Drittel für sich hat, ist ein Sklave, gleichgültig, ob er sich Staatsmann, Kaufmann, Beamter oder Gelehrter nennt." Dieses Lebensideal, das sich im weitesten Sinne zwischen den Modellen einer ökonomischen Grundsicherung und möglicher Teilzeitarbeit bewegt – „Zeitig sein äusserliches Ziel erreichen, ein kleines Amt, ein Vermögen, das gerade ernährt" (KSA 8, 295) –, macht an diesem Punkt die Aktualität von Nietzsches Ethik besonders deutlich. Freilich konkretisiert er mit diesen Überlegungen diejenigen lebenspraktischen Grundbedingungen für ein freies Leben, die auch schon bei Marx in einigen Formulierungen zu finden sind. So heißt es im *Kapital*: „Das Reich der Freiheit beginnt in der Tat erst da, wo das Arbeiten, das durch Not und äußere Zweckmäßigkeit bestimmt ist, aufhört. [...] Die Verkürzung des Arbeitstags ist die Grundbedingung." (Marx 1969, 828)

Darüber hinaus sieht Nietzsche die Möglichkeit zur Selbstbestimmung in drei selbstgestaltbaren Lebensbereichen: a) dem Bereich der persönlichen Beziehungen, b) dem Umgang mit der eigenen Leiblichkeit und c) der Selbsterfahrung im Kulturellen. Mit diesen philosophischen Lebenskünsten erstellt Nietzsche weder eine beliebige noch eine rein subjektive Gütertafel. Im Gegenteil ist der entscheidende Punkt hier, daß dabei solche individualen Aufgaben der alltäglichen Lebensgestaltung in den Blick kommen, aufgrund deren Praxis und der damit verbundenen „regelmäßigen Selbsttätigkeit" für jeden ein selbstbestimmtes Leben verwirklichbar ist. So spielt für den Bereich der persönlichen Beziehungen die *Praxis der Freundschaft* eine zentrale Rolle. Nietzsches Zarathustra lehrt „den Freund", als „Fest der Erde und Vorgefühl des Uebermenschen". In der alltäglichen Praxis der Freundschaft verwirklicht sich ein selbstbestimmt gestaltetes Sozialleben, weil freundschaftliche Beziehungen auf der wechselseitigen Anerkennung und Gleichheit der Freiheit der beteiligten Individuen beruhen. Gleichzeitig wird individuale Freiheit, verbunden mit der geteilten Lust aneinander (KSA 9, 235), in der gemeinsamen Beziehung praktisch gelebt. Nietzsche zieht daraus die theoretische Konsequenz, daß die Verwirklichung eines im ganzen selbstbestimmten Soziallebens aus dem dauerhaften Gelingen einer Anzahl gleichwertiger Freundschaftsverhältnisse resultiert. In bewußter Anknüpfung an die von Epikur gelehrte und gelebter Freundschaftsutopie fragt Nietzsche seine Freunde: „Wo wollen wir den Garten Epicurs erneuern?" (KSB 5, 399)

Für einen ethischen Umgang mit der eigenen Leiblichkeit gewinnen Fragen der Diätetik und Gesundheit an Wichtigkeit. Dabei geht es Nietzsche sowohl um eine ausgeprägte Kultur der Bewegung und Körperlust. Andererseits geht es ihm um eine nachhaltige Aufwertung gesunder Ernährungspraktiken (vgl. Schipperges 1975). Wie später auch für Marcuse (Marcuse 1974, 54) hat für Nietzsche die Kunst des Kochens und der kundige Umgang mit Nahrungsmitteln den Rang einer philosophischen Lebenskunst, insofern in dieser, von der vorherrschenden Moral geringgeschätzten Lebenspraxis viele wertvolle Aspekte der Lebensqualität, der Genußfähigkeit und der Alltagskultur aufs nächste zusammenliegen und zugleich mit den fernsten Fragen des menschlichen Naturverhältnisses sowie der ernährungsphysiologischen Kenntnis gesunder Lebensmittel verknüpft sind.[9]

Daran anschließend und auf den Bereich von Kunst und Kultur weiter ausdehnend zielt Nietzsches Ethik auf ein neues Verständnis des kulturellen Lebens. Er lehrt „gegen die Kunst der Kunstwerke eine höhere Kunst [...]: die der Erfindung von Festen." (KSA 9, 506; vgl. auch KSA 2, 453 ff.) Mit der Idee, Kunst als Ausdruck einer kulturellen Selbstverständigung und eines höheren Lustzustandes in die alltägliche Lebenspraxis zu reintegrieren (vgl. KSA 3, 446),[10] nimmt Nietzsche die Forderungen der historischen Avantgardebewegungen der zwanziger und sechziger Jahre vorweg, auf die sich später Marcuse mit Blick auf eine ästhetische Praxis der Freiheit erneut bezieht (vgl. Kiwitz 1986).

Durch diese *positiven* Bestimmungen einer philosophischen Lebenskunst vergewissert sich Nietzsche der Inhalte und Lebensaufgaben einer potentiellen Praxis der Freiheit. Dadurch ist es ihm möglich, die *normativen Maßstäbe seiner Kritik* an den bestehenden Lebensverhältnissen und -werten auszuweisen. Darüber hinaus setzt er seine Philosophie dadurch in eine dynamische Beziehung zu dem durch die gesellschaftliche Entwicklung bedingten Potential einer individualen Selbstbestimmung und den damit verbundenen Lebensmöglichkeiten bzw. all jenen Lebensbedingungen, die die Verwirklichung einer Ethik verhindern oder beeinträchtigen. Als negativistischer Teil Nietzsches Gesellschaftskritik sind stichwortartig vier Punkte aufzuführen: 1) Seine Kritik an der bestehenden Moral. Nietzsche kritisiert die traditionelle, platonisch-christlich geprägte Moral, weil sie auf die Unterwerfung des Individuums, auf dessen „Selbstlosigkeit"[11] und „Entselbstung" abzielt und so den leibfeindlichen und repressiven Charakter der abendländischen Kultur rechtfertigt und praktisch möglich macht. 2) Seine Kritik an den vorherrschenden Beziehungsverhältnissen. Mit der aufgewerteten Praxis und Ethik der Freundschaft gewinnt Nietzsche die Grundlage seiner Kritik an der Vorherrschaft des familiären Ehelebens und einer gefühlsbetonten Innerlichkeit und Ideologie der romantischen Liebe. Er nimmt darüber hinaus auch die Gefahr leidvoller Vereinsamung und bloß strategischer Vergemeinschaftung durch reine Zweckbeziehungen in den Blick. 3) Seine Kritik an einer bestehenden Werkästhetik und vorherrschenden Alltagskultur. Aus dem Ideal gelebter Kunst leitet er seine Ablehnung des musealen und bloß schöngeistigem Kunstgenuß einerseits und dem Mangel an alltäglicher, ganzheitlicher Lebenskunst andererseits ab. Schließlich 4) seine Kritik an dem Übergewicht des Arbeitslebens. Ausgehend von der lebenspraktischen Grundbedingung, viel freier Lebenszeit und einem Minimum an unvermeidlicher Erwerbsarbeit, richtet sich Nietzsches Ethik im Unterschied zu Marx nicht frontal und primär an die kapitalistische Wirtschaft, sondern an deren Moral. Er sieht das eigentliche Problem in der „modernen, lärmenden, Zeitauskaufenden, auf sich stolzen, dumm-stolzen Arbeitsamkeit." (KSA 5, 76) – In allen vier Aspekten gibt sich Nietzsche als Wegbereiter der Kritischen Theorie zu erkennen. Adorno und Horkheimer werden Nietzsches „Feldzug gegen die Moral", gegen das Pflichtgebot einer Beherrschung des Selbst aufgreifen und fortsetzen; die Kritik am affirmativen Charakter der modernen Kultur wird von Marcuse weitergetrieben;[12] die Kritik an den existentiellen Zwängen und der sklavischen Fremdbestimmung des Arbeitslebens findet in der aktuellen Auseinandersetzung um das Ende der Arbeitsgesellschaft ihre Fortsetzung (vgl. Gortz 1989; Negt 1985), und auch für die Kritik an Beziehungsverhältnissen liegt ein Versuch vor (Lemke 2000).

In den einleitenden Sätzen der *Minima Moralia* beruft sich Adorno auf das ursprüngliche Verständnis der Philosophie als „die Lehre vom richtigen Leben". Die persönlichen Lebensumstände und historischen Erfahrungen, unter deren Eindruck Adorno im Jahr 1944 dieses Buch schreibt, machen nachvollziehbar, warum für ihn zu dieser Zeit eine als Lehre vom richtigen Leben verstandene Philosophie gerade keine – wie er in bewußter Anlehnung an Nietzsche sagt – fröhliche, sondern nur eine „traurige Wissenschaft" sei. Er führt dazu aus:

„Was einmal den Philosophen Leben hieß, ist zur Sphäre des Privaten und dann bloß noch des Konsums geworden, die als Anhang des materiellen Produktionsprozesses, ohne Autonomie und ohne eigene Substanz, mitgeschleift wird. Wer die Wahrheit übers unmittelbare Leben erfahren will, muß dessen entfremdeter Gestalt nachforschen, den objektiven Mächten, die die individuelle Existenz bis ins Verborgenste bestimmen." (Adorno 1975, 7)

Mein Versuch, im erneuten Rückgriff auf Nietzsche Kritische Theorie als Ethik zu bestimmen, läßt sich von der Überzeugung leiten, daß sich unsere gegenwärtige Lebenssituation auf grundlegende Weise von Adornos Beschreibung unterscheidet. Dieser Unterschied betrifft jedoch nicht allein eine historische Differenz, sondern auch das korrigierte Selbstverständnis des theoretischen Ansatzes selbst, in dem ausgeführten Sinne einer nachhaltigen Aufwertung und grundbegrifflichen Konzeptualisierung der individualen Ethik. Aber der entscheidende Punkt und die weitreichende Differenz gegenüber Adornos Einschätzung ist, daß eine kritische Theorie in emanzipatorischer Absicht davon auszugehen hat, daß der Einzelne in zentralen Lebensbereichen die Möglichkeit zur Selbstbestimmung tatsächlich *ergreifen kann.*

In bezug auf die angesprochenen Lebensaufgaben entscheidet – auch entgegen allen Anscheins – niemand anderes als jeder für sich darüber, wie er lebt. Diese Freiheit und Willkür des Individuums schließt selbstverständlich nicht aus, daß der Einzelne die Möglichkeit eines autonomen Lebens *nicht* wahrnimmt, sondern sich (in diesem Sinne) traurig – aber wahr – mit einem Dasein begnügt, das ganz in der Sphäre des Privaten: im Konsum, in der Reproduktion eigener Arbeitskraft und in familiären Pflichten aufgeht. Für das Selbstverständnis einer als Ethik aufgefaßten Kritischen Theorie ist dabei entscheidend, daß eine Veränderung der vorherrschenden Lebensverhältnisse und die Verwirklichung einer neuen und besseren Lebensweise maßgeblich vom unvertretbaren Einzelnen ausgehen kann und *nicht* – um in Adornos Worten zu sprechen – von „objektiven Mächten bis ins Verborgenste" determiniert ist. Eine als Ethik verstandene Kritische Theorie versucht dem theoretischen Reduktionismus entgegenzuwirken, der die Fragen der individuellen Lebensgestaltung entweder einem subjektiven Relativismus oder einem objektiven Nihilismus überantwortet.

Weil eine Ethik des Selbst zum einen den persönlichen Widerstand gegen die vorherrschende Selbstentfremdung und zum anderen die Selbstbefreiung aus der moralisch geforderten Selbstlosigkeit des traurigen Daseins der „Allermeisten"[13] verlangt, weiß Nietzsche, daß dies viel persönlichen „Mut" und „Selbstherrlichkeit", einen „starken Willen" zur Selbstbemächtigung und einen standhaften „Willen zur Selbstverantwortlichkeit" (KSA 6, 139) erfordert. Immer wieder äußert Nietzsche stolze Verwunderung über seinen eigenen Wagemut, „auf eine gefährliche Weise den gewohnten Wertgefühlen Widerstand [zu] leisten" (KSA 5, 18) und trotz „grausamer Marter" von den „Naumburger Tugenden" abzuweichen und dieser unwahren Welt die Andersheit *seiner* Lebensweise und neuen Ideale entgegen zu stellen.

Dabei kann der individuelle Versuch, das richtige Leben im falschen zu realisieren, den beträchtlichen Preis einer sozialen Marginalisierung und totalen Vereinsamung kosten. Nietzsche hat mit dieser „harten" Tatsache schwer zu kämpfen gehabt und unter ihren Konsequenzen – im übertragenen und buchstäblichen Sinne – irrsinnig gelitten. So notiert er in der *Morgenröte*: „Nichts ist theurer erkauft, als das Wenige von menschlicher Vernunft und vom Gefühle der Freiheit, welches jetzt unseren Stolz ausmacht." (KSA 3, 31 f.) – Zuletzt kann Nietzsches geistiger Zusammenbruch auch als der stumme Ausdruck des Scheiterns seines stolzen Versuchs verstanden werden, trotz und entgegen der endlosen Widrigkeiten seiner Umwelt vernünftig und frei, d. h. anders und „individuell zu leben".

Vielleicht wäre es wünschenswert, könnte man Nietzsches Ethik gegenüber einwenden, was Moraltheoretiker stets gegen „Individualethiken" anführen; nämlich, daß eine Ethik des Individuums auf einen unpolitischen Privatismus hinauslaufe. Bei Nietzsche läßt sich jedoch studieren, daß dies keineswegs der Fall sein muß. Zwar hat er mit einigen seiner Formulierungen auch zu diesem Vorurteil beigetragen, aber das Problem von Nietzsches Ethikentwurf ist *nicht* die Relativierung und Reduktion moralischer Fragen auf eine apolitische Privatmoral à la Rorty. Nietzsche hat seine Ethik durchaus ins Politische erweitert. Die eigentliche Problematik ergibt sich vielmehr daraus, daß Nietzsche seine Ethik im Zusammenhang mit, wie er sagt, „Großer Politik" denkt. Was an seiner Spätphilosophie erschreckt, ist gerade, daß das Ethikkonzept nicht länger als Baustein einer Kritischen Theorie der Befreiung und Anleitung zu einem selbstbestimmten Leben der Individuen aufgefaßt werden soll, sondern als Handbuch der zukünftigen Machthaber präsentiert wird. Nietzsche wendet sich nun nicht mehr an Freigeister[14] und an „jeden oder keinen", an die Einzelnen, die sich von den gesellschaftlichen Zwängen zu befreien versuchen. Jetzt dient die Ethik als Fürstenspiegel der wenigen „Befehlshaber" und „grossen Individuen",[15] als vornehme Etikette für die oberste Herrscherkaste der zukünftigen Philosophen zu dem alleinigen Zweck, die „braven Herdentiere" zum neuen Übermenschentum zu führen.

Mit seiner Phantasterei über eine politische Herrschaft großen Stils legt Nietzsche das aus der Philosophiegeschichte leidlich bekannte Kapitel ‚der Philosoph als König und Befehlshaber' neu auf.[16] Ausdrücklich spricht er sein Bedauern darüber aus, daß es Platon damals auf Syrakus nicht gelang, am Hofe des Tyrannen Dionysos das Konzept der Großen Politik durchzusetzen (vgl. KSA 3, 291 f.). Bekanntlich spielt wenig später auch Heidegger mit diesem übelsten Gedankengut der politischen Philosophie. Allerdings sollte nicht unterschlagen werden, daß auch die marxistische Revolutionstheorie kein Glanzstück ist und auch nicht frei vom tödlichen Schatten großer Politik ist. Freilich überbietet Nietzsche das kaderrevolutionäre Programm des Marxismus.[17]

Horkheimer hatte den krassen Wechsel von Nietzsches fröhlicher Wissenschaft einer individualen Ethik hin zu den traurigen Tropen eines unbedingten Machtwillens auf dessen bitterliche Lebenserfahrungen zurückgeführt. (vgl. Jay 1976, 72f.) Sicherlich spielt Nietzsches persönlicher Leidensweg eine entscheidende Rolle für die veränderte, harte Tonlage seiner späteren Philosophie. Aber genauer betrachtet ist festzustellen, daß Nietzsche während der Ausarbeitung seiner Ethik deren politische und soziale Implikationen nur vorübergehend ausblendete und erst in den darauf folgenden Jahren ihre gesellschaftstheoretischen Aspekte in den Vordergrund rückte.[18] Mit anderen Worten: Das Konzept der Großen Politik ist für Nietzsche selbst eine *bruchlose* Fortsetzung seiner Gedanken zur Ethik! Heißt das nun, die Ethik des Individuums münde zwangsläufig in einem politischen Totalitarismus? Antwort: Nein. Die philosophische Idee einer Ethik des Einzelnen muß so wenig in dem Grauen einer Großen Politik aufgehen, wie sie zu einem unpolitischen Privatismus zusammenschrumpfen muß. Die Tatsache, daß Nietzsche seine Ethik in ein profaschistisches Horrorszenario einmünden läßt, ist einzig und allein auf sein zutiefst anti-demokratisches Politik- und sein anti-egalitäres Gesellschaftsverständnis zurückzuführen[19] und hängt überdies mit seinem pseudo-biologistischen Freiheitsbegriff zusammen. Die Gründe für diese – wie man mit Nietzsche gegen Nietzsche sagen könnte – „Großen Irrtümer" sind menschlichen, allzumenschlichen Ursprungs: sie lassen sich auf die selbstbetrügerische Unredlichkeit des Erkennenden zurückführen. Denn Nietzsche betrügt sich selbst über die *politischen* und *sozialen Voraussetzungen* für die gegebene Möglichkeit einer Freiheit des Individuums!

Die Voraussetzungen eines ethischen Individualismus bilden die individualistischen Grund- und Menschenrechte des politischen Liberalismus der Moderne. Der Gedanke einer Ethik des Individuums drückt eine widerspruchsfreie und normative Theorie der Freiheit aus, sofern *allen gleichermaßen* ein Recht darauf eingeräumt wird. Deshalb bildet der humanistische Universalismus menschlicher Freiheitsrechte das normative Kernstück einer Philosophie der Freiheit. So beruht die Autonomie des Einzelnen, sich überhaupt für eine Ethik der selbstbestimmten Lebensgestaltung entscheiden zu können und damit nicht zuletzt auch Nietzsches eigene Freigeisterei auf der historischen Gegebenheit einer demokratischen Gesellschaft sowie staatlich garantierter Freiheitsrechte. In seiner radikalen Ablehnung von politischer Demokratie und liberalen Grundrechten[20] zeigt sich Nietzsche gerade nicht als Kritiker der Moderne und Verfechter einer Dialektik der Aufklärung. In diesem Punkt gibt er sich tatsächlich als der zu erkennen, den die stärksten Kritiker in ihm sehen: als hemmungsloser Gegenaufklärer und misanthroper Antimodernist, als ewig Gestriger und reaktionärer Kleingeist und schlechterdings nicht als emanzipatorischer und der Zukunft zugewandter Freigeist. – Die Ethik des Individuums hätte sich im Politischen einzig in Form demokratischer Praxis zu erweitern. Denn demokratische Mitbestimmung bedeutet nichts anderes als politisch selbstbestimmt zu leben; und politisch tätig zu sein bedeutet nichts anderes als individuelle Freiheit zu praktizieren (praktisch zu verwirklichen). Daß eine Ethik des Selbst in dieser Weise notwendig in politische Praxis und demokratische Partizipation münden müßte, ist das zentrale Anliegen des späten Foucault,[21] wie auch Arendts Philosophie des tätigen Lebens auf diesen Zusammenhang zwischen einer ethischen Praxis der Freiheit und demokratischer Politik aufbaut. (vgl. Villa 1992) Die Ethik des Individuums, wie sie Nietzsche entwirft, findet ihre politische Entsprechung und ihre gesellschaftliche Grundlage demnach nicht in „Großer Politik", sondern in der *Kleinen Politik gelebter Demokratie*.

Anmerkungen

[1] In diesem Zusammenhang ist bemerkenswert, was Nietzsche zur revolutionären Lage der Arbeiterklasse und den Möglichkeiten ihrer Befreiung ausführt; siehe KSA 3, 183 ff.

[2] „Moralisches Interregnum. – [...] So leben wir denn ein vorläufiges Dasein oder ein nachläufiges Dasein, je nach Geschmack und Begabung, und tun am besten, in diesem Interregnum, so sehr, als nur möglich, unsre eigenen reges zu sein und kleine Versuchsstaaten zu gründen. Wir sind Experimente: wollen wir es auch sein!" (KSA 3, 274; auch KSA 3, 552 f.; KSA 3, 550 f.)

[3] „Nicht nach fernen unbekannten Seligkeiten [...] ausschauen, sondern so leben, daß wir nochmals leben wollen und in Ewigkeit so leben wollen! – Unsere Aufgabe tritt in jedem Augenblick an uns heran." (KSA 9, 503) An anderer Stelle: „Wir wollen ein Kunstwerk immer wieder erleben! So soll man sein Leben gestalten, daß man vor seinen einzelnen Teilen denselben Wunsch hat! Dies der Hauptgedanke!" (KSA 9, 505)

[4] Er selber spricht von einer „philosophische[n] Gesammt-Rechtfertigung" der eigenen Art, „zu leben und zu denken [...]." (KSA 3, 529)

[5] „Wenn wir essen spazierengehen gesellig oder einsam leben, es soll bis ins Kleinste die hohe Absicht unserer Leidenschaft uns dabei bestimmen, und zwar so daß sie die Vernunft und die Wissenschaft in ihren Dienst genommen <hat> und mit tiefer Gluth die gerade für sie passenden Weisungen

von ihr abfragt." (KSA 9, 249) An anderer Stelle: „Womöglich ohne Arzt leben. – Es will mir scheinen, als ob ein Kranker leichtsinniger sei, wenn er einen Arzt hat, als wenn er selber seine Gesundheit besorgt. Im ersten Fall genügt es ihm, streng in Bezug auf alles Vorgeschriebne zu sein; im andern Fall fassen wir Das, worauf jene Vorschriften abzielen, unsere Gesundheit, mit mehr Gewissen in's Auge und bemerken viel mehr, gebieten und verbieten uns viel mehr, als auf Veranlassung des Arztes geschehen würde. – Alle Regeln haben diese Wirkung: vom Zwecke hinter der Regel abzuziehen und leichtsinniger zu machen [...]." (KSA 3, 230)

6 „Unsere Werthschätzungen. – Alle Handlungen gehen auf Werthschätzungen zurück, alle Werthschätzungen sind entweder eigene oder angenommene, – letztere bei Weitem die meisten. [...] Eigene Werthschätzung: das will besagen, eine Sache in Bezug darauf messen, wie weit sie gerade uns und niemandem Anderen Lust oder Unlust macht – etwas äusserst Seltenes!" (KSA 3, 92)

7 „Die persönlichste Fragen der Wahrheit. – ‚Was ist Das eigentlich, was ich thue? Und was will gerade ich damit? [...]" (KSA 3, 170)

8 So spricht Nietzsche von der Stiftung einer neuen Lebensweise „als einer neuen und verbesserten Physis, ohne Innen und Aussen, ohne Verstellung und Convention, der Cultur als einer Einhelligkeit zwischen Leben, Denken, Scheinen und Wollen." (KSA 1, 334)

9 Ein essayistischer Annäherungsversuch zu diesem geringgeschätzten Thema der praktischen Philosophie: Onfray 1996.

10 „Einstmals muß die Kunst der Künstler ganz in das Festebedürfniß der Menschen aufgehen: der einsiedlerische und sein Werk ausstellende Künstler wird verschwunden sein: sie stehen dann in der ersten Reihe derer, welche in Bezug auf Freuden und Feste erfinderisch sind." (KSA 9, 25)

11 „[...] die ‚Selbstlosigkeit' mit Einem Worte – das hieß bisher Moral." (KSA 6, 332)

12 Nietzsche revidiert damit seine jugendliche „Artisten-Metaphysik" (KSA 1, 17) und die ästhetische Utopie der Totalästhetisierungen. „Ich will der fanatischen Selbstüberhebung der Kunst Einhalt thun, sie soll sich nicht als Heilmittel gebärden, sie ist ein Labsal für Augenblicke, von geringem Lebenswerthe: sehr gefährlich, wenn sie mehr sein will." (KSA 9, 156f.) Die Kunst sei „Mittel zur Erleichterung des Lebens". Diese „beschwichtigen und heilen nur vorläufig, nur für den Augenblick; sie halten sogar die Menschen ab, an einer wirklichen Verbesserung ihrer Zustände zu arbeiten, indem sie gerade die Leidenschaft der Unbefriedigten, welche zur That drängen, aufheben und palliativisch entladen." (KSA 2, 143)

13 „Ich will sagen: die Allermeisten finden es nicht verächtlich, diess oder jenes zu glauben und darnach zu leben, ohne sich vorher der letzten und sichersten Gründe für und wider bewusst worden zu sein und ohne sich auch nur die Mühe um solche Gründe hinterdrein zu geben, – die begabtesten Männer und die edelsten Frauen gehören noch zu diesen ‚Allermeisten'. [...] Es sieht dich

Jeder mit fremden Augen an und handhabt seine Wage weiter, diess gut, jenes böse nennend; es macht Niemandem eine Schamröthe, wenn du merken lässest, dass diese Gewichte nicht vollwichtig sind, – es macht auch keine Empörung gegen dich: vielleicht lacht man über deinen Zweifel." (KSA 3, 373; zum „Schein-Egoismus" der „Allermeisten": KSA 3, 92f.)

[14] Nun wird „der **Übergang** vom **Freigeist** und Einsiedler zum **Herrschen-Müssen**" (KSA 10, 516) vollzogen. In Vorstudien zum *Zarathustra* wußte Nietzsche es noch anders: „Herrschen? Meinen Typus Andern aufnötigen? Gräßlich! Ist mein Glück nicht gerade das Anschauen vieler A n d e r e r ? Problem." (KSA 10, 170)

[15] Nietzsches Kandidaten sind Cesare Borgia, Napoleon, Cäsar, u. a. Er führt aus: „Dieser höherwertigere Typus ist oft genug schon dagewesen: aber als ein Glücksfall, als eine Ausnahme, niemals als g e w o l l t ." Es kommt nun darauf an, dass man diesen Typus Mensch „züchten soll, w o l l e n soll, als den höherwertigeren, lebenswürdigeren, zukunftsgewisseren." (KSA 6, 170)

[16] „Die eigentlichen Philosophen aber sind Befehlende und Gesetzgeber: sie sagen ‚so soll es sein!'" (KSA 5, 145)

[17] In einer Notiz aus dem Jahre 1880 ist zu lesen: „Ich sehe die sozialistischen Körper sich bilden, unvermeidlich! Sorgen wir, daß auch die Köpfe für diese Körper anfangen zu keimen! jene Organisationen bilden den zukünftigen Sklavenstand, mit allen ihren Führern – aber darüber erhebt sich eine Aristokratie vielleicht von E i n s i e d l e r n ! Es ist d i e **Zeit des Gelehrten** vorbei, der wie alle Anderen lebt und glaubt [...]! Der g r o ß e H e r o i s m thut wieder noth!" (KSA 9, 359)

[18] Schon in einem Skizzenplan aus dem Winter 1880–81 führt Nietzsche nach dem Stichwort einer „individuellen Moral" unter Punkt 6 den Hinweis auf Befehlshaber und Große Politik an: „die günstigen politischen und socialen Verhältnisse für diese Einsiedler!" (KSA 9, 384)

[19] Horkheimer meinte sogar Nietzsches feindselige Haltung gegenüber der demokratischen Bewegung und ihrem Ideal einer freien Gesellschaft mit dem Hinweis verteidigen zu können, Nietzsche habe als ihre einzigen Verfechter nur die Sozialdemokraten seiner Tage gekannt, deren Denkungsart nun einmal so langweilig und phantasielos gewesen sei. (vgl. Jay 1976, 73)

[20] Für Nietzsche liegen die Dinge klar: „Liberalismus: auf deutsch H e e r d e n - Ve r t h i e r u n g ..." (KSA 6, 139)

[21] Foucault notiert programmatisch: „Heutzutage eine Ethik des Selbst zu konstituieren, [stellt] eine dringende, grundlegende, politisch unerläßliche Aufgabe [dar] – wenn es schließlich wahr ist, daß es keinen anderen vorrangigen und nutzbaren Widerstandspunkt gegen die politische Macht gibt als den, der im Selbstbezug auf sich liegt. [In dieser Hinsicht] muß man glaube ich die Frage der Politik und die Frage der Ethik miteinander verbinden." (Foucault 1985, 54f.)

1. Quellen

KSA = Friedrich Nietzsche: Sämtliche Werke. Kritische Studienausgabe in 15 Einzelbänden. Hrsg. v. G. Colli u. M. Montinari. München 1988.
KSB = Friedrich Nietzsche: Sämtliche Briefe. Kritische Studienausgabe in 8 Bänden. Hrsg. v. G. Colli u. M. Montinari. München 1986.

2. Literatur

Adorno, Th. W. (1975): Minima Moralia. Reflexionen aus dem beschädigten Leben, Frankfurt a. M.
Böhme, G. (1988): Der Typ Sokrates, Frankfurt a. M.
Dubiel, H. (1989): Herrschaft oder Emanzipation. Der Streit um die Erbschaft der Kritischen Theorie. In: Honneth, A./McCarthy, Th./Wellmer, A. (Hg.): Zwischenbetrachtungen. Im Prozeß der Aufklärung. Frankfurt a. M., 504–517.
Foucault, M. (1985): Freiheit und Selbstsorge, Frankfurt a. M.
Gorz, A. (1989): Kritik der ökonomischen Vernunft, Berlin.
Habermas, J. (1985): Der philosophische Diskurs der Moderne. Zwölf Vorlesungen. Frankfurt a. M.
Horkheimer, M. (1968): Traditionelle und Kritische Theorie, Frankfurt a. M.
Jay, M. (1976): Dialektische Phantasie. Die Geschichte der Frankfurter Schule und des Instituts für Sozialforschung 1923–1950. Frankfurt a. M.
Kiwitz, P. (1986): Lebenswelt und Lebenskunst. Perspektiven einer kritischen Theorie des sozialen Lebens. München.
Lemke, H. (1995): Die schwierige Lebenskunst. Foucault, Schiller und Marcuse über den ästhetischen Begriff der Freiheit. In: Michel Foucault. In Konstellationen, Maastricht 1995, 118–152.
Lemke, H. (1996): Die Praxis politischer Freiheit. Zur Bedeutung Hannah Arendts Philosophie des politischen Handelns für eine kritische Gesellschaftstheorie. Maastricht.
Lemke, H. (2000): Philosophie der Freundschaft. Eine philosophische Grundlegung. Darmstadt.
Marcuse, H. (1974): Über den affirmativen Charakter der Kultur. Frankfurt a. M.
Marx, K. (1969): Das Kapital. Berlin.
Negt, O. (1985): Lebendige Arbeit, enteignete Zeit. Politische und kulturelle Dimensionen des Kampfes um die Arbeitszeit. Frankfurt a. M./New York.
Onfray, M. (1996): Die genießerische Vernunft. Die Philosophie des guten Geschmacks. Zürich.
Schipperges, H. (1975): Am Leitfaden des Leibes. Zur Anthropologik und Therapeutik Friedrich Nietzsches. Stuttgart.

Villa, D. R. (1992): Beyond Good and Evil. Arendt, Nietzsche and the Aesthetization of Political Action. In: Political Theory, Vol. 20. 2, 274–308.

Auswahlbibliographie

Hilfsmittel

Anthologien

Borchmeyer, D./Salaquarda, J. (Hrsg.) (1994): Nietzsche und Wagner. Stationen einer epochalen Begegnung. Zwei Bände, Frankfurt/M. u. Leipzig.
Friedrich, H. (Hrsg.) (1994): Weisheit für Übermorgen. Unterstreichungen aus dem Nachlaß, München.
Niemeyer, Ch. (Hrsg.) (2012): Nietzsche: Hauptwerke. Ein Lesebuch. Tübingen.
Prossliner, J. (Hrsg.) (1999): Lexikon der Nietzsche-Zitate. München.
Wohlfart, G. (Hrsg.) (1996): Die nachgelassenen Fragmente. Eine Auswahl. Stuttgart.

Lexika und Handbücher

Niemeyer, Ch. (Hrsg.) (^{2}2011): Nietzsche-Lexikon. Darmstadt.
Ottmann, H. (Hrsg.) (2000): Nietzsche-Handbuch. Leben – Werk – Wirkung. Stuttgart, Weimar.
Tongeren, P. van/Schank, G./Siemens, H. (Hrsg.) (2004): Nietzsche-Wörterbuch. Band 1: Abbreviatur – einfach. Berlin, New York.

Bibliographie, Jahrbücher

Weimarer Nietzsche-Bibliographie. Bde. 1–5. Stiftung Weimarer Klassik, Herzogin Anna Malia Bibliothek. Bearb. v. Susanne Jung, Frank Simon-Ritz, Clemens Wahle, Erdmann von Wilamowitz-Moellendorff, Wolfram Wojtecki. Stuttgart, Weimar 2000 (seit 2001 online).
Nietzsche-Studien. Internationales Jahrbuch für die Nietzsche-Forschung. Hrsg. von Günther Abel, Josef Simon u. Werner Stegmaier. Berlin, New York (erscheint seit 1972, seit 2011 nur online).
Nietzscheforschung. Jahrbuch der Nietzsche-Gesellschaft. Hrsg. von Volker Gerhardt u. Renate Reschke. Berlin (erscheint seit 1994, auch online).

Sekundärliteratur

Quellentexte, Einführungen, Gesamtdarstellungen, Biographien

Andreas-Salomé, L. (1894): Friedrich Nietzsche in seinen Werken. Wien.

Appel, S. (2011): Friedrich Nietzsche. Wanderer und freier Geist. München.

Diethe, C. (2001): Nietzsches Schwester und der Wille zur Macht. Biographie der Elisabeth Förster-Nietzsche. Hamburg, Wien.

Förster-Nietzsche, E. (1895/97/1904): Das Leben Friedrich Nietzsche's. Bd. I (1895). Bd. II/1 (1897). Bd. II/2 (1904). Leipzig.

Gerhardt, V. (1992): Friedrich Nietzsche. München.

Gilman, S. (Hrsg.) (1981): Begegnungen mit Nietzsche. Bonn.

Guzzoni, W. (Hrsg.) (1991): 100 Jahre philosophische Nietzsche-Rezeption. Frankfurt/M.

Hamacher, W. (Hrsg.) (1986): Nietzsche aus Frankreich. Frankfurt/M., Berlin.

Hillebrand, B. (Hrsg.) (1978): Nietzsche und die deutsche Literatur. Bd. I u. II. Tübingen 1978.

Janz, C. P. (1978): Friedrich Nietzsche. Biographie. Bd. 1–3, München.

Kaufmann, W. (1974/82): Nietzsche. Philosoph – Psychologe – Antichrist, Darmstadt.

Köhler, J. (1989): Zarathustras Geheimnis. Friedrich Nietzsche und seine verschlüsselte Botschaft. Eine Biographie. Nördlingen.

Krummel, R. F. (1988): Josef Paneth über seine Begegnung mit Nietzsche in der Zarathustra-Zeit. In: Nietzsche-Studien 17, 478–495.

Krummel, R. F. (1998–2006): Nietzsche und der deutsche Geist. Bd. I. 2., Aufl. (1998). Bd. II. 2. Aufl. (1998). Bd. III. (1998). Bd. IV (2006). Berlin, New York.

Montinari, M. (1982): Nietzsche lesen. Berlin, New York.

Montinari, M. (1991): Friedrich Nietzsche. Eine Einführung, Berlin, New York.

Niemeyer, Ch. (1998): Nietzsches andere Vernunft. Psychologische Aspekte in Biographie und Werk, Darmstadt.

Niemeyer, Ch. (2012): Friedrich Nietzsche. Berlin.

Pfeiffer, E. (Hrsg.) (1970): Friedrich Nietzsche, Paul Rée, Lou von Salomé. Die Dokumente ihrer Begegnung. Frankfurt/M.

Podach, E. F. (1930): Nietzsches Zusammenbruch. Beiträge zu einer Biographie auf Grund unveröffentlichter Dokumente. Heidelberg.

Reich, H. (2004): Nietzsche-Zeitgenossenlexikon. Verwandte und Vorfahren, Freund und Feinde, Verehrer und Kritiker von Friedrich Nietzsche. Basel.

Ross, W. (1980): Der ängstliche Adler. Friedrich Nietzsches Leben. Stuttgart.

Salaquarda, J. (Hrsg.) (²1996): Nietzsche. Darmstadt,

Schaberg, W. H. (2002): Nietzsches Werke. Eine Publikationsgeschichte und kommentierte Bibliographie. Basel.

Stegmaier, W. (2011): Friedrich Nietzsche zur Einführung, Hamburg.

Allgemeine Forschungsliteratur

Aschheim, St. E. (1996): Nietzsche und die Deutschen. Karriere eines Kults. Stuttgart, Weimar.

Barbera, S./D'Iorio, P./Ulbricht, J. H. (Hrsg.) (2004): Friedrich Nietzsche. Rezeption und Kultus. Pisa.

Detering, H. (2010): Der Antichrist und der Gekreuzigte. Friedrich Nietzsches letzte Texte, Göttingen.

Diethe, C. (1996): Nietzsche's Women. Beyond the Whip. Berlin, New York.

Ferrari Zumbini, M. (1990): Nietzsche in Bayreuth: Nietzsches Herausforderung, die Wagnerianer und die Gegenoffensive, in: Nietzsche-Studien 19, 246–291.

Fiebig, N. (Hg.) (2012): In Nietzsches Bann. Briefe und Dokumente von Richard M. Meyer, Estella Meyer und Elisabeth Förster-Nietzsche. Göttingen.

Figl, J. (2003): Nietzsche und die Religionen. Transkulturelle Perspektiven seines Bildungs- und Denkweges. Berlin, New York.

Gasser, R. (1997): Nietzsche und Freud. Berlin, New York.

Golomb, J./Wistrich, R. S. (Eds.) (2002): Nietzsche, Godfather of Fascism. Oxford.

Hödl, H. G. (2009): Der letzte Jünger des Philosophen Dionysos. Studien zur systematischen Bedeutung von Nietzsches Selbstthematisierungen im Kontext seiner Religionskritik. Berlin, New York

Hoffmann, D. M. (1991): Zur Geschichte des Nietzsche-Archivs. Berlin, New York.

Janz, C. P. (1972): Die Briefe Friedrich Nietzsches. Textprobleme und ihre Bedeutung für Biographie und Doxographie. Basel.

Köster, P. (1998): Der verbotene Philosoph. Studien zu den Anfängen der katholischen Nietzsche-Rezeption in Deutschland (1890–1918). Berlin, New York.

Neymeyr, B./Sommer, A. U. (Hrsg.) (2012): Nietzsche als Philosoph der Moderne. Heidelberg.

Niemeyer, Ch. (2011): Nietzsche verstehen. Eine Gebrauchsanweisung, Darmstadt.

Niemeyer, Ch. (2013): Nietzsche. Werk und Wirkung eines freien Geistes. Darmstadt.

Niemeyer, Ch./Drerup, H./Oelkers J./v. Pogrell, L. (Hrsg.): Nietzsche in der Pädagogik? Beiträge zur Rezeption und Interpretation. Weinheim

Reckmann, A. (2003): Lesarten der Philosophie Nietzsches. Ihre Rezeption und Diskussion in Frankreich, Italien und der angelsächsischen Welt 1960–2000. Berlin, New York.

Schlechta, K. (1957): Der Fall Nietzsche. München.

Sommer, A. U. (1997): Der Geist der Historie und das Ende des Christentums. Zur „Waffengenossenschaft" von Friedrich Nietzsche und Franz Overbeck. Berlin.

Volz, P. D. (1990): Nietzsche im Labyrinth seiner Krankheit. Würzburg.

Spezielle Forschungsliteratur

Zu *Menschliches, Allzumenschliches* (I u. II)

Glatzeder, B. M. (2000): Perspektiven der Wünschbarkeit. Nietzsches frühe Metaphysikkritik. Berlin.

Kremer-Marietti, A. (1997): Menschliches-Allzumenschliches: Nietzsches Positivismus. In: Nietzsche-Studien 26, 260–275.

Niemeyer, Ch. (2006): „Der wissenschaftliche Mensch ist die Weiterentwicklung des künstlerischen." Anmerkungen zu Nietzsches Aphorismensammlung *Menschliches, Allzumenschliches* (1878) aus pädagogischer Perspektive. In: Lauermann, K./Heimgartner, A. (Hrsg.): Soziale Arbeit und Kultur, Klagenfurt u. a., 75–96.

Wilamowitz-Moellendorff, E. v. (2006): Philologisches, Allzuphilologisches – zum editorischen Umgang mit Nietzsches *Menschliches, Allzumenschliches* durch Peter Gast (d. i. Heinrich Köselitz). In: Knoche, M./Ulbricht, J. H./Weber, J. (Hrsg.): Zur unterirdischen Wirkung von Dynamit. Wiesbaden, 155–173.

Zu *Morgenröthe*

Brusotti, M. (1997): Erkenntnis als Passion. Nietzsches Denkweg zwischen *Morgenröthe* und der *Fröhlichen Wissenschaft*. In: Nietzsche-Studien 26, 165–183.

Niemeyer, Ch. (2004): Auf die Schiffe, ihr Sozialpädagogen! Ein einführender Textkommentar zu Nietzsches *Morgenröthe*. In: Z. f. Sozialpädagogik 2, 301–319.

Zu *Die fröhliche Wissenschaft*

Benoit, B. (2003): Le Quatrième Livre du *Gai Savoir* et l'éternel retour. In: Nietzsche-Studien 32, 1–28.

Higgins, K. M. (2000): Comic Relief. Nietzsche's *Gay Science*. New York, Oxford.
Hufnagel, H. (2008): „Nun, Schifflein! Sieh' Dich vor!" Meerfahrt mit Nietzsche. Zu einem Motiv der *Fröhlichen Wissenschaft*. In: Nietzsche-Studien 37, 143–159.
Niemeyer, Ch. (2005): Auf die Schiffe, ihr Pädagogen! Ein einführender Textkommentar zu Nietzsches Aphorismensammlung *Die fröhliche Wissenschaft*. In: Z. f. Religions- und Geistesgeschichte 57, 97–122.
Piazzesi, Ch./Campioni, G./Wotling, P. (Hrsg.) 2010: Letture della Gaia scienza/Lectures du *Gai savoir*. Pisa.
Salaquarda, J. (1997): Die fröhliche Wissenschaft zwischen Freigeisterei und neuer ‚Lehre'. In: Nietzsche-Studien 26, 165–183.

Zu Also sprach Zarathustra (1–4)

Acampora, C. D./Acampora, R.R. (Hrsg.) (2004): A Nietzschean Bestiary. Becoming Animal Beyond Docile and Brutal. Lanham u. a.
Bennholdt-Thomsen, A. (1974): Nietzsches *Also sprach Zarathustra* als literarisches Phänomen. Eine Revision. Frankfurt/M.
Braun, R. (1998): Quellmund der Geschichte. Nietzsche poetische Rede in *Also sprach Zarathustra*. Frankfurt/M.
Cattaneo, F./Marino, St. (Hrsg.) (2009): I sentieri di Zarathustra. Bologna.
Duhamel, R. (1991): Nietzsches Zarathustra, Mystiker des Nihilismus. Eine Interpretation von Nietzsches „Also sprach Zarathustra. Ein Buch für Alle und Keinen". Würzburg.
Gasser, P. (1993): Rhetorische Philosophie. Leseversuche zum metaphorischen Diskurs in Nietzsches „Also sprach Zarathustra". Bern.
Gerhardt, V. (2011): Monadologie des Leibes. Leib, Selbst und Ich in Nietzsches *Zarathustra*. In: Ders.: Die Funken des freien Geistes. Berlin, Boston, 1–49.
Gerhardt, V. (Hrsg.) (2000): Friedrich Nietzsche, *Also sprach Zarathustra*. Berlin.
Higgins, K. M. (1987): Nietzsche's Zarathustra. Philadelphia.
Kesselring, M. (1954): Nietzsche und sein Zarathustra in psychiatrischer Beleuchtung. Affoltern.
Lampert, L. (1986): Nietzsche's Teaching. An Interpretation of *Thus Spoke Zarathustra*. New Haven, London.
Loeb, P. S. (2010): The Death of Nietzsche's Zarathustra. Cambridge.
Luchte, J. (Hrsg.) (2008): Nietzsche's *Thus spoke Zarathustra*: Before Sunrise, London/New York.
Niemeyer, Ch. (2007): Friedrich Nietzsches „Also sprach Zarathustra". Darmstadt.

Pieper, A. (1990): „Ein Seil geknüpft zwischen Tier und Übermensch". Philosophische Erläuterung zu Nietzsches erstem „Zarathustra". Stuttgart.
Rosen, St. (1995): The Mask of Enlightenment. Nietzsche's Zarathustra. Cambridge.
Roth-Bodmer, E. (1975): Schlüssel zu Nietzsches Zarathustra. Ein interpretierender Kommentar zu Nietzsches Werk „Also sprach Zarathustra". Diss. Univ. Zürich. Meilen (Selbstverlag).
Santaniello, W. (2005): Zarathustra's Last Supper. Nietzsche's Eight Higher Men. Hampshire/UK, Burlington/USA.
Schmidt, R./Spreckelsen, C. (1995): Nietzsche für Anfänger. Also sprach Zarathustra. Eine Lese-Einführung. München.
Stegmaier, W. (1997): Friedrich Nietzsche: *Also sprach Zarathustra*. In: Ders., unter Mitarb. v. H. Frank: Hauptwerke der Philosophie, Stuttgart, 402–443.
Stegmaier, W. (2011): Das Meer des Übermenschen. Zarathustras Lehre im Fluss der Metaphern. In: Nietzschefoschung 18, 139–153.
Villwock, P. (Hrsg.) (2001): Nietzsches „Also sprach Zarathustra". Basel.
Volkmann-Schluck, K.-H. (1958): Nietzsches Gedicht „Die Wüste wächst, weh dem, der Wüsten birgt[...]". In: Ders.: Leben und Denken. Interpretationen zur Philosophie Nietzsches. Frankfurt/M. 1968, 115–150.
Volkmann-Schluck, K.-H. (1973): Die Stufen der Selbstüberwindung des Lebens (Erläuterungen zum 3. Teil von Nietzsches Zarathustra). In: Nietzsche-Studien 2, 137–156.
Whitlock, G. (1990): Returning to Sils-Maria. A Commentary to Nietzsche's „Also sprach Zarathustra". New York.
Zittel, C. (2000): Das ästhetische Kalkül von Friedrich Nietzsches *Also sprach Zarathustra*. Würzburg.

Zu *Jenseits von Gut und Böse*

Burnham, D. (2007): Reading Nietzsche. An Analysis of *Beyond Good and Evil*. Stocksfield.
Born, M. A./Pichler, A. (Hrsg.) (2013): Texturen des Denkens. Nietzsches Inszenierung der Philosophie in „Jenseits von Gut und Böse". Berlin/Boston.
Lampert, L. (2001): Nietzsche's Task. An Interpretation of *Beyond Good and Evil*. New Haven, London.
Sommer, A. U. (2007): Skeptisches Europa? Einige Bemerkungen zum Sechsten Hauptstück: wir Gelehrten (Friedrich Nietzsche, *Jenseits von Gut und Böse*, Aphorismen 204–213). In: Nietzscheforschung 14, 67–78.
Southwell, G. (2009): A Beginner's Guide to Nietzsche's *Beyond Good and Evil*. Oxford, Chichester.

Wuthenow, R.-R. (1984): Im Namen des Dionysos: Zukunftsphilosophie. In: Ders. (Hrsg.): Friedrich Nietzsche: *Jenseits von Gut und Böse*. Mit der Streitschrift *Zur Genealogie der Moral*. Frankfurt/M., 367–391.

Zu *Wir Furchtlosen (= Die fröhliche Wissenschaft V)*

Groddeck, W. (1997): Die „Neue Ausgabe" der „Fröhlichen Wissenschaft". Überlegungen zu Paratextualität und Werkkomposition in Nietzsches Schriften nach „Zarathustra". In: Nietzsche-Studien 26, 184–198.

Stegmaier, W. (2012): Nietzsches Befreiung der Philosophie. Kontextuelle Interpretation des V. Buchs der *Fröhlichen Wissenschaft*. Berlin/Boston.

Venturelli, A. (2010): Die *Gaya Scienzia* der „guten Europäer". Einige Anmerkungen zum Aphorismus Nr. 377 des V. Buchs der *Fröhlichen Wissenschaft*. In: Nietzsche-Studien 38, 180–200.

Zu *Zur Genealogie der Moral*

Acampora, C. D. (Hrsg.) (2006): Nietzsche's *On the Genealogy of Morality*. Lanham u. a.

Gemes, K. (2007): Nietzsche on The Will to Truth, The Scientific Spirit, Free Will, and Genuine Selfhood. In: Tevenar, G. v. (Ed.): Nietzsche and Ethics. Bern, 19–54.

Höffe, O. (Hrsg.) (2004): Friedrich Nietzsche. Zur Genealogie der Moral. Berlin.

Raffnsoe, S. (2007): Nietzsches „Genealogie der Moral". München.

Stegmaier, W. (1994): Nietzsches ‚Genealogie der Moral'. Darmstadt.

Zu *Götzen-Dämmerung*

Drochon, H. (2009): Twilight and Transvaluation: Nietzsche's ‚Hauptwerk' and the Götzen-Dämmerung. In: Nietzscheforschung 16, 175–182.

Montinari, M. (1984): Nietzsche lesen: Die Götzen-Dämmerung. In: Nietzsche-Studien 13, 69–79.

Niemeyer, Ch. (1996): Die Fabel von der Welt als Fabel oder Nietzsches andere Vernunft. In: Nietzscheforschung 3, 233–245 (Wiederabdruck in diesem Bd.).

Pichler, A. (2013): ‚Den Irrtum erzählen'. Eine Lektüre von „Wie die ‚wahre Welt' endlich zur Fabel wurde". In: Nietzscheforschung 20, 193–210.

Sommer, A. U. (2009): Ein philosophisch-historischer Kommentar zu Nietzsches *Götzen-Dämmerung*. Probleme und Perspektiven. In: Perspektiven der Philosophie 35, 45–66.

Sommer, A. U. (2012): Kommentar zu Nietzsches *Der Fall Wagner, Götzen-Dämmerung*. Berlin/Boston.

Zu Der Antichrist und *Ecce homo*

Conway, D. W. (1993): Nietzsche's Döppelganger: Affirmation and Resentment in Ecce homo. In: Ansell-Pearson, K./Caygill (Eds.): The fate of the New Nietzsche. Aldershot u. a., 55–78.

Gauger, H.-M. (1984): Nietzsches Stil am Beispiel von „Ecce homo". In: Nietzsche-Studien 13, 332–355.

Görner, R. (2005): Die Humanität der Selbstüberwindung. *Ecce homo* oder die Autobiographie eines posthum Geborenen. In: Nietzscheforschung 12, 133–142.

Groddeck, W. (1984): „Die Geburt der Tragödie" in „Ecce homo". Hinweise zu einer strukturalen Lektüre von Nietzsches „Ecce homo". In: Nietzsche-Studien 13, 325–331.

Jensen, A. K. (2011): *Ecce homo* as Historiography. In: Nietzsche-Studien 40. 203–225.

Kittler, F. (1980): Wie man abschafft, wovon man spricht: Der Autor von ‚Ecce homo'. In: Nietzscheforschung 20 (2013), 211–230 (Reprint).

Kornberger, M. (1998): Zur Genealogie des „Ecce homo". In: Nietzsche-Studien 27, 319–338.

Montinari, M. (1972): Ein neuer Abschnitt in Nietzsches „Ecce homo". In: Ders. (1982): Nietzsche lesen, Berlin, New York, 120–168.

Niemeyer, Ch. (2014a): *Ecce homo* oder: Das Ende der Aufklärung. Über die (Hinter-)Gründe und die Folgen von Nietzsches allerletztem Paradigmenwechsel. In: Benne, Ch./Müller, E. (Hrsg.): Ohnmacht des Subjekts – Macht der Persönlichkeit. Berlin/Boston (im Druck).

Schmidt, R./Spreckelsen, C. (1999): Nietzsche für Anfänger. Ecce homo. Eine Lese-Einführung. München.

Siemens, H. (2009): Umwertung: Nietzsches „War-Praxis" and the Problem of Yes-Saying and No-Saying in *Ecce Homo*. In: Nietzsche-Studien 38, 182–206.

Sommer, A. U. (2012): Kommentar zu Nietzsches *Der Antichrist, Ecce homo, Dionysos-Dithyramben, Nietzsche contra Wagner*. Berlin/Boston.

Stegmaier, W. (2008): Schicksal Nietzsche? Zu Nietzsches Selbsteinschätzung als Schicksal der Philosophie und der Menschheit (*Ecce homo*, Warum ich ein Schicksal bin 1). In: Nietzsche-Studien 37, 62–114.

Wellner, K. (2005): Nietzsches Masken in „Ecce homo". In: Nietzscheforschung 12, 143–150.

Wolf, J.-C. (2011): Selbstaufhebung des Christentums in Nietzsches „Antichrist". In: Delgado, M./Leppin, V. (Hrsg.): *Der Antichrist*. Historische und systematische Zugänge. Fribourg, 445–460.